AF276317

Disfrute gratuitamente **DURANTE UN AÑO** de los eBook y audiolibros de las obras de Editorial Colex*

- ⊘ Acceda a la página web de la editorial **www.colex.es**

- ⊘ Identifíquese con su usuario y contraseña. En caso de no disponer de una cuenta regístrese.

- ⊘ Acceda en el menú de usuario a la pestaña «Mis códigos» e introduzca el que aparece a continuación:

RASCAR PARA VISUALIZAR EL CÓDIGO

- ⊘ Una vez se valide el código, aparecerá una ventana de confirmación y su eBook y/o audiolibro estará disponible **durante 1 año desde su activación** en la pestaña «Mis libros» en el menú de usuario.

---

* Los audiolibros están disponibles en las ediciones más recientes de nuestras obras. Se excluyen expresamente las colecciones «Códigos comentados», «Biblioteca digital» y los productos de www.vademecumlegal.es.

No se admitirá la devolución si el código promocional ha sido manipulado y/o utilizado.

¡Gracias por confiar en nosotros!

La obra que acaba de adquirir incluye de forma gratuita la versión electrónica. Acceda a nuestra página web para aprovechar todas las funcionalidades de las que dispone en nuestro lector.

Funcionalidades eBook

Acceso desde cualquier dispositivo con conexión a internet

Idéntica visualización a la edición de papel

Navegación intuitiva

Tamaño del texto adaptable

Síguenos en:

LEY CONCURSAL Y LEGISLACIÓN COMPLEMENTARIA

8.ª EDICIÓN 2026

(Edición actualizada a 15 de enero de 2026)

COLEX 2026

© Editorial Colex, S.L.
Calle Costa Rica, número 5, 3º B (local comercial)
A Coruña, 15004, A Coruña (Galicia)
info@colex.es
www.colex.es

I.S.B.N.: 979-13-7011-558-6
Depósito Legal: C 62-2026

LEYENDA ICONOS

TEXTO MODIFICADO	TEXTO NUEVO

ABREVIATURAS

ART.	Artículo
BOE	Boletín Oficial del Estado
CC	Código Civil (Real Decreto de 24 de julio de 1889)
CCOM	Código de comercio (Real Decreto de 22 de agosto de 1885)
CE	Constitución Española, de 27 de diciembre de 1978
CP	Código Penal (LO 10/1995, de 23 de noviembre)
D.A.	Disposición Adicional
D.DT.	Disposición Derogatoria
D.F.	Disposición Final
D.T.	Disposición Transitoria
LEC	Ley de Enjuiciamiento Civil (Ley 1/2000, de 7 de enero)
LOPJ	Ley Orgánica del Poder Judicial (LO 6/1985, de 1 de julio)
LSC	Ley de Sociedades de Capital (RDLeg. 1/2010, de 2 de julio)
RD	Real Decreto
RDL	Real Decreto Ley
RDLEG	Real Decreto Legislativo
RGTO	Reglamento
SS.	Siguientes

SUMARIO

REAL DECRETO LEGISLATIVO 1/2020, DE 5 DE MAYO, POR EL QUE SE APRUEBA EL TEXTO REFUNDIDO DE LA LEY CONCURSAL

ÍNDICE ANALÍTICO

NOTA DE APLICACIÓN TRANSITORIA

LEGISLACIÓN COMPLEMENTARIA

REAL DECRETO LEGISLATIVO 1/2020, DE 5 DE MAYO, POR EL QUE SE APRUEBA EL TEXTO REFUNDIDO DE LA LEY CONCURSAL

REAL DECRETO LEGISLATIVO 1/2020, DE 5 DE MAYO, POR EL QUE SE APRUEBA EL TEXTO REFUNDIDO DE LA LEY CONCURSAL

—BOE núm. 127, de 7 de mayo de 2020—

ENTRADA EN VIGOR: 01/09/2020

I

La historia de la Ley Concursal es la historia de sus reformas. Es difícil encontrar una ley que, en tan pocos años, haya experimentado tantas y tan profundas modificaciones. Las esperanzas que había suscitado ese derecho de nueva planta, con la lógica aspiración a la estabilidad normativa, pronto se desvanecieron: desde la fecha de promulgación de esta ley, sucesivas leyes y decretos-leyes, con un ritmo acentuado en la décima legislatura, han sustituido principios y enmendado normas legales, a la vez que han constituido el cauce para la inclusión de nuevas instituciones y de nuevas soluciones.

Durante la gestación de la que habría de ser la Ley 22/2003, de 9 de julio, Concursal, se había debatido sobre la conveniencia de incorporar al entonces derecho proyectado las instituciones propias del denominado derecho preconcursal, aprovechando para ello algunas experiencias de otros ordenamientos jurídicos; se habían identificado los riesgos que comportaba la rígida estructura del procedimiento, dividido en fases, y los derivados de un exceso en la atribución de competencias al juez del concurso, en detrimento del imprescindible ámbito de autonomía de la administración concursal; y, en fin, se había advertido de los costes, de tiempo y económico, del diseño en que se trabajaba.

Sin embargo, la mala experiencia que, en el inmediato pasado, había supuesto la deformación de los procedimientos formalmente predispuestos para el tratamiento de situaciones de iliquidez, que habían terminado por superponerse a los procedimientos tradicionales para la solución de las auténticas insolvencias, militaba en contra de la distinción entre el derecho concursal y el preconcursal. La admisión de la insolvencia inminente como presupuesto alternativo para el concurso voluntario se consideraba suficiente. Y, además, quizás faltase perspectiva para apreciar que los nuevos institutos emergentes en otros sistemas legislativos poco tenían que ver con las antiguas suspensiones de pagos.

De otro lado, la alegada rigidez del procedimiento concursal y las muchas funciones atribuidas el juez del concurso no se consideraban especial problema por la simultánea creación de los Juzgados especializados en los que se confiaba plenamente para una segura y rápida tramitación de los concursos de acreedores. En el ánimo del legislador la figura del convenio anticipado era el cauce predispuesto para la rápida solución de la insolvencia.

Pero, a poco de promulgada la ley, la profunda crisis duradera por la que atravesó la economía española, evidenció los defectos y las insuficiencias de la nueva normativa, y el correlativo aumento de los procedimientos concursales no tardó en colapsar los juzgados de lo mercantil. Al mismo tiempo, comenzaron a apreciarse síntomas de la «huida de la Ley Concursal». En efecto, algunas importantes sociedades españolas en situación de crisis, en lugar de solicitar el concurso por razón de una insolvencia real o inminente, acudían, siempre que era posible, a foros extranjeros, con buenos resultados, para beneficiarse de soluciones de las que carecía la legislación española.

El legislador español se sintió constreñido a intervenir, con frecuencia, invocando razones de extraordinaria y urgente necesidad, para tratar de dar solución adecuada a lo que no la tenía, aunque ello comportara, en ocasiones, la sustitución de elementos básicos del recién estrenado sistema concursal y la ampliación de las posibilidades que originariamente ofrecía la nueva ley con el fin de conseguir una más adecuada, más flexible y más justa solución de los intereses en conflicto. Entre otras modificaciones fundamentales, pueden mencionarse la incorporación del criterio del valor razonable del bien o del derecho sobre el que se hubiere constituido la garantía como límite del privilegio especial del crédito garantizado, el reconocimiento del derecho del deudor a solicitar en cualquier momento la apertura de la liquidación, el régimen de los concursos sin masa suficiente para hacer frente a los costes el procedimiento y la introducción del beneficio de la exoneración del pasivo insatisfecho del que, en ciertas condiciones, puede gozar el deudor persona natural.

Junto con reformas estables, aquellas que, una vez introducidas, no han sido objeto de reconsideración, ha habido casos de reformas de lo reformado, en un proceso continuado de diseño y rediseño, como sucedió con el régimen de los acuerdos de refinanciación, a medida que se manifestaban las insuficiencias de las primeras soluciones, acentuando así la inestabilidad de la normativa. De aquel derecho que aspiraba a ser estable se pasó así a un derecho en perpetua refacción.

Esa acumulación de reformas justificó que la disposición final octava de la Ley 9/2015, de 25 de mayo, de medidas urgentes en materia concursal, habilitara al Gobierno para aprobar un texto refundido de la Ley 22/2003, de 9 de julio. La finalización del plazo establecido para la refundición ha motivado que en la Ley 1/2019, de 20 de febrero, de Secretos Empresariales, se incluyera una disposición final tercera que habilitaba un nuevo plazo para aprobar un texto refundido a propuesta de los Ministros de Justicia y del entonces denominado de Economía y Empresa. Esta autorización incluye la facultad de regularizar, aclarar y armonizar los textos legales que deban ser refundidos.

En pocos casos la necesidad de un texto refundido es más necesaria. Las dificultades que, tras tantas reformas, suscita la lectura y la interpretación de las normas legales e incluso la comprensión de la lógica interna del sistema concursal vigente exigían no posponer por más tiempo esa tarea que, aunque delicada, resulta insoslayable afrontar.

II

Las Cortes Generales han establecido el método y, al mismo tiempo, fijado los límites del encargo al poder ejecutivo. El texto refundido de la Ley Concursal debe ser el resultado de la regularización, la aclaración y la armonización de unas normas legales que, como las que son objeto de refundición, han nacido en momentos distintos y han sido generadas desde concepciones no siempre coincidentes. Regularizar significa ajustar, reglar o poner en orden. Aclarar es verbo de múltiples significados: a veces, alude a quitar lo que impide apreciar la realidad de alguna cosa; otras, implica la idea de explicar. Y armonizar equivale a hacer que no discuerden dos o más partes de un todo. La autorización no se circunscribe a la mera formulación de un texto consolidado, sino que incluye esa triple facultad. La fidelidad al mandato recibido impide, pues, la mera yuxtaposición de artículos. De las dos posibilidades que ofrece la Constitución (artículo 82.5), las Cortes han optado por la más ambiciosa. Esa fidelidad al mandato parlamentario exige desarrollar una compleja actuación en pos de ese triple objetivo en el que, por razón del interés general, descansa la decisión legal.

Los amplios términos con que ha sido configurada la delegación al Gobierno para la elaboración del texto refundido permiten así solucionar un buen número de problemas sin alterar el sistema legal vigente. De ahí que, al redactar el texto refundido, el Gobierno no se haya limitado a reproducir, con mejor orden, las normas legales objeto de la refundición, sino que haya debido incidir en esa normativa en una muy delicada labor para cumplir fielmente la encomienda recibida. Ordenar un texto que las sucesivas reformas habían desordenado; redactar las proposiciones normativas de modo que sean fáciles de comprender y, por ende, de aplicar, y eliminar contradicciones –o incluso normas duplicadas o innecesarias– han sido pautas esenciales que han guiado la encomienda recibida.

La doctrina del Consejo de Estado ha señalado que regularizar, aclarar y armonizar textos legales supone, en primer lugar, la posibilidad de alterar la sistemática de la ley y, en segundo lugar, la posibilidad de alterar la literalidad de los textos para depurarlos en la medida necesaria para eliminar las dudas interpretativas que pudieran plantear.

En primer lugar, la alteración de la sistemática facilita la identificación de la norma y la comprensión de la función que cumple. Con la nueva sistemática, se aspira a que la aplicación del derecho no tenga como presupuesto la previa localización de la norma a aplicar. La determinación del derecho aplicable no puede tener mayores dificultades que la interpretación jurídica de las leyes.

Al servicio de esta manifestación del principio de la seguridad jurídica en que la reordenación consiste, el texto refundido se divide en tres libros: el primero, el más extenso, está dedicado al concurso de acreedores. Pero el lector del texto pronto comprobará que, en la distribución de la materia entre los distintos títulos de que se compone este primer libro, existen diferencias importantes con la sistemática de la Ley 22/2003, de 9 de julio. Así, por ejemplo, hay un título específico sobre los órganos del concurso, dividido en dos capítulos, uno dedicado al juez del concurso y otro a la administración concursal; hay, al igual que en la Propuesta de Anteproyecto de Ley Concursal de 1995, un título sobre la masa activa y otro sobre la masa pasiva; hay un título sobre el informe de la administración concursal; hay un título propio para el pago de los créditos a los acreedores; y un título sobre publicidad. Esta nueva sistemática ha supuesto el traslado y la recolocación de muchas normas contenidas en títulos diferentes de la Ley Concursal. Entre otros muchos ejemplos significativos, en el título IV, dedicado a la masa activa, no solo se incluye lo relativo a la composición de esa masa o lo relativo a la conservación de la misma, sino también las reglas generales de enajenación de los bienes y derechos que la componen, muchas de ellas ahora contenidas en el título sobre liquidación; el régimen de la reintegración de la masa, procedente del título sobre los efectos de la declaración de concurso; el régimen de la reducción de la masa; y la regulación de los créditos contra la masa, que se enumeraban en aquella parte de la ley que tenía por objeto la composición de la masa pasiva, incluidas las especialidades en caso de insuficiencia de la masa para hacer frente a dichos créditos, materia de la que se ocupaba el título dedicado a la conclusión del concurso.

Las normas concursales generales se integran en los doce primeros títulos de este libro. Simultáneamente, se han excluido de esos títulos aquellas normas especiales que estaban dispersas por el articulado, sin distraer al aplicador del derecho con aquellas particularidades de ámbito más o menos restringido. En el título XIV, que es el título final de este libro I, se han agrupado, junto con el concurso de la herencia, las especialidades del concurso de aquel deudor que tenga determinadas características subjetivas u objetivas.

El libro II está dedicado a ese otro derecho de la crisis que es alternativo –y, en ocasiones, previo– al derecho tradicional de la insolvencia. Este segundo libro se divide en cuatro títulos independientes: el primero, procedente del artículo 5 bis, tiene como objeto la comunicación de la apertura de negociaciones con los acreedores; el segundo, se ocupa de los acuerdos de refinanciación, cuyo episódico régimen, tan trabajosamente diseñado por el legislador, adquiere ese mínimo de unidad y autonomía que todos reclamaban; el tercero es el relativo a los acuerdos extrajudiciales de pago, cuya disciplina se ha añadido a la Ley Concursal por la Ley 14/2013, de 27 de septiembre, modificado por la Ley 25/2015, de 28 de junio; y el último se ocupa de las especialidades del concurso consecutivo, sea a un acuerdo de refinanciación, sea a un acuerdo extrajudicial de pagos. Se ha optado por mantener la terminología de esos nuevos instrumentos legales por ser la incorporada al anejo A del Reglamento (UE) 2015/848, del Parlamento y del Consejo, de 20 de mayo de 2015, sobre procedimientos de insolvencia.

Pero la elaboración de este libro ha sido, probablemente, la de mayor dificultad técnica: dificultad por las reconocidas deficiencias, incluso terminológicas, del régimen de estos «expedientes» o «procedimientos». Quizás sea aquí donde los límites de la refundición resultan más patentes: no faltarán quienes consideren que el Gobierno hubiera debido aprovechar la ocasión para clarificar más el régimen jurídico aplicable a esos institutos y, en especial, del régimen aplicable a los acuerdos de refinanciación –un régimen más preocupado por la consecución de determinados objetivos que por la tipificación institucional–, solventando las muchas dudas que la aplicación de las normas legales ha permitido identificar. Sin embargo, en la refundición de esas normas se ha procedido con especial prudencia para evitar franquear los límites de la encomienda, pues la delegación para aclarar no es delegación para reconstruir sobre nuevas bases las instituciones.

En fin, en el libro III se incluyen las normas de derecho internacional privado que hasta ahora contenía el título IX de la Ley Concursal. La razón de la creación de este último libro se encuentra en el ya citado Reglamento (UE) 2015/848. A diferencia del Reglamento (CE) 1346/2000, del Consejo, de 29 de mayo de 2000, el nuevo Reglamento, es de aplicación no solo a los concursos de acreedores, sino también a los «procedimientos» que el texto refundido agrupa en el libro II. Existen normas del derecho internacional privado de la insolvencia, hasta ahora circunscritas al concurso de acreedores, que deberán aplicarse a los acuerdos de refinanciación y a los acuerdos extrajudiciales de pagos, por lo que la coherencia sistemática exigía esta posposición.

En segundo lugar, la alteración de la literalidad de un buen número de textos es la manifestación más significativa del mandato de claridad. Un elevado número de artículos se han redactado de nuevo, para precisar, sin alterar el contenido, cuál es la interpretación de la norma. La terminología se ha unificado; el sentido de la norma se hace coincidir con la formulación, evitando el mayor número de incertidumbres posibles; y las fórmulas legislativas más complejas se exponen con la mayor simplicidad posible.

Esta alteración de la literalidad ha ido unida a una nueva relación entre el continente y el contenido. En el texto originario de la Ley Concursal y, sobre todo, en el ya reformado existían artículos que, por razón de la materia, era aconsejable dividir en varios independientes. En el texto refundido se dedica un artículo a cada materia, evitando que un mismo precepto se ocupe de heterogéneas o distintas cuestiones y, al mismo tiempo, el epígrafe de cada artículo intenta anticipar el objeto de la norma. En casos concretos, un solo artículo de la Ley Concursal ha dado lugar a todo un capítulo o a toda una sección. Así, el artículo 5 bis de la Ley Concursal, sobre comunicación de negociaciones con los acreedores; el artículo 64, sobre los efectos de la declaración de concurso sobre los contratos de trabajo; el artículo 100, sobre contenido de la propuesta de convenio; el artículo 149, sobre reglas legales en materia de liquidación de la masa activa; el artículo 176 bis, sobre especialidades de la conclusión del concurso por insuficiencia de la masa activa; o el artículo 178 bis, sobre el beneficio de la exoneración del pasivo insatisfecho. Un caso particular es el artículo 71 bis, sobre el régimen especial de rescisión de determinados acuerdos de refinanciación, y de la disposición adicional cuarta, sobre homologación de esos acuerdos, que han dado lugar a todo un título. La consecuencia de la utilización de estos criterios ha sido el sustancial aumento del número de artículos. La Ley Concursal apenas supera los 250 artículos; el texto refundido casi ha multiplicado por tres este número.

Pero no solo esto: al redactar el texto refundido, el Gobierno no solo aspira a ofrecer un conjunto normativo que fuera sistemático y que fuera claro e inteligible. Por supuesto, el texto refundido no puede incluir modificaciones de fondo del marco legal refundido, así como tampoco introducir nuevos mandatos jurídicos inexistentes con anterioridad o excluir mandatos jurídicos vigentes. Pero, dentro de los límites fijados por las Cortes, la tarea exigía, como en ocasiones similares ha señalado el Consejo de Estado, actuar «con buen sentido» pues la refundición no puede ser una tarea meramente mecánica, sino que requiere, a veces, ajustes importantes para mantener la unidad de las concepciones; para convertir en norma expresa principios implícitos; para completar las soluciones legales colmando lagunas cuando sea imprescindible; y, en fin, para rectificar las incongruencias, sean originarias, sean consecuencia de las sucesivas reformas, que se aprecien en las normas legales contenidas dentro de la misma Ley. Por estas razones, la labor técnica que supone la elaboración de un texto refundido, cuando la delegación es tan amplia, implica no solo interpretación, sino también integración –es decir, un «contenido innovador», sin el cual carecería de sentido la delegación legislativa–, pudiendo incluso llegar a la explicitación de normas complementarias a las que son objeto de refundición (sentencias del Tribunal Constitucional números 122/1992, de 28 de septiembre, y 166/2007, de 4 de julio). En el texto refundido que ahora aprueba el Gobierno, el aplicador del derecho comprobará a cada paso la importancia que ha tenido este criterio orientador, el tesón por la coherencia con los principios, esa preocupación por explicitar lo implícito o esa frecuencia de normas complementarias.

La imprescindible reordenación, clarificación y armonización del derecho vigente que representa este texto refundido no excluye que el proceso de reforma del derecho de la insolvencia haya finalizado. España tiene pendiente de transponer la Directiva (UE) 2019/1023, del Parlamento Europeo y del Consejo, de 20 de junio de 2019, que tiene como finalidad establecer mecanismos de alerta ante el riesgo de insolvencia, dar una regulación más completa y coherente a los procesos de reestructuración preventiva de las deudas, simplificar el derecho concursal, aumentar la eficiencia, aligerar costes, y ampliar las posibilidades de obtención del beneficio de liberación de deudas. Pero el texto refundido que ahora se aprueba constituye la base idónea para acometer de forma más ordenada, clara y sistemática esa inexcusable transposición, tarea que, ya por sí misma reviste extraordinaria dificultad.

El Derecho concursal se reivindica como una herramienta fundamental para la conservación de tejido empresarial y empleo; y de ello es consciente el legislador y la propia Unión Europea que ha desarrollado una importante iniciativa normativa a través de Directivas como la mencionada inmediatamente antes. Esta finalidad conservativa del Derecho concursal se manifiesta no solo a través de normas con vocación de permanencia como el presente texto refundido, sino que en el contexto de la crisis sanitaria originada por el

COVID-19 también se han adoptado medidas urgentes, de naturaleza temporal y extraordinaria, con incidencia en el ámbito concursal. El ámbito temporal de aplicación de estas medidas es limitado, pues tratan de atender de manera extraordinaria y urgente la situación de los procesos concursales tras la finalización del estado de alarma y la situación de las empresas afectadas por la disminución o el cese de actividad motivada precisamente por las consecuencias económicas generadas por la mencionada crisis sanitaria, de modo que durante un cierto período de tiempo ambas normas, texto refundido y normas excepcionales, coincidirán en su aplicación, si bien cada una en su respectivo ámbito.

En su virtud, a propuesta del Ministro de Justicia y de la Ministra de Asuntos Económicos y Transformación Digital, de acuerdo con el Consejo de Estado y previa deliberación del Consejo de Ministros en su reunión del día 5 de mayo de 2020,

DISPONGO:

ART. ÚNICO. Aprobación del texto refundido de la Ley Concursal.

Se aprueba el texto refundido de la Ley Concursal que se inserta a continuación.

DISPOSICIONES ADICIONALES

D.A. 1.ª Grupos de sociedades.

A los efectos del texto refundido de la Ley Concursal se entenderá por grupo de sociedades el definido en el artículo 42.1 del Código de Comercio, aunque el control sobre las sociedades directa o indirectamente dependientes lo ostente una persona natural o una persona jurídica que no sea sociedad mercantil.

Modificado por Ley 16/2022, de 5 de septiembre, de reforma del texto refundido de la Ley Concursal, aprobado por el Real Decreto Legislativo 1/2020, de 5 de mayo, para la transposición de la Directiva (UE) 2019/1023 del Parlamento Europeo y del Consejo, de 20 de junio de 2019, sobre marcos de reestructuración preventiva, exoneración de deudas e inhabilitaciones, y sobre medidas para aumentar la eficiencia de los procedimientos de reestructuración, insolvencia y exoneración de deudas, y por la que se modifica la Directiva (UE) 2017/1132 del Parlamento Europeo y del Consejo, sobre determinados aspectos del Derecho de sociedades (Directiva sobre reestructuración e insolvencia). (BOE de 06-09-2022).

D.A. 2.ª Remisiones normativas.

Las referencias normativas contenidas en otras disposiciones a la Ley 22/2003, de 9 de julio, Concursal, se entenderán realizadas a los preceptos correspondientes del texto refundido que se aprueba.

D.A. 3.ª Tabla de correspondencias.

Dentro del mes siguiente a la publicación en el «Boletín Oficial del Estado» de este real decreto legislativo se divulgará a través de la página web de los Ministerios de Justicia y de Asuntos Económicos y Transformación Digital, con efectos meramente informativos, una tabla de correspondencias de los preceptos de la Ley 22/2003, de 9 de julio, Concursal, con los del texto refundido que se aprueba mediante este real decreto legislativo.

D.A. 4.ª Estadística concursal.

El Gobierno adoptará las medidas pertinentes para garantizar la elaboración, a partir de la información suministrada por la oficina judicial, los Registros Mercantiles y el Registro público concursal, de estadísticas que permitan evaluar el funcionamiento del sistema concursal y contribuyan a la organización y funcionamiento de la cuenta de garantía arancelaria.

DISPOSICIONES TRANSITORIAS

D.T. ÚNICA. Régimen transitorio.

1. El contenido de los artículos 57 a 63, 84 a 89, 560 a 566 y 574.1 todos ellos inclusive, de este texto refundido, que corresponda a las modificaciones introducidas en los artículos 27, 34 y 198 de la Ley 22/2003, de 9 de julio, Concursal, por la Ley 17/2014, de 30 de septiembre, por la que se adoptan medidas urgentes en materia de refinanciación y reestructu-

ración de deuda empresarial, entrarán en vigor cuando se apruebe el reglamento a que se refiere la disposición transitoria segunda de dicha ley. Entre tanto permanecerán en vigor los artículos 27, 34 y 198 de la Ley Concursal en la redacción anterior a la entrada en vigor de dicha Ley 17/2014, de 30 de septiembre.

2. El contenido de los artículos 91 a 93, ambos inclusive, de este texto refundido, correspondientes a los artículos 34 bis a 34 quáter de la Ley 22/2003, de 9 de julio, introducidos por Ley 25/2015, de 28 de julio, de mecanismo de segunda oportunidad, reducción de la carga financiera y otras medidas de orden social, entrarán en vigor cuando se apruebe el desarrollo reglamentario de la cuenta de garantía arancelaria.

DISPOSICIONES DEROGATORIAS

D.DT. ÚNICA. Derogación normativa.

1. Se derogan los artículos 1 a 242 bis, así como las disposiciones adicionales segunda, segunda bis, segunda ter, cuarta, quinta, sexta, séptima y octava y las disposiciones finales quinta y sexta de la Ley 22/2003, de 9 de julio, Concursal.

No obstante, la derogación de sus disposiciones adicionales y finales señaladas en el párrafo anterior no afectará a los contenidos de las leyes modificadas por las mismas, que se mantienen en sus términos actualmente vigentes:

a) Disposición adicional primera. Referencias legales a los procedimientos concursales anteriormente vigentes.

b) Disposición adicional tercera. Reforma de las leyes de Sociedades Anónimas y de Responsabilidad Limitada.

c) Disposición transitoria primera. Procedimientos concursales en tramitación.

d) Disposición transitoria segunda. Juzgados de lo Mercantil.

e) Disposición final primera. Reforma del Código Civil.

f) Disposición final segunda. Reforma del Código de Comercio.

g) Disposición final tercera. Reforma de la Ley de Enjuiciamiento Civil.

h) Disposición final cuarta. Reforma de la Ley de Asistencia Jurídica Gratuita.

i) Disposición final séptima. Reforma de la Ley Hipotecaria.

j) Disposición final octava. Reforma de la Ley de Hipoteca Mobiliaria y Prenda sin Desplazamiento.

k) Disposición final novena. Reforma de la Ley de Hipoteca Naval.

l) Disposición final décima. Reforma de la Ley General Presupuestaria.

m) Disposición final undécima. Modificación de la Ley 58/2003, de 17 de diciembre, General Tributaria.

n) Disposición final undécima bis. Reforma de la Ley del Impuesto sobre el Valor Añadido.

o) Disposición final undécima ter. Modificación de la Ley 20/1991, de 7 de junio, de modificación de los aspectos fiscales del Régimen Económico Fiscal de Canarias.

p) Disposición final duodécima. Reforma de la Ley del Impuesto sobre Transmisiones Patrimoniales y Actos Jurídicos Documentados.

q) Disposición final decimotercera. Reforma de la Ley de Contratos de las Administraciones Públicas.

r) Disposición final decimocuarta. Reforma del Estatuto de los Trabajadores.

s) Disposición final decimoquinta. Reforma de la Ley de Procedimiento Laboral.

t) Disposición final decimosexta. Reforma de la Ley General de la Seguridad Social.

u) Disposición final decimoséptima. Reforma de la Ley Cambiaria y del Cheque.

v) Disposición final decimoctava. Reforma de la Ley del Mercado de Valores.

x) Disposición final decimonovena. Reforma de la Ley del Mercado Hipotecario y de la Ley de Medidas de Reforma del Sistema Financiero.

y) Disposición final vigésima. Reforma de la Ley de Sociedades Anónimas.

z) Disposición final vigésima primera. Reforma de la Ley de Sociedades de Responsabilidad Limitada.

aa) Disposición final vigésima segunda. Reforma de la Ley de Cooperativas.

ab) Disposición final vigésima tercera. Reforma de la Ley de Sociedades de Garantía Recíproca.

ac) Disposición final vigésima cuarta. Reforma de la Ley de entidades de capital-riesgo.

ad) Disposición final vigésima quinta. Reforma de la Ley de agrupaciones de interés económico.

ae) Disposición final vigésima octava. Reforma de la Ley de Contrato de Seguro.

af) Disposición final vigésima novena. Reforma de la Ley sobre Contrato de Agencia.

ag) Disposición final trigésima. Reforma de la Ley de Navegación Aérea.

ah) Disposición final trigésima primera. Reforma de la Ley de Defensa de Consumidores y Usuarios.

ai) Disposición final trigésima segunda. Título competencial.

aj) Disposición final trigésima tercera. Proyecto de Ley reguladora de la concurrencia y prelación de créditos.

ak) Disposición final trigésima cuarta. Arancel de retribuciones.

2. Quedan también derogadas cuantas disposiciones de igual o inferior rango se opongan a lo dispuesto en este real decreto legislativo y en el texto refundido que aprueba y, en particular, las siguientes:

a) Disposición adicional tercera de la Ley 36/2003, de 11 de noviembre, de medidas de reforma económica.

b) Letra d) del apartado 1 de la disposición derogatoria única del Real Decreto Legislativo 7/2004, de 29 de octubre, por el que se aprueba el texto refundido del Estatuto Legal del Consorcio de Compensación de Seguros.

c) La disposición adicional tercera del Real Decreto-ley 5/2005, de 11 de marzo, de reformas urgentes para el impulso a la productividad y para la mejora de la contratación pública.

d) Disposición adicional primera; apartados 1 y 2 de la disposición final tercera de la Ley 6/2005, de 22 de abril sobre saneamiento y liquidación de las entidades de crédito.

e) Capítulo III (artículos 6 a 12); disposiciones adicionales primera, segunda y tercera; disposiciones transitorias segunda a octava del Real Decreto-ley 3/2009, de 27 de marzo, de medidas urgentes en materia tributaria, financiera y concursal ante la evolución de la situación económica.

f) Artículo decimoséptimo de la Ley 13/2009, de 3 de noviembre, de reforma de la legislación procesal para la implantación de la nueva Oficina judicial.

g) Disposición final tercera de la Ley 11/2011, de 20 de mayo, de reforma de la Ley 60/2003, de 23 de diciembre, de Arbitraje y de regulación del arbitraje institucional en la Administración General del Estado.

h) Disposición final sexta de la Ley 9/2012, de 14 de noviembre, de reestructuración y resolución de entidades de crédito.

i) Artículo 10 del Real Decreto-ley 11/2013, de 2 de agosto, para la protección de los trabajadores a tiempo parcial y otras medidas urgentes en el orden económico y social.

j) Artículo 21; artículo 31; disposición transitoria de la Ley 14/2013, de 27 de septiembre, de apoyo a los emprendedores y su internacionalización.

k) Disposición final séptima de la Ley 26/2013, de 27 de diciembre, de cajas de ahorros y fundaciones bancarias.

l) Artículo 10 de la Ley 1/2014, de 28 de febrero, para la protección de los trabajadores a tiempo parcial y otras medidas urgentes en el orden económico y social.

m) Artículo único del Real Decreto-ley 4/2014, de 7 de marzo, por el que se adoptan medidas urgentes en materia de refinanciación y reestructuración de deuda empresarial.

n) Artículo único del Real Decreto-ley 11/2014, de 5 de septiembre por la que se adoptan medidas urgentes en materia de refinanciación y reestructuración de deuda empresarial.

o) Artículo único de la Ley 17/2014, de 30 de septiembre, por la que se adoptan medidas urgentes en materia de refinanciación y reestructuración de deuda empresarial.

p) Artículo 1; disposiciones adicionales primera, segunda y tercera; y disposición transitoria primera del Real Decreto-ley 1/2015, de 27 de febrero, de mecanismo de segunda oportunidad, reducción de carga financiera y otras medidas de orden social.

q) Disposición final primera de la Ley 5/2015, de 27 de abril, de fomento de la financiación empresarial.

r) Disposición final quinta de la Ley 9/2015, de 25 de mayo, de medidas urgentes en materia concursal.

s) Disposición final quinta de la Ley 11/2015, de 18 de junio, de recuperación y resolución de entidades de crédito y empresas de servicios de inversión.

t) Disposición final quinta de la Ley 20/2015, de 14 de julio, de ordenación, supervisión y solvencia de las entidades aseguradoras y reaseguradoras.

u) Artículo 1 y disposición transitoria primera de la Ley 25/2015, de 28 de julio, de mecanismo de segunda oportunidad, reducción de carga financiera y otras medidas de orden social.

v) Disposición final quinta de la Ley 40/2015, de 1 de octubre, de Régimen Jurídico del Sector Público.

Apdo. 2.j) modificado por Real Decreto-ley 5/2021, de 12 de marzo, de medidas extraordinarias de apoyo a la solvencia empresarial en respuesta a la pandemia de la COVID-19. (BOE de 13-03-2021).

DISPOSICIONES FINALES

D.F. 1.ª Título competencial.

El texto refundido de la Ley Concursal se dicta al amparo de lo dispuesto en el artículo 149.1.6.ª de la Constitución, que atribuye al Estado la competencia exclusiva en materia de «legislación mercantil» y de «legislación procesal».

D.F. 2.ª Entrada en vigor.

El presente real decreto legislativo y el texto refundido de la Ley Concursal que aprueba entrarán en vigor el 1 de septiembre del año 2020.

Dado en Madrid, el 5 de mayo de 2020.

FELIPE R.

La Vicepresidenta Primera del Gobierno y Ministra de la Presidencia, Relaciones con las Cortes y Memoria Democrática,

CARMEN CALVO POYATO

TEXTO REFUNDIDO DE LA LEY CONCURSAL

LIBRO PRIMERO
Del concurso de acreedores

TÍTULO I
De la declaración de concurso

CAPÍTULO I
De los presupuestos de la declaración de concurso

ART. 1. Presupuesto subjetivo.

1. La declaración de concurso procederá respecto de cualquier deudor, sea persona natural o jurídica.

2. Los deudores incluidos en el ámbito de aplicación del libro tercero se sujetarán exclusivamente a las disposiciones de ese libro.

3. Las entidades que integran la organización territorial del Estado, los organismos públicos y demás entes de derecho público no podrán ser declarados en concurso.

Apdo. 2 se añade y antiguo 2 se renumera como apdo. 3 por Ley 16/2022, de 5 de septiembre, de reforma del texto refundido de la Ley Concursal, aprobado por el Real Decreto Legislativo 1/2020, de 5 de mayo, para la transposición de la Directiva (UE) 2019/1023 del Parlamento Europeo y del Consejo, de 20 de junio de 2019, sobre marcos de reestructuración preventiva, exoneración de deudas e inhabilitaciones, y sobre medidas para aumentar la eficiencia de los procedimientos de reestructuración, insolvencia y exoneración de deudas, y por la que se modifica la Directiva (UE) 2017/1132 del Parlamento Europeo y del Consejo, sobre determinados aspectos del Derecho de sociedades (Directiva sobre reestructuración e insolvencia). (BOE de 06-09-2022).

Ver arts. 17 a 39 CC y 1 y 116 Ccom.; Ley 40/2015, de 1 de octubre, de Régimen Jurídico del Sector Público y RD 370/1999, de 5 de marzo (sobre entidades de derecho público); RD 432/1999, de 12 de marzo (sobre organismos autónomos); y RDL 5/2005, de 11 de marzo (sobre reformas urgentes para el impulso a la productividad y mejora de la contratación pública).

ART. 2. Presupuesto objetivo.

1. La declaración de concurso procederá en caso de insolvencia del deudor.

2. La solicitud de declaración de concurso presentada por el deudor deberá fundarse en que se encuentra en estado de insolvencia.

3. La insolvencia podrá ser actual o inminente. Se encuentra en estado de insolvencia actual el deudor que no puede cumplir regularmente sus obligaciones exigibles. Se encuentra en estado de insolvencia inminente el deudor que prevea que dentro de los tres meses siguientes no podrá cumplir regular y puntualmente sus obligaciones.

4. La solicitud de declaración de concurso presentada por cualquier acreedor deberá fundarse en alguno de los siguientes hechos externos reveladores del estado de insolvencia:

1.º La existencia de una previa declaración judicial o administrativa de insolvencia del deudor, siempre que sea firme.

2.º La existencia de un título por el cual se haya despachado mandamiento de ejecución o apremio sin que del embargo hubieran resultado bienes libres conocidos bastantes para el pago.

3.º La existencia de embargos por ejecuciones en curso que afecten de una manera general al patrimonio del deudor.

4.º El sobreseimiento generalizado en el pago corriente de las obligaciones del deudor.

5.º El sobreseimiento generalizado en el pago de las obligaciones tributarias exigibles durante los tres meses anteriores a la solicitud de concurso; el de las cuotas de la seguridad social y demás conceptos de recaudación conjunta durante el mismo período, o el de los salarios e indemnizaciones a los trabajadores y demás retribuciones derivadas de las relaciones de trabajo correspondientes a las tres últimas mensualidades.

6.º El alzamiento o la liquidación apresurada o ruinosa de sus bienes por el deudor.

Apdo. 3 se modifica por Ley 16/2022, de 5 de septiembre, de reforma del texto refundido de la Ley Concursal, aprobado por el Real Decreto Legislativo 1/2020, de 5 de mayo, para la transposición de la Directiva (UE) 2019/1023 del Parlamento Europeo y del Consejo, de 20 de junio de 2019, sobre marcos de reestructuración preventiva, exoneración de deudas e inhabilitaciones, y sobre medidas para aumentar la eficiencia de los procedimientos de reestructuración, insolvencia y exoneración de deudas, y por la que se modifica la Directiva (UE) 2017/1132 del Parlamento Europeo y del Consejo, sobre determinados aspectos del Derecho de sociedades (Directiva sobre reestructuración e insolvencia). (BOE de 06-09-2022).

Apdo. 4: Ver art. 5.2 de esta norma.

CAPÍTULO II
De la legitimación

ART. 3. Legitimación.

1. Para solicitar la declaración de concurso están legitimados el deudor y cualquiera de sus acreedores.

Si el deudor fuera persona jurídica, será competente para decidir sobre la presentación de la solicitud el órgano de administración o de liquidación.

2. Por excepción a lo dispuesto en el apartado anterior, no está legitimado el acreedor que, dentro de los seis meses anteriores a la presentación de la solicitud, hubiera adquirido el crédito por actos ínter vivos y a título singular, después de su vencimiento.

3. Para solicitar la declaración de concurso de una sociedad, están también legitimados los socios que sean personalmente responsables de las deudas de aquella.

Sobre la legitimación de los socios personalmente responsables, ver los arts. 127 –sociedad colectiva–, 148 –sociedad comanditaria– y 174 –sociedad comanditaria por acciones– Ccom y el art. 5.2 Ley 2/2007, de 15 de marzo, de Sociedades Profesionales.

Fallecimiento del concursado: ver el art. 571 de esta norma.

ART. 4. De la intervención del Ministerio Fiscal.

1. Cuando en las actuaciones por delitos contra el patrimonio y contra el orden socioeconómico se pongan de manifiesto indicios de estado de insolvencia de algún presunto responsable penal, el Ministerio Fiscal instará del juez que conozca de la causa la comunicación de aquellos hechos a los acreedores cuya identidad resulte de las actuaciones penales en curso, a fin de que, en su caso, puedan solicitar la declaración de concurso o ejercitar las acciones que les correspondan.

2. De igual modo, el Ministerio Fiscal instará del juez que esté conociendo de la causa la comunicación de los hechos al juez competente para conocer del concurso del deudor por si respecto de este se encontrase en tramitación un concurso de acreedores.

Sobre la intervención del Ministerio Fiscal ver los arts. 51.2, 450 bis, 589, 644.2 y 688.2

CAPÍTULO III
De la declaración de concurso a solicitud del deudor

Sección 1.ª Del deber de solicitar la declaración de concurso

ART. 5. Deber de solicitar la declaración de concurso.

1. El deudor deberá solicitar la declaración de concurso dentro de los dos meses siguientes a la fecha en que hubiera conocido o debido conocer el estado de insolvencia actual.

2. Salvo prueba en contrario, se presumirá que el deudor ha conocido que se encuentra en estado de insolvencia cuando hubiera acaecido alguno de los hechos que pueden servir de fundamento a una solicitud de cualquier otro legitimado.

Ver art. 444 de esta norma y los arts. y 361, 363 a 367 y 372 LSC.

Sección 2.ª De la solicitud del deudor

ART. 6. Solicitud del deudor.

1. El deudor que inste la declaración del propio concurso deberá expresar en la solicitud el estado de insolvencia actual o inminente en que se encuentre y acompañar todos los documentos que considere necesarios para acreditar la existencia de ese estado.

2. La solicitud se presentará por procurador en el modelo oficial, con la firma de este y de abogado. El poder en el que el deudor otorgue la representación al procurador habrá de estar autorizado por notario o ser conferido apud acta por comparecencia personal ante el letrado de la Administración de Justicia de cualquier oficina judicial o por comparecencia electrónica en la correspondiente sede judicial y deberá ser especial para solicitar el concurso.

Apdo. 2 modificado por Ley 16/2022, de 5 de septiembre, de reforma del texto refundido de la Ley Concursal, aprobado por el Real Decreto Legislativo 1/2020, de 5 de mayo, para la transposición de la Directiva (UE) 2019/1023 del Parlamento Europeo y del Consejo, de 20 de junio de 2019, sobre marcos de reestructuración preventiva, exoneración de deudas e inhabilitaciones, y sobre medidas para aumentar la eficiencia de los procedimientos de reestructuración, insolvencia y exoneración de deudas, y por la que se modifica la Directiva (UE) 2017/1132 del Parlamento Europeo y del Consejo, sobre determinados aspectos del Derecho de sociedades (Directiva sobre reestructuración e insolvencia). (BOE de 06-09-2022).

Ver arts. 10 y 11 de esta norma sobre defectos y provisión de la solicitud, el art. 15, sobre acumulación de solicitudes, el art. 29 sobre pluralidad de solicitudes, el art. 38 sobre declaración conjunta y el art. 41 sobre acumulación de concursos, y en relación a los libros y cuentas anuales, los arts. 115-117 y 134 de esta Ley, los arts. 253 y ss. LSC y los arts. 25 y ss. y 34 y ss. CCom.

ART. 7. Documentos generales.

A la solicitud de declaración de concurso, el deudor acompañará los documentos siguientes:

1.º Una memoria expresiva de la historia económica y jurídica del deudor; de la actividad o actividades a que se haya dedicado durante los tres últimos años y de los establecimientos, oficinas y explotaciones de que sea titular, y de las causas del estado de insolvencia en que se encuentre.

Si el deudor fuera persona casada, indicará en la memoria la identidad del cónyuge, la fecha del matrimonio, el régimen económico por el que se rija y, si se hubiera pactado, la fecha de las capitulaciones matrimoniales. Si el deudor tuviera pareja inscrita, indicará en la memoria la identidad de la pareja y la fecha de inscripción en el registro correspondiente.

Si el deudor fuera persona jurídica, indicará en la memoria la identidad de los socios o asociados de que tenga constancia; la identidad de los administradores o de los liquidadores, de los directores generales y, en su caso, del auditor de cuentas; si tiene admitidos valores admitidos a cotización en un centro de negociación, y si forma parte de un grupo de sociedades, enumerando las que estén integradas en este, con expresión de la identidad de la sociedad dominante.

2.º Un inventario de los bienes y derechos que integren su patrimonio, con expresión de la naturaleza que tuvieran, las características, el lugar en que se encuentren y, si estuvieran inscritos en un registro público, los datos de identificación registral de cada uno de los bienes y derechos relacionados, el valor de adquisición, las correcciones valorativas que procedan y la estimación del valor de mercado a la fecha de la solicitud. Se indicarán también en el inventario los derechos, los gravámenes, las trabas y las cargas que afecten a estos bienes y derechos, a favor de acreedor o de tercero, con expresión de la naturaleza que tuvieren y, en su caso, los datos de identificación registral.

3.º La relación de acreedores con expresión de la identidad, el domicilio y la dirección electrónica, si la tuviere, de cada uno de ellos, así como de la cuantía y el vencimiento de los respectivos créditos y las garantías personales o reales constituidas. Si algún acreedor hubiera reclamado judicialmente el pago del crédito, se identificará el procedimiento correspondiente y se indicará el estado de las actuaciones.

4.° Si el deudor fuera empleador, el número de trabajadores, con expresión del centro de trabajo al que estuvieran afectos, y la identidad de los integrantes del órgano de representación de los mismos si los hubiere, con expresión de la dirección electrónica de cada uno de ellos.

Modificado por Ley 16/2022, de 5 de septiembre, de reforma del texto refundido de la Ley Concursal, aprobado por el Real Decreto Legislativo 1/2020, de 5 de mayo, para la transposición de la Directiva (UE) 2019/1023 del Parlamento Europeo y del Consejo, de 20 de junio de 2019, sobre marcos de reestructuración preventiva, exoneración de deudas e inhabilitaciones, y sobre medidas para aumentar la eficiencia de los procedimientos de reestructuración, insolvencia y exoneración de deudas, y por la que se modifica la Directiva (UE) 2017/1132 del Parlamento Europeo y del Consejo, sobre determinados aspectos del Derecho de sociedades (Directiva sobre reestructuración e insolvencia). (BOE de 06-09-2022).

ART. 8. Documentos contables y complementarios.

1. Si el deudor estuviera legalmente obligado a llevar contabilidad, acompañará a la solicitud de declaración de concurso, además, los documentos siguientes:

1.° Las cuentas anuales y, en su caso, los informes de gestión y los informes de auditoría correspondientes a los tres últimos ejercicios finalizados a la fecha de la solicitud, estén o no aprobadas dichas cuentas.

2.° Una memoria de los cambios significativos operados en el patrimonio con posterioridad a las últimas cuentas anuales formuladas, aprobadas y depositadas.

3.° Una memoria de las operaciones realizadas con posterioridad a las últimas cuentas anuales formuladas, aprobadas y depositadas que, por su objeto, naturaleza o cuantía hubieran excedido del giro o tráfico ordinario del deudor.

2. Si el deudor formase parte de un grupo de sociedades, como sociedad dominante o como sociedad dominada, acompañará también las cuentas anuales y el informe de gestión consolidados y el informe de auditoría correspondientes a los tres últimos ejercicios sociales finalizados a la fecha de la solicitud, estén o no aprobadas dichas cuentas, así como una memoria expresiva de las operaciones realizadas con otras sociedades del grupo durante ese mismo período y hasta la solicitud de concurso.

3. Si el deudor estuviera obligado a comunicar o remitir estados financieros intermedios a autoridades supervisoras, acompañará igualmente a la solicitud de declaración de concurso los estados financieros elaborados con posterioridad a las últimas cuentas que acompañan a la solicitud.

ART. 9. Falta de aportación de documentos.

Cuando el deudor no acompañe a la solicitud alguno de los documentos exigidos o faltara en ellos alguno de los datos o de los requisitos establecidos en esta ley, deberá expresar en la solicitud de declaración de concurso la causa que lo motivara.

Sección 3.ª De la provisión sobre la solicitud del deudor

ART. 10. Provisión sobre la solicitud del deudor.

1. La solicitud de concurso presentada por el deudor será repartida y remitida a la oficina judicial que corresponda el mismo día de la presentación o el siguiente día hábil. En el mismo día o, si no fuera posible, en el siguiente día hábil al del reparto, el juez competente examinará la solicitud.

2. Si el juez se considera competente y si de la documentación aportada, apreciada en conjunto, resulta que concurren los presupuestos subjetivo y objetivo para la declaración, el juez declarará el concurso de acreedores el primer día hábil siguiente.

Apdo. 1 modificado por Ley 16/2022, de 5 de septiembre, de reforma del texto refundido de la Ley Concursal, aprobado por el Real Decreto Legislativo 1/2020, de 5 de mayo, para la transposición de la Directiva (UE) 2019/1023 del Parlamento Europeo y del Consejo, de 20 de junio de 2019, sobre marcos de reestructuración preventiva, exoneración de deudas e inhabilitaciones, y sobre medidas para aumentar la eficiencia de los procedimientos de reestructuración, insolvencia y exoneración de deudas, y por la que se modifica la Directiva (UE) 2017/1132 del Parlamento Europeo y del Consejo, sobre determinados aspectos del Derecho de sociedades (Directiva sobre reestructuración e insolvencia). (BOE de 06-09-2022).

ART. 11. Subsanación de la solicitud del deudor.

1. Si el juez estimara que la solicitud de declaración de concurso presentada por el deudor o la documentación que la acompaña adolecen de algún defecto material o procesal o que la documentación es insuficiente, señalará al solicitante un único plazo de justificación o de subsanación que no podrá exceder de tres días.

2. Si el deudor no procede dentro de plazo a la justificación o a la subsanación requerida, el juez dictará auto inadmitiendo a trámite la solicitud.

3. Una vez justificado o subsanado el defecto o la insuficiencia dentro de ese plazo, el juez en el mismo día o, si no fuera posible, en el siguiente hábil dictará auto declarando el concurso o desestimando la solicitud.

> *Apdo. 1 modificado por Ley 16/2022, de 5 de septiembre, de reforma del texto refundido de la Ley Concursal, aprobado por el Real Decreto Legislativo 1/2020, de 5 de mayo, para la transposición de la Directiva (UE) 2019/1023 del Parlamento Europeo y del Consejo, de 20 de junio de 2019, sobre marcos de reestructuración preventiva, exoneración de deudas e inhabilitaciones, y sobre medidas para aumentar la eficiencia de los procedimientos de reestructuración, insolvencia y exoneración de deudas, y por la que se modifica la Directiva (UE) 2017/1132 del Parlamento Europeo y del Consejo, sobre determinados aspectos del Derecho de sociedades (Directiva sobre reestructuración e insolvencia). (BOE de 06-09-2022).*

ART. 12. Recurso contra el auto de inadmisión o desestimación de la solicitud del deudor.

Contra el auto que inadmita o desestime la solicitud de declaración del concurso presentada por el deudor el solicitante solo podrá interponer recurso de reposición.

CAPÍTULO IV
De la declaración de concurso a solicitud de acreedor y de otros legitimados

Sección 1.ª De la solicitud de acreedor y de otros legitimados

ART. 13. Solicitud de acreedor y de los demás legitimados.

1. El acreedor que inste la declaración de concurso deberá expresar en la solicitud el origen, la naturaleza, el importe, las fechas de adquisición y vencimiento y la situación actual del crédito, del que acompañará documento o documentos acreditativos, así como el hecho o los hechos externos reveladores del estado de insolvencia de entre los enumerados en esta ley en que funde esa solicitud.

2. Los demás legitimados deberán expresar en la solicitud el carácter en el que la formulan, y acompañarán el documento del que resulte la legitimación para solicitar la declaración de concurso, o propondrán la prueba que consideren necesaria para acreditarla.

3. En todo caso, se expresarán en la solicitud los medios de prueba de que se valga o pretenda valerse el solicitante para acreditar el hecho o los hechos externos reveladores del estado de insolvencia que hubiesen alegado. La prueba testifical no será bastante por sí sola.

Sección 2.ª De la provisión sobre la solicitud de acreedor y otros legitimados

ART. 14. Provisión sobre la solicitud de acreedor y otros legitimados.

1. La solicitud de concurso presentada por acreedor o por los demás legitimados será repartida y remitida a la oficina judicial que corresponda el mismo día de la presentación o el siguiente día hábil. En el mismo día o, si no fuera posible, en el siguiente hábil al del reparto, el juez competente examinará la solicitud.

2. Si el juez se considera competente y si de la documentación aportada, apreciada en conjunto, resulta la legitimación del solicitante y que concurre el presupuesto subjetivo para la declaración procederá del siguiente modo:

1.º Si la solicitud presentada por el acreedor se fundara en la existencia de una previa declaración judicial o administrativa de insolvencia del deudor siempre que sea firme; en la existencia de un título por el cual se hubiera despachado ejecución o apremio sin que del embargo hubieran resultado bienes libres conocidos bastantes para el pago, o en la existencia de embargos por ejecuciones pendientes que afecten de una manera general al patrimonio del deudor, el juez declarará el concurso de acreedores el primer día hábil siguiente.

2.º Si la solicitud presentada por el acreedor se fundara en alguno de los hechos externos reveladores del estado de insolvencia enumerados en esta ley distinto de los anteriores o si la solicitud procediera de cualquier otro legitimado, el juez el primer día hábil siguiente dictará auto admitiéndola a trámite, ordenando el emplazamiento del deudor, con traslado de la solicitud, para que comparezca en el plazo de cinco días, dentro del cual se le pondrán de manifiesto los autos y podrá formular oposición a la solicitud, proponiendo los medios de prueba de que intente valerse.

3. En el auto de admisión a trámite de la solicitud, el juez ordenará la formación de la sección primera, que se encabezará por la solicitud y todos los documentos que la acompañaren.

4. Esta resolución judicial se notificará el mismo día de su adopción por medios electrónicos a los organismos y a las administraciones públicas a las que deba notificarse la declaración de concurso.

Apdos. 1 y 4 modificados por Ley 16/2022, de 5 de septiembre, de reforma del texto refundido de la Ley Concursal, aprobado por el Real Decreto Legislativo 1/2020, de 5 de mayo, para la transposición de la Directiva (UE) 2019/1023 del Parlamento Europeo y del Consejo, de 20 de junio de 2019, sobre marcos de reestructuración preventiva, exoneración de deudas e inhabilitaciones, y sobre medidas para aumentar la eficiencia de los procedimientos de reestructuración, insolvencia y exoneración de deudas, y por la que se modifica la Directiva (UE) 2017/1132 del Parlamento Europeo y del Consejo, sobre determinados aspectos del Derecho de sociedades (Directiva sobre reestructuración e insolvencia). (BOE de 06-09-2022).

ART. 15. Acumulación de solicitudes.

Admitida a trámite la solicitud, las que se presenten con posterioridad se acumularán a la primeramente repartida y se unirán a los autos, teniendo por comparecidos a los nuevos solicitantes sin retrotraer las actuaciones.

ART. 16. Emplazamiento del deudor.

1. Admitida a trámite la solicitud, el Letrado de la Administración de Justicia procederá al emplazamiento del deudor. Si no se conociera el domicilio de este o el resultado del emplazamiento fuera negativo, se utilizarán, de oficio o a instancia de parte, los medios oportunos para averiguar el domicilio o residencia del deudor conforme a lo establecido en la Ley de Enjuiciamiento Civil.

2. Cuando en el domicilio registral del deudor persona jurídica no pudiera esta ser emplazada y no se conociera el domicilio real, el Letrado de la Administración de Justicia deberá dirigirse al registro público en el que se encuentre inscrita dicha persona para determinar la identidad de los administradores, liquidadores o directores generales de la entidad. Una vez identificados, el emplazamiento de la persona jurídica deudora se realizará a través de dichos administradores, liquidadores o directores generales.

3. Cuando el Letrado de la Administración de Justicia agotara todas las vías para el emplazamiento del deudor, el juez podrá declarar el concurso con base en los documentos que acompañaren a la solicitud, a las alegaciones del solicitante o solicitantes y a las averiguaciones que se hubieran realizado.

ART. 17. Subsanación de la solicitud del acreedor y de otros legitimados.

1. Si el juez estimara que la solicitud de declaración de concurso presentada por acreedor o por cualquier otro legitimado distinto del deudor o el documento del que resulte la legitimación del solicitante son defectuosos o insuficientes, procederá del modo establecido para el mismo caso respecto de la solicitud del deudor.

2. Si el solicitante no procede dentro de plazo a la subsanación requerida, el juez dictará auto inadmitiendo a trámite la solicitud. Contra el auto que inadmita la solicitud de declaración del concurso el solicitante solo podrá interponer recurso de reposición.

3. Una vez justificado o subsanado el defecto o la insuficiencia dentro de ese plazo, el juez en el mismo día o, si no fuera posible, en el siguiente hábil procederá conforme a lo establecido en el artículo anterior.

ART. 18. Medidas cautelares anteriores a la declaración de concurso.

1. A petición del legitimado para instar el concurso necesario, el juez, al admitir a trámite la solicitud, podrá adoptar, de conformidad con lo previsto en la Ley 1/2000, de 7 de enero, de Enjuiciamiento Civil, las medidas cautelares que considere necesarias para asegurar la integridad del patrimonio del deudor.

2. El juez podrá pedir al solicitante que preste fianza para responder de los eventuales daños y perjuicios que las medidas cautelares pudieran producir al deudor si la solicitud de declaración de concurso resultara finalmente desestimada.

3. En el mismo auto en el que declare el concurso o desestime la solicitud, el juez se pronunciará necesariamente sobre las medidas cautelares que hubiera acordado antes de ese auto.

Ver arts. 721 y siguientes de la LECiv.

ART. 19. Allanamiento del deudor.

1. Admitida a trámite la solicitud, si el deudor emplazado se allanase a la pretensión del solicitante, el juez dictará auto declarando el concurso de acreedores.

2. El mismo efecto que el allanamiento tendrá el hecho de que, con posterioridad a la solicitud de cualquier legitimado, el deudor, antes de ser emplazado, hubiera solicitado la declaración del propio concurso o, una vez emplazado, no hubiera formulado oposición dentro de plazo.

Ver arts. 19 y 21 LECiv.

Sección 3.ª De la oposición del deudor

ART. 20. Oposición del deudor.

1. El deudor podrá basar la oposición a la solicitud de declaración de concurso en la falta de legitimación del solicitante; en la inexistencia del hecho externo revelador del estado de insolvencia en que se fundamente la solicitud, o en que, aun habiéndose producido ese hecho, no se encontraba en estado de insolvencia o ya no se encuentra en ese estado.

2. Si el deudor alegase que no se encuentra en estado de insolvencia, le incumbirá la prueba de su solvencia.

Apdo. 2 modificado por Ley 16/2022, de 5 de septiembre, de reforma del texto refundido de la Ley Concursal, aprobado por el Real Decreto Legislativo 1/2020, de 5 de mayo, para la transposición de la Directiva (UE) 2019/1023 del Parlamento Europeo y del Consejo, de 20 de junio de 2019, sobre marcos de reestructuración preventiva, exoneración de deudas e inhabilitaciones, y sobre medidas para aumentar la eficiencia de los procedimientos de reestructuración, insolvencia y exoneración de deudas, y por la que se modifica la Directiva (UE) 2017/1132 del Parlamento Europeo y del Consejo, sobre determinados aspectos del Derecho de sociedades (Directiva sobre reestructuración e insolvencia). (BOE de 06-09-2022).

ART. 21. Citación para la vista.

En caso de oposición, el Letrado de la Administración de Justicia, al siguiente día, citará a las partes a una vista, a celebrar en el plazo de los diez días siguientes a aquel en que hubiera formulado oposición, previniéndolas para que comparezcan a ella con todos los medios de la prueba que pueda practicarse en el acto y, si el deudor estuviera obligado legalmente a la llevanza de contabilidad, advirtiendo a este para que comparezca con los libros contables de llevanza obligatoria.

ART. 22. Celebración de la vista.

1. La vista se celebrará bajo la presidencia del juez.

2. Si el deudor no compareciera, el juez dictará auto declarando el concurso. Si compareciera, en el caso de que el crédito del acreedor instante estuviera vencido, el deudor deberá consignar en el mismo acto de la vista el importe de dicho crédito a disposición del acreedor, acreditará haberlo hecho antes de la vista o manifestará la causa legítima de la falta de consignación. En caso de que hubiera varios acreedores personados y se hubieran acumulado o se acumulasen las solicitudes de concurso presentadas, el deudor deberá proceder del mismo modo en relación con cada uno de esos acreedores.

3. En caso de que el solicitante no compareciera o, habiéndolo hecho, no se ratificase en su solicitud, y el juez considerase que concurre presupuesto objetivo para la declaración del concurso necesario, y de las actuaciones resulte la existencia de otros posibles acreedores, antes de dictar el auto que resuelva sobre la solicitud, se concederá a esos acreedores un plazo de cinco días para que formulen las alegaciones que les conviniesen.

4. En caso de falta de consignación y en los que, a pesar de haber sido efectuada, el acreedor se hubiera ratificado en la solicitud, el juez oirá a las partes y a sus abogados sobre la procedencia o improcedencia de la declaración de concurso. La misma regla será de aplicación cuando el crédito del instante no hubiera vencido o cuando el legitimado para la declaración de concurso necesario no tuviera la condición de acreedor.

ART. 23. Proposición y práctica de la prueba.

1. El juez decidirá en la vista sobre la pertinencia de los medios de prueba propuestos en la solicitud o solicitudes acumuladas de concurso o que se propongan por los solicitantes o por el deudor en ese acto.

2. Las pruebas declaradas pertinentes se practicarán de inmediato si se pudieran realizar en la propia vista. En otro caso, ese mismo día o, si no fuera posible, en el siguiente hábil, el letrado de la Administración de Justicia señalará fecha para la práctica de las restantes. La práctica de estas otras pruebas deberá realizarse en el más breve plazo posible, sin que pueda exceder de diez días.

3. El juez podrá interrogar directamente a las partes, a los testigos y a los peritos.

4. El juez apreciará las pruebas que se practiquen conforme a las reglas de valoración contenidas en la Ley 1/2000, de 7 de enero, de Enjuiciamiento Civil.

Apdo. 2 modificado por Ley 16/2022, de 5 de septiembre, de reforma del texto refundido de la Ley Concursal, aprobado por el Real Decreto Legislativo 1/2020, de 5 de mayo, para la transposición de la Directiva (UE) 2019/1023 del Parlamento Europeo y del Consejo, de 20 de junio de 2019, sobre marcos de reestructuración preventiva, exoneración de deudas e inhabilitaciones, y sobre medidas para aumentar la eficiencia de los procedimientos de reestructuración, insolvencia y exoneración de deudas, y por la que se modifica la Directiva (UE) 2017/1132 del Parlamento Europeo y del Consejo, sobre determinados aspectos del Derecho de sociedades (Directiva sobre reestructuración e insolvencia). (BOE de 06-09-2022).

Sección 4.ª De la resolución sobre la solicitud

ART. 24. Resolución sobre la solicitud.

1. Una vez practicadas las pruebas declaradas pertinentes o transcurrido el plazo fijado para ello, el juez, dentro de los tres días siguientes, dictará auto declarando el concurso o desestimando la solicitud.

2. En caso de declaración de concurso a solicitud de acreedor o de los demás legitimados distintos del deudor, las costas tendrán la consideración de créditos contra la masa. En caso de desestimación de la solicitud, el auto condenará al solicitante al pago de las costas, salvo que el juez aprecie, y así lo razone, que el caso presentaba serias dudas de hecho o derecho. La condena al pago de las costas al acreedor que hubiera solicitado la declaración de concurso no procederá si el crédito de que fuera titular hubiera vencido seis meses antes de la presentación de la solicitud, salvo caso de temeridad o mala fe.

Apdo. 2 modificado por Ley 16/2022, de 5 de septiembre, de reforma del texto refundido de la Ley Concursal, aprobado por el Real Decreto Legislativo 1/2020, de 5 de mayo, para la transposición de la Directiva (UE) 2019/1023 del Parlamento Europeo y del Consejo, de 20 de junio de 2019, sobre marcos de reestructuración preventiva, exoneración de deudas e inhabilitaciones, y sobre medidas para aumentar la eficiencia de los procedimientos de reestructuración, insolvencia y exoneración de deudas, y por la que se modifica la Directiva (UE) 2017/1132 del Parlamento Europeo y del Consejo, sobre determinados aspectos del Derecho de sociedades (Directiva sobre reestructuración e insolvencia). (BOE de 06-09-2022).

ART. 25. Recursos contra el auto estimatorio o desestimatorio de la solicitud de concurso presentada por acreedor.

1. Contra el pronunciamiento del auto sobre la estimación o desestimación de la solicitud de declaración de concurso presentada por acreedor o por cualquier otro legitimado distinto del deudor podrá interponerse recurso de apelación. La interposición del recurso no tendrá

efecto suspensivo salvo que, excepcionalmente, el juez acuerde lo contrario. En ese caso, al admitir a trámite el recurso, el juez deberá pronunciarse sobre el mantenimiento, total o parcial, de las medidas cautelares que hubiera acordado o adoptar aquellas que considere necesarias.

2. Para apelar el auto de declaración de concurso están legitimados el deudor que no la hubiese solicitado y cualquier persona que acredite interés legítimo, aunque no hubiera comparecido con anterioridad. Para apelar el auto desestimatorio solo estará legitimada la parte solicitante del concurso.

3. Contra los demás pronunciamientos contenidos en el auto de declaración del concurso, cualquiera de las partes podrá interponer únicamente recurso de reposición.

4. El plazo para interponer el recurso de reposición y el recurso de apelación contará, respecto de las partes que hubieran comparecido, desde la notificación del auto, y, respecto de los demás legitimados, desde la publicación de la declaración de concurso en el «Boletín Oficial del Estado».

5. La desestimación de los recursos determinará la condena en costas del recurrente.

ART. 26. Estimación del recurso.

En el caso de que, interpuesto recurso de apelación contra el auto de desestimación de la solicitud, el recurso fuera estimado por el tribunal superior, en el auto se fijará como fecha de la declaración de concurso la de la resolución apelada.

ART. 27. Indemnización de daños y perjuicios.

1. En caso de desestimación de la solicitud de concurso, una vez firme el auto, el deudor podrá presentar escrito ante el juez que hubiera conocido de la misma solicitando liquidación de los daños y perjuicios que considere que le han sido causados por esa solicitud, acompañando una relación detallada de esos daños y perjuicios. Al escrito podrá acompañar los documentos, dictámenes e informes periciales que estime convenientes.

2. La determinación de la existencia y de la cuantía de los reclamados se ajustará a lo establecido en la Ley 1/2000, de 7 de enero, de Enjuiciamiento Civil, para la liquidación de daños y perjuicios.

3. Una vez determinados los daños y perjuicios, se requerirá de pago al solicitante del concurso, procediéndose de inmediato, si no los pagase, a su exacción forzosa.

CAPÍTULO V
Del auto de declaración de concurso

Sección 1.ª Del auto de declaración de concurso

ART. 28. Auto de declaración de concurso.

1. En todo caso, el auto de declaración de concurso contendrá los siguientes pronunciamientos:

1.º El carácter voluntario o necesario del concurso, con indicación, en su caso, de que el deudor ha presentado propuesta de convenio, ha solicitado la liquidación de la masa activa o ha presentado una oferta vinculante de adquisición de unidad o unidades productivas.

2.º Los efectos sobre las facultades de administración y disposición del deudor respecto de la masa activa.

3.º El nombramiento de la administración concursal, con expresión de las facultades del administrador o de los administradores concursales nombrados.

4.º El llamamiento a los acreedores para que pongan en conocimiento de la administración concursal la existencia de sus créditos en el plazo de un mes a contar desde el día siguiente a la publicación de la declaración de concurso en el «Boletín Oficial del Estado».

5.º La publicidad que haya de darse a la declaración de concurso.

2. En caso de concurso necesario, el auto deberá contener, además, el requerimiento al concursado para que, en el plazo de diez días a contar desde la notificación de la declaración de concurso, presente los mismos documentos que el deudor debe acompañar a la solicitud de concurso.

3. En el auto de declaración de concurso, el juez podrá acordar las medidas cautelares que considere necesarias para asegurar la integridad, la conservación o la administración de la masa activa hasta que el administrador o los administradores concursales acepten el cargo.

4. En caso de que el deudor fuera empleador, el auto de declaración de concurso se notificará a la representación legal de las personas trabajadoras aún en los supuestos en los que no se hubiese personado o no hubiera comparecido como parte en el procedimiento.

Apdo. 1 se modifica y apdo. 4 se añade por Ley 16/2022, de 5 de septiembre, de reforma del texto refundido de la Ley Concursal, aprobado por el Real Decreto Legislativo 1/2020, de 5 de mayo, para la transposición de la Directiva (UE) 2019/1023 del Parlamento Europeo y del Consejo, de 20 de junio de 2019, sobre marcos de reestructuración preventiva, exoneración de deudas e inhabilitaciones, y sobre medidas para aumentar la eficiencia de los procedimientos de reestructuración, insolvencia y exoneración de deudas, y por la que se modifica la Directiva (UE) 2017/1132 del Parlamento Europeo y del Consejo, sobre determinados aspectos del Derecho de sociedades (Directiva sobre reestructuración e insolvencia). (BOE de 06-09-2022).

Ver arts. 18 (medidas cautelares), 35 y 36 (publicidad del concurso), 57 y ss. (administración concursal), 106 (facultades patrimoniales del deudor) y 508 (secciones) de esta Ley.

ART. 29. Concurso voluntario y concurso necesario.

1. El concurso de acreedores tendrá la consideración de voluntario cuando la primera de las solicitudes presentadas hubiera sido la del propio deudor. En los demás casos, el concurso se considerará necesario.

2. Por excepción a lo dispuesto en el apartado anterior, el concurso de acreedores tendrá la consideración de necesario cuando, en los tres meses anteriores a la fecha de la solicitud del deudor, se hubiera presentado y admitido a trámite otra por cualquier legitimado, aunque este hubiera desistido, no hubiera comparecido en la vista o no se hubiese ratificado en la solicitud.

ART. 30. Apertura de la fase común.

1. El auto de declaración de concurso abrirá la fase común del concurso.

2. Si el deudor hubiera solicitado la liquidación de la masa activa, el juez la acordará en el propio auto en el que declare el concurso solicitado, con simultánea apertura de la fase de liquidación y con los demás pronunciamientos establecidos en esta ley.

ART. 31. Apertura de secciones.

1. El mismo día de la declaración de concurso, el letrado de la Administración de Justicia procederá a la formación de la sección primera, si el concurso se hubiera declarado a solicitud del deudor, que se encabezará con la solicitud y todos los documentos que la acompañaren, y, cualquiera que hubiera sido el solicitante, la formación de las secciones segunda, tercera y cuarta, cada una de las cuales se encabezará por el auto o, en su caso, la sentencia de declaración de concurso.

2. Si el deudor hubiera solicitado la liquidación de la masa activa, el letrado de la Administración de Justicia procederá a la formación de la sección quinta, que se encabezará por la solicitud de liquidación.

Modificado por Ley 16/2022, de 5 de septiembre, de reforma del texto refundido de la Ley Concursal, aprobado por el Real Decreto Legislativo 1/2020, de 5 de mayo, para la transposición de la Directiva (UE) 2019/1023 del Parlamento Europeo y del Consejo, de 20 de junio de 2019, sobre marcos de reestructuración preventiva, exoneración de deudas e inhabilitaciones, y sobre medidas para aumentar la eficiencia de los procedimientos de reestructuración, insolvencia y exoneración de deudas, y por la que se modifica la Directiva (UE) 2017/1132 del Parlamento Europeo y del Consejo, sobre determinados aspectos del Derecho de sociedades (Directiva sobre reestructuración e insolvencia). (BOE de 06-09-2022).

ART. 32. Eficacia del auto de declaración de concurso.

El auto de declaración de concurso producirá de inmediato los efectos establecidos en esta ley y tendrá fuerza ejecutiva aunque no sea firme.

Sección 2.ª De la notificación del auto de declaración de concurso

ART. 33. Notificación del auto de declaración de concurso.

1. El Letrado de la Administración de Justicia notificará el auto a las partes que hubiesen comparecido. Si el deudor no hubiera comparecido, la publicación de la declaración de concurso en el «Boletín Oficial del Estado» producirá, respecto de él, los efectos de notificación del auto.

2. Si el concursado estuviera casado, el auto se notificará al cónyuge. Del mismo modo procederá el Letrado de la Administración de Justicia en el caso de que el concursado tuviera pareja inscrita.

3. El auto de declaración de concurso se notificará por medios electrónicos a la Agencia Estatal de Administración Tributaria y a la Tesorería General de la Seguridad Social.

Apdo. 3 añadido por Ley 16/2022, de 5 de septiembre, de reforma del texto refundido de la Ley Concursal, aprobado por el Real Decreto Legislativo 1/2020, de 5 de mayo, para la transposición de la Directiva (UE) 2019/1023 del Parlamento Europeo y del Consejo, de 20 de junio de 2019, sobre marcos de reestructuración preventiva, exoneración de deudas e inhabilitaciones, y sobre medidas para aumentar la eficiencia de los procedimientos de reestructuración, insolvencia y exoneración de deudas, y por la que se modifica la Directiva (UE) 2017/1132 del Parlamento Europeo y del Consejo, sobre determinados aspectos del Derecho de sociedades (Directiva sobre reestructuración e insolvencia). (BOE de 06-09-2022).

ART. 34. Fecha de las notificaciones.

Las notificaciones de la declaración judicial de concurso se efectuarán bajo la dirección del Letrado de la Administración de Justicia en el mismo día de la fecha del auto.

Sección 3.ª De la publicidad de la declaración de concurso

ART. 35. Publicidad de la declaración de concurso.

1. El mismo día de la aceptación del cargo por el administrador concursal, el letrado de la Administración de Justicia remitirá por medios electrónicos al «Boletín Oficial del Estado», para su publicación en el suplemento del tablón judicial edictal único, y al Registro público concursal el edicto relativo a la declaración de concurso, redactado en el modelo oficial para que sea publicado con la mayor urgencia. La publicación del edicto tendrá carácter gratuito.

El edicto contendrá los datos indispensables para la identificación del concursado, incluyendo el número de identificación fiscal que tuviera; el órgano judicial que hubiera declarado el concurso, el número de autos y el número de identificación general del procedimiento; la fecha de presentación de la solicitud, la fecha en que se hubiera repartido, la fecha del auto de declaración de concurso; el régimen de intervención o de suspensión de las facultades de administración y disposición del concursado sobre los bienes y derechos que integren la masa activa; la identidad del administrador o de los administradores concursales; el plazo para la comunicación de los créditos, la dirección electrónica y postal, para que los acreedores efectúen la comunicación de créditos y cuantas otras comunicaciones dirijan a la administración concursal, y la dirección electrónica del Registro público concursal en el que se publicarán las resoluciones que traigan causa del concurso.

2. En el mismo auto de declaración del concurso o en resolución posterior, el juez, de oficio o a instancia de interesado, podrá acordar cualquier publicidad complementaria que considere imprescindible para la efectiva difusión del concurso de acreedores.

Apdo. 1 modificado por Ley 16/2022, de 5 de septiembre, de reforma del texto refundido de la Ley Concursal, aprobado por el Real Decreto Legislativo 1/2020, de 5 de mayo, para la transposición de la Directiva (UE) 2019/1023 del Parlamento Europeo y del Consejo, de 20 de junio de 2019, sobre marcos de reestructuración preventiva, exoneración de deudas e inhabilitaciones, y sobre medidas para aumentar la eficiencia de los procedimientos de reestructuración, insolvencia y exoneración de deudas, y por la que se modifica la Directiva (UE) 2017/1132 del Parlamento Europeo y del Consejo, sobre determinados aspectos del Derecho de sociedades (Directiva sobre reestructuración e insolvencia). (BOE de 06-09-2022).

Ver arts. 552-554 de esta norma; ver RD 892/2013, de 15 de noviembre, por el que se regula el Registro Público Concursal (BOE 3-12-2013).

ART. 36. Anotación e inscripción en los registros públicos de personas.

1. Si el concursado fuera persona natural, se anotarán y, una vez el auto devenga firme, se inscribirán en el Registro civil la declaración de concurso, con indicación del órgano judicial que la hubiera dictado, del carácter de la resolución y de la fecha en que se hubiera producido; la intervención o, en su caso, la suspensión de las facultades de administración y disposición del concursado sobre los bienes y derechos que integren la masa activa, así como la identidad del administrador o de los administradores concursales.

2. Si el concursado, persona natural o jurídica, fuera sujeto inscribible en el Registro mercantil, se anotarán y, una vez el auto devenga firme, se inscribirán en la hoja que esa persona tuviera abierta la declaración de concurso, con indicación del órgano judicial que la hubiera dictado, del carácter de la resolución y de la fecha en que se hubiera producido; la intervención o, en su caso, la suspensión de las facultades de administración y disposición del concursado sobre los bienes y derechos que integren la masa activa, así como la identidad del administrador o de los administradores concursales. Cuando no constase hoja abierta al concursado, se practicará previamente la inscripción de este en el Registro mercantil.

Si la concursada fuera persona jurídica no inscribible en el Registro mercantil pero que constara o debiera constar inscrita en otro registro público, se inscribirán en este las mismas circunstancias señaladas en el párrafo anterior.

ART. 37. Anotación e inscripción en los registros públicos de bienes y derechos.

1. Si el concursado tuviera bienes o derechos inscritos en registros públicos, se anotarán y, una vez el auto devenga firme, se inscribirán en el folio correspondiente a cada uno de ellos la declaración de concurso, con indicación del órgano judicial que la hubiera dictado, del carácter de la resolución y de la fecha en que se hubiera producido; la intervención o, en su caso, la suspensión de las facultades de administración y disposición del concursado sobre los bienes y derechos que integren la masa activa, así como la identidad del administrador o de los administradores concursales.

2. Una vez practicada la anotación o la inscripción, no podrán anotarse respecto de aquellos bienes o derechos más embargos o secuestros posteriores a la declaración de concurso que los acordados por el juez de este, sin más excepciones que las establecidas en esta ley.

Sección 4.ª De la declaración de concurso sin masa

Añadida por Ley 16/2022, de 5 de septiembre, de reforma del texto refundido de la Ley Concursal, aprobado por el Real Decreto Legislativo 1/2020, de 5 de mayo, para la transposición de la Directiva (UE) 2019/1023 del Parlamento Europeo y del Consejo, de 20 de junio de 2019, sobre marcos de reestructuración preventiva, exoneración de deudas e inhabilitaciones, y sobre medidas para aumentar la eficiencia de los procedimientos de reestructuración, insolvencia y exoneración de deudas, y por la que se modifica la Directiva (UE) 2017/1132 del Parlamento Europeo y del Consejo, sobre determinados aspectos del Derecho de sociedades (Directiva sobre reestructuración e insolvencia). (BOE de 06-09-2022).

ART. 37 bis. Concurso sin masa.

Se considera que existe concurso sin masa cuando concurran los supuestos siguientes por este orden:

a) El concursado carezca de bienes y derechos que sean legalmente embargables.

b) El coste de realización de los bienes y derechos del concursado fuera manifiestamente desproporcionado respecto al previsible valor venal.

c) Los bienes y derechos del concursado libres de cargas fueran de valor inferior al previsible coste del procedimiento.

d) Los gravámenes y las cargas existentes sobre los bienes y derechos del concursado lo sean por importe superior al valor de mercado de esos bienes y derechos.

Añadido por Ley 16/2022, de 5 de septiembre, de reforma del texto refundido de la Ley Concursal, aprobado por el Real Decreto Legislativo 1/2020, de 5 de mayo, para la transposición de la Directiva (UE) 2019/1023 del Parlamento Europeo y del Consejo, de 20 de junio de 2019, sobre marcos de reestructuración preventiva, exoneración de deudas e inhabilitaciones, y sobre medidas para aumentar la eficiencia de los procedimientos de reestructuración, insolvencia y exoneración de deudas, y por la que se modifica la Directiva (UE) 2017/1132 del Parlamento Europeo y del Consejo, sobre determinados aspectos del Derecho de sociedades (Directiva sobre reestructuración e insolvencia). (BOE de 06-09-2022).

ART. 37 ter. Especialidades de la declaración de concurso sin masa.

1. Si de la solicitud de declaración de concurso y de los documentos que la acompañen resultare que el deudor se encuentra en cualquiera de las situaciones a que se refiere el artículo anterior, el juez dictará auto declarando el concurso de acreedores, con expresión del pasivo que resulte de la documentación, sin más pronunciamientos, ordenando la remisión telemática al «Boletín Oficial del Estado» para su publicación en el suplemento del tablón edictal judicial único y la publicación en el Registro público concursal con llamamiento al acreedor o a los acreedores que representen, al menos, el cinco por ciento del pasivo a fin de que, en el plazo de quince días a contar del siguiente a la publicación del edicto, puedan solicitar el nombramiento de un administrador concursal para que presente informe razonado y documentado sobre los siguientes extremos:

1.° Si existen indicios suficientes de que el deudor hubiera realizado actos perjudiciales para la masa activa que sean rescindibles conforme a lo establecido en esta ley.

2.° Si existen indicios suficientes para el ejercicio de la acción social de responsabilidad contra los administradores o liquidadores, de derecho o de hecho, de la persona jurídica concursada, o contra la persona natural designada por la persona jurídica administradora para el ejercicio permanente de las funciones propias del cargo de administrador persona jurídica y contra la persona, cualquiera que sea su denominación, que tenga atribuidas facultades de más alta dirección de la sociedad cuando no exista delegación permanente de facultades del consejo en uno o varios consejeros delegados.

3.° Si existen indicios suficientes de que el concurso pudiera ser calificado de culpable.

2. En el caso de que, dentro de plazo, ningún legitimado hubiera formulado esa solicitud, el deudor que fuera persona natural podrá presentar solicitud de exoneración del pasivo insatisfecho.

3. El auto de declaración de concurso, en caso de que el deudor fuera empleador, se notificará a la representación legal de las personas trabajadoras.

Añadido por Ley 16/2022, de 5 de septiembre, de reforma del texto refundido de la Ley Concursal, aprobado por el Real Decreto Legislativo 1/2020, de 5 de mayo, para la transposición de la Directiva (UE) 2019/1023 del Parlamento Europeo y del Consejo, de 20 de junio de 2019, sobre marcos de reestructuración preventiva, exoneración de deudas e inhabilitaciones, y sobre medidas para aumentar la eficiencia de los procedimientos de reestructuración, insolvencia y exoneración de deudas, y por la que se modifica la Directiva (UE) 2017/1132 del Parlamento Europeo y del Consejo, sobre determinados aspectos del Derecho de sociedades (Directiva sobre reestructuración e insolvencia). (BOE de 06-09-2022).

ART. 37 quater. Solicitud de nombramiento de administrador concursal.

1. En el caso de que, dentro de plazo, acreedor o acreedores que representen, al menos, el cinco por ciento del pasivo formularan solicitud de nombramiento de administrador concursal para que emita el informe a que se refiere el artículo anterior, el juez, mediante auto, procederá al nombramiento para que, en el plazo de un mes a contar desde la aceptación, emita el informe solicitado. En el mismo auto fijará la retribución del administrador por la emisión del informe encomendado, cuya satisfacción corresponderá al acreedor o acreedores que lo hubieran solicitado.

2. El deudor deberá facilitar de inmediato toda la información que le sea requerida por el administrador concursal para la elaboración del informe a que se refiere el artículo anterior.

Añadido por Ley 16/2022, de 5 de septiembre, de reforma del texto refundido de la Ley Concursal, aprobado por el Real Decreto Legislativo 1/2020, de 5 de mayo, para la transposición de la Directiva (UE) 2019/1023 del Parlamento Europeo y del Consejo, de 20 de junio de 2019, sobre marcos de reestructuración preventiva, exoneración de deudas e inhabilitaciones, y sobre medidas para aumentar la eficiencia de los procedimientos de reestructuración, insolvencia y exoneración de deudas, y por la que se modifica la Directiva (UE) 2017/1132 del Parlamento Europeo y del Consejo, sobre determinados aspectos del Derecho de sociedades (Directiva sobre reestructuración e insolvencia). (BOE de 06-09-2022).

ART. 37 quinquies. Auto complementario.

1. Si en el informe el administrador concursal apreciara la existencia de los indicios a que se refiere el artículo 37 ter, el juez dictará auto complementario con los demás pronunciamientos de la declaración de concurso y apertura de la fase de liquidación de la masa activa, continuando el procedimiento conforme a lo establecido en esta ley.

2. El administrador concursal deberá ejercitar las acciones rescisorias y las acciones sociales de responsabilidad antes de que transcurran dos meses a contar desde la presentación del informe a que se refiere el artículo anterior. Si no lo hiciera, el acreedor o los acreedores que hubieran solicitado el nombramiento de administrador concursal estarán legitimados para el ejercicio de esas acciones dentro de los dos meses siguientes. El régimen de las costas y de los gastos será el establecido en esta ley para los casos de ejercicio subsidiario de acciones por los acreedores.

Añadido por Ley 16/2022, de 5 de septiembre, de reforma del texto refundido de la Ley Concursal, aprobado por el Real Decreto Legislativo 1/2020, de 5 de mayo, para la transposición de la Directiva (UE) 2019/1023 del Parlamento Europeo y del Consejo, de 20 de junio de 2019, sobre marcos de reestructuración preventiva, exoneración de deudas e inhabilitaciones, y sobre medidas para aumentar la eficiencia de los procedimientos de reestructuración, insolvencia y exoneración de deudas, y por la que se modifica la Directiva (UE) 2017/1132 del Parlamento Europeo y del Consejo, sobre determinados aspectos del Derecho de sociedades (Directiva sobre reestructuración e insolvencia). (BOE de 06-09-2022).

CAPÍTULO VI
De los concursos conexos

Sección 1.ª De la declaración conjunta de concursos

ART. 38. Declaración conjunta de concurso voluntario de varios deudores.

Aquellos deudores que sean cónyuges, socios o administradores total o parcialmente responsables de las deudas de una persona jurídica y las sociedades pertenecientes al mismo grupo podrán solicitar la declaración judicial conjunta de los respectivos concursos.

ART. 39. Declaración conjunta de concurso necesario de varios deudores.

El acreedor podrá solicitar la declaración judicial conjunta de concurso de varios de sus deudores cuando sean cónyuges, cuando se trate de sociedades que formen parte del mismo grupo o cuando exista entre ellos confusión de patrimonios.

ART. 40. Declaración conjunta de concurso de pareja de hecho.

El juez podrá declarar el concurso conjunto de dos personas que sean pareja de hecho inscrita, a solicitud de los miembros de la pareja o de un acreedor, cuando aprecie la existencia de pactos expresos o tácitos o de hechos concluyentes de los que se derive la inequívoca voluntad de los convivientes de formar un patrimonio común.

Sección 2.ª De la acumulación de concursos ya declarados

ART. 41. Acumulación de concursos.

1. La acumulación de concursos ya declarados procederá en los casos de concursos de los cónyuges; de las parejas de hecho inscritas cuando concurran los mismos requisitos establecidos para la declaración conjunta del concurso de la pareja; de los socios, miembros, integrantes o administradores que sean personalmente responsables, total o parcialmente, de las deudas de una persona jurídica; de quienes sean miembros de una entidad sin personalidad jurídica y respondan personalmente de las deudas contraídas en nombre de esta; de las sociedades que formen parte de un mismo grupo; y de quienes tuvieren confundidos los respectivos patrimonios.

2. Cualquiera de los concursados o cualquiera de las administraciones concursales podrá solicitar al juez, mediante escrito razonado, la acumulación de los concursos conexos ya declarados. En defecto de esta solicitud, la acumulación podrá ser solicitada por cualquiera de los acreedores mediante escrito razonado.

3. La acumulación procederá aunque los concursos hayan sido declarados por diferentes juzgados.

Sección 3.ª De la tramitación coordinada de los concursos conexos

ART. 42. Tramitación coordinada.

Los concursos declarados conjuntamente y acumulados se tramitarán de forma coordinada, sin consolidación de las masas.

ART. 43. Consolidación de masas.

Excepcionalmente, el juez, de oficio o a solicitud de cualquier interesado, podrá acordar la consolidación de las masas de concursos declarados conjuntamente o acumulados cuando exista confusión de patrimonios y no sea posible deslindar la titularidad de activos y pasivos sin incurrir en demora en la tramitación del concurso o en un gasto injustificado.

TÍTULO II
De los órganos del concurso

CAPÍTULO I
Del juez del concurso

Sección 1.ª De la competencia

ART. 44. Competencia objetiva.

Son competentes para declarar y tramitar el concurso de acreedores los jueces de lo mercantil.

Modificado por Ley 16/2022, de 5 de septiembre, de reforma del texto refundido de la Ley Concursal, aprobado por el Real Decreto Legislativo 1/2020, de 5 de mayo, para la transposición de la Directiva (UE) 2019/1023 del Parlamento Europeo y del Consejo, de 20 de junio de 2019, sobre marcos de reestructuración preventiva, exoneración de deudas e inhabilitaciones, y sobre medidas para aumentar la eficiencia de los procedimientos de reestructuración, insolvencia y exoneración de deudas, y por la que se modifica la Directiva (UE) 2017/1132 del Parlamento Europeo y del Consejo, sobre determinados aspectos del Derecho de sociedades (Directiva sobre reestructuración e insolvencia). (BOE de 06-09-2022).

Ver art. 86 ter de la LOPJ, sobre competencia del juez del concurso.

ART. 45. Competencia territorial.

1. La competencia para declarar y tramitar el concurso corresponde al juez en cuyo territorio tenga el deudor el centro de sus intereses principales. Por centro de los intereses principales se entenderá el lugar donde el deudor ejerce de modo habitual y reconocible por terceros la administración de tales intereses.

2. En caso de deudor persona jurídica, se presume que el centro de sus intereses principales se halla en el lugar del domicilio social. Será ineficaz a estos efectos el cambio de domicilio inscrito en el Registro mercantil dentro de los seis meses anteriores a la solicitud del concurso, cualquiera que sea la fecha en que se hubiera acordado o decidido.

3. Si el domicilio del deudor y el centro de sus intereses principales radicara en territorio español, aunque en lugares diferentes, será también competente, a elección del acreedor solicitante, el juez en cuyo territorio radique el domicilio.

Ver arts. 8, 9, 10 y 11 LSC; arts. 50 y 51 LEC; art. 120 RRM; art. 41 CC y art. 15 CCom.

ART. 46. Competencia en caso de concursos conexos.

1. Será juez competente para la declaración conjunta de concurso el del lugar donde tenga el centro de sus intereses principales el deudor con mayor pasivo y, si se trata de un grupo de sociedades, el de la sociedad dominante o, en supuestos en que el concurso no se solicite respecto de esta, el de la sociedad de mayor pasivo. Si ya hubiera sido declarado el concurso de la sociedad dominante, será juez competente para la declaración del concurso de cualquiera de las sociedades del grupo aquel que esté conociendo del concurso de aquella.

2. Será competente para decidir sobre la acumulación de los concursos conexos, si estos hubiesen sido declarados por diferentes juzgados, y para su posterior tramitación conjunta, el juez que estuviera conociendo del concurso del deudor con mayor pasivo en el momento de la presentación de la solicitud de concurso o, en su caso, del concurso de la sociedad dominante o cuando esta no haya sido declarada en concurso, el que primero hubiera conocido del concurso de cualquiera de las sociedades del grupo.

Apdo. 1 modificado y apdo. 3 se suprime por Ley 16/2022, de 5 de septiembre, de reforma del texto refundido de la Ley Concursal, aprobado por el Real Decreto Legislativo 1/2020, de 5 de mayo, para la transposición de la Directiva (UE) 2019/1023 del Parlamento Europeo y del Consejo, de 20 de junio de 2019, sobre marcos de reestructuración preventiva, exoneración de deudas e inhabilitaciones, y sobre medidas para aumentar la eficiencia de los procedimientos de reestructuración, insolvencia y exoneración de deudas, y por la que se modifica la Directiva (UE) 2017/1132 del Parlamento Europeo y del Consejo, sobre determinados aspectos del Derecho de sociedades (Directiva sobre reestructuración e insolvencia). (BOE de 06-09-2022).

ART. 47. Efectos de la declaración de concurso.

1. Los efectos del concurso declarado conforme a las reglas de competencia establecidas en el artículo que regula la competencia territorial tendrán alcance universal. En el ámbito internacional, el concurso declarado conforme a esas reglas tendrá la consideración de concurso principal.

2. La masa activa comprenderá todos los bienes y derechos del deudor, estén situados dentro o fuera del territorio español, con independencia de que se abra o no en el extranjero un concurso territorial. En el caso de que sobre los bienes y derechos situados en el territorio extranjero se abra un procedimiento de insolvencia, se tendrán en cuenta las reglas sobre reconocimiento de procedimientos extranjeros y coordinación de procedimientos paralelos previstas en el libro cuarto.

Apdo. 2 modificado por Ley 16/2022, de 5 de septiembre, de reforma del texto refundido de la Ley Concursal, aprobado por el Real Decreto Legislativo 1/2020, de 5 de mayo, para la transposición de la Directiva (UE) 2019/1023 del Parlamento Europeo y del Consejo, de 20 de junio de 2019, sobre marcos de reestructuración preventiva, exoneración de deudas e inhabilitaciones, y sobre medidas para aumentar la eficiencia de los procedimientos de reestructuración, insolvencia y exoneración de deudas, y por la que se modifica la Directiva (UE) 2017/1132 del Parlamento Europeo y del Consejo, sobre determinados aspectos del Derecho de sociedades (Directiva sobre reestructuración e insolvencia). (BOE de 06-09-2022).

ART. 48. Preferencia para la declaración de concurso.

Si se hubieran presentado solicitudes de declaración del concurso ante dos o más juzgados competentes, será preferente aquel ante el que se hubiera presentado la primera solicitud, aunque esa solicitud o la documentación que la acompañe adolezcan de algún defecto procesal o material o aunque la documentación sea insuficiente.

ART. 49. Competencia por razón de radicar en España un establecimiento.

1. Si el centro de los intereses principales del deudor no se hallare en territorio español pero tuviese en este un establecimiento, será competente para declarar y tramitar el concurso de acreedores el juez en cuyo territorio radique ese establecimiento y, de existir varios, donde se encuentre cualquiera de ellos, a elección del solicitante. Por establecimiento se entenderá todo lugar de operaciones en el que el deudor ejerza de forma no transitoria una actividad económica con medios humanos y materiales.

2. Los efectos de este concurso, que en el ámbito internacional se considerará concurso territorial, se limitarán a los bienes y derechos del deudor, afectos o no a la actividad de ese establecimiento, que estén situados en territorio español. En el caso de que sobre los bienes y derechos situados en el extranjero se abra un procedimiento de insolvencia, se tendrán en cuenta las reglas sobre reconocimiento de procedimientos extranjeros y coordinación de procedimientos paralelos previstas en el libro cuarto.

Apdo. 2 modificado por Ley 16/2022, de 5 de septiembre, de reforma del texto refundido de la Ley Concursal, aprobado por el Real Decreto Legislativo 1/2020, de 5 de mayo, para la transposición de la Directiva (UE) 2019/1023 del Parlamento Europeo y del Consejo, de 20 de junio de 2019, sobre marcos de reestructuración preventiva, exoneración de deudas e inhabilitaciones, y sobre medidas para aumentar la eficiencia de los procedimientos de reestructuración, insolvencia y exoneración de deudas, y por la que se modifica la Directiva (UE) 2017/1132 del Parlamento Europeo y del Consejo, sobre determinados aspectos del Derecho de sociedades (Directiva sobre reestructuración e insolvencia). (BOE de 06-09-2022).

ART. 50. Examen de oficio de la competencia.

El juez examinará de oficio su competencia y determinará la regla legal en la que se funde.

ART. 51. Declinatoria.

1. El deudor podrá plantear cuestión de competencia internacional y territorial por declinatoria dentro de los cinco días siguientes a aquel en que se le hubiera emplazado. También podrán plantearla los demás legitimados para solicitar la declaración de concurso, en el plazo de diez días desde la publicación del edicto de la declaración del concurso en el «Boletín Oficial del Estado».

2. La interposición de declinatoria, en la que el promotor estará obligado a indicar cuál es el órgano competente para conocer del concurso, no suspenderá el procedimiento concursal. En ningún caso se pronunciará el juez sobre la oposición del deudor sin que, previa audiencia del Ministerio Fiscal, haya resuelto la cuestión de competencia planteada. En caso de que se estime la cuestión de competencia, deberá inhibirse a favor del órgano al que corresponda, con emplazamiento de las partes y remisión de lo actuado.

3. Aunque se estime la declinatoria por falta de competencia territorial será válido todo lo actuado en el concurso.

Apdo. 3 modificado por Ley 16/2022, de 5 de septiembre, de reforma del texto refundido de la Ley Concursal, aprobado por el Real Decreto Legislativo 1/2020, de 5 de mayo, para la transposición de la Directiva (UE) 2019/1023 del Parlamento Europeo y del Consejo, de 20 de junio de 2019, sobre marcos de reestructuración preventiva, exoneración de deudas e inhabilitaciones, y sobre medidas para aumentar la eficiencia de los procedimientos de reestructuración, insolvencia y exoneración de deudas, y por la que se modifica la Directiva (UE) 2017/1132 del Parlamento Europeo y del Consejo, sobre determinados aspectos del Derecho de sociedades (Directiva sobre reestructuración e insolvencia). (BOE de 06-09-2022).

Sección 2.ª De la jurisdicción

ART. 52. Carácter exclusivo y excluyente de la jurisdicción.

1. La jurisdicción del juez del concurso será exclusiva y excluyente en las siguientes materias:

1.ª Las acciones civiles con trascendencia patrimonial que se dirijan contra el concursado, con excepción de las que se ejerciten en los procesos civiles sobre adopción de medidas judiciales de apoyo a personas con discapacidad, filiación, matrimonio y menores.

2.ª Las ejecuciones relativas a créditos concursales o contra la masa sobre los bienes y derechos del concursado integrados o que se integren en la masa activa, cualquiera que sea el tribunal o la autoridad administrativa que las hubiera ordenado, sin más excepciones que las previstas en la legislación concursal.

3.ª La determinación del carácter necesario de un bien o derecho para la continuidad de la actividad profesional o empresarial del deudor.

4.ª La declaración de la existencia de sucesión de empresa a efectos laborales y de seguridad social en los casos de transmisión de unidad o de unidades productivas, así como la determinación en esos casos de los elementos que las integran.

5.ª Las medidas cautelares que afecten o pudieran afectar a los bienes y derechos del concursado integrados o que se integren en la masa activa, cualquiera que sea el tribunal o la autoridad administrativa que las hubiera acordado, excepto las que se adopten en los procesos de adopción de medidas judiciales de apoyo a personas con discapacidad, filiación, matrimonio y menores.

6.ª Las demás materias establecidas en la legislación concursal.

2. Cuando el deudor sea persona natural, la jurisdicción del juez del concurso será también exclusiva y excluyente en las siguientes materias:

1.ª Las que en el procedimiento concursal debe adoptar en relación con la asistencia jurídica gratuita.

2.ª La disolución y liquidación de la sociedad o comunidad conyugal del concursado.

3. Cuando el deudor sea persona jurídica, la jurisdicción del juez del concurso será también exclusiva y excluyente en las siguientes materias:

1.ª Las acciones de reclamación de deudas sociales que se ejerciten contra los socios de la sociedad concursada que sean subsidiariamente responsables del pago de esas deudas, cualquiera que sea la fecha en que se hubieran contraído, y las acciones para exigir a los socios de la sociedad concursada el desembolso de las aportaciones sociales diferidas o el cumplimiento de las prestaciones accesorias.

2.ª Las acciones de responsabilidad contra los administradores o liquidadores, de derecho o de hecho; contra la persona natural designada para el ejercicio permanente de las funciones propias del cargo de administrador persona jurídica y contra las personas, cualquiera que sea su denominación, que tengan atribuidas facultades de la más alta dirección de la sociedad cuando no exista delegación permanente de facultades del consejo de administración en uno o varios consejeros delegados o en una comisión ejecutiva, por los daños y perjuicios causados, antes o después de la declaración judicial de concurso, a la persona jurídica concursada.

3.ª Las acciones de responsabilidad contra los auditores por los daños y perjuicios causados, antes o después de la declaración judicial de concurso, a la persona jurídica concursada.

Modificado por Ley 16/2022, de 5 de septiembre, de reforma del texto refundido de la Ley Concursal, aprobado por el Real Decreto Legislativo 1/2020, de 5 de mayo, para la transposición de la Directiva (UE) 2019/1023 del Parlamento Europeo y del Consejo, de 20 de junio de 2019, sobre marcos de reestructuración preventiva, exoneración de deudas e inhabilitaciones, y sobre medidas para aumentar la eficiencia de los procedimientos de reestructuración, insolvencia y exoneración de deudas, y por la que se modifica la Directiva (UE) 2017/1132 del Parlamento Europeo y del Consejo, sobre determinados aspectos del Derecho de sociedades (Directiva sobre reestructuración e insolvencia). (BOE de 06-09-2022).

ART. 53. Jurisdicción del juez del concurso en materia laboral.

1. La jurisdicción del juez del concurso es exclusiva y excluyente para conocer de las acciones sociales que tengan por objeto la modificación sustancial de las condiciones de trabajo, el traslado, el despido, la suspensión de contratos y la reducción de jornada por causas económicas, técnicas, organizativas o de producción que, conforme a la legislación laboral y a lo establecido en esta ley, tengan carácter colectivo, así como de las que versen sobre la suspensión o extinción de contratos de alta dirección.

2. La suspensión de contratos y la reducción de jornada tendrán carácter colectivo cuando afecten al número de trabajadores establecido en la legislación laboral para la modificación sustancial de las condiciones de trabajo de carácter colectivo.

ART. 54. Medidas cautelares.

1. La jurisdicción exclusiva y excluyente del juez del concurso se extiende a cualquier medida cautelar que afecte o pudiera afectar a los bienes y derechos del concursado integrados o que se integren en la masa activa, cualquiera que sea el tribunal o la autoridad administrativa que la hubiera acordado, excepto las que se adopten en los procesos civiles sobre capacidad, filiación, matrimonio y menores, así como de cualquiera de las adoptadas por los árbitros en el procedimiento arbitral.

2. Si el juez del concurso considerase que las medidas adoptadas por otros tribunales o autoridades administrativas pueden suponer un perjuicio para la adecuada tramitación del concurso de acreedores, acordará la suspensión de las mismas, cualquiera que sea el órgano que las hubiera decretado, y podrá requerirle para que proceda al levantamiento de las medidas adoptadas. Si el requerido no atendiera de inmediato al requerimiento, el juez del concurso planteará conflicto de jurisdicción, conflicto de competencia o cuestión de competencia, según proceda.

ART. 55. Extensión objetiva de la jurisdicción.

1. La jurisdicción del juez del concurso se extiende a todas las cuestiones prejudiciales civiles, con excepción de las excluidas en los artículos anteriores, las administrativas y las sociales directamente relacionadas con el concurso o cuya resolución sea necesaria para la adecuada tramitación del procedimiento concursal.

2. La decisión sobre las cuestiones a las que se refiere el apartado anterior no surtirán efecto fuera del concurso de acreedores en que se produzca.

ART. 56. Alcance internacional de la jurisdicción.

En el ámbito internacional la jurisdicción del juez del concurso comprende únicamente el conocimiento de aquellas acciones que tengan su fundamento jurídico en la legislación concursal y guarden una relación inmediata con el concurso.

CAPÍTULO II
De la administración concursal

Sección 1.ª Del nombramiento de la administración concursal

NOTA: Hay que tener en cuenta que, conforme a lo dispuesto en el apdo. 1 de la D.T. Única de este texto refundido, los artículos 57 a 63 entrarán en vigor cuando se apruebe el reglamento a que se refiere la D.T. 2.ª de la Ley 17/2014, de 30 de septiembre. Mientras tanto permanecerán en vigor los arts. 27, 34 y 198 de la Ley 22/2003, de 9 de julio, en la redacción anterior a la entrada en vigor de la citada Ley 17/2014.

Subsección 1.ª De la composición de la administración concursal

ART. 57. Administración concursal única.

La administración concursal estará integrada por un único miembro, que podrá ser persona natural o jurídica.

ART. 58. Administración concursal dual.

1. En aquellos concursos en que concurra causa de interés público, el juez del concurso, de oficio o a instancia de un acreedor de carácter público, podrá nombrar como segundo administrador concursal a una Administración pública acreedora o a una entidad de derecho público acreedora vinculada o dependiente de aquella.

2. La representación de la administración concursal frente a terceros recaerá sobre el primer administrador concursal.

ART. 59. Administración concursal en los concursos conexos y acumulados.

1. En los concursos conexos, el juez competente para la declaración y tramitación de estos, podrá nombrar, cuando resulte conveniente, una administración concursal única.

2. En caso de acumulación de concursos ya declarados, el juez que conozca de los procedimientos concursales acumulados podrá nombrar de entre las existentes una única administración concursal.

Subsección 2.ª Del requisito de la inscripción en el Registro público concursal

ART. 60. Carácter obligatorio de la inscripción.

1. Solo podrán ser nombradas como administrador concursal las personas naturales o jurídicas que estén inscritas en la sección cuarta del Registro público concursal.

2. En la solicitud de inscripción en el Registro o después de haberse practicado esta, la persona interesada deberá hacer constar el ámbito territorial específico en el que esté en condiciones de ejercer las funciones propias del cargo.

Apdo. 2 modificado por Ley 16/2022, de 5 de septiembre, de reforma del texto refundido de la Ley Concursal, aprobado por el Real Decreto Legislativo 1/2020, de 5 de mayo, para la transposición de la Directiva (UE) 2019/1023 del Parlamento Europeo y del Consejo, de 20 de junio de 2019, sobre marcos de reestructuración preventiva, exoneración de deudas e inhabilitaciones, y sobre medidas para aumentar la eficiencia de los procedimientos de reestructuración, insolvencia y exoneración de deudas, y por la que se modifica la Directiva (UE) 2017/1132 del Parlamento Europeo y del Consejo, sobre determinados aspectos del Derecho de sociedades (Directiva sobre reestructuración e insolvencia). (BOE de 06-09-2022).

ART. 61. Requisitos para la inscripción.

1. Solo podrán inscribirse en el Registro público concursal como administradores concursales las personas naturales que tengan la titulación y superen el examen de aptitud profesional que se establezca en el Reglamento de la administración concursal. Excepcionalmente se podrá excluir de la realización de la prueba a los abogados, economistas, titulados mercantiles y auditores que acrediten la experiencia previa como administrador concursal que se determine reglamentariamente.

2. Las personas jurídicas podrán inscribirse en el Registro público concursal cuando cumplan los requisitos establecidos en el Reglamento de la administración concursal, si bien sus socios o representantes legales deberán sujetarse a lo establecido en el apartado anterior.

3. La inscripción se practicará especificando las clases de concursos en las que puede ser nombrado el administrador concursal. A tales efectos, en el Reglamento de la administración concursal los concursos de clasificarán en tres clases por razón de la complejidad que previsiblemente tuvieren y se precisarán los requisitos que el administrador concursal ha de cumplir para poder ser inscrito en cada clase. Los inscritos en una clase superior se entienden habilitados para actuar como administradores concursales en concursos de la clase o clases inferiores.

4. Quienes superen el examen de aptitud profesional estarán habilitados para el desempeño de sus funciones en los concursos de menor complejidad.

Modificado por Ley 16/2022, de 5 de septiembre, de reforma del texto refundido de la Ley Concursal, aprobado por el Real Decreto Legislativo 1/2020, de 5 de mayo, para la transposición de la Directiva (UE) 2019/1023 del Parlamento Europeo y del Consejo, de 20 de junio de 2019, sobre marcos de reestructuración preventiva, exoneración de deudas e inhabilitaciones, y sobre medidas para aumentar la eficiencia de los procedimientos de reestructuración, insolvencia y exoneración de deudas, y por la que se modifica la Directiva (UE) 2017/1132 del Parlamento Europeo y del Consejo, sobre determinados aspectos del Derecho de sociedades (Directiva sobre reestructuración e insolvencia). (BOE de 06-09-2022).

Subsección 3.ª Del nombramiento de la administración concursal

ART. 62. Del nombramiento.

1. Como regla general, el nombramiento del administrador concursal deberá recaer en la persona natural o jurídica inscrita en el Registro público concursal que corresponda por turno correlativo en función de la clase de concurso de que se trate, siempre que hubiera hecho constar estar en condiciones para actuar en el ámbito territorial del juzgado que realice el nombramiento.

2. En los concursos de mayor complejidad el nombramiento recaerá en la persona natural o jurídica inscrita en el Registro público concursal habilitada para ejercer las funciones propias del cargo en dichos concursos que el juez designe, debiendo motivar la designación en la adecuación de la experiencia, los conocimientos o la formación de la persona nombrada a las particularidades del concurso, en los términos que se determinen reglamentariamente. En todo caso, antes de efectuar el nombramiento, el juez deberá consultar el Registro público concursal.

3. En los concursos con elementos transfronterizos, el nombramiento deberá recaer en persona que, además, acredite en el momento de su aceptación el conocimiento suficiente de la lengua del país o países relacionados con esos elementos o, al menos, el conocimiento suficiente de la lengua inglesa. Alternativamente, podrá acreditar que cuenta con personas trabajadoras o ha contratado a un traductor jurado con dichos conocimientos.

Modificado por Ley 16/2022, de 5 de septiembre, de reforma del texto refundido de la Ley Concursal, aprobado por el Real Decreto Legislativo 1/2020, de 5 de mayo, para la transposición de la Directiva (UE) 2019/1023 del Parlamento Europeo y del Consejo, de 20 de junio de 2019, sobre marcos de reestructuración preventiva, exoneración de deudas e inhabilitaciones, y sobre medidas para aumentar la eficiencia de los procedimientos de reestructuración, insolvencia y exoneración de deudas, y por la que se modifica la Directiva (UE) 2017/1132 del Parlamento Europeo y del Consejo, sobre determinados aspectos del Derecho de sociedades (Directiva sobre reestructuración e insolvencia). (BOE de 06-09-2022).

ART. 63. Representación de la persona jurídica administradora concursal.

1. Cuando el nombramiento de administrador concursal recaiga en una persona jurídica, esta, al aceptar el cargo, deberá comunicar la identidad de la persona natural que haya de representarla para el ejercicio de las funciones propias del cargo.

2. Cuando la persona jurídica haya sido nombrada administradora concursal por su cualificación profesional, esta deberá concurrir en la persona natural que designe como representante para el ejercicio de las funciones propias del cargo.

3. Cuando se proceda al nombramiento del segundo administrador concursal, la Administración pública acreedora o la entidad de derecho público acreedora vinculada o dependiente de aquella designadas deberán comunicar la identidad del empleado público con titulación universitaria de licenciado o graduado, que desempeñe sus funciones en el ámbito jurídico o económico, que haya de representarlas para el ejercicio de las funciones propias del cargo.

4. Al representante de la persona jurídica nombrada administradora concursal le será de aplicación el mismo régimen de incompatibilidades, prohibiciones, recusación, separación y responsabilidad establecido para los administradores concursales.

ART. 64. Incompatibilidades.

No podrán ser nombrados administradores concursales:

1.° Quienes no puedan ser administradores de sociedades anónimas o de responsabilidad limitada.

2.° Quienes hayan prestado cualquier clase de servicios profesionales al deudor o a personas especialmente relacionadas con este en los últimos tres años, así como quienes durante ese plazo hubieran compartido con aquel el ejercicio de actividades profesionales de la misma o diferente naturaleza.

3.° Quienes se encuentren, cualquiera que sea su condición o profesión, en alguna de las situaciones de incompatibilidad previstas en la legislación en materia de auditoría de cuentas, en relación con el propio deudor, sus directivos o administradores, o con un acreedor que represente más del diez por ciento de la masa pasiva del concurso.

ART. 65. Prohibiciones.

1. No podrán ser nombrados administradores concursales quienes estén especialmente relacionados con alguna persona que haya prestado cualquier clase de servicios profesionales al deudor o a personas especialmente relacionadas con este en los últimos tres años.

2. En el caso de que existan suficientes personas disponibles en el listado de inscritos, no podrán ser nombrados administradores concursales ni auxiliares delegados en los concursos de mayor complejidad aquellas personas naturales o jurídicas que hubieran sido nombradas discrecionalmente para cualquiera de esos cargos por el mismo juzgado o por el mismo juez en tres concursos dentro de los dos años anteriores contados desde la fecha del primer nombramiento. En el cómputo del límite máximo de nombramientos se incluirán los concursos en los que esas personas hubieran sido designadas representantes de la persona jurídica nombrada para el ejercicio de las funciones propias del cargo de administradora concursal o de auxiliar-delegada. Los nombramientos efectuados en concursos de sociedades pertenecientes al mismo grupo de empresas se computarán como uno solo.

3. No podrán ser nombrados administradores concursales quienes hubieran sido separados de este cargo dentro de los tres años anteriores, ni quienes se encuentren inhabilitados por aplicación de lo dispuesto en esta ley.

4. No podrá ser nombrado administrador concursal quien en la negociación de un plan de reestructuración hubiera sido nombrado experto en la reestructuración.

Modificado por Ley 16/2022, de 5 de septiembre, de reforma del texto refundido de la Ley Concursal, aprobado por el Real Decreto Legislativo 1/2020, de 5 de mayo, para la transposición de la Directiva (UE) 2019/1023 del Parlamento Europeo y del Consejo, de 20 de junio de 2019, sobre marcos de reestructuración preventiva, exoneración de deudas e inhabilitaciones, y sobre medidas para aumentar la eficiencia de los procedimientos de reestructuración, insolvencia y exoneración de deudas, y por la que se modifica la Directiva (UE) 2017/1132 del Parlamento Europeo y del Consejo, sobre determinados aspectos del Derecho de sociedades (Directiva sobre reestructuración e insolvencia). (BOE de 06-09-2022).

ART. 66. Deber de aceptación.

1. El nombramiento de administrador concursal será comunicado al designado por el medio más rápido. Dentro de los cinco días siguientes al de recibo de la comunicación, el designado deberá comparecer ante el juzgado y aceptar el cargo.

2. Por excepción a lo establecido en el apartado anterior, la Administración pública acreedora o la entidad acreedora vinculada o dependiente de aquella que hayan sido nombradas segundas administradoras concursales podrán no aceptar el nombramiento.

ART. 67. Régimen de la aceptación.

1. En el momento de la aceptación del cargo, el nombrado deberá acreditar que tiene vigente, en los términos que se desarrollen reglamentariamente, un seguro de responsabilidad civil o garantía equivalente proporcional a la naturaleza y alcance del riesgo cubierto para responder de los posibles daños en el ejercicio de su función y manifestar si acepta o no el cargo. Cuando el nombrado sea una persona jurídica recaerá sobre esta y no sobre la persona natural representante la exigencia de suscripción del seguro de responsabilidad civil o garantía equivalente.

2. En el momento de la aceptación del cargo, el nombrado deberá facilitar al juzgado las direcciones postal y electrónica en las que efectuar la comunicación de créditos así como cualquier otra notificación. La dirección electrónica que señale deberá cumplir las condiciones técnicas de seguridad de las comunicaciones electrónicas en lo relativo a la constancia de la transmisión y recepción, de sus fechas y del contenido íntegro de las comunicaciones. La dirección postal y la dirección electrónica señaladas a efectos de comunicaciones serán únicas, cualquiera que sea el número de administradores concursales.

3. En el caso de que concurra en el administrador concursal nombrado alguna causa de recusación, estará obligado a manifestarla en ese momento.

4. Cuando el nombrado fuera una persona natural, deberá manifestar si se encuentra integrado en alguna persona jurídica profesional al objeto de extender el mismo régimen de incompatibilidades a los restantes socios o colaboradores.

5. En los concursos de mayor complejidad, en el momento de la aceptación del cargo, el nombrado deberá entregar al juzgado declaración firmada de los concursos de acreedores en que haya sido nombrado administrador concursal o auxiliar delegado que todavía se encuentren en tramitación, con indicación del tribunal que le haya nombrado, la fecha de la declaración de concurso y el juez que la haya dictado. Si alguno de estos concursos de acreedores se encontrara en fase de liquidación, se indicará la fecha de la resolución de apertura de esa fase y, en el caso de que haya transcurrido más de un año desde la misma, las razones por las cuales el concurso no se encuentra concluido.

Apdo. 5 añadido por Ley 16/2022, de 5 de septiembre, de reforma del texto refundido de la Ley Concursal, aprobado por el Real Decreto Legislativo 1/2020, de 5 de mayo, para la transposición de la Directiva (UE) 2019/1023 del Parlamento Europeo y del Consejo, de 20 de junio de 2019, sobre marcos de reestructuración preventiva, exoneración de deudas e inhabilitaciones, y sobre medidas para aumentar la eficiencia de los procedimientos de reestructuración, insolvencia y exoneración de deudas, y por la que se modifica la Directiva (UE) 2017/1132 del Parlamento Europeo y del Consejo, sobre determinados aspectos del Derecho de sociedades (Directiva sobre reestructuración e insolvencia). (BOE de 06-09-2022).

ART. 68. Credencial del administrador concursal.

1. En el mismo momento de aceptación del cargo, el Letrado de la Administración de Justicia expedirá y entregará al nombrado documento acreditativo de su condición de administrador concursal.

2. La credencial deberá ser devuelta al juzgado en el momento en el que por cualquier causa se produzca el cese del administrador concursal.

ART. 69. Nuevo nombramiento.

Si el nombrado no compareciese, no tuviera suscrito un seguro de responsabilidad civil o garantía equivalente suficiente o no aceptase el cargo, el juez procederá de inmediato a un nuevo nombramiento.

ART. 70. Inhabilitación por falta de comparecencia, por falta de cobertura o por falta de aceptación.

A quien sin justa causa no compareciese, no aceptase el cargo o no tuviera suscrito el seguro, no se le podrá designar administrador durante el plazo de tres años en aquellos concursos de acreedores que se declaren en el mismo ámbito territorial.

ART. 71. Renuncia.

1. Una vez aceptado el cargo, el nombrado solo podrá renunciar por causa grave o por haber perdido de forma sobrevenida las condiciones exigidas para ejercer el cargo.

2. Por excepción a lo establecido en el apartado anterior, la Administración pública acreedora o la entidad acreedora vinculada o dependiente de aquella que hayan sido nombradas segundas administradoras concursales podrán renunciar al nombramiento en cualquier momento.

Subsección 4.ª De la recusación de la administración concursal

ART. 72. Legitimación para recusar.

Los administradores concursales podrán ser recusados por cualquiera de las personas legitimadas para solicitar la declaración de concurso.

ART. 73. Causas de recusación.

Son causas de recusación las circunstancias constitutivas de incompatibilidad o prohibición contenidas en esta ley, así como las establecidas en la Ley 1/2000, de 7 de enero, de Enjuiciamiento Civil, para la recusación de peritos.

Ver arts. arts. 219 LOPJ y 124-128 LEC.

ART. 74. Régimen de la recusación.

1. La recusación habrá de promoverse por el legitimado tan pronto como el recusante tenga conocimiento de la causa en que se funde.

2. La recusación se sustanciará por los cauces del incidente concursal.

3. La recusación no tendrá efectos suspensivos. En tanto se tramita el incidente, el recusado seguirá actuando como administrador concursal, sin que la resolución que recaiga afecte a la validez de las actuaciones.

Subsección 5.ª De los auxiliares delegados

ART. 75. Auxiliares delegados.

Cuando la complejidad del concurso así lo exija, la administración concursal podrá solicitar del juez el nombramiento de uno o varios auxiliares delegados, con especificación de las funciones a delegar, que pueden incluir las relativas a la continuación de la totalidad o parte de la actividad del deudor.

Apdo. 2 suprimido por Ley 16/2022, de 5 de septiembre, de reforma del texto refundido de la Ley Concursal, aprobado por el Real Decreto Legislativo 1/2020, de 5 de mayo, para la transposición de la Directiva (UE) 2019/1023 del Parlamento Europeo y del Consejo, de 20 de junio de 2019, sobre marcos de reestructuración preventiva, exoneración de deudas e inhabilitaciones, y sobre medidas para aumentar la eficiencia de los procedimientos de reestructuración, insolvencia y exoneración de deudas, y por la que se modifica la Directiva (UE) 2017/1132 del Parlamento Europeo y del Consejo, sobre determinados aspectos del Derecho de sociedades (Directiva sobre reestructuración e insolvencia). (BOE de 06-09-2022).

ART. 76. Nombramiento obligatorio de auxiliares delegados.

(SUPRIMIDO)

Suprimido por Ley 16/2022, de 5 de septiembre, de reforma del texto refundido de la Ley Concursal, aprobado por el Real Decreto Legislativo 1/2020, de 5 de mayo, para la transposición de la Directiva (UE) 2019/1023 del Parlamento Europeo y del Consejo, de 20 de junio de 2019, sobre marcos de reestructuración preventiva, exoneración de deudas e inhabilitaciones, y sobre medidas para aumentar la eficiencia de los procedimientos de reestructuración, insolvencia y exoneración de deudas, y por la que se modifica la Directiva (UE) 2017/1132 del Parlamento Europeo y del Consejo, sobre determinados aspectos del Derecho de sociedades (Directiva sobre reestructuración e insolvencia). (BOE de 06-09-2022).

ART. 77. Régimen legal de los auxiliares delegados.

1. La resolución judicial en la que se nombren auxiliar o auxiliares delegados especificará las funciones delegadas y establecerá la retribución de cada uno de ellos.

2. Será de aplicación a los auxiliares delegados el régimen de inhabilitaciones, prohibiciones, recusación y responsabilidad establecido para los administradores concursales y sus representantes.

ART. 78. Retribución de los auxiliares delegados.

La retribución de los auxiliares delegados correrá a cargo de la administración concursal y se abonará a medida que esta perciba la que le corresponda. Salvo que expresamente el juez acuerde otra cosa, la retribución de los auxiliares delegados se fijará mediante un porcentaje respecto de la que perciba la administración concursal.

ART. 79. Carácter irrecurrible de la resolución.

1. Contra la decisión del juez del concurso relativa al nombramiento de auxiliares delegados no cabe recurso alguno.

2. Si la solicitud de nombramiento de auxiliares delegados hubiera sido denegada, la administración concursal podrá reproducirla cuando se modifiquen las circunstancias que dieron lugar a la denegación.

Sección 2.ª Del ejercicio del cargo

ART. 80. Deberes del administrador concursal.

1. Los administradores concursales y los auxiliares delegados desempeñarán el cargo con la debida diligencia, del modo más eficiente para el interés del concurso.

2. Los administradores concursales deberán actuar con imparcialidad e independencia respecto del deudor y, si fuera persona jurídica, de sus socios, administradores y directores generales, así como respecto de los acreedores concursales y de la masa.

> *Rúbrica y contenido modificados por Ley 16/2022, de 5 de septiembre, de reforma del texto refundido de la Ley Concursal, aprobado por el Real Decreto Legislativo 1/2020, de 5 de mayo, para la transposición de la Directiva (UE) 2019/1023 del Parlamento Europeo y del Consejo, de 20 de junio de 2019, sobre marcos de reestructuración preventiva, exoneración de deudas e inhabilitaciones, y sobre medidas para aumentar la eficiencia de los procedimientos de reestructuración, insolvencia y exoneración de deudas, y por la que se modifica la Directiva (UE) 2017/1132 del Parlamento Europeo y del Consejo, sobre determinados aspectos del Derecho de sociedades (Directiva sobre reestructuración e insolvencia). (BOE de 06-09-2022).*

ART. 81. Ejercicio de funciones en caso de administración concursal dual.

1. Cuando la administración concursal esté integrada por dos miembros, las funciones de este órgano concursal se ejercitarán de forma mancomunada. En caso de disconformidad, resolverá el juez.

2. El juez podrá atribuir determinadas competencias de forma individualizada a uno de los administradores o distribuirlas entre ellos.

3. Las decisiones y los acuerdos de la administración concursal dual que no sean de trámite o de gestión ordinaria se consignarán por escrito y serán firmados por los dos miembros del órgano.

ART. 82. Supervisión judicial.

La administración concursal está sometida a la supervisión del juez del concurso. En cualquier momento, el juez podrá requerir a la administración concursal una información específica o una memoria sobre el estado del procedimiento o sobre cualquier otra cuestión relacionada con el concurso.

ART. 83. Resolución judicial.

Las resoluciones judiciales que se dicten para resolver las cuestiones relativas al ejercicio del cargo por la administración concursal revestirán forma de auto, contra el que no cabrá recurso alguno. Sobre la materia resuelta no podrá plantearse incidente concursal.

Sección 3.ª De la retribución

Subsección 1.ª Del régimen jurídico de la retribución

NOTA: Hay que tener en cuenta que, conforme a lo dispuesto en el apdo. 1 de la D.T. Única de este texto refundido, los artículos 84 a 89 entrarán en vigor cuando se apruebe el reglamento a que se refiere la D.T. 2.ª de la Ley 17/2014, de 30 de septiembre. Mientras tanto permanecerán en vigor los arts. 27, 34 y 198 de la Ley 22/2003, de 9 de julio, en la redacción anterior a la entrada en vigor de la citada Ley 17/2014.

ART. 84. Derecho a la retribución.

Los administradores concursales tendrán derecho a retribución con cargo a la masa.

ART. 85. Determinación de la retribución.

La retribución de la administración concursal se determinará mediante un arancel que se aprobará reglamentariamente. El arancel atenderá a las funciones que efectivamente desempeñe la administración concursal, al número de acreedores, al tamaño del concurso según la clasificación establecida a los efectos del nombramiento de la administración concursal y a la acumulación de concursos.

ART. 86. Reglas de determinación de la retribución.

1. El arancel que determine la retribución de la administración concursal se ajustará necesariamente a las siguientes reglas:

1.ª Regla de la exclusividad. Los administradores concursales solo podrán percibir por su intervención en el concurso las cantidades que resulten de lo establecido de la aplicación del arancel. En consecuencia, no podrá devengarse con cargo a la masa activa cantidad alguna adicional a la fijada inicialmente, en favor del administrador concursal o de persona especialmente vinculada al mismo por cualquier actuación de asistencia técnica o jurídica ni por la interposición de cualquier tipo de recursos, en el marco del concurso.

2.ª Regla de la limitación. La cantidad total máxima que la administración concursal puede percibir por su intervención en el concurso será la menor de entre la cantidad de un millón de euros **un millón quinientos mil euros** y la que resulte de multiplicar la valoración del activo del concursado por un cuatro por ciento.

El juez, oídas las partes, podrá aprobar de forma motivada una remuneración que supere el límite anterior, cuando debido a la complejidad del concurso, lo justifiquen los costes asumidos por la administración concursal, sin que en ningún caso se pueda exceder de cincuenta por ciento de dicho límite.

3.ª Regla de la duración del concurso.

a) Cuando la fase común exceda de seis meses, la retribución de la administración concursal aprobada para esta fase será reducida en un cincuenta por ciento, salvo que el juez de manera motivada, en el plazo de tres días a contar desde la solicitud, entienda que existan circunstancias objetivas que justifiquen ese retraso o que la conducta del administrador hubiese sido diligente en el cumplimiento de las demás funciones.

b) Cuando la fase de convenio exceda de seis meses, la retribución de la administración concursal aprobada para esta fase será reducida en un cincuenta por ciento, salvo que el juez de manera motivada, en el plazo de tres días a contar desde la solicitud, entienda que existan circunstancias objetivas que justifiquen ese retraso o que la conducta del administrador hubiese sido diligente en el cumplimiento de las demás funciones.

c) Cuando la fase de liquidación exceda de ocho meses, la retribución del administrador se reducirá en, al menos, un cincuenta por ciento salvo que el juez, de manera motivada, en el plazo de tres días a contar desde la solicitud, entienda que existan circunstancias objetivas que justifiquen ese retraso o que la conducta del administrador hubiese sido diligente en el cumplimiento de las demás funciones.

4.ª Regla de la eficiencia. La retribución de la administración concursal se devengará conforme se vayan cumpliendo las funciones atribuidas por esta ley y el juez del concurso.

En su determinación deberán tenerse en cuenta incentivos para garantizar la eficiencia de la administración concursal orientados a lograr una mayor celeridad y agilidad, que podrán referirse, entre otros, a la pronta ejecución del plan de liquidación, a la transmisión de unidades productivas o a la realización de los bienes y derechos en liquidación por un valor superior al porcentaje determinado reglamentariamente del valor definitivo de los mismos, fijado en el informe de la administración.

La retribución inicialmente fijada será reducida por el juez de manera motivada por el incumplimiento de las obligaciones de la administración concursal, un retraso atribuible a la administración concursal en el cumplimiento de sus obligaciones o por la calidad deficiente de sus trabajos.

Si el retraso consistiera en exceder en más de la mitad del plazo legal que la administración concursal deba observar o el procedimiento concursal se dilatara en más de dieciséis meses desde la fecha de declaración del concurso, o se incumpliera el deber de información de los acreedores, el juez deberá reducir la retribución, salvo que el administrador concursal demuestre que el retraso no le resulta imputable, que existan circunstancias objetivas que justifiquen ese retraso o que la conducta del administrador hubiese sido diligente en el cumplimiento de las demás funciones.

Se considerará que la calidad del trabajo es deficiente cuando se resuelvan impugnaciones sobre el inventario o la relación de acreedores en favor de los demandantes en proporción igual o superior al quince por ciento del valor del inventario provisional o del importe de la relación provisional de acreedores presentada por la administración concursal. En este último caso, el juez deberá reducir la retribución, al menos, en la misma proporción que la modificación, salvo que concurran circunstancias objetivas que justifiquen esa valoración o ese importe o que la conducta del administrador hubiese sido diligente en el cumplimiento de las demás funciones.

2. En aquellos concursos que concluyan por la insuficiencia de la masa activa para satisfacer los créditos contra la masa se garantizará a la administración concursal el pago de un mínimo retributivo mediante una cuenta de garantía arancelaria.

Regla 2.ª del apdo. 1 modificada por Ley Orgánica 1/2025, de 2 de enero, de medidas en materia de eficiencia del Servicio Público de Justicia. (BOE 03-01-2025). Esta modificación entró en vigor el 03-04-2025.

Apdo. 1 modificado por Ley 16/2022, de 5 de septiembre, de reforma del texto refundido de la Ley Concursal, aprobado por el Real Decreto Legislativo 1/2020, de 5 de mayo, para la transposición de la Directiva (UE) 2019/1023 del Parlamento Europeo y del Consejo, de 20 de junio de 2019, sobre marcos de reestructuración preventiva, exoneración de deudas e inhabilitaciones, y sobre medidas para aumentar la eficiencia de los procedimientos de reestructuración, insolvencia y exoneración de deudas, y por la que se modifica la Directiva (UE) 2017/1132 del Parlamento Europeo y del Consejo, sobre determinados aspectos del Derecho de sociedades (Directiva sobre reestructuración e insolvencia). (BOE de 06-09-2022).

ART. 87. Cuantía de la retribución y vencimiento del crédito.

1. La cuantía de la retribución se fijará por medio de auto conforme al arancel.

2. El auto fijará también los plazos en que la retribución deba ser satisfecha, conforme al arancel. El devengo del crédito se producirá al vencimiento de cada uno de los plazos.

ART. 88. Modificación de la retribución.

En cualquier estado del procedimiento, el juez, de oficio o a solicitud del concursado o de cualquier acreedor, podrá modificar la retribución fijada, si concurriera justa causa, con aplicación del arancel.

ART. 89. Recursos en materia de retribución.

El auto por el que se fije o modifique la retribución de la administración concursal será apelable por el interesado y por las personas legitimadas para solicitar la declaración de concurso.

ART. 90. Deber de comunicación.

El concursado o cualquier tercero que abone cualquier clase de retribución al administrador concursal estarán obligados a comunicarlo al Letrado de la Administración de Justicia del juzgado ante el que se tramita el concurso, con indicación del importe abonado, de la causa y la fecha del pago. Igual obligación recaerá sobre la administración concursal respecto de las retribuciones de cualquier clase que pueda percibir por causa o con ocasión del concurso.

Subsección 2.ª De la cuenta de garantía arancelaria

NOTA: Hay que tener en cuenta que los artículos 91 a 93, ambos inclusive, entrarán en vigor cuando se apruebe el desarrollo reglamentario de la cuenta de garantía arancelaria, conforme a lo dispuesto en el apdo. 2 de la D.T. Única de este texto refundido.

ART. 91. Constitución, gestión y funcionamiento de la cuenta de garantía arancelaria.

1. La cuenta de garantía arancelaria será única y su gestión corresponderá al Ministerio de Justicia, que la ejercerá ya sea directamente o a través de terceros.

2. El funcionamiento de la cuenta, incluido el régimen de disposición de los fondos, se regirá por lo establecido en esta ley y en cuantas normas se dicten en su desarrollo. Reglamentariamente se regulará el régimen de distribución de la cuenta de garantía arancelaria.

3. La gestión de la cuenta y el control de los ingresos y los cargos se realizará a través de la aplicación informática que determine el Ministerio de Justicia. La aplicación dispondrá de los mecanismos adecuados de control, seguridad y supervisión, y deberá garantizar la autenticidad, confidencialidad, integridad y disponibilidad de los datos, permitir la disposición de fondos mediante la expedición de órdenes telemáticas de transferencia y mandamientos de pago, así como proporcionar información sobre los movimientos y saldos de las cuentas.

4. En los casos de falta de medios informáticos adecuados o imposibilidad técnica sobrevenida, se podrán emitir mandamientos de pago u órdenes de transferencia de forma manual utilizando los impresos normalizados.

ART. 92. Deber de dotación.

1. La cuantía de la dotación a efectuar por cada administrador concursal a la cuenta de garantía arancelaria se calculará por aplicación de los siguientes porcentajes sobre las retribuciones que efectivamente perciba en el concurso de acreedores:

a) Un dos y medio por ciento por la remuneración obtenida que se encuentre entre los 2.565 euros y los 50.000 euros.

b) Un cinco por ciento por la remuneración obtenida que se encuentre entre los 50.001 euros y los 500.000 euros.

c) Un diez por ciento por la remuneración obtenida que supere los 500.000 euros.

2. El administrador concursal cuya retribución efectivamente percibida en el concurso de acreedores no alcance la cantidad de 2.565 euros, así como los que tengan derecho a percibir la retribución con cargo a la cuenta de garantía arancelaria estarán excluidos del deber de realizar dotaciones.

ART. 93. Ingreso de las dotaciones.

1. Cada administrador concursal deberá ingresar en la cuenta de garantía arancelaria las dotaciones obligatorias establecidas en el artículo anterior antes de la rendición de cuentas.

2. En el momento del ingreso en la cuenta de garantía arancelaria de las dotaciones obligatorias, cada uno de los administradores concursales deberá dar cuenta al Letrado de la Administración de Justicia del juzgado en el que se tramita el concurso del importe ingresado en la cuenta de garantía arancelaria.

3. Si en el momento de la rendición de cuentas el administrador concursal no hubiera realizado el ingreso de la dotación a que estuviera obligado, el Letrado de la Administración de Justicia le instará a que, dentro del plazo de diez días, cumpla con ese deber. Si no lo hiciera, será dado de baja en la sección cuarta del Registro público concursal hasta que proceda a su abono.

Sección 4.ª De la responsabilidad

ART. 94. Presupuestos de la responsabilidad.

1. Los administradores concursales y los auxiliares delegados responderán frente al concursado y frente a los acreedores de los daños y perjuicios causados a la masa por los actos y omisiones contrarios a la ley y por los realizados incumpliendo los deberes inherentes al desempeño del cargo sin la debida diligencia.

2. En caso de administración concursal dual, el régimen de responsabilidad de la Administración pública acreedora o de la entidad de derecho público acreedora vinculada o dependiente de ella y la de la persona designada para el ejercicio de las funciones propias del cargo será el específico de la legislación administrativa.

ART. 95. Carácter solidario de la responsabilidad.

Los administradores concursales responderán solidariamente con los auxiliares delegados de los actos y omisiones lesivos de estos, salvo que prueben haber empleado toda la diligencia debida para prevenir o evitar el daño.

ART. 96. Derecho de reembolso.

Si la sentencia contuviera condena a indemnizar daños y perjuicios, el acreedor que hubiera ejercitado la acción en interés de la masa tendrá derecho a que, con cargo a la cantidad efectivamente percibida, se le reembolsen los gastos necesarios que hubiera soportado.

ART. 97. Prescripción.

Las acciones de responsabilidad por los daños y perjuicios causados a la masa activa por los administradores concursales y los auxiliares delegados prescribirán a los cuatro años, contados desde que el actor hubiera tenido conocimiento del daño o perjuicio por el que reclama y, en todo caso, desde que los administradores concursales o los auxiliares delegados hubieran cesado en su cargo.

ART. 98. Acción individual de responsabilidad.

1. Quedan a salvo las acciones de responsabilidad que puedan corresponder al concursado, a los acreedores o a terceros por actos u omisiones de los administradores concursales y auxiliares delegados que lesionen directamente los intereses de aquellos.

2. Las acciones de responsabilidad a que se refiere el apartado anterior prescribirán a los cuatro años, contados desde que el actor hubiera tenido conocimiento del daño o perjuicio por el que reclama y, en todo caso, desde que los administradores concursales o los auxiliares delegados hubieran cesado en su cargo.

ART. 99. Juez competente y procedimiento aplicable.

Las acciones previstas en esta sección, cuando se dirijan a exigir responsabilidad civil, se sustanciarán ante el juez que conozca o haya conocido del concurso por los trámites del juicio declarativo que corresponda.

Sección 5.ª De la separación y de la revocación

ART. 100. Separación y revocación.

1. Cuando concurra justa causa, el juez, de oficio o a instancia de cualquiera de las personas legitimadas para solicitar la declaración de concurso o del otro miembro de la administración concursal, podrá separar del cargo a cualquiera de los administradores concursales o revocar el nombramiento de los auxiliares delegados.

2. En todo caso será causa de separación del administrador concursal el incumplimiento grave del deber de diligencia, así como el incumplimiento del deber de imparcialidad e independencia respecto del deudor y, si fuera persona jurídica, de sus administradores y directores generales, así como respecto de los acreedores concursales. No obstante la concurrencia de esta causa de separación, el juez podrá mantener al administrador concursal en el ejercicio del cargo cuando concurran circunstancias objetivas que así lo aconsejen.

3. La separación o revocación del representante de una persona jurídica implicará el cese automático de esta como administrador concursal o como auxiliar delegado.

4. La resolución judicial de cese por separación o revocación revestirá forma de auto, en el que se consignarán los motivos en los que el juez funde la decisión.

Apdo. 2 modificado por Ley 16/2022, de 5 de septiembre, de reforma del texto refundido de la Ley Concursal, aprobado por el Real Decreto Legislativo 1/2020, de 5 de mayo, para la transposición de la Directiva (UE) 2019/1023 del Parlamento Europeo y del Consejo, de 20 de junio de 2019, sobre marcos de reestructuración preventiva, exoneración de deudas e inhabilitaciones, y sobre medidas para aumentar la eficiencia

de los procedimientos de reestructuración, insolvencia y exoneración de deudas, y por la que se modifica la Directiva (UE) 2017/1132 del Parlamento Europeo y del Consejo, sobre determinados aspectos del Derecho de sociedades (Directiva sobre reestructuración e insolvencia). (BOE de 06-09-2022).

ART. 101. Nuevo nombramiento.

1. En todos los casos de cese de un administrador concursal, el juez procederá de inmediato a efectuar un nuevo nombramiento. Al cese y al nuevo nombramiento se dará la misma publicidad que hubiera tenido el nombramiento del administrador concursal sustituido.

2. Si la persona jurídica nombrada administradora concursal revocara a la persona natural que la representaba en el ejercicio de las funciones propias del cargo, deberá comunicar simultáneamente al juzgado la identidad del nuevo representante. A la revocación y a la nueva designación se dará la misma publicidad que hubiera tenido la designación del revocado.

ART. 102. Rendición de cuentas.

1. En el caso de cese del administrador concursal antes de la conclusión del concurso, el juez le requerirá para que en el plazo de un mes presente una completa rendición de cuentas.

2. Esta rendición de cuentas se regirá por lo establecido en la sección 3.ª del capítulo I del título XI del libro primero.

Modificado por Ley 16/2022, de 5 de septiembre, de reforma del texto refundido de la Ley Concursal, aprobado por el Real Decreto Legislativo 1/2020, de 5 de mayo, para la transposición de la Directiva (UE) 2019/1023 del Parlamento Europeo y del Consejo, de 20 de junio de 2019, sobre marcos de reestructuración preventiva, exoneración de deudas e inhabilitaciones, y sobre medidas para aumentar la eficiencia de los procedimientos de reestructuración, insolvencia y exoneración de deudas, y por la que se modifica la Directiva (UE) 2017/1132 del Parlamento Europeo y del Consejo, sobre determinados aspectos del Derecho de sociedades (Directiva sobre reestructuración e insolvencia). (BOE de 06-09-2022).

ART. 103. Recursos contra el nombramiento, revocación y cese de los administradores concursales y auxiliares delegados.

1. Contra las resoluciones sobre nombramiento, revocación y cese de los administradores concursales y auxiliares delegados cabrá recurso de reposición y, contra el auto que lo resuelva, el de apelación que no tendrá efecto suspensivo.

2. Estarán legitimados para recurrir el concursado, la administración concursal, el administrador concursal afectado, el auxiliar delegado afectado y quienes acrediten interés legítimo, aunque no hubieran comparecido con anterioridad.

ART. 104. Baja en el Registro público concursal.

La separación del administrador concursal o la revocación del auxiliar delegado determinarán la baja del afectado en el Registro público concursal. La baja será cautelar mientras la resolución de cese no sea firme.

TÍTULO III
De los efectos de la declaración de concurso

CAPÍTULO I
De los efectos sobre el deudor

Sección 1.ª De los efectos sobre el concursado en general

ART. 105. Efectos sobre las comunicaciones, residencia y libre circulación del concursado.

Los efectos de la declaración de concurso sobre los derechos y libertades fundamentales del concursado en materia de correspondencia, residencia y libre circulación serán los establecidos en la Ley Orgánica 8/2003, de 9 de julio, para la Reforma Concursal, por la que se modifica la Ley Orgánica 6/1985, de 1 de julio, del Poder Judicial.

Ver art. 17.1 CE.

ART. 106. Efectos sobre las facultades patrimoniales del concursado.

1. En caso de concurso voluntario, el concursado conservará las facultades de administración y disposición sobre la masa activa, pero el ejercicio de estas facultades estará sometido a la intervención de la administración concursal, que podrá autorizar o denegar la autorización según tenga por conveniente.

2. En caso de concurso necesario, el concursado tendrá suspendido el ejercicio de las facultades de administración y disposición sobre la masa activa. La administración concursal sustituirá al deudor en el ejercicio de esas facultades.

3. No obstante lo dispuesto en los apartados anteriores, el juez podrá acordar la suspensión en caso de concurso voluntario o la mera intervención cuando se trate de concurso necesario. En ambos casos, deberá motivarse el acuerdo señalando los riesgos que se pretendan evitar y las ventajas que se quieran obtener.

ART. 107. Ámbito objetivo de la limitación o de la suspensión de facultades.

1. El ámbito de la intervención y de la suspensión estará limitado a los bienes y derechos integrados o que se integren en la masa activa, a la asunción, modificación o extinción de obligaciones de carácter patrimonial relacionadas con esos bienes o derechos y, en su caso, al ejercicio de las facultades que correspondan al deudor en la sociedad o comunidad conyugal.

2. El concursado conservará la facultad de testar.

ART. 108. Modificación de las facultades patrimoniales del concursado.

1. A solicitud de la administración concursal, el juez, oído el concursado, podrá acordar en cualquier momento, mediante auto, el cambio de las situaciones de intervención o de suspensión de las facultades del concursado sobre la masa activa.

2. Al cambio de las situaciones de intervención o de suspensión y la consiguiente modificación de las facultades de la administración concursal se le dará la misma publicidad que la acordada para la declaración de concurso.

ART. 109. Infracción del régimen de limitación o suspensión de facultades.

1. Los actos del concursado que infrinjan la limitación o la suspensión de las facultades patrimoniales acordada por el juez del concurso solo podrán ser anulados a instancia de la administración concursal, salvo que esta los hubiese convalidado o confirmado.

2. Cualquier acreedor y quien haya sido parte en la relación contractual afectada por la infracción podrá requerir de la administración concursal que se pronuncie acerca del ejercicio de la correspondiente acción o de la convalidación o confirmación del acto.

3. La acción de anulación se tramitará por los cauces del incidente concursal. De haberse formulado el requerimiento, la acción caducará al cumplirse un mes desde la fecha de este. En otro caso, caducará con el cumplimiento del convenio por el deudor o, en el supuesto de liquidación, con la finalización de esta.

4. Los actos realizados por el concursado con infracción de la limitación o de la suspensión de facultades patrimoniales no podrán ser inscritos en registros públicos mientras no sean confirmados o convalidados, alcance firmeza la resolución judicial por la que se desestime la pretensión de anulación o se acredite la caducidad de la acción.

ART. 110. Pagos al concursado.

El pago realizado al concursado solo liberará a quien lo hiciere si, al tiempo de efectuar la prestación, desconocía la declaración de concurso. Se presume el conocimiento desde la publicación de la declaración de concurso en el «Boletín Oficial del Estado».

ART. 111. Continuación del ejercicio de la actividad profesional o empresarial.

1. La declaración de concurso no interrumpirá la continuación de la actividad profesional o empresarial que viniera ejerciendo el deudor.

2. Hasta la aceptación de la administración concursal el concursado podrá realizar los actos que sean imprescindibles para la continuación de su actividad, siempre que se ajusten a las condiciones normales del mercado, sin perjuicio de las medidas cautelares que hubiera adoptado al respecto el juez al declarar el concurso.

ART. 112. Autorización general de determinados actos u operaciones en caso de intervención.

Con el fin de facilitar la continuación de la actividad profesional o empresarial del concursado, la administración concursal, en caso de intervención, podrá autorizar, con carácter general, aquellos actos u operaciones propios del giro o tráfico de aquella actividad que, por razón de su naturaleza o cuantía, puedan ser realizados por el concursado o por su director o directores generales.

ART. 113. Continuidad del ejercicio de la actividad profesional o empresarial en caso de suspensión.

En caso de suspensión de las facultades de administración y disposición del concursado, la administración concursal adoptará las medidas que sean necesarias para la continuación de la actividad profesional o empresarial.

ART. 114. Cierre de oficinas y establecimientos.

1. El juez, a solicitud de la administración concursal, previa audiencia del concursado y, si existieran, de los representantes de los trabajadores, podrá acordar, mediante auto, el cierre de la totalidad o de parte de las oficinas, establecimientos o explotaciones de que fuera titular el concursado, así como, cuando ejerciera una actividad empresarial, el cese o la suspensión, total o parcial, de esta.

2. Cuando las medidas supongan la modificación sustancial de las condiciones de trabajo, el traslado, el despido, la suspensión de contratos o la reducción de jornada, siempre que tengan carácter colectivo, la administración concursal deberá solicitar al juez del concurso la adopción de la decisión, que se tramitará conforme a lo establecido en esta ley.

ART. 115. Deber de formular las cuentas anuales en caso de intervención.

1. En caso de intervención, la obligación legal de formular y de someter a auditoría las cuentas anuales corresponderá al concursado y a los administradores de la persona jurídica concursada bajo la supervisión de la administración concursal.

2. La administración concursal podrá autorizar al concursado o a los administradores de la persona jurídica concursada a que el cumplimiento de la obligación legal de formular las cuentas anuales correspondientes al ejercicio anterior a la declaración judicial de concurso se retrase al mes siguiente a la presentación del inventario y de la lista de acreedores. La aprobación de las cuentas deberá realizarse en los tres meses siguientes al vencimiento de dicha prórroga. De ello se dará cuenta al juez del concurso y, si la persona jurídica estuviera obligada a depositar las cuentas anuales, al Registro mercantil en que figurase inscrita. Efectuada esta comunicación, el retraso del depósito de las cuentas no producirá el cierre de la hoja registral, si se cumplen los plazos para el depósito desde el vencimiento del citado plazo prorrogado de aprobación de las cuentas. En cada uno de los documentos que integran las cuentas anuales se hará mención de la causa legítima del retraso.

Ver arts. 34 y ss. CCom y arts. 253 a 271 LSC.

ART. 116. Deber de formular las cuentas anuales en caso de suspensión.

En caso de suspensión, la obligación legal de formular y de someter a auditoría las cuentas anuales corresponderá a la administración concursal.

Ver arts. 34 y ss. CCom y arts. 253 a 271 LSC.

ART. 117. Revocación del nombramiento del auditor.

A solicitud fundada de la administración concursal, el juez del concurso podrá acordar la revocación del nombramiento del auditor de cuentas de la persona jurídica concursada y el nombramiento de otro para la verificación de las cuentas anuales.

ART. 118. Declaraciones y autoliquidaciones tributarias.

1. En caso de intervención, la obligación legal de presentar las declaraciones y autoliquidaciones tributarias corresponderá al concursado bajo la supervisión de la administración concursal.

2. En caso de suspensión, esa obligación legal corresponderá a la administración concursal.

Sección 2.ª De los efectos sobre la representación y defensa procesal del concursado

ART. 119. Representación y defensa del concursado en caso de intervención.

1. En caso de intervención, el deudor conservará la capacidad para actuar en juicio, pero necesitará la autorización de la administración concursal para presentar demandas, interponer recursos, desistir, allanarse total o parcialmente y transigir litigios cuando la materia litigiosa pueda afectar a la masa activa.

2. Si la administración concursal estimara conveniente para el interés del concurso la presentación de una demanda y el concursado se negare a formularla, el juez del concurso podrá autorizar a aquella a presentarla.

ART. 120. Representación y defensa procesal del concursado en caso de suspensión.

1. En caso de suspensión, corresponderá a la administración concursal la presentación de demandas y la interposición de recursos en interés del concurso.

2. La administración concursal, actuando en interés del concurso pero en representación del concursado, sustituirá a este en los procedimientos judiciales civiles, laborales o administrativos que se encuentren en trámite a la fecha de la declaración de concurso, sin más excepciones que las de los procedimientos civiles en que se ejerciten acciones de índole personal. Una vez personada la administración concursal en el procedimiento, el Letrado de la Administración de Justicia le concederá un plazo de cinco días para que se instruya de las actuaciones.

3. En los procedimientos civiles en los que se ejerciten acciones de índole personal, el concursado necesitará autorización de la administración concursal para presentar la demanda, interponer recursos, allanarse, transigir o desistir cuando por razón de la materia litigiosa la sentencia que se dicte pueda afectar a la masa activa.

4. La administración concursal necesitará autorización del juez del concurso para desistir, allanarse, total o parcialmente, y transigir litigios que se hubieran iniciado antes de la declaración del concurso. De la solicitud de autorización presentada por la administración concursal, el Letrado de la Administración de Justicia dará traslado al concursado y a aquellas partes personadas en el procedimiento que el juez estime deban ser oídas.

En los casos a que se refiere el párrafo anterior, las costas impuestas como consecuencia del allanamiento o del desistimiento autorizados por el juez tendrán la consideración de crédito concursal. En caso de transacción, se estará a lo pactado por las partes en materia de costas.

ART. 121. Mantenimiento de la representación y defensa separadas por el concursado.

1. El concursado podrá actuar de forma separada, por medio de procurador y abogado distintos de los de la administración concursal, en los procedimientos en trámite a la fecha de la declaración de concurso en que hubiera sido sustituido por la administración concursal y en los nuevos procedimientos promovidos por esta, siempre que un tercero haya garantizado de forma suficiente ante el juez del concurso que los gastos de su actuación procesal y, en su caso, la efectividad de la condena al pago de las costas no recaerán sobre la masa activa del concurso, y así lo acredite el concursado en el procedimiento en que estuviera personado.

2. Si el deudor mantuviera representación y defensas separadas, no podrá realizar aquellas actuaciones procesales que, conforme al artículo anterior, corresponden a la administración concursal con autorización del juez, ni impedir o dificultar que esta las realice.

ART. 122. Legitimación subsidiaria de los acreedores.

1. Los acreedores que hayan instado por escrito a la administración concursal el ejercicio de una acción de carácter patrimonial que correspondiera al concursado, con expresión de las concretas pretensiones en que consista y de la fundamentación jurídica de cada una de ellas, estarán legitimados para ejercitarla si el concursado, en caso de intervención, o la administración concursal, en caso de suspensión, no lo hiciesen dentro de los dos meses siguientes al requerimiento.

2. En ejercicio de esta acción subsidiaria, los acreedores litigarán a su costa en interés de la masa. En caso de que la demanda fuese total o parcialmente estimada, los acreedores, una vez que la sentencia sea firme, tendrán derecho a reembolsarse con cargo a la masa activa de los gastos y costas en que hubieran incurrido hasta el límite de lo efectivamente percibido por la masa.

3. Las demandas que se presenten por los acreedores conforme a lo establecido en los apartados anteriores deberán notificarse a la administración concursal.

Sección 3.ª De los efectos específicos sobre la persona natural

ART. 123. Derecho a alimentos.

1. En el caso de que en la masa activa existan bienes bastantes para prestar alimentos, el concursado persona natural que se encuentre en estado de necesidad tendrá derecho a percibirlos durante la tramitación del concurso, con cargo a la masa activa, para atender sus necesidades y las de su cónyuge y descendientes bajo su potestad. El derecho a percibir alimentos para atender a las necesidades de la pareja de hecho solo existirá cuando la unión estuviera inscrita y el juez aprecie la existencia de pactos expresos o tácitos o de hechos concluyentes de los que se derive la inequívoca voluntad de los convivientes de formar un patrimonio común.

2. En caso de intervención, la cuantía y periodicidad de los alimentos serán las que determine la administración concursal; y, en caso de suspensión, las que determine el juez, oídos el concursado y la administración concursal.

3. En caso de suspensión, el juez, a solicitud del concursado con audiencia de la administración concursal o a solicitud de esta con audiencia del concursado, podrá modificar la cuantía y la periodicidad de los alimentos.

Ver arts. 142 a 153 y 1966 del Código Civil.

ART. 124. Deber de alimentos.

1. En el caso de que en la masa activa existan bienes bastantes para prestar alimentos, las personas distintas de las enumeradas en el artículo anterior respecto de las cuales el concursado tuviere deber legal de prestarlos solo podrán obtenerlos con cargo a la masa si no pudieren percibirlos de otras personas legalmente obligadas a prestárselos.

2. El interesado deberá ejercitar la acción de reclamación de los alimentos ante el juez del concurso en el plazo de un año a contar desde el momento en que hubiera debido percibirlos. El juez del concurso resolverá sobre su procedencia y cuantía.

3. La obligación de prestar alimentos impuesta al concursado por resolución judicial dictada con anterioridad a la declaración de concurso se satisfará con cargo a la masa activa en la cuantía fijada por el juez del concurso. El exceso tendrá la consideración de crédito concursal ordinario.

Ver arts. 142 a 153 y 1966 del Código Civil.

ART. 125. Derecho a solicitar la disolución de la sociedad conyugal.

1. El cónyuge del concursado tendrá derecho a solicitar del juez del concurso la disolución de la sociedad o comunidad conyugal cuando se hubieran incluido en el inventario de la masa activa bienes gananciales o comunes que deban responder de las obligaciones del concursado.

2. Presentada la solicitud de disolución, el juez acordará la liquidación de la sociedad o comunidad conyugal, el pago a los acreedores y la división del remanente entre los cónyuges. Estas operaciones se llevarán a cabo de forma coordinada, sea con el convenio, sea con la liquidación de la masa activa.

3. El cónyuge del concursado tendrá derecho a que la vivienda habitual del matrimonio que tuviere carácter ganancial o común se le incluya con preferencia en su haber hasta donde este alcance. Si excediera solo procederá la adjudicación si abonara al contado el exceso.

Sección 4.ª De los efectos específicos sobre la persona jurídica

ART. 126. Mantenimiento de los órganos de la persona jurídica concursada.

Durante la tramitación del concurso, se mantendrán los órganos de la persona jurídica concursada, sin perjuicio de los efectos que sobre el funcionamiento de cada uno de ellos produzca la intervención o la suspensión de las facultades de administración y disposición sobre los bienes y derechos de la masa activa.

ART. 127. Efectos sobre los órganos colegiados de la persona jurídica concursada.

1. La administración concursal tendrá derecho de asistencia y de voz en las sesiones de los órganos colegiados de la persona jurídica concursada. A estos efectos, deberá ser convocada en la misma forma y con la misma antelación que los integrantes del órgano que ha de reunirse.

2. La constitución de junta o asamblea u otro órgano colegiado con el carácter de universal no será válida sin la concurrencia de la administración concursal.

3. Los acuerdos de la junta o de la asamblea que puedan tener contenido patrimonial o relevancia directa para el concurso requerirán, para su eficacia, de la autorización de la administración concursal.

ART. 128. Representación de la persona jurídica concursada frente a terceros.

1. En caso de intervención, la representación de la persona jurídica concursada en el ejercicio de las facultades de administración y de disposición sobre los bienes y derechos que integren la masa activa corresponderán a los administradores o liquidadores, pero el ejercicio de esas facultades estará sometido a la autorización de la administración concursal, que podrá conceder o denegar esa autorización según tenga por conveniente.

2. El juez, a solicitud de la administración concursal, podrá atribuir a esta en interés del concurso, la representación de la persona jurídica concursada en el ejercicio de los derechos políticos que correspondan a las cuotas, acciones o participaciones sociales integradas en la masa activa, que podrá delegar en quien tenga por conveniente. La administración concursal podrá delegar el ejercicio de esos derechos en quien tenga por conveniente.

3. En caso de suspensión, la representación de la persona jurídica concursada en el ejercicio de las facultades de administración y disposición sobre los bienes y derechos que integren la masa activa corresponderá a la administración concursal.

4. Los apoderamientos que pudieran existir al tiempo de la declaración de concurso quedarán afectados por la intervención o por la suspensión de estas facultades.

ART. 129. Representación de la persona jurídica concursada en el concurso.

Los administradores o liquidadores del deudor persona jurídica continuarán con la representación de la entidad dentro del concurso, incluso durante la liquidación de la masa activa.

ART. 130. Supresión o reducción del derecho a la retribución de los administradores de la persona jurídica concursada.

Si el cargo de administrador de la persona jurídica fuera retribuido, el juez del concurso podrá acordar que deje de serlo o reducir la cuantía de la retribución a la vista del contenido y la complejidad de las funciones de administración y de la importancia de la masa activa.

ART. 131. Efectos de la declaración de concurso sobre las acciones contra los socios.

1. Durante la tramitación del concurso de la sociedad, corresponderá exclusivamente a la administración concursal el ejercicio de la acción contra el socio o socios personalmente responsables por las deudas de esta anteriores a la declaración de concurso.

2. Durante la tramitación del concurso de la sociedad, corresponderá exclusivamente a la administración concursal la reclamación, en el momento y cuantía que estime conveniente, del desembolso de las aportaciones sociales que hubiesen sido diferidas, cualquiera que fuera el plazo fijado en la escritura o en los estatutos, y de las prestaciones accesorias pendientes de cumplimiento.

Ver art. art. 79 LSC.

ART. 132. Efectos de la declaración de concurso sobre las acciones contra los administradores, liquidadores o auditores de la sociedad deudora.

1. Declarado el concurso, corresponderá exclusivamente a la administración concursal el ejercicio de las acciones de responsabilidad de la persona jurídica concursada contra sus administradores o liquidadores, de derecho o de hecho; contra la persona natural designada para el ejercicio permanente de las funciones propias del cargo de administrador persona jurídica y contra la persona, cualquiera que sea su denominación, que tenga atribuidas facultades de más alta dirección de la sociedad cuando no exista delegación permanente de facultades del consejo en uno o varios consejeros delegados.

2. Declarado el concurso, corresponderá exclusivamente a la administración concursal el ejercicio de las acciones de responsabilidad de la persona jurídica concursada contra sus auditores, así como contra los expertos independientes que hubieran valorado aportaciones sociales o dinerarias en las ampliaciones de capital de la sociedad concursada.

Ver arts. 236, 237 y 241 LSC.

ART. 133. Embargo de bienes.

1. Desde la declaración de concurso de persona jurídica, el juez del concurso, de oficio o a solicitud razonada de la administración concursal, podrá acordar, como medida cautelar, el embargo de bienes y derechos de los administradores o liquidadores, de derecho y de hecho, y directores generales de la persona jurídica concursada así como de quienes hubieran tenido esta condición dentro de los dos años anteriores a la fecha de aquella declaración, cuando de lo actuado resulte fundada la posibilidad de que en la sentencia de calificación las personas a las que afecte el embargo sean condenadas a la cobertura total o parcial del déficit en los términos previstos en esta ley.

2. Desde la declaración de concurso de la sociedad, el juez, de oficio o a solicitud razonada de la administración concursal, podrá ordenar, como medida cautelar, el embargo de bienes y derechos del socio o socios personalmente responsables por las deudas de la sociedad anteriores a la declaración de concurso, cuando de lo actuado resulte fundada la posibilidad de que la masa activa sea insuficiente para satisfacer todas las deudas.

3. El embargo se acordará por la cuantía que el juez estime bastante y se practicará sin necesidad de caución con cargo a la masa activa.

4. A solicitud del afectado por la medida cautelar, el juez podrá acordar la sustitución del embargo por aval de entidad de crédito.

5. Contra el auto que resuelva sobre la medida cautelar cualquier afectado podrá interponer recurso de apelación.

Ver arts. 721 y ss. LEC.

Sección 5.ª De los deberes de comparecencia,
colaboración e información del concursado

ART. 134. Libros y documentos del deudor.

1. El concursado pondrá a disposición de la administración concursal los libros de llevanza obligatoria y cualesquiera otros libros, documentos y registros relativos a los aspectos patrimoniales de su actividad profesional o empresarial.

2. A solicitud de la administración concursal, el juez acordará las medidas que estime necesarias para la efectividad de lo dispuesto en el apartado anterior.

Ver arts. 25 y ss. CCom.

ART. 135. Deberes de comparecencia, colaboración e información.

1. El concursado persona natural y los administradores o liquidadores de la persona jurídica concursada y quienes hayan desempeñado estos cargos dentro de los dos años anteriores a la declaración del concurso tienen el deber de comparecer personalmente ante el juzgado y ante la administración concursal cuantas veces sean requeridos y el de colaborar e informar en todo lo necesario o conveniente para el interés del concurso.

2. Los directores generales de la persona jurídica concursada y quienes lo hayan sido dentro del período señalado tienen igualmente estos mismos deberes.

CAPÍTULO II
De los efectos sobre las acciones individuales

Sección 1.ª De los efectos sobre las acciones y sobre los procedimientos declarativos

ART. 136. Nuevos juicios declarativos.

1. Desde la declaración de concurso y hasta la fecha de eficacia del convenio o, si no se hubiera aprobado convenio o el aprobado se hubiera incumplido, hasta la conclusión del procedimiento:

1.º Los jueces del orden civil y del orden social no admitirán a trámite las demandas que se presenten en las que se ejerciten acciones que sean competencia del juez del concurso, previniendo a las partes que usen de su derecho ante este último.

2.º Los jueces de lo mercantil no admitirán a trámite las demandas que se presenten en las que se ejerciten acciones de reclamación de obligaciones sociales contra los administradores de las sociedades de capital concursadas que hubieran incumplido los deberes legales en caso de concurrencia de causa de disolución.

3.º Los jueces de primera instancia no admitirán a trámite las demandas que se presenten en las que se ejercite contra el dueño de la obra la acción directa que se reconoce a los que pusieren su trabajo y materiales en una obra ajustada alzadamente por el contratista.

2. De admitirse a trámite las demandas a que se refiere el apartado anterior, se ordenará el archivo de todo lo actuado, previa declaración de nulidad de las actuaciones que se hubieran practicado.

3. Los jueces o tribunales de los órdenes social, contencioso-administrativo o penal ante los que, después de la declaración del concurso, se ejerciten acciones que pudieran tener trascendencia para la masa activa, emplazarán a la administración concursal y, si se personase, la tendrán como parte en defensa del interés del concurso.

Ver art. 532 de esta norma y los arts. 86 bis, 86 ter, 86 quater y 86 quinquies LOPJ y art. 1597 CC.

ART. 137. Continuación de juicios declarativos en tramitación.

Los juicios declarativos que se encuentren en tramitación a la fecha de la declaración de concurso en los que el concursado sea parte, continuarán sustanciándose ante el mismo tribunal que estuviere conociendo de ellos hasta la firmeza de la sentencia, salvo aquellos que, por disposición de esta ley, se acumulen al concurso o aquellos cuya tramitación quede suspendida.

Ver art. 532 de esta norma.

ART. 138. Acumulación de juicios declarativos en tramitación.

1. Los juicios en los que se hubieran ejercitado acciones de responsabilidad contra los administradores o liquidadores, de derecho o hecho; contra la persona natural designada para el ejercicio permanente de las funciones propias del cargo de administrador persona jurídica, contra la persona, cualquiera que sea su denominación, que tenga atribuidas facultades de más alta dirección de la sociedad cuando no exista delegación permanente de facultades del consejo en uno o varios consejeros delegados, y contra los auditores por los daños y perjuicios causados a la persona jurídica concursada, se acumularán de oficio al concurso, siempre que se encuentren en primera instancia y no haya finalizado el acto del juicio o la vista.

2. Los juicios acumulados continuarán su tramitación ante el juez del concurso conforme al procedimiento por el que viniera sustanciándose la reclamación.

3. Contra la sentencia que se dicte se podrán interponer los recursos que procedieran como si no hubieran sido objeto de acumulación.

ART. 139. Suspensión de la tramitación de juicios declarativos.

1. Desde la declaración del concurso hasta la fecha de eficacia del convenio o, en caso de liquidación, hasta la conclusión del procedimiento quedarán en suspenso los procedimientos iniciados antes de esa declaración de concurso en los que se hubieran ejercitado

acciones de reclamación de obligaciones sociales contra los administradores de las sociedades de capital concursadas que hubieran incumplido los deberes legales en caso de concurrencia de causa de disolución.

2. Desde la declaración del concurso hasta la fecha de eficacia del convenio o, en caso de liquidación, hasta la conclusión del procedimiento quedarán en suspenso los procedimientos iniciados antes de esa declaración en los que se hubiera ejercitado contra el dueño de la obra la acción directa que se reconoce a los que pusieren su trabajo y materiales en una obra ajustada alzadamente por el contratista.

ART. 140. Pactos de mediación, convenios y procedimientos arbitrales.

1. La declaración de concurso, por sí sola, no afectará a la vigencia de los pactos de mediación ni a los convenios arbitrales suscritos por el deudor.

2. Los procedimientos de mediación y los procedimientos arbitrales en tramitación a la fecha de la declaración de concurso continuarán hasta la terminación de la mediación o hasta la firmeza del laudo arbitral. La representación y defensa del concursado en estos procedimientos se regirá por lo establecido para los juicios declarativos en el capítulo I de este título.

3. El juez del concurso, de oficio o a solicitud del concursado, en caso de intervención, o de la administración concursal, en caso de suspensión, podrá acordar, antes de que comience el procedimiento de mediación o de que se inicie el procedimiento arbitral, la suspensión de los efectos de esos pactos o de esos convenios, si entendiera que pudieran suponer un perjuicio para la tramitación del concurso. Queda a salvo lo establecido en los tratados internacionales.

4. En caso de fraude, la administración concursal podrá impugnar ante el juez del concurso los pactos de mediación y los convenios y procedimientos arbitrales.

ART. 141. Sentencias y laudos firmes.

Las sentencias y los laudos firmes dictados antes o después de la declaración de concurso vinculan al juez de este, el cual dará a las resoluciones pronunciadas el tratamiento concursal que corresponda.

Sección 2.ª De los efectos sobre las acciones y sobre los procedimientos ejecutivos

Subsección 1.ª De las reglas generales

ART. 142. Prohibición de inicio de ejecuciones y apremios.

Desde la declaración de concurso, no podrán iniciarse ejecuciones singulares, judiciales o extrajudiciales, ni tampoco apremios administrativos, incluidos los tributarios, contra los bienes o derechos de la masa activa.

ART. 143. Suspensión de las actuaciones y de los procedimientos de ejecución.

1. Las actuaciones y los procedimientos de ejecución contra los bienes o derechos de la masa activa que se hallaran en tramitación quedarán en suspenso desde la fecha de declaración de concurso, sin perjuicio del tratamiento concursal que corresponda dar a los respectivos créditos. Serán nulas cuantas actuaciones se hubieran realizado desde ese momento.

2. El juez del concurso, a solicitud de la administración concursal, previa audiencia de los acreedores afectados, podrá acordar el levantamiento y cancelación de los embargos trabados en las actuaciones y los procedimientos de ejecución cuya tramitación hubiera quedado suspendida cuando el mantenimiento de esos embargos dificultara gravemente la continuidad de la actividad profesional o empresarial del concursado. El levantamiento y cancelación no podrá acordarse respecto de los embargos administrativos.

ART. 144. Excepciones a la suspensión de las actuaciones y de los procedimientos de ejecución.

1. Cuando se incorpore a las actuaciones o al procedimiento correspondiente el testimonio de la resolución del juez del concurso que declare que un bien o derecho concreto

que hubiese sido objeto de embargo no es necesario para la continuidad de la actividad profesional o empresarial del deudor, podrán proseguirse las actuaciones y procedimientos de ejecución de las siguientes clases:

1.º Las ejecuciones laborales en las que el embargo de ese bien o derecho fuese anterior a la fecha de declaración del concurso.

2.º Los procedimientos administrativos de ejecución en los que la diligencia de embargo fuera anterior a la fecha de declaración del concurso.

2. El dinero obtenido con la ejecución se destinará al pago del crédito que hubiera dado lugar a la misma y el sobrante se integrará en la masa activa. No obstante, si en tercería de mejor derecho ejercitada por la administración concursal se determinase la existencia de créditos concursales con preferencia de cobro, el importe de lo obtenido al que alcance esa preferencia se pondrá a disposición del concurso.

Apdo. 3 suprimido por Ley 16/2022, de 5 de septiembre, de reforma del texto refundido de la Ley Concursal, aprobado por el Real Decreto Legislativo 1/2020, de 5 de mayo, para la transposición de la Directiva (UE) 2019/1023 del Parlamento Europeo y del Consejo, de 20 de junio de 2019, sobre marcos de reestructuración preventiva, exoneración de deudas e inhabilitaciones, y sobre medidas para aumentar la eficiencia de los procedimientos de reestructuración, insolvencia y exoneración de deudas, y por la que se modifica la Directiva (UE) 2017/1132 del Parlamento Europeo y del Consejo, sobre determinados aspectos del Derecho de sociedades (Directiva sobre reestructuración e insolvencia). (BOE de 06-09-2022).

Subsección 2.ª De las reglas especiales para los procedimientos de ejecución de garantías reales y asimilados

ART. 145. Efectos sobre las ejecuciones de garantías reales.

1. Desde la declaración de concurso, los titulares de derechos reales de garantía, sean o no acreedores concursales, sobre bienes o derechos de la masa activa necesarios para la continuidad de la actividad profesional o empresarial del concursado, no podrán iniciar procedimientos de ejecución o realización forzosa sobre esos bienes o derechos.

2. Desde la declaración de concurso, las actuaciones de ejecución o realización forzosa ya iniciadas a esa fecha sobre cualesquiera bienes o derechos de la masa activa quedaran suspendidas, aunque ya estuviesen publicados los anuncios de subasta.

ART. 146. Inicio o continuación de ejecuciones de garantías reales sobre bienes o derechos no necesarios.

Los titulares de derechos reales de garantía, sean o no acreedores concursales, sobre bienes o derechos de la masa activa no necesarios para la continuidad de la actividad profesional o empresarial del concursado que pretendan iniciar procedimientos de ejecución o realización forzosa sobre esos bienes o derechos o que pretendan alzar la suspensión deberán acompañar a la demanda o incorporar al procedimiento judicial o administrativo cuya tramitación hubiera sido suspendida el testimonio de la resolución del juez del concurso que declare que no son necesarios para esa continuidad. Cumplido ese requisito podrá iniciarse la ejecución o alzarse la suspensión de la misma y ordenarse que continúe ante el órgano jurisdiccional o administrativo originariamente competente para tramitarla.

ART. 147. Declaración del carácter necesario o no necesario de bienes o derechos de la masa activa.

1. La declaración del carácter necesario o no necesario de cualquier bien o derecho integrado en la masa activa corresponde al juez del concurso, a solicitud del titular del derecho real, previa audiencia de la administración concursal, cualquiera que sea la fase en que se encuentre el concurso de acreedores.

2. Las acciones o participaciones de sociedades cuyo objeto real exclusivo fuera la tenencia de un activo y del pasivo necesario para su financiación no se considerarán necesarias para la continuación de la actividad, salvo que la ejecución de la garantía constituida sobre las mismas fuera causa de modificación o de resolución de las relaciones contractuales que permitan al concursado mantener la explotación de ese activo.

3. La previa declaración del carácter necesario de un bien o derecho no impedirá que se presente por el titular del derecho real una solicitud posterior para que se declare el carácter no necesario de ese mismo bien o derecho cuando hayan cambiado las circunstancias.

ART. 148. Fin de la prohibición de inicio o continuación de ejecuciones de garantías reales sobre cualquier clase de bienes.

1. Los titulares de derechos reales de garantía sobre cualesquiera bienes o derechos de la masa activa, sean o no acreedores concursales, podrán iniciar procedimientos de ejecución o realización forzosa sobre esos bienes o derechos y continuar aquellos cuya tramitación hubiera sido suspendida en los siguientes casos:

1.° Desde la fecha de eficacia de un convenio que no impida el ejercicio del derecho de ejecución separada sobre esos bienes o derechos.

2.° Desde que hubiera transcurrido un año a contar de la fecha de declaración de concurso sin que hubiera tenido lugar la apertura de la liquidación.

2. La demanda de ejecución o la solicitud de reanudación de las ejecuciones suspendidas se presentará por el titular del derecho real ante el juez del concurso, el cual, de ser procedente la admisión a trámite de la demanda o de la solicitud de reanudación, acordará la tramitación en pieza separada dentro del propio procedimiento concursal, acomodando las actuaciones a las normas propias del procedimiento judicial o extrajudicial que corresponda.

3. Iniciadas o reanudadas las actuaciones ejecutivas, no podrán ser suspendidas por razón de las vicisitudes propias del concurso.

Ver arts. 681 a 698 LEC.

ART. 149. Efectos de la apertura de la fase de liquidación de la masa activa sobre las ejecuciones de garantías reales.

1. La apertura de la fase de liquidación producirá la pérdida del derecho a iniciar la ejecución o la realización forzosa de la garantía sobre bienes y derechos de la masa activa por aquellos acreedores que no hubieran ejercitado estas acciones antes de la declaración de concurso o no las hubieran iniciado transcurrido un año desde la declaración de concurso. Los titulares de garantías reales recuperarán el derecho de ejecución o realización forzosa cuando transcurra un año desde la apertura de la liquidación sin que se haya enajenado el bien o derecho afecto.

2. Las ejecuciones que hubieran quedado suspendidas como consecuencia de la declaración de concurso se acumularán al concurso de acreedores como pieza separada. Desde que se produzca la acumulación, la suspensión quedará sin efecto.

Apdo. 1 modificado por Ley 16/2022, de 5 de septiembre, de reforma del texto refundido de la Ley Concursal, aprobado por el Real Decreto Legislativo 1/2020, de 5 de mayo, para la transposición de la Directiva (UE) 2019/1023 del Parlamento Europeo y del Consejo, de 20 de junio de 2019, sobre marcos de reestructuración preventiva, exoneración de deudas e inhabilitaciones, y sobre medidas para aumentar la eficiencia de los procedimientos de reestructuración, insolvencia y exoneración de deudas, y por la que se modifica la Directiva (UE) 2017/1132 del Parlamento Europeo y del Consejo, sobre determinados aspectos del Derecho de sociedades (Directiva sobre reestructuración e insolvencia). (BOE de 06-09-2022).

ART. 150. Régimen de las acciones de recuperación.

Lo establecido en los artículos anteriores será de aplicación a las siguientes acciones:

1.° A las acciones resolutorias de compraventas de bienes inmuebles por falta de pago del precio aplazado, aunque deriven de condiciones explícitas inscritas en el Registro de la propiedad.

2.° A las acciones tendentes a recuperar los bienes vendidos a plazos o financiados con reserva de dominio mediante contratos inscritos en el Registro de bienes muebles.

3.° A las acciones tendentes a recuperar los bienes cedidos en arrendamiento financiero mediante contratos inscritos en los Registros de la propiedad o de bienes muebles o formalizados en documento que lleve aparejada ejecución.

ART. 151. Condición de tercer poseedor del concursado.

La declaración de concurso no afectará a la ejecución de la garantía real cuando el concursado tenga la condición de tercer poseedor del bien o derecho objeto de esta.

CAPÍTULO III
De los efectos sobre los créditos

ART. 152. Suspensión del devengo de intereses.

1. Desde la declaración de concurso quedará suspendido el devengo de los intereses, legales o convencionales.

2. Se exceptúan de lo establecido en el apartado anterior los créditos salariales, que devengarán intereses conforme al interés legal del dinero y los créditos con garantía real, que devengarán los intereses remuneratorios pactados hasta donde alcance el valor de la garantía.

Ver arts. 1108 CC y 576 LEC.

ART. 153. Compensación.

1. La compensación cuyos requisitos hubieran existido antes de la declaración de concurso producirá plenos efectos aunque sea alegada después de esa declaración o aunque la resolución judicial o el acto administrativo que la declare se haya dictado con posterioridad a ella. El hecho de que el acreedor haya comunicado al administrador concursal la existencia del crédito no impedirá la declaración de compensación.

2. Declarado el concurso, no procederá la compensación de los créditos y deudas del concursado a excepción de aquellos que procedan de la misma relación jurídica. Queda a salvo lo establecido en las normas de derecho internacional privado.

3. La controversia sobre el importe de los créditos y deudas a compensar y la concurrencia de los presupuestos de la compensación se resolverá por el juez del concurso por los cauces del incidente concursal.

Ver arts. 1156 y 1195 del Código Civil.

ART. 154. Suspensión del derecho de retención.

1. Declarado el concurso, quedará suspendido el ejercicio del derecho de retención sobre bienes y derechos integrados en la masa activa.

2. Si en el momento de conclusión del concurso esos bienes o derechos no hubieran sido enajenados deberán ser restituidos de inmediato al titular del derecho de retención cuyo crédito no haya sido íntegramente satisfecho.

3. Esta suspensión no afectará a las retenciones impuestas por la legislación administrativa, tributaria, laboral y de seguridad social.

Ver arts. 1600 y 1780 del Código Civil.

ART. 155. Interrupción de la prescripción.

1. Desde la declaración hasta la conclusión del concurso quedará interrumpida la prescripción de las acciones contra el deudor por los créditos anteriores a la declaración.

2. La interrupción de la prescripción no producirá efectos frente a los deudores solidarios, así como tampoco frente a los fiadores y avalistas.

3. Desde la declaración hasta la conclusión del concurso quedará interrumpida la prescripción de las acciones contra socios y contra los administradores, los liquidadores, la persona natural designada para el ejercicio permanente de las funciones propias del cargo de administrador persona jurídica, y la persona, cualquiera que sea su denominación, que tenga atribuidas facultades de más alta dirección de la sociedad cuando no exista delegación permanente de facultades del consejo en uno o varios consejeros delegados, así como contra los auditores de la persona jurídica concursada y aquellas otras cuyo ejercicio quede suspendido en virtud de lo dispuesto en esta ley.

4. En caso de interrupción, el cómputo del plazo para la prescripción se iniciará nuevamente a la fecha de la conclusión del concurso.

CAPÍTULO IV
De los efectos sobre los contratos

Sección 1.ª De los efectos sobre los contratos

ART. 156. Principio general de vigencia de los contratos.

La declaración de concurso no es causa de resolución anticipada del contrato. Se tendrán por no puestas las cláusulas que establezcan la facultad de la otra parte de suspender o de modificar las obligaciones o los efectos del contrato, así como la facultad de resolución o la de extinción del contrato por la declaración de concurso de cualquiera de ellas o por la apertura de la fase de liquidación de la masa activa.

Modificado por Ley 16/2022, de 5 de septiembre, de reforma del texto refundido de la Ley Concursal, aprobado por el Real Decreto Legislativo 1/2020, de 5 de mayo, para la transposición de la Directiva (UE) 2019/1023 del Parlamento Europeo y del Consejo, de 20 de junio de 2019, sobre marcos de reestructuración preventiva, exoneración de deudas e inhabilitaciones, y sobre medidas para aumentar la eficiencia de los procedimientos de reestructuración, insolvencia y exoneración de deudas, y por la que se modifica la Directiva (UE) 2017/1132 del Parlamento Europeo y del Consejo, sobre determinados aspectos del Derecho de sociedades (Directiva sobre reestructuración e insolvencia). (BOE de 06-09-2022).

ART. 157. Efectos sobre los contratos pendientes de cumplimiento por uno de los contratantes.

En los contratos con obligaciones recíprocas, cuando al momento de la declaración del concurso una de las partes hubiera cumplido íntegramente sus obligaciones y la otra tuviese pendiente el cumplimiento total o parcial de las que fueran a su cargo, el crédito o la deuda que corresponda al concursado se incluirá, según proceda, en la masa activa o en la pasiva del concurso.

ART. 158. Efectos sobre los contratos con obligaciones recíprocas pendientes de cumplimiento por ambas partes.

La declaración de concurso, por sí sola, no afectará a la vigencia de los contratos con obligaciones recíprocas pendientes de cumplimiento tanto a cargo del concursado como de la otra parte. Ambas partes deberán ejecutar las prestaciones comprometidas, siendo con cargo a la masa aquellas a que esté obligado el concursado.

ART. 159. Supuestos especiales.

1. La declaración de concurso no afectará al ejercicio de la facultad de denuncia unilateral del contrato en los casos en que así se reconozca expresamente por la ley.

2. La declaración de concurso no afectará a la aplicación de las leyes que dispongan o expresamente permitan pactar la extinción del contrato en los casos de situaciones concursales o de liquidación administrativa de alguna de las partes.

Sección 2.ª De la resolución de los contratos

Subsección 1.ª De la resolución por incumplimiento

ART. 160. Resolución por incumplimiento anterior.

Declarado el concurso, la facultad de resolución del contrato por incumplimiento anterior a la declaración de concurso solo podrá ejercitarse si el contrato fuera de tracto sucesivo.

ART. 161. Resolución por incumplimiento posterior.

Declarado el concurso, la facultad de resolución del contrato con obligaciones recíprocas pendientes de cumplimiento podrá ejercitarse por incumplimiento posterior de cualquiera de las partes.

ART. 162. Ejercicio de la acción de resolución.

La acción de resolución del contrato por incumplimiento se ejercitará ante el juez del concurso y se sustanciará por los trámites del incidente concursal.

ART. 163. Efectos de la resolución del contrato.

1. En caso de resolución del contrato por incumplimiento, quedarán extinguidas las obligaciones pendientes de vencimiento.

2. Si el incumplimiento del concursado hubiera sido anterior a la declaración del concurso, el crédito que corresponda al acreedor que hubiera cumplido sus obligaciones y el correspondiente a la indemnización de los daños y perjuicios causados por ese incumplimiento tendrán la consideración de crédito concursal, cualquiera que sea la fecha de la resolución.

3. Si el incumplimiento del concursado fuera posterior a la declaración de concurso, el crédito que corresponda al acreedor que hubiera cumplido sus obligaciones y el correspondiente a la indemnización de daños y perjuicios causados por el incumplimiento tendrán la consideración de crédito contra la masa.

Modificado por Ley 16/2022, de 5 de septiembre, de reforma del texto refundido de la Ley Concursal, aprobado por el Real Decreto Legislativo 1/2020, de 5 de mayo, para la transposición de la Directiva (UE) 2019/1023 del Parlamento Europeo y del Consejo, de 20 de junio de 2019, sobre marcos de reestructuración preventiva, exoneración de deudas e inhabilitaciones, y sobre medidas para aumentar la eficiencia de los procedimientos de reestructuración, insolvencia y exoneración de deudas, y por la que se modifica la Directiva (UE) 2017/1132 del Parlamento Europeo y del Consejo, sobre determinados aspectos del Derecho de sociedades (Directiva sobre reestructuración e insolvencia). (BOE de 06-09-2022).

ART. 164. Mantenimiento del contrato por resolución del juez del concurso.

1. Ejercitada la acción de resolución de un contrato de tracto sucesivo por incumplimiento anterior a la declaración de concurso o de cualquier contrato, sea o no de tracto sucesivo, por incumplimiento posterior a esa declaración, el concursado, en caso de intervención, o la administración concursal, en caso de suspensión, podrán oponerse a la resolución solicitando en interés del concurso que se mantenga en vigor el contrato incumplido. Si el incumplimiento fuera posterior a la declaración de concurso, al formular oposición deberá ofrecerse al demandante el pago con cargo a la masa, dentro de los tres meses siguientes a la fecha de la sentencia, de las cantidades adeudadas por las prestaciones realizadas.

2. El juez, oído el demandante, resolverá sobre el mantenimiento del contrato según proceda.

3. En caso de estimación de la oposición a la resolución solicitada, si el pago de las cantidades adeudadas no se realizase dentro de plazo, el mantenimiento del contrato quedará sin efecto.

4. Contra la sentencia que acuerde el mantenimiento del contrato la parte que se considere perjudicada podrá interponer recurso de apelación.

Rúbrica y contenido modificados por Ley 16/2022, de 5 de septiembre, de reforma del texto refundido de la Ley Concursal, aprobado por el Real Decreto Legislativo 1/2020, de 5 de mayo, para la transposición de la Directiva (UE) 2019/1023 del Parlamento Europeo y del Consejo, de 20 de junio de 2019, sobre marcos de reestructuración preventiva, exoneración de deudas e inhabilitaciones, y sobre medidas para aumentar la eficiencia de los procedimientos de reestructuración, insolvencia y exoneración de deudas, y por la que se modifica la Directiva (UE) 2017/1132 del Parlamento Europeo y del Consejo, sobre determinados aspectos del Derecho de sociedades (Directiva sobre reestructuración e insolvencia). (BOE de 06-09-2022).

Subsección 2.ª De la resolución en interés del concurso

ART. 165. Resolución judicial del contrato en interés del concurso.

1. Aunque no exista causa de resolución, el concursado, en caso de intervención, y, la administración concursal, en caso de suspensión, podrán solicitar la resolución de cualquier contrato con obligaciones recíprocas si lo estimaran necesario o conveniente para el interés del concurso.

2. Antes de presentar la demanda ante el juez del concurso, las personas legitimadas podrán solicitar al Letrado de la Administración de Justicia que cite al concursado, a la

administración concursal y a la otra parte en el contrato a una comparecencia ante el juez del concurso. Celebrada la comparecencia, de existir acuerdo en cuanto a la resolución y sus efectos, el juez dictará auto declarando resuelto el contrato de conformidad con lo acordado. Si hubiere discrepancias, cualquiera de los legitimados podrá presentar demanda de resolución conforme a lo establecido en el apartado anterior.

3. La demanda de resolución se tramitará por los cauces del incidente concursal. El juez decidirá acerca de la resolución solicitada acordando, en su caso, las restituciones que procedan. El crédito que, en su caso, corresponda a la contraparte en concepto de indemnización de daños y perjuicios tendrá la consideración de crédito concursal.

Si el contrato a resolver fuera de arrendamiento financiero, a la demanda se acompañará tasación pericial independiente del valor de los bienes cedidos, que el juez podrá tener en cuenta para fijar la indemnización.

Apdo. 3 modificado por Ley 16/2022, de 5 de septiembre, de reforma del texto refundido de la Ley Concursal, aprobado por el Real Decreto Legislativo 1/2020, de 5 de mayo, para la transposición de la Directiva (UE) 2019/1023 del Parlamento Europeo y del Consejo, de 20 de junio de 2019, sobre marcos de reestructuración preventiva, exoneración de deudas e inhabilitaciones, y sobre medidas para aumentar la eficiencia de los procedimientos de reestructuración, insolvencia y exoneración de deudas, y por la que se modifica la Directiva (UE) 2017/1132 del Parlamento Europeo y del Consejo, sobre determinados aspectos del Derecho de sociedades (Directiva sobre reestructuración e insolvencia). (BOE de 06-09-2022).

Sección 3.ª Del derecho a la rehabilitación de contratos

ART. 166. Rehabilitación de contratos de financiación.

1. La administración concursal, por propia iniciativa o a instancia del concursado, podrá rehabilitar a favor de este los contratos de crédito, préstamo y demás de financiación cuyo vencimiento anticipado por impago de cuotas de amortización o de intereses devengados se haya producido dentro de los tres meses precedentes a la declaración de concurso.

2. La notificación del ejercicio de la facultad de rehabilitación a la otra parte del contrato deberá realizarse por la administración concursal antes de que finalice el plazo para presentar la comunicación de créditos, con previa o simultánea satisfacción o consignación de las cantidades debidas al momento de la rehabilitación y con asunción de los pagos futuros con cargo a la masa.

3. La rehabilitación no procederá cuando el acreedor se oponga por haber iniciado antes de la declaración de concurso el ejercicio de las acciones en reclamación del pago de las cantidades debidas contra el propio deudor, contra algún codeudor solidario o contra cualquier garante.

ART. 167. Rehabilitación de contratos de adquisición de bienes con precio aplazado.

1. La administración concursal, por propia iniciativa o a instancia del concursado, podrá rehabilitar los contratos de adquisición de bienes muebles o inmuebles con contraprestación o precio aplazado cuya resolución se haya producido dentro de los tres meses precedentes a la declaración de concurso.

2. La notificación del ejercicio de la facultad de rehabilitación a la otra parte del contrato deberá realizarse por la administración concursal antes de que finalice el plazo para la comunicación de créditos, con previa o simultánea satisfacción o consignación de las cantidades debidas al momento de la rehabilitación y con asunción de los pagos futuros con cargo a la masa.

3. El transmitente podrá oponerse a la rehabilitación cuando, con anterioridad a la declaración de concurso, hubiese iniciado el ejercicio de las acciones de resolución del contrato o de restitución del bien transmitido, o cuando, con la misma antelación, hubiese recuperado la posesión material del bien por cauces legítimos y devuelto o consignado en lo procedente la contraprestación recibida o hubiese realizado actos dispositivos sobre el mismo en favor de tercero, lo que habrá de acreditar suficientemente si no constare a la administración concursal.

4. El posterior incumplimiento del contrato que hubiera sido rehabilitado conferirá al acreedor el derecho a resolverlo sin posibilidad de ulterior rehabilitación.

ART. 168. Rehabilitación de contratos de arrendamientos urbanos.

1. La administración concursal podrá enervar la acción de desahucio ejercitada contra el deudor con anterioridad a la declaración del concurso, así como rehabilitar la vigencia del contrato de arrendamiento urbano hasta el momento mismo de practicarse el efectivo lanzamiento.

2. La notificación a la otra parte del ejercicio de la facultad de rehabilitación del contrato o de enervación de la acción de desahucio del contrato deberá realizarse por la administración concursal con previo o simultáneo pago con cargo a la masa de todas las rentas y conceptos pendientes, así como con el compromiso de satisfacer las posibles costas procesales causadas hasta ese momento.

3. El ejercicio de los derechos a que se refiere este artículo podrá realizarse aunque el arrendatario ya hubiera enervado el desahucio en ocasión anterior.

Ver arts. 22, 703 y 704 LEC.

Sección 4.ª De los efectos sobre los contratos de trabajo y sobre los convenios colectivos

Subsección 1.ª De los efectos sobre los contratos de trabajo

ART. 169. Legislación aplicable.

1. Declarado el concurso, la modificación sustancial de las condiciones de trabajo, el traslado, el despido y la suspensión de contratos y la reducción de jornada por causas económicas, técnicas, organizativas o de producción, se tramitarán por las reglas establecidas en esta Subsección cuando tengan carácter colectivo.

2. En todo lo no previsto en esta Subsección se aplicará la legislación laboral. Los representantes de los trabajadores tendrán cuantas facultades les atribuya esa legislación.

ART. 170. Medidas colectivas en tramitación.

1. Si a la fecha de la declaración del concurso el empresario hubiera iniciado los trámites para la modificación sustancial de las condiciones de trabajo, el traslado, el despido, la suspensión de contratos o la reducción de jornada, de carácter colectivo, el concursado lo pondrá inmediatamente en conocimiento del juez del concurso. En el caso de que aún no se hubiera alcanzado un acuerdo o no se hubiera notificado la decisión empresarial, dentro de los tres días siguientes al de la comunicación, el Letrado de la Administración de Justicia citará a comparecencia a los legitimados previstos en el artículo siguiente para exponer y justificar, en su caso, la procedencia de continuar con la tramitación de las medidas colectivas, conforme a lo previsto en esta Subsección. Las actuaciones practicadas hasta la fecha de la declaración de concurso conservarán su validez en el procedimiento que se tramite ante el juzgado.

2. Si a la fecha de la declaración del concurso ya se hubiera alcanzado un acuerdo o se hubiera notificado a la decisión adoptada con relación a la modificación sustancial de las condiciones de trabajo, al traslado, al despido, a la suspensión de contratos o la reducción de jornada, de carácter colectivo, corresponderá a la administración concursal la ejecución de tales medidas.

3. Si al tiempo de la declaración de concurso el acuerdo o la decisión empresarial hubieran sido impugnados ante la jurisdicción social, el procedimiento continuará ante los órganos de esta jurisdicción hasta la firmeza de la correspondiente resolución.

4. En los casos a que se refiere este artículo, la declaración de concurso habrá de ser comunicada a la autoridad laboral a los efectos que procedan.

ART. 171. Legitimación activa.

1. La legitimación activa para solicitar del juez del concurso la modificación sustancial de las condiciones de trabajo, el traslado, el despido, la suspensión de contratos o la reducción de jornada, de carácter colectivo, que afecten a los contratos de trabajo en que sea empleador el concursado, corresponde a este, a la administración concursal o a los trabajadores de la empresa concursada a través de sus representantes legales.

2. La representación de los trabajadores en la tramitación del procedimiento corresponderá a los sujetos indicados en el apartado 4 del artículo 41 del texto refundido de la Ley del Estatuto de los Trabajadores, aprobado por el Real Decreto Legislativo 2/2015, de 23 de octubre, en el orden y condiciones señalados en el mismo. Transcurridos los plazos indicados en el referido artículo sin que los trabajadores hayan designado representantes, el juez podrá acordar la intervención de una comisión de un máximo de tres miembros, integrada por los sindicatos más representativos y los representativos del sector al que la empresa pertenezca.

ART. 172. Presentación de la solicitud.

La adopción de las medidas previstas en el artículo anterior solo podrá solicitarse del juez del concurso una vez presentado el informe de la administración concursal, salvo que se estime que la demora en la aplicación de las medidas colectivas pretendidas puede comprometer gravemente la viabilidad futura de la empresa y del empleo o causar grave perjuicio a los trabajadores, en cuyo caso, y con acreditación de esta circunstancia, podrá realizarse la solicitud al juez en cualquier momento procesal desde la declaración de concurso.

ART. 173. Contenido de la solicitud.

1. En la solicitud se deberán exponer y justificar, en su caso, las causas motivadoras de las medidas colectivas pretendidas y los objetivos que se proponen alcanzar con estas, acompañando los documentos necesarios para su acreditación.
2. Si la medida afectase a empresas de más de cincuenta trabajadores, deberá acompañarse a la solicitud un plan que contemple la incidencia de las medidas laborales propuestas en la viabilidad futura de la empresa y del empleo.

ART. 174. Período de consultas.

1. Una vez recibida la solicitud, el juez convocará al concursado, a la administración concursal y a los representantes de los trabajadores a un período de consultas, cuya duración no será superior a treinta días naturales, o a quince, también naturales, en el supuesto de empresas que cuenten con menos de cincuenta trabajadores.
En los casos en que la solicitud haya sido formulada por el concursado o por la administración concursal, la comunicación a los representantes legales de los trabajadores del inicio del período de consultas deberá incluir copia de la solicitud y de los documentos que, en su caso, se hubieran acompañado.
2. La administración concursal o los representantes de los trabajadores podrán solicitar al juez la participación en el período de consultas de otras personas naturales o jurídicas que indiciariamente puedan constituir una unidad de empresa con la concursada.
3. Durante el período de consultas, el concursado, la administración concursal y los representantes de los trabajadores, deberán negociar de buena fe para la consecución de un acuerdo.

ART. 175. Deber de colaboración y auxilio judicial.

1. La administración concursal podrá requerir la colaboración del concursado y el auxilio del juzgado que estime necesarios para la comprobación de las causas de la solicitud y de la exactitud de los documentos que la acompañen.
2. En caso de que los representantes de los trabajadores o la administración concursal soliciten al juez la participación en el período de consultas de otras personas naturales o jurídicas que indiciariamente puedan constituir una unidad de empresa con la concursada, podrán interesar el auxilio del juzgado que se estime necesario para esa comprobación. Igualmente, para el caso de unidad empresarial, y a efectos de valorar la realidad económica del conjunto empresarial, se podrá reclamar la documentación económica consolidada o la relativa a otras empresas.

ART. 176. Sustitución del período de consultas.

1. La apertura del período de consultas no será necesaria en caso de que la solicitud venga acompañada de acuerdo suscrito por la administración concursal y los representantes de los trabajadores.

2. En cualquier momento, el juez, a instancia de la administración concursal o de la representación de los trabajadores, podrá acordar la sustitución del período de consultas por el procedimiento de mediación o arbitraje que sea de aplicación en el ámbito de la empresa, que deberá desarrollarse dentro del plazo máximo señalado para dicho período.

ART. 177. Acuerdo.

1. El acuerdo requerirá la conformidad de la mayoría de los representantes legales de los trabajadores o, en su caso, de la mayoría de los miembros de la comisión representativa de los trabajadores siempre que, en ambos casos, representen a la mayoría de los trabajadores del centro o centros de trabajo afectados.

2. En el acuerdo se recogerá la identidad de los trabajadores afectados y se fijarán las indemnizaciones, que se ajustarán a lo establecido en la legislación laboral, salvo que, ponderando los intereses afectados por el concurso, se pacten de forma expresa otras superiores.

ART. 178. Comunicación al juez.

Al finalizar el plazo señalado o en el momento en que se consiga un acuerdo, la administración concursal y los representantes de los trabajadores comunicarán al juez del concurso el resultado del período de consultas.

ART. 179. Informe de la autoridad laboral.

1. Una vez realizada la comunicación prevista en el artículo anterior, el Letrado de la Administración de Justicia recabará informe de la autoridad laboral sobre las medidas propuestas o el acuerdo alcanzado.

2. El informe de la autoridad laboral deberá ser emitido en el plazo de quince días, pudiendo esta oír a la administración concursal y a los representantes de los trabajadores antes de su emisión.

3. Recibido el informe por el juez del concurso o transcurrido el plazo de emisión, seguirá el curso de las actuaciones. Si el informe es emitido fuera de plazo, podrá no obstante ser tenido en cuenta por el juez del concurso al adoptar la correspondiente resolución.

ART. 180. Plazo de emisión de la resolución.

Cumplidos los trámites ordenados en los artículos anteriores, el juez, en un plazo máximo de cinco días, resolverá mediante auto, sobre las medidas propuestas.

ART. 181. Resolución en caso de acuerdo.

De existir acuerdo, el juez lo aprobará, salvo que en la conclusión del mismo aprecie la existencia de fraude, dolo, coacción o abuso de derecho. En este caso, determinará lo que proceda conforme a la legislación laboral.

ART. 182. Resolución en caso de inexistencia de acuerdo.

1. Si no hubiera sido alcanzado un acuerdo, el juez del concurso dará audiencia a quienes hubieran intervenido en el período de consultas, para lo cual, el Letrado de la Administración de Justicia los convocará a una comparecencia en la que podrán formular alegaciones y aportar prueba documental. El juez podrá sustituir esta comparecencia por un trámite escrito de alegaciones por tres días.

2. En todo caso, el juez determinará lo que proceda conforme a la legislación laboral.

ART. 183. Eficacia de la resolución que acuerde la suspensión y el despido colectivos.

En caso de acordarse la suspensión de los contratos de trabajo de carácter colectivo o el despido colectivo, el auto surtirá efectos constitutivos desde la fecha en que se dicte, salvo que en él se disponga otra fecha posterior, y originará la situación legal de desempleo de los trabajadores afectados.

ART. 184. Suspensión del derecho de rescisión de contrato con indemnización.

1. Durante la tramitación del concurso, quedará en suspenso el derecho de rescisión del contrato con indemnización que reconoce la legislación laboral al trabajador perjudicado

en el supuesto de acordarse una modificación sustancial de las condiciones de trabajo de carácter colectivo durante la tramitación del concurso.

2. La suspensión prevista en el apartado anterior también será de aplicación cuando se acordare un traslado colectivo, siempre que el nuevo centro de trabajo se encuentre en la misma provincia que el centro de trabajo de origen y a menos de sesenta kilómetros de este, salvo que se acredite que el tiempo mínimo de desplazamiento, de ida y vuelta, supera el veinticinco por ciento de la duración de la jornada diaria de trabajo.

3. Las suspensiones previstas en los apartados anteriores no podrán prolongarse por un período superior a doce meses, a contar desde la fecha del auto autorizando la modificación o el traslado.

ART. 185. Extinción del contrato por voluntad del trabajador.

1. Desde que se acuerde la iniciación del procedimiento previsto en esta Subsección para el despido colectivo, los jueces del orden social suspenderán la tramitación de la totalidad de los procesos individuales posteriores a la solicitud del concurso pendientes de resolución firme en los que se hubieran ejercitado contra el concursado acciones resolutorias individuales con fundamento en las causas que determinan la extinción del contrato por voluntad del trabajador al amparo de la legislación laboral motivadas por la situación económica o de insolvencia del concursado. La suspensión de los procesos individuales subsistirá hasta que adquiera firmeza el auto que ponga fin a dicho procedimiento.

2. La resolución que acuerde la suspensión se comunicará a la administración concursal a los efectos del reconocimiento como contingente del crédito que pueda resultar de la sentencia que en su día se dicte, si fuera alzada la suspensión.

3. El auto que acuerde el despido colectivo producirá efectos de cosa juzgada sobre los procesos individuales suspendidos, que se archivarán sin más trámites.

Subsección 2.ª De los efectos sobre los contratos del personal de alta dirección

ART. 186. Extinción y suspensión de los contratos del personal de alta dirección por decisión de la administración concursal.

1. Durante la tramitación del concurso, la administración concursal, por propia iniciativa o a instancia del concursado, podrá extinguir o suspender los contratos de este con el personal de alta dirección.

2. En caso de extinción del contrato de trabajo, el juez del concurso podrá moderar la indemnización que corresponda al alto directivo, quedando sin efecto en ese caso la que se hubiera pactado en el contrato, con el límite de la indemnización establecida en la legislación laboral para el despido colectivo.

ART. 187. Extinción del contrato del personal de alta dirección por decisión del alto directivo.

En caso de suspensión del contrato, este podrá extinguirse por voluntad del alto directivo, con preaviso de un mes, conservando el derecho a la indemnización en los términos del artículo anterior.

ART. 188. Aplazamiento de pago.

La administración concursal podrá solicitar del juez que el pago del crédito relativo a la indemnización que corresponda al alto directivo se aplace hasta que sea firme la sentencia de calificación.

Subsección 3.ª De los efectos sobre los convenios colectivos

ART. 189. Modificación de condiciones establecidas en convenios colectivos.

La modificación de las condiciones establecidas en los convenios colectivos que sean aplicables solo podrá afectar a aquellas materias en las que sea admisible con arreglo a la legislación laboral, y, en todo caso, requerirá el acuerdo de los representantes legales de los trabajadores.

Sección 5.ª De los efectos sobre los contratos con las administraciones públicas

ART. 190. Contratos de carácter administrativo.

Los efectos de la declaración de concurso sobre los contratos de carácter administrativo celebrados por el concursado con Administraciones públicas se regirán por lo establecido en su legislación especial.

Ver Arts. 71, 72, 211 y 212 Ley 9/2017 de Contratos del Sector Público.

ART. 191. Contratos de carácter privado.

En defecto de legislación específica, los efectos de la declaración de concurso sobre los contratos de carácter privado celebrados por el concursado con las Administraciones públicas y otras entidades del sector público se regirán por lo establecido en esta ley.

TÍTULO IV
De la masa activa

CAPÍTULO I
De la composición de la masa activa

ART. 192. Principio de universalidad.

1. La masa activa del concurso está constituida por la totalidad de los bienes y derechos integrados en el patrimonio del concursado a la fecha de la declaración de concurso y por los que se reintegren al mismo o adquiera hasta la conclusión del procedimiento.

2. Se exceptúan de lo dispuesto en el apartado anterior aquellos bienes y derechos que, aun teniendo carácter patrimonial, sean legalmente inembargables.

ART. 193. Bienes conyugales.

1. En caso de concurso de persona casada, la masa activa comprenderá los bienes y derechos propios o privativos del concursado.

2. Si el régimen económico del matrimonio fuese el de sociedad de gananciales o cualquier otro de comunidad de bienes, se incluirán en la masa, además, los bienes gananciales o comunes cuando deban responder de obligaciones del concursado.

Ver arts. 1317 y 1347 y ss. CC

ART. 194. Derechos de adquisición del cónyuge del concursado.

1. El cónyuge del concursado tendrá derecho a adquirir la totalidad de cada uno de los bienes gananciales o comunes incluidos en la masa activa satisfaciendo a la masa la mitad de su valor.

2. El precio de adquisición será el que de común acuerdo determinen el cónyuge del concursado y la administración concursal. En defecto de acuerdo, se estará al que, oídas las partes, determine el juez del concurso como valor de mercado. Cuando lo estime oportuno, el juez podrá solicitar informe de experto.

3. Por excepción a lo establecido en el apartado anterior, se considerará que el valor de la vivienda habitual del matrimonio será el mayor entre el valor de tasación que tuviera establecido o el de mercado.

Apdo. 3 modificado por Ley 16/2022, de 5 de septiembre, de reforma del texto refundido de la Ley Concursal, aprobado por el Real Decreto Legislativo 1/2020, de 5 de mayo, para la transposición de la Directiva (UE) 2019/1023 del Parlamento Europeo y del Consejo, de 20 de junio de 2019, sobre marcos de reestructuración preventiva, exoneración de deudas e inhabilitaciones, y sobre medidas para aumentar la eficiencia de los procedimientos de reestructuración, insolvencia y exoneración de deudas, y por la que se modifica la Directiva (UE) 2017/1132 del Parlamento Europeo y del Consejo, sobre determinados aspectos del Derecho de sociedades (Directiva sobre reestructuración e insolvencia). (BOE de 06-09-2022).

ART. 195. Presunción de donaciones.

1. Si el concursado estuviera casado en régimen de separación de bienes, se presumirá en beneficio de la masa activa, salvo prueba en contrario, que el concursado había donado a su cónyuge la mitad de la contraprestación satisfecha por este durante el año anterior a la declaración de concurso para la adquisición a título oneroso de bienes o derechos.

2. Si se acreditara que la contraprestación procedía directa o indirectamente del patrimonio del concursado, se presumirá, salvo prueba en contrario, la donación de la totalidad de la contraprestación.

3. Las presunciones a que se refiere este artículo no regirán cuando en el momento de la realización del acto los cónyuges estuvieran separados judicialmente o de hecho.

ART. 196. Pacto de sobrevivencia entre los cónyuges.

Los bienes adquiridos por ambos cónyuges con pacto de sobrevivencia se considerarán divisibles en el concurso de cualquiera de ellos, integrándose en la masa activa la mitad correspondiente al cónyuge concursado.

ART. 197. Cuentas indistintas.

1. En caso de concurso del titular de una cuenta indistinta se presumirá, salvo prueba en contrario, que la totalidad del saldo acreedor de la cuenta es propiedad del deudor. La administración concursal, cualquiera que sea el régimen de limitación de las facultades de administración y de disposición de la masa activa, ordenará de inmediato bien la transferencia del saldo a la cuenta intervenida o bien ordenará a la entidad financiera la modificación pertinente en el régimen.

2. Cualquier interesado podrá impugnar la decisión sobre el saldo. La impugnación se sustanciará por los trámites del incidente concursal.

Apdo. 1 modificado por Ley 16/2022, de 5 de septiembre, de reforma del texto refundido de la Ley Concursal, aprobado por el Real Decreto Legislativo 1/2020, de 5 de mayo, para la transposición de la Directiva (UE) 2019/1023 del Parlamento Europeo y del Consejo, de 20 de junio de 2019, sobre marcos de reestructuración preventiva, exoneración de deudas e inhabilitaciones, y sobre medidas para aumentar la eficiencia de los procedimientos de reestructuración, insolvencia y exoneración de deudas, y por la que se modifica la Directiva (UE) 2017/1132 del Parlamento Europeo y del Consejo, sobre determinados aspectos del Derecho de sociedades (Directiva sobre reestructuración e insolvencia). (BOE de 06-09-2022).

CAPÍTULO II
Del inventario de la masa activa

ART. 198. Deber de elaboración del inventario.

1. La administración concursal deberá elaborar un inventario de la masa activa, que incluirá la relación y la valoración de los bienes y derechos de que se componía el día de la solicitud de concurso. En el inventario se indicará si alguno de esos bienes o derechos que en él figuren hubiera dejado de pertenecer al concursado o hubiera variado de valor entre la fecha de la solicitud y el día inmediatamente anterior al de presentación del informe de la administración concursal.

2. En caso de concurso de persona casada en régimen de gananciales o cualquier otro de comunidad de bienes, se incluirán en el inventario la relación y la valoración de los bienes y derechos privativos del concursado, así como las de los bienes y derechos gananciales o comunes cuando deban responder de todas o algunas de las obligaciones de este, con expresa indicación de ese carácter.

3. Los bienes de propiedad ajena en poder del concursado y sobre los que este tenga derecho de uso, no se incluirán en el inventario, ni será necesario su avalúo. Por excepción se incluirá en el inventario el derecho de uso sobre un bien de propiedad ajena si el concursado fuera arrendatario financiero.

Apdos. 1 y 2 modificados por Ley 16/2022, de 5 de septiembre, de reforma del texto refundido de la Ley Concursal, aprobado por el Real Decreto Legislativo 1/2020, de 5 de mayo, para la transposición de la Directiva (UE) 2019/1023 del Parlamento Europeo y del Consejo, de 20 de junio de 2019, sobre marcos de reestructuración preventiva, exoneración de deudas e inhabilitaciones, y sobre medidas para aumentar la eficiencia de los procedimientos de reestructuración, insolvencia y exoneración de deudas, y por la que se modifica la Directiva (UE) 2017/1132 del Parlamento Europeo y del Consejo, sobre determinados aspectos del Derecho de sociedades (Directiva sobre reestructuración e insolvencia). (BOE de 06-09-2022).

Ver arts. 1317 y 1347 y ss. CC.

ART. 199. Descripción de los bienes y derechos.

La administración concursal expresará en el inventario la naturaleza, las características, el lugar en que se encuentren y, en su caso, los datos de identificación registral de cada uno de los bienes y derechos relacionados. Se indicarán también en el inventario los derechos, los gravámenes, las trabas y las cargas que afecten a estos bienes y derechos, a favor de acreedor o de tercero, con expresión de la naturaleza que tuvieren y, en su caso, los datos de identificación registral.

ART. 200. Unidades productivas.

1. Si en la masa activa existieran uno o varios establecimientos, explotaciones o cualesquiera otras unidades productivas de bienes o de servicios, se describirán como anejo del inventario, con expresión de los bienes y derechos de la masa activa que las integren.

2. Se considera unidad productiva el conjunto de medios organizados para el ejercicio de una actividad económica esencial o accesoria.

ART. 201. Valoración de los bienes y derechos.

1. El avalúo de cada uno de los bienes y derechos incluidos en el inventario se realizará con arreglo al valor de mercado que tuvieren.

2. Además del valor de mercado se indicará en el inventario el valor que resulte de deducir los derechos, los gravámenes o las cargas de naturaleza perpetua, temporal o redimible que directamente les afecten e influyan en su valor, así como las garantías reales y las trabas o embargos que garanticen o aseguren créditos no incluidos en la masa pasiva.

ART. 202. Relaciones complementarias.

1. Al inventario se añadirá una relación de todos los litigios cuyo resultado pueda afectar a la masa activa y otra comprensiva de cuantas acciones debieran promoverse, a juicio de la administración concursal, para la reintegración de esa masa.

2. En ambas relaciones se informará sobre la viabilidad, los riesgos, los costes y las posibilidades de financiación de las correspondientes actuaciones judiciales.

ART. 203. Asesoramiento de expertos independientes.

1. La administración concursal podrá recurrir al asesoramiento de uno o varios expertos independientes para la estimación de los valores de bienes y derechos de la masa activa sin necesidad de autorización judicial.

2. La retribución de los expertos independientes será a cargo de la administración concursal.

3. Los informes emitidos por los expertos y el detalle de los honorarios devengados se unirán al inventario.

4. Será de aplicación a los expertos independientes el régimen de incompatibilidades, prohibiciones, recusación y responsabilidad establecido para los administradores concursales y sus representantes.

Modificado por Ley 16/2022, de 5 de septiembre, de reforma del texto refundido de la Ley Concursal, aprobado por el Real Decreto Legislativo 1/2020, de 5 de mayo, para la transposición de la Directiva (UE) 2019/1023 del Parlamento Europeo y del Consejo, de 20 de junio de 2019, sobre marcos de reestructuración preventiva, exoneración de deudas e inhabilitaciones, y sobre medidas para aumentar la eficiencia de los procedimientos de reestructuración, insolvencia y exoneración de deudas, y por la que se modifica la Directiva (UE) 2017/1132 del Parlamento Europeo y del Consejo, sobre determinados aspectos del Derecho de sociedades (Directiva sobre reestructuración e insolvencia). (BOE de 06-09-2022).

CAPÍTULO III
De la conservación y de la enajenación de la masa activa

Sección 1.ª De la conservación de la masa activa

ART. 204. Deber de conservación.

En tanto no sean enajenados, la administración concursal deberá conservar los elementos que integren la masa activa del modo más conveniente para el interés del concurso. A tal fin, la administración concursal podrá solicitar del juzgado el auxilio que estime necesario.

Modificado por Ley 16/2022, de 5 de septiembre, de reforma del texto refundido de la Ley Concursal, aprobado por el Real Decreto Legislativo 1/2020, de 5 de mayo, para la transposición de la Directiva (UE) 2019/1023 del Parlamento Europeo y del Consejo, de 20 de junio de 2019, sobre marcos de reestructuración preventiva, exoneración de deudas e inhabilitaciones, y sobre medidas para aumentar la eficiencia de los procedimientos de reestructuración, insolvencia y exoneración de deudas, y por la que se modifica la Directiva (UE) 2017/1132 del Parlamento Europeo y del Consejo, sobre determinados aspectos del Derecho de sociedades (Directiva sobre reestructuración e insolvencia). (BOE de 06-09-2022).

Sección 2.ª De la enajenación de bienes y derechos de la masa activa

Subsección 1.ª De las reglas generales

ART. 205. Prohibición de enajenación.

Hasta la aprobación del convenio o hasta la apertura de la fase de liquidación, los bienes y derechos que integran la masa activa no se podrán enajenar o gravar sin autorización del juez.

Modificado por Ley 16/2022, de 5 de septiembre, de reforma del texto refundido de la Ley Concursal, aprobado por el Real Decreto Legislativo 1/2020, de 5 de mayo, para la transposición de la Directiva (UE) 2019/1023 del Parlamento Europeo y del Consejo, de 20 de junio de 2019, sobre marcos de reestructuración preventiva, exoneración de deudas e inhabilitaciones, y sobre medidas para aumentar la eficiencia de los procedimientos de reestructuración, insolvencia y exoneración de deudas, y por la que se modifica la Directiva (UE) 2017/1132 del Parlamento Europeo y del Consejo, sobre determinados aspectos del Derecho de sociedades (Directiva sobre reestructuración e insolvencia). (BOE de 06-09-2022).

ART. 206. Excepciones a la prohibición legal de enajenación.

1. Se exceptúan de lo dispuesto en el artículo anterior:
1.º Los actos de disposición inherentes a la continuación de la actividad profesional o empresarial del deudor, en los términos establecidos en este capítulo.
2.º Los actos de disposición indispensables para satisfacer las exigencias de tesorería que requiera la tramitación del concurso de acreedores.
3.º Los actos de disposición indispensables para garantizar la viabilidad de los establecimientos, explotaciones o cualesquiera otras unidades productivas de bienes o de servicios que formen parte de la masa activa.
La administración concursal deberá comunicar inmediatamente al juez del concurso los actos de disposición a que se refieren los números primero, segundo y tercero de este apartado con justificación del carácter indispensable de esos actos.
2. Se exceptúan igualmente de lo dispuesto en el artículo anterior los actos de disposición de bienes que no sean necesarios para continuidad de la actividad cuando se presenten ofertas que coincidan sustancialmente con el valor que se les haya dado en el inventario. Se entenderá que esa coincidencia es sustancial si en el caso de inmuebles la diferencia es inferior a un diez por ciento y en el caso de muebles a un veinte por ciento, y no constare oferta superior.
La administración concursal deberá comunicar inmediatamente al juez del concurso la oferta recibida con justificación del carácter no necesario de los bienes. La oferta presentada quedará aprobada si en plazo de diez días no se presenta una superior.
3. Cuando se presente a inscripción en los registros de bienes cualquier título relativo a un acto de enajenación o gravamen de bienes o derechos de la masa activa realizado por la administración concursal antes de la aprobación judicial del convenio o de la apertura de la

fase de liquidación, la administración concursal deberá declarar en el instrumento público el motivo de la enajenación o gravamen sin que el registrador pueda exigir que se acredite la existencia del motivo alegado.

Apdo. 3 añadido por Ley 16/2022, de 5 de septiembre, de reforma del texto refundido de la Ley Concursal, aprobado por el Real Decreto Legislativo 1/2020, de 5 de mayo, para la transposición de la Directiva (UE) 2019/1023 del Parlamento Europeo y del Consejo, de 20 de junio de 2019, sobre marcos de reestructuración preventiva, exoneración de deudas e inhabilitaciones, y sobre medidas para aumentar la eficiencia de los procedimientos de reestructuración, insolvencia y exoneración de deudas, y por la que se modifica la Directiva (UE) 2017/1132 del Parlamento Europeo y del Consejo, sobre determinados aspectos del Derecho de sociedades (Directiva sobre reestructuración e insolvencia). (BOE de 06-09-2022).

ART. 207. Enajenación de bienes y derechos litigiosos.

1. Los bienes o derechos sobre cuya titularidad o disponibilidad exista cuestión litigiosa promovida, podrán enajenarse con tal carácter, quedando el adquirente a las resultas del litigio.

2. La administración concursal comunicará la enajenación al juzgado o tribunal que esté conociendo del litigio. Esta comunicación producirá, de pleno derecho, la sucesión procesal, sin que pueda oponerse la contraparte y aunque el adquirente no se persone.

ART. 208. Prohibición de adquirir bienes y derechos de la masa activa.

1. Los administradores concursales no podrán adquirir por sí o por persona interpuesta, ni aun en subasta, los bienes y derechos que integren la masa activa del concurso.

2. Los que infringieren la prohibición de adquirir quedarán inhabilitados para el ejercicio del cargo, procediendo el juez de inmediato a un nuevo nombramiento, y reintegrarán a la masa, sin contraprestación alguna, el bien o derecho que hubieran adquirido. Si el administrador concursal fuera acreedor concursal, perderá este, además, el crédito de que fuera titular.

Subsección 2.ª De las especialidades de la enajenación de bienes o derechos afectos a privilegio especial

ART. 209. Modo de realización de los bienes afectos.

La realización de los bienes y derechos afectos a créditos con privilegio especial se hará por el administrador concursal mediante subasta electrónica, salvo que el juez autorice otro modo de realización.

Rúbrica y contenido modificados por Ley 16/2022, de 5 de septiembre, de reforma del texto refundido de la Ley Concursal, aprobado por el Real Decreto Legislativo 1/2020, de 5 de mayo, para la transposición de la Directiva (UE) 2019/1023 del Parlamento Europeo y del Consejo, de 20 de junio de 2019, sobre marcos de reestructuración preventiva, exoneración de deudas e inhabilitaciones, y sobre medidas para aumentar la eficiencia de los procedimientos de reestructuración, insolvencia y exoneración de deudas, y por la que se modifica la Directiva (UE) 2017/1132 del Parlamento Europeo y del Consejo, sobre determinados aspectos del Derecho de sociedades (Directiva sobre reestructuración e insolvencia). (BOE de 06-09-2022).

ART. 210. Realización directa de los bienes afectos.

1. En cualquier estado del concurso, el juez podrá autorizar la realización directa de los bienes y derechos afectos a créditos con privilegio especial.

2. La solicitud de realización directa deberá ser presentada al juez por la administración concursal o por el acreedor con privilegio especial y se tramitará a través del procedimiento establecido en esta ley para la obtención de autorizaciones judiciales.

3. El juez concederá la autorización solicitada si la oferta lo fuera por un precio superior al mínimo que se hubiese pactado al constituir la garantía, con pago al contado. El juez podrá autorizar excepcionalmente la realización directa por un precio inferior si el concursado y el acreedor o los acreedores con privilegio especial lo aceptasen de forma expresa, siempre y cuando se efectúe a valor de mercado según tasación oficial actualizada por entidad homologada para el caso de bienes inmuebles y valoración por entidad especializada para bienes muebles.

4. Concedida la autorización judicial, las condiciones fijadas para la realización directa se anunciarán con la misma publicidad que corresponda a la subasta del bien o derecho afecto y, si dentro de los diez días siguientes al último de los anuncios se presentase en el juzgado mejor postor, el juez abrirá licitación entre todos los oferentes determinando la fianza que hayan de prestar para participar en ella.

ART. 211. Dación en pago o para pago de los bienes afectos.

1. En cualquier estado del concurso, el juez podrá autorizar la dación de los bienes y derechos afectos a créditos con privilegio especial en pago o para el pago al acreedor privilegiado o a la persona que él designe.

2. La solicitud de dación en pago o para pago deberá ser presentada por el acreedor con privilegio especial o por la administración concursal con el consentimiento expreso y previo de aquel. La solicitud se tramitará a través del procedimiento establecido en esta ley para la obtención de autorizaciones judiciales. Cualquier interesado podrá efectuar alegaciones sobre la pertinencia de la dación o sobre las condiciones en las que se haya propuesto su realización.

3. Mediante la dación en pago quedará completamente satisfecho el crédito con privilegio especial.

4. La autorización de la dación para pago deberá exigir que la posterior realización del bien o derecho afecto al crédito con privilegio especial se efectúe por un valor no inferior al de mercado según tasación oficial actualizada por entidad homologada para el caso de bienes inmuebles y valoración por entidad especializada para bienes muebles. Si hubiera remanente, corresponderá a la masa activa. Si no se consiguiese la completa satisfacción del crédito, la parte no satisfecha será reconocida en el concurso con la clasificación que corresponda.

ART. 212. Enajenación de bienes y derechos afectos con subsistencia del gravamen.

1. A solicitud de la administración concursal, el juez, previa audiencia de los interesados, podrá autorizar la enajenación de bienes y derechos de la masa activa afectos a créditos con privilegio especial con subsistencia del gravamen y con subrogación del adquirente en la obligación del deudor. Subrogado el adquirente, el crédito quedará excluido de la masa pasiva.

2. Por excepción, no tendrá lugar la subrogación del adquirente, a pesar de que subsista la garantía, cuando se trate de créditos tributarios y de seguridad social.

ART. 213. Destino del importe obtenido.

1. Cualquiera que sea el modo de realización de los bienes afectos, el acreedor privilegiado tendrá derecho a recibir el importe resultante de la realización del bien o derecho en cantidad que no exceda de la deuda originaria, cualquiera que fuere el valor atribuido en el inventario, conforme a lo establecido en esta ley, al bien o derecho sobre el que se hubiera constituido la garantía. Si hubiera remanente, corresponderá a la masa activa.

2. Si no se consiguiese la completa satisfacción del crédito, la parte no satisfecha será reconocida en el concurso con la clasificación que corresponda.

ART. 214. Bienes y derechos incluidos en establecimientos o unidades productivas.

1. En todo caso, si los bienes y derechos de la masa activa afectos a créditos con privilegio especial estuviesen incluidos en los establecimientos, explotaciones o cualesquiera otras unidades productivas que se enajenen en conjunto se aplicarán las siguientes reglas:

1.ª Si se transmitiesen sin subsistencia de la garantía, corresponderá a los acreedores privilegiados la parte proporcional del precio obtenido equivalente al valor que el bien o derecho sobre el que se ha constituido la garantía suponga respecto al valor global de la unidad productiva transmitida.

Si el precio a percibir no alcanzase el valor de la garantía será necesaria la conformidad a la transmisión por los acreedores con privilegio especial que tengan derecho de ejecución separada, siempre que representen, al menos, el setenta y cinco por ciento de la clase del pasivo privilegiado especial, afectado por la transmisión. La parte del crédito garantizado que no quedase satisfecha será reconocida en el concurso con la clasificación que corresponda.

Si el precio a percibir fuese igual o superior al valor de la garantía, no será preciso el consentimiento de los acreedores privilegiados afectados.

2.ª Si se transmitiesen con subsistencia de la garantía, subrogándose el adquirente en la obligación de pago a cargo de la masa activa, no será necesario el consentimiento del acreedor privilegiado, quedando el crédito excluido de la masa pasiva. El juez velará por que el adquirente tenga la solvencia económica y los medios necesarios para asumir la obligación que se transmite.

3.ª Cuando se trate de créditos tributarios y de seguridad social, no tendrá lugar la subrogación del adquirente a pesar de que subsista la garantía.

Subsección 3.ª De las especialidades de la enajenación de unidades productivas

ART. 215. Modo ordinario de enajenación de unidades productivas.

Hasta la aprobación del convenio o hasta la apertura de la fase de liquidación, la enajenación del conjunto de una empresa o de una o varias unidades productivas se hará mediante subasta electrónica, salvo que el juez autorice otro modo de realización.

Modificado por Ley 16/2022, de 5 de septiembre, de reforma del texto refundido de la Ley Concursal, aprobado por el Real Decreto Legislativo 1/2020, de 5 de mayo, para la transposición de la Directiva (UE) 2019/1023 del Parlamento Europeo y del Consejo, de 20 de junio de 2019, sobre marcos de reestructuración preventiva, exoneración de deudas e inhabilitaciones, y sobre medidas para aumentar la eficiencia de los procedimientos de reestructuración, insolvencia y exoneración de deudas, y por la que se modifica la Directiva (UE) 2017/1132 del Parlamento Europeo y del Consejo, sobre determinados aspectos del Derecho de sociedades (Directiva sobre reestructuración e insolvencia). (BOE de 06-09-2022).

ART. 216. Autorización judicial para la enajenación directa o a través de persona o entidad especializada.

En cualquier estado del concurso, o cuando la subasta quede desierta, el juez, mediante auto, podrá autorizar la enajenación directa del conjunto de la empresa o de una o varias unidades productivas o la enajenación a través de persona o de entidad especializada.

Modificado y suprimidos los apdos. 2, 3 y 4 por Ley 16/2022, de 5 de septiembre, de reforma del texto refundido de la Ley Concursal, aprobado por el Real Decreto Legislativo 1/2020, de 5 de mayo, para la transposición de la Directiva (UE) 2019/1023 del Parlamento Europeo y del Consejo, de 20 de junio de 2019, sobre marcos de reestructuración preventiva, exoneración de deudas e inhabilitaciones, y sobre medidas para aumentar la eficiencia de los procedimientos de reestructuración, insolvencia y exoneración de deudas, y por la que se modifica la Directiva (UE) 2017/1132 del Parlamento Europeo y del Consejo, sobre determinados aspectos del Derecho de sociedades (Directiva sobre reestructuración e insolvencia). (BOE de 06-09-2022).

ART. 217. Determinaciones a cargo de la administración concursal.

En caso de enajenación del conjunto de la empresa o de una o varias unidades productivas, la administración concursal, cualquiera que sea el sistema de enajenación, deberá determinar el plazo para la presentación de las ofertas y especificar, antes de la iniciación de ese plazo, los gastos realizados con cargo a la masa activa para la conservación en funcionamiento de la actividad del conjunto de la empresa o de la unidad o unidades productivas objeto de enajenación, así como los previsibles hasta la adjudicación definitiva.

ART. 218. Contenido de las ofertas.

Cualquiera que sea el sistema de enajenación, las ofertas deberán tener, al menos, el siguiente contenido:

1.º La identificación del oferente y la información sobre su solvencia económica y sobre los medios humanos y técnicos a su disposición.

2.º La determinación precisa de los bienes, derechos, contratos y licencias o autorizaciones incluidos en la oferta.

3.º El precio ofrecido, las modalidades de pago y las garantías aportadas. En caso de que se transmitiesen bienes o derechos afectos a créditos con privilegio especial, deberá distinguirse en la oferta entre el precio que se ofrecería con subsistencia o sin subsistencia de las garantías.

4.º La incidencia de la oferta sobre los trabajadores.

ART. 219. Regla de la preferencia.

1. En caso de subasta, el juez, mediante auto, podrá acordar la adjudicación al oferente cuya oferta no difiera en más del quince por ciento de la oferta superior cuando considere que garantiza en mayor medida la continuidad de la empresa en su conjunto o, en su caso, de la unidad productiva y de los puestos de trabajo, así como la mejor y más rápida satisfacción de los créditos de los acreedores.

2. Esta regla se aplicará también a las ofertas de personas trabajadoras interesadas en la sucesión de la empresa mediante la constitución de sociedad cooperativa o laboral.

Modificado por Ley 16/2022, de 5 de septiembre, de reforma del texto refundido de la Ley Concursal, aprobado por el Real Decreto Legislativo 1/2020, de 5 de mayo, para la transposición de la Directiva (UE) 2019/1023 del Parlamento Europeo y del Consejo, de 20 de junio de 2019, sobre marcos de reestructuración preventiva, exoneración de deudas e inhabilitaciones, y sobre medidas para aumentar la eficiencia de los procedimientos de reestructuración, insolvencia y exoneración de deudas, y por la que se modifica la Directiva (UE) 2017/1132 del Parlamento Europeo y del Consejo, sobre determinados aspectos del Derecho de sociedades (Directiva sobre reestructuración e insolvencia). (BOE de 06-09-2022).

ART. 220. Audiencia de los representantes de los trabajadores.

1. Las resoluciones que el juez adopte en relación con la enajenación de la empresa o de una o varias unidades productivas deberán ser dictadas previa audiencia, por plazo de quince días, de los representantes de los trabajadores, si existieran.

2. En el caso de que las operaciones de enajenación implicaran la modificación sustancial de las condiciones de trabajo, el traslado, el despido, la suspensión de contrato o la reducción de jornada de carácter colectivo, se estará a lo dispuesto en esta ley en materia de contratos de trabajo.

ART. 221. Sucesión de empresa.

1. En caso de enajenación de una unidad productiva, se considerará, a los efectos laborales y de seguridad social, que existe sucesión de empresa.

2. El juez del concurso será el único competente para declarar la existencia de sucesión de empresa, así como para delimitar los activos, pasivos y relaciones laborales que la componen.

3. En estos casos el juez podrá recabar informe de la Inspección de Trabajo y Seguridad Social relativo a las relaciones laborales afectas a la enajenación de la unidad productiva y las posibles deudas de seguridad social relativas a estos trabajadores.

El informe deberá emitirse por la Inspección de Trabajo y Seguridad Social en el plazo improrrogable de diez días.

Apdo. 2 modificado y apdo. 3 añadido por Ley 16/2022, de 5 de septiembre, de reforma del texto refundido de la Ley Concursal, aprobado por el Real Decreto Legislativo 1/2020, de 5 de mayo, para la transposición de la Directiva (UE) 2019/1023 del Parlamento Europeo y del Consejo, de 20 de junio de 2019, sobre marcos de reestructuración preventiva, exoneración de deudas e inhabilitaciones, y sobre medidas para aumentar la eficiencia de los procedimientos de reestructuración, insolvencia y exoneración de deudas, y por la que se modifica la Directiva (UE) 2017/1132 del Parlamento Europeo y del Consejo, sobre determinados aspectos del Derecho de sociedades (Directiva sobre reestructuración e insolvencia). (BOE de 06-09-2022).

ART. 222. Subrogación del adquirente.

1. En caso de transmisión de una o varias unidades productivas, el adquirente quedará subrogado en los contratos afectos a la continuidad de la actividad profesional o empresarial que se desarrolle en la unidad o unidades productivas objeto de transmisión, sin necesidad de consentimiento de la otra parte.

2. Por excepción a lo establecido en el apartado anterior, la cesión de contratos administrativos se producirá de conformidad con lo establecido en la legislación sobre contratos del sector público.

3. Cuando el adquirente continuase la actividad en las mismas instalaciones, también quedará subrogado en las licencias o autorizaciones administrativas afectas a la continuidad de la actividad empresarial o profesional que formen parte de la unidad productiva.

ART. 223. Exclusiones a la subrogación por voluntad del adquirente.

La transmisión de una unidad productiva no implicará la subrogación del cesionario respecto de aquellas licencias, autorizaciones o contratos no laborales en los que el adquirente, al formular la oferta, haya manifestado expresamente su intención de no subrogarse.

ART. 224. Efectos sobre los créditos pendientes de pago.

1. La transmisión de una unidad productiva no llevará aparejada obligación de pago de los créditos no satisfechos por el concursado antes de la transmisión, ya sean concursales o contra la masa, salvo en los siguientes supuestos:

1.º Cuando el adquirente hubiera asumido expresamente esta obligación.

2.º Cuando así lo establezca una disposición legal.

3.º Cuando se produzca sucesión de empresa respecto de los créditos laborales y de seguridad social correspondientes a los trabajadores de esa unidad productiva en cuyos contratos quede subrogado el adquirente. El juez del concurso podrá acordar respecto de estos créditos que el adquirente no se subrogue en la parte de la cuantía de los salarios o indemnizaciones pendientes de pago anteriores a la enajenación que sea asumida por el Fondo de Garantía Salarial de conformidad con el texto refundido de la Ley del Estatuto de los Trabajadores, aprobado por el Real Decreto Legislativo 2/2015, de 23 de octubre.

2. No será de aplicación lo dispuesto en el apartado anterior cuando los adquirentes de las unidades productivas sean personas especialmente relacionadas con el concursado.

ART. 224 bis. Solicitud de concurso con presentación de oferta de adquisición de una o varias unidades productivas.

1. El deudor puede presentar, junto con la solicitud de declaración de concurso, una propuesta escrita vinculante de acreedor o de tercero para la adquisición de una o varias unidades productivas.

En la propuesta el acreedor o el tercero deberá asumir la obligación de continuar o de reiniciar la actividad con la unidad o unidades productivas a las que se refiera por un mínimo de tres años. El incumplimiento de este compromiso dará lugar a que cualquier afectado pueda reclamar al adquirente la indemnización de los daños y perjuicios causados.

2. En el auto de declaración de concurso, el juez concederá un plazo de quince días para que los acreedores que se personen puedan formular a la propuesta las observaciones que tengan por conveniente y para que cualquier interesado pueda presentar propuesta vinculante alternativa. En el mismo auto, el juez requerirá a la administración concursal para que, dentro de ese plazo, emita informe de evaluación de la presentada.

3. La propuesta escrita vinculante de adquisición podrá ser realizada por personas trabajadoras interesadas en la sucesión de la empresa mediante la constitución de sociedad cooperativa, laboral o participada.

4. Si se presentasen una o varias propuestas alternativas de adquisición, el juez requerirá a la administración concursal para que, en el plazo de cinco días, emita informe de evaluación.

5. En el informe la administración concursal valorará la propuesta o propuestas presentadas atendiendo al interés del concurso, e informará sobre los efectos que pudiera tener en las masas activa y pasiva la resolución de los contratos que resultare de cada una de las propuestas.

6. Una vez emitidos el informe o informes por la administración concursal, el juez, si se hubieran presentado varias propuestas, concederá un plazo simultáneo de tres días a los oferentes para que, si lo desean, mejoren las que cada uno de ellos hubiera presentado. Dentro de los tres días siguientes al término de ese plazo, el juez procederá a la aprobación de la que resulte más ventajosa para el interés del concurso. En caso de que se hubiera presentado una propuesta en los términos del apartado 3 y la oferta sea igual o superior a la de las demás propuestas alternativas presentadas, el juez priorizará dicha propuesta siempre que ello atienda al interés del concurso, considerando en el mismo la continuidad de la empresa, la unidad productiva y los puestos de trabajo, entre otros criterios.

7. Si la ejecución de la oferta vinculante aprobada estuviera sujeta al cumplimiento de determinadas condiciones suspensivas, tales como la aprobación de la adquisición por parte de las autoridades de la competencia o supervisoras, o a la realización de una modificación estructural que afecte a los activos a transmitir, el concursado y la administración concursal llevarán a cabo las actuaciones precisas para asegurar el pronto cumplimiento.

El juez podrá exigir al proponente adjudicatario que preste caución o garantía suficiente de consumación de la adquisición si las condiciones suspensivas se cumplieran en el plazo máximo para ello establecido en la oferta vinculante, o de resarcimiento de los gastos o costes incurridos por el concurso en otro caso.

8. La transmisión de la unidad o de las unidades productivas al adjudicatario estará sometida a las demás reglas establecidas en esta ley para esta clase de transmisiones.

9. La oferta de adquisición de una o varias unidades productivas se publicará en el portal de liquidaciones concursales del Registro público concursal el mismo día que se publique la declaración de concurso en la sección primera de dicho Registro. El juez podrá requerir tanto al deudor como al autor o autores de la oferta cuanta información considere necesaria o conveniente para facilitar la presentación de otras ofertas por acreedores o terceros. La información requerida se publicará igualmente en dicho portal.

Añadido por Ley 16/2022, de 5 de septiembre, de reforma del texto refundido de la Ley Concursal, aprobado por el Real Decreto Legislativo 1/2020, de 5 de mayo, para la transposición de la Directiva (UE) 2019/1023 del Parlamento Europeo y del Consejo, de 20 de junio de 2019, sobre marcos de reestructuración preventiva, exoneración de deudas e inhabilitaciones, y sobre medidas para aumentar la eficiencia de los procedimientos de reestructuración, insolvencia y exoneración de deudas, y por la que se modifica la Directiva (UE) 2017/1132 del Parlamento Europeo y del Consejo, sobre determinados aspectos del Derecho de sociedades (Directiva sobre reestructuración e insolvencia). (BOE de 06-09-2022).

*Subsección 4.ª Nombramiento de experto para recabar
ofertas de adquisición de la unidad productiva*

Rúbrica añadida (la anterior subsección 4.ª pasa a ser la subsección 5.ª) por Ley 16/2022, de 5 de septiembre, de reforma del texto refundido de la Ley Concursal, aprobado por el Real Decreto Legislativo 1/2020, de 5 de mayo, para la transposición de la Directiva (UE) 2019/1023 del Parlamento Europeo y del Consejo, de 20 de junio de 2019, sobre marcos de reestructuración preventiva, exoneración de deudas e inhabilitaciones, y sobre medidas para aumentar la eficiencia de los procedimientos de reestructuración, insolvencia y exoneración de deudas, y por la que se modifica la Directiva (UE) 2017/1132 del Parlamento Europeo y del Consejo, sobre determinados aspectos del Derecho de sociedades (Directiva sobre reestructuración e insolvencia). (BOE de 06-09-2022).

ART. 224 ter. Solicitud de nombramiento de experto para recabar ofertas de adquisición de la unidad productiva.

En caso de probabilidad de insolvencia, de insolvencia inminente o de insolvencia actual, el deudor, sea persona natural o jurídica, cualquiera que sea la actividad a la que se dedique, podrá solicitar del juzgado competente para la declaración de concurso el nombramiento de un experto que recabe ofertas de terceros para la adquisición, con pago al contado, de una o de varias unidades productivas de que sea titular el solicitante, aunque hubieran cesado en la actividad.

Añadido por Ley 16/2022, de 5 de septiembre, de reforma del texto refundido de la Ley Concursal, aprobado por el Real Decreto Legislativo 1/2020, de 5 de mayo, para la transposición de la Directiva (UE) 2019/1023 del Parlamento Europeo y del Consejo, de 20 de junio de 2019, sobre marcos de reestructuración preventiva, exoneración de deudas e inhabilitaciones, y sobre medidas para aumentar la eficiencia de los procedimientos de reestructuración, insolvencia y exoneración de deudas, y por la que se modifica la Directiva (UE) 2017/1132 del Parlamento Europeo y del Consejo, sobre determinados aspectos del Derecho de sociedades (Directiva sobre reestructuración e insolvencia). (BOE de 06-09-2022).

ART. 224 quater. Nombramiento del experto.

1. El nombramiento del experto podrá recaer en persona natural o jurídica que reúna las condiciones para ser nombrado experto en reestructuraciones o administrador concursal. La aceptación del nombramiento es voluntaria.

2. En la resolución el juez establecerá la duración del encargo y fijará al experto la retribución que considere procedente atendiendo el valor de la unidad o unidades productivas. El derecho a percibir la retribución podrá estar total o parcialmente en función del resultado.

La resolución por la que se acuerde el nombramiento del experto se mantendrá reservada.

Añadido por Ley 16/2022, de 5 de septiembre, de reforma del texto refundido de la Ley Concursal, aprobado por el Real Decreto Legislativo 1/2020, de 5 de mayo, para la transposición de la Directiva (UE) 2019/1023 del Parlamento Europeo y del Consejo, de 20 de junio de 2019, sobre marcos de reestructuración preventiva, exoneración de deudas e inhabilitaciones, y sobre medidas para aumentar la eficiencia de los procedimientos de reestructuración, insolvencia y exoneración de deudas, y por la que se modifica la Directiva (UE) 2017/1132 del Parlamento Europeo y del Consejo, sobre determinados aspectos del Derecho de sociedades (Directiva sobre reestructuración e insolvencia). (BOE de 06-09-2022).

ART. 224 quinquies. Deber de solicitar el concurso.

El nombramiento del experto no exime al deudor del deber de solicitar la declaración de concurso dentro de los dos meses siguientes a la fecha en que hubiera conocido o debido conocer el estado de insolvencia actual.

Añadido por Ley 16/2022, de 5 de septiembre, de reforma del texto refundido de la Ley Concursal, aprobado por el Real Decreto Legislativo 1/2020, de 5 de mayo, para la transposición de la Directiva (UE) 2019/1023 del Parlamento Europeo y del Consejo, de 20 de junio de 2019, sobre marcos de reestructuración preventiva, exoneración de deudas e inhabilitaciones, y sobre medidas para aumentar la eficiencia de los procedimientos de reestructuración, insolvencia y exoneración de deudas, y por la que se modifica la Directiva (UE) 2017/1132 del Parlamento Europeo y del Consejo, sobre determinados aspectos del Derecho de sociedades (Directiva sobre reestructuración e insolvencia). (BOE de 06-09-2022).

ART. 224 sexies. Especialidades del concurso posterior.

1. Será competente para la declaración de concurso el juez que hubiera nombrado al experto.
2. En la declaración del concurso, el juez podrá revocar o ratificar el nombramiento del experto. Si lo ratificara tendrá este la condición de administrador concursal.
3. La retribución que no hubiera percibido el experto tendrá la consideración de crédito contra la masa.

Añadido por Ley 16/2022, de 5 de septiembre, de reforma del texto refundido de la Ley Concursal, aprobado por el Real Decreto Legislativo 1/2020, de 5 de mayo, para la transposición de la Directiva (UE) 2019/1023 del Parlamento Europeo y del Consejo, de 20 de junio de 2019, sobre marcos de reestructuración preventiva, exoneración de deudas e inhabilitaciones, y sobre medidas para aumentar la eficiencia de los procedimientos de reestructuración, insolvencia y exoneración de deudas, y por la que se modifica la Directiva (UE) 2017/1132 del Parlamento Europeo y del Consejo, sobre determinados aspectos del Derecho de sociedades (Directiva sobre reestructuración e insolvencia). (BOE de 06-09-2022).

ART. 224 septies. Presentación de ofertas.

1. Quien realice la oferta no podrá actuar por cuenta del propio deudor.
2. En la oferta el oferente deberá asumir la obligación de continuar o de reiniciar la actividad con la unidad o unidades productivas a las que se refiera la oferta por un mínimo de dos años. El incumplimiento de este compromiso dará lugar a que cualquier afectado pueda reclamar al adquirente la indemnización de los daños y perjuicios causados.

Añadido por Ley 16/2022, de 5 de septiembre, de reforma del texto refundido de la Ley Concursal, aprobado por el Real Decreto Legislativo 1/2020, de 5 de mayo, para la transposición de la Directiva (UE) 2019/1023 del Parlamento Europeo y del Consejo, de 20 de junio de 2019, sobre marcos de reestructuración preventiva, exoneración de deudas e inhabilitaciones, y sobre medidas para aumentar la eficiencia de los procedimientos de reestructuración, insolvencia y exoneración de deudas, y por la que se modifica la Directiva (UE) 2017/1132 del Parlamento Europeo y del Consejo, sobre determinados aspectos del Derecho de sociedades (Directiva sobre reestructuración e insolvencia). (BOE de 06-09-2022).

Subsección 5.ª De la cancelación de cargas

Modificada (su anterior numeración era subsección 4.ª) por Ley 16/2022, de 5 de septiembre, de reforma del texto refundido de la Ley Concursal, aprobado por el Real Decreto Legislativo 1/2020, de 5 de mayo, para la transposición de la Directiva (UE) 2019/1023 del Parlamento Europeo y del Consejo, de 20 de junio de 2019, sobre marcos de reestructuración preventiva, exoneración de deudas e inhabilitaciones, y sobre medidas para aumentar la eficiencia de los procedimientos de reestructuración, insolvencia y exoneración de deudas, y por la que se modifica la Directiva (UE) 2017/1132 del Parlamento Europeo y del Consejo, sobre determinados aspectos del Derecho de sociedades (Directiva sobre reestructuración e insolvencia). (BOE de 06-09-2022).

ART. 225. Cancelación de cargas.

1. En el decreto del Letrado de la Administración de Justicia por el que se apruebe el remate o en el auto del juez por el que autorice la transmisión de los bienes o derechos ya sea de forma separada, por lotes o formando parte de una empresa o unidad productiva, se acordará la cancelación de todas las cargas anteriores al concurso constituidas a favor de créditos concursales. Los gastos de la cancelación serán a cargo del adquirente.

2. Por excepción a lo establecido en el apartado anterior, no procederá acordar la cancelación de cargas cuando la transmisión de bienes o derechos afectos a la satisfacción de créditos con privilegio especial se hubiera realizado con subsistencia del gravamen.

CAPÍTULO IV
De la reintegración de la masa activa

Sección 1.ª De las acciones rescisorias especiales

ART. 226. Acciones rescisorias de los actos del deudor.

1. Son rescindibles los actos perjudiciales para la masa activa realizados por el deudor dentro de los dos años anteriores a la fecha de la solicitud de declaración de concurso, así como los realizados desde esa fecha a la de la declaración, aunque no hubiere existido intención fraudulenta.

2. Son igualmente rescindibles los actos perjudiciales para la masa activa realizados por el deudor dentro de los dos años anteriores a la fecha de la comunicación de la existencia de negociaciones con los acreedores o la intención de iniciarlas, para alcanzar un plan de reestructuración, así como los realizados desde esa fecha a la de la declaración de concurso, aunque no hubiere existido intención fraudulenta, siempre que concurran las dos siguientes condiciones:

1.º Que no se hubiera aprobado un plan de reestructuración o que, aun aprobado, no hubiera sido homologado por el juez.

2.º Que el concurso se declare dentro del año siguiente a la finalización de los efectos de esa comunicación o de la prórroga que hubiera sido concedida.

Modificado por Ley 16/2022, de 5 de septiembre, de reforma del texto refundido de la Ley Concursal, aprobado por el Real Decreto Legislativo 1/2020, de 5 de mayo, para la transposición de la Directiva (UE) 2019/1023 del Parlamento Europeo y del Consejo, de 20 de junio de 2019, sobre marcos de reestructuración preventiva, exoneración de deudas e inhabilitaciones, y sobre medidas para aumentar la eficiencia de los procedimientos de reestructuración, insolvencia y exoneración de deudas, y por la que se modifica la Directiva (UE) 2017/1132 del Parlamento Europeo y del Consejo, sobre determinados aspectos del Derecho de sociedades (Directiva sobre reestructuración e insolvencia). (BOE de 06-09-2022).

ART. 227. Presunciones absolutas de perjuicio.

El perjuicio patrimonial se presume, sin admitir prueba en contrario, cuando se trate de actos de disposición a título gratuito, salvo las liberalidades de uso, y de pagos u otros actos de extinción de obligaciones cuyo vencimiento fuere posterior a la declaración del concurso, excepto si contasen con garantía real.

ART. 228. Presunciones relativas de perjuicio.

Salvo prueba en contrario, el perjuicio patrimonial se presume cuando se trate de los siguientes actos:

1.º Los actos de disposición a título oneroso realizados a favor de alguna de las personas especialmente relacionadas con el concursado.

2.º Los actos de constitución de garantías reales a favor de obligaciones preexistentes o de las nuevas contraídas en sustitución de aquellas.

3.º Los pagos u otros actos de extinción de obligaciones cuyo vencimiento fuere posterior a la declaración del concurso si contasen con garantía real.

ART. 229. Prueba del perjuicio.

Cuando se trate de actos no comprendidos en el artículo anterior, el perjuicio patrimonial para la masa activa deberá ser probado por quien ejercite la acción rescisoria.

ART. 230. Actos no rescindibles.

En ningún caso podrán ser objeto de rescisión:

1.º Los actos ordinarios de la actividad profesional o empresarial del deudor que hubieran sido realizados en condiciones normales.

2.º Los actos de constitución de garantías de cualquier clase a favor de créditos públicos, así como los actos de reconocimiento y pago de estos créditos tendentes a lograr la regularización o atenuación de la responsabilidad del concursado prevista en la legislación penal.

3.º Los actos de constitución de garantías a favor del Fondo de Garantía Salarial.

4.º Los actos comprendidos en el ámbito de leyes especiales reguladoras de los sistemas de pagos y compensación y liquidación de valores e instrumentos derivados.

5.º Las operaciones mediante las que se instrumenten las medidas de resolución de entidades de crédito y empresas de servicios de inversión.

Numeral 2.º modificado por Ley 16/2022, de 5 de septiembre, de reforma del texto refundido de la Ley Concursal, aprobado por el Real Decreto Legislativo 1/2020, de 5 de mayo, para la transposición de la Directiva (UE) 2019/1023 del Parlamento Europeo y del Consejo, de 20 de junio de 2019, sobre marcos de reestructuración preventiva, exoneración de deudas e inhabilitaciones, y sobre medidas para aumentar la eficiencia de los procedimientos de reestructuración, insolvencia y exoneración de deudas, y por la que se modifica la Directiva (UE) 2017/1132 del Parlamento Europeo y del Consejo, sobre determinados aspectos del Derecho de sociedades (Directiva sobre reestructuración e insolvencia). (BOE de 06-09-2022).

ART. 231. Legitimación activa de la administración concursal.

La legitimación activa para el ejercicio de las acciones rescisorias corresponderá a la administración concursal.

ART. 232. Legitimación activa subsidiaria de los acreedores.

1. Los acreedores que hayan instado por escrito de la administración concursal el ejercicio de alguna acción rescisoria, identificando el acto concreto que se trate de rescindir y el fundamento de la rescisión, estarán legitimados para ejercitarla si la administración concursal no lo hiciere dentro de los dos meses siguientes al requerimiento. Las demandas presentadas por los legitimados subsidiarios se notificarán a la administración concursal.

2. El transcurso de este plazo no impedirá a la administración concursal el ejercicio de la acción de rescisión de ese acto, haya sido o no ejercitada la acción por los acreedores. Si ya hubiera sido ejercitada por los acreedores, el juez del concurso procederá de oficio a la acumulación de los procedimientos.

3. Los acreedores litigarán a su costa en interés del concurso. En caso de que la demanda fuera total o parcialmente estimada, tendrán derecho a reembolsarse con cargo a la masa activa, una vez que la sentencia alcance firmeza, de los gastos y costas en que hubieran incurrido hasta el límite de lo obtenido como consecuencia de rescisión.

ART. 233. Legitimación pasiva.

1. Las demandas de rescisión deberán dirigirse contra el concursado y contra quienes hayan sido parte en el acto impugnado.

2. Si el bien o el derecho que se pretenda reintegrar hubiera sido transmitido a un tercero, la demanda también deberá dirigirse contra este cuando el actor pretenda desvirtuar la presunción de buena fe del adquirente o atacar la irreivindicabilidad de que goce o la protección derivada de la publicidad registral.

ART. 234. Procedimiento.

Las acciones rescisorias se tramitarán por el cauce del incidente concursal.

ART. 235. Efectos de la rescisión.

1. La sentencia que estime la acción declarará la ineficacia del acto impugnado.

2. Si el acto objeto de impugnación fuera un contrato con obligaciones recíprocas, la sentencia condenará a la restitución de las prestaciones objeto de aquel que ya se hubieran realizado, con sus frutos e intereses.

3. Si se tratase de un acto unilateral, la sentencia, si procediera, condenará a la restitución a la masa activa de la prestación objeto de aquel y ordenará la inclusión en la lista de acreedores del crédito que corresponda.

4. Si los bienes y derechos salidos del patrimonio del deudor no pudieran reintegrarse a la masa activa por pertenecer a tercero no demandado o que, conforme a la sentencia, hubiera procedido de buena fe o gozase de irreivindicabilidad o de protección registral, se

condenará a quien hubiera sido parte en el acto rescindido a entregar el valor que tuvieran cuando salieron del patrimonio del deudor concursado, más el interés legal.

5. Si la sentencia apreciase mala fe en quien contrató con el deudor, se le condenará, además, a indemnizar la totalidad de los daños y perjuicios causados a la masa activa.

Ver arts. 1290 y 1291 CC. y arts. 712 y ss. LEC.

ART. 236. Régimen del derecho a la contraprestación.

1. El derecho a la prestación que, en su caso, resulte a favor de cualquiera de los demandados como consecuencia de la rescisión de un contrato con obligaciones recíprocas tendrá la consideración de crédito contra la masa, que habrá de satisfacerse simultáneamente a la reintegración de los bienes y derechos objeto del acto rescindido.

2. El crédito que, en su caso, resulte a favor del demandado como consecuencia de la rescisión de un acto unilateral tendrá la consideración de crédito concursal con la clasificación que le corresponda.

3. Si la sentencia hubiera apreciado mala fe en el demandado, el crédito a la prestación tendrá la consideración de crédito subordinado. Igual clasificación tendrá el crédito a favor del acreedor de mala fe en caso de rescisión del acto unilateral.

ART. 237. Recurso contra la sentencia de rescisión.

Quienes hubieran sido parte en el incidente de rescisión podrán interponer contra la sentencia recurso de apelación. La tramitación y la resolución del recurso tendrán carácter preferente.

Modificado por Ley 16/2022, de 5 de septiembre, de reforma del texto refundido de la Ley Concursal, aprobado por el Real Decreto Legislativo 1/2020, de 5 de mayo, para la transposición de la Directiva (UE) 2019/1023 del Parlamento Europeo y del Consejo, de 20 de junio de 2019, sobre marcos de reestructuración preventiva, exoneración de deudas e inhabilitaciones, y sobre medidas para aumentar la eficiencia de los procedimientos de reestructuración, insolvencia y exoneración de deudas, y por la que se modifica la Directiva (UE) 2017/1132 del Parlamento Europeo y del Consejo, sobre determinados aspectos del Derecho de sociedades (Directiva sobre reestructuración e insolvencia). (BOE de 06-09-2022).

Sección 2.ª De las demás acciones de reintegración

ART. 238. Otras acciones de impugnación de los actos del deudor.

1. Declarado el concurso, también podrán impugnarse mediante el ejercicio de cualesquiera otras acciones que procedan conforme al derecho general los actos del deudor anteriores a la fecha de la declaración.

2. Las acciones de impugnación se ejercitarán ante el juez del concurso siendo de aplicación las mismas normas de legitimación, procedimiento y apelación establecidas para las acciones rescisorias concursales.

CAPÍTULO V
De la reducción de la masa activa

ART. 239. Separación de bienes y derechos.

1. Los bienes de propiedad ajena que se encuentren en poder del concursado y sobre los cuales este no tenga derecho de uso, garantía o retención serán entregados por la administración concursal a sus legítimos titulares, a solicitud de estos.

2. La denegación de la entrega del bien por la administración concursal podrá ser impugnada por el propietario por los trámites del incidente concursal.

3. La sentencia que se dicte en el incidente de separación será directamente apelable. La tramitación y la resolución de este recurso de apelación tendrán carácter preferente.

ART. 240. Imposibilidad de separación por enajenación del bien o del derecho.

1. Si los bienes y derechos susceptibles de separación hubieran sido enajenados por el deudor antes de la declaración de concurso a tercero de quien no puedan reivindicarse, el titular perjudicado podrá optar entre exigir la cesión del derecho a recibir la contrapres-

tación si todavía el adquirente no la hubiera realizado, o comunicar a la administración concursal, para su reconocimiento en el concurso, el crédito correspondiente al valor que tuvieran los bienes y derechos sea en el momento de la enajenación, sea en cualquier otro posterior, a elección del solicitante, más el interés legal.

2. En el plazo de un mes a contar de la firmeza de la resolución judicial que hubiere reconocido la imposibilidad de separación, el titular perjudicado deberá comunicar a la administración concursal el valor del bien o del derecho según la opción que ejercite, solicitando el reconocimiento del crédito que resulte. El crédito correspondiente al titular perjudicado tendrá la consideración de crédito concursal ordinario. Si la comunicación del crédito se efectuara transcurrido ese plazo de un mes, se producirán los efectos de la falta de comunicación oportuna.

ART. 241. Separación de buques y aeronaves.

1. Los titulares de créditos con privilegio sobre los buques y las aeronaves podrán separar estos bienes de la masa activa del concurso, mediante el ejercicio, por el procedimiento correspondiente, de las acciones que tengan reconocidas en su legislación específica. Si de la ejecución resultara remanente a favor del concursado, se integrará en la masa activa.

2. Si la ejecución separada no se hubiera iniciado en el plazo de un año desde la fecha de la declaración de concurso, ya no podrá efectuarse, y la clasificación de estos créditos se regirá por lo establecido en esta ley.

CAPÍTULO VI
De los créditos contra la masa activa

Sección 1.ª De los créditos contra la masa activa

ART. 242. Créditos contra la masa.

1. Son créditos contra la masa:

1.º Los créditos anteriores a la declaración de concurso por responsabilidad civil extracontractual por muerte o daños personales, así como los créditos anteriores o posteriores a la declaración del concurso por indemnizaciones derivadas de accidente de trabajo y enfermedad profesional, cualquiera que sea la fecha de la resolución que los declare. Si los daños estuvieran asegurados, el crédito del asegurador por subrogación, regreso o reembolso tendrá la consideración de crédito concursal ordinario.

2.º Los créditos por salarios correspondientes a los últimos treinta días de trabajo efectivo realizado antes de la declaración de concurso en cuantía que no supere el doble del salario mínimo interprofesional.

3.º Los créditos por alimentos a los que tuviera derecho el deudor y los que este último tuviera deber legal de prestar conforme a lo dispuesto en esta ley devengados antes o después de la declaración de concurso.

4.º Los créditos por costas en caso de declaración de concurso a solicitud del acreedor o de los demás legitimados distintos del deudor.

5.º Los créditos por la publicidad de la declaración de concurso y de cualquier otra resolución judicial que acuerde el juez, así como los relativos a la adopción de medidas cautelares.

6.º Los créditos por la asistencia y representación del concursado y de la administración concursal durante toda la tramitación del procedimiento y sus incidentes y demás procedimientos judiciales en cualquier fase del concurso cuando su intervención sea legalmente obligatoria o se realice en interés de la masa hasta la eficacia del convenio o, en otro caso, hasta la conclusión del concurso, con excepción de los ocasionados por los recursos que interponga el concursado contra resoluciones del juez cuando fueren total o parcialmente desestimados con expresa condena en costas.

7.º Los créditos por los gastos y las costas judiciales ocasionados por la asistencia y representación del concursado, de la administración concursal o de acreedores legitimados en los juicios que, en interés de la masa, continúen o inicien conforme a lo dispuesto en esta ley, salvo lo previsto para los casos de desistimiento, allanamiento, transacción y defensa separada del deudor y, en su caso, hasta los límites cuantitativos en ella establecidos.

8.º Los créditos por la condena al pago de las costas como consecuencia de la desestimación de las demandas que se hubieran presentado o de los recursos que se hubieran interpuesto por la administración concursal o por el concursado con autorización de la administración concursal o como consecuencia del allanamiento o del desistimiento realizados por la administración concursal o por el concursado con autorización de la administración concursal. En caso de transacción, se estará a lo pactado por las partes en materia de costas.

9.º Los créditos por la retribución de la administración concursal, así como los créditos por la retribución del experto para recabar ofertas de adquisición de la unidad productiva.

10.º Los créditos que resulten de obligaciones válidamente contraídas durante el procedimiento por la administración concursal o, con la autorización o conformidad de esta, por el concursado sometido a intervención.

11.º Los créditos generados por el ejercicio de la actividad profesional o empresarial del concursado tras la declaración del concurso hasta la aprobación judicial del convenio o, en otro caso, hasta la conclusión del concurso. Quedan comprendidos en este número los créditos laborales devengados después de la declaración de concurso, las indemnizaciones por despido o extinción de los contratos de trabajo, así como los recargos sobre las prestaciones por incumplimiento de las obligaciones en materia de salud laboral, hasta que el juez acuerde el cese de la actividad profesional o empresarial, o declare la conclusión del concurso.

12.º Los créditos que, conforme a lo dispuesto en esta ley, resulten de prestaciones a cargo del concursado en los contratos con obligaciones recíprocas pendientes de cumplimiento que continúen en vigor tras la declaración de concurso, y los créditos por incumplimiento posterior a la declaración de concurso por parte del concursado.

13.º Los créditos que resulten de obligaciones nacidas de la ley o de responsabilidad extracontractual por todo tipo de daños causados con posterioridad a la declaración de concurso y hasta la conclusión del mismo distintos de aquellos a los que se refiere el ordinal 1.º de este apartado.

14.º Los créditos por intereses y frutos en caso de retraso de la obligación de entrega de los bienes y derechos de propiedad ajena.

15.º Los créditos que, en los casos de pago de créditos con privilegio especial sin realización de los bienes o derechos afectos, en los de rehabilitación de contratos o de enervación de desahucio y en los demás previstos en esta ley, correspondan por las cantidades debidas y las de vencimiento futuro a cargo del concursado.

16.º En caso de liquidación, los créditos concedidos al concursado antes de la apertura de la fase de liquidación, para financiar el cumplimiento del convenio aprobado por el juez, según el plan de viabilidad presentado, si así se hubiera previsto en el convenio. La misma regla se aplicará a los créditos prestados por personas especialmente relacionadas con el concursado si en el convenio consta la identidad del obligado y la cuantía máxima de la financiación a conceder.

17.º El cincuenta por ciento del importe de los créditos derivados de la financiación interina o de la nueva financiación concedidos en el marco de un plan de reestructuración homologado cuando los créditos afectados por ese plan representen al menos el cincuenta y uno por ciento del pasivo total. En el caso de que esa financiación haya sido concedida o comprometida por personas especialmente relacionadas con el deudor, será necesario que los créditos afectados por el plan representen más del sesenta por ciento del pasivo total, con deducción de los créditos de aquellas para calcular esa mayoría.

18.º Cualesquiera otros créditos a los que esta ley atribuya expresamente tal consideración.

2. Cualquier acreedor de la masa podrá requerir en cualquier momento a la administración concursal para que se pronuncie sobre si la masa es insuficiente o es previsible que lo sea para el pago de esos créditos. Si el administrador concursal no contestara al requerimiento en el término de tres días o lo hiciera en términos genéricos o imprecisos, el acreedor de la masa podrá solicitar auxilio del juez del concurso a fin de que requiera al administrador concursal para que se pronuncie de inmediato o para que lo haga en términos concretos y precisos, con la advertencia, según tenga por conveniente, de la posible reducción de la retribución fijada o de la separación del cargo.

Modificado por Ley 16/2022, de 5 de septiembre, de reforma del texto refundido de la Ley Concursal, aprobado por el Real Decreto Legislativo 1/2020, de 5 de mayo, para la transposición de la Directiva (UE) 2019/1023 del Parlamento Europeo y del Consejo, de 20 de junio de 2019, sobre marcos de reestructuración preventiva, exoneración de deudas e inhabilitaciones, y sobre medidas para aumentar la eficiencia de los procedimientos de reestructuración, insolvencia y exoneración de deudas, y por la que se modifica la Directiva (UE) 2017/1132 del Parlamento Europeo y del Consejo, sobre determinados aspectos del Derecho de sociedades (Directiva sobre reestructuración e insolvencia). (BOE de 06-09-2022).

Ver art. 250 LC; 1317 y 1347 y ss. CC

ART. 243. Fondo de Garantía Salarial.

La subrogación del Fondo de Garantía de Salarios en la titularidad de cualesquiera créditos contra la masa o concursales no afectará al carácter y a la clasificación de esos créditos.

Sección 2.ª Del régimen de los créditos contra la masa activa

ART. 244. Pago de los créditos contra la masa.

El pago de créditos contra la masa se hará con cargo a los bienes y derechos no afectos al pago de créditos con privilegio especial.

ART. 245. Momento del pago de los créditos contra la masa.

1. Los créditos por salarios que tengan la consideración de créditos contra la masa se pagarán de forma inmediata.
2. Los restantes créditos contra la masa, cualquiera que sea su naturaleza y el estado del concurso, se pagarán a sus respectivos vencimientos.
3. La administración concursal podrá alterar por interés del concurso la regla del pago al vencimiento si la masa activa fuera suficiente para la satisfacción de todos los créditos contra la masa. La postergación del pago de los créditos contra la masa no podrá afectar a los créditos por alimentos, a los créditos laborales, a los créditos tributarios ni a los de la seguridad social.

ART. 246. Reconocimiento de créditos contra la masa.

El reconocimiento de créditos contra la masa corresponderá a la administración concursal.

ART. 247. Juicios declarativos relativos a créditos contra la masa.

Las acciones relativas al reconocimiento o a la falta de reconocimiento por parte de la administración concursal de los créditos contra la masa, cualquiera que sea el momento en que se hubieran generado, y las de reclamación del pago de estos créditos se ejercitarán ante el juez del concurso por los trámites del incidente concursal.

ART. 248. Ejecuciones relativas a créditos contra la masa.

1. Las ejecuciones judiciales o administrativas para hacer efectivos créditos contra la masa solo podrán iniciarse a partir de la fecha de eficacia del convenio.
2. La prohibición de iniciar ejecuciones no impedirá el devengo de los intereses, recargos y demás obligaciones por razón de la falta de pago a su vencimiento del crédito contra la masa.

Sección 3.ª De las especialidades en caso de insuficiencia de la masa activa

ART. 249. Deber de comunicación de la insuficiencia de la masa activa.

En cuanto conste que la masa activa es insuficiente o es previsible que lo sea para el pago de los créditos contra la masa, la administración concursal lo comunicará al juez del concurso. El letrado de la Administración de Justicia notificará por medios electrónicos esta comunicación a las partes personadas.

Modificado por Ley 16/2022, de 5 de septiembre, de reforma del texto refundido de la Ley Concursal, aprobado por el Real Decreto Legislativo 1/2020, de 5 de mayo, para la transposición de la Directiva (UE) 2019/1023 del Parlamento Europeo y del Consejo, de 20 de junio de 2019, sobre marcos de reestructuración preventiva, exoneración de deudas e inhabilitaciones, y sobre medidas para aumentar la eficiencia de los procedimientos de reestructuración, insolvencia y exoneración de deudas, y por la que se modifica la Directiva (UE) 2017/1132 del Parlamento Europeo y del Consejo, sobre determinados aspectos del Derecho de sociedades (Directiva sobre reestructuración e insolvencia). (BOE de 06-09-2022).

ART. 250. Pago de los créditos contra la masa en caso de insuficiencia de la masa activa.

1. Desde que la administración concursal comunique al juez del concurso que la masa activa es insuficiente para el pago de los créditos contra la masa, tendrán preferencia de

cobro los créditos vencidos o que venzan después de esa comunicación que sean imprescindibles para la liquidación de la masa activa.

2. En todo caso, se consideran imprescindibles para la liquidación los créditos por salarios de los trabajadores devengados después de la apertura de la fase de liquidación mientras continúen prestando sus servicios, la retribución de la administración concursal durante la fase de liquidación; y las cantidades adeudadas a partir de la apertura de la fase de liquidación en concepto de rentas de los inmuebles arrendados para la conservación de bienes y derechos de la masa activa. Si la masa activa fuera insuficiente para atender estos créditos, el pago de los que hubieran vencido se realizará a prorrata.

3. El pago de los créditos contra la masa que no sean imprescindibles para la liquidación de la masa activa se satisfarán por el orden establecido en el artículo 242.1, sin perjuicio de lo establecido en el siguiente apartado.

4. Tendrán prelación sobre los créditos del artículo 242.1.2.º los créditos por salarios e indemnizaciones por despido o extinción de los contratos de trabajo generados tras la declaración del concurso en la cuantía que resulte de multiplicar el triple del salario mínimo interprofesional por el número de días de salario pendientes de pago.

Modificado por Ley 16/2022, de 5 de septiembre, de reforma del texto refundido de la Ley Concursal, aprobado por el Real Decreto Legislativo 1/2020, de 5 de mayo, para la transposición de la Directiva (UE) 2019/1023 del Parlamento Europeo y del Consejo, de 20 de junio de 2019, sobre marcos de reestructuración preventiva, exoneración de deudas e inhabilitaciones, y sobre medidas para aumentar la eficiencia de los procedimientos de reestructuración, insolvencia y exoneración de deudas, y por la que se modifica la Directiva (UE) 2017/1132 del Parlamento Europeo y del Consejo, sobre determinados aspectos del Derecho de sociedades (Directiva sobre reestructuración e insolvencia). (BOE de 06-09-2022).

TÍTULO V
De la masa pasiva

CAPÍTULO I
De la integración de la masa pasiva

ART. 251. Principio de universalidad.

1. Todos los créditos contra el deudor, ordinarios o no, a la fecha de la declaración de concurso, cualquiera que sea la nacionalidad y el domicilio del acreedor, quedarán de derecho integrados en la masa pasiva, estén o no reconocidos en el procedimiento, salvo que tengan la consideración de créditos contra la masa.

2. En caso de concurso de persona casada en régimen de gananciales o cualquier otro de comunidad de bienes, los créditos contra el cónyuge del concursado, que sean, además, créditos de responsabilidad de la sociedad o comunidad conyugal, quedarán de derecho integrados en la masa pasiva.

Ver arts. 242 y 269 de esta norma.

CAPÍTULO II
De la comunicación y del reconocimiento de créditos

Sección 1.ª De la comunicación a los acreedores

ART. 252. Comunicación a los acreedores.

1. La administración concursal realizará sin demora una comunicación individualizada a cada uno de los acreedores cuya identidad y domicilio consten en la documentación que obre en autos, informando de la declaración de concurso y del deber de comunicar los créditos en la forma y dentro del plazo establecidos en esta ley.

2. Cuando conste la dirección electrónica del acreedor, la comunicación se efectuará por medios electrónicos.

ART. 253. Comunicación a organismos públicos.

1. La administración concursal comunicará sin demora la declaración de concurso a la Agencia Estatal de Administración Tributaria y a la Tesorería General de la Seguridad Social, conste o no su condición de acreedoras.

2. La comunicación se efectuará a través de los correspondientes medios que estén habilitados en las respectivas sedes electrónicas de estos organismos.

ART. 254. Comunicación a los representantes de los trabajadores.

La administración concursal comunicará sin demora la declaración de concurso a la representación de los trabajadores, si la hubiere, haciéndoles saber de su derecho a personarse como parte en el procedimiento.

Sección 2.ª De la comunicación de créditos

ART. 255. Comunicación de créditos.

Dentro del plazo señalado en el auto de declaración de concurso, los acreedores del concursado anteriores a la fecha de esa declaración comunicarán a la administración concursal la existencia de sus créditos.

ART. 256. Contenido de la comunicación.

1. La comunicación expresará nombre, domicilio y demás datos de identidad del acreedor, así como los relativos al crédito, su concepto, cuantía, fechas de adquisición y vencimiento, características y clasificación que se pretenda. Si se invocare un privilegio especial, se indicarán, además, los bienes o derechos de la masa activa a que afecte y, en su caso, los datos registrales.

2. En la comunicación, el acreedor señalará una dirección postal o una dirección electrónica para que la administración concursal realice cuantas comunicaciones resulten necesarias o convenientes. Las comunicaciones de la administración concursal a la dirección señalada por el acreedor producirán plenos efectos.

3. A la comunicación se acompañará copia del título o de los documentos relativos al crédito. En el caso de que el acreedor opte por realizar la comunicación del crédito por medio electrónico, la copia se remitirá por el mismo medio.

4. Salvo que los títulos o documentos figuren inscritos en un registro público, la administración concursal podrá solicitar los originales o copias autorizadas de los títulos o documentos aportados, así como cualquier otra justificación que considere necesaria para el reconocimiento del crédito.

ART. 257. Forma de la comunicación.

1. La comunicación se formulará por escrito firmado por el acreedor, por cualquier otro interesado en el crédito o por quien acredite representación suficiente de ellos, y se dirigirá a la administración concursal.

2. La comunicación podrá presentarse en el domicilio designado al efecto por el administrador concursal, remitirse a dicho domicilio o efectuarse por medios electrónicos.

ART. 258. Comunicación en concursos de deudores solidarios.

1. En caso de concursos de deudores solidarios, el acreedor o el interesado podrán comunicar la existencia de los créditos a la administración concursal de cada uno de los concursos.

2. El escrito presentado en cada concurso expresará si se ha efectuado o se va a efectuar la comunicación en los demás, acompañándose, en su caso, copia del escrito o de los escritos presentados y de los que se hubieren recibido.

Sección 3.ª Del reconocimiento de créditos

Subsección 1.ª De las clases de reconocimiento

ART. 259. Reconocimiento de los créditos por la administración concursal.

1. La administración concursal determinará la inclusión o exclusión de los créditos en la lista de acreedores.

2. La inclusión o la exclusión se adoptará respecto de cada uno de los créditos, tanto de los que se hayan comunicado expresamente como de los que resultaren de los libros y documentos del deudor o por cualquier otra razón constaren en el concurso.

> Ver arts. 1317 y 1347 y ss. CC.

ART. 260. Reconocimiento forzoso de los créditos.

1. La administración concursal incluirá necesariamente en la lista de acreedores aquellos créditos que hayan sido reconocidos por resolución procesal o por laudo, aunque no fueran firmes; los asegurados con garantía real inscrita en registro público; los que consten en documento con fuerza ejecutiva; los que consten en certificación administrativa, y los créditos de los trabajadores cuya existencia y cuantía resulten de los libros y documentos del deudor o por cualquier otra razón consten en el concurso.

2. No obstante el reconocimiento, la administración concursal, dentro del plazo para la emisión de su informe, podrá impugnar en juicio ordinario, los convenios o procedimientos arbitrales si concurriera fraude; la existencia y validez de los créditos asegurados con garantía real o que consten en documento con fuerza ejecutiva, así como, a través de los cauces establecidos al efecto por su legislación específica, los actos administrativos.

3. Cuando a la fecha de la declaración de concurso no se hubiera presentado alguna declaración o autoliquidación que sea precisa para la determinación de un crédito de derecho público o de los trabajadores, deberá cumplimentarse por el concursado, en caso de intervención, o por la administración concursal cuando no lo realice el concursado o en caso de suspensión de las facultades de administración y disposición. Si, por ausencia de datos, no fuera posible la determinación de su cuantía deberá reconocerse como crédito contingente.

Subsección 2.ª De los supuestos especiales de reconocimiento

ART. 261. Créditos sometidos a condición.

1. Los créditos sometidos a condición resolutoria se reconocerán como condicionales y, en tanto no se cumpla la condición, disfrutarán de los derechos concursales que correspondan a su cuantía y clasificación.

2. En caso de cumplimiento de la condición, podrán anularse, a petición de parte, las actuaciones y decisiones en las que el acto, la adhesión o el voto del acreedor condicional hubiere sido decisivo. Las demás actuaciones se mantendrán, sin perjuicio del deber de devolución a la masa, en su caso, de las cantidades cobradas por el acreedor condicional, y de la responsabilidad en que dicho acreedor hubiere podido incurrir frente a la masa o frente a los acreedores.

3. Los créditos sometidos a condición suspensiva serán reconocidos en el concurso como créditos contingentes sin cuantía propia y con la clasificación que corresponda, admitiéndose a sus titulares como acreedores legitimados en el procedimiento sin más limitaciones que la suspensión de los derechos de adhesión, de voto y de cobro.

4. La confirmación del crédito contingente o su reconocimiento en sentencia firme o susceptible de ejecución provisional, otorgará a su titular la totalidad de los derechos concursales que correspondan a su cuantía y clasificación.

5. Cuando el juez del concurso estime probable el cumplimiento de la condición resolutoria o la confirmación del crédito contingente, podrá, a petición de parte, adoptar las medidas cautelares de constitución de provisiones con cargo a la masa, de prestación de fianzas por las partes y cualesquiera otras que considere oportunas en cada caso.

ART. 262. Créditos litigiosos.

1. Los créditos litigiosos seguirán el mismo régimen de los créditos sometidos a condición suspensiva.

2. A los efectos de esta ley tendrá la condición de crédito litigioso desde que se conteste la demanda relativa al mismo.

ART. 263. Créditos garantizados con un patrimonio adicional de responsabilidad.

1. Los créditos que no puedan ser hechos efectivos contra el concursado sin la previa excusión del patrimonio del deudor principal se reconocerán como créditos contingentes mientras el acreedor no justifique cumplidamente a la administración concursal haber agotado la excusión, confirmándose, en tal caso, el reconocimiento del crédito en el concurso por el saldo subsistente.

2. Los créditos en los que el acreedor disfrute de fianza de tercero se reconocerán por su importe sin limitación alguna y sin perjuicio de la sustitución del titular del crédito en caso de pago por el fiador.

Una vez realizado el pago, con subrogación del fiador en la posición jurídica del acreedor afianzado, la administración concursal deberá reclasificar el crédito optando por la clasificación de inferior grado de entre las que correspondan al acreedor o al fiador.

ART. 264. Reconocimiento en caso de pagos parciales previos.

A solicitud del acreedor que hubiese cobrado parte de su crédito de un avalista, fiador o deudor solidario del concursado, podrán incluirse a su favor en la lista de acreedores tanto el resto de su crédito no satisfecho como la totalidad del que, por reembolso o por cuota de solidaridad, corresponda a quien hubiere hecho el pago parcial, aunque este no hubiere comunicado su crédito o hubiere hecho remisión de la deuda.

ART. 265. Créditos públicos.

1. Los créditos de derecho público de las Administraciones públicas y sus organismos públicos que a la fecha de la declaración de concurso hubieran sido recurridos en vía administrativa o jurisdiccional, tendrán la consideración de créditos sometidos a condición resolutoria, aun cuando su ejecutividad se encuentre cautelarmente suspendida.

2. Los créditos de derecho público de las Administraciones públicas y sus organismos públicos que pudieran resultar de procedimientos de comprobación o inspección se reconocerán como contingentes hasta su cuantificación, a partir de la cual tendrán el carácter que les corresponda con arreglo a su naturaleza sin que sea posible su subordinación por comunicación tardía.

3. En el caso de no existir liquidación administrativa, los créditos tributarios y los créditos de la seguridad social por cantidades defraudadas a la Hacienda Pública o a la Tesorería General de la Seguridad Social se reconocerán como contingentes desde la admisión a trámite de la querella o denuncia hasta que sean reconocidos por sentencia.

4. También se reconocerán como contingentes las liquidaciones vinculadas a delito, hasta que recaiga sentencia firme.

ART. 266. Efectos del cumplimiento de la condición o del acaecimiento de la contingencia.

Si antes de la presentación de la lista definitiva de acreedores se hubiera cumplido la condición o hubiera acaecido la contingencia a que se refieren los artículos de esta Subsección, la administración concursal, de oficio o a solicitud del interesado, deberá incluir en esa lista las modificaciones que procedan.

Sección 4.ª Del cómputo de los créditos

ART. 267. Cómputo de los créditos en dinero.

1. A los solos efectos de la cuantificación del pasivo, todos los créditos que se reconozcan se computarán en dinero y se expresarán en moneda de curso legal, sin que ello suponga su conversión ni modificación.

2. Los créditos expresados en otra moneda se computarán en la de curso legal según el tipo de cambio oficial en la fecha de la declaración de concurso.

3. Los créditos que tuvieran por objeto prestaciones no dinerarias o prestaciones dinerarias determinadas por referencia a un bien distinto del dinero se computarán por el valor de las prestaciones o del bien en la fecha de la declaración de concurso.

4. Los créditos que tuvieran por objeto prestaciones dinerarias futuras se computarán por su valor a la fecha de la declaración de concurso, efectuándose la actualización conforme al tipo de interés legal vigente en ese momento.

Sección 5.ª De la comunicación extemporánea de créditos

ART. 268. Comunicación extemporánea de créditos.

1. Una vez concluido el plazo de impugnación de la lista de acreedores y antes de la presentación de la lista definitiva, se podrán presentar nuevas comunicaciones de créditos. Estos créditos serán reconocidos o excluidos por la administración concursal conforme a las reglas generales establecidas para el reconocimiento o la exclusión, sin más excepciones que las establecidas en esta ley.

2. Si los créditos objeto de la comunicación extemporánea fueran reconocidos, se clasificarán como créditos subordinados. Cuando el acreedor justifique no haber tenido noticia de la existencia de los mismos antes de la conclusión del plazo de impugnación, estos créditos serán clasificados según la naturaleza que les corresponda.

CAPÍTULO III
De la clasificación de los créditos concursales

Sección 1.ª De las clases de créditos

ART. 269. Clases de créditos.

1. Los créditos concursales se clasificarán, a efectos del concurso, en privilegiados, ordinarios y subordinados.

2. Los créditos privilegiados se clasificarán, a su vez, en créditos con privilegio especial, si afectan a determinados bienes o derechos de la masa activa, y créditos con privilegio general, si afectan a la totalidad de esa masa. En el concurso no se admitirá ningún privilegio o preferencia que no esté reconocido en la ley.

3. Se clasificarán como créditos ordinarios aquellos que en esta ley no tengan la consideración de créditos privilegiados o subordinados.

Ver arts. 1317 y 1347 y ss. CC.

Sección 2.ª De los créditos privilegiados

Subsección 1.ª De los créditos con privilegio especial

ART. 270. Créditos con privilegio especial.

Son créditos con privilegio especial:

1.º Los créditos garantizados con hipoteca legal o voluntaria, inmobiliaria o mobiliaria, o con prenda sin desplazamiento, sobre los bienes o derechos hipotecados o pignorados.

2.º Los créditos garantizados con anticresis, sobre los frutos del inmueble gravado.

3.º Los créditos refaccionarios, sobre los bienes refaccionados, incluidos los de los trabajadores sobre los objetos por ellos elaborados mientras sean propiedad o estén en posesión del concursado.

4.º Los créditos por contratos de arrendamiento financiero o de compraventa con precio aplazado de bienes muebles o inmuebles, a favor de los arrendadores o vendedores y, en su caso, de los financiadores, sobre los bienes arrendados o vendidos con reserva de dominio, con prohibición de disponer o con condición resolutoria en caso de falta de pago.

5.º Los créditos con garantía de valores representados mediante anotaciones en cuenta, sobre los valores gravados.

6.º Los créditos garantizados con prenda constituida en documento público, sobre los bienes o derechos pignorados que estén en posesión del acreedor o de un tercero.

7.º Los créditos a favor de los tenedores de bonos garantizados, respecto de los préstamos y créditos, y otros activos que los garanticen, integrados en el conjunto de cobertura, conforme al Real Decreto-ley 24/2021, de 2 de noviembre, de transposición de directivas de la Unión Europea en las materias de bonos garantizados, distribución transfronteriza de organismos de inversión colectiva, datos abiertos y reutilización de la información del sector público, ejercicio de derechos de autor y derechos afines aplicables a determinadas transmisiones en línea y a las retransmisiones de programas de radio y televisión, exenciones temporales a determinadas importaciones y suministros, de personas consumidoras y para la promoción de vehículos de transporte por carretera limpios y energéticamente eficientes, hasta donde alcance su valor.

Apdo. 7 añadido por Real Decreto-ley 24/2021, de 2 de noviembre, de transposición de directivas de la Union Europea en las materias de bonos garantizados, distribución transfronteriza de organismos de inversión colectiva, datos abiertos y reutilización de la información del sector público, ejercicio de derechos de autor y derechos afines aplicables a determinadas transmisiones en línea y a las retransmisiones de programas de radio y televisión, exenciones temporales a determinadas importaciones y suministros, de personas consumidoras y para la promoción de vehículos de transporte por carretera limpios y energéticamente eficientes. (BOE de 03-11-2021). En vigor desde el 8 de julio de 2022.

Números 1.º a 5.º: ver arts. 271.1 de esta ley.

ART. 271. Requisitos del privilegio especial.

1. Los créditos a que se refieren los números 1.º a 5.º del artículo anterior deberán tener constituida la respectiva garantía antes de la declaración de concurso con los requisitos y formalidades establecidos por la legislación específica para que sea oponible a terceros, salvo que se trate de los créditos con hipoteca legal tácita o de los refaccionarios de los trabajadores.

2. Si se tratare de prenda de créditos de la masa activa, será suficiente con que la constitución de la garantía conste en documento con fecha fehaciente anterior a la declaración de concurso.

3. Si se tratare de prenda sobre créditos futuros, será necesario que, antes de la declaración de concurso, concurran los dos siguientes requisitos:

1.º Que los créditos futuros hubieran nacido de contratos perfeccionados o de relaciones jurídicas constituidas antes de esa declaración.

2.º Que la prenda estuviera constituida en documento público o, en el caso de prenda sin desplazamiento, se hubiera inscrito en el registro público correspondiente.

4. Si se tratara de créditos futuros derivados de la resolución de contratos de concesión de obras o de contratos de concesión de servicios, además de lo exigido en el apartado anterior, será necesario que, antes de la declaración de concurso, la pignoración se hubiera constituido en garantía de créditos que guarden relación con la concesión o el contrato y hubiera sido autorizada por el órgano de contratación con arreglo a la normativa sobre contratos del sector público.

ART. 272. Límite del privilegio especial.

1. A los efectos del convenio y de los planes de reestructuración, el privilegio especial estará limitado al valor razonable del bien o derecho sobre el que se hubiera constituido la garantía, con las deducciones establecidas en esta ley.

2. El importe del crédito que exceda del reconocido como privilegio especial será clasificado según corresponda.

Apdo. 1 modificado por Ley 16/2022, de 5 de septiembre, de reforma del texto refundido de la Ley Concursal, aprobado por el Real Decreto Legislativo 1/2020, de 5 de mayo, para la transposición de la Directiva (UE) 2019/1023 del Parlamento Europeo y del Consejo, de 20 de junio de 2019, sobre marcos de reestructuración preventiva, exoneración de deudas e inhabilitaciones, y sobre medidas para aumentar la eficiencia de los procedimientos de reestructuración, insolvencia y exoneración de deudas, y por la que se modifica la Directiva (UE) 2017/1132 del Parlamento Europeo y del Consejo, sobre determinados aspectos del Derecho de sociedades (Directiva sobre reestructuración e insolvencia). (BOE de 06-09-2022).

ART. 273. Determinación del valor razonable.

1. A los efectos de la determinación del límite del privilegio especial, se entenderá por valor razonable de los bienes y derechos de la masa activa:

1.º En caso de bienes inmuebles, el resultante de informe emitido por una sociedad de tasación homologada e inscrita en el Registro especial del Banco de España. Este informe no será necesario cuando dicho valor hubiera sido determinado por una sociedad de tasación homologada e inscrita en el Registro especial del Banco de España dentro de los seis meses anteriores a la fecha de declaración de concurso.

2.º En caso de valores mobiliarios que coticen en un mercado regulado, el precio medio ponderado al que hubieran sido negociados en uno o varios mercados regulados en el último trimestre anterior a la fecha de declaración de concurso, de conformidad con la certificación emitida por la sociedad rectora del mercado secundario oficial o del mercado regulado de que se trate.

3.º En caso de bienes o derechos distintos de los señalados en los números anteriores el resultante de informe emitido por experto independiente de conformidad con los principios y las normas de valoración generalmente reconocidos para esos bienes. Este informe no será necesario cuando dicho valor hubiera sido determinado por experto independiente, dentro de los seis meses anteriores a la fecha de declaración del concurso.

2. Los bienes o derechos sobre los que estuviesen constituidas garantías denominadas en moneda distinta al euro, se convertirán al euro aplicando el tipo de cambio de la fecha de la valoración, entendido como el tipo de cambio medio de contado.

3. El informe no será necesario cuando la garantía se hubiera constituido sobre efectivo, sobre el saldo de cuentas corrientes y de ahorro, sobre dinero electrónico o sobre imposiciones a plazo fijo.

Ver art. 496.2 LC.

ART. 274. Especialidades en caso de viviendas terminadas.

1. En caso de viviendas ya terminadas, el informe sobre bienes inmuebles previsto en el artículo anterior podrá sustituirse por una valoración actualizada cuando, entre la fecha de la última valoración disponible y la fecha de la valoración actualizada, no hubieran transcurrido más de seis años. La valoración actualizada se obtendrá aplicando al último valor de tasación disponible realizado por una sociedad de tasación homologada e inscrita en el Registro especial del Banco de España la variación acumulada constatada por el valor razonable de los inmuebles situados en la misma zona y con similares características desde la emisión de la última tasación a la fecha de valoración.

2. En el supuesto de no disponerse de información sobre la variación en el valor razonable proporcionado por una sociedad de tasación o si no se considerase representativa, el último valor disponible podrá actualizarse con la variación acumulada del precio de la vivienda establecido por el Instituto Nacional de Estadística para la Comunidad Autónoma en la que radique el inmueble, diferenciando entre si es vivienda nueva o de segunda mano, siempre que entre la fecha de la última valoración disponible y la fecha de la valoración actualizada no hayan transcurrido más de tres años.

ART. 275. Deducciones del valor razonable.

1. Una vez determinado el valor razonable, para calcular el límite del privilegio especial la administración concursal procederá a realizar las siguientes deducciones:

1.º El diez por ciento del valor razonable del bien o derecho sobre el que esté constituida la garantía.

2.º El importe de los créditos pendientes que gocen de garantía preferente sobre el mismo bien o sobre el mismo derecho.

2. En ningún caso el valor de la garantía puede ser inferior a cero ni superior al valor del crédito con privilegio especial, así como tampoco al valor de la responsabilidad máxima hipotecaria o pignoraticia que se hubiera pactado.

ART. 276. Garantías constituidas sobre varios bienes.

En el caso de que la garantía a favor de un mismo crédito recayera sobre varios bienes de la masa activa, se aplicarán sobre cada uno de los bienes las reglas establecidas en los artículos anteriores, sin que el valor conjunto de las garantías constituidas pueda exceder del valor del crédito del acreedor correspondiente.

ART. 277. Garantías constituidas en proindiviso.

En caso de garantía constituida en proindiviso sobre uno o varios bienes o derechos de la masa activa a favor de dos o más créditos, el valor de la garantía correspondiente a cada crédito será el resultante de aplicar al límite del privilegio especial la proporción que en el mismo corresponda a cada uno de ellos, según las normas y acuerdos que rijan el proindiviso.

ART. 278. Coste de los informes y de las valoraciones.

1. El coste de los informes o valoraciones será liquidado con cargo a la masa y se deducirá de la retribución que corresponda a la administración concursal que esté pendiente de cobro.

2. Si el acreedor afectado solicitase un informe de valoración contradictorio, se emitirá a su costa.

ART. 279. Modificación del límite del privilegio especial.

1. Si concurrieran nuevas circunstancias que pudieran modificar significativamente el valor razonable de los bienes o derechos sobre los que se hubiera constituido la garantía, deberá aportarse un nuevo informe de sociedad de tasación homologada e inscrita en el Registro especial del Banco de España o de experto independiente, según proceda.

2. Cuando se alegue por el acreedor afectado la concurrencia de circunstancias que hagan necesaria una nueva valoración, el informe se emitirá a su costa.

Subsección 2.ª De los créditos con privilegio general

ART. 280. Créditos con privilegio general.

Son créditos con privilegio general:

1.º Los créditos anteriores a la declaración de concurso por salarios que no tengan la consideración de créditos contra la masa ni reconocido privilegio especial, en la cuantía que resulte de multiplicar el triple del salario mínimo interprofesional por el número de días de salario pendientes de pago; por indemnizaciones derivadas de la extinción de los contratos, en la cuantía correspondiente al mínimo legal calculada sobre una base que no supere el triple del salario mínimo interprofesional; y por los capitales coste de seguridad social de los que sea legalmente responsable el concursado y los recargos sobre las prestaciones por incumplimiento de las obligaciones en materia de salud laboral devengadas con anterioridad a la declaración de concurso.

2.º Las cantidades correspondientes a retenciones tributarias y de seguridad social debidas por el concursado en cumplimiento de una obligación legal.

3.º Los créditos de personas naturales derivados del trabajo personal no dependiente y los que correspondan al propio autor por la cesión de los derechos de explotación de la obra objeto de propiedad intelectual, devengados durante los seis meses anteriores a la declaración de concurso.

4.º Los créditos tributarios, los créditos de la seguridad social y demás de derecho público que no tengan privilegio especial ni el privilegio general del número 2.º de este artículo. Respecto de los créditos públicos señalados, el privilegio general a que se refiere este número solo alcanzará al cincuenta por ciento del importe de los respectivos créditos, deducidos de la base para el cálculo del porcentaje los créditos con privilegio especial, los créditos con privilegio general conforme al número 2.º de este mismo artículo y los créditos subordinados.

5.º Los créditos por responsabilidad civil extracontractual por daños causados antes de la declaración de concurso distintos de aquellos a que se refiere el número 1.º del apartado 1 del artículo 242, las liquidaciones vinculadas a delito contra la Hacienda Pública reguladas en el Título VI de la Ley 58/2003, de 17 de diciembre, General Tributaria, y los créditos por responsabilidad civil derivada del delito contra la Hacienda Pública y contra la Tesorería General de la Seguridad Social, cualquiera que sea la fecha de la resolución judicial que los declare. Si los daños estuvieran asegurados, el crédito del asegurador por subrogación, regreso o reembolso tendrá la consideración de crédito concursal ordinario.

6.º El cincuenta por ciento del importe de los créditos derivados de la financiación interina o de la nueva financiación concedidos en el marco de un plan de reestructuración homologado cuando los créditos afectados por ese plan representen al menos el cincuenta y uno por ciento del pasivo total. En el caso de que la financiación hubiera sido concedida o comprometida por personas especialmente relacionadas con el deudor, será necesario que los créditos afectados por el plan representen más del sesenta por ciento del pasivo total, con deducción de los créditos de aquellas personas para calcular esa mayoría.

7.º Los créditos de que fuera titular el acreedor a instancia del cual se hubiere declarado el concurso excluidos los que tuvieren el carácter de subordinados, hasta el cincuenta por ciento de su importe.

Ordinales 1.º, 5.º y 6.º modificados por Ley 16/2022, de 5 de septiembre, de reforma del texto refundido de la Ley Concursal, aprobado por el Real Decreto Legislativo 1/2020, de 5 de mayo, para la transposición de la Directiva (UE) 2019/1023 del Parlamento Europeo y del Consejo, de 20 de junio de 2019, sobre marcos de reestructuración preventiva, exoneración de deudas e inhabilitaciones, y sobre medidas para aumentar la eficiencia de los procedimientos de reestructuración, insolvencia y exoneración de deudas, y por la que se modifica la Directiva (UE) 2017/1132 del Parlamento Europeo y del Consejo, sobre determinados aspectos del Derecho de sociedades (Directiva sobre reestructuración e insolvencia). (BOE de 06-09-2022).

Ver art. 77 de la Ley 58/2003, de 17 de diciembre, General Tributaria.

Sección 3.ª De los créditos subordinados

ART. 281. Créditos subordinados.

1. Son créditos subordinados:

1.º Los créditos que se clasifiquen como subordinados por la administración concursal por comunicación extemporánea, salvo que se trate de créditos de reconocimiento forzoso, o por las resoluciones judiciales que resuelvan los incidentes de impugnación de la lista de acreedores y por aquellas otras que atribuyan al crédito esa clasificación.

2.º Los créditos que por pacto contractual tengan el carácter de subordinados respecto de todos los demás créditos contra el concursado, incluidos los participativos.

3.º Los créditos por recargos e intereses de cualquier clase, incluidos los moratorios, salvo los correspondientes a créditos con garantía real hasta donde alcance la respectiva garantía.

4.º Los créditos por multas y demás sanciones pecuniarias.

5.º Los créditos de que fuera titular alguna de las personas especialmente relacionadas con el concursado en los términos establecidos en esta ley.

6.º Los créditos que como consecuencia de rescisión concursal resulten a favor de quien en la sentencia haya sido declarado parte de mala fe en el acto impugnado.

7.º Los créditos derivados de los contratos con obligaciones recíprocas, a cargo de la contraparte del concursado, o del acreedor, en caso de rehabilitación de contratos de financiación o de adquisición de bienes con precio aplazado, cuando el juez constate, previo informe de la administración concursal, que el acreedor obstaculiza de forma reiterada el cumplimiento del contrato en perjuicio del interés del concurso.

2. Por excepción a lo establecido en el número 5.º del apartado anterior, los créditos de que fuera titular alguna de las personas especialmente relacionadas con el concursado no serán objeto de subordinación en los siguientes casos:

1.º Los créditos por alimentos nacidos y vencidos antes de la declaración de concurso, que tendrán la consideración de créditos contra la masa, de acuerdo con lo que dispone el artículo 242.1.3.º.

2.º Los créditos a que se refiere el número 1.º del artículo 280 cuando el concursado sea persona natural.

3.º Los créditos a que se refieren los números 1.º y 4.º del artículo 283 cuando los titulares respectivos reúnan las condiciones de participación en el capital que allí se indican, salvo que procedan de préstamos o de actos con análoga finalidad.

Apdo. 2.1.º modificado por Ley 16/2022, de 5 de septiembre, de reforma del texto refundido de la Ley Concursal, aprobado por el Real Decreto Legislativo 1/2020, de 5 de mayo, para la transposición de la Directiva (UE) 2019/1023 del Parlamento Europeo y del Consejo, de 20 de junio de 2019, sobre marcos de reestructuración preventiva, exoneración de deudas e inhabilitaciones, y sobre medidas para aumentar la eficiencia de los procedimientos de reestructuración, insolvencia y exoneración de deudas, y por la que se modifica la Directiva (UE) 2017/1132 del Parlamento Europeo y del Consejo, sobre determinados aspectos del Derecho de sociedades (Directiva sobre reestructuración e insolvencia). (BOE de 06-09-2022).

ART. 282. Personas especialmente relacionadas con el concursado persona natural.

Se consideran personas especialmente relacionadas con el concursado persona natural:

1.º El cónyuge del concursado o quién lo hubiera sido dentro de los dos años anteriores a la declaración de concurso, su pareja de hecho inscrita o las personas que convivan con análoga relación de afectividad o hubieran convivido habitualmente con él dentro de los dos años anteriores a la declaración de concurso.

2.º Los ascendientes, descendientes y hermanos del concursado o de cualquiera de las personas a que se refiere el número anterior.

3.º Los cónyuges de los ascendientes, de los descendientes y de los hermanos del concursado.

4.º Las personas jurídicas controladas por el concursado o por las personas mencionadas en los números anteriores así como sus administradores de derecho o de hecho. Se presumirá que existe control cuando concurra alguna de las situaciones previstas en el apartado primero del artículo 42 del Código de Comercio.

5.º Las personas jurídicas que formen parte del mismo grupo de empresas que las previstas en el número anterior.

6.º Las personas jurídicas de las que las personas descritas en los números anteriores sean administradoras de derecho o de hecho.

ART. 283. Personas especialmente relacionadas con el concursado persona jurídica.

1. Se consideran personas especialmente relacionadas con el concursado persona jurídica:

1.º Los socios que conforme a la ley sean personal e ilimitadamente responsables de las deudas sociales y aquellos otros que, en el momento del nacimiento del derecho de crédito, sean titulares, directa o indirectamente, de, al menos, un cinco por ciento del capital social, si la sociedad declarada en concurso tuviera valores admitidos a negociación en el mercado secundario oficial, o un diez por ciento si no los tuviera. Cuando los socios sean personas naturales se considerarán también personas especialmente relacionadas con la persona jurídica concursada las personas que lo sean con los socios conforme a lo dispuesto en el artículo anterior.

2.º Los administradores, de derecho o de hecho, los liquidadores del concursado persona jurídica y los directores generales de la persona jurídica concursada con poderes generales de la empresa, así como quienes lo hubieran sido dentro de los dos años anteriores a la declaración de concurso.

3.º Las sociedades que formen parte del mismo grupo que la sociedad declarada en concurso.

4.º Los socios comunes de la sociedad declarada en concurso y de otra sociedad del mismo grupo, siempre que, en el momento de nacimiento del derecho de crédito, sean titulares en esa otra sociedad, directa o indirectamente, de, al menos, un cinco por ciento del capital social, si la sociedad tuviera valores admitidos a negociación en el mercado secundario oficial, o un diez por ciento si no los tuviera.

2. No tendrán la consideración de personas especialmente relacionadas con el concursado los acreedores que hayan capitalizado directa o indirectamente todo o parte de sus créditos en cumplimiento de un acuerdo de refinanciación adoptado de conformidad con lo dispuesto en esta ley, de un acuerdo extrajudicial de pagos o de un convenio concursal, a los efectos de la calificación de los créditos que ostenten contra el concursado como consecuencia de la refinanciación otorgada en virtud de dicho acuerdo o convenio y aunque hubieran asumido cargos en la administración del deudor por razón de la capitalización.

Tampoco tendrán la consideración de administradores de hecho los acreedores que hayan suscrito un acuerdo de refinanciación, convenio concursal o acuerdo extrajudicial de pagos por las obligaciones que asuma el deudor en relación con el plan de viabilidad salvo que se probase la existencia de alguna circunstancia que pudiera justificar esta condición.

ART. 284. Presunción de especial relación con el concursado.

Salvo prueba en contrario, se presumen personas especialmente relacionadas con el concursado los cesionarios o adjudicatarios de créditos pertenecientes a cualquiera de las personas mencionadas en los dos artículos anteriores, siempre que la adquisición se hubiere producido dentro de los dos años anteriores a la declaración de concurso.

CAPÍTULO IV
De la lista de acreedores

ART. 285. Estructura de la lista de acreedores.

La lista de acreedores, referida a la fecha de solicitud del concurso, comprenderá una relación de los incluidos y otra de los excluidos, ambas ordenadas alfabéticamente.

ART. 286. Contenido de la lista de acreedores.

1. La relación de los acreedores incluidos expresará la identidad de cada uno de ellos; la causa, la cuantía por principal y por intereses, y las fechas de origen y vencimiento de los créditos reconocidos de que fueren titulares; las garantías personales o reales prestadas o constituidas, con indicación del valor atribuido en el inventario, conforme a lo establecido en esta ley, al bien o derecho sobre el que se hubiera constituido la garantía, y la calificación jurídica de cada uno de los créditos de que el acreedor fuera titular. En su caso, se indicará en esa relación el carácter de condicionales, litigiosos o pendientes de la previa excusión del patrimonio del deudor principal que tuviera cada uno de los créditos.

2. La relación de los excluidos expresará la identidad de cada uno de ellos y los motivos de la exclusión.

3. Si las hubiere, se harán constar expresamente en la lista las diferencias entre la comunicación y el reconocimiento y las consecuencias de la falta de comunicación oportuna.

4. Cuando el concursado fuere persona casada en régimen de gananciales o cualquier otro de comunidad de bienes, se relacionarán separadamente los créditos que solo puedan hacerse efectivos sobre su patrimonio privativo y los que pueden hacerse efectivos también sobre el patrimonio común.

ART. 287. Subclasificación de los créditos privilegiados.

Si en el momento de la presentación de la lista de acreedores no estuviera en tramitación la fase de liquidación o el concursado no hubiera solicitado la apertura de esa fase, los créditos que tuvieran privilegio general o especial respectivamente deberán incluirse en esa lista en alguna de las siguientes clases:

1.º Los créditos de derecho público.

2.º Los créditos laborales. Se consideran créditos laborales los créditos de los acreedores por derecho laboral y los créditos de los trabajadores autónomos económicamente dependientes en cuantía que no exceda de la prevista en el número 1.º del artículo 280. No tendrán la consideración de créditos laborales los derivados de una relación laboral de carácter especial del personal de alta dirección en la parte que exceda de la cuantía prevista en el número 1.º del artículo 280.

3.º Los créditos financieros. Se consideran créditos financieros los créditos procedentes de cualquier endeudamiento financiero por parte del deudor, con independencia de que los titulares de esos créditos estén o no sometidos a supervisión financiera.

4.º Los restantes créditos. En esta clase se incluirán los de los acreedores por operaciones comerciales y el resto de acreedores no incluidos en las categorías anteriores.

ART. 288. Relación de créditos contra la masa.

En relación adjunta a la lista de acreedores se detallarán y cuantificarán los créditos contra la masa ya devengados y pendientes de pago, con indicación de los respectivos vencimientos.

TÍTULO VI
Del informe de la administración concursal

CAPÍTULO I
Del informe de la administración concursal

Sección 1.ª De las comunicaciones electrónicas anteriores a la presentación del informe

ART. 289. Comunicación del proyecto de inventario y de la lista de acreedores.

1. Con una antelación mínima de diez días al de la presentación del informe al juez, la administración concursal dirigirá comunicación electrónica al concursado y a aquellos

de cuya dirección electrónica tenga constancia que hubiesen comunicado sus créditos, remitiéndoles el proyecto de inventario y de la lista de acreedores, estén o no incluidos en la misma. En la comunicación se expresará el día en que tendrá lugar la presentación del informe.

2. Hasta tres días antes de la presentación del informe al juez, el concursado y los acreedores podrán solicitar a la administración concursal, igualmente por medios electrónicos, que rectifique cualquier error o que complemente los datos comunicados. La administración concursal dirigirá al concursado y a los acreedores, igualmente por medios electrónicos, una relación de las solicitudes de rectificación o complemento recibidas.

Apdo. 3 suprimido por Ley 16/2022, de 5 de septiembre, de reforma del texto refundido de la Ley Concursal, aprobado por el Real Decreto Legislativo 1/2020, de 5 de mayo, para la transposición de la Directiva (UE) 2019/1023 del Parlamento Europeo y del Consejo, de 20 de junio de 2019, sobre marcos de reestructuración preventiva, exoneración de deudas e inhabilitaciones, y sobre medidas para aumentar la eficiencia de los procedimientos de reestructuración, insolvencia y exoneración de deudas, y por la que se modifica la Directiva (UE) 2017/1132 del Parlamento Europeo y del Consejo, sobre determinados aspectos del Derecho de sociedades (Directiva sobre reestructuración e insolvencia). (BOE de 06-09-2022).

Sección 2.ª Del informe de la administración concursal

ART. 290. Deber de presentación del informe.

Dentro de los dos meses siguientes a contar desde la fecha de aceptación, el administrador concursal presentará al juzgado un informe con el contenido y los documentos establecidos en los artículos siguientes. En caso de administración dual, el plazo para la presentación del informe se contará desde la fecha en que se produzca la última de las aceptaciones.

ART. 291. Prórroga del plazo.

1. Si el plazo de comunicación de créditos venciera después del plazo legal para la presentación del informe, este se prorrogará de manera automática hasta los cinco días siguientes a la conclusión del plazo para la comunicación de los créditos.

2. Si concurrieran circunstancias excepcionales, la administración concursal podrá solicitar del juez la prórroga del plazo de presentación del informe por tiempo no superior a dos meses más.

En el caso de que el administrador concursal hubiera sido nombrado en, al menos, tres concursos que se encontrasen en tramitación la prórroga solo podrá concederse si el solicitante acreditara la concurrencia de causas ajenas a las específicas del ejercicio profesional.

3. Si el número de acreedores fuera superior a dos mil, la administración concursal podrá solicitar una prórroga por tiempo no superior a cuatro meses más.

4. Las solicitudes de prórroga solo podrán presentarse antes de que expire el plazo legal.

ART. 292. Estructura del informe.

El informe de la administración concursal contendrá:

1.º El análisis de la memoria que acompañe a la solicitud de declaración de concurso o que, en caso de concurso necesario, hubiera sido presentada por el concursado a requerimiento del juez.

2.º La exposición del estado de la contabilidad del concursado y, en su caso, el juicio sobre los documentos contables y complementarios.

3.º Una memoria de las principales decisiones y actuaciones de la administración concursal.

4.º La exposición motivada acerca de la situación patrimonial del concursado y de cuantos datos y circunstancias pudieran ser relevantes para la tramitación del concurso.

ART. 293. Documentos anejos al informe.

1. Al informe se acompañarán los documentos siguientes:

1.º El inventario de la masa activa, junto con la relación de los litigios en tramitación y la de las acciones de reintegración a ejercitar.

2.º La lista de acreedores, junto con la relación de créditos contra la masa ya devengados y pendientes de pago, con expresión de los vencimientos respectivos.

2. Si una empresa formara parte de la masa activa, se acompañará al informe la valoración de la empresa en su conjunto y de cada una de las unidades productivas que la integren, tanto en las hipótesis de continuidad de las actividades como de liquidación.

3. Si se hubiese presentado propuesta de convenio se acompañará al informe el escrito de evaluación.

Apdo. 3 modificado por Ley 16/2022, de 5 de septiembre, de reforma del texto refundido de la Ley Concursal, aprobado por el Real Decreto Legislativo 1/2020, de 5 de mayo, para la transposición de la Directiva (UE) 2019/1023 del Parlamento Europeo y del Consejo, de 20 de junio de 2019, sobre marcos de reestructuración preventiva, exoneración de deudas e inhabilitaciones, y sobre medidas para aumentar la eficiencia de los procedimientos de reestructuración, insolvencia y exoneración de deudas, y por la que se modifica la Directiva (UE) 2017/1132 del Parlamento Europeo y del Consejo, sobre determinados aspectos del Derecho de sociedades (Directiva sobre reestructuración e insolvencia). (BOE de 06-09-2022).

ART. 294. Publicidad de la presentación del informe.

1. El mismo día de la presentación del informe, el letrado de la Administración de Justicia lo remitirá por medios electrónicos junto con los documentos anejos al Registro público concursal.

2. El mismo día de la presentación del informe la administración concursal remitirá el informe y los documentos anejos por correo electrónico al deudor, a aquellos que hubiesen comunicado sus créditos de cuya dirección electrónica tenga constancia, estén o no incluidos en la lista de acreedores, y a quienes, aunque no fueran acreedores, estuvieran personados en el concurso. Si no tuviera constancia fehaciente de la recepción del correo electrónico, deberá intentar la comunicación por cualquier otro medio que permita al acreedor conocer de su publicación en el Registro público concursal. Si no tuviera constancia de la dirección electrónica, el administrador concursal efectuará la remisión al procurador que los represente.

3. El juez podrá acordar, de oficio o a instancia del interesado, cualquier publicidad complementaria que considere imprescindible, en medios oficiales o privados.

Apdos. 1 y 2 modificados por Ley 16/2022, de 5 de septiembre, de reforma del texto refundido de la Ley Concursal, aprobado por el Real Decreto Legislativo 1/2020, de 5 de mayo, para la transposición de la Directiva (UE) 2019/1023 del Parlamento Europeo y del Consejo, de 20 de junio de 2019, sobre marcos de reestructuración preventiva, exoneración de deudas e inhabilitaciones, y sobre medidas para aumentar la eficiencia de los procedimientos de reestructuración, insolvencia y exoneración de deudas, y por la que se modifica la Directiva (UE) 2017/1132 del Parlamento Europeo y del Consejo, sobre determinados aspectos del Derecho de sociedades (Directiva sobre reestructuración e insolvencia). (BOE de 06-09-2022).

ART. 295. Derecho a obtención de copia del inventario y de la lista de acreedores.

(SUPRIMIDO)

Suprimido por Ley 16/2022, de 5 de septiembre, de reforma del texto refundido de la Ley Concursal, aprobado por el Real Decreto Legislativo 1/2020, de 5 de mayo, para la transposición de la Directiva (UE) 2019/1023 del Parlamento Europeo y del Consejo, de 20 de junio de 2019, sobre marcos de reestructuración preventiva, exoneración de deudas e inhabilitaciones, y sobre medidas para aumentar la eficiencia de los procedimientos de reestructuración, insolvencia y exoneración de deudas, y por la que se modifica la Directiva (UE) 2017/1132 del Parlamento Europeo y del Consejo, sobre determinados aspectos del Derecho de sociedades (Directiva sobre reestructuración e insolvencia). (BOE de 06-09-2022).

ART. 296. Infracción del deber de presentación del informe.

1. El administrador concursal que no presente el informe dentro del plazo legal o, en su caso, dentro de la prórroga concedida por el juez del concurso perderá el derecho a la remuneración y deberá devolver a la masa activa las cantidades percibidas. Contra la resolución judicial que acuerde imponer esta sanción cabrá recurso de apelación.

2. La infracción del deber de presentación será, además, justa causa para la separación del administrador concursal.

3. La indemnización de los daños y perjuicios que esa infracción hubiera podido causar a la masa activa será exigible conforme al régimen de responsabilidad de la administración concursal establecido en esta ley.

Sección 3.ª De la finalización de la fase común

Añadida por Ley 16/2022, de 5 de septiembre, de reforma del texto refundido de la Ley Concursal, aprobado por el Real Decreto Legislativo 1/2020, de 5 de mayo, para la transposición de la Directiva (UE) 2019/1023 del Parlamento Europeo y del Consejo, de 20 de junio de 2019, sobre marcos de reestructuración preventiva, exoneración de deudas e inhabilitaciones, y sobre medidas para aumentar la eficiencia de los procedimientos de reestructuración, insolvencia y exoneración de deudas, y por la que se modifica la Directiva (UE) 2017/1132 del Parlamento Europeo y del Consejo, sobre determinados aspectos del Derecho de sociedades (Directiva sobre reestructuración e insolvencia). (BOE de 06-09-2022).

ART. 296 bis. Finalización de la fase común.

1. Dentro de los quince días siguientes al de presentación del informe de la administración concursal con los documentos anejos, el letrado de la Administración de Justicia dictará decreto poniendo fin a la fase común del concurso, con simultánea apertura de la fase de liquidación si todavía no estuviera abierta.

2. La apertura de la fase de liquidación no procederá si se hubiera presentado propuesta de convenio, esté o no admitida a trámite.

Añadido por Ley 16/2022, de 5 de septiembre, de reforma del texto refundido de la Ley Concursal, aprobado por el Real Decreto Legislativo 1/2020, de 5 de mayo, para la transposición de la Directiva (UE) 2019/1023 del Parlamento Europeo y del Consejo, de 20 de junio de 2019, sobre marcos de reestructuración preventiva, exoneración de deudas e inhabilitaciones, y sobre medidas para aumentar la eficiencia de los procedimientos de reestructuración, insolvencia y exoneración de deudas, y por la que se modifica la Directiva (UE) 2017/1132 del Parlamento Europeo y del Consejo, sobre determinados aspectos del Derecho de sociedades (Directiva sobre reestructuración e insolvencia). (BOE de 06-09-2022).

CAPÍTULO II
De la impugnación del inventario y de la lista de acreedores

ART. 297. Legitimación y plazo para impugnar.

1. Dentro del plazo de diez días las partes personadas en el concurso de acreedores podrán impugnar el inventario y la lista de acreedores.

2. El plazo para impugnar el inventario y la lista de acreedores se contará desde la inserción de esos documentos en el Registro público concursal.

Apdo. 2 modificado por Ley 16/2022, de 5 de septiembre, de reforma del texto refundido de la Ley Concursal, aprobado por el Real Decreto Legislativo 1/2020, de 5 de mayo, para la transposición de la Directiva (UE) 2019/1023 del Parlamento Europeo y del Consejo, de 20 de junio de 2019, sobre marcos de reestructuración preventiva, exoneración de deudas e inhabilitaciones, y sobre medidas para aumentar la eficiencia de los procedimientos de reestructuración, insolvencia y exoneración de deudas, y por la que se modifica la Directiva (UE) 2017/1132 del Parlamento Europeo y del Consejo, sobre determinados aspectos del Derecho de sociedades (Directiva sobre reestructuración e insolvencia). (BOE de 06-09-2022).

ART. 298. Contenido de la impugnación.

1. La impugnación del inventario podrá consistir en la solicitud de la inclusión o de la exclusión de bienes o derechos, o del aumento o disminución del avalúo de los incluidos.

2. La impugnación de la lista de acreedores podrá referirse a la inclusión o a la exclusión de créditos concursales, así como a la cuantía o a la clasificación de los reconocidos.

ART. 299. Consecuencias de la falta de impugnación.

Quienes no impugnaren en tiempo y forma el inventario o la lista de acreedores acompañados al informe de la administración concursal no podrán plantear pretensiones de modificación del contenido de estos documentos, aunque podrán recurrir en apelación las modificaciones introducidas por el juez al resolver las impugnaciones de otros legitimados.

ART. 300. Tramitación de las impugnaciones.

1. Las impugnaciones se sustanciarán por los trámites del incidente concursal.

2. El juez podrá de oficio acumular todas o varias de ellas para resolverlas conjuntamente.

ART. 301.
(SUPRIMIDO)

Suprimido por Ley 16/2022, de 5 de septiembre, de reforma del texto refundido de la Ley Concursal, aprobado por el Real Decreto Legislativo 1/2020, de 5 de mayo, para la transposición de la Directiva (UE) 2019/1023 del Parlamento Europeo y del Consejo, de 20 de junio de 2019, sobre marcos de reestructuración preventiva, exoneración de deudas e inhabilitaciones, y sobre medidas para aumentar la eficiencia de los procedimientos de reestructuración, insolvencia y exoneración de deudas, y por la que se modifica la Directiva (UE) 2017/1132 del Parlamento Europeo y del Consejo, sobre determinados aspectos del Derecho de sociedades (Directiva sobre reestructuración e insolvencia). (BOE de 06-09-2022).

ART. 302. Cancelación de garantías.

1. Si el titular de un crédito clasificado como subordinado no impugnare en tiempo y forma esta calificación, el juez del concurso, vencido el plazo de impugnación y sin más trámites, dictará auto declarando extinguidas las garantías de cualquier clase constituidas sobre bienes y derechos de la masa activa a favor de los créditos de que aquel fuera titular, ordenando, en su caso, la restitución posesoria y la cancelación de los asientos en los registros correspondientes. En caso de impugnación de esa calificación, el juez procederá del mismo modo cuando devenga firme la resolución judicial desestimatoria de la impugnación.

2. Cuando el concursado sea persona natural no procederá la cancelación de las garantías constituidas sobre bienes y derechos de la masa activa a favor de los créditos de los que sean titulares personas especialmente relacionadas con el deudor que según esta ley deban estar incluidos en la clasificación de créditos con privilegio general por salarios, indemnizaciones por extinción de contratos laborales, indemnizaciones por accidente de trabajo y enfermedad profesional, capitales coste de seguridad social de los que sea responsable el concursado y recargos sobre prestaciones por incumplimiento de las obligaciones en materia de salud laboral.

CAPÍTULO III
De la presentación de los textos definitivos

Rúbrica modificada por Ley 16/2022, de 5 de septiembre, de reforma del texto refundido de la Ley Concursal, aprobado por el Real Decreto Legislativo 1/2020, de 5 de mayo, para la transposición de la Directiva (UE) 2019/1023 del Parlamento Europeo y del Consejo, de 20 de junio de 2019, sobre marcos de reestructuración preventiva, exoneración de deudas e inhabilitaciones, y sobre medidas para aumentar la eficiencia de los procedimientos de reestructuración, insolvencia y exoneración de deudas, y por la que se modifica la Directiva (UE) 2017/1132 del Parlamento Europeo y del Consejo, sobre determinados aspectos del Derecho de sociedades (Directiva sobre reestructuración e insolvencia). (BOE de 06-09-2022).

ART. 303.
(SUPRIMIDO)

Suprimido por Ley 16/2022, de 5 de septiembre, de reforma del texto refundido de la Ley Concursal, aprobado por el Real Decreto Legislativo 1/2020, de 5 de mayo, para la transposición de la Directiva (UE) 2019/1023 del Parlamento Europeo y del Consejo, de 20 de junio de 2019, sobre marcos de reestructuración preventiva, exoneración de deudas e inhabilitaciones, y sobre medidas para aumentar la eficiencia de los procedimientos de reestructuración, insolvencia y exoneración de deudas, y por la que se modifica la Directiva (UE) 2017/1132 del Parlamento Europeo y del Consejo, sobre determinados aspectos del Derecho de sociedades (Directiva sobre reestructuración e insolvencia). (BOE de 06-09-2022).

ART. 304. Remisión de los textos definitivos.

1. El mismo día de la presentación de los documentos definitivos, el letrado de la Administración de Justicia los remitirá por medios electrónicos al Registro público concursal.

2. El mismo día de la presentación de los documentos definitivos, el administrador concursal los remitirá por medios electrónicos al deudor y a los acreedores reconocidos de cuya dirección electrónica tenga constancia y a quienes estuvieran personados en el concurso, aunque no fueran acreedores. Si no tuviera constancia de la dirección electrónica, el administrador concursal efectuará la remisión al procurador que los represente.

Modificado por Ley 16/2022, de 5 de septiembre, de reforma del texto refundido de la Ley Concursal, aprobado por el Real Decreto Legislativo 1/2020, de 5 de mayo, para la transposición de la Directiva (UE)

2019/1023 del Parlamento Europeo y del Consejo, de 20 de junio de 2019, sobre marcos de reestructuración preventiva, exoneración de deudas e inhabilitaciones, y sobre medidas para aumentar la eficiencia de los procedimientos de reestructuración, insolvencia y exoneración de deudas, y por la que se modifica la Directiva (UE) 2017/1132 del Parlamento Europeo y del Consejo, sobre determinados aspectos del Derecho de sociedades (Directiva sobre reestructuración e insolvencia). (BOE de 06-09-2022).

ART. 305.

(SUPRIMIDO)

Suprimido por Ley 16/2022, de 5 de septiembre, de reforma del texto refundido de la Ley Concursal, aprobado por el Real Decreto Legislativo 1/2020, de 5 de mayo, para la transposición de la Directiva (UE) 2019/1023 del Parlamento Europeo y del Consejo, de 20 de junio de 2019, sobre marcos de reestructuración preventiva, exoneración de deudas e inhabilitaciones, y sobre medidas para aumentar la eficiencia de los procedimientos de reestructuración, insolvencia y exoneración de deudas, y por la que se modifica la Directiva (UE) 2017/1132 del Parlamento Europeo y del Consejo, sobre determinados aspectos del Derecho de sociedades (Directiva sobre reestructuración e insolvencia). (BOE de 06-09-2022).

ART. 306.

(SUPRIMIDO)

Suprimido por Ley 16/2022, de 5 de septiembre, de reforma del texto refundido de la Ley Concursal, aprobado por el Real Decreto Legislativo 1/2020, de 5 de mayo, para la transposición de la Directiva (UE) 2019/1023 del Parlamento Europeo y del Consejo, de 20 de junio de 2019, sobre marcos de reestructuración preventiva, exoneración de deudas e inhabilitaciones, y sobre medidas para aumentar la eficiencia de los procedimientos de reestructuración, insolvencia y exoneración de deudas, y por la que se modifica la Directiva (UE) 2017/1132 del Parlamento Europeo y del Consejo, sobre determinados aspectos del Derecho de sociedades (Directiva sobre reestructuración e insolvencia). (BOE de 06-09-2022).

ART. 307.

(SUPRIMIDO)

Suprimido por Ley 16/2022, de 5 de septiembre, de reforma del texto refundido de la Ley Concursal, aprobado por el Real Decreto Legislativo 1/2020, de 5 de mayo, para la transposición de la Directiva (UE) 2019/1023 del Parlamento Europeo y del Consejo, de 20 de junio de 2019, sobre marcos de reestructuración preventiva, exoneración de deudas e inhabilitaciones, y sobre medidas para aumentar la eficiencia de los procedimientos de reestructuración, insolvencia y exoneración de deudas, y por la que se modifica la Directiva (UE) 2017/1132 del Parlamento Europeo y del Consejo, sobre determinados aspectos del Derecho de sociedades (Directiva sobre reestructuración e insolvencia). (BOE de 06-09-2022).

CAPÍTULO IV
De la modificación de la lista definitiva de acreedores

ART. 308. Modificaciones de la lista definitiva de acreedores.

El texto definitivo de la lista de acreedores podrá modificarse en los casos siguientes:

1.º Cuando se estimen los recursos interpuestos contra las resoluciones del juez del concurso en los incidentes de impugnación de la lista de acreedores.

2.º Cuando se resuelva la impugnación de las modificaciones derivadas de la comunicación extemporánea de créditos.

3.º Cuando se dicten resoluciones judiciales en el concurso de las que resulte la existencia, la modificación del importe o de la clase del crédito o la extinción de un crédito concursal.

4.º Cuando, en un procedimiento administrativo de comprobación o inspección iniciado después de presentado el informe de la administración concursal o el texto definitivo de la lista de acreedores, se dicte resolución administrativa que suponga la existencia de un crédito concursal de derecho público.

5.º Cuando, en un proceso penal iniciado después de la presentación del informe de la administración concursal o del texto definitivo de la lista de acreedores, se dicte sentencia que suponga la existencia de un crédito concursal.

6.º Cuando, en un proceso laboral iniciado después de la presentación del informe de la administración concursal o del texto definitivo de la lista de acreedores, se dicte sentencia que suponga la existencia de un crédito concursal.

7.º Cuando, después de presentados los textos definitivos, se hubiera cumplido la condición o contingencia prevista o los créditos hubieran sido reconocidos o confirmados por acto administrativo, por laudo o por resolución procesal firme o susceptible de ejecución provisional con arreglo a su naturaleza o cuantía.

ART. 309. Tratamiento de los créditos que modifican la lista definitiva de acreedores.

En caso de que resulten reconocidos, los créditos tendrán la siguiente clasificación:

1.º En los tres primeros casos del artículo precedente, la que les hubiera asignado la resolución judicial.

2.º En los demás casos, la que les corresponda con arreglo a su naturaleza, sin que sea posible su subordinación por comunicación tardía.

ART. 310. Sustituciones del acreedor inicial en la lista definitiva de acreedores.

1. En caso de sustitución de un acreedor reconocido, bien por adquisición del crédito, bien por subrogación en la titularidad del mismo, se mantendrá la clasificación del crédito correspondiente al acreedor inicial.

2. Por excepción a lo establecido en el apartado anterior, serán de aplicación las siguientes reglas:

1.º Respecto de los créditos salariales o por indemnización derivada de extinción de la relación laboral, la subrogación únicamente procederá a favor del Fondo de Garantía Salarial.

2.º Respecto de los créditos por cantidades correspondientes a retenciones tributarias y de seguridad social debidas por el concursado en cumplimiento de una obligación legal y de los créditos de derecho público que gozasen de privilegio general, el carácter privilegiado únicamente se mantendrá cuando el acreedor posterior sea un organismo público.

3.º En caso de pago por deudor solidario, por fiador o por avalista, la administración concursal procederá a reclasificar el crédito optando por la clasificación de inferior grado de entre las que correspondan al acreedor o al deudor solidario, al fiador o al avalista que hubiera pagado.

4.º En el supuesto en que el acreedor posterior fuera una persona especialmente relacionada con el concursado, la administración concursal procederá a reclasificar el crédito optando por la clasificación de inferior grado de entre las que correspondan al acreedor o a dicha persona especialmente relacionada con el concursado.

ART. 311. Procedimiento de modificación de la lista definitiva de acreedores.

1. Cuando la modificación de la lista definitiva sea consecuencia de una resolución judicial dictada en el concurso, la administración concursal modificará el texto definitivo de la lista de acreedores en cuanto tenga constancia de la misma.

2. En los demás casos, la modificación del texto definitivo de la lista de acreedores deberá solicitarse antes de que recaiga resolución por la que se apruebe el convenio o se presente en el juzgado el informe final de liquidación o la comunicación de insuficiencia de la masa activa para atender los créditos contra la masa.

A tal efecto los acreedores dirigirán a la administración concursal una solicitud con justificación de la modificación pretendida, así como de la concurrencia de alguna de las circunstancias previstas en este capítulo.

3. En el plazo de cinco días, la administración concursal informará por escrito al juez sobre la solicitud.

4. Si el informe fuera contrario a la modificación pretendida, el solicitante podrá promover incidente, dentro del plazo de diez días, para que se reconozca el crédito. Incoado el incidente, se estará a lo que se decida en el mismo. Si no lo promoviera en el plazo indicado, el juez rechazará la solicitud.

5. Si el informe fuera favorable a la modificación pretendida, se dará traslado del mismo, por término de diez días, a las partes personadas. Si no se efectuaran alegaciones o no fueran contrarias a la pretensión formulada, el juez acordará la modificación por medio de auto sin ulterior recurso. En otro caso, el juez resolverá, igualmente por medio de auto contra el que cabe interponer recurso de apelación.

ART. 312. Efectos de la modificación de la lista definitiva de acreedores.

1. La tramitación de la solicitud no impedirá la continuación de la fase de convenio o liquidación.

2. La modificación acordada no afectará a la validez del convenio que se hubiera podido alcanzar o de las operaciones de liquidación o pago realizadas antes de la presentación de la solicitud o tras ella hasta su introducción por resolución firme.

ART. 313. Medidas cautelares en orden a la modificación de la lista definitiva de acreedores.

Cuando estime probable la introducción de la modificación pretendida, el juez del concurso, a petición del solicitante, podrá adoptar las medidas cautelares que en cada caso considere oportunas para asegurar la efectividad de la resolución a dictar.

ART. 314. Ejecución provisional de la resolución judicial relativa a la modificación de la lista definitiva de acreedores.

El juez, a petición de parte, podrá acordar la ejecución provisional de la resolución relativa a la modificación de la lista definitiva de acreedores a fin de que:

1.º La modificación se admita provisionalmente, en todo o en parte, a los efectos del ejercicio de los derechos de adhesión y voto y para el cálculo de las mayorías necesarias para la aceptación de la propuesta de convenio.

2.º Los pagos a realizar tengan en cuenta las modificaciones pretendidas, quedando, no obstante, las cantidades correspondientes en la masa activa hasta que sea firme la resolución que decida sobre la modificación pretendida, salvo que garantice su devolución por aval o fianza suficiente.

TÍTULO VII
Del convenio

CAPÍTULO I
De la propuesta de convenio

Sección 1.ª De los proponentes

ART. 315. Autoría de la propuesta de convenio.

1. El deudor y los acreedores cuyos créditos superen una quinta parte de la masa pasiva podrán presentar propuesta de convenio en las condiciones de tiempo, forma y contenido establecidas en esta ley.

2. En ningún caso podrá presentarse propuesta de convenio si el concursado hubiera solicitado la liquidación de la masa activa.

ART. 316. Firma de la propuesta de convenio.

1. La propuesta de convenio se formulará por escrito y estará firmada por el deudor o por todos los acreedores proponentes, o por sus respectivos representantes con poder suficiente.

2. Cuando la propuesta contuviera compromisos a cargo de acreedores o de terceros para realizar pagos, prestar garantías o financiación o asumir cualquier otra obligación, deberá ir firmada, además, por los comprometientes o sus respectivos representantes con poder suficiente, incluso aunque la propuesta tuviera contenido alternativo o atribuya trato singular a los acreedores que acepten esas nuevas obligaciones.

3. Las firmas de la propuesta y, en su caso, la justificación de su carácter representativo, deberán estar legitimadas.

Ver arts. 1259 y 1262 CC.

Sección 2.ª Del contenido de la propuesta de convenio

Subsección 1.ª De las reglas generales sobre la propuesta de convenio

ART. 317. Contenido de la propuesta de convenio.

1. La propuesta de convenio deberá contener proposiciones de quita, de espera o de quita y espera. La espera no podrá ser superior a diez años.

2. La propuesta de convenio podrá contener, para todos o algunos acreedores o para determinadas clases de acreedores, con excepción de los acreedores públicos, cuantas proposiciones adicionales considere convenientes el proponente o proponentes sin más limitaciones que las establecidas por la ley.

3. En la propuesta de convenio podrá incluirse la modificación estructural de la persona jurídica concursada.

Apdo. 3 modificado por Real Decreto-ley 5/2023, de 28 de junio, por el que se adoptan y prorrogan determinadas medidas de respuesta a las consecuencias económicas y sociales de la Guerra de Ucrania, de apoyo a la reconstrucción de la isla de La Palma y a otras situaciones de vulnerabilidad; de transposición de Directivas de la Unión Europea en materia de modificaciones estructurales de sociedades mercantiles y conciliación de la vida familiar y la vida profesional de los progenitores y los cuidadores; y de ejecución y cumplimiento del Derecho de la Unión Europea. (BOE de 29-06-2023).

ART. 317 bis. Propuesta de convenio con modificación estructural.

1. En la propuesta de convenio podrá incluirse la modificación estructural de la persona jurídica concursada. En ese caso la propuesta deberá ser firmada, además, por los respectivos representantes, con poder suficiente, de la entidad o entidades que sean parte en cualquiera de esas modificaciones estructurales.

2. En ningún caso la sociedad transformada, la sociedad absorbente, la nueva sociedad, las sociedades beneficiarias de la escisión o la sociedad cesionaria pueden llegar a tener un patrimonio neto negativo como consecuencia de la modificación estructural.

Modificado por Real Decreto-ley 5/2023, de 28 de junio, por el que se adoptan y prorrogan determinadas medidas de respuesta a las consecuencias económicas y sociales de la Guerra de Ucrania, de apoyo a la reconstrucción de la isla de La Palma y a otras situaciones de vulnerabilidad; de transposición de Directivas de la Unión Europea en materia de modificaciones estructurales de sociedades mercantiles y conciliación de la vida familiar y la vida profesional de los progenitores y los cuidadores; y de ejecución y cumplimiento del Derecho de la Unión Europea. (BOE de 29-06-2023).

Añadido por Ley 16/2022, de 5 de septiembre, de reforma del texto refundido de la Ley Concursal, aprobado por el Real Decreto Legislativo 1/2020, de 5 de mayo, para la transposición de la Directiva (UE) 2019/1023 del Parlamento Europeo y del Consejo, de 20 de junio de 2019, sobre marcos de reestructuración preventiva, exoneración de deudas e inhabilitaciones, y sobre medidas para aumentar la eficiencia de los procedimientos de reestructuración, insolvencia y exoneración de deudas, y por la que se modifica la Directiva (UE) 2017/1132 del Parlamento Europeo y del Consejo, sobre determinados aspectos del Derecho de sociedades (Directiva sobre reestructuración e insolvencia). (BOE de 06-09-2022).

ART. 318. Prohibiciones.

1. En ningún caso la propuesta de convenio podrá suponer:

1.º La alteración de la cuantía de los créditos establecida por esta ley, sin perjuicio de los efectos de la quita o quitas que pudiera contener.

2.º La alteración de la clasificación de los créditos establecida por esta ley.

3.º La liquidación de la masa activa para la satisfacción de los créditos.

2. La propuesta de convenio no podrá suponer para los créditos de derecho público ni para los créditos laborales el cambio de la ley aplicable; el cambio de deudor, sin perjuicio de que un tercero asuma sin liberación de ese deudor la obligación de pago; la modificación o extinción de las garantías que tuvieren; o la conversión de los créditos en acciones o participaciones sociales, en créditos o préstamos participativos o en cualquier otro crédito de características o de rango distintos de aquellos que tuviere el crédito originario.

3. La propuesta de convenio no podrá suponer quita ni espera respecto de los créditos correspondientes a los porcentajes de las cuotas de la seguridad social a abonar por el empresario por contingencias comunes y por contingencias profesionales, así como res-

pecto de los créditos correspondientes a los porcentajes de la cuota del trabajador que se refieran a contingencias comunes o accidentes de trabajo y enfermedad profesional.

Modificado por Ley 16/2022, de 5 de septiembre, de reforma del texto refundido de la Ley Concursal, aprobado por el Real Decreto Legislativo 1/2020, de 5 de mayo, para la transposición de la Directiva (UE) 2019/1023 del Parlamento Europeo y del Consejo, de 20 de junio de 2019, sobre marcos de reestructuración preventiva, exoneración de deudas e inhabilitaciones, y sobre medidas para aumentar la eficiencia de los procedimientos de reestructuración, insolvencia y exoneración de deudas, y por la que se modifica la Directiva (UE) 2017/1132 del Parlamento Europeo y del Consejo, sobre determinados aspectos del Derecho de sociedades (Directiva sobre reestructuración e insolvencia). (BOE de 06-09-2022).

ART. 319. Propuestas condicionadas.

1. La propuesta que someta la eficacia del convenio a cualquier clase de condición se tendrá por no presentada.

2. Por excepción a lo dispuesto en el apartado anterior, en caso de concursos conexos, la propuesta que presente uno de los concursados podrá condicionarse a que en otro u otros adquiera eficacia un convenio con un contenido determinado.

ART. 320. Propuesta con cláusula de intereses.

Cuando la propuesta de convenio no contenga proposiciones de quita podrá incluir el pago, total o parcial, de los intereses cuyo devengo hubiese quedado suspendido por efecto de la declaración de concurso, calculados al tipo legal o, si fuera menor, al convencional.

ART. 321. Propuesta con limitación de facultades.

1. La propuesta de convenio podrá contener medidas prohibitivas o limitativas del ejercicio por el deudor de las facultades de administración y de disposición, durante el periodo de cumplimiento del convenio, sobre bienes y derechos de la masa activa.

2. Las medidas prohibitivas o limitativas serán inscribibles en los registros públicos correspondientes y, en particular, en los que figuren inscritos los bienes o derechos afectados por ellas.

Segundo párrafo del apdo. 2 se suprime por Ley 16/2022, de 5 de septiembre, de reforma del texto refundido de la Ley Concursal, aprobado por el Real Decreto Legislativo 1/2020, de 5 de mayo, para la transposición de la Directiva (UE) 2019/1023 del Parlamento Europeo y del Consejo, de 20 de junio de 2019, sobre marcos de reestructuración preventiva, exoneración de deudas e inhabilitaciones, y sobre medidas para aumentar la eficiencia de los procedimientos de reestructuración, insolvencia y exoneración de deudas, y por la que se modifica la Directiva (UE) 2017/1132 del Parlamento Europeo y del Consejo, sobre determinados aspectos del Derecho de sociedades (Directiva sobre reestructuración e insolvencia). (BOE de 06-09-2022).

ART. 322. Propuesta con atribución de funciones a la administración concursal durante el período de cumplimiento del convenio.

En la propuesta de convenio se podrá atribuir a cualquier miembro de la administración concursal o al auxiliar delegado, con el previo consentimiento del interesado o interesados, el ejercicio de funciones determinadas durante el período de cumplimiento del convenio, fijando la remuneración que se considere oportuna.

ART. 323. Propuesta de convenio con previsiones para la realización de bienes o derechos afectos a créditos con privilegio especial.

1. La propuesta de convenio podrá contener previsiones para la enajenación de bienes o derechos afectos a créditos con privilegio especial, que deberán atenerse a los modos de realización y reglas establecidos al efecto en esta ley.

2. El acreedor privilegiado sujeto al convenio deberá recibir el importe que resulte de la realización del bien o derecho en cantidad que no exceda de la deuda originaria en los términos que resulten de las previsiones del convenio. Si hubiera remanente, corresponderá a la masa activa.

3. Si con dicha realización no se consiguiese la completa satisfacción del crédito en los términos que resulten de las previsiones del convenio, el resto será tratado con la clasificación que le corresponda.

Subsección 2.ª De la propuesta de convenio con asunción

ART. 324. La propuesta de convenio con asunción.

1. La propuesta de convenio podrá consistir en la adquisición por una persona natural o jurídica, determinada en la propia propuesta, bien del conjunto de bienes y derechos de la masa activa afectos a la actividad profesional o empresarial del concursado, bien de determinadas unidades productivas, con asunción por el adquirente del compromiso de continuidad de esa actividad durante el tiempo mínimo que se establezca en la propuesta, y de la obligación de pago, total o parcial, de todos o de algunos de los créditos concursales.

2. La transmisión de la unidad o de las unidades productivas al adquirente determinado en la propuesta de convenio estará sometida a las reglas especiales establecidas en esta ley para esta clase de transmisiones.

Subsección 3.ª Del contenido alternativo de la propuesta de convenio

ART. 325. Propuesta de convenio con contenido alternativo.

Además de una proposición de quita, de espera o de quita y espera, la propuesta de convenio podrá contener cualesquiera otras alternativas para todos o algunos créditos o clases de créditos, sin más limitaciones que las establecidas por la ley, que en ningún caso afectarán a los acreedores públicos.

ART. 326. Facultad de elección.

1. En la propuesta de convenio con contenido alternativo deberá determinarse el plazo para el ejercicio de la facultad de elección, así como la alternativa aplicable en caso de falta de ejercicio de esa facultad.

2. El plazo para el ejercicio de la facultad de elección no podrá ser superior a un mes a contar desde la fecha de la firmeza de la resolución judicial que apruebe el convenio.

ART. 327. Propuesta de convenio con conversión de créditos.

En la propuesta de convenio de contenido alternativo se podrá incluir como una de las alternativas la conversión de los créditos en acciones, participaciones o cuotas o en obligaciones convertibles de la propia sociedad concursada o de otra sociedad, o la conversión de los créditos en créditos participativos por período no superior a diez años, en créditos subordinados, en créditos con intereses capitalizables o en cualquier otro instrumento financiero con características, rango o vencimiento distintos de aquellos que tuvieran los créditos originarios.

Apdo. 2 se suprime y se quita numeración del apdo. 1 por Ley 16/2022, de 5 de septiembre, de reforma del texto refundido de la Ley Concursal, aprobado por el Real Decreto Legislativo 1/2020, de 5 de mayo, para la transposición de la Directiva (UE) 2019/1023 del Parlamento Europeo y del Consejo, de 20 de junio de 2019, sobre marcos de reestructuración preventiva, exoneración de deudas e inhabilitaciones, y sobre medidas para aumentar la eficiencia de los procedimientos de reestructuración, insolvencia y exoneración de deudas, y por la que se modifica la Directiva (UE) 2017/1132 del Parlamento Europeo y del Consejo, sobre determinados aspectos del Derecho de sociedades (Directiva sobre reestructuración e insolvencia). (BOE de 06-09-2022).

ART. 328. Propuesta de convenio con conversión de créditos en acciones o participaciones sociales.

1. La conversión de créditos en acciones o participaciones sociales, con o sin prima, podrá realizarse aunque los créditos a compensar no sean líquidos, no estén vencidos o no sean exigibles.

2. Para la adopción por la junta general de socios del acuerdo de aumentar el capital social por conversión de créditos concursales en acciones o participaciones de la sociedad concursada no será necesaria la mayoría reforzada establecida por la ley o por los estatutos sociales.

ART. 329. Propuesta de convenio con cesión en pago.

1. En la propuesta de convenio de contenido alternativo se podrá incluir como una de esas alternativas la cesión en pago de bienes o derechos de la masa activa a los acreedores.

2. Los bienes o derechos de la masa activa objeto de cesión en pago no podrán ser los necesarios para la continuación de la actividad profesional o empresarial del concursado.

3. En la propuesta deberá determinarse, conforme a lo establecido en esta ley, cuál es el valor razonable de los bienes o derechos objeto de cesión.

4. El valor de los bienes y derechos objeto de cesión deberá ser igual o inferior al importe de los créditos que se extinguen. Si fuere superior, la diferencia se deberá integrar por el cesionario o cesionarios en la masa activa.

5. En ningún caso se impondrá la cesión en pago a los acreedores públicos.

ART. 330. Propuesta de convenio con cesión de las acciones o de los efectos de la reintegración.

En la propuesta de convenio de contenido alternativo se podrá incluir como una de esas alternativas la cesión a uno o a varios acreedores o clases de acreedores de las acciones de reintegración de la masa activa.

Sección 3.ª Del plan de pagos y del plan de viabilidad

ART. 331. El plan de pagos.

1. Las propuestas de convenio deberán presentarse acompañadas de un plan de pagos.

2. En el plan de pagos se determinarán, además, los recursos previstos para su cumplimiento, incluidos, en su caso, los procedentes de la enajenación de determinados bienes o derechos de la masa activa.

ART. 332. El plan de viabilidad.

1. Cuando para el cumplimiento del convenio se prevea contar con los recursos que genere la continuación, total o parcial, del ejercicio de la actividad profesional o empresarial, la propuesta deberá ir acompañada, además del plan de pagos, de un plan de viabilidad en el que se especifiquen los recursos necesarios, los medios y condiciones de su obtención y, en su caso, los compromisos de su prestación por terceros.

2. Los créditos comprometidos por acreedores o terceros que se concedan al concursado para financiar la continuidad de la actividad se satisfarán en los términos fijados en el propio convenio.

CAPÍTULO II
De la presentación de la propuesta y de la admisión a trámite

Sección 1.ª Del momento de presentación de la propuesta

ARTS. 333 A 336.

(SUPRIMIDOS)

Suprimidos por Ley 16/2022, de 5 de septiembre, de reforma del texto refundido de la Ley Concursal, aprobado por el Real Decreto Legislativo 1/2020, de 5 de mayo, para la transposición de la Directiva (UE) 2019/1023 del Parlamento Europeo y del Consejo, de 20 de junio de 2019, sobre marcos de reestructuración preventiva, exoneración de deudas e inhabilitaciones, y sobre medidas para aumentar la eficiencia de los procedimientos de reestructuración, insolvencia y exoneración de deudas, y por el que se modifica la Directiva (UE) 2017/1132 del Parlamento Europeo y del Consejo, sobre determinados aspectos del Derecho de sociedades (Directiva sobre reestructuración e insolvencia). (BOE de 06-09-2022).

ART. 337. Presentación de la propuesta de convenio por el concursado.

El concursado podrá presentar propuesta de convenio, acompañada o no de las adhesiones que considere conveniente, junto con la solicitud de declaración de concurso o en cualquier momento posterior siempre que no hayan transcurrido quince días a contar desde la presentación del informe de la administración concursal.

Modificado por Ley 16/2022, de 5 de septiembre, de reforma del texto refundido de la Ley Concursal, aprobado por el Real Decreto Legislativo 1/2020, de 5 de mayo, para la transposición de la Directiva (UE) 2019/1023 del Parlamento Europeo y del Consejo, de 20 de junio de 2019, sobre marcos de reestructura-

ción preventiva, exoneración de deudas e inhabilitaciones, y sobre medidas para aumentar la eficiencia de los procedimientos de reestructuración, insolvencia y exoneración de deudas, y por la que se modifica la Directiva (UE) 2017/1132 del Parlamento Europeo y del Consejo, sobre determinados aspectos del Derecho de sociedades (Directiva sobre reestructuración e insolvencia). (BOE de 06-09-2022).

ART. 338. Presentación de la propuesta de convenio por los acreedores.

1. Desde la declaración de concurso hasta que finalice el plazo establecido en el artículo anterior, el acreedor o acreedores personados cuyos créditos, individual o conjuntamente, superen una quinta parte del total pasivo podrán presentar propuesta de convenio.

2. Si la propuesta se presenta antes de que la administración concursal hubiera presentado la lista provisional de acreedores, ese porcentaje se calculará por la lista que el deudor hubiera acompañado a la solicitud o, en caso de concurso necesario, por la que hubiera presentado, una vez declarado el concurso, dentro del plazo establecido por la ley. Si la propuesta de convenio se presenta después de la presentación de la lista provisional de acreedores, se estará lo que resulte de esta lista.

Modificado por Ley 16/2022, de 5 de septiembre, de reforma del texto refundido de la Ley Concursal, aprobado por el Real Decreto Legislativo 1/2020, de 5 de mayo, para la transposición de la Directiva (UE) 2019/1023 del Parlamento Europeo y del Consejo, de 20 de junio de 2019, sobre marcos de reestructuración preventiva, exoneración de deudas e inhabilitaciones, y sobre medidas para aumentar la eficiencia de los procedimientos de reestructuración, insolvencia y exoneración de deudas, y por la que se modifica la Directiva (UE) 2017/1132 del Parlamento Europeo y del Consejo, sobre determinados aspectos del Derecho de sociedades (Directiva sobre reestructuración e insolvencia). (BOE de 06-09-2022).

ART. 339. Efectos de la no admisión a trámite de las propuestas de convenio.

Si la propuesta o propuestas presentadas no se hubieran admitido a trámite, el juez acordará de oficio, mediante auto, la apertura de la liquidación el mismo día en que hubiera tenido lugar esa inadmisión.

Modificado por Ley 16/2022, de 5 de septiembre, de reforma del texto refundido de la Ley Concursal, aprobado por el Real Decreto Legislativo 1/2020, de 5 de mayo, para la transposición de la Directiva (UE) 2019/1023 del Parlamento Europeo y del Consejo, de 20 de junio de 2019, sobre marcos de reestructuración preventiva, exoneración de deudas e inhabilitaciones, y sobre medidas para aumentar la eficiencia de los procedimientos de reestructuración, insolvencia y exoneración de deudas, y por la que se modifica la Directiva (UE) 2017/1132 del Parlamento Europeo y del Consejo, sobre determinados aspectos del Derecho de sociedades (Directiva sobre reestructuración e insolvencia). (BOE de 06-09-2022).

ART. 340. Efectos de la falta de presentación de propuestas de convenio.

Dentro de los tres días siguientes al de la finalización del plazo para la presentación sin que se hubiera presentado propuesta de convenio, el juez, de oficio, acordará mediante auto la apertura de la fase de liquidación.

Modificado por Ley 16/2022, de 5 de septiembre, de reforma del texto refundido de la Ley Concursal, aprobado por el Real Decreto Legislativo 1/2020, de 5 de mayo, para la transposición de la Directiva (UE) 2019/1023 del Parlamento Europeo y del Consejo, de 20 de junio de 2019, sobre marcos de reestructuración preventiva, exoneración de deudas e inhabilitaciones, y sobre medidas para aumentar la eficiencia de los procedimientos de reestructuración, insolvencia y exoneración de deudas, y por la que se modifica la Directiva (UE) 2017/1132 del Parlamento Europeo y del Consejo, sobre determinados aspectos del Derecho de sociedades (Directiva sobre reestructuración e insolvencia). (BOE de 06-09-2022).

Sección 2.ª De la admisión a trámite de la propuesta de convenio

ART. 341. Traslado de la propuesta de convenio.

1. El letrado de la Administración de Justicia dará traslado de la propuesta o propuestas presentadas a las partes personadas en el procedimiento.

2. El traslado de la propuesta o propuestas no procederá a aquellos acreedores que se hubieran adherido a la misma.

Modificado por Ley 16/2022, de 5 de septiembre, de reforma del texto refundido de la Ley Concursal, aprobado por el Real Decreto Legislativo 1/2020, de 5 de mayo, para la transposición de la Directiva (UE) 2019/1023 del Parlamento Europeo y del Consejo, de 20 de junio de 2019, sobre marcos de reestructura-

ción preventiva, exoneración de deudas e inhabilitaciones, y sobre medidas para aumentar la eficiencia de los procedimientos de reestructuración, insolvencia y exoneración de deudas, y por la que se modifica la Directiva (UE) 2017/1132 del Parlamento Europeo y del Consejo, sobre determinados aspectos del Derecho de sociedades (Directiva sobre reestructuración e insolvencia). (BOE de 06-09-2022).

ART. 342. Admisión a trámite de la propuesta de convenio.

1. El juez admitirá a trámite la propuesta o las propuestas de convenio si cumplieran las condiciones de tiempo, forma y contenido establecidas en esta ley.

2. Si la propuesta de convenio previera la adquisición por un tercero bien del conjunto de bienes y derechos de la masa activa afectos a la actividad profesional o empresarial del concursado, bien de determinadas unidades productivas, con asunción por el adquirente del compromiso de continuidad de esa actividad, no podrá admitirse a trámite sin la previa audiencia de los representantes de los trabajadores.

3. Si el concursado hubiera solicitado la liquidación, no procederá la admisión a trámite de la propuesta o propuestas que se hubieran presentado.

ART. 343. Forma y momento de la admisión a trámite.

1. Cuando la propuesta de convenio se hubiera presentado con la solicitud de concurso voluntario, el juez resolverá sobre su admisión a trámite en el mismo auto de declaración de concurso.

2. Cuando la propuesta de convenio se hubiera presentado después de la declaración de concurso, el juez resolverá sobre su admisión a trámite mediante auto, que dictará dentro de los tres días siguientes al de la presentación.

Modificado por Ley 16/2022, de 5 de septiembre, de reforma del texto refundido de la Ley Concursal, aprobado por el Real Decreto Legislativo 1/2020, de 5 de mayo, para la transposición de la Directiva (UE) 2019/1023 del Parlamento Europeo y del Consejo, de 20 de junio de 2019, sobre marcos de reestructuración preventiva, exoneración de deudas e inhabilitaciones, y sobre medidas para aumentar la eficiencia de los procedimientos de reestructuración, insolvencia y exoneración de deudas, y por la que se modifica la Directiva (UE) 2017/1132 del Parlamento Europeo y del Consejo, sobre determinados aspectos del Derecho de sociedades (Directiva sobre reestructuración e insolvencia). (BOE de 06-09-2022).

ART. 344. Defectos de la propuesta de convenio.

De apreciar algún defecto en la propuesta o propuestas de convenio presentadas, el juez, dentro del mismo plazo establecido para la admisión a trámite, dispondrá que se notifique al concursado y, en su caso, a los acreedores para que dentro de los tres días siguientes al de la notificación puedan subsanarlo.

Apdo. 2 se suprime y apdo. 1 se deja sin numeración por Ley 16/2022, de 5 de septiembre, de reforma del texto refundido de la Ley Concursal, aprobado por el Real Decreto Legislativo 1/2020, de 5 de mayo, para la transposición de la Directiva (UE) 2019/1023 del Parlamento Europeo y del Consejo, de 20 de junio de 2019, sobre marcos de reestructuración preventiva, exoneración de deudas e inhabilitaciones, y sobre medidas para aumentar la eficiencia de los procedimientos de reestructuración, insolvencia y exoneración de deudas, y por la que se modifica la Directiva (UE) 2017/1132 del Parlamento Europeo y del Consejo, sobre determinados aspectos del Derecho de sociedades (Directiva sobre reestructuración e insolvencia). (BOE de 06-09-2022).

ART. 345. Recursos.

Contra el pronunciamiento judicial que resolviere sobre la admisión a trámite de cualquier propuesta de convenio solo podrá interponerse recurso de reposición. Contra el auto resolutorio del recurso de reposición no cabrá recurso alguno.

Modificado por Ley 16/2022, de 5 de septiembre, de reforma del texto refundido de la Ley Concursal, aprobado por el Real Decreto Legislativo 1/2020, de 5 de mayo, para la transposición de la Directiva (UE) 2019/1023 del Parlamento Europeo y del Consejo, de 20 de junio de 2019, sobre marcos de reestructuración preventiva, exoneración de deudas e inhabilitaciones, y sobre medidas para aumentar la eficiencia de los procedimientos de reestructuración, insolvencia y exoneración de deudas, y por la que se modifica la Directiva (UE) 2017/1132 del Parlamento Europeo y del Consejo, sobre determinados aspectos del Derecho de sociedades (Directiva sobre reestructuración e insolvencia). (BOE de 06-09-2022).

ART. 346. Prohibición de modificar o revocar la propuesta de convenio.

Las propuestas de convenio no podrán modificarse ni revocarse una vez hayan sido admitidas a trámite, pero el concursado podrá dejarlas sin efecto en cualquier momento mediante la solicitud de la liquidación de la masa activa.

Modificado por Ley 16/2022, de 5 de septiembre, de reforma del texto refundido de la Ley Concursal, aprobado por el Real Decreto Legislativo 1/2020, de 5 de mayo, para la transposición de la Directiva (UE) 2019/1023 del Parlamento Europeo y del Consejo, de 20 de junio de 2019, sobre marcos de reestructuración preventiva, exoneración de deudas e inhabilitaciones, y sobre medidas para aumentar la eficiencia de los procedimientos de reestructuración, insolvencia y exoneración de deudas, y por la que se modifica la Directiva (UE) 2017/1132 del Parlamento Europeo y del Consejo, sobre determinados aspectos del Derecho de sociedades (Directiva sobre reestructuración e insolvencia). (BOE de 06-09-2022).

CAPÍTULO III
De la evaluación de la propuesta de convenio

ART. 347. Evaluación de la propuesta de convenio por la administración concursal.

En la resolución que admita a trámite cualquier propuesta de convenio se acordará dar traslado de la misma a la administración concursal para que, en el plazo improrrogable de diez días, presente evaluación de la propuesta.

Apdo. 2 se suprime y apdo. 1 se deja sin numeración por Ley 16/2022, de 5 de septiembre, de reforma del texto refundido de la Ley Concursal, aprobado por el Real Decreto Legislativo 1/2020, de 5 de mayo, para la transposición de la Directiva (UE) 2019/1023 del Parlamento Europeo y del Consejo, de 20 de junio de 2019, sobre marcos de reestructuración preventiva, exoneración de deudas e inhabilitaciones, y sobre medidas para aumentar la eficiencia de los procedimientos de reestructuración, insolvencia y exoneración de deudas, y por la que se modifica la Directiva (UE) 2017/1132 del Parlamento Europeo y del Consejo, sobre determinados aspectos del Derecho de sociedades (Directiva sobre reestructuración e insolvencia). (BOE de 06-09-2022).

ART. 348. Contenido de la evaluación de la propuesta de convenio.

1. La administración concursal evaluará el contenido de la propuesta de convenio en relación con el plan de pagos y, en su caso, con el plan de viabilidad que la acompañe.

2. La evaluación deberá contener necesariamente un juicio favorable, con o sin reservas, o desfavorable, acerca de la viabilidad del cumplimiento del convenio propuesto.

ART. 349. Comunicación de la evaluación a los acreedores.

1. La administración concursal comunicará de forma telemática la evaluación a los acreedores de cuya dirección electrónica tenga conocimiento.

2. La evaluación realizada antes de la presentación del informe de la administración concursal se unirá a este y la realizada con posterioridad se pondrá de manifiesto en la oficina judicial desde el mismo día de su presentación.

ART. 350. Evaluación desfavorable o con reservas de la propuesta anticipada de convenio.

(SUPRIMIDO)

Suprimido por Ley 16/2022, de 5 de septiembre, de reforma del texto refundido de la Ley Concursal, aprobado por el Real Decreto Legislativo 1/2020, de 5 de mayo, para la transposición de la Directiva (UE) 2019/1023 del Parlamento Europeo y del Consejo, de 20 de junio de 2019, sobre marcos de reestructuración preventiva, exoneración de deudas e inhabilitaciones, y sobre medidas para aumentar la eficiencia de los procedimientos de reestructuración, insolvencia y exoneración de deudas, y por la que se modifica la Directiva (UE) 2017/1132 del Parlamento Europeo y del Consejo, sobre determinados aspectos del Derecho de sociedades (Directiva sobre reestructuración e insolvencia). (BOE de 06-09-2022).

CAPÍTULO IV
De la aceptación de la propuesta de convenio

Rúbrica modificada por Ley 16/2022, de 5 de septiembre, de reforma del texto refundido de la Ley Concursal, aprobado por el Real Decreto Legislativo 1/2020, de 5 de mayo, para la transposición de la Directiva (UE) 2019/1023 del Parlamento Europeo y del Consejo, de 20 de junio de 2019, sobre marcos de reestructuración preventiva, exoneración de deudas e inhabilitaciones, y sobre medidas para aumentar la eficiencia de los procedimientos de reestructuración, insolvencia y exoneración de deudas, y por la que se modifica la Directiva (UE) 2017/1132 del Parlamento Europeo y del Consejo, sobre determinados aspectos del Derecho de sociedades (Directiva sobre reestructuración e insolvencia). (BOE de 06-09-2022).

Sección 1.ª De la adhesión de los acreedores

Rúbrica modificada por Ley 16/2022, de 5 de septiembre, de reforma del texto refundido de la Ley Concursal, aprobado por el Real Decreto Legislativo 1/2020, de 5 de mayo, para la transposición de la Directiva (UE) 2019/1023 del Parlamento Europeo y del Consejo, de 20 de junio de 2019, sobre marcos de reestructuración preventiva, exoneración de deudas e inhabilitaciones, y sobre medidas para aumentar la eficiencia de los procedimientos de reestructuración, insolvencia y exoneración de deudas, y por la que se modifica la Directiva (UE) 2017/1132 del Parlamento Europeo y del Consejo, sobre determinados aspectos del Derecho de sociedades (Directiva sobre reestructuración e insolvencia). (BOE de 06-09-2022).

ART. 351. Adhesión u oposición.

1. Los acreedores podrán aceptar cualquier propuesta de convenio mediante la adhesión a la misma dentro de los plazos y con los efectos establecidos en esta ley.

2. En caso de existir más de una propuesta de convenio, el acreedor podrá adherirse a una sola, a varias o a todas las presentadas expresando en esos casos el orden en el que debe computarse la adhesión. De no indicar el orden se considerará que opta por el orden legal de verificación de las propuestas.

3. Los acreedores podrán oponerse a cualquier propuesta de convenio dentro de los plazos y con los efectos establecidos en esta ley.

Modificado por Ley 16/2022, de 5 de septiembre, de reforma del texto refundido de la Ley Concursal, aprobado por el Real Decreto Legislativo 1/2020, de 5 de mayo, para la transposición de la Directiva (UE) 2019/1023 del Parlamento Europeo y del Consejo, de 20 de junio de 2019, sobre marcos de reestructuración preventiva, exoneración de deudas e inhabilitaciones, y sobre medidas para aumentar la eficiencia de los procedimientos de reestructuración, insolvencia y exoneración de deudas, y por la que se modifica la Directiva (UE) 2017/1132 del Parlamento Europeo y del Consejo, sobre determinados aspectos del Derecho de sociedades (Directiva sobre reestructuración e insolvencia). (BOE de 06-09-2022).

ART. 352. Acreedores sin derecho de adhesión.

1. Los titulares de créditos subordinados no tendrán derecho de adhesión a la propuesta de convenio, así como tampoco las personas especialmente relacionadas con el concursado que hubiesen adquirido un crédito ordinario o privilegiado por actos entre vivos después de la declaración de concurso.

2. Los acreedores a que se refiere el apartado anterior podrán adherirse a la propuesta de convenio por los demás créditos de que fueran titulares.

Modificado por Ley 16/2022, de 5 de septiembre, de reforma del texto refundido de la Ley Concursal, aprobado por el Real Decreto Legislativo 1/2020, de 5 de mayo, para la transposición de la Directiva (UE) 2019/1023 del Parlamento Europeo y del Consejo, de 20 de junio de 2019, sobre marcos de reestructuración preventiva, exoneración de deudas e inhabilitaciones, y sobre medidas para aumentar la eficiencia de los procedimientos de reestructuración, insolvencia y exoneración de deudas, y por la que se modifica la Directiva (UE) 2017/1132 del Parlamento Europeo y del Consejo, sobre determinados aspectos del Derecho de sociedades (Directiva sobre reestructuración e insolvencia). (BOE de 06-09-2022).

ART. 353. Acreedores sindicados.

En caso de créditos que, tras la declaración del concurso, continúen sujetos a un régimen o pacto de sindicación, se considerará que los titulares de esos créditos se adhieren a la propuesta de convenio cuando la suma de las adhesiones represente, al menos, el setenta y cinco por ciento de los créditos sindicados, salvo que en el régimen o el pacto de sindicación se hubiera establecido una mayoría inferior.

Modificado por Ley 16/2022, de 5 de septiembre, de reforma del texto refundido de la Ley Concursal, aprobado por el Real Decreto Legislativo 1/2020, de 5 de mayo, para la transposición de la Directiva (UE) 2019/1023 del Parlamento Europeo y del Consejo, de 20 de junio de 2019, sobre marcos de reestructuración preventiva, exoneración de deudas e inhabilitaciones, y sobre medidas para aumentar la eficiencia de los procedimientos de reestructuración, insolvencia y exoneración de deudas, y por la que se modifica la Directiva (UE) 2017/1132 del Parlamento Europeo y del Consejo, sobre determinados aspectos del Derecho de sociedades (Directiva sobre reestructuración e insolvencia). (BOE de 06-09-2022).

ART. 354. Contenido de la adhesión.

1. En la adhesión a la propuesta de convenio el acreedor expresará el importe del crédito o de los créditos de que fuera titular con los que se adhiere, así como su clase. Si la adhesión tuviere lugar antes de la presentación de la lista de acreedores, el importe y clase deberán ser los que se hubieran comunicado a la administración concursal. Si la adhesión tuviera lugar después, el importe y la clase deberán ser los que figuren en esa lista.

2. La adhesión a la propuesta de convenio será pura y simple, sin introducir modificación ni condicionamiento alguno. En otro caso, se tendrá al acreedor por no adherido.

Modificado por Ley 16/2022, de 5 de septiembre, de reforma del texto refundido de la Ley Concursal, aprobado por el Real Decreto Legislativo 1/2020, de 5 de mayo, para la transposición de la Directiva (UE) 2019/1023 del Parlamento Europeo y del Consejo, de 20 de junio de 2019, sobre marcos de reestructuración preventiva, exoneración de deudas e inhabilitaciones, y sobre medidas para aumentar la eficiencia de los procedimientos de reestructuración, insolvencia y exoneración de deudas, y por la que se modifica la Directiva (UE) 2017/1132 del Parlamento Europeo y del Consejo, sobre determinados aspectos del Derecho de sociedades (Directiva sobre reestructuración e insolvencia). (BOE de 06-09-2022).

ART. 355. Formas de adhesión y de oposición.

La adhesión o la oposición a la propuesta de convenio habrá de efectuarse por escrito con firma ológrafa o electrónica basada en un certificado cualificado que se entregará o remitirá a la administración concursal con acreditación de la identidad del firmante y, en su caso, de las facultades representativas que tuviere.

Modificado por Ley 16/2022, de 5 de septiembre, de reforma del texto refundido de la Ley Concursal, aprobado por el Real Decreto Legislativo 1/2020, de 5 de mayo, para la transposición de la Directiva (UE) 2019/1023 del Parlamento Europeo y del Consejo, de 20 de junio de 2019, sobre marcos de reestructuración preventiva, exoneración de deudas e inhabilitaciones, y sobre medidas para aumentar la eficiencia de los procedimientos de reestructuración, insolvencia y exoneración de deudas, y por la que se modifica la Directiva (UE) 2017/1132 del Parlamento Europeo y del Consejo, sobre determinados aspectos del Derecho de sociedades (Directiva sobre reestructuración e insolvencia). (BOE de 06-09-2022).

ART. 356. Acreedores con créditos de distinta clase.

En el caso de que un acreedor sea simultáneamente titular de créditos privilegiados y ordinarios, la adhesión se presumirá realizada respecto de los ordinarios, y solo afectará a los créditos privilegiados si así se hubiera manifestado expresamente en el acto de adhesión.

Modificado por Ley 16/2022, de 5 de septiembre, de reforma del texto refundido de la Ley Concursal, aprobado por el Real Decreto Legislativo 1/2020, de 5 de mayo, para la transposición de la Directiva (UE) 2019/1023 del Parlamento Europeo y del Consejo, de 20 de junio de 2019, sobre marcos de reestructuración preventiva, exoneración de deudas e inhabilitaciones, y sobre medidas para aumentar la eficiencia de los procedimientos de reestructuración, insolvencia y exoneración de deudas, y por la que se modifica la Directiva (UE) 2017/1132 del Parlamento Europeo y del Consejo, sobre determinados aspectos del Derecho de sociedades (Directiva sobre reestructuración e insolvencia). (BOE de 06-09-2022).

ART. 357. Adhesión de acreedores públicos.

La adhesión a la propuesta de convenio por parte de los titulares de créditos públicos se realizará conforme a las normas legales y reglamentarlas especiales que resulten aplicables.

Modificado por Ley 16/2022, de 5 de septiembre, de reforma del texto refundido de la Ley Concursal, aprobado por el Real Decreto Legislativo 1/2020, de 5 de mayo, para la transposición de la Directiva (UE)

2019/1023 del Parlamento Europeo y del Consejo, de 20 de junio de 2019, sobre marcos de reestructuración preventiva, exoneración de deudas e inhabilitaciones, y sobre medidas para aumentar la eficiencia de los procedimientos de reestructuración, insolvencia y exoneración de deudas, y por la que se modifica la Directiva (UE) 2017/1132 del Parlamento Europeo y del Consejo, sobre determinados aspectos del Derecho de sociedades (Directiva sobre reestructuración e insolvencia). (BOE de 06-09-2022).

ART. 358. Plazo de adhesión o de oposición.

1. Los acreedores podrán adherirse u oponerse a la propuesta o propuestas de convenio durante los dos meses siguientes a contar desde la fecha de la admisión a trámite de cada una de ellas. Si el término final venciera después del plazo legal para la presentación de la lista provisional de acreedores por la administración concursal, el plazo para la adhesión o la oposición se prorrogará automáticamente hasta los quince días siguientes a la fecha de presentación de la lista provisional.

2. Si las adhesiones presentadas fueran suficientes para considerar aceptada la propuesta de convenio presentada por el concursado, podrá este dar por finalizado en cualquier momento el periodo de adhesiones mediante simple comunicación al juzgado, aunque no hubiera finalizado el plazo de adhesión de otra u otras que hubieran presentado los acreedores.

3. Siempre que exista causa justificada y conste suficientemente acreditada, el juez del concurso podrá conceder, a instancias del deudor, una prórroga del plazo para recoger adhesiones a la propuesta de convenio, que, en ningún caso, podrá exceder del plazo de dos meses a contar desde la finalización del plazo de adhesiones previsto en el apartado 1 de este artículo.

Modificado por Ley 16/2022, de 5 de septiembre, de reforma del texto refundido de la Ley Concursal, aprobado por el Real Decreto Legislativo 1/2020, de 5 de mayo, para la transposición de la Directiva (UE) 2019/1023 del Parlamento Europeo y del Consejo, de 20 de junio de 2019, sobre marcos de reestructuración preventiva, exoneración de deudas e inhabilitaciones, y sobre medidas para aumentar la eficiencia de los procedimientos de reestructuración, insolvencia y exoneración de deudas, y por la que se modifica la Directiva (UE) 2017/1132 del Parlamento Europeo y del Consejo, sobre determinados aspectos del Derecho de sociedades (Directiva sobre reestructuración e insolvencia). (BOE de 06-09-2022).

ART. 359. Aceptación de la propuesta de convenio por el concursado.

1. El concursado podrá aceptar la propuesta o propuestas de convenio presentada por los acreedores dentro del plazo para las adhesiones. La aceptación no supone revocación de la que el concursado hubiera presentado.

2. En defecto de aceptación, el convenio al que la propuesta o propuestas de los acreedores se refieran no podrá ser aprobado por el juez.

Modificado por Ley 16/2022, de 5 de septiembre, de reforma del texto refundido de la Ley Concursal, aprobado por el Real Decreto Legislativo 1/2020, de 5 de mayo, para la transposición de la Directiva (UE) 2019/1023 del Parlamento Europeo y del Consejo, de 20 de junio de 2019, sobre marcos de reestructuración preventiva, exoneración de deudas e inhabilitaciones, y sobre medidas para aumentar la eficiencia de los procedimientos de reestructuración, insolvencia y exoneración de deudas, y por la que se modifica la Directiva (UE) 2017/1132 del Parlamento Europeo y del Consejo, sobre determinados aspectos del Derecho de sociedades (Directiva sobre reestructuración e insolvencia). (BOE de 06-09-2022).

ART. 360. Revocación de la adhesión.

1. Las adhesiones que hubieran tenido lugar antes de la presentación de la lista provisional de acreedores por la administración concursal podrán revocarse dentro de los quince días siguientes a la fecha de la presentación de esa lista si el importe o la clase del crédito o créditos expresado en la adhesión no coincidiera con los que figuren en esa lista.

2. La revocación deberá realizarse mediante la misma forma utilizada para la adhesión.

3. Una vez aprobado el convenio, aunque la sentencia que recaiga en el incidente de impugnación modifique el importe o la clase del crédito, la adhesión efectuada en tiempo y forma no podrá ser revocada.

Modificado por Ley 16/2022, de 5 de septiembre, de reforma del texto refundido de la Ley Concursal, aprobado por el Real Decreto Legislativo 1/2020, de 5 de mayo, para la transposición de la Directiva (UE) 2019/1023 del Parlamento Europeo y del Consejo, de 20 de junio de 2019, sobre marcos de reestructuración preventiva, exoneración de deudas e inhabilitaciones, y sobre medidas para aumentar la eficiencia

de los procedimientos de reestructuración, insolvencia y exoneración de deudas, y por la que se modifica la Directiva (UE) 2017/1132 del Parlamento Europeo y del Consejo, sobre determinados aspectos del Derecho de sociedades (Directiva sobre reestructuración e insolvencia). (BOE de 06-09-2022).

ART. 361. Resultado de las adhesiones.

1. Al siguiente día hábil al del vencimiento del plazo de revocación, la administración concursal presentará al juzgado escrito haciendo constar el resultado de las adhesiones, acompañado de una relación de los créditos ordinarios o privilegiados adheridos, con expresión del importe total que representen, y de una relación de los que se hubieran opuesto, con expresión del importe total que representen, acompañadas de copia de los escritos de adhesión y de oposición.

2. El escrito en el que conste el resultado y las dos relaciones adjuntas se remitirán por el administrador concursal al concursado y a los acreedores de cuya dirección electrónica tenga conocimiento. Estos documentos y las copias de los escritos de adhesión y de oposición quedarán de manifiesto en la oficina judicial donde podrán ser examinados por quienes estén personados en el procedimiento.

Modificado por Ley 16/2022, de 5 de septiembre, de reforma del texto refundido de la Ley Concursal, aprobado por el Real Decreto Legislativo 1/2020, de 5 de mayo, para la transposición de la Directiva (UE) 2019/1023 del Parlamento Europeo y del Consejo, de 20 de junio de 2019, sobre marcos de reestructuración preventiva, exoneración de deudas e inhabilitaciones, y sobre medidas para aumentar la eficiencia de los procedimientos de reestructuración, insolvencia y exoneración de deudas, y por la que se modifica la Directiva (UE) 2017/1132 del Parlamento Europeo y del Consejo, sobre determinados aspectos del Derecho de sociedades (Directiva sobre reestructuración e insolvencia). (BOE de 06-09-2022).

ARTS. 362 A 375.

(SUPRIMIDOS)

Suprimidos por Ley 16/2022, de 5 de septiembre, de reforma del texto refundido de la Ley Concursal, aprobado por el Real Decreto Legislativo 1/2020, de 5 de mayo, para la transposición de la Directiva (UE) 2019/1023 del Parlamento Europeo y del Consejo, de 20 de junio de 2019, sobre marcos de reestructuración preventiva, exoneración de deudas e inhabilitaciones, y sobre medidas para aumentar la eficiencia de los procedimientos de reestructuración, insolvencia y exoneración de deudas, y por la que se modifica la Directiva (UE) 2017/1132 del Parlamento Europeo y del Consejo, sobre determinados aspectos del Derecho de sociedades (Directiva sobre reestructuración e insolvencia). (BOE de 06-09-2022).

Sección 2.ª De las mayorías del pasivo ordinario necesarias para la aceptación de la propuesta de convenio

Renumerada (anterior numeración era sección 5.ª) por Ley 16/2022, de 5 de septiembre, de reforma del texto refundido de la Ley Concursal, aprobado por el Real Decreto Legislativo 1/2020, de 5 de mayo, para la transposición de la Directiva (UE) 2019/1023 del Parlamento Europeo y del Consejo, de 20 de junio de 2019, sobre marcos de reestructuración preventiva, exoneración de deudas e inhabilitaciones, y sobre medidas para aumentar la eficiencia de los procedimientos de reestructuración, insolvencia y exoneración de deudas, y por la que se modifica la Directiva (UE) 2017/1132 del Parlamento Europeo y del Consejo, sobre determinados aspectos del Derecho de sociedades (Directiva sobre reestructuración e insolvencia). (BOE de 06-09-2022).

ART. 376. Mayorías necesarias para la aceptación de propuestas de convenio.

1. Cuando la propuesta de convenio consista en el pago íntegro de los créditos ordinarios en plazo no superior a tres años o en el pago inmediato de los créditos ordinarios vencidos con quita inferior al veinte por ciento y el resto a su respectivo vencimiento, será necesario que el pasivo que representen los acreedores adheridos a la propuesta sea superior al pasivo de los acreedores que hubieran manifestado su oposición a la misma.

2. Cuando la propuesta de convenio contenga quitas iguales o inferiores a la mitad del importe del crédito, o esperas, ya sean de principal, de intereses o de cualquier otra cantidad adeudada, con un plazo no superior a cinco años, será necesario que el pasivo que representen los acreedores adheridos a la propuesta sea superior al cincuenta por ciento del pasivo ordinario.

3. Cuando la propuesta de convenio o alguna de las alternativas que contenga tuviera cualquier otro contenido, será necesario el sesenta y cinco por ciento del pasivo ordinario.

Modificado por Ley 16/2022, de 5 de septiembre, de reforma del texto refundido de la Ley Concursal, aprobado por el Real Decreto Legislativo 1/2020, de 5 de mayo, para la transposición de la Directiva (UE) 2019/1023 del Parlamento Europeo y del Consejo, de 20 de junio de 2019, sobre marcos de reestructuración preventiva, exoneración de deudas e inhabilitaciones, y sobre medidas para aumentar la eficiencia de los procedimientos de reestructuración, insolvencia y exoneración de deudas, y por la que se modifica la Directiva (UE) 2017/1132 del Parlamento Europeo y del Consejo, sobre determinados aspectos del Derecho de sociedades (Directiva sobre reestructuración e insolvencia). (BOE de 06-09-2022).

ART. 377. Regla de cómputo del pasivo ordinario.

A los efectos de la aceptación del convenio, se considerará pasivo ordinario la suma de los créditos ordinarios y de aquellos créditos privilegiados, especiales o generales, de los acreedores firmantes de la propuesta o que se hubieran adherido a ella.

Modificado por Ley 16/2022, de 5 de septiembre, de reforma del texto refundido de la Ley Concursal, aprobado por el Real Decreto Legislativo 1/2020, de 5 de mayo, para la transposición de la Directiva (UE) 2019/1023 del Parlamento Europeo y del Consejo, de 20 de junio de 2019, sobre marcos de reestructuración preventiva, exoneración de deudas e inhabilitaciones, y sobre medidas para aumentar la eficiencia de los procedimientos de reestructuración, insolvencia y exoneración de deudas, y por la que se modifica la Directiva (UE) 2017/1132 del Parlamento Europeo y del Consejo, sobre determinados aspectos del Derecho de sociedades (Directiva sobre reestructuración e insolvencia). (BOE de 06-09-2022).

ART. 378. Trato singular.

1. Para que se considere aceptada una propuesta de convenio que atribuya un trato singular a ciertos créditos o a grupos de créditos determinados por sus características será preciso, además de la obtención de la mayoría que corresponda, la adhesión, en la misma proporción, del pasivo no afectado por el trato singular.

2. A estos efectos, no se considerará que existe un trato singular cuando la propuesta de convenio mantenga a favor de los acreedores privilegiados que se adhieran a la propuesta las ventajas propias del privilegio de que gocen, siempre que esos acreedores queden sujetos a quita, espera o a ambas en la misma medida que los ordinarios.

3. Tampoco se considera como trato singular la aplicación de las prohibiciones del artículo 318.

Modificado por Ley 16/2022, de 5 de septiembre, de reforma del texto refundido de la Ley Concursal, aprobado por el Real Decreto Legislativo 1/2020, de 5 de mayo, para la transposición de la Directiva (UE) 2019/1023 del Parlamento Europeo y del Consejo, de 20 de junio de 2019, sobre marcos de reestructuración preventiva, exoneración de deudas e inhabilitaciones, y sobre medidas para aumentar la eficiencia de los procedimientos de reestructuración, insolvencia y exoneración de deudas, y por la que se modifica la Directiva (UE) 2017/1132 del Parlamento Europeo y del Consejo, sobre determinados aspectos del Derecho de sociedades (Directiva sobre reestructuración e insolvencia). (BOE de 06-09-2022).

Sección 3.ª De la determinación de la aceptación de la propuesta de convenio

Añadida por Ley 16/2022, de 5 de septiembre, de reforma del texto refundido de la Ley Concursal, aprobado por el Real Decreto Legislativo 1/2020, de 5 de mayo, para la transposición de la Directiva (UE) 2019/1023 del Parlamento Europeo y del Consejo, de 20 de junio de 2019, sobre marcos de reestructuración preventiva, exoneración de deudas e inhabilitaciones, y sobre medidas para aumentar la eficiencia de los procedimientos de reestructuración, insolvencia y exoneración de deudas, y por la que se modifica la Directiva (UE) 2017/1132 del Parlamento Europeo y del Consejo, sobre determinados aspectos del Derecho de sociedades (Directiva sobre reestructuración e insolvencia). (BOE de 06-09-2022).

ART. 379. Determinación de la aceptación de las propuestas.

1. El orden legal de verificación de las propuestas para determinar la aceptación de las mismas se iniciará por la presentada por el concursado. Si no resultara aceptada, se procederá a la determinación de la aceptación de las presentadas por los acreedores que hubieran sido aceptadas por el concursado por el orden que resulte de la cuantía mayor o menor del total de los créditos titulados por quienes las hubieran presentado.

2. Aceptada una propuesta no procederá computar el resultado de las siguientes.

Modificado por Ley 16/2022, de 5 de septiembre, de reforma del texto refundido de la Ley Concursal, aprobado por el Real Decreto Legislativo 1/2020, de 5 de mayo, para la transposición de la Directiva (UE) 2019/1023 del Parlamento Europeo y del Consejo, de 20 de junio de 2019, sobre marcos de reestructura-

ción preventiva, exoneración de deudas e inhabilitaciones, y sobre medidas para aumentar la eficiencia de los procedimientos de reestructuración, insolvencia y exoneración de deudas, y por la que se modifica la Directiva (UE) 2017/1132 del Parlamento Europeo y del Consejo, sobre determinados aspectos del Derecho de sociedades (Directiva sobre reestructuración e insolvencia). (BOE de 06-09-2022).

ART. 380. Proclamación del resultado.

Aceptada una propuesta de convenio por los acreedores ordinarios el letrado de la Administración de Justicia proclamará el resultado mediante decreto que dictará dentro de los tres días siguientes a aquel en que hubiere finalizado el plazo de adhesiones, con advertencia a los legitimados del derecho a oponerse a la aprobación judicial del convenio.

Modificado por Ley 16/2022, de 5 de septiembre, de reforma del texto refundido de la Ley Concursal, aprobado por el Real Decreto Legislativo 1/2020, de 5 de mayo, para la transposición de la Directiva (UE) 2019/1023 del Parlamento Europeo y del Consejo, de 20 de junio de 2019, sobre marcos de reestructuración preventiva, exoneración de deudas e inhabilitaciones, y sobre medidas para aumentar la eficiencia de los procedimientos de reestructuración, insolvencia y exoneración de deudas, y por la que se modifica la Directiva (UE) 2017/1132 del Parlamento Europeo y del Consejo, sobre determinados aspectos del Derecho de sociedades (Directiva sobre reestructuración e insolvencia). (BOE de 06-09-2022).

CAPÍTULO V
De la aprobación judicial del convenio

Sección 1.ª Del carácter necesario de la aprobación judicial del convenio

ART. 381. Sometimiento a la aprobación judicial.

Si la propuesta de convenio hubiera obtenido la aceptación de los acreedores con las mayorías del pasivo concursal exigidas por la ley, el Letrado de la Administración de Justicia, en el mismo día de la proclamación del resultado o en el siguiente hábil, someterá el convenio aceptado a la aprobación del juez.

Sección 2.ª De la oposición a la aprobación judicial del convenio

ART. 382. Legitimación para formular oposición.

La legitimación activa para oponerse a la aprobación judicial del convenio corresponde a quienes no se hubieran adherido a la propuesta, así como a la administración concursal.

Modificado por Ley 16/2022, de 5 de septiembre, de reforma del texto refundido de la Ley Concursal, aprobado por el Real Decreto Legislativo 1/2020, de 5 de mayo, para la transposición de la Directiva (UE) 2019/1023 del Parlamento Europeo y del Consejo, de 20 de junio de 2019, sobre marcos de reestructuración preventiva, exoneración de deudas e inhabilitaciones, y sobre medidas para aumentar la eficiencia de los procedimientos de reestructuración, insolvencia y exoneración de deudas, y por la que se modifica la Directiva (UE) 2017/1132 del Parlamento Europeo y del Consejo, sobre determinados aspectos del Derecho de sociedades (Directiva sobre reestructuración e insolvencia). (BOE de 06-09-2022).

ART. 383. Motivos de oposición.

La oposición solo podrá fundarse en los siguientes motivos:

1.º En la infracción de las normas que esta ley establece sobre el contenido del convenio.

2.º En la infracción de las normas que esta ley establece sobre la forma y el contenido de las adhesiones cuando las adhesiones en que se hubiera producido esa infracción hubieran sido decisivas para la aceptación de una propuesta de convenio.

3.º En la adhesión a la propuesta por quien o quienes no fueren titulares legítimos de los créditos, o en la obtención de las adhesiones mediante maniobras que afecten a la paridad de trato entre los acreedores ordinarios, cuando esas adhesiones hubieran sido decisivas para la aceptación de una propuesta de convenio.

4.º En el error en la proclamación del resultado de las adhesiones.

5.º En caso de propuesta de convenio presentada por acreedores, en la falta de aceptación de esa propuesta por el deudor.

6.º En caso de que quien formule oposición podría obtener en la liquidación de la masa activa una cuota de satisfacción en cualquiera de los créditos de que fuera titular superior a la que obtendría con el cumplimiento del convenio. A estos efectos se comparará el valor de lo que habría de obtener conforme al convenio con el valor de lo que pueda razonablemente presumirse que recibiría en caso de que la liquidación de la masa activa se realizase dentro de los dos años a partir de la fecha en que finalice el plazo para oponerse a la aprobación judicial del convenio.

Modificado por Ley 16/2022, de 5 de septiembre, de reforma del texto refundido de la Ley Concursal, aprobado por el Real Decreto Legislativo 1/2020, de 5 de mayo, para la transposición de la Directiva (UE) 2019/1023 del Parlamento Europeo y del Consejo, de 20 de junio de 2019, sobre marcos de reestructuración preventiva, exoneración de deudas e inhabilitaciones, y sobre medidas para aumentar la eficiencia de los procedimientos de reestructuración, insolvencia y exoneración de deudas, y por la que se modifica la Directiva (UE) 2017/1132 del Parlamento Europeo y del Consejo, sobre determinados aspectos del Derecho de sociedades (Directiva sobre reestructuración e insolvencia). (BOE de 06-09-2022).

ART. 384. Oposición por inviabilidad objetiva del cumplimiento del convenio.

Los acreedores legitimados para formular oposición a la aprobación judicial del convenio que, individualmente o agrupados, sean titulares, al menos, del cinco por ciento de los créditos ordinarios y la administración concursal podrán oponerse, además, a la aprobación judicial del convenio cuando el cumplimiento de este sea objetivamente inviable.

ART. 385. Plazo de oposición.

La oposición a la aprobación judicial del convenio deberá presentarse en el plazo de diez días, contados desde el siguiente a la fecha de proclamación del resultado por el Letrado de la Administración de Justicia.

ART. 386. Tramitación de la oposición.

La oposición a la aprobación judicial del convenio se ventilará por los cauces del incidente concursal.

ART. 387. Medidas cautelares durante la tramitación de la oposición.

El juez, al admitir a trámite la oposición y emplazar a las demás partes para que contesten, podrá tomar cuantas medidas cautelares procedan para evitar que la demora derivada de la tramitación de la oposición impida, por sí sola, el cumplimiento futuro del convenio aceptado, en caso de desestimarse la oposición. Entre tales medidas cautelares podrá acordar que se inicie el cumplimiento del convenio aceptado, bajo las condiciones provisionales que determine.

Sección 3.ª De la aprobación judicial del convenio

ART. 388. Facultades del juez en orden a la aprobación del convenio.

1. El juez no podrá modificar el contenido del convenio sometido a su aprobación, aunque sí podrá subsanar errores materiales o de cálculo.

2. Cuando fuera necesario, el juez podrá fijar la correcta interpretación de las cláusulas del convenio.

ART. 389. Aprobación judicial del convenio.

Dentro de los cinco días siguientes al del vencimiento del plazo para oponerse a la aprobación, sin que se hubiere formulado oposición, o dentro del plazo de diez días una vez tramitado el incidente, si se hubiera formulado, el juez dictará sentencia aprobando o rechazando el convenio. En el auto en que se apruebe el juez deberá incluir íntegramente el convenio aprobado.

ART. 390. Publicidad de la sentencia aprobatoria.

A la sentencia por la que se apruebe el convenio se le dará la misma publicidad que a la del auto de declaración de concurso.

ART. 391. Sentencia estimatoria de la oposición.

La sentencia que estime la oposición declarará rechazado el convenio. Contra la misma podrá interponerse recurso de apelación.

Modificado por Ley 16/2022, de 5 de septiembre, de reforma del texto refundido de la Ley Concursal, aprobado por el Real Decreto Legislativo 1/2020, de 5 de mayo, para la transposición de la Directiva (UE) 2019/1023 del Parlamento Europeo y del Consejo, de 20 de junio de 2019, sobre marcos de reestructuración preventiva, exoneración de deudas e inhabilitaciones, y sobre medidas para aumentar la eficiencia de los procedimientos de reestructuración, insolvencia y exoneración de deudas, y por la que se modifica la Directiva (UE) 2017/1132 del Parlamento Europeo y del Consejo, sobre determinados aspectos del Derecho de sociedades (Directiva sobre reestructuración e insolvencia). (BOE de 06-09-2022).

ART. 392. Rechazo de oficio del convenio aceptado.

El juez rechazará de oficio el convenio aceptado por los acreedores si apreciare la existencia de motivo de oposición, aunque esta no hubiera sido presentada o lo hubiera sido por motivo distinto a aquel en que se fundamente el rechazo.

Modificado por Ley 16/2022, de 5 de septiembre, de reforma del texto refundido de la Ley Concursal, aprobado por el Real Decreto Legislativo 1/2020, de 5 de mayo, para la transposición de la Directiva (UE) 2019/1023 del Parlamento Europeo y del Consejo, de 20 de junio de 2019, sobre marcos de reestructuración preventiva, exoneración de deudas e inhabilitaciones, y sobre medidas para aumentar la eficiencia de los procedimientos de reestructuración, insolvencia y exoneración de deudas, y por la que se modifica la Directiva (UE) 2017/1132 del Parlamento Europeo y del Consejo, sobre determinados aspectos del Derecho de sociedades (Directiva sobre reestructuración e insolvencia). (BOE de 06-09-2022).

CAPÍTULO VI
De la eficacia del convenio

ART. 393. Comienzo de la eficacia del convenio.

1. El convenio adquirirá eficacia desde la fecha de la sentencia que lo apruebe.
2. No obstante lo establecido en el apartado anterior, el juez, por razón del contenido del convenio, podrá acordar, de oficio o a instancia de parte, retrasar esa eficacia a la fecha en que la sentencia de aprobación alcance firmeza. El retraso de la eficacia del convenio podrá acordarse con carácter parcial.

ART. 394. Cesación de los efectos de la declaración de concurso.

1. Desde la eficacia del convenio cesarán todos los efectos de la declaración de concurso, que quedarán sustituidos por los que, en su caso, se establezcan en el propio convenio.
2. Los deberes de colaboración e información subsistirán hasta la conclusión del procedimiento.

ART. 395. Cese de la administración concursal.

1. Desde la eficacia del convenio cesará la administración concursal.
2. La administración concursal rendirá cuentas de su actuación ante el juez del concurso dentro del plazo que este señale.
3. No obstante el cese, la administración concursal conservará plena legitimación para continuar los incidentes en curso así como para actuar en la sección sexta, con facultades para solicitar la ejecución provisional o definitiva de las sentencias que se dicten en esos incidentes y de la sentencia de calificación.

ART. 396. Extensión necesaria del convenio.

1. El contenido del convenio vinculará al deudor y a los acreedores ordinarios y subordinados, respecto de los créditos de cualquiera de estas clases que fuesen anteriores a la declaración de concurso, aunque no se hubieran adherido a la propuesta de convenio o aunque, por cualquier causa, no hubiesen sido reconocidos.
2. Los acreedores subordinados quedarán afectados por las mismas quitas y esperas establecidas en el convenio para los ordinarios, pero cada uno de los plazos anuales de espera establecidos para los créditos ordinarios se computarán como plazos trimestrales

de espera para los créditos subordinados desde el íntegro cumplimiento del convenio respecto de los primeros sin que la totalidad de la espera desde el comienzo del cumplimiento del convenio pueda ser superior a diez años para todos los acreedores. Quedan a salvo los efectos que pueda producir el ejercicio de la facultad de elección por los acreedores subordinados.

Modificado por Ley 16/2022, de 5 de septiembre, de reforma del texto refundido de la Ley Concursal, aprobado por el Real Decreto Legislativo 1/2020, de 5 de mayo, para la transposición de la Directiva (UE) 2019/1023 del Parlamento Europeo y del Consejo, de 20 de junio de 2019, sobre marcos de reestructuración preventiva, exoneración de deudas e inhabilitaciones, y sobre medidas para aumentar la eficiencia de los procedimientos de reestructuración, insolvencia y exoneración de deudas, y por la que se modifica la Directiva (UE) 2017/1132 del Parlamento Europeo y del Consejo, sobre determinados aspectos del Derecho de sociedades (Directiva sobre reestructuración e insolvencia). (BOE de 06-09-2022).

ART. 397. Extensión del convenio a los créditos privilegiados.

1. Los acreedores privilegiados quedarán vinculados al convenio aprobado por el juez si hubieren sido autores de la propuesta o si se hubieran adherido a ella, salvo que hubieran revocado la adhesión, así como si se adhieren en forma al convenio ya aceptado por los acreedores o aprobado por el juez antes de la declaración judicial de su cumplimiento.

2. Sin perjuicio de lo dispuesto en el apartado anterior, los acreedores privilegiados quedarán también vinculados al convenio cuando, dentro de la misma clase a la que pertenezcan, se hubieran obtenido las siguientes mayorías:

1.º El sesenta por ciento del importe de los créditos privilegiados de la misma de la clase, cuando el convenio consista en el pago íntegro de los créditos en plazo no superior a tres años o en el pago inmediato de los créditos vencidos con quita inferior al veinte por ciento; o cuando contenga quitas iguales o inferiores a la mitad del importe del crédito; esperas, ya sean de principal, de intereses o de cualquier otra cantidad adeudada, con un plazo no superior a cinco años; o, en el caso de acreedores distintos de los públicos o los laborales, la conversión de los créditos en créditos participativos durante el mismo plazo.

2.º El setenta y cinco por ciento del importe de los créditos privilegiados de la misma clase, en los convenios que tuvieran otro contenido.

En el caso de acreedores con privilegio especial, el cómputo de las mayorías se hará en función de la proporción de las garantías aceptantes sobre el valor total de las garantías otorgadas dentro de cada clase.

En el caso de los acreedores con privilegio general, el cómputo se realizará en función del pasivo aceptante sobre el total del pasivo que se beneficie de privilegio general dentro de cada clase.

Apdo. 1 modificado por Ley 16/2022, de 5 de septiembre, de reforma del texto refundido de la Ley Concursal, aprobado por el Real Decreto Legislativo 1/2020, de 5 de mayo, para la transposición de la Directiva (UE) 2019/1023 del Parlamento Europeo y del Consejo, de 20 de junio de 2019, sobre marcos de reestructuración preventiva, exoneración de deudas e inhabilitaciones, y sobre medidas para aumentar la eficiencia de los procedimientos de reestructuración, insolvencia y exoneración de deudas, y por la que se modifica la Directiva (UE) 2017/1132 del Parlamento Europeo y del Consejo, sobre determinados aspectos del Derecho de sociedades (Directiva sobre reestructuración e insolvencia). (BOE de 06-09-2022).

ART. 398. Eficacia objetiva del convenio.

Los créditos ordinarios y los créditos subordinados quedarán extinguidos en la parte a que alcance la quita, aplazados en su exigibilidad por el tiempo de espera y, en general, afectados por el contenido del convenio. La misma regla será de aplicación a aquellos créditos privilegiados a los que se extienda la eficacia del convenio.

ART. 399. Conservación de derechos.

1. El convenio no producirá efectos respecto de los derechos de los acreedores frente a los obligados solidarios con el concursado ni frente a los fiadores o avalistas, salvo que esos acreedores hubiesen sido autores de la propuesta, se hubieran adherido a ella, salvo que hubieran revocado la adhesión, o hubieran votado a favor de la misma. Los obligados solidarios, los fiadores y los avalistas no podrán invocar la aprobación del convenio ni el contenido de este en perjuicio de aquellos.

2. La responsabilidad de los obligados solidarios, fiadores o avalistas del concursado frente a los acreedores que hubiesen sido autores de la propuesta, se hubieran adherido a ella, salvo que hubieran revocado la adhesión, o hubieran votado a favor de la misma se regirá por los pactos que sobre el particular hubieran establecido y, en su defecto, por las normas legales aplicables a la obligación que hubieren contraído.

ART. 399 bis. Aumento del capital en ejecución de convenio.

1. Si el convenio en que se hubiera previsto la conversión de créditos concursales en acciones o participaciones de la sociedad deudora fuera aprobado por el juez, los administradores de la sociedad estarán facultados para aumentar el capital social en la medida necesaria para la conversión de los créditos, sin necesidad de acuerdo de la junta general de socios. En la suscripción de las nuevas acciones o en la asunción de las nuevas participaciones los socios no tendrán derecho de preferencia.

2. Aunque los estatutos sociales contengan cláusulas limitativas de la libre transmisibilidad de las acciones, las nuevas que se emitan en ejecución del convenio serán libremente transmisibles por actos inter vivos hasta que transcurran diez años a contar desde la inscripción del aumento del capital en el registro mercantil. Las nuevas participaciones sociales que se creen en ejecución del convenio serán libremente transmisibles hasta que transcurran diez años a contar desde la inscripción del aumento del capital en el registro mercantil.

Añadido por Ley 16/2022, de 5 de septiembre, de reforma del texto refundido de la Ley Concursal, aprobado por el Real Decreto Legislativo 1/2020, de 5 de mayo, para la transposición de la Directiva (UE) 2019/1023 del Parlamento Europeo y del Consejo, de 20 de junio de 2019, sobre marcos de reestructuración preventiva, exoneración de deudas e inhabilitaciones, y sobre medidas para aumentar la eficiencia de los procedimientos de reestructuración, insolvencia y exoneración de deudas, y por la que se modifica la Directiva (UE) 2017/1132 del Parlamento Europeo y del Consejo, sobre determinados aspectos del Derecho de sociedades (Directiva sobre reestructuración e insolvencia). (BOE de 06-09-2022).

ART. 399 ter. Fusión, escisión o cesión global de activo y pasivo en ejecución del convenio.

1. En el caso de que el convenio previera una modificación estructural los acreedores concursales no tendrán los derechos de tutela individual reconocidos en el libro primero del Real Decreto-ley 5/2023, de 28 de junio, por el que se adoptan y prorrogan determinadas medidas de respuesta a las consecuencias económicas y sociales de la Guerra de Ucrania, de apoyo a la reconstrucción de la isla de La Palma y a otras situaciones de vulnerabilidad; de transposición de Directivas de la Unión Europea en materia de modificaciones estructurales de sociedades mercantiles y conciliación de la vida familiar y la vida profesional de los progenitores y los cuidadores; y de ejecución y cumplimiento del Derecho de la Unión Europea.

2. La inscripción de la fusión, de la escisión total o la cesión global de activo y pasivo que produzca la extinción de la sociedad declarada en concurso, será causa de conclusión del concurso de acreedores.

Modificado por Real Decreto-ley 5/2023, de 28 de junio, por el que se adoptan y prorrogan determinadas medidas de respuesta a las consecuencias económicas y sociales de la Guerra de Ucrania, de apoyo a la reconstrucción de la isla de La Palma y a otras situaciones de vulnerabilidad; de transposición de Directivas de la Unión Europea en materia de modificaciones estructurales de sociedades mercantiles y conciliación de la vida familiar y la vida profesional de los progenitores y los cuidadores; y de ejecución y cumplimiento del Derecho de la Unión Europea. (BOE de 29-06-2023).

Añadido por Ley 16/2022, de 5 de septiembre, de reforma del texto refundido de la Ley Concursal, aprobado por el Real Decreto Legislativo 1/2020, de 5 de mayo, para la transposición de la Directiva (UE) 2019/1023 del Parlamento Europeo y del Consejo, de 20 de junio de 2019, sobre marcos de reestructuración preventiva, exoneración de deudas e inhabilitaciones, y sobre medidas para aumentar la eficiencia de los procedimientos de reestructuración, insolvencia y exoneración de deudas, y por la que se modifica la Directiva (UE) 2017/1132 del Parlamento Europeo y del Consejo, sobre determinados aspectos del Derecho de sociedades (Directiva sobre reestructuración e insolvencia). (BOE de 06-09-2022).

CAPÍTULO VII
Del cumplimiento del convenio

Sección 1.ª Del cumplimiento del convenio

ART. 400. Información periódica.

Con periodicidad semestral, contada desde la fecha de eficacia total o parcial de la sentencia aprobatoria del convenio, el concursado informará al juez del concurso acerca de su cumplimiento.

ART. 401. Cumplimiento.

1. El concursado, una vez que estime íntegramente cumplido el convenio, presentará al juez del concurso el informe correspondiente con la justificación adecuada y solicitará la declaración judicial de cumplimiento. El Letrado de la Administración de Justicia acordará poner de manifiesto en la oficina judicial el informe y la solicitud.

2. Transcurridos quince días desde la puesta de manifiesto, el juez, si estimare cumplido el convenio, lo declarará mediante auto, al que dará la misma publicidad que la de su aprobación.

Sección 2.ª De la modificación del convenio

Añadida (la anterior sección 2.ª pasa a renumerarse como sección 3.ª) por Ley 16/2022, de 5 de septiembre, de reforma del texto refundido de la Ley Concursal, aprobado por el Real Decreto Legislativo 1/2020, de 5 de mayo, para la transposición de la Directiva (UE) 2019/1023 del Parlamento Europeo y del Consejo, de 20 de junio de 2019, sobre marcos de reestructuración preventiva, exoneración de deudas e inhabilitaciones, y sobre medidas para aumentar la eficiencia de los procedimientos de reestructuración, insolvencia y exoneración de deudas, y por la que se modifica la Directiva (UE) 2017/1132 del Parlamento Europeo y del Consejo, sobre determinados aspectos del Derecho de sociedades (Directiva sobre reestructuración e insolvencia). (BOE de 06-09-2022).

ART. 401 bis. De la modificación del convenio.

1. Transcurridos dos años de su vigencia, el concursado podrá presentar propuesta de modificación del convenio que se encuentre en riesgo de incumplimiento por causa que no le sea imputable a título de dolo, culpa o negligencia y siempre que se justifique debidamente que la modificación resulta imprescindible para asegurar la viabilidad de la empresa. A la solicitud deberá acompañar una relación de los créditos concursales satisfechos, de los que estuvieran pendientes de pago y de aquellos que, devengados o habiendo sido contraídos durante el periodo de cumplimiento del convenio, no hubieran sido satisfechos, junto con un inventario de sus bienes y derechos, un plan de viabilidad y un plan de pagos.

2. La propuesta de modificación se tramitará conforme a las previsiones de esta ley para la aprobación de una propuesta de convenio si bien el cómputo de las mayorías necesarias para su aprobación se establecerá atendiendo a los importes de los créditos que quedan pendientes de pago conforme a lo que resulte del convenio que se propone modificar.

3. En ningún caso la modificación afectará a los créditos devengados o contraídos durante el periodo de cumplimiento del convenio originario ni a los acreedores privilegiados a los que se hubiera extendido la eficacia del convenio o se hubieran adherido a él una vez aprobado, a menos que se adhieran expresamente a la propuesta de modificación.

4. Mientras se encuentre en tramitación una propuesta de modificación de convenio no se admitirá a trámite solicitud de incumplimiento de convenio y de apertura de liquidación.

5. En ningún caso se admitirá que, modificado el convenio, el concursado proponga nueva modificación.

Añadido por Ley 16/2022, de 5 de septiembre, de reforma del texto refundido de la Ley Concursal, aprobado por el Real Decreto Legislativo 1/2020, de 5 de mayo, para la transposición de la Directiva (UE) 2019/1023 del Parlamento Europeo y del Consejo, de 20 de junio de 2019, sobre marcos de reestructuración preventiva, exoneración de deudas e inhabilitaciones, y sobre medidas para aumentar la eficiencia de los procedimientos de reestructuración, insolvencia y exoneración de deudas, y por la que se modifica la Directiva (UE) 2017/1132 del Parlamento Europeo y del Consejo, sobre determinados aspectos del Derecho de sociedades (Directiva sobre reestructuración e insolvencia). (BOE de 06-09-2022).

Sección 3.ª Del incumplimiento del convenio

Modificada (anteriormente era la sección 2.ª) por Ley 16/2022, de 5 de septiembre, de reforma del texto refundido de la Ley Concursal, aprobado por el Real Decreto Legislativo 1/2020, de 5 de mayo, para la transposición de la Directiva (UE) 2019/1023 del Parlamento Europeo y del Consejo, de 20 de junio de 2019, sobre marcos de reestructuración preventiva, exoneración de deudas e inhabilitaciones, y sobre medidas para aumentar la eficiencia de los procedimientos de reestructuración, insolvencia y exoneración de deudas, y por la que se modifica la Directiva (UE) 2017/1132 del Parlamento Europeo y del Consejo, sobre determinados aspectos del Derecho de sociedades (Directiva sobre reestructuración e insolvencia). (BOE de 06-09-2022).

ART. 402. Legitimación para solicitar la declaración de incumplimiento.

1. Cualquier acreedor que estime incumplido el convenio en lo que le afecte podrá solicitar del juez la declaración de incumplimiento.

2. La infracción de las medidas prohibitivas o limitativas del ejercicio por el deudor de las facultades de administración y de disposición sobre bienes y derechos de la masa activa durante el periodo de cumplimiento del convenio constituirá incumplimiento del convenio, cuya declaración podrá ser solicitada del juez por cualquier acreedor.

Modificado por Ley 16/2022, de 5 de septiembre, de reforma del texto refundido de la Ley Concursal, aprobado por el Real Decreto Legislativo 1/2020, de 5 de mayo, para la transposición de la Directiva (UE) 2019/1023 del Parlamento Europeo y del Consejo, de 20 de junio de 2019, sobre marcos de reestructuración preventiva, exoneración de deudas e inhabilitaciones, y sobre medidas para aumentar la eficiencia de los procedimientos de reestructuración, insolvencia y exoneración de deudas, y por la que se modifica la Directiva (UE) 2017/1132 del Parlamento Europeo y del Consejo, sobre determinados aspectos del Derecho de sociedades (Directiva sobre reestructuración e insolvencia). (BOE de 06-09-2022).

ART. 403. Régimen de la solicitud y de la declaración de incumplimiento.

1. La acción para solicitar la declaración de incumplimiento del convenio podrá ejercitarse desde que se produzca el incumplimiento y caducará a los dos meses contados desde la última publicación del auto de cumplimiento.

2. La demanda de declaración de incumplimiento del convenio se tramitará por el cauce del incidente concursal.

3. En el caso de ser estimada, en la declaración de incumplimiento del convenio, el juez lo declarará resuelto y abrirá la fase de liquidación de la masa activa.

4. Contra la sentencia que resuelva el incidente cabrá recurso de apelación.

Modificado por Ley 16/2022, de 5 de septiembre, de reforma del texto refundido de la Ley Concursal, aprobado por el Real Decreto Legislativo 1/2020, de 5 de mayo, para la transposición de la Directiva (UE) 2019/1023 del Parlamento Europeo y del Consejo, de 20 de junio de 2019, sobre marcos de reestructuración preventiva, exoneración de deudas e inhabilitaciones, y sobre medidas para aumentar la eficiencia de los procedimientos de reestructuración, insolvencia y exoneración de deudas, y por la que se modifica la Directiva (UE) 2017/1132 del Parlamento Europeo y del Consejo, sobre determinados aspectos del Derecho de sociedades (Directiva sobre reestructuración e insolvencia). (BOE de 06-09-2022).

ART. 404. Efectos de la declaración de incumplimiento.

1. Desde que alcance firmeza la declaración de incumplimiento, las quitas, las esperas y cualesquiera otras modificaciones de los créditos que hubieran sido pactadas en el convenio quedarán sin efectos.

Asimismo, a partir de ese momento, los acreedores con privilegio especial a los que se hubiera extendido la eficacia del convenio o se hubieran adherido a él una vez aprobado podrán reiniciar o reanudar la ejecución separada de la garantía con independencia de la apertura de la fase de liquidación. En este caso, el acreedor ejecutante hará suyo el importe resultante de la ejecución en cantidad que no exceda de la deuda originaria. El resto, si lo hubiere, corresponderá a la masa activa del concurso.

2. La declaración de incumplimiento del convenio no afectará a la validez y eficacia de los actos realizados por el concursado o por terceros en ejecución del convenio. En particular, producirán plenos efectos los pagos realizados, las garantías de financiación constituidas y

cualesquiera acuerdos societarios adoptados para dar cumplimiento a aquel, incluidas las modificaciones del capital social, de los estatutos y las estructurales.

Modificado por Ley 16/2022, de 5 de septiembre, de reforma del texto refundido de la Ley Concursal, aprobado por el Real Decreto Legislativo 1/2020, de 5 de mayo, para la transposición de la Directiva (UE) 2019/1023 del Parlamento Europeo y del Consejo, de 20 de junio de 2019, sobre marcos de reestructuración preventiva, exoneración de deudas e inhabilitaciones, y sobre medidas para aumentar la eficiencia de los procedimientos de reestructuración, insolvencia y exoneración de deudas, y por la que se modifica la Directiva (UE) 2017/1132 del Parlamento Europeo y del Consejo, sobre determinados aspectos del Derecho de sociedades (Directiva sobre reestructuración e insolvencia). (BOE de 06-09-2022).

ART. 405. Anulación o rescisión de actos del concursado durante el periodo de cumplimiento del convenio.

1. No obstante lo establecido en el artículo anterior, desde que alcance firmeza la declaración de incumplimiento serán anulables los actos realizados durante el periodo de cumplimiento del convenio que supongan contravención del propio convenio o alteración de la igualdad de trato de los acreedores que se encuentren en igualdad de circunstancias.

2. Serán rescindibles conforme a lo establecido en el capítulo IV del título IV del libro primero los actos perjudiciales para la masa activa realizados por el deudor durante los dos años anteriores a la solicitud de declaración de incumplimiento del convenio o, en caso de imposibilidad de cumplimiento, de la solicitud de apertura de la fase de liquidación de la masa activa.

Modificado por Ley 16/2022, de 5 de septiembre, de reforma del texto refundido de la Ley Concursal, aprobado por el Real Decreto Legislativo 1/2020, de 5 de mayo, para la transposición de la Directiva (UE) 2019/1023 del Parlamento Europeo y del Consejo, de 20 de junio de 2019, sobre marcos de reestructuración preventiva, exoneración de deudas e inhabilitaciones, y sobre medidas para aumentar la eficiencia de los procedimientos de reestructuración, insolvencia y exoneración de deudas, y por la que se modifica la Directiva (UE) 2017/1132 del Parlamento Europeo y del Consejo, sobre determinados aspectos del Derecho de sociedades (Directiva sobre reestructuración e insolvencia). (BOE de 06-09-2022).

TÍTULO VIII
De la liquidación de la masa activa

CAPÍTULO I
De la apertura de la fase de liquidación

ART. 406. Apertura de la liquidación a solicitud del deudor.

El deudor podrá pedir la liquidación en cualquier momento y el juez, dentro de los diez días siguientes a la solicitud, dictará auto abriendo la fase de liquidación.

ART. 407. Deber de solicitar la liquidación.

Durante la vigencia del convenio, el concursado deberá pedir la liquidación desde que conozca la imposibilidad de cumplir los pagos comprometidos en este y las obligaciones contraídas con posterioridad a la aprobación de aquel.

Modificado por Ley 16/2022, de 5 de septiembre, de reforma del texto refundido de la Ley Concursal, aprobado por el Real Decreto Legislativo 1/2020, de 5 de mayo, para la transposición de la Directiva (UE) 2019/1023 del Parlamento Europeo y del Consejo, de 20 de junio de 2019, sobre marcos de reestructuración preventiva, exoneración de deudas e inhabilitaciones, y sobre medidas para aumentar la eficiencia de los procedimientos de reestructuración, insolvencia y exoneración de deudas, y por la que se modifica la Directiva (UE) 2017/1132 del Parlamento Europeo y del Consejo, sobre determinados aspectos del Derecho de sociedades (Directiva sobre reestructuración e insolvencia). (BOE de 06-09-2022).

ART. 408. Apertura de la liquidación a solicitud de la administración concursal.

La administración concursal podrá solicitar la apertura de la fase de liquidación en caso de cese total o parcial de la actividad profesional o empresarial. De la solicitud se dará traslado al concursado por plazo de tres días. El juez resolverá sobre la solicitud mediante auto dentro de los cinco días siguientes.

ART. 409. Apertura de oficio de la liquidación.

1. La apertura de la fase de liquidación procederá de oficio en los siguientes casos:

1.º No haberse presentado dentro del plazo legal ninguna propuesta de convenio o no haber sido admitidas a trámite las que hubieren sido presentadas.

2.º No haberse aceptado por los acreedores ninguna propuesta de convenio.

3.º Haberse rechazado por resolución judicial firme el convenio aceptado por los acreedores.

4.º Haberse declarado por resolución judicial firme la nulidad del convenio aprobado por el juez.

5.º Haberse declarado por resolución judicial firme el incumplimiento del convenio.

2. En los casos 1.º y 2.º del apartado anterior, la apertura de la fase de liquidación se acordará por el juez sin más trámites, en el momento en que proceda, mediante auto que se notificará al concursado, a la administración concursal y a todas las partes personadas en el procedimiento.

En cualquiera de los demás casos, la apertura de la fase de liquidación se acordará en la propia resolución judicial que la motive y se hará efectiva una vez esta adquiera firmeza.

3. Contra el auto o la sentencia de apertura de la fase de liquidación el concursado podrá interponer recurso de apelación.

Modificado por Ley 16/2022, de 5 de septiembre, de reforma del texto refundido de la Ley Concursal, aprobado por el Real Decreto Legislativo 1/2020, de 5 de mayo, para la transposición de la Directiva (UE) 2019/1023 del Parlamento Europeo y del Consejo, de 20 de junio de 2019, sobre marcos de reestructuración preventiva, exoneración de deudas e inhabilitaciones, y sobre medidas para aumentar la eficiencia de los procedimientos de reestructuración, insolvencia y exoneración de deudas, y por la que se modifica la Directiva (UE) 2017/1132 del Parlamento Europeo y del Consejo, sobre determinados aspectos del Derecho de sociedades (Directiva sobre reestructuración e insolvencia). (BOE de 06-09-2022).

ART. 410. Publicidad de la apertura de la liquidación.

A la resolución judicial que declare la apertura de la fase de liquidación, se dará la misma publicidad que a la del auto de declaración de concurso.

CAPÍTULO II
De los efectos de la apertura de la fase de liquidación

ART. 411. Efectos generales.

Durante la fase de liquidación seguirán aplicándose las normas contenidas en el título III del libro I de esta ley en cuanto no se opongan a las específicas del presente capítulo.

ART. 412. Reposición de la administración concursal.

Cuando en virtud de la eficacia del convenio la administración concursal hubiera cesado, el juez, en la misma resolución en la que acuerde la apertura de la liquidación, la repondrá en el ejercicio de su cargo o nombrará otra nueva.

ART. 413. Efectos especiales sobre el concursado.

1. Si el concursado fuera persona natural la apertura de la fase de liquidación producirá los siguientes efectos:

1.º La suspensión del ejercicio de las facultades de administración y de disposición sobre los bienes y derechos que integran la masa activa, con todos los efectos establecidos para la suspensión en el título III del libro primero.

2.º La extinción del derecho a alimentos con cargo a la masa activa, salvo cuando fuere imprescindible para atender a las necesidades mínimas del concursado, su cónyuge o pareja de hecho inscrita, descendientes bajo su potestad y ascendientes a su cargo.

3.º El derecho a solicitar la exoneración del pasivo insatisfecho, si concurren los presupuestos y requisitos establecidos en esta ley.

2. Si la concursada fuera persona jurídica, la resolución judicial que abra la fase de liquidación contendrá la declaración de disolución si esa persona jurídica no estuviese disuelta y, en todo caso, el cese de los administradores o liquidadores, que serán sustituidos a todos

los efectos por la administración concursal, sin perjuicio de continuar aquellos en representación de la concursada en el procedimiento concursal y en los incidentes en los que sea parte.

Modificado por Ley 16/2022, de 5 de septiembre, de reforma del texto refundido de la Ley Concursal, aprobado por el Real Decreto Legislativo 1/2020, de 5 de mayo, para la transposición de la Directiva (UE) 2019/1023 del Parlamento Europeo y del Consejo, de 20 de junio de 2019, sobre marcos de reestructuración preventiva, exoneración de deudas e inhabilitaciones, y sobre medidas para aumentar la eficiencia de los procedimientos de reestructuración, insolvencia y exoneración de deudas, y por la que se modifica la Directiva (UE) 2017/1132 del Parlamento Europeo y del Consejo, sobre determinados aspectos del Derecho de sociedades (Directiva sobre reestructuración e insolvencia). (BOE de 06-09-2022).

ART. 414. Efectos sobre los créditos concursales.

Además de los efectos establecidos en el capítulo III del título III del libro I de esta ley, la apertura de la liquidación producirá el vencimiento anticipado de los créditos concursales aplazados y la conversión en dinero de aquellos que consistan en otras prestaciones.

ART. 414 bis. Especialidades en caso de incumplimiento del convenio.

1. Los créditos contraídos por el deudor durante el periodo de cumplimiento del convenio tendrán la consideración de créditos concursales.

2. Las mismas reglas serán de aplicación en los casos de apertura de oficio de la declaración por nulidad del convenio aprobado.

Añadido por Ley 16/2022, de 5 de septiembre, de reforma del texto refundido de la Ley Concursal, aprobado por el Real Decreto Legislativo 1/2020, de 5 de mayo, para la transposición de la Directiva (UE) 2019/1023 del Parlamento Europeo y del Consejo, de 20 de junio de 2019, sobre marcos de reestructuración preventiva, exoneración de deudas e inhabilitaciones, y sobre medidas para aumentar la eficiencia de los procedimientos de reestructuración, insolvencia y exoneración de deudas, y por la que se modifica la Directiva (UE) 2017/1132 del Parlamento Europeo y del Consejo, sobre determinados aspectos del Derecho de sociedades (Directiva sobre reestructuración e insolvencia). (BOE de 06-09-2022).

CAPÍTULO III
De las operaciones de liquidación

Sección 1.ª De las reglas especiales de liquidación

Rúbrica modificada por Ley 16/2022, de 5 de septiembre, de reforma del texto refundido de la Ley Concursal, aprobado por el Real Decreto Legislativo 1/2020, de 5 de mayo, para la transposición de la Directiva (UE) 2019/1023 del Parlamento Europeo y del Consejo, de 20 de junio de 2019, sobre marcos de reestructuración preventiva, exoneración de deudas e inhabilitaciones, y sobre medidas para aumentar la eficiencia de los procedimientos de reestructuración, insolvencia y exoneración de deudas, y por la que se modifica la Directiva (UE) 2017/1132 del Parlamento Europeo y del Consejo, sobre determinados aspectos del Derecho de sociedades (Directiva sobre reestructuración e insolvencia). (BOE de 06-09-2022).

ART. 415. Reglas especiales de liquidación.

1. Al acordar la apertura de la liquidación de la masa activa o en resolución posterior, el juez, previa audiencia o informe del administrador concursal a evacuar en el plazo máximo de diez días naturales, podrá establecer las reglas especiales de liquidación que considere oportunas, así como, bien de oficio bien a solicitud de la administración concursal, modificar las que hubiera establecido. Las reglas especiales de liquidación establecidas por el juez podrán ser modificadas o dejadas sin efecto en cualquier momento, bien de oficio bien a solicitud de la administración concursal.

2. El juez no podrá exigir la previa autorización judicial para la realización de los bienes y derechos, ni establecer reglas cuya aplicación suponga dilatar la liquidación durante un periodo superior al año.

3. Contra el pronunciamiento de la resolución judicial de apertura de la fase de liquidación de la masa activa relativa al establecimiento de reglas especiales de liquidación o contra la resolución judicial posterior que las establezca, así como contra la resolución judicial que les modifique o deje sin efecto, los interesados solo podrán interponer recurso de reposición.

4. Las reglas especiales de liquidación establecidas por el juez quedarán sin efecto si así lo solicitaren acreedores cuyos créditos representen más del cincuenta por ciento del pasivo ordinario o más del cincuenta por ciento del total del pasivo.

5. Cuando se presente a inscripción en los Registros de bienes, cualquier título relativo a un acto de enajenación de bienes y derechos de la masa activa realizado por la administración concursal durante la fase de liquidación, el registrador comprobará en el Registro público concursal si el juez ha fijado o no reglas especiales de la liquidación, y no **solo** podrá exigir a la administración concursal que acredite la existencia de tales reglas, **si no constare referencia alguna a las mismas en la resolución judicial ni en el Registro Público concursal.**

Apdo. 5 modificado por Ley Orgánica 1/2025, de 2 de enero, de medidas en materia de eficiencia del Servicio Público de Justicia. (BOE 03-01-2025). Esta modificación entró en vigor el 03-04-2025.

Modificado por Ley 16/2022, de 5 de septiembre, de reforma del texto refundido de la Ley Concursal, aprobado por el Real Decreto Legislativo 1/2020, de 5 de mayo, para la transposición de la Directiva (UE) 2019/1023 del Parlamento Europeo y del Consejo, de 20 de junio de 2019, sobre marcos de reestructuración preventiva, exoneración de deudas e inhabilitaciones, y sobre medidas para aumentar la eficiencia de los procedimientos de reestructuración, insolvencia y exoneración de deudas, y por la que se modifica la Directiva (UE) 2017/1132 del Parlamento Europeo y del Consejo, sobre determinados aspectos del Derecho de sociedades (Directiva sobre reestructuración e insolvencia). (BOE de 06-09-2022).

ART. 415 bis. Publicidad de los bienes y derechos objeto de liquidación.

En el caso de concursado persona jurídica, la administración concursal, una vez establecidas las reglas especiales de liquidación o acordado que la liquidación se realice mediante las reglas legales supletorias, deberá remitir, para su publicación en el portal de liquidaciones concursales del Registro público concursal, cuanta información resulte necesaria para facilitar la enajenación de la masa activa en los términos que reglamentariamente se determinen.

Añadido por Ley 16/2022, de 5 de septiembre, de reforma del texto refundido de la Ley Concursal, aprobado por el Real Decreto Legislativo 1/2020, de 5 de mayo, para la transposición de la Directiva (UE) 2019/1023 del Parlamento Europeo y del Consejo, de 20 de junio de 2019, sobre marcos de reestructuración preventiva, exoneración de deudas e inhabilitaciones, y sobre medidas para aumentar la eficiencia de los procedimientos de reestructuración, insolvencia y exoneración de deudas, y por la que se modifica la Directiva (UE) 2017/1132 del Parlamento Europeo y del Consejo, sobre determinados aspectos del Derecho de sociedades (Directiva sobre reestructuración e insolvencia). (BOE de 06-09-2022).

ARTS. 416 A 420.

(SUPRIMIDOS)

Suprimidos por Ley 16/2022, de 5 de septiembre, de reforma del texto refundido de la Ley Concursal, aprobado por el Real Decreto Legislativo 1/2020, de 5 de mayo, para la transposición de la Directiva (UE) 2019/1023 del Parlamento Europeo y del Consejo, de 20 de junio de 2019, sobre marcos de reestructuración preventiva, exoneración de deudas e inhabilitaciones, y sobre medidas para aumentar la eficiencia de los procedimientos de reestructuración, insolvencia y exoneración de deudas, y por la que se modifica la Directiva (UE) 2017/1132 del Parlamento Europeo y del Consejo, sobre determinados aspectos del Derecho de sociedades (Directiva sobre reestructuración e insolvencia). (BOE de 06-09-2022).

Sección 2.ª De las reglas generales supletorias

Modificada y renumerada (antes era la sección 3.ª por Ley 16/2022, de 5 de septiembre, de reforma del texto refundido de la Ley Concursal, aprobado por el Real Decreto Legislativo 1/2020, de 5 de mayo, para la transposición de la Directiva (UE) 2019/1023 del Parlamento Europeo y del Consejo, de 20 de junio de 2019, sobre marcos de reestructuración preventiva, exoneración de deudas e inhabilitaciones, y sobre medidas para aumentar la eficiencia de los procedimientos de reestructuración, insolvencia y exoneración de deudas, y por la que se modifica la Directiva (UE) 2017/1132 del Parlamento Europeo y del Consejo, sobre determinados aspectos del Derecho de sociedades (Directiva sobre reestructuración e insolvencia). (BOE de 06-09-2022).

ART. 421. Regla general en materia de liquidación.

De no haber establecido el juez reglas especiales de liquidación, el administrador concursal realizará los bienes y derechos de la masa activa del modo más conveniente para el interés del concurso, sin más limitaciones que las establecidas en los artículos siguientes y en el capítulo III del título IV del libro primero.

Modificado por Ley 16/2022, de 5 de septiembre, de reforma del texto refundido de la Ley Concursal, aprobado por el Real Decreto Legislativo 1/2020, de 5 de mayo, para la transposición de la Directiva (UE)

2019/1023 del Parlamento Europeo y del Consejo, de 20 de junio de 2019, sobre marcos de reestructuración preventiva, exoneración de deudas e inhabilitaciones, y sobre medidas para aumentar la eficiencia de los procedimientos de reestructuración, insolvencia y exoneración de deudas, y por la que se modifica la Directiva (UE) 2017/1132 del Parlamento Europeo y del Consejo, sobre determinados aspectos del Derecho de sociedades (Directiva sobre reestructuración e insolvencia). (BOE de 06-09-2022).

ART. 422. Regla del conjunto.

1. El conjunto de los establecimientos, explotaciones y cualesquiera otras unidades productivas de bienes o de servicios de la masa activa se enajenará como un todo, salvo que el juez, al establecer las reglas especiales de liquidación, hubiera autorizado la enajenación individualizada.

2. En todo caso, la administración concursal, cuando lo estime conveniente para el interés del concurso, podrá solicitar del juez la autorización para la enajenación individualizada de los establecimientos, explotaciones y cualesquiera otras unidades productivas o de algunas de ellas, o de los elementos de que se compongan.

3. Contra el auto que acuerde la enajenación individualizada de los establecimientos, explotaciones y cualesquiera otras unidades productivas o de algunas de ellas, o de los elementos de que se compongan, no cabrá recurso alguno.

Modificado por Ley 16/2022, de 5 de septiembre, de reforma del texto refundido de la Ley Concursal, aprobado por el Real Decreto Legislativo 1/2020, de 5 de mayo, para la transposición de la Directiva (UE) 2019/1023 del Parlamento Europeo y del Consejo, de 20 de junio de 2019, sobre marcos de reestructuración preventiva, exoneración de deudas e inhabilitaciones, y sobre medidas para aumentar la eficiencia de los procedimientos de reestructuración, insolvencia y exoneración de deudas, y por la que se modifica la Directiva (UE) 2017/1132 del Parlamento Europeo y del Consejo, sobre determinados aspectos del Derecho de sociedades (Directiva sobre reestructuración e insolvencia). (BOE de 06-09-2022).

ART. 423. Regla de la subasta.

1. La realización durante la fase de liquidación de la masa activa de cualquier bien o derecho o conjunto de bienes o derechos que, según el último inventario presentado por la administración concursal tuviera un valor superior al cinco por ciento del valor total de los bienes y derechos inventariados, se realizará mediante subasta electrónica, salvo que el juez, al establecer las reglas especiales de liquidación, hubiera decidido otra cosa.

2. La subasta electrónica de los bienes y derechos deberá realizarse mediante la inclusión de esos bienes o derechos o parte de ellos, bien en el portal de subastas de la Agencia Estatal Boletín Oficial del Estado, bien en cualquier otro portal electrónico especializado en la liquidación de activos.

Modificado por Ley 16/2022, de 5 de septiembre, de reforma del texto refundido de la Ley Concursal, aprobado por el Real Decreto Legislativo 1/2020, de 5 de mayo, para la transposición de la Directiva (UE) 2019/1023 del Parlamento Europeo y del Consejo, de 20 de junio de 2019, sobre marcos de reestructuración preventiva, exoneración de deudas e inhabilitaciones, y sobre medidas para aumentar la eficiencia de los procedimientos de reestructuración, insolvencia y exoneración de deudas, y por la que se modifica la Directiva (UE) 2017/1132 del Parlamento Europeo y del Consejo, sobre determinados aspectos del Derecho de sociedades (Directiva sobre reestructuración e insolvencia). (BOE de 06-09-2022).

ART. 423 bis. Adjudicación de bienes hipotecados o pignorados subastados en caso de falta de postores.

1. Si en la subasta de bienes o derechos hipotecados o pignorados realizada a iniciativa del administrador concursal o del titular del derecho real de garantía no hubiera ningún postor, el beneficiario de la garantía tendrá derecho a adjudicarse el bien o el derecho en los términos y dentro de los plazos establecidos por la legislación procesal civil.

2. En el caso de que no ejercitase ese derecho, si el valor de los bienes subastados, según el inventario de la masa activa, fuera inferior a la deuda garantizada, el juez, oídos el administrador concursal y el titular del derecho real de garantía, los adjudicará a este por ese valor, o a la persona natural o jurídica que el interesado hubiera señalado. Si el valor del bien o del derecho fuera superior, ordenará la celebración de nueva subasta sin postura mínima.

Añadido por Ley 16/2022, de 5 de septiembre, de reforma del texto refundido de la Ley Concursal, aprobado por el Real Decreto Legislativo 1/2020, de 5 de mayo, para la transposición de la Directiva (UE) 2019/1023 del Parlamento Europeo y del Consejo, de 20 de junio de 2019, sobre marcos de reestructura-

ción preventiva, exoneración de deudas e inhabilitaciones, y sobre medidas para aumentar la eficiencia de los procedimientos de reestructuración, insolvencia y exoneración de deudas, y por la que se modifica la Directiva (UE) 2017/1132 del Parlamento Europeo y del Consejo, sobre determinados aspectos del Derecho de sociedades (Directiva sobre reestructuración e insolvencia). (BOE de 06-09-2022).

CAPÍTULO IV
De los informes trimestrales de liquidación

Renumerado (antes era el capítulo V) por Ley 16/2022, de 5 de septiembre, de reforma del texto refundido de la Ley Concursal, aprobado por el Real Decreto Legislativo 1/2020, de 5 de mayo, para la transposición de la Directiva (UE) 2019/1023 del Parlamento Europeo y del Consejo, de 20 de junio de 2019, sobre marcos de reestructuración preventiva, exoneración de deudas e inhabilitaciones, y sobre medidas para aumentar la eficiencia de los procedimientos de reestructuración, insolvencia y exoneración de deudas, y por la que se modifica la Directiva (UE) 2017/1132 del Parlamento Europeo y del Consejo, sobre determinados aspectos del Derecho de sociedades (Directiva sobre reestructuración e insolvencia). (BOE de 06-09-2022).

ART. 424. Informes trimestrales de liquidación.

1. Cada tres meses, a contar de la apertura de la fase de liquidación, la administración concursal presentará al juez del concurso un informe sobre el estado de las operaciones. A ese informe se acompañará una relación de los créditos contra la masa, en la que se detallarán y cuantificarán los devengados y pendientes de pago, con indicación de sus respectivos vencimientos.

2. El informe trimestral quedará de manifiesto en la oficina judicial y será remitido por la administración concursal de forma telemática a los acreedores de cuya dirección electrónica tenga constancia. El incumplimiento de este deber podrá determinar la separación de la administración concursal y la exigencia de la responsabilidad si ese incumplimiento hubiera causado daño a los acreedores.

3. El informe trimestral que se presente transcurrido un año desde la apertura de la fase de liquidación de la masa activa, deberá contener como anejo un plan detallado, meramente informativo, del modo y tiempo de liquidación de aquellos bienes y derechos de la masa activa que todavía no hubieran sido realizados por la administración concursal. En los siguientes informes trimestrales, la administración concursal detallará los actos realizados para el cumplimento de ese plan o las razones que hubieran impedido ese cumplimiento.

Apdo. 2 se modifica y apdo. 3 se añade por Ley 16/2022, de 5 de septiembre, de reforma del texto refundido de la Ley Concursal, aprobado por el Real Decreto Legislativo 1/2020, de 5 de mayo, para la transposición de la Directiva (UE) 2019/1023 del Parlamento Europeo y del Consejo, de 20 de junio de 2019, sobre marcos de reestructuración preventiva, exoneración de deudas e inhabilitaciones, y sobre medidas para aumentar la eficiencia de los procedimientos de reestructuración, insolvencia y exoneración de deudas, y por la que se modifica la Directiva (UE) 2017/1132 del Parlamento Europeo y del Consejo, sobre determinados aspectos del Derecho de sociedades (Directiva sobre reestructuración e insolvencia). (BOE de 06-09-2022).

CAPÍTULO V
De la consignación preventiva

Renumerado (antes era el capítulo VI) por Ley 16/2022, de 5 de septiembre, de reforma del texto refundido de la Ley Concursal, aprobado por el Real Decreto Legislativo 1/2020, de 5 de mayo, para la transposición de la Directiva (UE) 2019/1023 del Parlamento Europeo y del Consejo, de 20 de junio de 2019, sobre marcos de reestructuración preventiva, exoneración de deudas e inhabilitaciones, y sobre medidas para aumentar la eficiencia de los procedimientos de reestructuración, insolvencia y exoneración de deudas, y por la que se modifica la Directiva (UE) 2017/1132 del Parlamento Europeo y del Consejo, sobre determinados aspectos del Derecho de sociedades (Directiva sobre reestructuración e insolvencia). (BOE de 06-09-2022).

ART. 425. De la consignación preventiva.

1. El juez, de oficio o a instancia de parte, podrá ordenar la consignación en la cuenta del juzgado de hasta un quince por ciento de lo que se obtenga en cada una de las enajenaciones de los bienes y derechos que integran la masa activa o de los pagos en efectivo que se realicen con cargo a la misma.

2. Las cantidades consignadas se utilizarán para hacer frente al pago de aquellos créditos concursales que resulten de los pronunciamientos judiciales estimatorios de los recursos de apelación interpuestos o que pudieran interponerse frente a sentencias de impugnación de la lista de acreedores o actos de liquidación.

ART. 426. De la liberación de las cantidades consignadas.

Las cantidades consignadas se liberarán cuando los recursos de apelación hayan sido resueltos o cuando el plazo para su interposición haya expirado. La parte del remanente consignado que haya quedado libre tras la resolución o expiración del plazo de interposición de los recursos, será entregada a la administración concursal para que esta la asigne de acuerdo con el orden de prelación legalmente establecido en esta ley, teniendo en cuenta la parte de los créditos que ya hubiere sido satisfecha.

CAPÍTULO VI
De la prolongación indebida de la liquidación

Renumerado (antes era el capítulo VII) por Ley 16/2022, de 5 de septiembre, de reforma del texto refundido de la Ley Concursal, aprobado por el Real Decreto Legislativo 1/2020, de 5 de mayo, para la transposición de la Directiva (UE) 2019/1023 del Parlamento Europeo y del Consejo, de 20 de junio de 2019, sobre marcos de reestructuración preventiva, exoneración de deudas e inhabilitaciones, y sobre medidas para aumentar la eficiencia de los procedimientos de reestructuración, insolvencia y exoneración de deudas, y por la que se modifica la Directiva (UE) 2017/1132 del Parlamento Europeo y del Consejo, sobre determinados aspectos del Derecho de sociedades (Directiva sobre reestructuración e insolvencia). (BOE de 06-09-2022).

ART. 427. Separación de la administración concursal por prolongación indebida de la liquidación.

1. Transcurrido un año desde la firmeza de la resolución judicial por la que se hubiera procedido a la apertura de la fase de liquidación sin que hubiera finalizado esta, cualquier interesado podrá solicitar al juez del concurso la separación de la administración concursal y el nombramiento de otra nueva.

2. El juez, previa audiencia de la administración concursal, acordará la separación si no existiere causa que justifique la dilación y procederá al nombramiento de quien haya de sustituirla.

3. El auto por el que se acuerde la separación de la administración concursal por prolongación indebida de la liquidación se insertará en el Registro público concursal.

ART. 428. Pérdida del derecho a la retribución.

Los administradores concursales separados por prolongación indebida de la liquidación perderán el derecho a percibir las retribuciones devengadas, debiendo reintegrar a la masa activa las cantidades que en ese concepto hubieran percibido desde la apertura de la fase de liquidación.

TÍTULO IX
Del pago a los acreedores concursales

ART. 429. Deducción para pagos de créditos contra la masa.

Antes de proceder al pago de los créditos concursales, la administración concursal deducirá de la masa activa los bienes y derechos necesarios para satisfacer los créditos contra esta.

ART. 430. Pago de créditos con privilegio especial.

1. El pago de los créditos con privilegio especial se hará con cargo a los bienes y derechos afectos, ya sean objeto de ejecución separada o colectiva.

2. No obstante lo dispuesto en el apartado anterior, en tanto se encuentren paralizadas las ejecuciones de garantías reales y el ejercicio de acciones de recuperación asimiladas o subsista la suspensión de las ejecuciones iniciadas antes de la declaración de concurso, la administración concursal podrá comunicar a los titulares de estos créditos con privilegio especial que opta por atender su pago con cargo a la masa y sin realización de los bienes y derechos afectos. Comunicada esta opción, la administración concursal habrá de satisfacer de inmediato la totalidad de los plazos de amortización e intereses vencidos y asumirá la obligación de atender los sucesivos como créditos contra la masa y en cuantía que no exceda del valor de la garantía conforme figura en la lista de acreedores. En caso de incumplimiento, se realizarán los bienes y derechos afectos para satisfacer los créditos con privilegio especial conforme a lo dispuesto en el apartado siguiente.

3. El importe obtenido por la realización de los bienes o derechos afectos se destinará al pago del acreedor privilegiado en cantidad que no exceda de la deuda originaria. El resto, si lo hubiere, corresponderá a la masa activa. Si no se consiguiese la completa satisfacción del crédito, la parte no satisfecha será tratada en el concurso con la clasificación que le corresponda.

Ver art. 1921 CC y arts. 667 y 669 LEC.

ART. 431. Prioridad temporal.

Si un mismo bien o derecho se encontrase afecto a más de un crédito con privilegio especial, los pagos se realizarán conforme a la prioridad temporal que para cada crédito resulte del cumplimiento de los requisitos y formalidades previstos en su legislación específica para su oponibilidad a terceros. La prioridad para el pago de los créditos con hipoteca legal tácita será la que resulte de la regulación de esta.

ART. 432. Pago de créditos con privilegio general.

1. Deducidos de la masa activa los bienes y derechos necesarios para satisfacer los créditos contra la masa y con cargo a los bienes no afectos a privilegio especial o al remanente que de ellos quedase una vez pagados estos créditos, se atenderá al pago de aquellos que gozan de privilegio general, por el orden establecido en esta ley y, en su caso, a prorrata dentro de cada número.

2. El juez podrá autorizar el pago de estos créditos sin esperar a la conclusión de las impugnaciones promovidas adoptando las medidas cautelares que considere oportunas en cada caso para asegurar su efectividad y la de los créditos contra la masa de previsible generación.

ART. 433. Pago de créditos ordinarios.

1. El pago de los créditos ordinarios se efectuará una vez satisfechos los créditos contra la masa y los privilegiados.

2. Los créditos ordinarios serán satisfechos a prorrata, conjuntamente con la parte de los créditos con privilegio especial en que no hubieran sido satisfechos con cargo a los bienes y derechos afectos, salvo que tuvieran la consideración de subordinados.

3. La administración concursal atenderá el pago de estos créditos en función de la liquidez de la masa activa y podrá disponer de entregas de cuotas cuyo importe no sea inferior al cinco por ciento del nominal de cada crédito.

ART. 434. Pago de créditos ordinarios con antelación.

1. En casos excepcionales, el juez, a solicitud de la administración concursal, podrá motivadamente autorizar la realización de pagos de créditos ordinarios con antelación cuando estime suficientemente cubierto el pago de los créditos contra la masa y de los créditos privilegiados.

2. El juez podrá también autorizar el pago de los créditos ordinarios antes de que concluyan las impugnaciones promovidas, adoptando en cada caso las medidas cautelares que considere oportunas para asegurar su efectividad y la de los créditos contra la masa de previsible generación.

ART. 435. Pago de los créditos subordinados.

1. El pago de los créditos subordinados no se realizará hasta que hayan quedado íntegramente satisfechos los créditos ordinarios.

2. El pago de estos créditos se realizará por el orden establecido en esta ley y, en su caso, a prorrata dentro de cada número.

3. Siempre que no cause perjuicio a tercero y forme parte de él el deudor, el pacto de subordinación relativa entre acreedores se reconocerá en el concurso y será ejecutable dentro del mismo. La administración concursal realizará los pagos conforme a los previsto en los pactos.

Apdo. 3 se añade por Ley 16/2022, de 5 de septiembre, de reforma del texto refundido de la Ley Concursal, aprobado por el Real Decreto Legislativo 1/2020, de 5 de mayo, para la transposición de la Directiva (UE) 2019/1023 del Parlamento Europeo y del Consejo, de 20 de junio de 2019, sobre marcos de reestructuración preventiva, exoneración de deudas e inhabilitaciones, y sobre medidas para aumentar la eficiencia de los procedimientos de reestructuración, insolvencia y exoneración de deudas, y por la que se modifica la Directiva (UE) 2017/1132 del Parlamento Europeo y del Consejo, sobre determinados aspectos del Derecho de sociedades (Directiva sobre reestructuración e insolvencia). (BOE de 06-09-2022).

ART. 436. Pago anticipado.

Si el pago de un crédito se realizare antes del vencimiento que tuviere a la fecha de la apertura de la liquidación, se hará con el descuento correspondiente, calculado al tipo de interés legal.

ART. 437. Derecho del acreedor a la cuota del deudor solidario.

El acreedor que, antes de la declaración de concurso, hubiera cobrado parte del crédito de un deudor solidario, de un fiador o de un avalista del deudor tendrá derecho a obtener en el concurso del deudor los pagos correspondientes a aquellos hasta que, sumados a los que perciba por su crédito, cubran el importe total de este.

ART. 438. Pago de crédito reconocido en dos o más concursos de deudores solidarios.

1. En el caso de que el crédito hubiera sido reconocido en dos o más concursos de deudores solidarios, la suma de lo percibido en todos los concursos no podrá exceder del importe del crédito.

2. La administración concursal podrá retener el pago hasta que el acreedor presente certificación acreditativa de lo percibido en los concursos de los demás deudores solidarios. Una vez efectuado el pago, lo pondrá en conocimiento de las administraciones concursales de los demás concursos.

3. El deudor solidario concursado que haya efectuado pago parcial al acreedor no podrá obtener el pago en los concursos de los codeudores mientras el acreedor no haya sido íntegramente satisfecho.

Ver art. 1144 CC.

ART. 439. Coordinación con pagos anteriores en fase de convenio.

1. Si a la liquidación hubiese precedido el cumplimiento parcial de un convenio, se presumirán legítimos los pagos realizados en él, salvo que se probara la existencia de fraude, contravención al convenio o alteración de la igualdad de trato a los acreedores.

2. Quienes hubieran recibido pagos parciales cuya presunción de legitimidad no resultara desvirtuada por sentencia firme de revocación, los retendrán en su poder, pero no podrán cobrar lo que les faltara percibir hasta que el resto de los acreedores de su misma clasificación hubiera recibido pagos en un porcentaje equivalente.

ART. 440. Pago de intereses.

Si resultara remanente después del pago de la totalidad de los créditos concursales, procederá el pago, total o parcial, de los intereses cuyo devengo hubiese quedado suspendido por efecto de la declaración de concurso, calculados al tipo convencional y, si no existiera, al tipo legal.

TÍTULO X
De la calificación del concurso

CAPÍTULO I
Disposiciones generales

ART. 441. Calificación del concurso.

El concurso se calificará como fortuito o como culpable.

Ver arts. 259 a 261 bis CP.

ART. 442. Concurso culpable.

El concurso se calificará como culpable cuando en la generación o agravación del estado de insolvencia hubiera mediado dolo o culpa grave del deudor o, si los tuviere, de sus representantes legales y, en caso de persona jurídica, de sus administradores o liquidadores, de derecho o de hecho, directores generales, y de quienes, dentro de los dos años anteriores a la fecha de declaración del concurso, hubieren tenido cualquiera de estas condiciones.

ART. 443. Supuestos especiales.

En todo caso, el concurso se calificará como culpable en los siguientes supuestos:

1.º Cuando el deudor se hubiera alzado con la totalidad o parte de sus bienes en perjuicio de sus acreedores o hubiera realizado cualquier acto que retrase, dificulte o impida la eficacia de un embargo en cualquier clase de ejecución iniciada o de previsible iniciación.

2.º Cuando durante los dos años anteriores a la fecha de la declaración de concurso hubieran salido fraudulentamente del patrimonio del deudor bienes o derechos.

3.º Cuando antes de la fecha de declaración del concurso el deudor hubiese realizado cualquier acto jurídico dirigido a simular una situación patrimonial ficticia.

4.º Cuando el deudor hubiera cometido inexactitud grave en cualquiera de los documentos acompañados a la solicitud de declaración de concurso o presentados durante la tramitación del procedimiento, o hubiera acompañado o presentado documentos falsos.

5.º Cuando el deudor legalmente obligado a la llevanza de contabilidad hubiera incumplido sustancialmente esta obligación, llevara doble contabilidad o hubiera cometido en la que llevara irregularidad relevante para la comprensión de su situación patrimonial o financiera.

6.º Cuando la apertura de la liquidación haya sido acordada de oficio por incumplimiento del convenio debido a causa imputable al concursado.

ART. 444. Presunciones de culpabilidad.

El concurso se presume culpable, salvo prueba en contrario, cuando el deudor o, en su caso, sus representantes legales, administradores o liquidadores:

1.º Hubieran incumplido el deber de solicitar la declaración del concurso.

2.º Hubieran incumplido el deber de colaboración con el juez del concurso y la administración concursal, no les hubieran facilitado la información necesaria o conveniente para el interés del concurso, o no hubiesen asistido, por sí o por medio de apoderado, a la junta de acreedores, siempre que su participación hubiera sido determinante para la adopción del convenio.

3.º Si, en alguno de los tres últimos ejercicios anteriores a la declaración de concurso, el deudor obligado legalmente a la llevanza de contabilidad no hubiera formulado las cuentas anuales, no las hubiera sometido a auditoría, debiendo hacerlo, o, una vez aprobadas, no las hubiera depositado en el Registro mercantil o en el registro correspondiente.

ART. 445. Cómplices.

Se consideran cómplices las personas que, con dolo o culpa grave, hubieran cooperado con el deudor o, si los tuviere, con sus representantes legales y, en caso de persona jurídica, con sus administradores o liquidadores, tanto de derecho como de hecho, o con sus directores generales, a la realización de cualquier acto que haya fundado la calificación del concurso como culpable.

Modificado por Ley 16/2022, de 5 de septiembre, de reforma del texto refundido de la Ley Concursal, aprobado por el Real Decreto Legislativo 1/2020, de 5 de mayo, para la transposición de la Directiva (UE)

2019/1023 del Parlamento Europeo y del Consejo, de 20 de junio de 2019, sobre marcos de reestructuración preventiva, exoneración de deudas e inhabilitaciones, y sobre medidas para aumentar la eficiencia de los procedimientos de reestructuración, insolvencia y exoneración de deudas, y por la que se modifica la Directiva (UE) 2017/1132 del Parlamento Europeo y del Consejo, sobre determinados aspectos del Derecho de sociedades (Directiva sobre reestructuración e insolvencia). (BOE de 06-09-2022).

ART. 445 bis. Incumplimiento culpable del convenio.

1. El incumplimiento del convenio se calificará como culpable cuando hubiera mediado dolo o culpa grave del deudor o, si los tuviere, de sus representantes legales y, en caso de persona jurídica, de sus administradores o liquidadores, de derecho o de hecho, de sus directores generales y de quienes, dentro del periodo de cumplimiento del convenio, hubieren reunido cualquiera de estas condiciones.

2. En todo caso, el incumplimiento se calificará como culpable en los siguientes supuestos:

1.º Si durante el periodo de cumplimiento del convenio hubieran salido fraudulentamente del patrimonio del deudor bienes o derechos.

2.º Si el deudor hubiera realizado cualquier acto jurídico dirigido a simular una situación patrimonial ficticia.

3. El incumplimiento del convenio se presume culpable, salvo prueba en contrario, cuando el deudor o, en su caso, sus representantes legales, administradores o liquidadores:

1.º Si durante el cumplimiento del convenio el deudor no hubiera reclamado el cumplimiento de las obligaciones exigibles.

2.º Si el deudor hubiera incumplido el deber de solicitar la liquidación de la masa activa.

3.º Si el deudor obligado legalmente a la llevanza de contabilidad, no hubiera formulado en tiempo y forma las cuentas anuales en alguno de los tres últimos ejercicios anteriores a aquel en que hubiera incumplido el convenio; no hubiera sometido esas cuentas a auditoría, debiendo hacerlo, o, una vez aprobadas, no las hubiera depositado en el Registro mercantil o en el registro correspondiente.

Añadido por Ley 16/2022, de 5 de septiembre, de reforma del texto refundido de la Ley Concursal, aprobado por el Real Decreto Legislativo 1/2020, de 5 de mayo, para la transposición de la Directiva (UE) 2019/1023 del Parlamento Europeo y del Consejo, de 20 de junio de 2019, sobre marcos de reestructuración preventiva, exoneración de deudas e inhabilitaciones, y sobre medidas para aumentar la eficiencia de los procedimientos de reestructuración, insolvencia y exoneración de deudas, y por la que se modifica la Directiva (UE) 2017/1132 del Parlamento Europeo y del Consejo, sobre determinados aspectos del Derecho de sociedades (Directiva sobre reestructuración e insolvencia). (BOE de 06-09-2022).

CAPÍTULO II
De la sección de calificación

Sección 1.ª De la formación y tramitación de la sección de calificación

Subsección 1.ª Del régimen general

ART. 446. Formación de la sección sexta.

1. En el mismo auto por el que se ponga fin a la fase común, el juez ordenará la formación de la sección sexta.

2. La sección se encabezará con copia auténtica del auto por el que se haya procedido a su formación y se incorporarán a ella copia auténtica de la solicitud de declaración de concurso, de la documentación aportada por el deudor, del auto de declaración de concurso y del informe de la administración concursal con los documentos anejos.

Modificado por Ley 16/2022, de 5 de septiembre, de reforma del texto refundido de la Ley Concursal, aprobado por el Real Decreto Legislativo 1/2020, de 5 de mayo, para la transposición de la Directiva (UE) 2019/1023 del Parlamento Europeo y del Consejo, de 20 de junio de 2019, sobre marcos de reestructuración preventiva, exoneración de deudas e inhabilitaciones, y sobre medidas para aumentar la eficiencia de los procedimientos de reestructuración, insolvencia y exoneración de deudas, y por la que se modifica la Directiva (UE) 2017/1132 del Parlamento Europeo y del Consejo, sobre determinados aspectos del Derecho de sociedades (Directiva sobre reestructuración e insolvencia). (BOE de 06-09-2022).

ART. 447. Alegaciones sobre la calificación del concurso.

Durante el plazo para la comunicación de créditos cualquier acreedor o cualquier personado en el concurso podrá remitir por correo electrónico a la administración concursal cuanto considere relevante para fundar la calificación del concurso como culpable, acompañando, en su caso, los documentos que considere oportunos.

Modificado por Ley 16/2022, de 5 de septiembre, de reforma del texto refundido de la Ley Concursal, aprobado por el Real Decreto Legislativo 1/2020, de 5 de mayo, para la transposición de la Directiva (UE) 2019/1023 del Parlamento Europeo y del Consejo, de 20 de junio de 2019, sobre marcos de reestructuración preventiva, exoneración de deudas e inhabilitaciones, y sobre medidas para aumentar la eficiencia de los procedimientos de reestructuración, insolvencia y exoneración de deudas, y por la que se modifica la Directiva (UE) 2017/1132 del Parlamento Europeo y del Consejo, sobre determinados aspectos del Derecho de sociedades (Directiva sobre reestructuración e insolvencia). (BOE de 06-09-2022).

ART. 448. Informe de calificación del administrador concursal.

1. Dentro de los quince días siguientes al de la presentación del inventario y de la lista de acreedores provisionales, la administración concursal presentará un informe razonado y documentado sobre los hechos relevantes para la calificación del concurso, con propuesta de resolución. Si los acreedores o los que sin ser acreedores se hayan personado en el concurso hubieran formulado alegaciones para la calificación del concurso como culpable, esas alegaciones se unirán como anejo al informe de calificación.

2. El informe de calificación tendrá la estructura propia de una demanda si el administrador concursal solicitara la calificación del concurso como culpable.

3. Si la administración concursal propusiera la calificación del concurso como culpable, el informe expresará la identidad de las personas a las que deba afectar la calificación y la de las que hayan de ser consideradas cómplices, justificando la causa, así como la determinación de los daños y perjuicios que, en su caso, se hayan causado por las personas anteriores y las demás pretensiones que se consideren procedentes conforme a lo previsto por la ley.

4. El mismo día de la presentación, el administrador concursal remitirá el informe a la dirección de correo electrónico de quienes hubieran formulado alegaciones sobre la calificación del concurso.

5. Si después de la presentación del informe de calificación la administración concursal tuviera conocimiento de algún hecho relevante para la calificación, podrá presentar una ampliación de su informe.

Modificado por Ley 16/2022, de 5 de septiembre, de reforma del texto refundido de la Ley Concursal, aprobado por el Real Decreto Legislativo 1/2020, de 5 de mayo, para la transposición de la Directiva (UE) 2019/1023 del Parlamento Europeo y del Consejo, de 20 de junio de 2019, sobre marcos de reestructuración preventiva, exoneración de deudas e inhabilitaciones, y sobre medidas para aumentar la eficiencia de los procedimientos de reestructuración, insolvencia y exoneración de deudas, y por la que se modifica la Directiva (UE) 2017/1132 del Parlamento Europeo y del Consejo, sobre determinados aspectos del Derecho de sociedades (Directiva sobre reestructuración e insolvencia). (BOE de 06-09-2022).

ART. 449. Informe de calificación de los acreedores.

Dentro de los diez días siguientes al de la remisión del informe de calificación del administrador concursal, los acreedores que hubieran formulado alegaciones para la calificación del concurso como culpable podrán presentar también un informe razonado y documentado sobre los hechos relevantes para la calificación del concurso como culpable, con propuesta de resolución del concurso como culpable conforme a lo establecido en el artículo anterior, siempre que representen, al menos, el cinco por ciento del pasivo o sean titulares de créditos por importe superior a un millón de euros según la lista provisional presentada por la administración concursal.

Modificado por Ley 16/2022, de 5 de septiembre, de reforma del texto refundido de la Ley Concursal, aprobado por el Real Decreto Legislativo 1/2020, de 5 de mayo, para la transposición de la Directiva (UE) 2019/1023 del Parlamento Europeo y del Consejo, de 20 de junio de 2019, sobre marcos de reestructuración preventiva, exoneración de deudas e inhabilitaciones, y sobre medidas para aumentar la eficiencia de los procedimientos de reestructuración, insolvencia y exoneración de deudas, y por la que se modifica la Directiva (UE) 2017/1132 del Parlamento Europeo y del Consejo, sobre determinados aspectos del Derecho de sociedades (Directiva sobre reestructuración e insolvencia). (BOE de 06-09-2022).

ART. 450. Tramitación de la sección.

1. Si en alguno de los informes emitidos se hubiera solicitado la calificación del concurso como culpable, el juez, dentro de los cinco días siguientes a aquel en que hubiera transcurrido el plazo a que se refiere el artículo anterior, ordenará, mediante providencia, que se dé audiencia al concursado por plazo de diez días y, en la misma resolución, ordenará emplazar a todas las demás personas que, según resulte de lo actuado, pudieran ser afectadas por la calificación del concurso o declaradas cómplices, a fin de que, en plazo de cinco días, comparezcan en la sección si no lo hubieran hecho con anterioridad.

2. El mismo día de la providencia, el letrado de la Administración de Justicia señalará fecha y hora para la celebración de la vista, que deberá tener lugar dentro de los dos meses siguientes a la fecha de esa resolución.

3. A las personas que comparezcan en plazo el letrado de la Administración de Justicia les dará vista del contenido de la sección para que, dentro de los diez días siguientes, aleguen cuanto convenga a su derecho. Si comparecieren con posterioridad al vencimiento del plazo, les tendrá por parte sin retroceder el curso de las actuaciones. Si no comparecieren, el letrado de la Administración de Justicia los declarará en rebeldía y seguirán su curso las actuaciones sin volver a citarlos.

4. Si la prueba propuesta en los informes emitidos en los que se hubiera solicitado la calificación del concurso como culpable y en las alegaciones presentadas por el deudor, las demás personas afectadas por la calificación y los cómplices, fuese únicamente documental, el juez podrá dejar sin efecto el señalamiento para la celebración de la vista.

5. Salvo en caso de allanamiento, las alegaciones del deudor, de las demás personas afectadas por la calificación y de los cómplices deberán tener la estructura propia de una contestación a la demanda.

6. Si el informe de la administración concursal solicitara la calificación del concurso como fortuito y los acreedores legitimados no hubieran presentado informe de calificación, el juez, sin más trámites, ordenará, mediante auto, el archivo de las actuaciones. Contra el auto que ordene el archivo de las actuaciones no cabrá recurso alguno.

Modificado por Ley 16/2022, de 5 de septiembre, de reforma del texto refundido de la Ley Concursal, aprobado por el Real Decreto Legislativo 1/2020, de 5 de mayo, para la transposición de la Directiva (UE) 2019/1023 del Parlamento Europeo y del Consejo, de 20 de junio de 2019, sobre marcos de reestructuración preventiva, exoneración de deudas e inhabilitaciones, y sobre medidas para aumentar la eficiencia de los procedimientos de reestructuración, insolvencia y exoneración de deudas, y por la que se modifica la Directiva (UE) 2017/1132 del Parlamento Europeo y del Consejo, sobre determinados aspectos del Derecho de sociedades (Directiva sobre reestructuración e insolvencia). (BOE de 06-09-2022).

ART. 450 bis. Elevación de los informes al Ministerio Fiscal.

En el caso de que en cualquiera de los informes de calificación se pusiera de manifiesto la posible existencia de un hecho constitutivo de delito no perseguible únicamente a instancia de persona agraviada, el juez, en la misma resolución por la que acuerde el emplazamiento de las personas que pudieran quedar afectadas por la calificación o declaradas cómplices, lo pondrá en conocimiento del Ministerio Fiscal por si hubiere lugar al ejercicio de la acción penal.

Añadido por Ley 16/2022, de 5 de septiembre, de reforma del texto refundido de la Ley Concursal, aprobado por el Real Decreto Legislativo 1/2020, de 5 de mayo, para la transposición de la Directiva (UE) 2019/1023 del Parlamento Europeo y del Consejo, de 20 de junio de 2019, sobre marcos de reestructuración preventiva, exoneración de deudas e inhabilitaciones, y sobre medidas para aumentar la eficiencia de los procedimientos de reestructuración, insolvencia y exoneración de deudas, y por la que se modifica la Directiva (UE) 2017/1132 del Parlamento Europeo y del Consejo, sobre determinados aspectos del Derecho de sociedades (Directiva sobre reestructuración e insolvencia). (BOE de 06-09-2022).

ART. 450 ter. Personación de acreedores y demás legitimados.

Si el informe de calificación de la administración concursal solicitara la calificación del concurso como culpable, cualquier acreedor o persona que acredite interés legítimo podrá personarse en la sección sexta para defender esa calificación.

Añadido por Ley 16/2022, de 5 de septiembre, de reforma del texto refundido de la Ley Concursal, aprobado por el Real Decreto Legislativo 1/2020, de 5 de mayo, para la transposición de la Directiva (UE) 2019/1023 del Parlamento Europeo y del Consejo, de 20 de junio de 2019, sobre marcos de reestructura-

ción preventiva, exoneración de deudas e inhabilitaciones, y sobre medidas para aumentar la eficiencia de los procedimientos de reestructuración, insolvencia y exoneración de deudas, y por la que se modifica la Directiva (UE) 2017/1132 del Parlamento Europeo y del Consejo, sobre determinados aspectos del Derecho de sociedades (Directiva sobre reestructuración e insolvencia). (BOE de 06-09-2022).

ART. 451. Oposición a la calificación.

1. Si el concursado o alguno de los comparecidos formulase oposición deberá hacerlo en la forma prevista para un escrito de contestación a la demanda. Para los trámites posteriores el procedimiento se sustanciará según lo previsto para el incidente concursal. De ser varias las oposiciones, se sustanciarán juntas en el mismo incidente.

2. Si no se hubiere formulado oposición, el juez dictará sentencia en el plazo de cinco días.

ART. 451 bis. Transacción.

1. La administración concursal, los acreedores que hubieran presentado informe de calificación y las personas que, según cualquiera de esos informes, pudieran quedar afectadas por la calificación o ser declaradas cómplices podrán alcanzar un acuerdo transaccional sobre el contenido económico de la calificación.

2. La eficacia del acuerdo transaccional está condicionada a la aprobación por el juez del concurso. Presentada la solicitud de aprobación, el letrado de la Administración de Justicia dará traslado de esa solicitud a los personados en la sección para que, en el plazo de diez días, aleguen lo que a su derecho convenga.

3. Contra el auto por el que se apruebe la transacción los personados en la sección que hubieran alegado en contra de que la transacción fuera aprobada podrán interponer recurso de apelación. Contra el auto por el que se deniegue la aprobación no cabrá interponer recurso alguno.

Añadido por Ley 16/2022, de 5 de septiembre, de reforma del texto refundido de la Ley Concursal, aprobado por el Real Decreto Legislativo 1/2020, de 5 de mayo, para la transposición de la Directiva (UE) 2019/1023 del Parlamento Europeo y del Consejo, de 20 de junio de 2019, sobre marcos de reestructuración preventiva, exoneración de deudas e inhabilitaciones, y sobre medidas para aumentar la eficiencia de los procedimientos de reestructuración, insolvencia y exoneración de deudas, y por la que se modifica la Directiva (UE) 2017/1132 del Parlamento Europeo y del Consejo, sobre determinados aspectos del Derecho de sociedades (Directiva sobre reestructuración e insolvencia). (BOE de 06-09-2022).

Subsección 2.ª Del régimen especial en caso de incumplimiento del convenio

ART. 452. Especialidades de la formación de la sección de calificación en caso de incumplimiento del convenio.

1. En la misma resolución judicial que acuerde la apertura de la liquidación por razón de incumplimiento del convenio, el juez procederá del siguiente modo:

1.º Si en la sección sexta se hubiera dictado sentencia de calificación o auto de archivo de la sección, ordenará la reapertura de esa sección, con incorporación a ella de la propia resolución que ordene esa reapertura.

2.º Si continuara en tramitación, ordenará la formación de una pieza separada dentro de la sección de calificación que se hallare abierta, para su tramitación de forma autónoma y conforme a las normas establecidas en este título que le sean de aplicación.

2. El plazo para la presentación del informe o informes de calificación se iniciará al siguiente día de la notificación de la apertura de la liquidación al administrador concursal y a los acreedores personados en el concurso.

Modificado por Ley 16/2022, de 5 de septiembre, de reforma del texto refundido de la Ley Concursal, aprobado por el Real Decreto Legislativo 1/2020, de 5 de mayo, para la transposición de la Directiva (UE) 2019/1023 del Parlamento Europeo y del Consejo, de 20 de junio de 2019, sobre marcos de reestructuración preventiva, exoneración de deudas e inhabilitaciones, y sobre medidas para aumentar la eficiencia de los procedimientos de reestructuración, insolvencia y exoneración de deudas, y por la que se modifica la Directiva (UE) 2017/1132 del Parlamento Europeo y del Consejo, sobre determinados aspectos del Derecho de sociedades (Directiva sobre reestructuración e insolvencia). (BOE de 06-09-2022).

ART. 453. Personación de acreedores y demás legitimados.

En caso de incumplimiento del convenio, si el informe o informes de calificación solicitaran la calificación del concurso como culpable, cualquier acreedor o persona que acredite interés legítimo podrá personarse en la sección sexta o en la pieza separada, antes de la celebración de la vista, para defender esta calificación.

Modificado por Ley 16/2022, de 5 de septiembre, de reforma del texto refundido de la Ley Concursal, aprobado por el Real Decreto Legislativo 1/2020, de 5 de mayo, para la transposición de la Directiva (UE) 2019/1023 del Parlamento Europeo y del Consejo, de 20 de junio de 2019, sobre marcos de reestructuración preventiva, exoneración de deudas e inhabilitaciones, y sobre medidas para aumentar la eficiencia de los procedimientos de reestructuración, insolvencia y exoneración de deudas, y por la que se modifica la Directiva (UE) 2017/1132 del Parlamento Europeo y del Consejo, sobre determinados aspectos del Derecho de sociedades (Directiva sobre reestructuración e insolvencia). (BOE de 06-09-2022).

ART. 454. Contenido de los informes.

En el caso de reapertura de la sección o de formación de pieza separada, el informe o informes de calificación se limitarán a determinar si ha concurrido dolo o culpa grave en el incumplimiento del convenio, con propuesta de resolución.

Modificado por Ley 16/2022, de 5 de septiembre, de reforma del texto refundido de la Ley Concursal, aprobado por el Real Decreto Legislativo 1/2020, de 5 de mayo, para la transposición de la Directiva (UE) 2019/1023 del Parlamento Europeo y del Consejo, de 20 de junio de 2019, sobre marcos de reestructuración preventiva, exoneración de deudas e inhabilitaciones, y sobre medidas para aumentar la eficiencia de los procedimientos de reestructuración, insolvencia y exoneración de deudas, y por la que se modifica la Directiva (UE) 2017/1132 del Parlamento Europeo y del Consejo, sobre determinados aspectos del Derecho de sociedades (Directiva sobre reestructuración e insolvencia). (BOE de 06-09-2022).

Sección 2.ª De la sentencia de calificación

ART. 455. Sentencia de calificación.

1. La sentencia declarará el concurso como fortuito o como culpable. Si lo calificara como culpable, expresará la causa o causas en que se fundamente la calificación.

2. La sentencia que califique el concurso como culpable contendrá, además, los siguientes pronunciamientos:

1.º La determinación de las personas afectadas por la calificación, así como, en su caso, la de las declaradas cómplices.

En caso de persona jurídica, podrán ser consideradas personas afectadas por la calificación los administradores o liquidadores, de derecho o de hecho, los directores generales y quienes, dentro de los dos años anteriores a la fecha de la declaración de concurso, hubieren tenido cualquiera de estas condiciones.

Si alguna de las personas afectadas lo fuera como administrador o liquidador de hecho, la sentencia deberá motivar específicamente la atribución de esa condición.

No tendrán la consideración de administradores de hecho los acreedores que, en virtud de lo pactado en el convenio tuvieran derechos especiales de información, de autorización de determinadas operaciones del deudor o cualesquiera otras de vigilancia o control sobre el cumplimiento del plan de viabilidad, salvo que se acreditara la existencia de alguna circunstancia de distinta naturaleza que pudiera justificar la atribución de esa condición.

2.º La inhabilitación de las personas naturales afectadas por la calificación para administrar los bienes ajenos durante un período de dos a quince años, así como para representar a cualquier persona durante el mismo período. Esta inhabilitación se notificará al Registro de la Propiedad y al Registro Mercantil para su constancia en la hoja de la concursada y en las demás del registro en que aparezca la persona inhabilitada, así como en el Índice único informatizado del artículo 242 bis de la Ley Hipotecaria.

La duración del periodo de inhabilitación se fijará por el juez atendiendo a la gravedad de los hechos y a la entidad del perjuicio causado a la masa activa, así como a la existencia de otras sentencias de calificación del concurso como culpable en los que la misma persona ya hubiera sido inhabilitada.

Excepcionalmente, en caso de convenio, si así lo hubiera solicitado la administración concursal en el informe de calificación, la sentencia podrá autorizar al inhabilitado a continuar al frente de la empresa o como administrador de la sociedad concursada durante el tiempo de cumplimiento del convenio o por periodo inferior.

3.º La pérdida de cualquier derecho que las personas afectadas por la calificación o declaradas cómplices tuvieran como acreedores concursales o de la masa.

4.º La condena a las personas afectadas por la calificación o declaradas cómplices a devolver los bienes o derechos que indebidamente hubieran obtenido del patrimonio del deudor o recibido de la masa activa.

5.º La condena a las personas afectadas por la calificación o declaradas cómplices a indemnizar, con o sin solidaridad, los daños y perjuicios causados.

3. En materia de costas, serán de aplicación las siguientes reglas especiales:

1.ª La sentencia que desestime la solicitud de calificación del concurso como culpable a solicitud de la administración concursal no condenará a esta al pago de las costas, salvo que concurra temeridad.

2.ª La sentencia que estime la solicitud de calificación del concurso como culpable no condenará a las personas afectadas por la calificación o declarados cómplices al pago de las costas en que hubieran incurrido los legitimados personados en la sección sexta para defender la calificación del concurso como culpable.

4. La sentencia declarará el incumplimiento del convenio como fortuito o como culpable. La sentencia que califique ese incumplimiento como culpable contendrá, además, los pronunciamientos a que se refieren los apartados 1 y 2.

Apdo. 2 (ordinales 2.º y 5.º) se modifica y apdos. 3 y 4 se añaden por Ley 16/2022, de 5 de septiembre, de reforma del texto refundido de la Ley Concursal, aprobado por el Real Decreto Legislativo 1/2020, de 5 de mayo, para la transposición de la Directiva (UE) 2019/1023 del Parlamento Europeo y del Consejo, de 20 de junio de 2019, sobre marcos de reestructuración preventiva, exoneración de deudas e inhabilitaciones, y sobre medidas para aumentar la eficiencia de los procedimientos de reestructuración, insolvencia y exoneración de deudas, y por la que se modifica la Directiva (UE) 2017/1132 del Parlamento Europeo y del Consejo, sobre determinados aspectos del Derecho de sociedades (Directiva sobre reestructuración e insolvencia). (BOE de 06-09-2022).

Ver arts. 259, 260, 261 y 261 bis del CP, 242 bis de la Ley Hipotecaria.

ART. 456. Condena a la cobertura del déficit.

1. Cuando la sección de calificación hubiera sido formada o reabierta como consecuencia de la apertura de la fase de liquidación, el juez, en la sentencia de calificación, podrá condenar, con o sin solidaridad, a la cobertura, total o parcial, del déficit a todos o a algunos de los administradores, liquidadores, de derecho o de hecho, o directores generales de la persona jurídica concursada que hubieran sido declarados personas afectadas por la calificación en la medida que la conducta de estas personas que haya determinado la calificación del concurso como culpable hubiera generado o agravado la insolvencia.

2. Se considera que existe déficit cuando el valor de los bienes y derechos de la masa activa según el inventario de la administración concursal sea inferior a la suma de los importes de los créditos reconocidos en la lista de acreedores.

3. En caso de pluralidad de condenados a la cobertura del déficit, la sentencia deberá individualizar la cantidad a satisfacer por cada uno de ellos, de acuerdo con la participación en los hechos que hubieran determinado la calificación del concurso.

4. En caso de reapertura de la sección sexta por incumplimiento del convenio, si el concurso hubiera sido ya calificado como culpable, el juez para fijar la condena a la cobertura, total o parcial, del déficit, atenderá tanto a los hechos declarados probados en la sentencia de calificación como a los determinantes de la reapertura.

ART. 457. Publicidad.

El contenido de la sentencia de calificación del concurso como culpable se inscribirá en el Registro público concursal.

ART. 458. Cumplimiento de las condenas de inhabilitación.

En el caso de que una misma persona fuera inhabilitada en dos o más concursos, el período de inhabilitación será la suma de cada uno de ellos.

ART. 459. Cese y sustitución de los inhabilitados.

1. La firmeza de la sentencia de calificación producirá el cese automático de los administradores y liquidadores de la persona jurídica concursada que hubieran sido inhabilitados.

2. Si el cese impidiese el funcionamiento del órgano de administración o liquidación, la administración concursal, aunque hubiera sido cesada, convocará junta o asamblea de socios para el nombramiento de quienes hayan de cubrir las vacantes de los inhabilitados. Los gastos de la convocatoria serán a cargo de la sociedad.

ART. 460. Recurso de apelación.

Quienes hubieran sido parte en la sección sexta podrán interponer recurso de apelación contra la sentencia de calificación.

ART. 461. Ejecución de la sentencia de calificación.

1. La legitimación para solicitar la ejecución de la condena o de las condenas que contenga la sentencia de calificación corresponderá a la administración concursal. Los acreedores que hayan instado por escrito de la administración concursal la solicitud de la ejecución estarán legitimados para solicitarla si la administración concursal no lo hiciere dentro del mes siguiente al requerimiento.

2. Todas las cantidades que se obtengan en ejecución de la sentencia de calificación se integrarán en la masa activa del concurso.

ART. 462. Regla de la no vinculación de los jueces de lo penal ni de los órganos de la jurisdicción contencioso-administrativa.

La calificación no vinculará a los jueces de lo penal que conozcan de aquellas actuaciones de las personas afectadas por la calificación o declaradas cómplices que pudieran ser constitutivas de delito, ni a los órganos de la jurisdicción contencioso-administrativa que conozcan de actuaciones sobre responsabilidad en el ámbito administrativo de terceras personas relacionadas con el concursado.

Modificado por Ley 16/2022, de 5 de septiembre, de reforma del texto refundido de la Ley Concursal, aprobado por el Real Decreto Legislativo 1/2020, de 5 de mayo, para la transposición de la Directiva (UE) 2019/1023 del Parlamento Europeo y del Consejo, de 20 de junio de 2019, sobre marcos de reestructuración preventiva, exoneración de deudas e inhabilitaciones, y sobre medidas para aumentar la eficiencia de los procedimientos de reestructuración, insolvencia y exoneración de deudas, y por la que se modifica la Directiva (UE) 2017/1132 del Parlamento Europeo y del Consejo, sobre determinados aspectos del Derecho de sociedades (Directiva sobre reestructuración e insolvencia). (BOE de 06-09-2022).

Ver arts. 259 a 261 bis CP.

Sección 3.ª De la calificación en caso de intervención administrativa

ART. 463. Formación de la sección de calificación.

1. En los casos de adopción de medidas administrativas que comporten la disolución y liquidación de una entidad y excluyan la posibilidad de declarar el concurso, la autoridad supervisora que las hubiera acordado comunicará inmediatamente la resolución al juez que fuera competente para la declaración de concurso de esa entidad.

2. Una vez recibida la comunicación y, aunque la resolución administrativa no sea firme, el juez, de oficio o a solicitud de la autoridad administrativa, dictará auto acordando la formación de una sección autónoma de calificación, sin previa declaración de concurso.

3. Se dará al auto la publicidad prevista en esta ley para la resolución judicial de apertura de la liquidación.

Apdo. 2 modificado por Ley 16/2022, de 5 de septiembre, de reforma del texto refundido de la Ley Concursal, aprobado por el Real Decreto Legislativo 1/2020, de 5 de mayo, para la transposición de la Directiva (UE) 2019/1023 del Parlamento Europeo y del Consejo, de 20 de junio de 2019, sobre marcos de reestructuración preventiva, exoneración de deudas e inhabilitaciones, y sobre medidas para aumentar la eficiencia de los procedimientos de reestructuración, insolvencia y exoneración de deudas, y por la que se modifica la Directiva (UE) 2017/1132 del Parlamento Europeo y del Consejo, sobre determinados aspectos del Derecho de sociedades (Directiva sobre reestructuración e insolvencia). (BOE de 06-09-2022).

ART. 464. Especialidades de la tramitación.

1. La sección se encabezará con la resolución administrativa que hubiere acordado las medidas.

2. Los interesados podrán personarse y ser parte en la sección en el plazo de quince días a contar desde la publicación prevista en el artículo anterior.

3. El informe sobre la calificación será emitido por la autoridad supervisora que hubiere acordado la medida de intervención, salvo que en la legislación específica se designe persona distinta.

TÍTULO XI
De la conclusión y de la reapertura del concurso de acreedores

CAPÍTULO I
De la conclusión del concurso

Sección 1.ª De las causas de conclusión del concurso

ART. 465. Causas.

La conclusión del concurso con el archivo de las actuaciones procederá en los siguientes casos:

1.° Cuando alcance firmeza el auto de la Audiencia Provincial que, estimando la apelación, revoque el auto de declaración de concurso.

2.° Cuando de la lista definitiva de acreedores resulte la existencia de un único acreedor.

3.° Cuando, terminada la fase común del concurso, alcance firmeza la resolución que acepte el desistimiento o la renuncia de los acreedores reconocidos, a menos que tras el desistimiento o renuncia resulte la existencia de un único acreedor en cuyo caso se estará a lo dispuesto en el ordinal anterior.

4.° Cuando, dictado auto de cumplimiento del convenio, transcurra el plazo de caducidad de las acciones de declaración de incumplimiento o, en su caso, sean rechazadas por resolución judicial firme las que se hubieren ejercitado.

5.° Cuando, en cualquier estado del procedimiento, se compruebe el pago o la consignación de la totalidad de los créditos reconocidos o la íntegra satisfacción de los acreedores por cualquier otro medio.

6.° Cuando se hayan liquidado los bienes y derechos de la masa activa y aplicado lo obtenido en la liquidación a la satisfacción de los créditos.

7.° Cuando, en cualquier estado del procedimiento, se compruebe la insuficiencia de la masa activa para satisfacer los créditos contra la masa, y concurran las demás condiciones establecidas en esta ley.

8.° Cuando, en los casos admitidos por la ley, la sociedad declarada en concurso se hubiera fusionado con otra u otras o hubiera sido absorbida por otra, se hubiera escindido totalmente o hubiera cedido globalmente el activo y el pasivo que tuviere.

Modificado por Ley 16/2022, de 5 de septiembre, de reforma del texto refundido de la Ley Concursal, aprobado por el Real Decreto Legislativo 1/2020, de 5 de mayo, para la transposición de la Directiva (UE) 2019/1023 del Parlamento Europeo y del Consejo, de 20 de junio de 2019, sobre marcos de reestructuración preventiva, exoneración de deudas e inhabilitaciones, y sobre medidas para aumentar la eficiencia de los procedimientos de reestructuración, insolvencia y exoneración de deudas, y por la que se modifica la Directiva (UE) 2017/1132 del Parlamento Europeo y del Consejo, sobre determinados aspectos del Derecho de sociedades (Directiva sobre reestructuración e insolvencia). (BOE de 06-09-2022).

Sección 2.ª Del régimen de conclusión del concurso

Subsección 1.ª De la conclusión del concurso por revocación de la declaración

ART. 466. Revocación de la declaración de concurso.

La conclusión del concurso se acordará mediante diligencia por el Letrado de la Administración de Justicia, una vez conste en el juzgado la firmeza del auto de la Audiencia Provincial que revoque el auto de declaración de concurso.

Subsección 2.ª De la conclusión del concurso por cumplimiento del convenio

ART. 467. Cumplimiento del convenio.

Una vez transcurrido el plazo de caducidad de las acciones de declaración de incumplimiento o, en su caso, rechazadas por resolución judicial firme las que se hubieran ejercitado, el juez dictará auto de conclusión del procedimiento.

Subsección 3.ª De la conclusión del concurso por finalización de la liquidación

ART. 468. Presentación del informe final de liquidación.

1. Dentro del mes siguiente a la conclusión de la liquidación de la masa activa, la administración concursal presentará al juez del concurso el informe final de liquidación solicitando la conclusión del procedimiento. Si estuviera en tramitación la sección sexta, el informe final se presentará en el mes siguiente a la notificación de la sentencia de calificación.

2. En el informe final de liquidación, el administrador concursal expondrá las operaciones de liquidación que hubiera realizado y las cantidades obtenidas en cada una de esas operaciones, así como los pagos realizados y, en su caso, las consignaciones efectuadas para la satisfacción de los créditos contra la masa y de los créditos concursales.

3. En el informe final de liquidación el administrador concursal expondrá si el deudor tiene la propiedad de bienes o derechos legalmente inembargables, y si en la masa activa existen bienes o derechos desprovistos de valor de mercado o cuyo coste de realización sea manifiestamente desproporcionado respecto del previsible valor venal, así como si existen bienes o derechos pignorado o hipotecados.

4. El informe final se pondrá de manifiesto en la oficina judicial a todas las partes personadas por el plazo de quince días.

5. La administración concursal remitirá el informe final mediante comunicación telemática a los acreedores de cuya dirección electrónica tenga conocimiento.

6. Lo establecido en este artículo será de aplicación al informe justificativo de la procedencia de la conclusión del concurso por cualquier otra causa de conclusión del concurso y al escrito en el que el administrador concursal informe favorablemente la solicitud de conclusión deducida por otros legitimados.

ART. 469. Oposición a la conclusión.

1. Si en el plazo de audiencia concedido a las partes, computado desde la puesta de manifiesto del informe final en la oficina judicial, se formulase oposición a la conclusión del concurso, se dará a esta la tramitación del incidente concursal.

2. Si no se formulase oposición en el plazo indicado, el juez resolverá sobre la conclusión del procedimiento en la misma resolución que decida sobre la rendición de cuentas.

Subsección 4.ª De la conclusión por insuficiencia de la masa
activa simultánea a la declaración del concurso

(SUPRIMIDA)

Suprimida por Ley 16/2022, de 5 de septiembre, de reforma del texto refundido de la Ley Concursal, aprobado por el Real Decreto Legislativo 1/2020, de 5 de mayo, para la transposición de la Directiva (UE) 2019/1023 del Parlamento Europeo y del Consejo, de 20 de junio de 2019, sobre marcos de reestructuración preventiva, exoneración de deudas e inhabilitaciones, y sobre medidas para aumentar la eficiencia de los procedimientos de reestructuración, insolvencia y exoneración de deudas, y por la que se modifica la Directiva (UE) 2017/1132 del Parlamento Europeo y del Consejo, sobre determinados aspectos del Derecho de sociedades (Directiva sobre reestructuración e insolvencia). (BOE de 06-09-2022).

ARTS. 470 A 472.

(SUPRIMIDOS)

Suprimidos por Ley 16/2022, de 5 de septiembre, de reforma del texto refundido de la Ley Concursal, aprobado por el Real Decreto Legislativo 1/2020, de 5 de mayo, para la transposición de la Directiva (UE) 2019/1023 del Parlamento Europeo y del Consejo, de 20 de junio de 2019, sobre marcos de reestructuración preventiva, exoneración de deudas e inhabilitaciones, y sobre medidas para aumentar la eficiencia de los procedimientos de reestructuración, insolvencia y exoneración de deudas, y por la que se modifica la Directiva (UE) 2017/1132 del Parlamento Europeo y del Consejo, sobre determinados aspectos del Derecho de sociedades (Directiva sobre reestructuración e insolvencia). (BOE de 06-09-2022).

*Subsección 5.ª De la conclusión por insuficiencia de la masa
activa posterior al auto de declaración del concurso*

ART. 473. Informe de la administración concursal sobre la insuficiencia sobrevenida.

1. En caso de insuficiencia sobrevenida de la masa activa para satisfacer todos los créditos contra la masa, la administración concursal, una vez pagados o consignado el importe de aquellos ya devengados conforme al orden establecido en esta ley, deberá solicitar del juez la conclusión del concurso de acreedores, con rendición de cuentas.

2. A la solicitud de conclusión acompañará un informe con el mismo contenido establecido para el informe final de liquidación, en el que, además, razonará inexcusablemente:

1.º Que el deudor no ha realizado actos perjudiciales para la masa activa que sean rescindibles conforme a lo establecido en esta ley.

2.º Que no existe fundamento para el ejercicio de la acción social de responsabilidad contra los administradores o liquidadores, de derecho o de hecho de la persona jurídica concursada; o contra la persona natural designada por la persona jurídica administradora para el ejercicio permanente de las funciones propias del cargo de administrador persona jurídica y contra la persona, cualquiera que sea su denominación, que tenga atribuidas facultades de más alta dirección de la sociedad cuando no exista delegación permanente de facultades del consejo en uno o varios consejeros delegados.

3.º Que no existe fundamento para que el concurso pueda ser calificado de culpable.

4.º Que lo que se pudiera obtener del ejercicio de las correspondientes acciones no sería suficiente para el pago de los créditos contra la masa pendientes de pago.

3. El mismo día de la presentación de la solicitud de conclusión del concurso la administración concursal remitirá el informe a los acreedores de cuya dirección electrónica tenga constancia.

4. El mismo día de la presentación de la solicitud de conclusión o, si no fuera posible, en el siguiente, el letrado de la Administración de Justicia lo pondrá de manifiesto en la oficina judicial a todas las partes personadas por el plazo de diez días.

Modificado por Ley 16/2022, de 5 de septiembre, de reforma del texto refundido de la Ley Concursal, aprobado por el Real Decreto Legislativo 1/2020, de 5 de mayo, para la transposición de la Directiva (UE) 2019/1023 del Parlamento Europeo y del Consejo, de 20 de junio de 2019, sobre marcos de reestructuración preventiva, exoneración de deudas e inhabilitaciones, y sobre medidas para aumentar la eficiencia de los procedimientos de reestructuración, insolvencia y exoneración de deudas, y por la que se modifica la Directiva (UE) 2017/1132 del Parlamento Europeo y del Consejo, sobre determinados aspectos del Derecho de sociedades (Directiva sobre reestructuración e insolvencia). (BOE de 06-09-2022).

ART. 474. Presupuesto de la solicitud.

La administración concursal no podrá solicitar la conclusión del concurso por insuficiencia sobrevenida de la masa activa mientras esté en tramitación incidente de rescisión de cualquier acto del deudor perjudicial para la masa activa o de exigencia de responsabilidad de terceros o se encuentre en tramitación la sección de calificación, salvo que las correspondientes acciones ya ejercitadas hubiesen sido objeto de cesión o fuese manifiesto que lo que se obtuviera de ellas no sería suficiente para la satisfacción de los créditos contra la masa.

Modificado por Ley 16/2022, de 5 de septiembre, de reforma del texto refundido de la Ley Concursal, aprobado por el Real Decreto Legislativo 1/2020, de 5 de mayo, para la transposición de la Directiva (UE) 2019/1023 del Parlamento Europeo y del Consejo, de 20 de junio de 2019, sobre marcos de reestructuración preventiva, exoneración de deudas e inhabilitaciones, y sobre medidas para aumentar la eficiencia de los procedimientos de reestructuración, insolvencia y exoneración de deudas, y por la que se modifica la Directiva (UE) 2017/1132 del Parlamento Europeo y del Consejo, sobre determinados aspectos del Derecho de sociedades (Directiva sobre reestructuración e insolvencia). (BOE de 06-09-2022).

ART. 475. Oposición a la conclusión.

1. Dentro del plazo en que el informe estuviera de manifiesto en la oficina judicial, cualquier persona que acredite interés legítimo podrá formular oposición a la conclusión del concurso, siempre que justifique la existencia de indicios suficientes para considerar que pueden ejercitarse acciones de reintegración o de exigencia de responsabilidad o acrediten por escrito hechos relevantes que pudieran conducir a la calificación de concurso como culpable.

2. Al escrito de oposición deberá acompañar documento acreditativo de la constitución de depósito o la consignación en el juzgado de una cantidad suficiente para la satisfacción de los previsibles créditos contra la masa. El depósito o consignación podrá hacerse también mediante aval solidario de duración indefinida, pagadero a primer requerimiento, emitido por entidad de crédito o sociedad de garantía recíproca, o por cualquier otro medio que, a juicio del tribunal, garantice la inmediata disponibilidad de la cantidad.

3. Si el juez considerase suficientes los indicios y los hechos acreditados por quien hubiera formulado oposición y suficiente la garantía, la admitirá a trámite conforme a lo establecido para el incidente concursal. Si considerase insuficiente la garantía concederá a quien hubiera formulado oposición el plazo de cinco días para que pueda mejorarla.

4. Si dentro del plazo establecido por la ley ninguna persona con interés legítimo formulase oposición a la conclusión del concurso, el juez resolverá mediante auto sobre la conclusión solicitada.

Modificado por Ley 16/2022, de 5 de septiembre, de reforma del texto refundido de la Ley Concursal, aprobado por el Real Decreto Legislativo 1/2020, de 5 de mayo, para la transposición de la Directiva (UE) 2019/1023 del Parlamento Europeo y del Consejo, de 20 de junio de 2019, sobre marcos de reestructuración preventiva, exoneración de deudas e inhabilitaciones, y sobre medidas para aumentar la eficiencia de los procedimientos de reestructuración, insolvencia y exoneración de deudas, y por la que se modifica la Directiva (UE) 2017/1132 del Parlamento Europeo y del Consejo, sobre determinados aspectos del Derecho de sociedades (Directiva sobre reestructuración e insolvencia). (BOE de 06-09-2022).

ART. 476. Solicitud de continuación del concurso.

1. Hasta la fecha en que se dicte el auto de conclusión del concurso, los acreedores y cualquier otro legitimado podrán solicitar la continuación del concurso siempre que justifiquen la existencia de indicios suficientes para considerar que pueden ejercitarse determinadas acciones de reintegración o aporten por escrito hechos relevantes que pudieran conducir a la calificación de concurso culpable y la constitución de depósito o la consignación en el juzgado de una cantidad suficiente para la satisfacción de los previsibles créditos contra la masa. El depósito o consignación podrá hacerse también mediante aval solidario de duración indefinida, pagadero a primer requerimiento, emitido por entidad de crédito o sociedad de garantía recíproca, o por cualquier otro medio que, a juicio del tribunal, garantice la inmediata disponibilidad de la cantidad.

2. El Letrado de la Administración de Justicia admitirá a trámite la solicitud si cumple las condiciones de tiempo y contenido establecidas en esta ley. Si entiende que no concurren las condiciones o que no se han subsanado, dará cuenta al juez para que dicte auto aceptando o denegando la solicitud.

3. Si continuase el concurso, el instante estará legitimado para el ejercicio de las acciones de reintegración que hubiere identificado en la solicitud, estando en cuanto a las costas y gastos a lo establecido en esta ley para el ejercicio subsidiario de acciones por los acreedores.

Subsección 6.ª De la conclusión del concurso por satisfacción de los acreedores, por desistimiento o por renuncia

ART. 477. Conclusión por satisfacción a los acreedores, desistimiento o renuncia.

1. El concursado, la administración concursal o cualquiera de los acreedores podrá alegar como causa de conclusión del concurso el pago o la consignación de la totalidad de los créditos reconocidos o la íntegra satisfacción de los acreedores por cualquier otro medio, así como, una vez terminada la fase común del concurso, la firmeza de la resolución que acepte el desistimiento o la renuncia de la totalidad de los acreedores reconocidos. La solicitud de conclusión del concurso de acreedores podrá presentarse aunque se encuentre en tramitación la sección sexta.

2. Cuando la solicitud de conclusión no la formule la propia administración concursal, se le dará traslado de la solicitud para que emita informe en el plazo de quince días, en el cual podrá oponerse a la conclusión de concurso.

3. Presentado el informe por la administración concursal o solicitada por esta la conclusión, el Letrado de la Administración de Justicia dará traslado a las demás partes personadas para que en el plazo de quince días puedan formular oposición a la solicitud de conclusión.

4. Si no se formula oposición, el juez resolverá sobre la conclusión del concurso en la misma resolución que decida sobre la rendición de cuentas. De formularse oposición a la conclusión de concurso, se le dará la tramitación del incidente concursal.

5. La conclusión del concurso no impedirá la continuación de la tramitación de la sección sexta ni la ejecución por la administración concursal de los pronunciamientos de la sentencia de calificación.

Sección 3.ª De la rendición de cuentas

ART. 478. Rendición de cuentas.

1. Con el informe final de liquidación, con el informe justificativo de la procedencia de la conclusión del concurso por cualquier otra causa de conclusión del concurso o con el escrito en el que informe favorablemente la solicitud de conclusión deducida por otros legitimados, el administrador concursal presentará escrito de rendición de cuentas.

2. En el escrito de rendición de cuentas, el administrador concursal justificará cumplidamente la utilización que haya hecho de las facultades conferidas; señalará las acciones de reintegración de la masa activa y las acciones de responsabilidad que hubiera ejercitado, con expresión de los respectivos resultados; expondrá las operaciones de liquidación de la masa activa que hubiera realizado y la fecha y el modo en que hubieran sido hechas; enumerará los pagos y, en su caso, las consignaciones realizadas de los créditos contra la masa y de los créditos concursales; expresará los pagos de cualesquiera expertos, tasadores y entidades especializadas que hubiera contratado, con cargo a la retribución del propio administrador concursal; detallará la retribución que le hubiera sido fijada por el juez, especificando las cantidades y las fechas en que hubieran sido percibidas, con expresión de los pagos del auxiliar o auxiliares delegados, si hubieran sido nombrados. Asimismo, precisará el número de trabajadores o personal contratado a estos efectos que se hubieren asignado por la administración concursal al concurso y el número total de horas dedicadas por el conjunto de estos trabajadores al concurso.

3. El letrado de la Administración de Justicia remitirá el escrito de rendición de cuentas por medios electrónicos al Registro público concursal.

Apdos. 2 y 3 modificados por Ley 16/2022, de 5 de septiembre, de reforma del texto refundido de la Ley Concursal, aprobado por el Real Decreto Legislativo 1/2020, de 5 de mayo, para la transposición de la Directiva (UE) 2019/1023 del Parlamento Europeo y del Consejo, de 20 de junio de 2019, sobre marcos de reestructuración preventiva, exoneración de deudas e inhabilitaciones, y sobre medidas para aumentar la eficiencia de los procedimientos de reestructuración, insolvencia y exoneración de deudas, y por la que se modifica la Directiva (UE) 2017/1132 del Parlamento Europeo y del Consejo, sobre determinados aspectos del Derecho de sociedades (Directiva sobre reestructuración e insolvencia). (BOE de 06-09-2022).

Ver art. 102 LC.

ART. 479. Oposición y resolución.

1. Dentro del plazo de audiencia para formular oposición a la conclusión del concurso, tanto el concursado como los acreedores podrán formular oposición razonada a la aprobación de las cuentas.

2. Si no se formulase oposición a las cuentas ni a la conclusión del concurso, el juez mediante auto decidirá sobre la conclusión de concurso, y de acordarse esta, declarará aprobadas las cuentas.

3. Si solo se formulase oposición a las cuentas, esta se sustanciará por los trámites del incidente concursal y en la sentencia que ponga fin a este incidente se resolverá sobre esta y se decidirá sobre la conclusión del concurso.

4. Si la oposición solo afecta a la conclusión de concurso, el juez aprobará las cuentas en la sentencia que decida sobre la conclusión, en el caso de que esta sea acordada.

5. Si se formulase oposición a la aprobación de las cuentas y también a la conclusión del concurso, ambas se sustanciarán en el mismo incidente y se resolverán en la misma sentencia.

6. A la sección segunda se unirá un testimonio de la resolución que decida sobre la rendición de cuentas.

Ver art. 102 LC.

ART. 480. Efectos de la aprobación o desaprobación de las cuentas.

1. La desaprobación de las cuentas comportará la inhabilitación temporal del administrador o administradores concursales para ser nombrados en otros concursos durante un período que determinará el juez en la sentencia de desaprobación y que no podrá ser inferior a seis meses ni superior a dos años.

2. La aprobación o la desaprobación de las cuentas no prejuzga la procedencia o improcedencia de la acción de responsabilidad de los administradores concursales.

Ver art. 102 LC.

Sección 4.ª De los recursos y de la publicidad

ART. 481. Recursos.

1. Contra el auto que acuerde la conclusión del concurso no cabrá recurso alguno y contra el que la deniegue podrá interponerse recurso de apelación.

2. Contra la sentencia que resuelva la oposición a la conclusión del concurso, cabrán los recursos previstos en esta ley para las sentencias dictadas en incidentes concursales.

ART. 482. Publicidad.

La resolución que acuerde la conclusión del procedimiento se notificará a las mismas personas a las que se hubiera notificado el auto de declaración de concurso, publicándose en el Registro público concursal y, por medio de edicto, en el «Boletín Oficial del Estado»,

Sección 5.ª De los efectos de la conclusión del concurso

ART. 483. Efectos generales.

En los casos de conclusión del concurso, cesarán las limitaciones sobre las facultades de administración y de disposición del concursado, salvo las que se contengan en la sentencia de calificación, y cesará la administración concursal, ordenando el juez el archivo de las actuaciones, sin más excepciones que las establecidas en esta ley.

ART. 484. Efectos específicos en caso de concurso de persona natural.

1. En caso de conclusión del concurso por liquidación o insuficiencia de masa activa, el deudor persona natural quedará responsable del pago de los créditos insatisfechos, salvo que obtenga el beneficio de la exoneración del pasivo insatisfecho.

2. Los acreedores podrán iniciar ejecuciones singulares, en tanto no se acuerde la reapertura del concurso o no se declare nuevo concurso. Para tales ejecuciones, la inclusión de su crédito en la lista definitiva de acreedores se equipara a una sentencia firme de condena.

ART. 485. Efectos específicos en caso de concurso de persona jurídica.

1. En la resolución que acuerde la conclusión del concurso por finalización de la liquidación o por insuficiencia de la masa activa del concursado persona jurídica, el juez ordenará el cierre provisional de la hoja abierta a esa persona jurídica en el registro público en el que figure inscrita. En cuanto esta resolución devenga firme, el letrado de la Administración de Justicia expedirá mandamiento conteniendo testimonio de la resolución, con expresión de la firmeza, que remitirá por medios electrónicos al registro correspondiente.

2. Transcurrido un año a contar desde que se hubiera ordenado por el juez el cierre de la hoja registral sin que se haya producido la reapertura del concurso, el registrador procederá a la cancelación de la inscripción de la persona jurídica, con cierre definitivo de la hoja.

Modificado por Ley 16/2022, de 5 de septiembre, de reforma del texto refundido de la Ley Concursal, aprobado por el Real Decreto Legislativo 1/2020, de 5 de mayo, para la transposición de la Directiva (UE) 2019/1023 del Parlamento Europeo y del Consejo, de 20 de junio de 2019, sobre marcos de reestructuración preventiva, exoneración de deudas e inhabilitaciones, y sobre medidas para aumentar la eficiencia de los procedimientos de reestructuración, insolvencia y exoneración de deudas, y por la que se modifica la Directiva (UE) 2017/1132 del Parlamento Europeo y del Consejo, sobre determinados aspectos del Derecho de sociedades (Directiva sobre reestructuración e insolvencia). (BOE de 06-09-2022).

CAPÍTULO II
De la exoneración del pasivo insatisfecho

Rúbrica modificada por Ley 16/2022, de 5 de septiembre, de reforma del texto refundido de la Ley Concursal, aprobado por el Real Decreto Legislativo 1/2020, de 5 de mayo, para la transposición de la Directiva (UE) 2019/1023 del Parlamento Europeo y del Consejo, de 20 de junio de 2019, sobre marcos de reestructuración preventiva, exoneración de deudas e inhabilitaciones, y sobre medidas para aumentar la eficiencia de los procedimientos de reestructuración, insolvencia y exoneración de deudas, y por la que se modifica la Directiva (UE) 2017/1132 del Parlamento Europeo y del Consejo, sobre determinados aspectos del Derecho de sociedades (Directiva sobre reestructuración e insolvencia). (BOE de 06-09-2022).

Sección 1.ª Del ámbito de aplicación

Modificada por Ley 16/2022, de 5 de septiembre, de reforma del texto refundido de la Ley Concursal, aprobado por el Real Decreto Legislativo 1/2020, de 5 de mayo, para la transposición de la Directiva (UE) 2019/1023 del Parlamento Europeo y del Consejo, de 20 de junio de 2019, sobre marcos de reestructuración preventiva, exoneración de deudas e inhabilitaciones, y sobre medidas para aumentar la eficiencia de los procedimientos de reestructuración, insolvencia y exoneración de deudas, y por la que se modifica la Directiva (UE) 2017/1132 del Parlamento Europeo y del Consejo, sobre determinados aspectos del Derecho de sociedades (Directiva sobre reestructuración e insolvencia). (BOE de 06-09-2022).

ART. 486. Ámbito de aplicación.

El deudor persona natural, sea o no empresario, podrá solicitar la exoneración del pasivo insatisfecho en los términos y condiciones establecidos en esta ley, siempre que sea deudor de buena fe:

1.º Con sujeción a un plan de pagos sin previa liquidación de la masa activa, conforme al régimen de exoneración contemplado en la subsección 1.ª de la sección 3.ª siguiente; o

2.º Con liquidación de la masa activa sujetándose en este caso la exoneración al régimen previsto en la subsección 2.ª de la sección 3.ª siguiente si la causa de conclusión del concurso fuera la finalización de la fase de liquidación de la masa activa o la insuficiencia de esa masa para satisfacer los créditos contra la masa.

Modificado por Ley 16/2022, de 5 de septiembre, de reforma del texto refundido de la Ley Concursal, aprobado por el Real Decreto Legislativo 1/2020, de 5 de mayo, para la transposición de la Directiva (UE) 2019/1023 del Parlamento Europeo y del Consejo, de 20 de junio de 2019, sobre marcos de reestructuración preventiva, exoneración de deudas e inhabilitaciones, y sobre medidas para aumentar la eficiencia de los procedimientos de reestructuración, insolvencia y exoneración de deudas, y por la que se modifica la Directiva (UE) 2017/1132 del Parlamento Europeo y del Consejo, sobre determinados aspectos del Derecho de sociedades (Directiva sobre reestructuración e insolvencia). (BOE de 06-09-2022).

Sección 2.ª De los elementos comunes de la exoneración

Modificada por Ley 16/2022, de 5 de septiembre, de reforma del texto refundido de la Ley Concursal, aprobado por el Real Decreto Legislativo 1/2020, de 5 de mayo, para la transposición de la Directiva (UE) 2019/1023 del Parlamento Europeo y del Consejo, de 20 de junio de 2019, sobre marcos de reestructuración preventiva, exoneración de deudas e inhabilitaciones, y sobre medidas para aumentar la eficiencia de los procedimientos de reestructuración, insolvencia y exoneración de deudas, y por la que se modifica la Directiva (UE) 2017/1132 del Parlamento Europeo y del Consejo, sobre determinados aspectos del Derecho de sociedades (Directiva sobre reestructuración e insolvencia). (BOE de 06-09-2022).

Subsección 1.ª Excepción y prohibición

Modificada por Ley 16/2022, de 5 de septiembre, de reforma del texto refundido de la Ley Concursal, aprobado por el Real Decreto Legislativo 1/2020, de 5 de mayo, para la transposición de la Directiva (UE) 2019/1023 del Parlamento Europeo y del Consejo, de 20 de junio de 2019, sobre marcos de reestructuración preventiva, exoneración de deudas e inhabilitaciones, y sobre medidas para aumentar la eficiencia de los procedimientos de reestructuración, insolvencia y exoneración de deudas, y por la que se modifica la Directiva (UE) 2017/1132 del Parlamento Europeo y del Consejo, sobre determinados aspectos del Derecho de sociedades (Directiva sobre reestructuración e insolvencia). (BOE de 06-09-2022).

ART. 487. Excepción.

1. No podrá obtener la exoneración del pasivo insatisfecho el deudor que se encuentre en alguna de las circunstancias siguientes:

1.º Cuando, en los diez años anteriores a la solicitud de la exoneración, hubiera sido condenado en sentencia firme a penas privativas de libertad, aun suspendidas o sustituidas, por delitos contra el patrimonio y contra el orden socioeconómico, de falsedad documental, contra la Hacienda Pública y la Seguridad Social o contra los derechos de los trabajadores, todos ellos siempre que la pena máxima señalada al delito sea igual o superior a tres años, salvo que en la fecha de presentación de la solicitud de exoneración se hubiera extinguido la responsabilidad criminal y se hubiesen satisfecho las responsabilidades pecuniarias derivadas del delito.

2.º Cuando, en los diez años anteriores a la solicitud de la exoneración, hubiera sido sancionado por resolución administrativa firme por infracciones tributarias muy graves, de seguridad social o del orden social, o cuando en el mismo plazo se hubiera dictado acuerdo firme de derivación de responsabilidad, salvo que en la fecha de presentación de la solicitud de exoneración hubiera satisfecho íntegramente su responsabilidad.

En el caso de infracciones graves, no podrán obtener la exoneración aquellos deudores que hubiesen sido sancionados por un importe que exceda del cincuenta por ciento de la cuantía susceptible de exoneración por la Agencia Estatal de Administración Tributaria a la que se refiere el artículo 489.1.5.º, salvo que en la fecha de presentación de la solicitud de exoneración hubieran satisfecho íntegramente su responsabilidad.

3.º Cuando el concurso haya sido declarado culpable. No obstante, si el concurso hubiera sido declarado culpable exclusivamente por haber incumplido el deudor el deber de solicitar oportunamente la declaración de concurso, el juez podrá atender a las circunstancias en que se hubiera producido el retraso.

4.º Cuando, en los diez años anteriores a la solicitud de la exoneración, haya sido declarado persona afectada en la sentencia de calificación del concurso de un tercero calificado como culpable, salvo que en la fecha de presentación de la solicitud de exoneración hubiera satisfecho íntegramente su responsabilidad.

5.º Cuando haya incumplido los deberes de colaboración y de información respecto del juez del concurso y de la administración concursal.

6.º Cuando haya proporcionado información falsa o engañosa o se haya comportado de forma temeraria o negligente al tiempo de contraer endeudamiento o de evacuar sus obligaciones, incluso sin que ello haya merecido sentencia de calificación del concurso como culpable. Para determinar la concurrencia de esta circunstancia el juez deberá valorar:

a) La información patrimonial suministrada por el deudor al acreedor antes de la concesión del préstamo a los efectos de la evaluación de la solvencia patrimonial.

b) El nivel social y profesional del deudor.

c) Las circunstancias personales del sobreendeudamiento.

d) En caso de empresarios, si el deudor utilizó herramientas de alerta temprana puestas a su disposición por las Administraciones Públicas.

2. En los casos a que se refieren los números 3.º y 4.º del apartado anterior, si la calificación no fuera aún firme, el juez suspenderá la decisión sobre la exoneración del pasivo insatisfecho hasta la firmeza de la calificación. En relación con el supuesto contemplado en el número 6.º del apartado anterior, corresponderá al juez del concurso la apreciación de las circunstancias concurrentes respecto de la aplicación o no de la excepción, sin perjuicio de la prejudicialidad civil o penal.

Modificado por Ley 16/2022, de 5 de septiembre, de reforma del texto refundido de la Ley Concursal, aprobado por el Real Decreto Legislativo 1/2020, de 5 de mayo, para la transposición de la Directiva (UE) 2019/1023 del Parlamento Europeo y del Consejo, de 20 de junio de 2019, sobre marcos de reestructuración preventiva, exoneración de deudas e inhabilitaciones, y sobre medidas para aumentar la eficiencia de los procedimientos de reestructuración, insolvencia y exoneración de deudas, y por la que se modifica la Directiva (UE) 2017/1132 del Parlamento Europeo y del Consejo, sobre determinados aspectos del Derecho de sociedades (Directiva sobre reestructuración e insolvencia). (BOE de 06-09-2022).

Apdo. 1: ver art. 493.1.3.º LC.

ART. 488. Prohibición.

1. Para presentar una nueva solicitud de exoneración del pasivo insatisfecho tras una exoneración mediante plan de pagos será preciso que hayan transcurrido, al menos, dos años desde la exoneración definitiva.

2. Para presentar una nueva solicitud de exoneración del pasivo insatisfecho tras una exoneración con liquidación de la masa activa será preciso que hayan transcurrido, al menos, cinco años desde la resolución que hubiera concedido la exoneración.

3. Las nuevas solicitudes de exoneración del pasivo insatisfecho no alcanzarán en ningún caso al crédito público.

Modificado por Ley 16/2022, de 5 de septiembre, de reforma del texto refundido de la Ley Concursal, aprobado por el Real Decreto Legislativo 1/2020, de 5 de mayo, para la transposición de la Directiva (UE) 2019/1023 del Parlamento Europeo y del Consejo, de 20 de junio de 2019, sobre marcos de reestructuración preventiva, exoneración de deudas e inhabilitaciones, y sobre medidas para aumentar la eficiencia de los procedimientos de reestructuración, insolvencia y exoneración de deudas, y por la que se modifica la Directiva (UE) 2017/1132 del Parlamento Europeo y del Consejo, sobre determinados aspectos del Derecho de sociedades (Directiva sobre reestructuración e insolvencia). (BOE de 06-09-2022).

Subsección 2.ª De la extensión de la exoneración

Modificada por Ley 16/2022, de 5 de septiembre, de reforma del texto refundido de la Ley Concursal, aprobado por el Real Decreto Legislativo 1/2020, de 5 de mayo, para la transposición de la Directiva (UE) 2019/1023 del Parlamento Europeo y del Consejo, de 20 de junio de 2019, sobre marcos de reestructuración preventiva, exoneración de deudas e inhabilitaciones, y sobre medidas para aumentar la eficiencia de los procedimientos de reestructuración, insolvencia y exoneración de deudas, y por la que se modifica la Directiva (UE) 2017/1132 del Parlamento Europeo y del Consejo, sobre determinados aspectos del Derecho de sociedades (Directiva sobre reestructuración e insolvencia). (BOE de 06-09-2022).

ART. 489. Extensión de la exoneración.

1. La exoneración del pasivo insatisfecho se extenderá a la totalidad de las deudas insatisfechas, salvo las siguientes:

1.º Las deudas por responsabilidad civil extracontractual, por muerte o daños personales, así como por indemnizaciones derivadas de accidente de trabajo y enfermedad profesional, cualquiera que sea la fecha de la resolución que los declare.

2.º Las deudas por responsabilidad civil derivada de delito.

3.º Las deudas por alimentos.

4.º Las deudas por salarios correspondientes a los últimos sesenta días de trabajo efectivo realizado antes de la declaración de concurso en cuantía que no supere el triple del salario mínimo interprofesional, así como los que se hubieran devengado durante el procedimiento, siempre que su pago no hubiera sido asumido por el Fondo de Garantía Salarial.

5.º Las deudas por créditos de Derecho público. No obstante, las deudas para cuya gestión recaudatoria resulte competente la Agencia Estatal de Administración Tributaria podrán exonerarse hasta el importe máximo de diez mil euros por deudor; para los primeros cinco mil euros de deuda la exoneración será integra, y a partir de esta cifra la exoneración alcanzará el cincuenta por ciento de la deuda hasta el máximo indicado. Asimismo, las deudas por créditos en seguridad social podrán exonerarse por el mismo importe y en las mismas condiciones. El importe exonerado, hasta el citado límite, se aplicará en orden inverso al de prelación legalmente establecido en esta ley y, dentro de cada clase, en función de su antigüedad.

6.º Las deudas por multas a que hubiera sido condenado el deudor en procesos penales y por sanciones administrativas muy graves.

7.º Las deudas por costas y gastos judiciales derivados de la tramitación de la solicitud de exoneración.

8.º Las deudas con garantía real, sean por principal, intereses o cualquier otro concepto debido, dentro del límite del privilegio especial, calculado conforme a lo establecido en esta ley.

2. Excepcionalmente, el juez podrá declarar que no son total o parcialmente exonerables deudas no relacionadas en el apartado anterior cuando sea necesario para evitar la insolvencia del acreedor afectado por la extinción del derecho de crédito.

3. El crédito público será exonerable en la cuantía establecida en el párrafo segundo del apartado 1.5.º, pero únicamente en la primera exoneración del pasivo insatisfecho, no siendo exonerable importe alguno en las sucesivas exoneraciones que pudiera obtener el mismo deudor.

Modificado por Ley 16/2022, de 5 de septiembre, de reforma del texto refundido de la Ley Concursal, aprobado por el Real Decreto Legislativo 1/2020, de 5 de mayo, para la transposición de la Directiva (UE) 2019/1023 del Parlamento Europeo y del Consejo, de 20 de junio de 2019, sobre marcos de reestructuración preventiva, exoneración de deudas e inhabilitaciones, y sobre medidas para aumentar la eficiencia de los procedimientos de reestructuración, insolvencia y exoneración de deudas, y por la que se modifica la Directiva (UE) 2017/1132 del Parlamento Europeo y del Consejo, sobre determinados aspectos del Derecho de sociedades (Directiva sobre reestructuración e insolvencia). (BOE de 06-09-2022).

Apdo. 1.5.º: ver art. 487.1.2.º LC.

Subsección 3.ª De los efectos de la exoneración

Reordenada y modificada por Ley 16/2022, de 5 de septiembre, de reforma del texto refundido de la Ley Concursal, aprobado por el Real Decreto Legislativo 1/2020, de 5 de mayo, para la transposición de la Directiva (UE) 2019/1023 del Parlamento Europeo y del Consejo, de 20 de junio de 2019, sobre marcos de reestructuración preventiva, exoneración de deudas e inhabilitaciones, y sobre medidas para aumentar la eficiencia de los procedimientos de reestructuración, insolvencia y exoneración de deudas, y por la que se modifica la Directiva (UE) 2017/1132 del Parlamento Europeo y del Consejo, sobre determinados aspectos del Derecho de sociedades (Directiva sobre reestructuración e insolvencia). (BOE de 06-09-2022).

ART. 490. Efectos de la exoneración sobre los acreedores.

Los acreedores cuyos créditos se extingan por razón de la exoneración no podrán ejercer ningún tipo de acción frente el deudor para su cobro, salvo la de solicitar la revocación de la exoneración.

Los acreedores por créditos no exonerables mantendrán sus acciones contra el deudor y podrán promover la ejecución judicial o extrajudicial de aquellos.

Modificado por Ley 16/2022, de 5 de septiembre, de reforma del texto refundido de la Ley Concursal, aprobado por el Real Decreto Legislativo 1/2020, de 5 de mayo, para la transposición de la Directiva (UE) 2019/1023 del Parlamento Europeo y del Consejo, de 20 de junio de 2019, sobre marcos de reestructuración preventiva, exoneración de deudas e inhabilitaciones, y sobre medidas para aumentar la eficiencia de los procedimientos de reestructuración, insolvencia y exoneración de deudas, y por la que se modifica la Directiva (UE) 2017/1132 del Parlamento Europeo y del Consejo, sobre determinados aspectos del Derecho de sociedades (Directiva sobre reestructuración e insolvencia). (BOE de 06-09-2022).

ART. 491. Efectos de la exoneración respecto de los bienes conyugales comunes.

Si el concursado tuviere un régimen económico matrimonial de gananciales u otro de comunidad y no se hubiere procedido a la liquidación de ese régimen, la exoneración del pasivo insatisfecho que afecte a deudas gananciales contraídas por el cónyuge del concursado o por ambos cónyuges no se extenderá a aquel, en tanto no haya obtenido él mismo el beneficio de la exoneración del pasivo insatisfecho.

Modificado por Ley 16/2022, de 5 de septiembre, de reforma del texto refundido de la Ley Concursal, aprobado por el Real Decreto Legislativo 1/2020, de 5 de mayo, para la transposición de la Directiva (UE) 2019/1023 del Parlamento Europeo y del Consejo, de 20 de junio de 2019, sobre marcos de reestructuración preventiva, exoneración de deudas e inhabilitaciones, y sobre medidas para aumentar la eficiencia de los procedimientos de reestructuración, insolvencia y exoneración de deudas, y por la que se modifica la Directiva (UE) 2017/1132 del Parlamento Europeo y del Consejo, sobre determinados aspectos del Derecho de sociedades (Directiva sobre reestructuración e insolvencia). (BOE de 06-09-2022).

ART. 492. Efectos de la exoneración sobre obligados solidarios, fiadores, avalistas, aseguradores y quienes, por disposición legal o contractual, tengan obligación de satisfacer la deuda afectada por la exoneración.

1. La exoneración no afectará a los derechos de los acreedores frente a los obligados solidariamente con el deudor y frente a sus fiadores, avalistas, aseguradores, hipotecante no deudor o quienes, por disposición legal o contractual, tengan obligación de satisfacer todo o parte de la deuda exonerada, quienes no podrán invocar la exoneración del pasivo insatisfecho obtenido por el deudor.

2. Los créditos por acciones de repetición o regreso quedarán afectados por la exoneración con liquidación de la masa activa o derivada del plan de pagos en las mismas condiciones que el crédito principal. Si el crédito de repetición o regreso gozare de garantía real será tratado como crédito garantizado.

Modificado por Ley 16/2022, de 5 de septiembre, de reforma del texto refundido de la Ley Concursal, aprobado por el Real Decreto Legislativo 1/2020, de 5 de mayo, para la transposición de la Directiva (UE) 2019/1023 del Parlamento Europeo y del Consejo, de 20 de junio de 2019, sobre marcos de reestructuración preventiva, exoneración de deudas e inhabilitaciones, y sobre medidas para aumentar la eficiencia de los procedimientos de reestructuración, insolvencia y exoneración de deudas, y por la que se modifica la Directiva (UE) 2017/1132 del Parlamento Europeo y del Consejo, sobre determinados aspectos del Derecho de sociedades (Directiva sobre reestructuración e insolvencia). (BOE de 06-09-2022).

ART. 492 bis. Efectos de la exoneración sobre las deudas con garantía real.

1. Cuando se haya ejecutado la garantía real antes de la aprobación provisional del plan o antes de la exoneración en caso de liquidación, solo se exonerará la deuda remanente.

2. En el caso de deudas con garantía real cuya cuantía pendiente de pago cuando se presenta el plan exceda del valor de la garantía calculado conforme a lo previsto en el título V del libro primero se aplicarán las siguientes reglas:

1.ª Se mantendrán las fechas de vencimiento pactadas, pero la cuantía de las cuotas del principal y, en su caso, intereses, se recalculará tomando para ello solo la parte de la deuda pendiente que no supere el valor de la garantía. En caso de intereses variables, se efectuará el cálculo tomando como tipo de interés de referencia el que fuera de aplicación conforme a lo pactado a la fecha de aprobación del plan, sin perjuicio de su revisión o actualización posterior prevista en el contrato.

2.ª A la parte de la deuda que exceda del valor de la garantía se le aplicará lo dispuesto en el artículo 496 bis y recibirá en el plan de pagos el tratamiento que le corresponda según su clase. La parte no satisfecha quedará exonerada de conformidad con lo dispuesto en el artículo 500.

3. Cualquier exoneración declarada respecto de una deuda con garantía real quedará revocada por ministerio de la ley si, ejecutada la garantía, el producto de la ejecución fuese suficiente para satisfacer, en todo o en parte, deuda provisional o definitivamente exonerada.

Añadido por Ley 16/2022, de 5 de septiembre, de reforma del texto refundido de la Ley Concursal, aprobado por el Real Decreto Legislativo 1/2020, de 5 de mayo, para la transposición de la Directiva (UE) 2019/1023 del Parlamento Europeo y del Consejo, de 20 de junio de 2019, sobre marcos de reestructuración preventiva, exoneración de deudas e inhabilitaciones, y sobre medidas para aumentar la eficiencia de los procedimientos de reestructuración, insolvencia y exoneración de deudas, y por la que se modifica la Directiva (UE) 2017/1132 del Parlamento Europeo y del Consejo, sobre determinados aspectos del Derecho de sociedades (Directiva sobre reestructuración e insolvencia). (BOE de 06-09-2022).

ART. 492 ter. Efectos de la exoneración respecto de sistemas de información crediticia.

1. La resolución judicial que apruebe la exoneración mediante liquidación de la masa activa o la exoneración definitiva en caso de plan de pagos incorporará mandamiento a los acreedores afectados para que comuniquen la exoneración a los sistemas de información crediticia a los que previamente hubieran informado del impago o mora de deuda exonerada para la debida actualización de sus registros.

2. El deudor podrá recabar testimonio de la resolución para requerir directamente a los sistemas de información crediticia la actualización de sus registros para dejar constancia de la exoneración.

Añadido por Ley 16/2022, de 5 de septiembre, de reforma del texto refundido de la Ley Concursal, aprobado por el Real Decreto Legislativo 1/2020, de 5 de mayo, para la transposición de la Directiva (UE) 2019/1023 del Parlamento Europeo y del Consejo, de 20 de junio de 2019, sobre marcos de reestructuración preventiva, exoneración de deudas e inhabilitaciones, y sobre medidas para aumentar la eficiencia de los procedimientos de reestructuración, insolvencia y exoneración de deudas, y por la que se modifica la Directiva (UE) 2017/1132 del Parlamento Europeo y del Consejo, sobre determinados aspectos del Derecho de sociedades (Directiva sobre reestructuración e insolvencia). (BOE de 06-09-2022).

Subsección 4.ª De la revocación de la exoneración

Reordenada por Ley 16/2022, de 5 de septiembre, de reforma del texto refundido de la Ley Concursal, aprobado por el Real Decreto Legislativo 1/2020, de 5 de mayo, para la transposición de la Directiva (UE) 2019/1023 del Parlamento Europeo y del Consejo, de 20 de junio de 2019, sobre marcos de reestructuración preventiva, exoneración de deudas e inhabilitaciones, y sobre medidas para aumentar la eficiencia de los procedimientos de reestructuración, insolvencia y exoneración de deudas, y por la que se modifica la Directiva (UE) 2017/1132 del Parlamento Europeo y del Consejo, sobre determinados aspectos del Derecho de sociedades (Directiva sobre reestructuración e insolvencia). (BOE de 06-09-2022).

ART. 493. Supuestos de revocación de la concesión de la exoneración.

1. Cualquier acreedor afectado por la exoneración estará legitimado para solicitar del juez del concurso la revocación de la exoneración del pasivo insatisfecho en los siguientes casos:

1.º Si se acreditara que el deudor ha ocultado la existencia de bienes, derechos o ingresos.

2.º Si, durante los tres años siguientes a la exoneración con liquidación de la masa activa, o a la exoneración provisional, en caso de plan de pagos, mejorase sustancialmente la situación económica del deudor por causa de herencia, legado o donación, o por juego de suerte, envite o azar, de manera que pudiera pagar la totalidad o al menos una parte de los créditos exonerados. En caso de que la posibilidad de pago fuera parcial, la revocación de la exoneración solo afectará a esa parte.

3.º Si en el momento de la solicitud estuviera en tramitación un procedimiento penal o administrativo de los previstos en los ordinales 1.º y 2.º del apartado 1 del artículo 487, y dentro de los tres años siguientes a la exoneración en caso de inexistencia o liquidación de la masa activa, o a la exoneración provisional en caso de plan de pagos, recayera sentencia condenatoria firme o resolución administrativa firme.

2. La revocación no podrá ser solicitada una vez transcurridos tres años a contar desde la exoneración con liquidación de la masa activa, o desde la exoneración provisional en caso de plan de pagos.

> *Modificado por Ley 16/2022, de 5 de septiembre, de reforma del texto refundido de la Ley Concursal, aprobado por el Real Decreto Legislativo 1/2020, de 5 de mayo, para la transposición de la Directiva (UE) 2019/1023 del Parlamento Europeo y del Consejo, de 20 de junio de 2019, sobre marcos de reestructuración preventiva, exoneración de deudas e inhabilitaciones, y sobre medidas para aumentar la eficiencia de los procedimientos de reestructuración, insolvencia y exoneración de deudas, y por la que se modifica la Directiva (UE) 2017/1132 del Parlamento Europeo y del Consejo, sobre determinados aspectos del Derecho de sociedades (Directiva sobre reestructuración e insolvencia). (BOE de 06-09-2022).*

> *Ver art. 493 ter LC.*

ART. 493 bis. Régimen de la revocación.

1. La solicitud de revocación se tramitará conforme a lo establecido para el juicio verbal.

2. Hasta la celebración de la vista, cualquier acreedor podrá personarse para defender la solicitud de revocación de la exoneración. Cualquier acreedor afectado por la exoneración podrá solicitar averiguación de bienes a través de los medios electrónicos de los que disponga la Administración de Justicia. En cuanto a las titularidades de bienes inmuebles y derechos reales, podrá solicitarse a través de la página web de registradores, o en cualquier registro de la propiedad.

> *Añadido por Ley 16/2022, de 5 de septiembre, de reforma del texto refundido de la Ley Concursal, aprobado por el Real Decreto Legislativo 1/2020, de 5 de mayo, para la transposición de la Directiva (UE) 2019/1023 del Parlamento Europeo y del Consejo, de 20 de junio de 2019, sobre marcos de reestructuración preventiva, exoneración de deudas e inhabilitaciones, y sobre medidas para aumentar la eficiencia de los procedimientos de reestructuración, insolvencia y exoneración de deudas, y por la que se modifica la Directiva (UE) 2017/1132 del Parlamento Europeo y del Consejo, sobre determinados aspectos del Derecho de sociedades (Directiva sobre reestructuración e insolvencia). (BOE de 06-09-2022).*

ART. 493 ter. Efectos de la revocación de la concesión de la exoneración.

1. En los casos a que se refieren los ordinales 1.º y 3.º del apartado 1 del artículo 493, el juez, en la misma resolución en la que revoque la exoneración, acordará la reapertura del concurso de acreedores con simultánea reapertura de la sección de calificación.

2. En el caso a que se refiere el ordinal 2.º del apartado 1 del artículo 493, el juez dictará auto revocando total o parcialmente la exoneración concedida.

Los acreedores recuperarán sus acciones frente al deudor para hacer efectivos los créditos no satisfechos a la conclusión del concurso.

3. La resolución en la que se revoque total o parcialmente la exoneración se notificará a los acreedores personados en el concurso de acreedores del deudor a los que pudiera beneficiar.

> *Añadido por Ley 16/2022, de 5 de septiembre, de reforma del texto refundido de la Ley Concursal, aprobado por el Real Decreto Legislativo 1/2020, de 5 de mayo, para la transposición de la Directiva (UE) 2019/1023 del Parlamento Europeo y del Consejo, de 20 de junio de 2019, sobre marcos de reestructuración preventiva, exoneración de deudas e inhabilitaciones, y sobre medidas para aumentar la eficiencia de los procedimientos de reestructuración, insolvencia y exoneración de deudas, y por la que se modifica la Directiva (UE) 2017/1132 del Parlamento Europeo y del Consejo, sobre determinados aspectos del Derecho de sociedades (Directiva sobre reestructuración e insolvencia). (BOE de 06-09-2022).*

Subsección 5.ª Efectos del pago por terceros de deuda no exonerable o no exonerada

Añadida por Ley 16/2022, de 5 de septiembre, de reforma del texto refundido de la Ley Concursal, aprobado por el Real Decreto Legislativo 1/2020, de 5 de mayo, para la transposición de la Directiva (UE) 2019/1023 del Parlamento Europeo y del Consejo, de 20 de junio de 2019, sobre marcos de reestructuración preventiva, exoneración de deudas e inhabilitaciones, y sobre medidas para aumentar la eficiencia de los procedimientos de reestructuración, insolvencia y exoneración de deudas, y por la que se modifica la Directiva (UE) 2017/1132 del Parlamento Europeo y del Consejo, sobre determinados aspectos del Derecho de sociedades (Directiva sobre reestructuración e insolvencia). (BOE de 06-09-2022).

ART. 494. Efectos del pago por terceros de la deuda no exonerable o no exonerada.

1. Quienes, por disposición legal o contractual, tengan obligación de pago de la totalidad o parte de deuda no exonerable o no exonerada, adquirirán por el pago los derechos de repetición, regreso y subrogación frente al deudor y frente a los obligados solidariamente con el deudor, sus fiadores, avalistas, aseguradores y demás obligados por causa legal o contractual respecto de la deuda.

2. Lo previsto en el apartado 1 se aplicará igualmente, en los términos establecidos en la legislación civil, en caso de pago voluntario hecho por tercero de deuda no exonerable o no exonerada.

Modificado por Ley 16/2022, de 5 de septiembre, de reforma del texto refundido de la Ley Concursal, aprobado por el Real Decreto Legislativo 1/2020, de 5 de mayo, para la transposición de la Directiva (UE) 2019/1023 del Parlamento Europeo y del Consejo, de 20 de junio de 2019, sobre marcos de reestructuración preventiva, exoneración de deudas e inhabilitaciones, y sobre medidas para aumentar la eficiencia de los procedimientos de reestructuración, insolvencia y exoneración de deudas, y por la que se modifica la Directiva (UE) 2017/1132 del Parlamento Europeo y del Consejo, sobre determinados aspectos del Derecho de sociedades (Directiva sobre reestructuración e insolvencia). (BOE de 06-09-2022).

Sección 3.ª De las modalidades de la exoneración

Reordenada y modificada por Ley 16/2022, de 5 de septiembre, de reforma del texto refundido de la Ley Concursal, aprobado por el Real Decreto Legislativo 1/2020, de 5 de mayo, para la transposición de la Directiva (UE) 2019/1023 del Parlamento Europeo y del Consejo, de 20 de junio de 2019, sobre marcos de reestructuración preventiva, exoneración de deudas e inhabilitaciones, y sobre medidas para aumentar la eficiencia de los procedimientos de reestructuración, insolvencia y exoneración de deudas, y por la que se modifica la Directiva (UE) 2017/1132 del Parlamento Europeo y del Consejo, sobre determinados aspectos del Derecho de sociedades (Directiva sobre reestructuración e insolvencia). (BOE de 06-09-2022).

Subsección 1.ª De la exoneración con plan de pagos

Añadida por Ley 16/2022, de 5 de septiembre, de reforma del texto refundido de la Ley Concursal, aprobado por el Real Decreto Legislativo 1/2020, de 5 de mayo, para la transposición de la Directiva (UE) 2019/1023 del Parlamento Europeo y del Consejo, de 20 de junio de 2019, sobre marcos de reestructuración preventiva, exoneración de deudas e inhabilitaciones, y sobre medidas para aumentar la eficiencia de los procedimientos de reestructuración, insolvencia y exoneración de deudas, y por la que se modifica la Directiva (UE) 2017/1132 del Parlamento Europeo y del Consejo, sobre determinados aspectos del Derecho de sociedades (Directiva sobre reestructuración e insolvencia). (BOE de 06-09-2022).

ART. 495. Solicitud de exoneración mediante plan de pagos.

1. El deudor podrá solicitar la exoneración del pasivo con sujeción a un plan de pagos y sin liquidación de la masa activa. En la solicitud, el deudor deberá aceptar que la concesión de la exoneración se haga constar en el Registro público concursal durante el plazo de cinco años o el plazo inferior que se establezca en el plan de pagos. Deberá acompañar a la solicitud las declaraciones presentadas o que debieran presentarse del impuesto sobre la renta de las personas físicas correspondientes a los tres últimos ejercicios finalizados a la fecha de la solicitud, y las de las restantes personas de su unidad familiar.

2. La solicitud de exoneración mediante plan de pagos podrá presentarse en cualquier momento antes de que el juez acuerde la liquidación de la masa activa.

Modificado por Ley 16/2022, de 5 de septiembre, de reforma del texto refundido de la Ley Concursal, aprobado por el Real Decreto Legislativo 1/2020, de 5 de mayo, para la transposición de la Directiva (UE) 2019/1023 del Parlamento Europeo y del Consejo, de 20 de junio de 2019, sobre marcos de reestructuración preventiva, exoneración de deudas e inhabilitaciones, y sobre medidas para aumentar la eficiencia

de los procedimientos de reestructuración, insolvencia y exoneración de deudas, y por la que se modifica la Directiva (UE) 2017/1132 del Parlamento Europeo y del Consejo, sobre determinados aspectos del Derecho de sociedades (Directiva sobre reestructuración e insolvencia). (BOE de 06-09-2022).

ART. 496. Contenido del plan de pagos.

1. En la propuesta de plan de pagos deberá incluir expresamente el deudor el calendario de pagos de los créditos exonerables que, según esa propuesta, vayan a ser satisfechos dentro del plazo que haya establecido el plan.

2. La propuesta de plan de pagos deberá también relacionar en detalle los recursos previstos para su cumplimiento, así como para la satisfacción de las deudas no exonerables y de las nuevas obligaciones por alimentos, las derivadas de su subsistencia o las que genere su actividad, con especial atención a la renta y recursos disponibles futuros del deudor y su previsible variación durante el plazo del plan y, en su caso, el plan de continuidad de actividad empresarial o profesional del deudor o de la nueva que pretenda emprender y los bienes y derechos de su patrimonio que considere necesarios para una u otra.

El plan de pagos podrá incluir cesiones en pago de bienes o derechos, siempre que no resulten necesarios para la actividad empresarial o profesional del deudor durante el plazo del plan de pagos; que su valor razonable, calculado conforme a lo previsto en el artículo 273, sea igual o inferior al crédito que se extingue o, en otro caso, el acreedor integrará la diferencia en el patrimonio del deudor; y que se cuente con el consentimiento o aceptación del acreedor.

El plan podrá establecer pagos de cuantía determinada, pagos de cuantía determinable en función de la evolución de la renta y recursos disponibles del deudor o combinaciones de unos y otros.

El plan de pagos no podrá consistir en la liquidación total del patrimonio del deudor, ni alterar el orden de pago de los créditos legalmente establecidos, salvo con el expreso consentimiento de los acreedores preteridos o postergados.

Modificado por Ley 16/2022, de 5 de septiembre, de reforma del texto refundido de la Ley Concursal, aprobado por el Real Decreto Legislativo 1/2020, de 5 de mayo, para la transposición de la Directiva (UE) 2019/1023 del Parlamento Europeo y del Consejo, de 20 de junio de 2019, sobre marcos de reestructuración preventiva, exoneración de deudas e inhabilitaciones, y sobre medidas para aumentar la eficiencia de los procedimientos de reestructuración, insolvencia y exoneración de deudas, y por la que se modifica la Directiva (UE) 2017/1132 del Parlamento Europeo y del Consejo, sobre determinados aspectos del Derecho de sociedades (Directiva sobre reestructuración e insolvencia). (BOE de 06-09-2022).

ART. 496 bis. Vencimiento e intereses.

1. Los créditos afectados por la exoneración se entenderán vencidos con la resolución judicial que conceda la exoneración provisional, descontándose su valor al tipo de interés legal.

2. Los créditos exonerables no devengarán intereses durante el plazo del plan de pagos.

3. Los créditos no exonerables tampoco devengarán intereses, salvo que gocen de garantía real, hasta el valor de garantía, conforme a las reglas establecidas en este capítulo.

Añadido por Ley 16/2022, de 5 de septiembre, de reforma del texto refundido de la Ley Concursal, aprobado por el Real Decreto Legislativo 1/2020, de 5 de mayo, para la transposición de la Directiva (UE) 2019/1023 del Parlamento Europeo y del Consejo, de 20 de junio de 2019, sobre marcos de reestructuración preventiva, exoneración de deudas e inhabilitaciones, y sobre medidas para aumentar la eficiencia de los procedimientos de reestructuración, insolvencia y exoneración de deudas, y por la que se modifica la Directiva (UE) 2017/1132 del Parlamento Europeo y del Consejo, sobre determinados aspectos del Derecho de sociedades (Directiva sobre reestructuración e insolvencia). (BOE de 06-09-2022).
Ver art. 492 bis 2 LC.

ART. 497. Duración del plan de pagos.

1. La duración del plan de pagos será, con carácter general, de tres años.

2. La duración del plan de pagos será de cinco años en los siguientes casos:

1.º Cuando no se realice la vivienda habitual del deudor y, cuando corresponda, de su familia.

2.º Cuando el importe de los pagos dependa exclusiva o fundamentalmente de la evolución de la renta y recursos disponibles del deudor.

3. El plazo del plan de pagos comenzará a correr desde la fecha de la aprobación judicial.

Modificado por Ley 16/2022, de 5 de septiembre, de reforma del texto refundido de la Ley Concursal, aprobado por el Real Decreto Legislativo 1/2020, de 5 de mayo, para la transposición de la Directiva (UE)

2019/1023 del Parlamento Europeo y del Consejo, de 20 de junio de 2019, sobre marcos de reestructuración preventiva, exoneración de deudas e inhabilitaciones, y sobre medidas para aumentar la eficiencia de los procedimientos de reestructuración, insolvencia y exoneración de deudas, y por la que se modifica la Directiva (UE) 2017/1132 del Parlamento Europeo y del Consejo, sobre determinados aspectos del Derecho de sociedades (Directiva sobre reestructuración e insolvencia). (BOE de 06-09-2022).

ART. 498. Aprobación del plan de pagos.

1. El letrado de la Administración de Justicia dará traslado de la propuesta de plan de pagos a los acreedores personados, a fin de que, dentro del plazo de diez días, puedan alegar cuanto estimen oportuno en relación con la concurrencia de los presupuestos y requisitos legales para la exoneración o con la propuesta de plan de pagos presentada. Los acreedores personados podrán proponer el establecimiento de medidas limitativas o prohibitivas de los derechos de disposición o administración del deudor, durante el plan de pagos.

2. Presentadas las alegaciones de los acreedores, o transcurrido el plazo a que se refiere el apartado anterior, el juez, previa verificación de la concurrencia de los presupuestos y requisitos establecidos en esta ley, del contenido del plan de pagos y de las posibilidades objetivas de que pueda ser cumplido, denegará o concederá provisionalmente la exoneración del pasivo insatisfecho, con aprobación del plan de pagos en los términos de la propuesta o con las modificaciones que estime oportunas, consten o no en las alegaciones de los acreedores.

Modificado por Ley 16/2022, de 5 de septiembre, de reforma del texto refundido de la Ley Concursal, aprobado por el Real Decreto Legislativo 1/2020, de 5 de mayo, para la transposición de la Directiva (UE) 2019/1023 del Parlamento Europeo y del Consejo, de 20 de junio de 2019, sobre marcos de reestructuración preventiva, exoneración de deudas e inhabilitaciones, y sobre medidas para aumentar la eficiencia de los procedimientos de reestructuración, insolvencia y exoneración de deudas, y por la que se modifica la Directiva (UE) 2017/1132 del Parlamento Europeo y del Consejo, sobre determinados aspectos del Derecho de sociedades (Directiva sobre reestructuración e insolvencia). (BOE de 06-09-2022).

ART. 498 bis. Impugnación del plan de pagos.

1. Dentro de los diez días siguientes, cualquier acreedor afectado por la exoneración podrá impugnarla, y el juez no la concederá, en cualquiera de siguientes casos:

1.º Cuando el plan de pagos no le garantizara al menos el pago de la parte de sus créditos que habría de satisfacerse en la liquidación concursal.

2.º Cuando el plan de pagos no incluya la realización y aplicación al pago de la deuda exonerable, de la deuda no exonerable o de las nuevas obligaciones del deudor de la totalidad de los activos que no resulten necesarios para la actividad empresarial o profesional del deudor o de su vivienda habitual, siempre que los acreedores impugnantes representen al menos el cuarenta por ciento del pasivo total de carácter exonerable.

3.º Cuando se constatara la oposición al plan de pagos por parte de acreedores que representen más del ochenta por ciento de la deuda exonerable afectada por el plan de pagos, salvo que el juez, atendiendo a las particulares circunstancias del caso, lo imponga.

4.º Cuando el plan no destinara a la satisfacción de la deuda exonerable la totalidad de las rentas y recursos previsibles del deudor que excedan del mínimo legalmente inembargable, de lo preciso para el cumplimiento de las nuevas obligaciones del deudor durante el plazo del plan de pagos, siempre que se entiendan razonables a la vista de las circunstancias, y de lo requerido para el cumplimiento de los vencimientos de la deuda no exonerable durante el plazo del plan de pagos.

5.º Cuando no concurran los presupuestos y requisitos legales para la exoneración.

2. Todas las impugnaciones se tramitarán conjuntamente por el cauce del incidente concursal. De las impugnaciones presentadas se dará traslado al deudor, y al resto de acreedores para que puedan formular oposición.

3. La sentencia que resuelva la impugnación deberá dictarse dentro de los treinta días siguientes a aquel en que hubiera finalizado la tramitación del incidente y será susceptible de recurso de apelación, sin efectos suspensivos.

Añadido por Ley 16/2022, de 5 de septiembre, de reforma del texto refundido de la Ley Concursal, aprobado por el Real Decreto Legislativo 1/2020, de 5 de mayo, para la transposición de la Directiva (UE) 2019/1023 del Parlamento Europeo y del Consejo, de 20 de junio de 2019, sobre marcos de reestructuración preventiva, exoneración de deudas e inhabilitaciones, y sobre medidas para aumentar la eficiencia de los procedimientos de reestructuración, insolvencia y exoneración de deudas, y por la que se modifica la Directiva (UE) 2017/1132 del Parlamento Europeo y del Consejo, sobre determinados aspectos del Derecho de sociedades (Directiva sobre reestructuración e insolvencia). (BOE de 06-09-2022).

ART. 498 ter. Efectos de la exoneración provisional.

1. La resolución judicial que conceda la exoneración provisional producirá efectos desde el término del plazo para la impugnación, si no se hubiera deducido, o desde la fecha de la sentencia judicial que la rechace.

2. Desde la eficacia de la exoneración provisional, cesarán todos los efectos de la declaración de concurso, que quedarán sustituidos por los que, en su caso, se establezcan en el propio plan de pagos.

3. Los deberes de colaboración e información subsistirán hasta la exoneración definitiva. Con periodicidad semestral, el deudor informará al juez del concurso acerca del cumplimiento del plan de pagos, así como de cualquier alteración patrimonial significativa.

Añadido por Ley 16/2022, de 5 de septiembre, de reforma del texto refundido de la Ley Concursal, aprobado por el Real Decreto Legislativo 1/2020, de 5 de mayo, para la transposición de la Directiva (UE) 2019/1023 del Parlamento Europeo y del Consejo, de 20 de junio de 2019, sobre marcos de reestructuración preventiva, exoneración de deudas e inhabilitaciones, y sobre medidas para aumentar la eficiencia de los procedimientos de reestructuración, insolvencia y exoneración de deudas, y por la que se modifica la Directiva (UE) 2017/1132 del Parlamento Europeo y del Consejo, sobre determinados aspectos del Derecho de sociedades (Directiva sobre reestructuración e insolvencia). (BOE de 06-09-2022).

ART. 499. Extensión de la exoneración en caso de plan de pagos.

1. La exoneración se extenderá a la parte del pasivo exonerable que, conforme al plan, vaya a quedar insatisfecha.

2. Las acciones declarativas y de ejecución de los acreedores de deuda no exonerable o de las nuevas obligaciones asumidas por el deudor durante el plazo del plan de pagos se ejercitarán ante el juez del concurso por los trámites del incidente concursal.

Modificado por Ley 16/2022, de 5 de septiembre, de reforma del texto refundido de la Ley Concursal, aprobado por el Real Decreto Legislativo 1/2020, de 5 de mayo, para la transposición de la Directiva (UE) 2019/1023 del Parlamento Europeo y del Consejo, de 20 de junio de 2019, sobre marcos de reestructuración preventiva, exoneración de deudas e inhabilitaciones, y sobre medidas para aumentar la eficiencia de los procedimientos de reestructuración, insolvencia y exoneración de deudas, y por la que se modifica la Directiva (UE) 2017/1132 del Parlamento Europeo y del Consejo, sobre determinados aspectos del Derecho de sociedades (Directiva sobre reestructuración e insolvencia). (BOE de 06-09-2022).

ART. 499 bis. Alteración significativa de la situación económica del deudor.

1. Cuando, tras la eficacia de la exoneración provisional, se produjera una alteración significativa de la situación económica del deudor, tanto este como cualquiera de los acreedores afectados por la exoneración podrán solicitar del juez la modificación del plan de pagos aprobado.

2. De la solicitud se dará traslado al deudor y a los acreedores afectados.

3. La tramitación, aprobación e impugnación de la modificación del plan de pagos se realizará en los plazos y en la forma prevista para el plan de pagos original, y producirá los mismos efectos.

4. No podrá aprobarse más de una modificación del plan de pagos conforme a lo previsto en este artículo.

Añadido por Ley 16/2022, de 5 de septiembre, de reforma del texto refundido de la Ley Concursal, aprobado por el Real Decreto Legislativo 1/2020, de 5 de mayo, para la transposición de la Directiva (UE) 2019/1023 del Parlamento Europeo y del Consejo, de 20 de junio de 2019, sobre marcos de reestructuración preventiva, exoneración de deudas e inhabilitaciones, y sobre medidas para aumentar la eficiencia de los procedimientos de reestructuración, insolvencia y exoneración de deudas, y por la que se modifica la Directiva (UE) 2017/1132 del Parlamento Europeo y del Consejo, sobre determinados aspectos del Derecho de sociedades (Directiva sobre reestructuración e insolvencia). (BOE de 06-09-2022).

ART. 499 ter. Revocación de la exoneración en caso de plan de pagos.

1. Cualquier acreedor afectado por la exoneración estará legitimado para solicitar del juez del concurso la revocación de la concesión provisional de la exoneración del pasivo insatisfecho si el deudor incumpliere el plan de pagos.

2. En el caso de que los pagos previstos en el plan dependan exclusiva o fundamentalmente de la evolución de la renta y recursos disponibles del deudor, también podrá revocarse la exoneración provisional a solicitud de cualquiera de esos acreedores si, al término

del plazo del plan de pagos, se evidenciase que el deudor no hubiera destinado a la satisfacción de la deuda exonerable la totalidad de las rentas y recursos efectivos del deudor que excedan del mínimo legalmente inembargable, de lo preciso para el cumplimiento de las nuevas obligaciones del deudor durante el plazo del plan de pagos, siempre que se entiendan razonables a la vista de las circunstancias, y de lo requerido para el cumplimiento de los vencimientos de la deuda no exonerable durante el plazo del plan de pagos.

3. La revocación de la exoneración provisional supondrá la resolución del plan de pagos y de sus efectos sobre los créditos, y la apertura de la liquidación de la masa activa. No obstante, los actos realizados en ejecución del plan de pagos producirán plenos efectos, salvo que se probare la existencia de fraude, contravención del propio plan, o alteración de la igualdad de trato de los acreedores.

Añadido por Ley 16/2022, de 5 de septiembre, de reforma del texto refundido de la Ley Concursal, aprobado por el Real Decreto Legislativo 1/2020, de 5 de mayo, para la transposición de la Directiva (UE) 2019/1023 del Parlamento Europeo y del Consejo, de 20 de junio de 2019, sobre marcos de reestructuración preventiva, exoneración de deudas e inhabilitaciones, y sobre medidas para aumentar la eficiencia de los procedimientos de reestructuración, insolvencia y exoneración de deudas, y por la que se modifica la Directiva (UE) 2017/1132 del Parlamento Europeo y del Consejo, sobre determinados aspectos del Derecho de sociedades (Directiva sobre reestructuración e insolvencia). (BOE de 06-09-2022).

ART. 500. Exoneración definitiva en caso de plan de pagos.

1. Transcurrido el plazo fijado para el cumplimiento del plan de pagos sin que se haya revocado la exoneración, el juez del concurso dictará auto concediendo la exoneración definitiva del pasivo insatisfecho.

2. Aunque el deudor no hubiese cumplido en su integridad el plan de pagos, el juez, previa audiencia de los acreedores, atendiendo a las circunstancias del caso, podrá conceder la exoneración definitiva del pasivo insatisfecho cuando el incumplimiento del plan de pagos resultara de accidente o enfermedad, u otros acontecimientos graves e imprevisibles, que afecten al deudor o a quienes con él convivan, siempre que el deudor hubiera en todo caso cumplido las limitaciones o prohibiciones a las facultades de disposición o administración, así como las medidas de cesión en pago, que se establezcan en el plan de pagos.

3. La resolución por la que se conceda la exoneración definitiva del pasivo insatisfecho se publicará en el Registro público concursal. Contra esta resolución no cabrá recurso alguno.

Modificado por Ley 16/2022, de 5 de septiembre, de reforma del texto refundido de la Ley Concursal, aprobado por el Real Decreto Legislativo 1/2020, de 5 de mayo, para la transposición de la Directiva (UE) 2019/1023 del Parlamento Europeo y del Consejo, de 20 de junio de 2019, sobre marcos de reestructuración preventiva, exoneración de deudas e inhabilitaciones, y sobre medidas para aumentar la eficiencia de los procedimientos de reestructuración, insolvencia y exoneración de deudas, y por la que se modifica la Directiva (UE) 2017/1132 del Parlamento Europeo y del Consejo, sobre determinados aspectos del Derecho de sociedades (Directiva sobre reestructuración e insolvencia). (BOE de 06-09-2022).

Ver art. 492 bis.2 LC:

ART. 500 bis. Cambio de modalidad de exoneración.

El deudor que hubiera solicitado y obtenido la exoneración provisional mediante un plan de pagos podrá dejarla sin efecto, solicitando la exoneración con liquidación de la masa activa conforme a lo previsto en la subsección siguiente. Si se hubiera revocado la exoneración provisional o no procediera la exoneración definitiva con un plan de pagos, el deudor podrá igualmente solicitar la exoneración del pasivo insatisfecho con liquidación de la masa activa.

Añadido por Ley 16/2022, de 5 de septiembre, de reforma del texto refundido de la Ley Concursal, aprobado por el Real Decreto Legislativo 1/2020, de 5 de mayo, para la transposición de la Directiva (UE) 2019/1023 del Parlamento Europeo y del Consejo, de 20 de junio de 2019, sobre marcos de reestructuración preventiva, exoneración de deudas e inhabilitaciones, y sobre medidas para aumentar la eficiencia de los procedimientos de reestructuración, insolvencia y exoneración de deudas, y por la que se modifica la Directiva (UE) 2017/1132 del Parlamento Europeo y del Consejo, sobre determinados aspectos del Derecho de sociedades (Directiva sobre reestructuración e insolvencia). (BOE de 06-09-2022).

Subsección 2.ª De la exoneración con liquidación de la masa activa

Añadida por Ley 16/2022, de 5 de septiembre, de reforma del texto refundido de la Ley Concursal, aprobado por el Real Decreto Legislativo 1/2020, de 5 de mayo, para la transposición de la Directiva (UE) 2019/1023 del Parlamento Europeo y del Consejo, de 20 de junio de 2019, sobre marcos de reestructuración preventiva, exoneración de deudas e inhabilitaciones, y sobre medidas para aumentar la eficiencia de los procedimientos de reestructuración, insolvencia y exoneración de deudas, y por la que se modifica la Directiva (UE) 2017/1132 del Parlamento Europeo y del Consejo, sobre determinados aspectos del Derecho de sociedades (Directiva sobre reestructuración e insolvencia). (BOE de 06-09-2022).

ART. 501. Solicitud de exoneración tras la liquidación de la masa activa.

1. En los casos de concurso sin masa en los que no se hubiera acordado la liquidación de la masa activa el concursado podrá presentar ante el juez del concurso solicitud de exoneración del pasivo insatisfecho dentro de los diez días siguientes a contar bien desde el vencimiento del plazo para que los acreedores legitimados puedan solicitar el nombramiento de administrador concursal sin que lo hubieran hecho, bien desde la emisión del informe por el administrador concursal nombrado si no apreciare indicios suficientes para la continuación del procedimiento.

2. Las mismas reglas se aplicarán en los casos de insuficiencia sobrevenida de la masa activa para satisfacer todos los créditos contra la masa y en los que, liquidada la masa activa, el líquido obtenido fuera insuficiente para el pago de la totalidad de los créditos concursales reconocidos. El concursado podrá presentar ante el juez del concurso solicitud de exoneración del pasivo insatisfecho dentro del plazo de audiencia concedido a las partes para formular oposición a la solicitud de conclusión del concurso.

3. En la solicitud el concursado deberá manifestar que no está incurso en ninguna de las causas establecidas en esta ley que impiden obtener la exoneración, y acompañar las declaraciones del impuesto sobre la renta de las personas físicas correspondientes a los tres últimos años anteriores a la fecha de la solicitud que se hubieran presentado o debido presentarse.

4. El letrado de la Administración de Justicia dará traslado de la solicitud del deudor a la administración concursal y a los acreedores personados para que dentro del plazo de diez días aleguen cuanto estimen oportuno en relación a la concesión de la exoneración.

Modificado por Ley 16/2022, de 5 de septiembre, de reforma del texto refundido de la Ley Concursal, aprobado por el Real Decreto Legislativo 1/2020, de 5 de mayo, para la transposición de la Directiva (UE) 2019/1023 del Parlamento Europeo y del Consejo, de 20 de junio de 2019, sobre marcos de reestructuración preventiva, exoneración de deudas e inhabilitaciones, y sobre medidas para aumentar la eficiencia de los procedimientos de reestructuración, insolvencia y exoneración de deudas, y por la que se modifica la Directiva (UE) 2017/1132 del Parlamento Europeo y del Consejo, sobre determinados aspectos del Derecho de sociedades (Directiva sobre reestructuración e insolvencia). (BOE de 06-09-2022).

ART. 502. Resolución sobre la solicitud.

1. Si la administración concursal y los acreedores personados mostraran conformidad a la solicitud del deudor o no se opusieran a ella dentro del plazo legal, el juez del concurso, previa verificación de la concurrencia de los presupuestos y requisitos establecidos en esta ley, concederá la exoneración del pasivo insatisfecho en la resolución en la que declare la conclusión del concurso.

2. La oposición solo podrá fundarse en la falta de alguno de los presupuestos y requisitos establecidos en esta ley. La oposición se sustanciará por el trámite del incidente concursal.

3. No podrá dictarse auto de conclusión del concurso hasta que gane firmeza la resolución que recaiga en el incidente concediendo o denegando la exoneración solicitada.

Modificado por Ley 16/2022, de 5 de septiembre, de reforma del texto refundido de la Ley Concursal, aprobado por el Real Decreto Legislativo 1/2020, de 5 de mayo, para la transposición de la Directiva (UE) 2019/1023 del Parlamento Europeo y del Consejo, de 20 de junio de 2019, sobre marcos de reestructuración preventiva, exoneración de deudas e inhabilitaciones, y sobre medidas para aumentar la eficiencia de los procedimientos de reestructuración, insolvencia y exoneración de deudas, y por la que se modifica la Directiva (UE) 2017/1132 del Parlamento Europeo y del Consejo, sobre determinados aspectos del Derecho de sociedades (Directiva sobre reestructuración e insolvencia). (BOE de 06-09-2022).

CAPÍTULO III
De la reapertura del concurso

ART. 503. Reapertura del concurso.

En los casos en los que proceda, la reapertura del concurso será declarada por el mismo juzgado que hubiera conocido del procedimiento y se tramitará en los mismos autos.

ART. 504. Reapertura del concurso del deudor persona natural.

1. La reapertura del concurso del deudor persona natural solo podrá tener lugar dentro de los cinco años siguientes a la conclusión por liquidación o insuficiencia de la masa activa.

2. La declaración de concurso de deudor persona natural después de los cinco años siguientes a la conclusión de otro por liquidación o insuficiencia de la masa activa tendrá la consideración de nuevo concurso.

ART. 505. Reapertura del concurso concluido por deudor persona jurídica.

1. La reapertura del concurso del deudor persona jurídica por liquidación o por insuficiencia de la masa activa solo podrá tener lugar cuando, después de la conclusión, aparezcan nuevos bienes.

2. En el año siguiente a la fecha de la conclusión del concurso por liquidación o por insuficiencia de la masa activa, cualquiera de los acreedores insatisfechos podrá solicitar la reapertura del concurso. En la solicitud de reapertura deberán expresarse las concretas acciones de reintegración que deban ejercitarse o, en su caso, exponerse aquellos hechos relevantes que pudieran conducir a la calificación de concurso como culpable, salvo que, en el concurso concluido, ya se hubiera calificado el concurso como culpable.

3. En la resolución judicial por la que se acuerde la reapertura del concurso, el juez ordenará la liquidación de los bienes y derechos aparecidos con posterioridad a la conclusión.

ART. 506. Publicidad.

1. A la reapertura del concurso se le dará la misma publicidad que la que se hubiera dado a la declaración de concurso.

2. En caso de reapertura del concurso de persona jurídica, en el propio auto en que se acuerde la reapertura el juez ordenara la reapertura de la hoja registral de la concursada en la forma prevista en el Reglamento del Registro mercantil, aprobado por el Real Decreto 1784/1996, de 19 de julio.

ART. 507. Inventario y lista de acreedores en caso de reapertura.

1. Los textos definitivos del inventario y de la lista de acreedores se actualizarán por la administración concursal en el plazo de dos meses.

2. La actualización se limitará, en cuanto al inventario, a suprimir de la relación los bienes y derechos aquellos que hubiesen salido del patrimonio del deudor, a corregir la valoración de los subsistentes y a incorporar y valorar los que hubiesen aparecido con posterioridad; y, en cuanto a la lista de acreedores, a indicar la cuantía actual y demás modificaciones acaecidas respecto de los créditos subsistentes y a incorporar a la relación los créditos posteriores.

3. La actualización se realizará y aprobará de conformidad con lo dispuesto en los títulos IV y V del libro I de esta ley para la determinación de la masa activa y pasiva.

4. La publicidad del informe de la administración concursal y de los documentos actualizados y la impugnación de estos se regirán por lo dispuesto en los capítulos I y II del título VI del libro I de esta ley. El juez rechazará de oficio y sin ulterior recurso aquellas pretensiones que no se refieran estrictamente a las cuestiones objeto de actualización.

TÍTULO XII
De las normas procesales generales, del procedimiento abreviado, del incidente concursal y del sistema de recursos

CAPÍTULO I
De la tramitación del procedimiento

ART. 508. Secciones.

1. El procedimiento de concurso se dividirá en las siguientes secciones, ordenándose las actuaciones de cada una de ellas en cuantas piezas separadas sean necesarias o convenientes:

1.ª La sección primera comprenderá lo relativo a la declaración de concurso, a las medidas cautelares, a la conclusión y, en su caso, a la reapertura del concurso.

2.ª La sección segunda comprenderá lo relativo a la administración concursal, al nombramiento y cese del titular o titulares de este órgano y, en su caso, del auxiliar delegado, a la determinación de las facultades de este órgano, al ejercicio del cargo, a la retribución, a la rendición de cuentas y, en su caso, a la responsabilidad civil en que el administrador o administradores concursales hubieran podido incurrir. En esta sección se incluirá en pieza separada el informe de la administración concursal con los documentos que lo acompañen y, en su caso, la relación definitiva de acreedores.

3.ª La sección tercera comprenderá lo relativo a la determinación de la masa activa, los incidentes relativos a qué bienes y derechos son necesarios para la continuidad de la actividad profesional o empresarial del concursado, a los alzamientos de los embargos, a las autorizaciones judiciales y a los créditos contra la masa. En esta sección se incluirá en pieza separada cada uno de los incidentes relativos a la reintegración y a la reducción de la masa activa. En esta sección se incluirán igualmente en pieza separada las ejecuciones que se inicien o se reanuden contra los bienes y derechos de la masa activa.

4.ª La sección cuarta comprenderá lo relativo a la determinación de la masa pasiva, a la comunicación, reconocimiento, graduación y clasificación de los créditos concursales y al pago de los acreedores. En esta sección se incluirá en pieza separada cada uno de los incidentes relativos a la inclusión o exclusión de créditos concursales, así como a la cuantía o a la clasificación de los reconocidos. En esta sección se incluirán igualmente en pieza separada los juicios declarativos que se acumulen al concurso de acreedores.

5.ª La sección quinta comprenderá en piezas separadas lo relativo al convenio y a la liquidación.

6.ª La sección sexta comprenderá lo relativo a la calificación del concurso, a los efectos de la calificación y a la ejecución de la sentencia de calificación del concurso como culpable.

2. En caso de concursos conexos, se abrirán tantas secciones como concursos se hubieran declarado conjuntamente o se hubieran acumulado, salvo las secciones tercera y cuarta que serán comunes cundo el juez hubiera acordado acumulación de masas.

Modificado por Ley 16/2022, de 5 de septiembre, de reforma del texto refundido de la Ley Concursal, aprobado por el Real Decreto Legislativo 1/2020, de 5 de mayo, para la transposición de la Directiva (UE) 2019/1023 del Parlamento Europeo y del Consejo, de 20 de junio de 2019, sobre marcos de reestructuración preventiva, exoneración de deudas e inhabilitaciones, y sobre medidas para aumentar la eficiencia de los procedimientos de reestructuración, insolvencia y exoneración de deudas, y por la que se modifica la Directiva (UE) 2017/1132 del Parlamento Europeo y del Consejo, sobre determinados aspectos del Derecho de sociedades (Directiva sobre reestructuración e insolvencia). (BOE de 06-09-2022).

ART. 508 bis. Duración del procedimiento.

La duración del procedimiento de concurso, desde la apertura de la sección primera al cierre de la quinta previstas en el artículo anterior, no podrá ser superior a doce meses, si bien el juez podrá acordar una ampliación del plazo de duración del mismo si fuera necesario en atención a la complejidad del concurso o a las circunstancias justificadas que pudieran concurrir.

Añadido por Ley 16/2022, de 5 de septiembre, de reforma del texto refundido de la Ley Concursal, aprobado por el Real Decreto Legislativo 1/2020, de 5 de mayo, para la transposición de la Directiva (UE) 2019/1023 del Parlamento Europeo y del Consejo, de 20 de junio de 2019, sobre marcos de reestructura-

ción preventiva, exoneración de deudas e inhabilitaciones, y sobre medidas para aumentar la eficiencia de los procedimientos de reestructuración, insolvencia y exoneración de deudas, y por la que se modifica la Directiva (UE) 2017/1132 del Parlamento Europeo y del Consejo, sobre determinados aspectos del Derecho de sociedades (Directiva sobre reestructuración e insolvencia). (BOE de 06-09-2022).

ART. 509. Partes necesarias de las secciones.

1. En las distintas secciones del concurso serán reconocidos como parte, sin necesidad de comparecencia en forma, el deudor que hubiera comparecido en el concurso de acreedores y la administración concursal.

2. En la sección sexta solo serán partes necesarias la administración concursal y, si comparecen en ella, las personas que, según el informe de calificación, pudieran quedar afectadas por la calificación y los acreedores que hubieran propuesto en tiempo y forma la calificación del concurso como culpable.

Modificado por Ley 16/2022, de 5 de septiembre, de reforma del texto refundido de la Ley Concursal, aprobado por el Real Decreto Legislativo 1/2020, de 5 de mayo, para la transposición de la Directiva (UE) 2019/1023 del Parlamento Europeo y del Consejo, de 20 de junio de 2019, sobre marcos de reestructuración preventiva, exoneración de deudas e inhabilitaciones, y sobre medidas para aumentar la eficiencia de los procedimientos de reestructuración, insolvencia y exoneración de deudas, y por la que se modifica la Directiva (UE) 2017/1132 del Parlamento Europeo y del Consejo, sobre determinados aspectos del Derecho de sociedades (Directiva sobre reestructuración e insolvencia). (BOE de 06-09-2022).

ART. 510. Representación y defensa del deudor.

El concursado actuará siempre representado por procurador y asistido de letrado.

ART. 511. Actuación de la administración concursal.

La administración concursal será oída siempre sin necesidad de comparecencia en forma, pero cuando intervenga en incidentes o recursos deberá hacerlo asistida de letrado. Cuando el nombrado administrador concursal o el auxiliar delegado tengan la condición de letrado, la dirección técnica de estos incidentes y recursos se entenderá incluida en las funciones de la administración concursal o del auxiliar delegado.

ART. 512. Representación y defensa de los acreedores y demás legitimados.

1. Los acreedores y los demás legitimados para solicitar la declaración de concurso actuarán representados por procurador y asistidos por letrado para solicitar esa declaración y para comparecer en el procedimiento, así como para presentar solicitudes o demandas, actuar en los incidentes que se incoen o interponer recursos.

2. Los acreedores podrán solicitar de la administración concursal en cualquier momento el examen de aquellos documentos o de aquellos informes que consten en autos sobre los créditos que hubieran comunicado.

3. Cualesquiera otras personas que tengan interés legítimo en el concurso podrán comparecer siempre que lo hagan representados por procurador y asistidos de letrado.

Modificado por Ley 16/2022, de 5 de septiembre, de reforma del texto refundido de la Ley Concursal, aprobado por el Real Decreto Legislativo 1/2020, de 5 de mayo, para la transposición de la Directiva (UE) 2019/1023 del Parlamento Europeo y del Consejo, de 20 de junio de 2019, sobre marcos de reestructuración preventiva, exoneración de deudas e inhabilitaciones, y sobre medidas para aumentar la eficiencia de los procedimientos de reestructuración, insolvencia y exoneración de deudas, y por la que se modifica la Directiva (UE) 2017/1132 del Parlamento Europeo y del Consejo, sobre determinados aspectos del Derecho de sociedades (Directiva sobre reestructuración e insolvencia). (BOE de 06-09-2022).

ART. 513. Representación y defensa de las Administraciones públicas y de los trabajadores.

1. Lo dispuesto en los artículos anteriores se entenderá sin perjuicio de lo establecido para las Administraciones públicas en la normativa procesal específica.

2. Lo dispuesto en los artículos anteriores se entenderá sin perjuicio de lo establecido para la representación y defensa de los trabajadores en la Ley reguladora de la jurisdicción social, incluidas las facultades atribuidas a los graduados sociales y a los sindicatos para el ejercicio de cuantas acciones y recursos sean precisos en el proceso concursal para la efectividad de los créditos y derechos laborales.

ART. 514. Condición de parte del Fondo de Garantía Salarial.

El Fondo de Garantía Salarial será parte del procedimiento siempre que deba abonar salarios e indemnizaciones a los trabajadores, sea en concepto de créditos contra la masa o de créditos concursales.

ART. 515. Sustanciación de oficio.

Declarado el concurso, el Letrado de la Administración de Justicia impulsará de oficio el proceso.

ART. 516. Plazos para proveer.

Cuando la ley no fije plazo para dictar una resolución, deberá dictarse sin dilación.

ART. 517. Extensión de facultades del juez del concurso.

1. El juez podrá habilitar los días y horas necesarios para la práctica de las diligencias que considere urgentes en beneficio del concurso. El Letrado de la Administración de Justicia podrá habilitar los días y horas necesarios para la práctica de aquellas actuaciones procesales por él ordenadas o de las que tuvieran como finalidad dar cumplimiento a las resoluciones dictadas por el juez.

2. El juez podrá realizar actuaciones de prueba fuera del ámbito de su competencia territorial, poniéndolo previamente en conocimiento del juez competente, cuando no se perjudique la competencia del juez correspondiente y venga justificado por razones de economía procesal.

Ver arts. 182 y ss. LOPJ.

ART. 518. Autorizaciones judiciales.

1. En los casos en que la ley establezca la necesidad de obtener autorización del juez o los administradores concursales la consideren conveniente, la solicitud se formulará por escrito.

2. De la solicitud presentada se dará traslado a todas las partes que deban ser oídas respecto de su objeto, concediéndoles para alegaciones plazo de igual duración no inferior a tres días ni superior a diez, atendidas la complejidad e importancia de la cuestión.

3. El juez resolverá sobre la solicitud mediante auto dentro de los cinco días siguientes al último vencimiento.

4. Contra el auto que conceda o deniegue la autorización solicitada no cabrá más recurso que el de reposición.

ART. 519. Prejudicialidad penal.

La incoación de procedimientos criminales relacionados con el deudor o por hechos que tuvieran relación o influencia en el concurso de acreedores no provocará la suspensión de la tramitación de este, ni de ninguna de las secciones en que se divide.

ART. 520. Medidas cautelares a solicitud de jueces o tribunales del orden jurisdiccional penal.

1. Admitida a trámite querella o denuncia criminal contra el deudor o por hechos que tuvieran relación o influencia en el concurso, será competencia exclusiva del juez del concurso, adoptar, a solicitud del juez o tribunal del orden jurisdiccional penal, cualquier medida cautelar de carácter patrimonial que afecte a la masa activa, incluidas las de retención de pagos a los acreedores inculpados en procedimientos criminales u otras análogas.

2. Las medidas cautelares acordadas en ningún caso deben impedir continuar la tramitación del procedimiento concursal, y se acordarán del modo más conveniente para garantizar la ejecución de los pronunciamientos patrimoniales de la eventual condena penal.

3. Las medidas cautelares acordadas no podrán alterar o modificar la clasificación de los créditos concursales, ni las preferencias de pagos establecida en esta ley.

ART. 521. Derecho procesal supletorio.

En lo no previsto en esta ley será de aplicación lo dispuesto en la Ley 1/2000, de 7 de enero, de Enjuiciamiento Civil.

ART. 522 A 531.

(SUPRIMIDOS)

Suprimidos por Ley 16/2022, de 5 de septiembre, de reforma del texto refundido de la Ley Concursal, aprobado por el Real Decreto Legislativo 1/2020, de 5 de mayo, para la transposición de la Directiva (UE) 2019/1023 del Parlamento Europeo y del Consejo, de 20 de junio de 2019, sobre marcos de reestructuración preventiva, exoneración de deudas e inhabilitaciones, y sobre medidas para aumentar la eficiencia de los procedimientos de reestructuración, insolvencia y exoneración de deudas, y por la que se modifica la Directiva (UE) 2017/1132 del Parlamento Europeo y del Consejo, sobre determinados aspectos del Derecho de sociedades (Directiva sobre reestructuración e insolvencia). (BOE de 06-09-2022).

CAPÍTULO II
Del incidente concursal

Renumerado (antes era el capítulo III) por Ley 16/2022, de 5 de septiembre, de reforma del texto refundido de la Ley Concursal, aprobado por el Real Decreto Legislativo 1/2020, de 5 de mayo, para la transposición de la Directiva (UE) 2019/1023 del Parlamento Europeo y del Consejo, de 20 de junio de 2019, sobre marcos de reestructuración preventiva, exoneración de deudas e inhabilitaciones, y sobre medidas para aumentar la eficiencia de los procedimientos de reestructuración, insolvencia y exoneración de deudas, y por la que se modifica la Directiva (UE) 2017/1132 del Parlamento Europeo y del Consejo, sobre determinados aspectos del Derecho de sociedades (Directiva sobre reestructuración e insolvencia). (BOE de 06-09-2022).

ART. 532. Ámbito del incidente concursal.

1. Todas las cuestiones que se susciten durante el concurso y no tengan señalada en esta ley otra tramitación, así como las acciones que deban ser ejercitadas ante el juez del concurso, se tramitarán por el cauce del incidente concursal.

2. No se admitirán aquellos incidentes concursales que tengan por objeto solicitar la realización de determinados actos de administración o impugnarlos por razones de oportunidad.

ART. 533. Continuación de la tramitación del concurso de acreedores.

1. Los incidentes concursales no suspenderán la tramitación del concurso de acreedores.

2. No obstante lo establecido en el apartado anterior, el juez, una vez incoado un incidente, podrá acordar, de oficio o a instancia de parte, la suspensión de aquellas actuaciones que estime puedan verse afectadas por la resolución que se dicte.

ART. 534. Partes en el incidente concursal.

1. En el incidente concursal se considerarán partes demandadas aquellas contra las que se dirija la demanda.

2. Cualquier persona comparecida en el concurso podrá intervenir en el incidente concursal conforme al régimen establecido en la Ley 1/2000, de 7 de enero, de Enjuiciamiento Civil, para la intervención de sujetos originariamente ni demandantes ni demandados, sin necesidad de especial pronunciamiento del tribunal, ni audiencia de las partes cuando se trate de aquellas que ostenten previamente la condición de parte en el concurso o se trate de acreedores incluidos en la lista de acreedores.

Ver art. 13 de la LEC.

ART. 535. Régimen del incidente concursal.

El incidente concursal se tramitará en la forma establecida en la Ley 1/2000, de 7 de enero, de Enjuiciamiento Civil para el juicio verbal con las especialidades establecidas en esta ley.

Ver arts. 437 a 447 de la LEC.

ART. 536. Demanda incidental y admisión a trámite.

1. La demanda se presentará en la forma prevista en la Ley 1/2000, de 7 de enero, de Enjuiciamiento Civil, para el juicio ordinario.

2. Si el juez estima que la cuestión planteada es impertinente o carece de entidad necesaria para tramitarla por la vía incidental, resolverá, mediante auto, su inadmisión y,

si procediera, acordará que se dé a la cuestión planteada la tramitación que corresponda. Contra este auto cabrá recurso de apelación.

3. En los demás casos, dictará providencia admitiendo a trámite el incidente y acordando se emplace a las demás partes personadas, con entrega de copia de la demanda o demandas, para que en el plazo común de diez días contesten en la forma prevenida en la Ley 1/2000, de 7 de enero, de Enjuiciamiento Civil, para el juicio ordinario.

Ver arts. 399, 405 y 443 LEC.

ART. 537. Acumulación de demandas incidentales.

Cuando en un incidente se acumulen demandas cuyos pedimentos no resulten coincidentes, las partes que intervengan tendrán que contestar a las demandas a cuyas pretensiones se opongan, si el momento de su intervención lo permitiese, y expresar con claridad y precisión la tutela concreta que soliciten. De no hacerlo así, el juez rechazará de plano su intervención, sin que contra esta resolución quepa recurso alguno.

ART. 538. Cuestiones procesales.

Si en la contestación se plantearan cuestiones procesales o se suscitaran por el demandante a la vista de este escrito en el plazo de cinco días desde que se le hubiera dado traslado del mismo, el juez las resolverá dictando la resolución que proceda conforme a lo dispuesto en la Ley 1/2000, de 7 de enero, de Enjuiciamiento Civil, para la resolución escrita de este tipo de cuestiones conforme a lo previsto en la audiencia previa del juicio ordinario.

Ver arts. 416 y 417 de la LEC.

ART. 539. Proposición de medios de prueba.

1. En el incidente concursal, las pruebas se propondrán en los escritos de alegaciones, resolviéndose sobre la admisión mediante auto.

2. La aportación de la prueba documental no será necesaria si los documentos constasen en el concurso de acreedores, pero la parte interesada deberá designar el documento completo que proponga como prueba y señalar en qué trámite fue presentado.

ART. 540. Vista y sentencia.

1. El incidente concursal finalizará mediante sentencia.

2. El juez dictará sentencia sin citación a las partes para la vista y sin más trámites en los siguientes supuestos:

1.° Cuando no se haya presentado escrito de contestación a la demanda o no exista discusión sobre los hechos o estos no sean relevantes a juicio del juez y no se hayan admitido medios de prueba.

2.° Cuando la única prueba que resulte admitida sea la de documentos, y estos ya se hubieran aportado al proceso sin resultar impugnados.

3.° Cuando solo se hayan aportado informes periciales y las partes no soliciten ni el juez considere necesaria la presencia de los peritos en la vista para la ratificación de su informe.

3. En caso de que proceda la celebración de vista, esta se desarrollará en la forma prevista en la Ley 1/2000, de 7 de enero, de Enjuiciamiento Civil, para los juicios verbales. Tras la práctica de la prueba, se otorgará a las partes un trámite oral de conclusiones.

Ver arts. 394, 443 y 449 de la LEC.

ART. 541. Incidente concursal en materia laboral.

1. Se dilucidarán por el trámite del incidente concursal en materia laboral las acciones que los trabajadores o el Fondo de Garantía Salarial ejerciten contra el auto que decida sobre la modificación sustancial de las condiciones de trabajo, el traslado, el despido, la suspensión de contratos y la reducción de jornada por causas económicas, técnicas, organizativas o de producción que, conforme a la ley, tengan carácter colectivo, así como las de trabajadores que tengan la condición de personal de alta dirección contra la decisión de la administración concursal de extinguir o suspender los contratos suscritos por el concursado con estos.

2. Los trabajadores deberán presentar la demanda, conforme a lo establecido en la legislación procesal civil en el plazo de un mes desde que conocieron o pudieron conocer la resolución judicial y el Fondo de Garantía Salarial desde que se le notifique la resolución. El personal de alta dirección deberá presentar la demanda en el mismo plazo desde que la administración concursal le notifique la decisión adoptada.

3. En el caso de que la demanda contuviera defectos, omisiones o imprecisiones, el Letrado de la Administración de la Justicia lo advertirá al demandante o demandantes a fin de que lo subsanen en el plazo de cuatro días, con el apercibimiento de que de no subsanarse procederá su archivo. En ningún caso podrá inadmitirse la demanda por estimar que la cuestión planteada fuera intrascendente o careciera de la entidad necesaria para tramitarse por vía incidental.

4. Admitida la demanda, el Letrado de la Administración de Justicia señalará dentro de los diez días siguientes el día y hora en que habrá de tener lugar el acto del juicio, citando a los demandados con entrega de copia de la demanda y demás documentos, debiendo mediar en todo caso un mínimo de cuatro días entre la citación y la efectiva celebración del juicio, que comenzará con el intento de conciliación o avenencia sobre el objeto del incidente. De no lograrse esta se ratificará el actor en su demanda o la ampliará sin alterar sustancialmente sus pretensiones, contestando oralmente el demandado, y proponiendo las partes a continuación las pruebas sobre los hechos en los que no hubiera conformidad, continuando el procedimiento conforme a los trámites del juicio verbal de la Ley 1/2000, de 7 de enero, de Enjuiciamiento Civil, si bien tras la práctica de la prueba se otorgará a las partes un trámite de conclusiones.

5. Tras la práctica de la prueba se otorgará a las partes un trámite oral de conclusiones.

ART. 542. Costas.

1. La sentencia que recaiga en el incidente concursal se regirá en materia de costas por lo dispuesto en la Ley 1/2000, de 7 de enero, de Enjuiciamiento Civil, tanto en cuanto a su imposición como en lo relativo a su exacción, y serán inmediatamente exigibles, una vez firme la sentencia, con independencia del estado en que se encuentre el concurso.

2. La sentencia que recaiga en el incidente concursal en materia laboral se regirá en materia de costas por lo dispuesto en la Ley 36/2011, de 10 de octubre, reguladora de la jurisdicción social.

ART. 543. Cosa juzgada.

Una vez firmes, las sentencias que pongan fin a los incidentes concursales producirán efectos de cosa juzgada.

CAPÍTULO III
De los recursos

Renumerado (antes era el capítulo IV) por Ley 16/2022, de 5 de septiembre, de reforma del texto refundido de la Ley Concursal, aprobado por el Real Decreto Legislativo 1/2020, de 5 de mayo, para la transposición de la Directiva (UE) 2019/1023 del Parlamento Europeo y del Consejo, de 20 de junio de 2019, sobre marcos de reestructuración preventiva, exoneración de deudas e inhabilitaciones, y sobre medidas para aumentar la eficiencia de los procedimientos de reestructuración, insolvencia y exoneración de deudas, y por la que se modifica la Directiva (UE) 2017/1132 del Parlamento Europeo y del Consejo, sobre determinados aspectos del Derecho de sociedades (Directiva sobre reestructuración e insolvencia). (BOE de 06-09-2022).

ART. 544. Recursos contra resoluciones del Letrado de la Administración de Justicia.

Los recursos contra las resoluciones dictadas por el Letrado de la Administración de Justicia en el concurso serán los mismos que prevé la Ley 1/2000, de 7 de enero, de Enjuiciamiento Civil, y se sustanciarán en la forma que en ella se determina.

ART. 545. Recursos contra las resoluciones del juez.

Los recursos contra las resoluciones dictadas por el juez en el concurso se sustanciarán en la forma prevista por la Ley 1/2000, de 7 de enero, de Enjuiciamiento Civil, con las modificaciones que se indican en los artículos siguientes y sin perjuicio de lo previsto en esta ley en materia laboral.

ART. 546. Recursos contra providencias y autos.

Contra las providencias y autos que dicte el juez del concurso solo cabrá recurso de reposición, salvo que en esta ley se excluya todo recurso o, en el caso de los autos, se otorgue expresamente recurso de apelación.

Modificado por Ley 16/2022, de 5 de septiembre, de reforma del texto refundido de la Ley Concursal, aprobado por el Real Decreto Legislativo 1/2020, de 5 de mayo, para la transposición de la Directiva (UE) 2019/1023 del Parlamento Europeo y del Consejo, de 20 de junio de 2019, sobre marcos de reestructuración preventiva, exoneración de deudas e inhabilitaciones, y sobre medidas para aumentar la eficiencia de los procedimientos de reestructuración, insolvencia y exoneración de deudas, y por la que se modifica la Directiva (UE) 2017/1132 del Parlamento Europeo y del Consejo, sobre determinados aspectos del Derecho de sociedades (Directiva sobre reestructuración e insolvencia). (BOE de 06-09-2022).

ART. 547. Recursos contra sentencias.

Contra las sentencias dictadas por el juez del concurso cabrá recurso de apelación.

Modificado por Ley 16/2022, de 5 de septiembre, de reforma del texto refundido de la Ley Concursal, aprobado por el Real Decreto Legislativo 1/2020, de 5 de mayo, para la transposición de la Directiva (UE) 2019/1023 del Parlamento Europeo y del Consejo, de 20 de junio de 2019, sobre marcos de reestructuración preventiva, exoneración de deudas e inhabilitaciones, y sobre medidas para aumentar la eficiencia de los procedimientos de reestructuración, insolvencia y exoneración de deudas, y por la que se modifica la Directiva (UE) 2017/1132 del Parlamento Europeo y del Consejo, sobre determinados aspectos del Derecho de sociedades (Directiva sobre reestructuración e insolvencia). (BOE de 06-09-2022).

ART. 548. Carácter preferente.

Los recursos de apelación que se interpongan contra las sentencias y, en su caso, contra los autos dictadas por el juez del concurso se tramitarán con carácter preferente y deberán estar resueltos dentro de los dos meses siguientes a la recepción de las actuaciones por la Audiencia Provincial.

Modificado por Ley 16/2022, de 5 de septiembre, de reforma del texto refundido de la Ley Concursal, aprobado por el Real Decreto Legislativo 1/2020, de 5 de mayo, para la transposición de la Directiva (UE) 2019/1023 del Parlamento Europeo y del Consejo, de 20 de junio de 2019, sobre marcos de reestructuración preventiva, exoneración de deudas e inhabilitaciones, y sobre medidas para aumentar la eficiencia de los procedimientos de reestructuración, insolvencia y exoneración de deudas, y por la que se modifica la Directiva (UE) 2017/1132 del Parlamento Europeo y del Consejo, sobre determinados aspectos del Derecho de sociedades (Directiva sobre reestructuración e insolvencia). (BOE de 06-09-2022).

ART. 549. Suspensión de actuaciones.

1. Al admitir un recurso de apelación, el juez del concurso, de oficio o a instancia de parte, podrá acordar motivadamente la suspensión de aquellas actuaciones que puedan verse afectadas por su resolución.

2. Si al recurrir la sentencia de aprobación del convenio se hubiera solicitado la suspensión de los efectos de este, el juez podrá acordarla con carácter total o parcial.

3. La decisión del juez sobre la suspensión de actuaciones o el retraso de la eficacia del convenio, podrá ser revisada por la Audiencia Provincial a solicitud de parte formulada mediante escrito presentado ante aquella en los cinco días siguientes a la notificación de la decisión del juez del concurso. Esta cuestión habrá de ser resuelta con carácter previo al examen del fondo del recurso y dentro de los diez días siguientes a la recepción de los autos por el tribunal.

4. Contra el auto que dicte la Audiencia Provincial no cabe interponer recurso alguno.

ART. 550. Recursos extraordinarios.

Contra las sentencias dictadas por las Audiencias Provinciales relativas a la aprobación o cumplimiento del convenio, a la calificación o conclusión del concurso, o que resuelvan acciones de las comprendidas en las secciones tercera y cuarta podrá interponerse recurso de casación y extraordinario por infracción procesal, de acuerdo con los criterios de admisión establecidos en la Ley 1/2000, de 7 de enero, de Enjuiciamiento Civil.

ART. 551. Recursos en materia laboral.

1. Contra el auto que decida sobre la modificación sustancial de las condiciones de trabajo, el traslado, el despido, la suspensión de contratos o la reducción de jornada, por causas económicas, técnicas, organizativas o de producción que, conforme a la ley, tengan carácter colectivo y contra la sentencia que resuelva incidentes concursales relativos a acciones sociales cuyo conocimiento corresponda al juez del concurso, cabrá recurso de suplicación y los demás recursos previstos en la Ley reguladora de la jurisdicción social, que se tramitarán y resolverán ante los órganos jurisdiccionales del orden social, sin que ninguno de ellos tenga efectos suspensivos sobre la tramitación del concurso ni de ninguno de sus incidentes, secciones o piezas separadas.

2. La legitimación para recurrir el auto indicado en el apartado anterior corresponde a la administración concursal, al concursado, a los trabajadores a través de sus representantes y al Fondo de Garantía Salarial, así como, en caso de declaración de la existencia de grupo laboral de empresas, a aquellas entidades que lo integren.

TÍTULO XIII
De la publicidad del concurso

CAPÍTULO I
De la publicidad telemática

ART. 552. Publicidad por medios electrónicos.

La publicidad de la declaración de concurso, la publicidad de aquellas otras resoluciones exigida por esta ley y las notificaciones y comunicaciones que procedan se realizará por medios electrónicos.

Modificado por Ley 16/2022, de 5 de septiembre, de reforma del texto refundido de la Ley Concursal, aprobado por el Real Decreto Legislativo 1/2020, de 5 de mayo, para la transposición de la Directiva (UE) 2019/1023 del Parlamento Europeo y del Consejo, de 20 de junio de 2019, sobre marcos de reestructuración preventiva, exoneración de deudas e inhabilitaciones, y sobre medidas para aumentar la eficiencia de los procedimientos de reestructuración, insolvencia y exoneración de deudas, y por la que se modifica la Directiva (UE) 2017/1132 del Parlamento Europeo y del Consejo, sobre determinados aspectos del Derecho de sociedades (Directiva sobre reestructuración e insolvencia). (BOE de 06-09-2022).

CAPÍTULO II
De los edictos

ART. 553. Edictos.

1. El traslado de los oficios con los edictos se realizará preferentemente por vía telemática desde el juzgado a los medios de publicidad correspondientes.

2. Excepcionalmente, y si lo previsto en el apartado anterior no fuera posible, los oficios con los edictos serán entregados al procurador del solicitante del concurso, quien deberá remitirlos de inmediato a los correspondientes medios de publicidad.

3. Si el solicitante del concurso fuese una Administración pública que actuase representada y defendida por sus servicios jurídicos, el traslado de los oficios se realizará directamente por el Letrado de la Administración de Justicia a los medios de publicidad.

ART. 554. Difusión de los edictos.

La publicidad exigida por esta ley de los edictos relativos a resoluciones dictadas por el juez del concurso se entenderá cumplida mediante la inserción en el tablón de anuncios del juzgado y en el Registro público concursal y, si así lo estableciera, en el «Boletín Oficial del Estado».

CAPÍTULO III
De los mandamientos

ART. 555. Mandamientos.

1. Los asientos exigidos por esta ley en los registros públicos de personas y de bienes se practicarán en virtud de mandamiento librado por el Letrado de la Administración de Justicia. En el mandamiento se expresará el órgano judicial que hubiera dictado la resolución, la fecha y la naturaleza de la resolución, el número de autos y si la correspondiente resolución es o no firme.

2. Las anotaciones preventivas que deban extenderse en los registros públicos de personas o de bienes por falta de firmeza de la resolución caducarán, en todo caso, a los cuatro años desde la fecha de la anotación misma y se cancelarán de oficio o a instancia de cualquier interesado. El Letrado de la Administración de Justicia, antes de que se produzca la caducidad, podrá decretar la prórroga de la anotación por cuatro años más.

ART. 556. Traslado de los mandamientos.

1. El traslado de los mandamientos y de la documentación necesaria para la práctica de los asientos se realizará preferentemente por medios electrónicos desde el juzgado a los registros correspondientes. Excepcionalmente, si no fuera posible, los mandamientos serán entregados al procurador del solicitante del concurso, para su presentación inmediata en los registros correspondientes.

2. El traslado o la entrega se realizarán el mismo día de la notificación a las partes de la resolución judicial a la que se refieran. El procurador que reciba el mandamiento deberá presentarlo en el registro público correspondiente ese mismo día o el siguiente hábil, aunque no le hubiera sido facilitada provisión de fondos.

Modificado por Ley 16/2022, de 5 de septiembre, de reforma del texto refundido de la Ley Concursal, aprobado por el Real Decreto Legislativo 1/2020, de 5 de mayo, para la transposición de la Directiva (UE) 2019/1023 del Parlamento Europeo y del Consejo, de 20 de junio de 2019, sobre marcos de reestructuración preventiva, exoneración de deudas e inhabilitaciones, y sobre medidas para aumentar la eficiencia de los procedimientos de reestructuración, insolvencia y exoneración de deudas, y por la que se modifica la Directiva (UE) 2017/1132 del Parlamento Europeo y del Consejo, sobre determinados aspectos del Derecho de sociedades (Directiva sobre reestructuración e insolvencia). (BOE de 06-09-2022).

ART. 557. Resoluciones objeto de publicidad en los registros de personas.

1. Serán objeto de anotación o de inscripción en el folio correspondiente al concursado en los registros de personas a que se refiere esta ley, las resoluciones relativas a la declaración y reapertura del concurso; las que se dicten en materia de intervención o suspensión de las facultades de administración y disposición del concursado sobre los bienes y derechos que integran la masa activa; las limitaciones que se establezcan en la sentencia de aprobación del convenio; la calificación del concurso como culpable; la conclusión del concurso, y cuantas resoluciones las modifiquen o las dejen sin efecto.

2. La práctica de una inscripción del contenido de una resolución ya anotada será gratuita.

Modificado por Ley 16/2022, de 5 de septiembre, de reforma del texto refundido de la Ley Concursal, aprobado por el Real Decreto Legislativo 1/2020, de 5 de mayo, para la transposición de la Directiva (UE) 2019/1023 del Parlamento Europeo y del Consejo, de 20 de junio de 2019, sobre marcos de reestructuración preventiva, exoneración de deudas e inhabilitaciones, y sobre medidas para aumentar la eficiencia de los procedimientos de reestructuración, insolvencia y exoneración de deudas, y por la que se modifica la Directiva (UE) 2017/1132 del Parlamento Europeo y del Consejo, sobre determinados aspectos del Derecho de sociedades (Directiva sobre reestructuración e insolvencia). (BOE de 06-09-2022).

ART. 558. Resoluciones objeto de publicidad en los registros de bienes.

1. Serán objeto de anotación o de inscripción en el folio correspondiente a cada uno de los bienes o derechos perteneciente a la masa activa que figuren inscritos a nombre del concursado en los registros de bienes a que se refiere esta ley, las resoluciones relativas a la declaración y reapertura del concurso; las que se dicten en materia de intervención o suspensión de las facultades de administración y disposición del concursado sobre los bienes y derechos que integran la masa activa; las limitaciones que se establezcan en la sentencia de aprobación del convenio; la conclusión del concurso, y cuantas resoluciones las modifiquen o las dejen sin efecto.

2. La práctica de una inscripción del contenido de una resolución ya anotada será gratuita.

3. La anotación o la inscripción en los registros de personas y de bienes a que se refiere esta ley de las medidas de apoyo al concursado por razón de su discapacidad establecidas en el convenio no impedirá el acceso a los registros públicos de los actos que las infrinjan, pero perjudicará a cualquier titular registral la acción de ineficacia o de reintegración de la masa que, en su caso, se ejercite.

Modificado por Ley 16/2022, de 5 de septiembre, de reforma del texto refundido de la Ley Concursal, aprobado por el Real Decreto Legislativo 1/2020, de 5 de mayo, para la transposición de la Directiva (UE) 2019/1023 del Parlamento Europeo y del Consejo, de 20 de junio de 2019, sobre marcos de reestructuración preventiva, exoneración de deudas e inhabilitaciones, y sobre medidas para aumentar la eficiencia de los procedimientos de reestructuración, insolvencia y exoneración de deudas, y por la que se modifica la Directiva (UE) 2017/1132 del Parlamento Europeo y del Consejo, sobre determinados aspectos del Derecho de sociedades (Directiva sobre reestructuración e insolvencia). (BOE de 06-09-2022).

ART. 559. Coordinación entre registros públicos.

Reglamentariamente podrán establecerse mecanismos de coordinación entre los diversos registros públicos en los que, conforme a lo establecido en esta ley, hayan de anotarse e inscribirse la declaración de concurso y aquellas otras resoluciones a que se refieren los artículos anteriores.

CAPÍTULO IV
Del Registro público concursal

NOTA: Hay que tener en cuenta que, conforme a lo dispuesto en el apdo. 1 de la D.T. Única de este texto refundido, los artículos 560 a 566 entrarán en vigor cuando se apruebe el reglamento a que se refiere la D.T. 2.ª de la Ley 17/2014, de 30 de septiembre. Mientras tanto permanecerán en vigor los arts. 27, 34 y 198 de la Ley 22/2003, de 9 de julio, en la redacción anterior a la entrada en vigor de la citada Ley 17/2014.

ART. 560. El Registro público concursal.

1. El Registro público concursal es un instrumento técnico de información, de acceso público, gratuito y permanente sobre las principales resoluciones que se dicten en los concursos de acreedores declarados en España o que hayan de producir efectos en España, sobre las comunicaciones de apertura de negociaciones, las homologaciones judiciales de los planes de reestructuración, así como de las personas naturales y jurídicas que puedan ser nombradas administradores concursales y de la información existente sobre liquidaciones y ventas de activos y unidades productivas.

2. El Registro público concursal se llevará bajo la dependencia del Ministerio de Justicia.

3. Reglamentariamente se desarrollarán la estructura, el contenido y el sistema de publicidad a través de este registro y los procedimientos de inserción y de acceso.

Modificado por Ley 16/2022, de 5 de septiembre, de reforma del texto refundido de la Ley Concursal, aprobado por el Real Decreto Legislativo 1/2020, de 5 de mayo, para la transposición de la Directiva (UE) 2019/1023 del Parlamento Europeo y del Consejo, de 20 de junio de 2019, sobre marcos de reestructuración preventiva, exoneración de deudas e inhabilitaciones, y sobre medidas para aumentar la eficiencia de los procedimientos de reestructuración, insolvencia y exoneración de deudas, y por la que se modifica la Directiva (UE) 2017/1132 del Parlamento Europeo y del Consejo, sobre determinados aspectos del Derecho de sociedades (Directiva sobre reestructuración e insolvencia). (BOE de 06-09-2022).

ART. 561. Organización del registro.

El Registro público concursal constará de cinco secciones:

1.ª En la sección primera, de edictos concursales, se insertarán ordenados alfabéticamente por concursado y fechas, la declaración de concurso y las demás resoluciones que deban publicarse en este registro conforme a lo establecido en esta ley.

2.ª En la sección segunda, de publicidad registral, se insertarán, ordenadas alfabéticamente por concursado y fechas, las resoluciones judiciales en materia de limitación o de suspensión de las facultades de administración y de disposición sobre los bienes y derechos que integran la masa activa, las demás exigidas por esta ley y la sentencia de calificación del concurso como culpable.

En esa sección existirá una subsección, de personas afectadas por la calificación, en la que se insertarán, ordenadas alfabéticamente por afectado, las correspondientes resoluciones judiciales una vez sean firmes.

3.ª En la sección tercera, de exoneración del pasivo insatisfecho, se insertarán, ordenadas alfabéticamente por concursado, las resoluciones judiciales por la que se conceda, con carácter provisional o definitivo, la exoneración, con expresión de la revocación total o parcial de la exoneración concedida.

4.ª En la sección cuarta, de administradores concursales y auxiliares delegados, se inscribirán, ordenadas alfabéticamente por orden de apellidos, si fueran personas naturales, y por denominación, si no lo fueran, las personas naturales y jurídicas que, cumpliendo los requisitos legales y reglamentarios para poder ser nombradas como administrador concursal y auxiliares delegados, hayan solicitado la inscripción en este registro manifestando la voluntad de ejercer como administrador concursal o auxiliar delegado. Si el administrador concursal estuviera habilitado para actuar en concursos de media o gran complejidad se hará costar en la inscripción.

En esta sección se insertarán igualmente, en la parte relativa a cada una de esas personas, los nombramientos, los ceses, con expresión de la causa, y, en su caso, la inhabilitación de los administradores concursales y de los auxiliares delegados, con indicación del tribunal y de la clase y fecha de la resolución judicial, así como los autos en los que se fije o modifique su remuneración.

Cuando un administrador concursal sea inhabilitado el letrado de la Administración de Justicia lo pondrá en conocimiento del Registro público concursal a fin de que se le dé de baja por el periodo de inhabilitación, sin perjuicio de que continúe actuando en aquellos concursos en los que hubiera sido nombrado antes de la firmeza de la resolución judicial que lo hubiera inhabilitado.

5.ª En la sección quinta, de planes de reestructuración, se insertarán, ordenadas alfabéticamente por deudor, las comunicaciones de la apertura de las negociaciones con los acreedores, salvo que tuviera carácter reservado, así como la homologación judicial de los planes de reestructuración.

En esa sección existirá una subsección, de expertos en reestructuraciones, en la que se insertarán, ordenadas alfabéticamente por experto, los nombramientos que hubieran tenido.

Modificado por Ley 16/2022, de 5 de septiembre, de reforma del texto refundido de la Ley Concursal, aprobado por el Real Decreto Legislativo 1/2020, de 5 de mayo, para la transposición de la Directiva (UE) 2019/1023 del Parlamento Europeo y del Consejo, de 20 de junio de 2019, sobre marcos de reestructuración preventiva, exoneración de deudas e inhabilitaciones, y sobre medidas para aumentar la eficiencia de los procedimientos de reestructuración, insolvencia y exoneración de deudas, y por la que se modifica la Directiva (UE) 2017/1132 del Parlamento Europeo y del Consejo, sobre determinados aspectos del Derecho de sociedades (Directiva sobre reestructuración e insolvencia). (BOE de 06-09-2022).

ART. 562.

(SUPRIMIDO)

Suprimido por Ley 16/2022, de 5 de septiembre, de reforma del texto refundido de la Ley Concursal, aprobado por el Real Decreto Legislativo 1/2020, de 5 de mayo, para la transposición de la Directiva (UE) 2019/1023 del Parlamento Europeo y del Consejo, de 20 de junio de 2019, sobre marcos de reestructuración preventiva, exoneración de deudas e inhabilitaciones, y sobre medidas para aumentar la eficiencia de los procedimientos de reestructuración, insolvencia y exoneración de deudas, y por la que se modifica la Directiva (UE) 2017/1132 del Parlamento Europeo y del Consejo, sobre determinados aspectos del Derecho de sociedades (Directiva sobre reestructuración e insolvencia). (BOE de 06-09-2022).

ART. 563. Solicitud de inscripción en la sección cuarta.

1. En el caso de personas naturales, en la solicitud de inscripción en la sección cuarta, se indicará la identidad del solicitante, la dirección profesional postal y electrónica, el número de identificación fiscal, y el ámbito o ámbitos territoriales en los que se hubiera manifestado la disposición para ejercer, así como la identidad de todas las personas jurídicas inscritas en esta sección con las que se encuentre relacionada profesionalmente para el ejercicio de la

actividad de administrador concursal. En la solicitud se indicarán igualmente los concursos previos en los que hubiera sido nombrado administrador concursal o auxiliar delegado con expresión del tribunal en que se hubiera tramitado y el número de autos, señalando la identidad del concursado y el sector de actividad.

2. En el caso de las personas jurídicas, en la solicitud de inscripción en la sección cuarta se indicará la denominación, el domicilio, la forma jurídica, la dirección postal y electrónica, y el ámbito o ámbitos territoriales en los que se hubiera manifestado la disposición para ejercer, así como la identidad y la dirección de cada uno de los socios y de cualquier persona natural inscrita en esta sección que preste sus servicios para la persona jurídica. En la solicitud se indicarán igualmente los concursos previos en los que hubiera sido nombrada administradora concursal o auxiliar delegado con expresión del tribunal en que se hubiera tramitado y el número de autos, señalando la identidad del concursado y el sector de actividad, la identidad de la persona natural encargada de la dirección de los trabajos y de la representación de la persona jurídica en cada uno de ellos.

3. En la sección cuarta del Registro público concursal, en la parte relativa a cada una de esas personas, se insertarán todos los datos a que se refieren los dos apartados anteriores.

Apdos. 1 y 2 modificados por Ley 16/2022, de 5 de septiembre, de reforma del texto refundido de la Ley Concursal, aprobado por el Real Decreto Legislativo 1/2020, de 5 de mayo, para la transposición de la Directiva (UE) 2019/1023 del Parlamento Europeo y del Consejo, de 20 de junio de 2019, sobre marcos de reestructuración preventiva, exoneración de deudas e inhabilitaciones, y sobre medidas para aumentar la eficiencia de los procedimientos de reestructuración, insolvencia y exoneración de deudas, y por la que se modifica la Directiva (UE) 2017/1132 del Parlamento Europeo y del Consejo, sobre determinados aspectos del Derecho de sociedades (Directiva sobre reestructuración e insolvencia). (BOE de 06-09-2022).

ART. 564. Libertad de acceso al Registro público concursal.

1. El contenido del Registro público concursal será accesible por internet u otros medios equivalentes de consulta telemática.

2. Por excepción a lo establecido en el apartado anterior, únicamente tendrán acceso a la sección segunda y sección tercera, aquellas personas que justifiquen la existencia de interés legítimo en averiguar la situación del deudor. La apreciación de la existencia de interés legítimo se realizará por quién esté a cargo del Registro público concursal. Se presumirá interés legítimo en las autoridades y empleados públicos en el ejercicio de sus funciones públicas.

Modificado por Ley 16/2022, de 5 de septiembre, de reforma del texto refundido de la Ley Concursal, aprobado por el Real Decreto Legislativo 1/2020, de 5 de mayo, para la transposición de la Directiva (UE) 2019/1023 del Parlamento Europeo y del Consejo, de 20 de junio de 2019, sobre marcos de reestructuración preventiva, exoneración de deudas e inhabilitaciones, y sobre medidas para aumentar la eficiencia de los procedimientos de reestructuración, insolvencia y exoneración de deudas, y por la que se modifica la Directiva (UE) 2017/1132 del Parlamento Europeo y del Consejo, sobre determinados aspectos del Derecho de sociedades (Directiva sobre reestructuración e insolvencia). (BOE de 06-09-2022).

ART. 565. Valor de la eficacia del Registro público concursal.

La publicación de las resoluciones judiciales o sus extractos tendrá un valor meramente informativo salvo en aquellos casos en los que esta ley le atribuya otros efectos.

Modificado por Ley 16/2022, de 5 de septiembre, de reforma del texto refundido de la Ley Concursal, aprobado por el Real Decreto Legislativo 1/2020, de 5 de mayo, para la transposición de la Directiva (UE) 2019/1023 del Parlamento Europeo y del Consejo, de 20 de junio de 2019, sobre marcos de reestructuración preventiva, exoneración de deudas e inhabilitaciones, y sobre medidas para aumentar la eficiencia de los procedimientos de reestructuración, insolvencia y exoneración de deudas, y por la que se modifica la Directiva (UE) 2017/1132 del Parlamento Europeo y del Consejo, sobre determinados aspectos del Derecho de sociedades (Directiva sobre reestructuración e insolvencia). (BOE de 06-09-2022).

ART. 566. Control del inicio de la accesibilidad de la información.

El Registro público concursal deberá contar con mecanismos de trazabilidad que permitan conocer y acreditar fehacientemente a solicitud de cualquier interesado el inicio de la difusión pública de las resoluciones y de la información que se incluya en el mismo.

Modificado por Ley 16/2022, de 5 de septiembre, de reforma del texto refundido de la Ley Concursal, aprobado por el Real Decreto Legislativo 1/2020, de 5 de mayo, para la transposición de la Directiva (UE)

2019/1023 del Parlamento Europeo y del Consejo, de 20 de junio de 2019, sobre marcos de reestructuración preventiva, exoneración de deudas e inhabilitaciones, y sobre medidas para aumentar la eficiencia de los procedimientos de reestructuración, insolvencia y exoneración de deudas, y por la que se modifica la Directiva (UE) 2017/1132 del Parlamento Europeo y del Consejo, sobre determinados aspectos del Derecho de sociedades (Directiva sobre reestructuración e insolvencia). (BOE de 06-09-2022).

TÍTULO XIV
De los concursos de acreedores con especialidades

CAPÍTULO I
Del concurso de la herencia

ART. 567. Declaración de concurso de la herencia.

El concurso de la herencia podrá declararse en tanto no haya sido aceptada pura y simplemente.

ART. 568. Legitimación para solicitar la declaración de concurso.

1. Para solicitar la declaración de concurso de la herencia no aceptada pura y simplemente están legitimados el administrador de la herencia yacente, los herederos y los acreedores del deudor fallecido.

2. En la solicitud los legitimados deberán expresar los datos del causante y el carácter en el que formulan la declaración de concurso, acompañando el documento del que resulte su legitimación o proponiendo prueba para acreditarla.

3. La solicitud formulada por un heredero producirá los efectos de la aceptación de la herencia a beneficio de inventario.

ART. 569. Concurso voluntario y concurso necesario de la herencia.

1. El concurso de acreedores de la herencia tendrá la consideración de voluntario cuando la primera de las solicitudes presentadas hubiera sido la del administrador de la herencia yacente o la de un heredero. En los demás casos, el concurso se considerará necesario.

2. Por excepción a lo dispuesto en el apartado anterior, el concurso de acreedores de la herencia tendrá la consideración de necesario cuando, en los tres meses anteriores a la fecha de la solicitud del administrador de la herencia yacente o de un heredero, se hubiera presentado y admitido a trámite otra contra el deudor antes de su fallecimiento o contra la propia herencia por cualquier legitimado, aunque este hubiera desistido, no hubiera comparecido en la vista o no se hubiese ratificado en la solicitud.

ART. 570. Efectos sobre el deudor.

En caso de concurso de la herencia, corresponderá a la administración concursal el ejercicio de las facultades patrimoniales de administración y disposición sobre el caudal relicto, sin que el juez pueda modificar esta situación.

ART. 571. Fallecimiento del concursado.

1. La muerte o declaración de fallecimiento del concursado no será causa de conclusión del concurso, que continuará tramitándose como concurso de la herencia, correspondiendo a la administración concursal el ejercicio de las facultades patrimoniales de administración y disposición del caudal relicto.

2. La representación de la herencia en el procedimiento corresponderá a quien la ostente conforme a derecho y, en su caso, a quien designen los herederos.

3. Fallecido el concursado, la herencia se mantendrá indivisa durante la tramitación del concurso.

Ver art. 1911 CC y arts. 782, 792 y 795 LEC.

CAPÍTULO II
De las especialidades del concurso por razón de la persona del deudor

Sección 1.ª De las comunicaciones y notificaciones especiales

ART. 572. Comunicaciones especiales de la solicitud de concurso voluntario o necesario.

1. En caso de solicitud de concurso de acreedores de una sociedad que tuviera emitidos valores o instrumentos financieros negociados en un mercado secundario oficial, el Letrado de la Administración de Justicia, una vez que el juez hubiera proveído sobre la misma, lo comunicará sin dilación a la Comisión Nacional del Mercado de Valores.

2. En caso de solicitud de concurso de acreedores de una entidad de crédito o a una empresa de servicios de inversión, el órgano judicial competente, suspendiendo la tramitación de la solicitud, lo notificará al supervisor competente y al FROB para dar cumplimiento a lo dispuesto en los apartados 2 y 3 de la disposición adicional decimoquinta de la Ley 11/2015, de 18 de junio, de recuperación y resolución de entidades de crédito y empresas de servicios de inversión.

A continuación, en caso de que así proceda el Letrado de la Administración de Justicia, una vez que el juez hubiera proveído sobre la misma, lo comunicará sin dilación al Banco de España, al FROB y a la Comisión Nacional del Mercado de Valores y solicitará la relación de los sistemas de pagos y de liquidación de valores o instrumentos financieros, incluidos los derivados, a los que pertenezca la entidad afectada y la denominación y domicilio del gestor en los términos previstos en la legislación especial aplicable.

3. En caso de solicitud de concurso de acreedores de una entidad aseguradora o reaseguradora, el Letrado de la Administración de Justicia, una vez que el juez hubiera proveído sobre la misma, lo comunicará sin dilación a la Dirección General de Seguros y Fondos de Pensiones.

4. En caso de solicitud de concurso de acreedores de una mutua colaboradora con la Seguridad Social, el Letrado de la Administración de Justicia, una vez que el juez hubiera proveído sobre la misma, lo comunicará sin dilación al Ministerio de Inclusión, Seguridad Social y Migraciones.

ART. 573. Notificaciones especiales de la declaración de concurso.

Declarado el concurso de cualquiera de las entidades a que se refiere el artículo anterior, el Letrado de la Administración de Justicia notificará el auto, en el mismo día de la fecha, a los mismos organismos y administraciones públicas a las que hubiera notificado o debido notificar la existencia de la solicitud, así como al gestor de los sistemas a los que pertenezca la entidad afectada.

Sección 2.ª De las especialidades de la administración concursal

ART. 574. Nombramiento de la administración concursal.

1. En el concurso de entidad de crédito el juez nombrará administrador concursal de entre las personas propuestas en terna por el FROB.

2. En el concurso de entidad aseguradora o reaseguradora el juez nombrará administrador concursal al Consorcio de Compensación de Seguros.

3. En el concurso de una entidad sometida a la supervisión de la Comisión Nacional del Mercado de Valores el juez nombrará administrador concursal de entre las personas propuestas en terna por esa Comisión.

(NOTA: Hay que tener en cuenta que, conforme a lo dispuesto en el apdo. 1 de la D.T. Única de este texto refundido, el art. 574.1 entrará en vigor cuando se apruebe el reglamento a que se refiere la D.T. 2.ª de la Ley 17/2014, de 30 de septiembre. Mientras tanto permanecerán en vigor los arts. 27, 34 y 198 de la Ley 22/2003, de 9 de julio, en la redacción anterior a la entrada en vigor de la citada Ley 17/2014)

ART. 575. Incompatibilidades y prohibiciones.

1. Las normas establecidas en esta ley sobre incompatibilidades y prohibiciones para ser nombrado administrador concursal serán de aplicación a las personas nombradas por el juez del concurso a propuesta del FROB, del Consorcio de Compensación de Seguros o de la Comisión Nacional del Mercado de Valores.

2. Se exceptúan de lo establecido en el apartado anterior, las prohibiciones por razón del cargo o función pública que tuviera o hubiera tenido el nombrado; o, en caso de administración concursal dual, de las incompatibilidades por razón de la vinculación personal o profesional entre los miembros de la administración concursal.

ART. 576. Aceptación del nombrado.

1. Cuando el nombramiento de la administración concursal recaiga en cualquiera de las personas propuestas por el FROB, el Consorcio de Compensación de Seguros o la Comisión Nacional del Mercado de Valores no será necesaria la aceptación del nombrado.

2. Dentro del plazo de cinco días siguientes a la notificación del nombramiento, el nombrado comunicará al juzgado las direcciones postal y electrónica en las que efectuar la comunicación de créditos, así como cualquier otra notificación.

La dirección electrónica que se señale deberá cumplir las condiciones técnicas de seguridad de las comunicaciones electrónicas en lo relativo a la constancia de la transmisión y recepción, de sus fechas y del contenido íntegro de las comunicaciones.

ART. 577. Carácter gratuito del cargo.

Si las personas propuestas por el FROB, el Consorcio de Compensación de Seguros o la Comisión Nacional del Mercado de Valores para el ejercicio del cargo de administrador concursal formaran parte de estos organismos, no tendrán derecho a retribución con cargo a la masa activa.

Sección 3.ª De las especialidades del concurso de entidades de crédito, de empresas de servicios de inversión, de entidades aseguradoras, de entidades que sean miembros de mercados regulados y de entidades participantes en los sistemas de compensación y liquidación de valores

ART. 578. Régimen especial del concurso de acreedores.

1. En los concursos de entidades de crédito o entidades legalmente asimiladas a ellas, empresas de servicios de inversión y entidades aseguradoras, así como de entidades miembros de mercados oficiales de valores y entidades participantes en los sistemas de compensación y liquidación de valores, se aplicarán las especialidades que para el concurso de acreedores se hallen establecidas en su legislación específica.

2. Se considera legislación especial, a los efectos de la aplicación del apartado anterior, la contenida en las siguientes normas:

1.º La disposición adicional quinta de la Ley 3/1994, de 14 de abril, por la que se adapta la legislación española en materia de entidades de crédito a la Segunda Directiva de Coordinación Bancaria y se introducen otras modificaciones relativas al sistema financiero.

2.º La Ley 13/1994, de 1 de junio, de autonomía del Banco de España, por lo que respecta al régimen aplicable a las garantías constituidas a favor del Banco de España, del Banco Central Europeo o de otros Bancos Centrales Nacionales de la Unión Europea, en el ejercicio de sus funciones.

3.º La disposición adicional tercera de la Ley 1/1999, de 5 de enero, reguladora de las entidades de capital-riesgo y de sus sociedades gestoras.

4.º La Ley 41/1999, de 12 de noviembre, sobre sistemas de pagos y de liquidación de valores.

5.º El texto refundido de la Ley de Regulación de los Planes y Fondos de Pensiones, aprobado por Real Decreto Legislativo 1/2002, de 29 de noviembre.

6.º La Ley 35/2003, de 4 de noviembre, de Instituciones de Inversión Colectiva.

7.º El texto refundido del Estatuto Legal del Consorcio de Compensación de Seguros, aprobado por Real Decreto Legislativo 7/2004, de 29 de octubre.

8.º El capítulo II del título I del Real Decreto-ley 5/2005, de 11 de marzo, de reformas urgentes para el impulso a la productividad y para la mejora de la contratación pública.

9.º La Ley 6/2005, de 22 de abril, sobre saneamiento y liquidación de las entidades de crédito.

10.º La Ley 22/2014, de 12 de noviembre, por la que se regulan las entidades de capital-riesgo, otras entidades de inversión colectiva de tipo cerrado y las sociedades gestoras de entidades de inversión colectiva de tipo cerrado, y por la que se modifica la Ley 35/2003, de 4 de noviembre, de Instituciones de Inversión Colectiva.

11.º El artículo 16.4 y la disposición adicional cuarta, punto 7, de la Ley 5/2015, de 27 de abril, de fomento de la financiación empresarial.

12.º La Ley 11/2015, de 18 de junio, de recuperación y resolución de entidades de crédito y empresas de servicios de inversión.

13.º Los títulos VI y VII de la Ley 20/2015, de 14 de julio, de ordenación, supervisión y solvencia de entidades aseguradoras y reaseguradoras y el título VII del Real Decreto 1060/2015, de 20 de noviembre, de ordenación, supervisión y solvencia de las entidades aseguradoras y reaseguradoras.

14.º El texto refundido de la Ley del Mercado de Valores, aprobado por Real Decreto Legislativo 4/2015, de 23 de octubre, y su normativa de desarrollo.

15.º El Real Decreto 217/2008, de 15 de febrero, sobre el régimen jurídico de las empresas de servicios de inversión y de las demás entidades que prestan servicios de inversión y por el que se modifica parcialmente el Reglamento de la Ley 35/2003, de 4 de noviembre, de Instituciones de Inversión Colectiva, aprobado por el Real Decreto 1309/2005, de 4 de noviembre.

16.º El Real Decreto 1082/2012, de 13 de julio, por el que se aprueba el Reglamento de desarrollo de la Ley 35/2003, de 4 de noviembre, de instituciones de inversión colectiva.

17.º El Real Decreto-ley 24/2021, de 2 de noviembre, de transposición de directivas de la Unión Europea en las materias de bonos garantizados, distribución transfronteriza de organismos de inversión colectiva, datos abiertos y reutilización de la información del sector público, ejercicio de derechos de autor y derechos afines aplicables a determinadas transmisiones en línea y a las retransmisiones de programas de radio y televisión, exenciones temporales a determinadas importaciones y suministros, de personas consumidoras y para la promoción de vehículos de transporte por carretera limpios y energéticamente eficientes.

3. Las normas legales enumeradas en el apartado anterior se aplicarán con el alcance subjetivo y objetivo previsto en las mismas a las operaciones o contratos que en ella se contemplan.

Modificado por Ley 16/2022, de 5 de septiembre, de reforma del texto refundido de la Ley Concursal, aprobado por el Real Decreto Legislativo 1/2020, de 5 de mayo, para la transposición de la Directiva (UE) 2019/1023 del Parlamento Europeo y del Consejo, de 20 de junio de 2019, sobre marcos de reestructuración preventiva, exoneración de deudas e inhabilitaciones, y sobre medidas para aumentar la eficiencia de los procedimientos de reestructuración, insolvencia y exoneración de deudas, y por la que se modifica la Directiva (UE) 2017/1132 del Parlamento Europeo y del Consejo, sobre determinados aspectos del Derecho de sociedades (Directiva sobre reestructuración e insolvencia). (BOE de 06-09-2022).

Sección 4.ª De las especialidades del concurso de empresas concesionarias de obras y servicios públicos o contratistas de las administraciones públicas

ART. 579. Concurso de concesionarias de obras y servicios públicos, de contratistas de las administraciones públicas y de titulares de concesiones sobre el dominio público.

En los concursos de empresas concesionarias de obras y servicios públicos o contratistas de las administraciones públicas se aplicarán las especialidades establecidas en la legislación de contratos del sector público y en la legislación específica reguladora de cada tipo de contrato administrativo.

Los efectos de la declaración de concurso o de las resoluciones adoptadas en el seno de dicho procedimiento en las concesiones sobre el dominio público que ostente el concursado se regularán por su normativa específica. En el caso de concesiones sobre el dominio público portuario de titularidad de personas jurídicas, la disolución o extinción de dichas entidades por resoluciones acordadas en el seno del concurso será causa automática de extinción de la concesión, sin que esta pueda ser objeto de enajenación o liquidación en el concurso desde que aquellas se dicten.

Modificado por Ley 16/2022, de 5 de septiembre, de reforma del texto refundido de la Ley Concursal, aprobado por el Real Decreto Legislativo 1/2020, de 5 de mayo, para la transposición de la Directiva (UE) 2019/1023 del Parlamento Europeo y del Consejo, de 20 de junio de 2019, sobre marcos de reestructuración preventiva, exoneración de deudas e inhabilitaciones, y sobre medidas para aumentar la eficiencia de los procedimientos de reestructuración, insolvencia y exoneración de deudas, y por la que se modifica la Directiva (UE) 2017/1132 del Parlamento Europeo y del Consejo, sobre determinados aspectos del Derecho de sociedades (Directiva sobre reestructuración e insolvencia). (BOE de 06-09-2022).

ART. 580. Legitimación adicional para presentar propuesta de convenio.

En los concursos de empresas concesionarias de obras y servicios públicos o contratistas de las administraciones públicas, además de los legitimados con carácter general para presentar propuesta de convenio, podrán presentarla las administraciones públicas, incluidos los organismos, entidades y sociedades mercantiles vinculadas o dependientes de ellas, aunque no sean acreedores, en las mismas condiciones de tiempo, forma y contenido establecidas en esta ley.

ART. 581. De la acumulación de concursos de concesionarias de obras y servicios públicos o contratistas de las administraciones públicas.

1. Cuando en los concursos de dos o más empresas concesionarias de obras y servicios públicos o contratistas de las administraciones públicas se presenten propuestas de convenio que afecten a todas ellas, procederá la acumulación de los procedimientos en tramitación, cualquiera que sea la fase en que se encuentren, aunque la eficacia de los respectivos convenios no esté condicionada a la eficacia de los demás.

2. La acumulación procederá aunque los concursos hayan sido declarados por diferentes juzgados. En este caso, la competencia para la tramitación de los concursos acumulados corresponderá al juez que estuviera conociendo del concurso de la concesionaria o de la contratista con mayor pasivo en el momento de la presentación de la solicitud de concurso.

Sección 5.ª De las especialidades del concurso de entidades deportivas

ART. 582. Concurso de entidades deportivas.

1. En los concursos de entidades deportivas que participen en competiciones oficiales, se aplicarán las especialidades que para el concurso de acreedores prevea la legislación estatal del deporte y sus normas de desarrollo.

2. La declaración judicial de concurso de una entidad deportiva no interrumpirá la continuación de la actividad que viniera ejerciendo ni impedirá la aplicación de la normativa reguladora de la participación de esa entidad en la competición.

LIBRO SEGUNDO
Del Derecho preconcursal

TÍTULO I
De los presupuestos del preconcurso

Modificado por Ley 16/2022, de 5 de septiembre, de reforma del texto refundido de la Ley Concursal, aprobado por el Real Decreto Legislativo 1/2020, de 5 de mayo, para la transposición de la Directiva (UE) 2019/1023 del Parlamento Europeo y del Consejo, de 20 de junio de 2019, sobre marcos de reestructuración preventiva, exoneración de deudas e inhabilitaciones, y sobre medidas para aumentar la eficiencia de los procedimientos de reestructuración, insolvencia y exoneración de deudas, y por la que se modifica la Directiva (UE) 2017/1132 del Parlamento Europeo y del Consejo, sobre determinados aspectos del Derecho de sociedades (Directiva sobre reestructuración e insolvencia). (BOE de 06-09-2022).

ART. 583. Presupuesto subjetivo.

1. Cualquier persona natural o jurídica que lleve a cabo una actividad empresarial o profesional podrá efectuar la comunicación de apertura de negociaciones con los acreedores o solicitar directamente la homologación de un plan de reestructuración de conformidad con lo previsto en este libro.

2. No quedan comprendidos en el presupuesto subjetivo del apartado 1 los deudores que constituyan:

a) Empresas de seguros o de reaseguros, tal como se definen en el artículo 13, puntos 1 y 4, de la Directiva 2009/138/CE del Parlamento Europeo y del Consejo, de 25 de noviembre de 2009, sobre el seguro de vida, el acceso a la actividad de seguro y de reaseguro y su ejercicio (Solvencia II), incorporada a nuestro ordenamiento interno por la Ley 20/2015, de 14 de julio, de ordenación, supervisión y solvencia de las entidades aseguradoras y reaseguradoras.

b) Entidades de crédito, tal como se definen en el artículo 4, apartado 1, punto 1, del Reglamento (UE) n° 575/2013 del Parlamento Europeo y del Consejo, de 26 de junio de 2013, sobre los requisitos prudenciales de las entidades de crédito y las empresas de inversión, y por el que se modifica el Reglamento (UE) n° 648/2012.

c) Empresas de inversión u organismos de inversión colectiva, tal como se definen en el artículo 4, apartado 1, puntos 2 y 7, del Reglamento (UE) 575/2013 del Parlamento Europeo y del Consejo, de 26 de junio de 2013, sobre los requisitos prudenciales de las entidades de crédito y las empresas de inversión, y por el que se modifica el Reglamento (UE) n° 648/2012.

d) Entidades de contrapartida central, tal como se definen en el artículo 2, punto 1, del Reglamento (UE) n° 648/2012 del Parlamento Europeo y del Consejo, de 4 de julio de 2012, relativo a los derivados extrabursátiles, las entidades de contrapartida central y los registros de operaciones.

e) Depositarios centrales de valores, tal como se definen en el artículo 2, apartado 1, punto 1, del Reglamento (UE) n° 909/2014 del Parlamento Europeo y del Consejo, de 23 de julio de 2014, sobre la mejora de la liquidación de valores en la Unión Europea y los depositarios centrales de valores y por el que se modifican las Directivas 98/26/CE y 2014/65/UE y el Reglamento (UE) n° 236/2012.

f) Otras entidades y entes financieros recogidos en el artículo 1, apartado 1, párrafo primero, de la Directiva 2014/59/UE del Parlamento Europeo y del Consejo, de 15 de mayo de 2014, por la que se establece un marco para la recuperación y la resolución de entidades de crédito y empresas de servicios de inversión, y por la que se modifican la Directiva 82/891/CEE del Consejo, y las Directivas 2001/24/CE, 2002/47/CE, 2004/25/CE, 2005/56/CE, 2007/36/CE, 2011/35/UE, 2012/30/UE y 2013/36/UE, y los Reglamentos (UE) n° 1093/2010 y (UE) n° 648/2012 del Parlamento Europeo y del Consejo, incorporada a nuestro ordenamiento interno en la Ley 11/2015, de 18 de junio, de recuperación y resolución de entidades de créditos y empresas de servicios de inversión.

3. Las entidades que integran la organización territorial del Estado, los organismos públicos y demás entes de derecho público no quedan comprendidas en el presupuesto subjetivo del apartado 1.

4. Los deudores incluidos en el ámbito de aplicación del libro tercero se sujetarán exclusivamente a las disposiciones de ese libro.

5. Lo dispuesto en el libro segundo se entenderá sin perjuicio de los requisitos de garantía para la protección de los fondos recibidos de los usuarios de servicios de pago o recibidos a través de otro proveedor de servicios de pago para la ejecución de operaciones de pago, y de los fondos recibidos a cambio del dinero electrónico emitido o en relación con la prestación de servicios de pago no vinculados a dicha emisión aplicables a las entidades de pago y a las entidades de dinero electrónico que se exigen, respectivamente, en el Real Decreto-ley 19/2018, de 23 de noviembre, de servicios de pago y otras medidas urgentes en materia financiera, y en la Ley 21/2011, de 26 de julio, de dinero electrónico.

Modificado por Ley 16/2022, de 5 de septiembre, de reforma del texto refundido de la Ley Concursal, aprobado por el Real Decreto Legislativo 1/2020, de 5 de mayo, para la transposición de la Directiva (UE) 2019/1023 del Parlamento Europeo y del Consejo, de 20 de junio de 2019, sobre marcos de reestructuración preventiva, exoneración de deudas e inhabilitaciones, y sobre medidas para aumentar la eficiencia de los procedimientos de reestructuración, insolvencia y exoneración de deudas, y por la que se modifica la Directiva (UE) 2017/1132 del Parlamento Europeo y del Consejo, sobre determinados aspectos del Derecho de sociedades (Directiva sobre reestructuración e insolvencia). (BOE de 06-09-2022).

ART. 584. Presupuesto objetivo.

1. La comunicación de apertura de negociaciones o la homologación de un plan de reestructuración procederán cuando el deudor se encuentre en probabilidad de insolvencia, insolvencia inminente o insolvencia actual.

2. Se considera que existe probabilidad de insolvencia cuando sea objetivamente previsible que, de no alcanzarse un plan de reestructuración, el deudor no podrá cumplir regularmente sus obligaciones que venzan en los próximos dos años.

Modificado por Ley 16/2022, de 5 de septiembre, de reforma del texto refundido de la Ley Concursal, aprobado por el Real Decreto Legislativo 1/2020, de 5 de mayo, para la transposición de la Directiva (UE) 2019/1023 del Parlamento Europeo y del Consejo, de 20 de junio de 2019, sobre marcos de reestructuración preventiva, exoneración de deudas e inhabilitaciones, y sobre medidas para aumentar la eficiencia de los procedimientos de reestructuración, insolvencia y exoneración de deudas, y por la que se modifica la Directiva (UE) 2017/1132 del Parlamento Europeo y del Consejo, sobre determinados aspectos del Derecho de sociedades (Directiva sobre reestructuración e insolvencia). (BOE de 06-09-2022).

TÍTULO II
De la comunicación de apertura de negociaciones con los acreedores

Modificado y reordenado por Ley 16/2022, de 5 de septiembre, de reforma del texto refundido de la Ley Concursal, aprobado por el Real Decreto Legislativo 1/2020, de 5 de mayo, para la transposición de la Directiva (UE) 2019/1023 del Parlamento Europeo y del Consejo, de 20 de junio de 2019, sobre marcos de reestructuración preventiva, exoneración de deudas e inhabilitaciones, y sobre medidas para aumentar la eficiencia de los procedimientos de reestructuración, insolvencia y exoneración de deudas, y por la que se modifica la Directiva (UE) 2017/1132 del Parlamento Europeo y del Consejo, sobre determinados aspectos del Derecho de sociedades (Directiva sobre reestructuración e insolvencia). (BOE de 06-09-2022).

CAPÍTULO I
De la comunicación

Modificado y reordenado por Ley 16/2022, de 5 de septiembre, de reforma del texto refundido de la Ley Concursal, aprobado por el Real Decreto Legislativo 1/2020, de 5 de mayo, para la transposición de la Directiva (UE) 2019/1023 del Parlamento Europeo y del Consejo, de 20 de junio de 2019, sobre marcos de reestructuración preventiva, exoneración de deudas e inhabilitaciones, y sobre medidas para aumentar la eficiencia de los procedimientos de reestructuración, insolvencia y exoneración de deudas, y por la que se modifica la Directiva (UE) 2017/1132 del Parlamento Europeo y del Consejo, sobre determinados aspectos del Derecho de sociedades (Directiva sobre reestructuración e insolvencia). (BOE de 06-09-2022).

ART. 585. Comunicación de la apertura de negociaciones.

1. En caso de probabilidad de insolvencia o de insolvencia inminente, el deudor, sea persona natural o jurídica, podrá comunicar al juzgado competente para la declaración del concurso la existencia de negociaciones con sus acreedores, o la intención de iniciarlas de inmediato, para alcanzar un plan de reestructuración que permita superar la situación en que se encuentra.

2. El deudor que se encuentre en estado de insolvencia actual podrá efectuar la comunicación a que se refiere el apartado anterior en tanto no se haya admitido a trámite solicitud de declaración de concurso necesario.

3. En caso de persona jurídica, la competencia para presentar la comunicación corresponde al órgano de administración del deudor.

Modificado por Ley 16/2022, de 5 de septiembre, de reforma del texto refundido de la Ley Concursal, aprobado por el Real Decreto Legislativo 1/2020, de 5 de mayo, para la transposición de la Directiva (UE) 2019/1023 del Parlamento Europeo y del Consejo, de 20 de junio de 2019, sobre marcos de reestructuración preventiva, exoneración de deudas e inhabilitaciones, y sobre medidas para aumentar la eficiencia de los procedimientos de reestructuración, insolvencia y exoneración de deudas, y por la que se modifica la Directiva (UE) 2017/1132 del Parlamento Europeo y del Consejo, sobre determinados aspectos del Derecho de sociedades (Directiva sobre reestructuración e insolvencia). (BOE de 06-09-2022).

ART. 586. Contenido de la comunicación.

1. En la comunicación al juzgado, que deberá hacerse a través de la sede judicial electrónica o por medios telemáticos o electrónicos excepto en el caso de personas no obligadas a comunicarse con la Administración de Justicia por medios electrónicos, el deudor expresará:

1.º Las razones que justifican la comunicación, con referencia al estado en que se encuentra, sea probabilidad de insolvencia, insolvencia inminente o insolvencia actual.

2.º El fundamento de la competencia del juzgado para conocer de la comunicación.

3.º La relación de los acreedores con los que se haya iniciado o tenga intención de iniciar negociaciones, el importe de los créditos de cada uno de ellos y el importe total de los créditos. Si entre ellos figurasen acreedores especialmente relacionados con el deudor se indicará cuáles tienen esta condición.

En el caso de los créditos de derecho público, deberá figurar la fecha de devengo de los mismos.

4.º Cualquier circunstancia existente o que pueda sobrevenir susceptible de afectar al desarrollo o al buen fin de las negociaciones.

5.º La actividad o actividades que desarrolle, así como el importe del activo y del pasivo, la cifra de negocios y el número de trabajadores al cierre del ejercicio inmediatamente anterior a aquel en que presente la comunicación.

6.º Los bienes o derechos que se consideren necesarios para la continuidad de su actividad empresarial o profesional. Si se siguieran ejecuciones contra esos bienes, identificará en la comunicación cada una de las que se encuentren en tramitación.

7.º Los contratos necesarios para la continuidad de su actividad.

8.º En su caso, la solicitud por el deudor de nombramiento de experto en la reestructuración.

9.º En su caso, la solicitud del carácter reservado de la comunicación.

10.º En el caso de que se pretenda que el plan de reestructuración afecte al crédito público, la acreditación de encontrarse al corriente en el cumplimiento de las obligaciones tributarias y frente a la Seguridad Social, mediante la presentación por el deudor en el juzgado de las correspondientes certificaciones emitidas por la Agencia Estatal de Administración Tributaria y la Tesorería General de la Seguridad Social, o la declaración del deudor de que no se encuentra en dicha situación.

2. Si el deudor fuera miembro de un grupo de sociedades, indicará las garantías otorgadas por otras sociedades del grupo que pretenda que queden afectadas por la comunicación.

3. En cualquier momento, mientras estén en vigor los efectos de la comunicación, podrá comunicar el deudor al juzgado la ampliación o la reducción de los acreedores con los que mantiene las negociaciones y la modificación del importe individual o total de los créditos.

4. Cuando en este título se establezca algún porcentaje del pasivo para el ejercicio de determinados derechos o facultades, se calculará sobre la base de los datos más recientes comunicados al juzgado, salvo que el interesado acredite otra cosa.

Modificado por Ley 16/2022, de 5 de septiembre, de reforma del texto refundido de la Ley Concursal, aprobado por el Real Decreto Legislativo 1/2020, de 5 de mayo, para la transposición de la Directiva (UE) 2019/1023 del Parlamento Europeo y del Consejo, de 20 de junio de 2019, sobre marcos de reestructuración preventiva, exoneración de deudas e inhabilitaciones, y sobre medidas para aumentar la eficiencia de los procedimientos de reestructuración, insolvencia y exoneración de deudas, y por la que se modifica la Directiva (UE) 2017/1132 del Parlamento Europeo y del Consejo, sobre determinados aspectos del Derecho de sociedades (Directiva sobre reestructuración e insolvencia). (BOE de 06-09-2022).

ART. 587. Comunicación conjunta.

1. Las personas que pueden solicitar la declaración conjunta de los respectivos concursos de acreedores podrán realizar una comunicación conjunta. En el caso de grupos de sociedades, podrá efectuarse la comunicación sin necesidad de incluir a la sociedad dominante ni a todas las sociedades del grupo.

2. La información a que se refiere el artículo anterior se facilitará desglosada por cada una de las personas que efectúe conjuntamente la comunicación. En la comunicación se expresarán, además, las relaciones existentes entre todas y cada una de ellas, los créditos y las deudas recíprocos y las garantías de cualquier clase que se hubieran otorgado.

3. La competencia para conocer de la comunicación conjunta corresponderá al juzgado del lugar donde tenga el centro de intereses principales el deudor con mayor pasivo y, si se trata de un grupo de sociedades, el de la sociedad dominante o, si no estuviera incluida en la comunicación, el de la sociedad de mayor pasivo.

Modificado por Ley 16/2022, de 5 de septiembre, de reforma del texto refundido de la Ley Concursal, aprobado por el Real Decreto Legislativo 1/2020, de 5 de mayo, para la transposición de la Directiva (UE) 2019/1023 del Parlamento Europeo y del Consejo, de 20 de junio de 2019, sobre marcos de reestructuración preventiva, exoneración de deudas e inhabilitaciones, y sobre medidas para aumentar la eficiencia de los procedimientos de reestructuración, insolvencia y exoneración de deudas, y por la que se modifica la Directiva (UE) 2017/1132 del Parlamento Europeo y del Consejo, sobre determinados aspectos del Derecho de sociedades (Directiva sobre reestructuración e insolvencia). (BOE de 06-09-2022).

ART. 588. Resolución sobre la comunicación.

1. En el plazo máximo de dos días, si el letrado de la Administración de Justicia estima que, con arreglo a las normas sobre competencia internacional o territorial, el juzgado es competente y comprueba que la comunicación no presenta defectos formales, la tendrá por efectuada por medio de decreto con efectos a la fecha en la que se hubiera presentado, con formación de los correspondientes autos.

2. Cuando el letrado de la Administración de Justicia estime que la comunicación presenta defectos, concederá al solicitante el plazo de dos días para que la subsane. Una vez

subsanados los defectos, dictará resolución teniendo por realizada la comunicación con efectos desde la fecha en que se hubiera presentado.

En caso de falta de subsanación, el letrado de la Administración de Justicia dictará resolución teniéndola por no efectuada.

3. La resolución teniendo por efectuada la comunicación se dictará sin necesidad de que el deudor acredite el estado en que se encuentre que hubiera alegado.

4. Si a la fecha de la comunicación se hubiera admitido a trámite solicitud de declaración de concurso necesario del deudor, la comunicación no producirá ningún efecto hasta que se resuelva esta solicitud.

Modificado por Ley 16/2022, de 5 de septiembre, de reforma del texto refundido de la Ley Concursal, aprobado por el Real Decreto Legislativo 1/2020, de 5 de mayo, para la transposición de la Directiva (UE) 2019/1023 del Parlamento Europeo y del Consejo, de 20 de junio de 2019, sobre marcos de reestructuración preventiva, exoneración de deudas e inhabilitaciones, y sobre medidas para aumentar la eficiencia de los procedimientos de reestructuración, insolvencia y exoneración de deudas, y por la que se modifica la Directiva (UE) 2017/1132 del Parlamento Europeo y del Consejo, sobre determinados aspectos del Derecho de sociedades (Directiva sobre reestructuración e insolvencia). (BOE de 06-09-2022).

ART. 589. Control de la competencia internacional y territorial.

Cuando el letrado de la Administración de Justicia estime que, con arreglo a las normas sobre competencia internacional o territorial, el juzgado no es competente para conocer de la comunicación, dará cuenta de inmediato al juez, quien oirá al solicitante y al Ministerio Fiscal por el plazo común de cinco días, resolviendo al siguiente mediante auto. Contra el auto que declare la falta de competencia internacional o territorial se podrá interponer recurso de apelación.

Modificado por Ley 16/2022, de 5 de septiembre, de reforma del texto refundido de la Ley Concursal, aprobado por el Real Decreto Legislativo 1/2020, de 5 de mayo, para la transposición de la Directiva (UE) 2019/1023 del Parlamento Europeo y del Consejo, de 20 de junio de 2019, sobre marcos de reestructuración preventiva, exoneración de deudas e inhabilitaciones, y sobre medidas para aumentar la eficiencia de los procedimientos de reestructuración, insolvencia y exoneración de deudas, y por la que se modifica la Directiva (UE) 2017/1132 del Parlamento Europeo y del Consejo, sobre determinados aspectos del Derecho de sociedades (Directiva sobre reestructuración e insolvencia). (BOE de 06-09-2022).

ART. 590. Contenido de la resolución.

1. La resolución expresará la identidad del deudor o deudores que hubieran realizado la comunicación; los motivos en los que se funde la competencia internacional y territorial del juzgado al que se ha dirigido la comunicación y, en particular, si se basa en la localización del centro de los intereses principales o de un establecimiento del deudor; la fecha de la comunicación y de la resolución teniéndola por efectuada o no efectuada; el importe del pasivo total expresado en la comunicación, y si se hubiera nombrado a experto en la reestructuración, la identidad de este.

2. Si en la comunicación se hubiera expresado que se siguen ejecuciones contra bienes o derechos que el deudor considera necesarios para la continuidad de su actividad empresarial o profesional, o que determinadas garantías otorgadas por terceros han de quedar afectadas por la comunicación, en la resolución se identificarán esas ejecuciones y estas garantías. En el mismo día de la resolución el letrado de la Administración de Justicia la remitirá por medios electrónicos a cada una de las autoridades judiciales que esté conociendo de las ejecuciones a efectos de proceder a su suspensión.

3. Cualquier acreedor podrá interponer recurso de revisión contra la resolución por los siguientes motivos:

1.º Que el deudor hubiese presentado una comunicación dentro del año anterior;

2.º Que los bienes o derechos contra los que se siguen ejecuciones o frente a los que se pretende iniciarlas no son necesarios para la continuidad de la actividad empresarial o profesional del deudor; o

3.º Que los efectos de la comunicación no deben extenderse a determinadas garantías otorgadas por terceros.

El plazo para la interposición del recurso será de cinco días a contar desde la inscripción de la resolución en el Registro público concursal o, en el caso de ejecuciones en tramitación, desde la notificación de la resolución por la que la autoridad judicial que estuviera conociendo de la ejecución la suspenda.

Modificado por Ley 16/2022, de 5 de septiembre, de reforma del texto refundido de la Ley Concursal, aprobado por el Real Decreto Legislativo 1/2020, de 5 de mayo, para la transposición de la Directiva (UE) 2019/1023 del Parlamento Europeo y del Consejo, de 20 de junio de 2019, sobre marcos de reestructuración preventiva, exoneración de deudas e inhabilitaciones, y sobre medidas para aumentar la eficiencia de los procedimientos de reestructuración, insolvencia y exoneración de deudas, y por la que se modifica la Directiva (UE) 2017/1132 del Parlamento Europeo y del Consejo, sobre determinados aspectos del Derecho de sociedades (Directiva sobre reestructuración e insolvencia). (BOE de 06-09-2022).

ART. 591. Publicidad de la resolución.

La resolución que tenga por efectuada la comunicación se publicará en el Registro público concursal, salvo que en la propia comunicación el deudor hubiera solicitado que se mantuviera reservada. En cualquier momento el deudor podrá solicitar el levantamiento del carácter reservado de la comunicación.

Modificado por Ley 16/2022, de 5 de septiembre, de reforma del texto refundido de la Ley Concursal, aprobado por el Real Decreto Legislativo 1/2020, de 5 de mayo, para la transposición de la Directiva (UE) 2019/1023 del Parlamento Europeo y del Consejo, de 20 de junio de 2019, sobre marcos de reestructuración preventiva, exoneración de deudas e inhabilitaciones, y sobre medidas para aumentar la eficiencia de los procedimientos de reestructuración, insolvencia y exoneración de deudas, y por la que se modifica la Directiva (UE) 2017/1132 del Parlamento Europeo y del Consejo, sobre determinados aspectos del Derecho de sociedades (Directiva sobre reestructuración e insolvencia). (BOE de 06-09-2022).

ART. 592. Declinatoria.

1. Cualquier acreedor podrá formular declinatoria por falta de competencia internacional o territorial en el plazo de diez días a contar desde la publicación en el Registro público concursal de la resolución teniendo por formulada la comunicación o, en el caso de que tuviera carácter reservado, desde el momento en que hubiere tenido conocimiento de esa comunicación.

2. La declinatoria ha de presentarse ante el juez, quien la tramitará y decidirá de conformidad con lo previsto en la legislación procesal civil.

Modificado por Ley 16/2022, de 5 de septiembre, de reforma del texto refundido de la Ley Concursal, aprobado por el Real Decreto Legislativo 1/2020, de 5 de mayo, para la transposición de la Directiva (UE) 2019/1023 del Parlamento Europeo y del Consejo, de 20 de junio de 2019, sobre marcos de reestructuración preventiva, exoneración de deudas e inhabilitaciones, y sobre medidas para aumentar la eficiencia de los procedimientos de reestructuración, insolvencia y exoneración de deudas, y por la que se modifica la Directiva (UE) 2017/1132 del Parlamento Europeo y del Consejo, sobre determinados aspectos del Derecho de sociedades (Directiva sobre reestructuración e insolvencia). (BOE de 06-09-2022).

ART. 593. Carácter exclusivo y excluyente de la jurisdicción.

El juzgado competente para conocer del concurso conocerá, con carácter exclusivo y excluyente, de la comunicación; de los efectos de la comunicación que requieran decisión judicial; de la prórroga de los efectos de la comunicación; y de las impugnaciones de las decisiones judiciales sobre esas materias.

Modificado por Ley 16/2022, de 5 de septiembre, de reforma del texto refundido de la Ley Concursal, aprobado por el Real Decreto Legislativo 1/2020, de 5 de mayo, para la transposición de la Directiva (UE) 2019/1023 del Parlamento Europeo y del Consejo, de 20 de junio de 2019, sobre marcos de reestructuración preventiva, exoneración de deudas e inhabilitaciones, y sobre medidas para aumentar la eficiencia de los procedimientos de reestructuración, insolvencia y exoneración de deudas, y por la que se modifica la Directiva (UE) 2017/1132 del Parlamento Europeo y del Consejo, sobre determinados aspectos del Derecho de sociedades (Directiva sobre reestructuración e insolvencia). (BOE de 06-09-2022).

CAPÍTULO II
De los efectos de la comunicación

Añadido por Ley 16/2022, de 5 de septiembre, de reforma del texto refundido de la Ley Concursal, aprobado por el Real Decreto Legislativo 1/2020, de 5 de mayo, para la transposición de la Directiva (UE) 2019/1023 del Parlamento Europeo y del Consejo, de 20 de junio de 2019, sobre marcos de reestructuración preventiva, exoneración de deudas e inhabilitaciones, y sobre medidas para aumentar la eficiencia de los procedimientos de reestructuración, insolvencia y exoneración de deudas, y por la que se modifica la Directiva (UE) 2017/1132 del Parlamento Europeo y del Consejo, sobre determinados aspectos del Derecho de sociedades (Directiva sobre reestructuración e insolvencia). (BOE de 06-09-2022).

Sección 1.ª Situación jurídica del deudor

Modificada y reordenada por Ley 16/2022, de 5 de septiembre, de reforma del texto refundido de la Ley Concursal, aprobado por el Real Decreto Legislativo 1/2020, de 5 de mayo, para la transposición de la Directiva (UE) 2019/1023 del Parlamento Europeo y del Consejo, de 20 de junio de 2019, sobre marcos de reestructuración preventiva, exoneración de deudas e inhabilitaciones, y sobre medidas para aumentar la eficiencia de los procedimientos de reestructuración, insolvencia y exoneración de deudas, y por la que se modifica la Directiva (UE) 2017/1132 del Parlamento Europeo y del Consejo, sobre determinados aspectos del Derecho de sociedades (Directiva sobre reestructuración e insolvencia). (BOE de 06-09-2022).

ART. 594. Regla general.

1. La comunicación no tendrá efecto alguno sobre las facultades de administración y disposición sobre los bienes y derechos que integren el patrimonio del deudor.

2. El nombramiento por el juez de un experto en la reestructuración, cuando proceda, tampoco tendrá efecto alguno sobre las facultades de administración y disposición sobre los bienes y derechos que integren el patrimonio del deudor.

Modificado por Ley 16/2022, de 5 de septiembre, de reforma del texto refundido de la Ley Concursal, aprobado por el Real Decreto Legislativo 1/2020, de 5 de mayo, para la transposición de la Directiva (UE) 2019/1023 del Parlamento Europeo y del Consejo, de 20 de junio de 2019, sobre marcos de reestructuración preventiva, exoneración de deudas e inhabilitaciones, y sobre medidas para aumentar la eficiencia de los procedimientos de reestructuración, insolvencia y exoneración de deudas, y por la que se modifica la Directiva (UE) 2017/1132 del Parlamento Europeo y del Consejo, sobre determinados aspectos del Derecho de sociedades (Directiva sobre reestructuración e insolvencia). (BOE de 06-09-2022).

Sección 2.ª Efectos de la comunicación sobre los créditos

Modificada y reordenada por Ley 16/2022, de 5 de septiembre, de reforma del texto refundido de la Ley Concursal, aprobado por el Real Decreto Legislativo 1/2020, de 5 de mayo, para la transposición de la Directiva (UE) 2019/1023 del Parlamento Europeo y del Consejo, de 20 de junio de 2019, sobre marcos de reestructuración preventiva, exoneración de deudas e inhabilitaciones, y sobre medidas para aumentar la eficiencia de los procedimientos de reestructuración, insolvencia y exoneración de deudas, y por la que se modifica la Directiva (UE) 2017/1132 del Parlamento Europeo y del Consejo, sobre determinados aspectos del Derecho de sociedades (Directiva sobre reestructuración e insolvencia). (BOE de 06-09-2022).

ART. 595. Efectos de la comunicación sobre los créditos a plazo.

1. La comunicación por sí sola no producirá el vencimiento anticipado de los créditos.

2. Serán ineficaces las cláusulas contractuales que prevean la modificación de los términos o condiciones del crédito, incluido su vencimiento anticipado, por esa sola causa, por la solicitud de suspensión general o singular de acciones y procedimientos ejecutivos o por otra circunstancia análoga o directamente relacionada con ellas.

Modificado por Ley 16/2022, de 5 de septiembre, de reforma del texto refundido de la Ley Concursal, aprobado por el Real Decreto Legislativo 1/2020, de 5 de mayo, para la transposición de la Directiva (UE) 2019/1023 del Parlamento Europeo y del Consejo, de 20 de junio de 2019, sobre marcos de reestructuración preventiva, exoneración de deudas e inhabilitaciones, y sobre medidas para aumentar la eficiencia de los procedimientos de reestructuración, insolvencia y exoneración de deudas, y por la que se modifica la Directiva (UE) 2017/1132 del Parlamento Europeo y del Consejo, sobre determinados aspectos del Derecho de sociedades (Directiva sobre reestructuración e insolvencia). (BOE de 06-09-2022).

ART. 596. Garantía de terceros.

1. La comunicación, por sí sola, no impedirá que el acreedor que disponga de garantía personal o real de un tercero para la satisfacción de su crédito pueda hacerla efectiva si el crédito garantizado hubiese vencido.

2. Los garantes no podrán invocar la comunicación en perjuicio del acreedor, incluso aunque este participe en las negociaciones.

3. Como excepción a lo establecido en el apartado 1, la comunicación suspenderá la ejecución de las garantías personales o reales prestadas por cualquier otra sociedad del grupo no incluida en la comunicación cuando así lo haya solicitado la sociedad deudora acreditando que la ejecución de la garantía pueda causar la insolvencia del garante y de la propia deudora.

Modificado por Ley 16/2022, de 5 de septiembre, de reforma del texto refundido de la Ley Concursal, aprobado por el Real Decreto Legislativo 1/2020, de 5 de mayo, para la transposición de la Directiva (UE) 2019/1023 del Parlamento Europeo y del Consejo, de 20 de junio de 2019, sobre marcos de reestructuración preventiva, exoneración de deudas e inhabilitaciones, y sobre medidas para aumentar la eficiencia de los procedimientos de reestructuración, insolvencia y exoneración de deudas, y por la que se modifica la Directiva (UE) 2017/1132 del Parlamento Europeo y del Consejo, sobre determinados aspectos del Derecho de sociedades (Directiva sobre reestructuración e insolvencia). (BOE de 06-09-2022).

Sección 3.ª Efectos de la comunicación sobre los contratos

Modificada y reordenada por Ley 16/2022, de 5 de septiembre, de reforma del texto refundido de la Ley Concursal, aprobado por el Real Decreto Legislativo 1/2020, de 5 de mayo, para la transposición de la Directiva (UE) 2019/1023 del Parlamento Europeo y del Consejo, de 20 de junio de 2019, sobre marcos de reestructuración preventiva, exoneración de deudas e inhabilitaciones, y sobre medidas para aumentar la eficiencia de los procedimientos de reestructuración, insolvencia y exoneración de deudas, y por la que se modifica la Directiva (UE) 2017/1132 del Parlamento Europeo y del Consejo, sobre determinados aspectos del Derecho de sociedades (Directiva sobre reestructuración e insolvencia). (BOE de 06-09-2022).

ART. 597. Principio general de vigencia de los contratos.

La comunicación, por sí sola, no afectará a los contratos con obligaciones recíprocas pendientes de cumplimiento. En particular, se tendrán por no puestas las cláusulas contractuales que prevean la suspensión, modificación, resolución o terminación anticipada del contrato por el mero motivo de:

1.º La presentación de la comunicación o su admisión a trámite.

2.º La solicitud de suspensión general o singular de acciones y procedimientos ejecutivos.

3.º Cualquier otra circunstancia análoga o directamente relacionada con las anteriores.

Modificado por Ley 16/2022, de 5 de septiembre, de reforma del texto refundido de la Ley Concursal, aprobado por el Real Decreto Legislativo 1/2020, de 5 de mayo, para la transposición de la Directiva (UE) 2019/1023 del Parlamento Europeo y del Consejo, de 20 de junio de 2019, sobre marcos de reestructuración preventiva, exoneración de deudas e inhabilitaciones, y sobre medidas para aumentar la eficiencia de los procedimientos de reestructuración, insolvencia y exoneración de deudas, y por la que se modifica la Directiva (UE) 2017/1132 del Parlamento Europeo y del Consejo, sobre determinados aspectos del Derecho de sociedades (Directiva sobre reestructuración e insolvencia). (BOE de 06-09-2022).

ART. 598. Resolución de contratos con obligaciones recíprocas pendientes de cumplimiento.

1. La comunicación no afectará a la facultad de suspensión, modificación, resolución o terminación anticipada de los contratos con obligaciones recíprocas pendientes de cumplimiento por circunstancias distintas de las mencionadas en el artículo anterior.

2. Si se tratase de contratos necesarios para la continuidad de la actividad empresarial o profesional del deudor, las facultades de suspender el cumplimiento de las obligaciones de la contraparte o de modificar, resolver o terminar anticipadamente el contrato por incumplimientos anteriores a la comunicación no podrán ejercitarse mientras se mantengan los efectos de la comunicación sobre las acciones y los procedimientos ejecutivos. La contraparte afectada podrá interponer recurso de revisión si considera que su contrato no es necesario para la continuidad de la actividad empresarial o profesional del deudor.

Modificado por Ley 16/2022, de 5 de septiembre, de reforma del texto refundido de la Ley Concursal, aprobado por el Real Decreto Legislativo 1/2020, de 5 de mayo, para la transposición de la Directiva (UE) 2019/1023 del Parlamento Europeo y del Consejo, de 20 de junio de 2019, sobre marcos de reestructuración preventiva, exoneración de deudas e inhabilitaciones, y sobre medidas para aumentar la eficiencia de los procedimientos de reestructuración, insolvencia y exoneración de deudas, y por la que se modifica la Directiva (UE) 2017/1132 del Parlamento Europeo y del Consejo, sobre determinados aspectos del Derecho de sociedades (Directiva sobre reestructuración e insolvencia). (BOE de 06-09-2022).

ART. 599. Especialidades para determinados acuerdos de compensación contractual.

1. La comunicación no afectará a la facultad de vencimiento anticipado, resolución o terminación de los acuerdos de compensación contractual sujetos al Real Decreto-ley 5/2005, de 11 de marzo, de reformas urgentes para el impulso a la productividad y para la mejora de la contratación pública.

2. El saldo resultante de la aplicación de una cláusula de vencimiento anticipado de los acuerdos a los que se refiere el apartado anterior quedará sujeto a las disposiciones de la sección 4.ª de este capítulo.

3. En ningún caso se podrán vencer anticipadamente, resolver o terminar los contratos de suministro de bienes, servicios o energía necesarios para la continuidad de la actividad empresarial o profesional del deudor, a menos que tales contratos se hubieran negociado en mercados organizados de modo que puedan ser sustituidos en cualquier momento por su valor de mercado.

Modificado por Ley 16/2022, de 5 de septiembre, de reforma del texto refundido de la Ley Concursal, aprobado por el Real Decreto Legislativo 1/2020, de 5 de mayo, para la transposición de la Directiva (UE) 2019/1023 del Parlamento Europeo y del Consejo, de 20 de junio de 2019, sobre marcos de reestructuración preventiva, exoneración de deudas e inhabilitaciones, y sobre medidas para aumentar la eficiencia de los procedimientos de reestructuración, insolvencia y exoneración de deudas, y por la que se modifica la Directiva (UE) 2017/1132 del Parlamento Europeo y del Consejo, sobre determinados aspectos del Derecho de sociedades (Directiva sobre reestructuración e insolvencia). (BOE de 06-09-2022).

Sección 4.ª Efectos de la comunicación sobre las acciones y los procedimientos ejecutivos

Añadida por Ley 16/2022, de 5 de septiembre, de reforma del texto refundido de la Ley Concursal, aprobado por el Real Decreto Legislativo 1/2020, de 5 de mayo, para la transposición de la Directiva (UE) 2019/1023 del Parlamento Europeo y del Consejo, de 20 de junio de 2019, sobre marcos de reestructuración preventiva, exoneración de deudas e inhabilitaciones, y sobre medidas para aumentar la eficiencia de los procedimientos de reestructuración, insolvencia y exoneración de deudas, y por la que se modifica la Directiva (UE) 2017/1132 del Parlamento Europeo y del Consejo, sobre determinados aspectos del Derecho de sociedades (Directiva sobre reestructuración e insolvencia). (BOE de 06-09-2022).

ART. 600. Prohibición legal de iniciación de ejecuciones.

Hasta que transcurran tres meses a contar desde la presentación de la comunicación, los acreedores no podrán iniciar ejecuciones judiciales o extrajudiciales sobre bienes o derechos necesarios para la continuidad de la actividad empresarial o profesional del deudor.

Modificado por Ley 16/2022, de 5 de septiembre, de reforma del texto refundido de la Ley Concursal, aprobado por el Real Decreto Legislativo 1/2020, de 5 de mayo, para la transposición de la Directiva (UE) 2019/1023 del Parlamento Europeo y del Consejo, de 20 de junio de 2019, sobre marcos de reestructuración preventiva, exoneración de deudas e inhabilitaciones, y sobre medidas para aumentar la eficiencia de los procedimientos de reestructuración, insolvencia y exoneración de deudas, y por la que se modifica la Directiva (UE) 2017/1132 del Parlamento Europeo y del Consejo, sobre determinados aspectos del Derecho de sociedades (Directiva sobre reestructuración e insolvencia). (BOE de 06-09-2022).

ART. 601. Suspensión legal de las ejecuciones en tramitación.

Desde que reciban la resolución del juzgado teniendo por efectuada la comunicación de inicio de negociaciones con los acreedores, las autoridades que estuvieren conociendo de las ejecuciones judiciales o extrajudiciales sobre los bienes o derechos necesarios para la continuidad de la actividad empresarial o profesional las suspenderán automáticamente hasta que transcurran tres meses a contar desde la comunicación efectuada por el deudor al juzgado competente, salvo que el deudor acredite haber solicitado la prórroga.

Modificado por Ley 16/2022, de 5 de septiembre, de reforma del texto refundido de la Ley Concursal, aprobado por el Real Decreto Legislativo 1/2020, de 5 de mayo, para la transposición de la Directiva (UE) 2019/1023 del Parlamento Europeo y del Consejo, de 20 de junio de 2019, sobre marcos de reestructuración preventiva, exoneración de deudas e inhabilitaciones, y sobre medidas para aumentar la eficiencia de los procedimientos de reestructuración, insolvencia y exoneración de deudas, y por la que se modifica la Directiva (UE) 2017/1132 del Parlamento Europeo y del Consejo, sobre determinados aspectos del Derecho de sociedades (Directiva sobre reestructuración e insolvencia). (BOE de 06-09-2022).

ART. 602. Prohibición general o individual de iniciación o suspensión de ejecuciones por decisión judicial.

1. A solicitud del deudor, presentada en cualquier momento, el juez podrá extender la prohibición de iniciación de ejecuciones, judiciales o extrajudiciales, o la suspensión de las ya iniciadas sobre todos o algunos de los demás bienes o derechos distintos de aquellos a los que se refiere el artículo anterior, contra uno o varios acreedores individuales o contra una o varias clases de acreedores, cuando resulte necesario para asegurar el buen fin de las negociaciones. La eficacia de esta medida se extenderá durante el plazo establecido en esta sección.

2. Cuando se haya designado experto en la reestructuración, la solicitud deberá ir acompañada de informe favorable del experto. La suspensión general o individual deberá adoptarse con su opinión favorable.

3. La resolución se adoptará mediante auto, separada de la resolución teniendo por efectuada la comunicación y, si es favorable a la solicitud, se publicará en el Registro público concursal. Contra esta resolución solo cabe interponer recurso de reposición.

Modificado por Ley 16/2022, de 5 de septiembre, de reforma del texto refundido de la Ley Concursal, aprobado por el Real Decreto Legislativo 1/2020, de 5 de mayo, para la transposición de la Directiva (UE) 2019/1023 del Parlamento Europeo y del Consejo, de 20 de junio de 2019, sobre marcos de reestructuración preventiva, exoneración de deudas e inhabilitaciones, y sobre medidas para aumentar la eficiencia de los procedimientos de reestructuración, insolvencia y exoneración de deudas, y por la que se modifica la Directiva (UE) 2017/1132 del Parlamento Europeo y del Consejo, sobre determinados aspectos del Derecho de sociedades (Directiva sobre reestructuración e insolvencia). (BOE de 06-09-2022).

ART. 603. De la ejecución de garantías reales.

1. No obstante la comunicación, los titulares de derechos reales de garantía, incluso por deuda ajena cuando el deudor de esta sea una sociedad del mismo grupo que la sociedad que haya hecho la comunicación, podrán iniciar ejecuciones judiciales o extrajudiciales sobre los bienes o derechos gravados. Si la garantía recayera sobre bienes o derechos necesarios para la continuidad de la actividad empresarial o profesional del deudor, una vez iniciado el procedimiento de ejecución, se suspenderá por el juez que esté conociendo del mismo hasta que transcurran tres meses a contar desde la comunicación. Cuando la ejecución sea extrajudicial, la suspensión la ordenará el juez ante el que se haya presentado la comunicación.

2. La comunicación no impedirá la ejecución de la garantía financiera sujeta al Real Decreto-ley 5/2005, de 11 de marzo, de reformas urgentes para el impulso a la productividad y para la mejora de la contratación pública, ni afectará a la facultad de vencimiento anticipado de las obligaciones garantizadas, por la parte cubierta por esa garantía financiera.

Modificado por Ley 16/2022, de 5 de septiembre, de reforma del texto refundido de la Ley Concursal, aprobado por el Real Decreto Legislativo 1/2020, de 5 de mayo, para la transposición de la Directiva (UE) 2019/1023 del Parlamento Europeo y del Consejo, de 20 de junio de 2019, sobre marcos de reestructuración preventiva, exoneración de deudas e inhabilitaciones, y sobre medidas para aumentar la eficiencia de los procedimientos de reestructuración, insolvencia y exoneración de deudas, y por la que se modifica la Directiva (UE) 2017/1132 del Parlamento Europeo y del Consejo, sobre determinados aspectos del Derecho de sociedades (Directiva sobre reestructuración e insolvencia). (BOE de 06-09-2022).

ART. 604. Posibilidad de iniciar o reanudar las ejecuciones.

1. Las ejecuciones no iniciadas o suspendidas podrán iniciarse o reanudarse si el juez, como consecuencia de la estimación del recurso de revisión contra el decreto del letrado de la Administración de Justicia teniendo por efectuada la comunicación, resolviera que los bienes o derechos no son necesarios para la continuidad de la actividad empresarial o profesional del deudor, salvo que los efectos de la comunicación se hubiesen extendido a estos bienes de conformidad con lo previsto en este capítulo.

2. Las ejecuciones no iniciadas o suspendidas podrán iniciarse o reanudarse una vez transcurridos tres meses desde la comunicación, salvo que se prorroguen sus efectos de conformidad con lo previsto en este capítulo.

Modificado por Ley 16/2022, de 5 de septiembre, de reforma del texto refundido de la Ley Concursal, aprobado por el Real Decreto Legislativo 1/2020, de 5 de mayo, para la transposición de la Directiva (UE) 2019/1023 del Parlamento Europeo y del Consejo, de 20 de junio de 2019, sobre marcos de reestructura-

ción preventiva, exoneración de deudas e inhabilitaciones, y sobre medidas para aumentar la eficiencia de los procedimientos de reestructuración, insolvencia y exoneración de deudas, y por la que se modifica la Directiva (UE) 2017/1132 del Parlamento Europeo y del Consejo, sobre determinados aspectos del Derecho de sociedades (Directiva sobre reestructuración e insolvencia). (BOE de 06-09-2022).

ART. 605. Exclusión de acreedores públicos.

Lo dispuesto en esta sección no será de aplicación a los procedimientos de ejecución de los acreedores públicos, al tratarse de una categoría de acreedores que no se verá afectada por la suspensión de ejecuciones singulares.

Si la ejecución recayera sobre bienes o derechos necesarios para la continuidad de la actividad empresarial o profesional del deudor, una vez iniciado el procedimiento de ejecución, se podrá suspender exclusivamente en la fase de realización o enajenación por el juez que esté conociendo del mismo. Cuando la ejecución sea extrajudicial, la suspensión la podrá ordenar el juez ante el que se haya presentado la comunicación, exclusivamente en la fase de realización o enajenación. En ambos casos, la suspensión, en su caso, acordada decaerá perdiendo toda su eficacia una vez transcurridos tres meses desde el día de la comunicación, quedando sin efectos la suspensión, sin que sea preciso dictar resolución judicial alguna o, en su caso, acto alguno por el letrado de la Administración de Justicia.

Modificado por Ley 16/2022, de 5 de septiembre, de reforma del texto refundido de la Ley Concursal, aprobado por el Real Decreto Legislativo 1/2020, de 5 de mayo, para la transposición de la Directiva (UE) 2019/1023 del Parlamento Europeo y del Consejo, de 20 de junio de 2019, sobre marcos de reestructuración preventiva, exoneración de deudas e inhabilitaciones, y sobre medidas para aumentar la eficiencia de los procedimientos de reestructuración, insolvencia y exoneración de deudas, y por la que se modifica la Directiva (UE) 2017/1132 del Parlamento Europeo y del Consejo, sobre determinados aspectos del Derecho de sociedades (Directiva sobre reestructuración e insolvencia). (BOE de 06-09-2022).

ART. 606. Acreedores no afectados.

La prohibición del inicio de ejecuciones o la suspensión de las ya iniciadas en ningún caso serán de aplicación a las reclamaciones de créditos que legalmente no puedan quedar afectados por el plan de reestructuración.

Modificado por Ley 16/2022, de 5 de septiembre, de reforma del texto refundido de la Ley Concursal, aprobado por el Real Decreto Legislativo 1/2020, de 5 de mayo, para la transposición de la Directiva (UE) 2019/1023 del Parlamento Europeo y del Consejo, de 20 de junio de 2019, sobre marcos de reestructuración preventiva, exoneración de deudas e inhabilitaciones, y sobre medidas para aumentar la eficiencia de los procedimientos de reestructuración, insolvencia y exoneración de deudas, y por la que se modifica la Directiva (UE) 2017/1132 del Parlamento Europeo y del Consejo, sobre determinados aspectos del Derecho de sociedades (Directiva sobre reestructuración e insolvencia). (BOE de 06-09-2022).

Sección 5.ª Prórroga de los efectos de la comunicación

Añadida por Ley 16/2022, de 5 de septiembre, de reforma del texto refundido de la Ley Concursal, aprobado por el Real Decreto Legislativo 1/2020, de 5 de mayo, para la transposición de la Directiva (UE) 2019/1023 del Parlamento Europeo y del Consejo, de 20 de junio de 2019, sobre marcos de reestructuración preventiva, exoneración de deudas e inhabilitaciones, y sobre medidas para aumentar la eficiencia de los procedimientos de reestructuración, insolvencia y exoneración de deudas, y por la que se modifica la Directiva (UE) 2017/1132 del Parlamento Europeo y del Consejo, sobre determinados aspectos del Derecho de sociedades (Directiva sobre reestructuración e insolvencia). (BOE de 06-09-2022).

ART. 607. Prórroga de los efectos de la comunicación.

1. Antes de que finalice el periodo de tres meses a contar desde la comunicación de apertura de negociaciones con los acreedores, el deudor o los acreedores que representen más del cincuenta por ciento del pasivo que, en el momento de la solicitud de la prórroga, pueda resultar afectado por el plan de reestructuración, deducido el importe de los créditos que, en caso de concurso tendrían la consideración de subordinados, podrán solicitar del juez la concesión de prórroga de los efectos de esa comunicación por un periodo de hasta otros tres meses sucesivos a la ya concedida. La solicitud de prórroga deberá ir acompañada de informe favorable del experto en reestructuración, si hubiera sido nombrado.

2. La solicitud de prórroga presentada por el deudor deberá ir acompañada de acta de conformidad firmada por los acreedores que representen el porcentaje a que se refiere el apartado anterior, o de una declaración responsable firmada por el mismo por la que manifieste que ha obtenido la conformidad de los anteriores, y del informe del experto si hubiere sido nombrado, en la que se detallarán el estado de las negociaciones y las cuestiones pendientes de acuerdo, y se expresará la identidad de los acreedores que hayan manifestado expresamente oposición a la solicitud de prórroga o no se hubieran pronunciado.

3. Una vez presentada la solicitud de prórroga, los efectos iniciales de la comunicación continuarán en vigor hasta el que juez adopte una decisión.

4. La resolución concediendo o denegando la prórroga solicitada se adoptará en forma de auto dentro de los cinco días siguientes a aquel en que se hubiera presentado. En el mismo día de la resolución, el letrado de la Administración de Justicia la remitirá por medios electrónicos al Registro público concursal, así como a cada una de las autoridades judiciales o administrativas que esté conociendo de las ejecuciones a fin de que mantengan la suspensión hasta que finalice el periodo de prórroga. La prórroga será objeto de inscripción en el Registro público concursal, incluso si la comunicación hubiese sido hecha inicialmente con carácter reservado.

5. La resolución denegatoria de la prórroga no será susceptible de recurso. La resolución que la conceda podrá ser impugnada mediante recurso de reposición.

Modificado por Ley 16/2022, de 5 de septiembre, de reforma del texto refundido de la Ley Concursal, aprobado por el Real Decreto Legislativo 1/2020, de 5 de mayo, para la transposición de la Directiva (UE) 2019/1023 del Parlamento Europeo y del Consejo, de 20 de junio de 2019, sobre marcos de reestructuración preventiva, exoneración de deudas e inhabilitaciones, y sobre medidas para aumentar la eficiencia de los procedimientos de reestructuración, insolvencia y exoneración de deudas, y por la que se modifica la Directiva (UE) 2017/1132 del Parlamento Europeo y del Consejo, sobre determinados aspectos del Derecho de sociedades (Directiva sobre reestructuración e insolvencia). (BOE de 06-09-2022).

ART. 608. Levantamiento de la prórroga o de sus efectos frente a determinados acreedores.

1. El juez deberá dejar sin efecto la prórroga:

1.º A solicitud del deudor o del experto en la reestructuración si hubiera sido nombrado;

2.º A solicitud de los acreedores que representen al menos el cuarenta por ciento del pasivo que, en el momento de esta solicitud, pueda resultar afectado por el plan de reestructuración, deducido el importe de los créditos que en caso de concurso tendrían la consideración de subordinados; o

3.ª A solicitud de cualquier acreedor, en cuyo caso este deberá acreditar que la prórroga de los efectos de la comunicación ha dejado de cumplir el objetivo de favorecer las negociaciones del plan de reestructuración.

2. Cualquier acreedor podrá solicitar ser excluido de los efectos de la prórroga si esta pudiera causarle un perjuicio injustificado, en particular, si pudiera provocar su insolvencia actual o una disminución significativa del valor de la garantía que tuviera el crédito de que fuera titular. También podrá solicitar ser excluido si la suspensión o paralización de las ejecuciones solo afectara a las que tuvieran por objeto bienes o derechos necesarios y, en el momento de solicitar su exclusión, los bienes objeto de ejecución hubieran perdido ese carácter.

3. Las solicitudes previstas en los apartados anteriores se tramitarán conforme a las normas del recurso de reposición, que podrá interponerse en cualquier momento mientras esté vigente la prórroga.

Modificado por Ley 16/2022, de 5 de septiembre, de reforma del texto refundido de la Ley Concursal, aprobado por el Real Decreto Legislativo 1/2020, de 5 de mayo, para la transposición de la Directiva (UE) 2019/1023 del Parlamento Europeo y del Consejo, de 20 de junio de 2019, sobre marcos de reestructuración preventiva, exoneración de deudas e inhabilitaciones, y sobre medidas para aumentar la eficiencia de los procedimientos de reestructuración, insolvencia y exoneración de deudas, y por la que se modifica la Directiva (UE) 2017/1132 del Parlamento Europeo y del Consejo, sobre determinados aspectos del Derecho de sociedades (Directiva sobre reestructuración e insolvencia). (BOE de 06-09-2022).

Sección 6.ª Prohibición de nuevas comunicaciones

Añadida por Ley 16/2022, de 5 de septiembre, de reforma del texto refundido de la Ley Concursal, aprobado por el Real Decreto Legislativo 1/2020, de 5 de mayo, para la transposición de la Directiva (UE) 2019/1023 del Parlamento Europeo y del Consejo, de 20 de junio de 2019, sobre marcos de reestructuración preventiva, exoneración de deudas e inhabilitaciones, y sobre medidas para aumentar la eficiencia de los procedimientos de reestructuración, insolvencia y exoneración de deudas, y por la que se modifica la Directiva (UE) 2017/1132 del Parlamento Europeo y del Consejo, sobre determinados aspectos del Derecho de sociedades (Directiva sobre reestructuración e insolvencia). (BOE de 06-09-2022).

ART. 609. Prohibición temporal de nuevas comunicaciones.

Una vez formulada la comunicación, no podrá presentarse otra por el mismo deudor en el plazo de un año, a contar desde la presentación.

Modificado por Ley 16/2022, de 5 de septiembre, de reforma del texto refundido de la Ley Concursal, aprobado por el Real Decreto Legislativo 1/2020, de 5 de mayo, para la transposición de la Directiva (UE) 2019/1023 del Parlamento Europeo y del Consejo, de 20 de junio de 2019, sobre marcos de reestructuración preventiva, exoneración de deudas e inhabilitaciones, y sobre medidas para aumentar la eficiencia de los procedimientos de reestructuración, insolvencia y exoneración de deudas, y por la que se modifica la Directiva (UE) 2017/1132 del Parlamento Europeo y del Consejo, sobre determinados aspectos del Derecho de sociedades (Directiva sobre reestructuración e insolvencia). (BOE de 06-09-2022).

Sección 7.ª Efectos sobre las solicitudes de concurso

Añadida por Ley 16/2022, de 5 de septiembre, de reforma del texto refundido de la Ley Concursal, aprobado por el Real Decreto Legislativo 1/2020, de 5 de mayo, para la transposición de la Directiva (UE) 2019/1023 del Parlamento Europeo y del Consejo, de 20 de junio de 2019, sobre marcos de reestructuración preventiva, exoneración de deudas e inhabilitaciones, y sobre medidas para aumentar la eficiencia de los procedimientos de reestructuración, insolvencia y exoneración de deudas, y por la que se modifica la Directiva (UE) 2017/1132 del Parlamento Europeo y del Consejo, sobre determinados aspectos del Derecho de sociedades (Directiva sobre reestructuración e insolvencia). (BOE de 06-09-2022).

ART. 610. Efectos de la comunicación sobre la solicitud de concurso a instancia de legitimados distintos del deudor.

1. Las solicitudes de concurso presentadas después de la comunicación por otros legitimados distintos del deudor se repartirán al juzgado que hubiera tenido por efectuada la comunicación, pero no se admitirán a trámite mientras no transcurra el plazo de tres meses a contar desde la fecha de esa comunicación. Las presentadas antes de la comunicación aún no admitidas a trámite quedarán en suspenso.

2. Lo previsto en el apartado anterior se extenderá durante la prórroga de los efectos de la comunicación.

3. Las solicitudes suspendidas y las que se presenten con posterioridad a la expiración de los plazos anteriores solo se proveerán transcurrido un mes sin que el deudor hubiera solicitado la declaración de concurso, sin perjuicio de la adopción por el juez de las medidas cautelares que estime oportunas. Si el deudor solicita la declaración de concurso dentro de ese mes, esta se tramitará en primer lugar. Declarado el concurso a instancia del deudor, las solicitudes que se hubieran presentado antes y las que se presenten después de la del deudor se unirán a los autos, teniendo por comparecidos a los solicitantes.

Modificado por Ley 16/2022, de 5 de septiembre, de reforma del texto refundido de la Ley Concursal, aprobado por el Real Decreto Legislativo 1/2020, de 5 de mayo, para la transposición de la Directiva (UE) 2019/1023 del Parlamento Europeo y del Consejo, de 20 de junio de 2019, sobre marcos de reestructuración preventiva, exoneración de deudas e inhabilitaciones, y sobre medidas para aumentar la eficiencia de los procedimientos de reestructuración, insolvencia y exoneración de deudas, y por la que se modifica la Directiva (UE) 2017/1132 del Parlamento Europeo y del Consejo, sobre determinados aspectos del Derecho de sociedades (Directiva sobre reestructuración e insolvencia). (BOE de 06-09-2022).

CAPÍTULO III
De la exigibilidad de deber legal de solicitar el concurso y de la causa legal de disolución de la sociedad

Modificado y reordenado por Ley 16/2022, de 5 de septiembre, de reforma del texto refundido de la Ley Concursal, aprobado por Real Decreto Legislativo 1/2020, de 5 de mayo, para la transposición de la Directiva (UE) 2019/1023 del Parlamento Europeo y del Consejo, de 20 de junio de 2019, sobre marcos de reestructuración preventiva, exoneración de deudas e inhabilitaciones, y sobre medidas para aumentar la eficiencia de los procedimientos de reestructuración, insolvencia y exoneración de deudas, y por la que se modifica la Directiva (UE) 2017/1132 del Parlamento Europeo y del Consejo, sobre determinados aspectos del Derecho de sociedades (Directiva sobre reestructuración e insolvencia). (BOE de 06-09-2022).

ART. 611. Exigibilidad del deber legal de solicitar el concurso.

1. Transcurridos tres meses desde la comunicación, el deudor que no haya alcanzado un plan de reestructuración deberá solicitar la declaración de concurso dentro del mes siguiente, salvo que no se encontrara en estado de insolvencia actual.

2. En caso de prórroga de los efectos de la comunicación, lo dispuesto en el apartado anterior se aplicará a partir de la fecha en que finalice esa prórroga.

Modificado por Ley 16/2022, de 5 de septiembre, de reforma del texto refundido de la Ley Concursal, aprobado por el Real Decreto Legislativo 1/2020, de 5 de mayo, para la transposición de la Directiva (UE) 2019/1023 del Parlamento Europeo y del Consejo, de 20 de junio de 2019, sobre marcos de reestructuración preventiva, exoneración de deudas e inhabilitaciones, y sobre medidas para aumentar la eficiencia de los procedimientos de reestructuración, insolvencia y exoneración de deudas, y por la que se modifica la Directiva (UE) 2017/1132 del Parlamento Europeo y del Consejo, sobre determinados aspectos del Derecho de sociedades (Directiva sobre reestructuración e insolvencia). (BOE de 06-09-2022).

ART. 612. Suspensión de la solicitud de concurso voluntario.

1. Mientras estén en vigor los efectos de la comunicación, la solicitud de concurso presentada por el deudor podrá ser suspendida por el juez a instancia del experto en la reestructuración, si hubiera sido nombrado, o de los acreedores que, en el momento de la solicitud, representen más del cincuenta por ciento del pasivo que pudiera quedar afectado por el plan de reestructuración. En la solicitud deberá acreditarse la presentación de un plan de reestructuración por parte de los acreedores que tenga probabilidad de ser aprobado.

2. La suspensión se levantará transcurrido un mes desde la presentación de la solicitud de concurso por el deudor si los acreedores no hubieran presentado la solicitud de homologación del plan de reestructuración.

3. Lo dispuesto en este artículo no será aplicable al deudor persona natural ni a las sociedades cuyos socios o algunos de ellos sean legalmente responsables de las deudas sociales.

Modificado por Ley 16/2022, de 5 de septiembre, de reforma del texto refundido de la Ley Concursal, aprobado por el Real Decreto Legislativo 1/2020, de 5 de mayo, para la transposición de la Directiva (UE) 2019/1023 del Parlamento Europeo y del Consejo, de 20 de junio de 2019, sobre marcos de reestructuración preventiva, exoneración de deudas e inhabilitaciones, y sobre medidas para aumentar la eficiencia de los procedimientos de reestructuración, insolvencia y exoneración de deudas, y por la que se modifica la Directiva (UE) 2017/1132 del Parlamento Europeo y del Consejo, sobre determinados aspectos del Derecho de sociedades (Directiva sobre reestructuración e insolvencia). (BOE de 06-09-2022).

ART. 613. Suspensión de la causa de disolución por pérdidas cualificadas.

En las sociedades de capital, mientras estén en vigor los efectos de la comunicación, quedará en suspenso el deber legal de acordar la disolución por existir pérdidas que dejen reducido el patrimonio neto a una cantidad inferior a la mitad del capital social.

Modificado por Ley 16/2022, de 5 de septiembre, de reforma del texto refundido de la Ley Concursal, aprobado por el Real Decreto Legislativo 1/2020, de 5 de mayo, para la transposición de la Directiva (UE) 2019/1023 del Parlamento Europeo y del Consejo, de 20 de junio de 2019, sobre marcos de reestructuración preventiva, exoneración de deudas e inhabilitaciones, y sobre medidas para aumentar la eficiencia de los procedimientos de reestructuración, insolvencia y exoneración de deudas, y por la que se modifica la Directiva (UE) 2017/1132 del Parlamento Europeo y del Consejo, sobre determinados aspectos del Derecho de sociedades (Directiva sobre reestructuración e insolvencia). (BOE de 06-09-2022).

TÍTULO III
De los planes de reestructuración

Modificado y reordenado por Ley 16/2022, de 5 de septiembre, de reforma del texto refundido de la Ley Concursal, aprobado por el Real Decreto Legislativo 1/2020, de 5 de mayo, para la transposición de la Directiva (UE) 2019/1023 del Parlamento Europeo y del Consejo, de 20 de junio de 2019, sobre marcos de reestructuración preventiva, exoneración de deudas e inhabilitaciones, y sobre medidas para aumentar la eficiencia de los procedimientos de reestructuración, insolvencia y exoneración de deudas, y por la que se modifica la Directiva (UE) 2017/1132 del Parlamento Europeo y del Consejo, sobre determinados aspectos del Derecho de sociedades (Directiva sobre reestructuración e insolvencia). (BOE de 06-09-2022).

CAPÍTULO I
Ámbito de aplicación

Modificado y reordenado por Ley 16/2022, de 5 de septiembre, de reforma del texto refundido de la Ley Concursal, aprobado por el Real Decreto Legislativo 1/2020, de 5 de mayo, para la transposición de la Directiva (UE) 2019/1023 del Parlamento Europeo y del Consejo, de 20 de junio de 2019, sobre marcos de reestructuración preventiva, exoneración de deudas e inhabilitaciones, y sobre medidas para aumentar la eficiencia de los procedimientos de reestructuración, insolvencia y exoneración de deudas, y por la que se modifica la Directiva (UE) 2017/1132 del Parlamento Europeo y del Consejo, sobre determinados aspectos del Derecho de sociedades (Directiva sobre reestructuración e insolvencia). (BOE de 06-09-2022).

ART. 614. Concepto.

Se considerarán planes de reestructuración los que tengan por objeto la modificación de la composición, de las condiciones o de la estructura del activo y del pasivo del deudor, o de sus fondos propios, incluidas las transmisiones de activos, unidades productivas o de la totalidad de la empresa en funcionamiento, así como cualquier cambio operativo necesario, o una combinación de estos elementos.

Modificado por Ley 16/2022, de 5 de septiembre, de reforma del texto refundido de la Ley Concursal, aprobado por el Real Decreto Legislativo 1/2020, de 5 de mayo, para la transposición de la Directiva (UE) 2019/1023 del Parlamento Europeo y del Consejo, de 20 de junio de 2019, sobre marcos de reestructuración preventiva, exoneración de deudas e inhabilitaciones, y sobre medidas para aumentar la eficiencia de los procedimientos de reestructuración, insolvencia y exoneración de deudas, y por la que se modifica la Directiva (UE) 2017/1132 del Parlamento Europeo y del Consejo, sobre determinados aspectos del Derecho de sociedades (Directiva sobre reestructuración e insolvencia). (BOE de 06-09-2022).

ART. 615. Ámbito objetivo.

1. Se someterán a este título los planes de reestructuración que prevean una extensión de sus efectos frente a:

1.º Acreedores o clases de acreedores titulares de créditos afectados que no hayan votado a favor del plan.

2.º Los socios de la persona jurídica cuando no hayan aprobado el plan.

2. Con independencia de que se prevea o no una extensión de los efectos del plan de reestructuración, también se someterán a este título los planes de reestructuración cuando los interesados pretendan proteger la financiación interina y la nueva financiación que prevea el plan y los actos, operaciones o negocios realizados en el contexto de este frente al régimen general de las acciones rescisorias, y reconocer a esa financiación las preferencias de cobro previstas en el libro primero.

Modificado por Ley 16/2022, de 5 de septiembre, de reforma del texto refundido de la Ley Concursal, aprobado por el Real Decreto Legislativo 1/2020, de 5 de mayo, para la transposición de la Directiva (UE) 2019/1023 del Parlamento Europeo y del Consejo, de 20 de junio de 2019, sobre marcos de reestructuración preventiva, exoneración de deudas e inhabilitaciones, y sobre medidas para aumentar la eficiencia de los procedimientos de reestructuración, insolvencia y exoneración de deudas, y por la que se modifica la Directiva (UE) 2017/1132 del Parlamento Europeo y del Consejo, sobre determinados aspectos del Derecho de sociedades (Directiva sobre reestructuración e insolvencia). (BOE de 06-09-2022).

CAPÍTULO II
De los créditos y contratos afectados

Modificado y reordenado por Ley 16/2022, de 5 de septiembre, de reforma del texto refundido de la Ley Concursal, aprobado por el Real Decreto Legislativo 1/2020, de 5 de mayo, para la transposición de la Directiva (UE) 2019/1023 del Parlamento Europeo y del Consejo, de 20 de junio de 2019, sobre marcos de reestructuración preventiva, exoneración de deudas e inhabilitaciones, y sobre medidas para aumentar la eficiencia de los procedimientos de reestructuración, insolvencia y exoneración de deudas, y por la que se modifica la Directiva (UE) 2017/1132 del Parlamento Europeo y del Consejo, sobre determinados aspectos del Derecho de sociedades (Directiva sobre reestructuración e insolvencia). (BOE de 06-09-2022).

ART. 616. Créditos afectados.

1. A los efectos de este título, se considerarán créditos afectados los créditos que en virtud del plan de reestructuración sufran una modificación de sus términos o condiciones, en particular, la modificación de la fecha de vencimiento, la modificación del principal o los intereses, la conversión en crédito participativo o subordinado, acciones o participaciones sociales, o en cualquier otro instrumento de características o rango distintos de aquellos que tuviese el crédito originario, la modificación o extinción de las garantías, personales o reales, que garanticen el crédito, el cambio en la persona del deudor o la modificación de la ley aplicable al crédito.

2. Cualquier crédito, incluidos los créditos contingentes y sometidos a condición, puede ser afectado por el plan de reestructuración, salvo los créditos de alimentos derivados de una relación familiar, de parentesco o de matrimonio, los créditos derivados de responsabilidad civil extracontractual y los créditos derivados de relaciones laborales distintas de las del personal de alta dirección.

Los créditos futuros que nazcan de contratos de derivados que se mantengan en vigor no quedarán afectados por el plan de reestructuración.

Los créditos de Derecho público podrán ser afectados, exclusivamente en la forma prevista en el artículo 616 bis, y únicamente cuando concurran los siguientes requisitos:

1.º Que el deudor acredite, tanto en el momento de presentar la comunicación de apertura de negociaciones, como en el momento de solicitud de homologación judicial del plan, que se encuentra al corriente en el cumplimiento de las obligaciones tributarias y frente a la Seguridad Social, mediante la presentación en el juzgado de las correspondientes certificaciones emitidas por la Agencia Estatal de Administración Tributaria y la Tesorería General de la Seguridad Social;

2.º Que los créditos tengan una antigüedad inferior a dos años, computados desde la fecha de su devengo de acuerdo con la normativa tributaria y de la Seguridad Social hasta la fecha de presentación en el juzgado de la comunicación de apertura de negociaciones.

3. Los créditos por repetición, subrogación o regreso quedarán afectados en las mismas condiciones que el crédito principal si así se establece en el plan de reestructuración. Si el crédito de repetición o regreso gozase de garantía real, será tratado como crédito garantizado.

Modificado por Ley 16/2022, de 5 de septiembre, de reforma del texto refundido de la Ley Concursal, aprobado por el Real Decreto Legislativo 1/2020, de 5 de mayo, para la transposición de la Directiva (UE) 2019/1023 del Parlamento Europeo y del Consejo, de 20 de junio de 2019, sobre marcos de reestructuración preventiva, exoneración de deudas e inhabilitaciones, y sobre medidas para aumentar la eficiencia de los procedimientos de reestructuración, insolvencia y exoneración de deudas, y por la que se modifica la Directiva (UE) 2017/1132 del Parlamento Europeo y del Consejo, sobre determinados aspectos del Derecho de sociedades (Directiva sobre reestructuración e insolvencia). (BOE de 06-09-2022).

Apdo. 2.1.º: ver art. 643.3 LC.

ART. 616 bis. Créditos de Derecho público.

1. En ningún caso, el plan de reestructuración podrá suponer para los créditos de Derecho público la reducción de su importe; el cambio de la ley aplicable; el cambio de deudor, sin perjuicio de que un tercero asuma sin liberación de ese deudor la obligación de pago; la modificación o extinción de las garantías que tuvieren; o la conversión del crédito en acciones o participaciones sociales, en crédito o préstamo participativo o en un instrumento de características o de rango distintos de aquellos que tuviere el originario.

2. Los créditos de Derecho público afectados por el plan de reestructuración deberán ser íntegramente satisfechos en los siguientes plazos:

1.º Doce meses a contar desde la fecha del auto de homologación del plan de reestructuración, con carácter general.

2.º Seis meses a contar desde la fecha del auto de homologación del plan de reestructuración, en el caso de que sobre dichos créditos se hubiese concedido un aplazamiento o fraccionamiento previamente.

En cualquier caso, todos los créditos de Derecho público deberán estar íntegramente satisfechos en un plazo máximo de dieciocho meses desde la fecha de comunicación de la apertura de negociaciones.

Añadido por Ley 16/2022, de 5 de septiembre, de reforma del texto refundido de la Ley Concursal, aprobado por el Real Decreto Legislativo 1/2020, de 5 de mayo, para la transposición de la Directiva (UE) 2019/1023 del Parlamento Europeo y del Consejo, de 20 de junio de 2019, sobre marcos de reestructuración preventiva, exoneración de deudas e inhabilitaciones, y sobre medidas para aumentar la eficiencia de los procedimientos de reestructuración, insolvencia y exoneración de deudas, y por la que se modifica la Directiva (UE) 2017/1132 del Parlamento Europeo y del Consejo, sobre determinados aspectos del Derecho de sociedades (Directiva sobre reestructuración e insolvencia). (BOE de 06-09-2022).

ART. 617. Reglas de cómputo de créditos.

1. A los efectos del voto de un plan de reestructuración, cada crédito se computará por el principal más los recargos e intereses vencidos hasta la fecha de formalización del plan en instrumento público. La misma regla se aplicará a los créditos sometidos a condición resolutoria.

2. En los contratos de crédito solo se computará la parte del crédito dispuesta en el momento de la formalización del plan en instrumento público.

3. Los créditos expresados en otra moneda se computarán en euros según el tipo de cambio oficial en la fecha del instrumento público en que se hubiese formalizado el plan.

4. Los créditos contingentes, litigiosos o sometidos a condición suspensiva se computarán por su importe máximo, salvo que en el plan de reestructuración se hubieran incluido por una cantidad inferior. Si finalmente se materializaran, solo se verán afectados por la cuantía correspondiente al importe incluido en el plan.

5. En el caso de créditos garantizados con garantía real, cuando el valor de la garantía sea inferior al de la obligación garantizada, el crédito por el exceso será tratado como no garantizado, conforme a la clase que le corresponda según esta ley. La parte del crédito cubierta por el valor de la garantía se considerará como crédito garantizado.

Para determinar el valor de la garantía se estará a lo establecido en el título V del libro primero. Las certificaciones emitidas por el organismo rector del centro de negociación o del mercado secundario de que se trate, en caso de garantías sobre valores mobiliarios cotizados, o por una sociedad de tasación homologada e inscrita en el registro especial del Banco de España, en caso de bienes inmuebles, se unirán al instrumento público como anejo.

Modificado por Ley 16/2022, de 5 de septiembre, de reforma del texto refundido de la Ley Concursal, aprobado por el Real Decreto Legislativo 1/2020, de 5 de mayo, para la transposición de la Directiva (UE) 2019/1023 del Parlamento Europeo y del Consejo, de 20 de junio de 2019, sobre marcos de reestructuración preventiva, exoneración de deudas e inhabilitaciones, y sobre medidas para aumentar la eficiencia de los procedimientos de reestructuración, insolvencia y exoneración de deudas, y por la que se modifica la Directiva (UE) 2017/1132 del Parlamento Europeo y del Consejo, sobre determinados aspectos del Derecho de sociedades (Directiva sobre reestructuración e insolvencia). (BOE de 06-09-2022).

ART. 618. Principio general de vigencia de los contratos.

1. La homologación de un plan de reestructuración, por sí sola, no afectará a los contratos con obligaciones recíprocas pendientes de cumplimiento. En particular, se tendrán por no puestas las cláusulas contractuales que establezcan la facultad de la otra parte de suspender o de modificar las obligaciones o los efectos del contrato, así como la facultad de resolución o la de extinción del contrato por el mero motivo de la presentación de la solicitud de homologación o su admisión a trámite, la homologación judicial del plan o cualquier otra circunstancia análoga o directamente relacionada con las anteriores.

2. Los contratos necesarios para la continuidad de la actividad empresarial o profesional del deudor no podrán suspenderse, modificarse, resolverse o terminarse anticipadamente por el mero hecho de que el plan de reestructuración conlleve un cambio de control del deudor.

Modificado por Ley 16/2022, de 5 de septiembre, de reforma del texto refundido de la Ley Concursal, aprobado por el Real Decreto Legislativo 1/2020, de 5 de mayo, para la transposición de la Directiva (UE) 2019/1023 del Parlamento Europeo y del Consejo, de 20 de junio de 2019, sobre marcos de reestructuración preventiva, exoneración de deudas e inhabilitaciones, y sobre medidas para aumentar la eficiencia de los procedimientos de reestructuración, insolvencia y exoneración de deudas, y por la que se modifica la Directiva (UE) 2017/1132 del Parlamento Europeo y del Consejo, sobre determinados aspectos del Derecho de sociedades (Directiva sobre reestructuración e insolvencia). (BOE de 06-09-2022).

ART. 619. Especialidades para determinados acuerdos de compensación contractual.

1. Lo previsto en el artículo anterior no será aplicable a los acuerdos de compensación contractual sujetos al Real Decreto-ley 5/2005, de 11 de marzo, de reformas urgentes para el impulso a la productividad y para la mejora de la contratación pública. El saldo resultante de la aplicación de una cláusula de vencimiento anticipado de estos acuerdos quedará sujeto a las disposiciones de este título.

2. En ningún caso quedará afectada por un plan de reestructuración la garantía financiera sujeta al Real Decreto-ley 5/2005, de 11 de marzo, de reformas urgentes para el impulso a la productividad y para la mejora de la contratación pública, ni la facultad de vencimiento anticipado de las obligaciones garantizadas, por la parte cubierta por la garantía.

3. En ningún caso se podrán vencer anticipadamente, resolver o terminar los contratos de suministro de bienes, servicios o energía necesarios para la continuidad de la actividad empresarial o profesional del deudor, a menos que tales contratos se hubieran negociado en mercados organizados de modo que puedan ser sustituidos en cualquier momento por su valor de mercado.

Modificado por Ley 16/2022, de 5 de septiembre, de reforma del texto refundido de la Ley Concursal, aprobado por el Real Decreto Legislativo 1/2020, de 5 de mayo, para la transposición de la Directiva (UE) 2019/1023 del Parlamento Europeo y del Consejo, de 20 de junio de 2019, sobre marcos de reestructuración preventiva, exoneración de deudas e inhabilitaciones, y sobre medidas para aumentar la eficiencia de los procedimientos de reestructuración, insolvencia y exoneración de deudas, y por la que se modifica la Directiva (UE) 2017/1132 del Parlamento Europeo y del Consejo, sobre determinados aspectos del Derecho de sociedades (Directiva sobre reestructuración e insolvencia). (BOE de 06-09-2022).

ART. 620. Resolución de contratos con obligaciones recíprocas pendientes de cumplimiento en interés de la reestructuración.

1. Durante la negociación de un plan de reestructuración, el deudor podrá solicitar a la otra parte contratante la modificación o resolución de los contratos con obligaciones recíprocas pendientes de cumplimiento cuando esa modificación o resolución resulte necesaria para el buen fin de la reestructuración y prevenir el concurso.

2. Si las partes no llegasen a un acuerdo sobre los términos de la modificación o las consecuencias de la resolución, el plan de reestructuración podrá prever la resolución de esos contratos. El crédito indemnizatorio derivado de la resolución también podrá quedar afectado por el plan.

3. Sin perjuicio de lo dispuesto en el artículo anterior, los contratos de derivados podrán terminarse o cancelarse anticipadamente cuando ello resulte necesario para el buen fin de la reestructuración y prevenir el concurso. El saldo resultante de la liquidación también podrá quedar afectado por el plan.

4. Las controversias que se susciten sobre la necesidad de resolver o terminar el contrato o la cuantía que debe satisfacer el deudor se tramitarán por el cauce de la impugnación u oposición al plan.

Modificado por Ley 16/2022, de 5 de septiembre, de reforma del texto refundido de la Ley Concursal, aprobado por el Real Decreto Legislativo 1/2020, de 5 de mayo, para la transposición de la Directiva (UE) 2019/1023 del Parlamento Europeo y del Consejo, de 20 de junio de 2019, sobre marcos de reestructuración preventiva, exoneración de deudas e inhabilitaciones, y sobre medidas para aumentar la eficiencia de los procedimientos de reestructuración, insolvencia y exoneración de deudas, y por la que se modifica la Directiva (UE) 2017/1132 del Parlamento Europeo y del Consejo, sobre determinados aspectos del Derecho de sociedades (Directiva sobre reestructuración e insolvencia). (BOE de 06-09-2022).

ART. 621. Contratos de alta dirección.

1. Cuando resulte necesario para el buen fin de la reestructuración, el plan de reestructuración podrá prever la suspensión o extinción de los contratos con consejeros ejecutivos y con el personal de alta dirección.

2. En caso de extinción, en defecto de acuerdo, el juez podrá moderar la indemnización que corresponda al consejero ejecutivo y al alto directivo, quedando sin efecto la que se hubiera pactado en el contrato, con el límite de la indemnización establecida en la legislación laboral para el despido colectivo, que resultará igualmente aplicable a los consejeros ejecutivos.

3. En caso de suspensión del contrato, este se podrá extinguir por voluntad del consejero ejecutivo o del alto directivo, con preaviso de un mes, conservando el derecho a la indemnización en los términos del apartado anterior.

4. Las controversias que se susciten se tramitarán por el incidente concursal ante el juez competente para la homologación.

5. La sentencia que recaiga será recurrible en suplicación.

Modificado por Ley 16/2022, de 5 de septiembre, de reforma del texto refundido de la Ley Concursal, aprobado por el Real Decreto Legislativo 1/2020, de 5 de mayo, para la transposición de la Directiva (UE) 2019/1023 del Parlamento Europeo y del Consejo, de 20 de junio de 2019, sobre marcos de reestructuración preventiva, exoneración de deudas e inhabilitaciones, y sobre medidas para aumentar la eficiencia de los procedimientos de reestructuración, insolvencia y exoneración de deudas, y por la que se modifica la Directiva (UE) 2017/1132 del Parlamento Europeo y del Consejo, sobre determinados aspectos del Derecho de sociedades (Directiva sobre reestructuración e insolvencia). (BOE de 06-09-2022).

CAPÍTULO III
De la formación de clases

Modificado y reordenado por Ley 16/2022, de 5 de septiembre, de reforma del texto refundido de la Ley Concursal, aprobado por el Real Decreto Legislativo 1/2020, de 5 de mayo, para la transposición de la Directiva (UE) 2019/1023 del Parlamento Europeo y del Consejo, de 20 de junio de 2019, sobre marcos de reestructuración preventiva, exoneración de deudas e inhabilitaciones, y sobre medidas para aumentar la eficiencia de los procedimientos de reestructuración, insolvencia y exoneración de deudas, y por la que se modifica la Directiva (UE) 2017/1132 del Parlamento Europeo y del Consejo, sobre determinados aspectos del Derecho de sociedades (Directiva sobre reestructuración e insolvencia). (BOE de 06-09-2022).

ART. 622. Clases de créditos.

Los acreedores titulares de créditos afectados por el plan de reestructuración votarán agrupados por clases de créditos.

Modificado por Ley 16/2022, de 5 de septiembre, de reforma del texto refundido de la Ley Concursal, aprobado por el Real Decreto Legislativo 1/2020, de 5 de mayo, para la transposición de la Directiva (UE) 2019/1023 del Parlamento Europeo y del Consejo, de 20 de junio de 2019, sobre marcos de reestructuración preventiva, exoneración de deudas e inhabilitaciones, y sobre medidas para aumentar la eficiencia de los procedimientos de reestructuración, insolvencia y exoneración de deudas, y por la que se modifica la Directiva (UE) 2017/1132 del Parlamento Europeo y del Consejo, sobre determinados aspectos del Derecho de sociedades (Directiva sobre reestructuración e insolvencia). (BOE de 06-09-2022).

ART. 623. Criterios generales de formación de clases.

1. La formación de clases debe atender a la existencia de un interés común a los integrantes de cada clase determinado conforme a criterios objetivos.

2. Se considera que existe interés común entre los créditos de igual rango determinado por el orden de pago en el concurso de acreedores.

3. A su vez, los créditos de un mismo rango concursal podrán separarse en distintas clases cuando haya razones suficientes que lo justifiquen. A estos efectos se podrá atender, en particular, a la naturaleza financiera o no financiera del crédito, al conflicto de intereses que puedan tener los acreedores que formen parte de distintas clases, o a cómo los créditos vayan a quedar afectados por el plan de reestructuración. Cuando los acreedores sean

pequeñas o medianas empresas y el plan de reestructuración suponga para ellas un sacrificio superior al cincuenta por ciento del importe de su crédito, deberán constituir una clase de acreedores separada.

4. A efectos de lo dispuesto en este artículo, se consideran créditos financieros:

1.º Los derivados de contratos de crédito o préstamo, con independencia de la condición de su titular.

2.º Los que sean titularidad de entidades financieras, estén o no sujetas a supervisión prudencial, y con independencia de cuál sea el origen del crédito, incluyendo entre esas entidades, en su caso, a las aseguradoras respecto al seguro de crédito o al seguro de caución.

3.º Los derivados de contratos de naturaleza análoga como los arrendamientos financieros o las operaciones de financiación de bienes vendidos con reserva de dominio, aval o contra-aval, factoring y confirming.

No se considerarán como créditos financieros los derivados de operaciones comerciales, aunque tuvieran aplazada su exigibilidad, salvo que hayan sido cedidos a una entidad financiera.

Modificado por Ley 16/2022, de 5 de septiembre, de reforma del texto refundido de la Ley Concursal, aprobado por el Real Decreto Legislativo 1/2020, de 5 de mayo, para la transposición de la Directiva (UE) 2019/1023 del Parlamento Europeo y del Consejo, de 20 de junio de 2019, sobre marcos de reestructuración preventiva, exoneración de deudas e inhabilitaciones, y sobre medidas para aumentar la eficiencia de los procedimientos de reestructuración, insolvencia y exoneración de deudas, y por la que se modifica la Directiva (UE) 2017/1132 del Parlamento Europeo y del Consejo, sobre determinados aspectos del Derecho de sociedades (Directiva sobre reestructuración e insolvencia). (BOE de 06-09-2022).

ART. 624. Créditos con garantía real.

Los créditos con garantía real sobre bienes del deudor constituirán una clase única, salvo que la heterogeneidad de los bienes o derechos gravados justifique su separación en dos o más clases.

Modificado por Ley 16/2022, de 5 de septiembre, de reforma del texto refundido de la Ley Concursal, aprobado por el Real Decreto Legislativo 1/2020, de 5 de mayo, para la transposición de la Directiva (UE) 2019/1023 del Parlamento Europeo y del Consejo, de 20 de junio de 2019, sobre marcos de reestructuración preventiva, exoneración de deudas e inhabilitaciones, y sobre medidas para aumentar la eficiencia de los procedimientos de reestructuración, insolvencia y exoneración de deudas, y por la que se modifica la Directiva (UE) 2017/1132 del Parlamento Europeo y del Consejo, sobre determinados aspectos del Derecho de sociedades (Directiva sobre reestructuración e insolvencia). (BOE de 06-09-2022).

ART. 624 bis. Créditos de derecho público.

Los créditos de derecho público constituirán una clase separada entre las clases de su mismo rango concursal.

Añadido por Ley 16/2022, de 5 de septiembre, de reforma del texto refundido de la Ley Concursal, aprobado por el Real Decreto Legislativo 1/2020, de 5 de mayo, para la transposición de la Directiva (UE) 2019/1023 del Parlamento Europeo y del Consejo, de 20 de junio de 2019, sobre marcos de reestructuración preventiva, exoneración de deudas e inhabilitaciones, y sobre medidas para aumentar la eficiencia de los procedimientos de reestructuración, insolvencia y exoneración de deudas, y por la que se modifica la Directiva (UE) 2017/1132 del Parlamento Europeo y del Consejo, sobre determinados aspectos del Derecho de sociedades (Directiva sobre reestructuración e insolvencia). (BOE de 06-09-2022).

ART. 625. Confirmación judicial facultativa de las clases de acreedores.

El deudor y los acreedores que representen más del cincuenta por ciento del pasivo que vaya a quedar afectado por el plan de reestructuración estarán legitimados para solicitar la confirmación judicial de la correcta formación de las clases con carácter previo a la solicitud de homologación del plan de reestructuración.

Modificado por Ley 16/2022, de 5 de septiembre, de reforma del texto refundido de la Ley Concursal, aprobado por el Real Decreto Legislativo 1/2020, de 5 de mayo, para la transposición de la Directiva (UE) 2019/1023 del Parlamento Europeo y del Consejo, de 20 de junio de 2019, sobre marcos de reestructuración preventiva, exoneración de deudas e inhabilitaciones, y sobre medidas para aumentar la eficiencia de los procedimientos de reestructuración, insolvencia y exoneración de deudas, y por la que se modifica la Directiva (UE) 2017/1132 del Parlamento Europeo y del Consejo, sobre determinados aspectos del Derecho de sociedades (Directiva sobre reestructuración e insolvencia). (BOE de 06-09-2022).

ART. 626. Procedimiento para la confirmación judicial de las clases.

1. Cualquiera de los legitimados podrá solicitar la confirmación de una o varias clases al juez competente para conocer de la homologación del plan. A la solicitud deberá acompañarse la acreditación de la comunicación de la propuesta de formación de la clase o clases a las partes afectadas por la confirmación judicial, donde se les haya anunciado la presentación de esta solicitud.

2. El juez, si considera que posee competencia internacional y territorial, dictará providencia admitiendo la solicitud a trámite. La providencia se publicará en el Registro público concursal.

3. Los acreedores que puedan verse afectados por la formación de clases solicitada podrán presentar escrito de oposición dentro de los diez días siguientes a la publicación de la providencia. El juez resolverá por medio de sentencia dentro de los cinco días siguientes a la conclusión del plazo de oposición. La resolución judicial no será susceptible de recurso alguno.

4. En el caso de que se hayan confirmado las clases propuestas por el solicitante, la formación de clases no podrá invocarse como motivo de impugnación u oposición a la homologación judicial del plan.

Modificado por Ley 16/2022, de 5 de septiembre, de reforma del texto refundido de la Ley Concursal, aprobado por el Real Decreto Legislativo 1/2020, de 5 de mayo, para la transposición de la Directiva (UE) 2019/1023 del Parlamento Europeo y del Consejo, de 20 de junio de 2019, sobre marcos de reestructuración preventiva, exoneración de deudas e inhabilitaciones, y sobre medidas para aumentar la eficiencia de los procedimientos de reestructuración, insolvencia y exoneración de deudas, y por la que se modifica la Directiva (UE) 2017/1132 del Parlamento Europeo y del Consejo, sobre determinados aspectos del Derecho de sociedades (Directiva sobre reestructuración e insolvencia). (BOE de 06-09-2022).

CAPÍTULO IV
De la aprobación de los planes de reestructuración

Modificado y reordenado por Ley 16/2022, de 5 de septiembre, de reforma del texto refundido de la Ley Concursal, aprobado por el Real Decreto Legislativo 1/2020, de 5 de mayo, para la transposición de la Directiva (UE) 2019/1023 del Parlamento Europeo y del Consejo, de 20 de junio de 2019, sobre marcos de reestructuración preventiva, exoneración de deudas e inhabilitaciones, y sobre medidas para aumentar la eficiencia de los procedimientos de reestructuración, insolvencia y exoneración de deudas, y por la que se modifica la Directiva (UE) 2017/1132 del Parlamento Europeo y del Consejo, sobre determinados aspectos del Derecho de sociedades (Directiva sobre reestructuración e insolvencia). (BOE de 06-09-2022).

ART. 627. Comunicación de la propuesta.

1. La propuesta del plan de reestructuración deberá ser comunicada a todos los acreedores cuyos créditos pudieran quedar afectados.

2. La comunicación deberá ser individual, por vía postal o electrónica; o, si no fuera posible por desconocerse su identidad o dirección, mediante anuncio en la página web de la sociedad, con indicación del lugar donde los acreedores que acrediten legitimación podrán examinar el contenido del plan. Si no fuera posible la comunicación por estos medios, el experto en la reestructuración, cuando haya sido nombrado, o en su defecto quienes vayan a pedir la homologación del plan, solicitarán al letrado de la Administración de Justicia del juzgado competente para conocer de la homologación que ordene la publicación de un edicto en el Registro público concursal, con indicación del lugar donde los acreedores que acrediten legitimación podrán examinar el contenido del plan.

En el caso de los acreedores públicos, la comunicación se realizará, en todo caso, mediante el servicio establecido en la sede electrónica de cada entidad, y a través del cual se podrá aportar la información del correspondiente formulario normalizado.

3. En el caso de acreedores vinculados por un pacto de sindicación, se aplicarán las reglas contractuales sobre comunicación del deudor con los acreedores, si las hubiera.

Modificado por Ley 16/2022, de 5 de septiembre, de reforma del texto refundido de la Ley Concursal, aprobado por el Real Decreto Legislativo 1/2020, de 5 de mayo, para la transposición de la Directiva (UE) 2019/1023 del Parlamento Europeo y del Consejo, de 20 de junio de 2019, sobre marcos de reestructuración preventiva, exoneración de deudas e inhabilitaciones, y sobre medidas para aumentar la eficiencia

de los procedimientos de reestructuración, insolvencia y exoneración de deudas, y por la que se modifica la Directiva (UE) 2017/1132 del Parlamento Europeo y del Consejo, sobre determinados aspectos del Derecho de sociedades (Directiva sobre reestructuración e insolvencia). (BOE de 06-09-2022).

ART. 628. Derecho de voto.

1. Todos los acreedores cuyos créditos pudieran quedar afectados por el plan tienen derecho de voto.

2. En el caso de los créditos con garantía personal o real de tercero, la legitimación para ejercitar el derecho de voto corresponde al acreedor principal. Las relaciones entre el acreedor y el garante se regirán por los pactos que sobre el particular hubiesen establecido y, en su defecto, por las normas aplicables a la obligación que hubieren contraído.

Modificado por Ley 16/2022, de 5 de septiembre, de reforma del texto refundido de la Ley Concursal, aprobado por el Real Decreto Legislativo 1/2020, de 5 de mayo, para la transposición de la Directiva (UE) 2019/1023 del Parlamento Europeo y del Consejo, de 20 de junio de 2019, sobre marcos de reestructuración preventiva, exoneración de deudas e inhabilitaciones, y sobre medidas para aumentar la eficiencia de los procedimientos de reestructuración, insolvencia y exoneración de deudas, y por la que se modifica la Directiva (UE) 2017/1132 del Parlamento Europeo y del Consejo, sobre determinados aspectos del Derecho de sociedades (Directiva sobre reestructuración e insolvencia). (BOE de 06-09-2022).

ART. 628 bis. Derechos de información y consulta de las personas trabajadoras.

Cualquier modificación o extinción de la relación laboral que tenga lugar en el contexto del plan de reestructuración, se llevará a cabo de acuerdo con la legislación laboral aplicable incluyendo, en particular, las normas de información y consulta de las personas trabajadoras.

Añadido por Ley 16/2022, de 5 de septiembre, de reforma del texto refundido de la Ley Concursal, aprobado por el Real Decreto Legislativo 1/2020, de 5 de mayo, para la transposición de la Directiva (UE) 2019/1023 del Parlamento Europeo y del Consejo, de 20 de junio de 2019, sobre marcos de reestructuración preventiva, exoneración de deudas e inhabilitaciones, y sobre medidas para aumentar la eficiencia de los procedimientos de reestructuración, insolvencia y exoneración de deudas, y por la que se modifica la Directiva (UE) 2017/1132 del Parlamento Europeo y del Consejo, sobre determinados aspectos del Derecho de sociedades (Directiva sobre reestructuración e insolvencia). (BOE de 06-09-2022).

ART. 629. Aprobación del plan de reestructuración por cada clase de créditos.

1. El plan de reestructuración se considerará aprobado por una clase de créditos afectados si hubiera votado a favor más de los dos tercios del importe del pasivo correspondiente a esa clase.

2. En el caso de que la clase estuviera formada por créditos con garantía real, el plan de reestructuración se considerará aprobado si hubieran votado a favor tres cuartos del importe del pasivo correspondiente a esta clase.

Modificado por Ley 16/2022, de 5 de septiembre, de reforma del texto refundido de la Ley Concursal, aprobado por el Real Decreto Legislativo 1/2020, de 5 de mayo, para la transposición de la Directiva (UE) 2019/1023 del Parlamento Europeo y del Consejo, de 20 de junio de 2019, sobre marcos de reestructuración preventiva, exoneración de deudas e inhabilitaciones, y sobre medidas para aumentar la eficiencia de los procedimientos de reestructuración, insolvencia y exoneración de deudas, y por la que se modifica la Directiva (UE) 2017/1132 del Parlamento Europeo y del Consejo, sobre determinados aspectos del Derecho de sociedades (Directiva sobre reestructuración e insolvencia). (BOE de 06-09-2022).

ART. 630. Pactos de sindicación.

1. Cuando el plan de reestructuración afecte a créditos vinculados por un pacto de sindicación, se respetarán los pactos contractuales sobre procedimiento y ejercicio del derecho de voto y se aplicarán las mayorías establecidas en el artículo anterior, salvo que el propio pacto de sindicación prevea una mayoría inferior para aprobar esos efectos.

2. En ambos casos, y si vota a favor la mayoría necesaria, se entenderá que aceptan el plan de reestructuración la totalidad de los créditos sindicados. Si no se obtiene la mayoría necesaria, se computarán los votos individualmente, salvo que los créditos sindicados formen una única clase, en cuyo caso se considerará que el plan de reestructuración no ha sido aprobado por esa clase.

3. Salvo que hayan quedado afectados en virtud de las cláusulas contractuales del propio pacto de sindicación, los acreedores que no hayan votado a favor del plan podrán oponerse o impugnarlo de conformidad con lo previsto en este título.

Modificado por Ley 16/2022, de 5 de septiembre, de reforma del texto refundido de la Ley Concursal, aprobado por el Real Decreto Legislativo 1/2020, de 5 de mayo, para la transposición de la Directiva (UE) 2019/1023 del Parlamento Europeo y del Consejo, de 20 de junio de 2019, sobre marcos de reestructuración preventiva, exoneración de deudas e inhabilitaciones, y sobre medidas para aumentar la eficiencia de los procedimientos de reestructuración, insolvencia y exoneración de deudas, y por la que se modifica la Directiva (UE) 2017/1132 del Parlamento Europeo y del Consejo, sobre determinados aspectos del Derecho de sociedades (Directiva sobre reestructuración e insolvencia). (BOE de 06-09-2022).

ART. 631. Decisión de los socios sobre la aprobación del plan.

1. Cuando el plan de reestructuración contenga medidas que requieran el acuerdo de los socios de la sociedad deudora, se estará a lo establecido para el tipo legal que corresponda.

2. En el caso de las sociedades de capital, serán aplicables las reglas generales con las siguientes especialidades:

1.ª Entre la convocatoria y la fecha prevista de celebración de la junta general deberá existir un plazo de diez días, salvo que se trate de sociedades con acciones admitidas a negociación en un mercado regulado, en cuyo caso el plazo será de veintiún días.

2.ª Si la junta no se hubiese celebrado con anterioridad a la fecha de solicitud de la homologación del plan, se podrá celebrar después siempre que hubiera sido convocada antes de esa fecha o el mismo día de presentación de la solicitud.

Si la junta no hubiera sido previa o simultáneamente convocada, el solicitante de la homologación podrá instar del juez que en la resolución de la admisión a trámite de la homologación convoque a la junta para su celebración en el plazo mencionado.

Si la junta no hubiera sido convocada, no llegase a constituirse, o no aprobara en todos sus términos el plan de reestructuración propuesto como máximo en el plazo de los diez o veintiún días desde la admisión a trámite de la solicitud de homologación, el plan se entenderá rechazado por los socios. Hasta que transcurran esos plazos, el juez no adoptará resolución alguna sobre la homologación.

3.ª En la convocatoria de la junta, el orden del día se limitará exclusivamente a la aprobación o al rechazo del plan en todos sus términos, sin que se puedan incluir o proponer otros asuntos. El derecho de información del socio se ejercerá exclusivamente respecto a este punto del orden del día, incluso si se trata de una sociedad cotizada.

4.ª El acuerdo se adoptará con el quórum y por la mayoría legal ordinarios, cualquiera que sea su contenido, sin que resulten aplicables los quórums o las mayorías estatutarias reforzadas que pudieran ser de aplicación a la aprobación del plan y a los actos u operaciones que deban llevarse a cabo en su ejecución.

5.ª El acuerdo de la junta que apruebe el plan de reestructuración será impugnable exclusivamente por el cauce y en el plazo previstos para la impugnación u oposición a la homologación. En el caso de que la junta se haya celebrado con posterioridad a la solicitud de homologación del plan, el plazo de impugnación comenzará para los socios en el momento en que se hubiese celebrado la junta. Las impugnaciones del acuerdo de la junta se acumularán a la impugnación u oposición al plan por parte de los acreedores, si las hubiese, y se tramitarán como cuestión incidental de previo pronunciamiento.

3. Salvo por lo que respecta a la formación de la voluntad social de conformidad con lo previsto en este Artículo, cualquier operación societaria que prevea el plan deberá ajustarse a la legislación societaria aplicable. En particular, en el caso de que el plan prevea una modificación estructural, los acreedores a los que afecte el plan no tendrán los derechos de tutela individual reconocidos en el libro primero del Real Decreto-ley 5/2023, de 28 de junio, por el que se adoptan y prorrogan determinadas medidas de respuesta a las consecuencias económicas y sociales de la Guerra de Ucrania, de apoyo a la reconstrucción de la isla de La Palma y a otras situaciones de vulnerabilidad; de transposición de Directivas de la Unión Europea en materia de modificaciones estructurales de sociedades mercantiles y conciliación de la vida familiar y la vida profesional de los progenitores y los cuidadores; y de ejecución y cumplimiento del Derecho de la Unión Europea.

4. Cuando se solicite la homologación de un plan de reestructuración en estado de insolvencia actual o inminente de la sociedad deudora, los socios no tendrán derecho de preferencia en la suscripción de nuevas acciones o en la asunción de las nuevas participaciones, en particular cuando el plan prevea una reducción del capital social a cero o por debajo de la cifra mínima legal y simultáneamente el aumento del capital.

Apdo. 3 modificado por el Real Decreto-ley 5/2023, de 28 de junio, por el que se adoptan y prorrogan determinadas medidas de respuesta a las consecuencias económicas y sociales de la Guerra de Ucrania, de apoyo a la reconstrucción de la isla de La Palma y a otras situaciones de vulnerabilidad; de transposición de Directivas de la Unión Europea en materia de modificaciones estructurales de sociedades mercantiles y conciliación de la vida familiar y la vida profesional de los progenitores y los cuidadores; y de ejecución y cumplimiento del Derecho de la Unión Europea. (BOE de 29-06-2023).

Modificado anteriormente por Ley 16/2022, de 5 de septiembre, de reforma del texto refundido de la Ley Concursal, aprobado por el Real Decreto Legislativo 1/2020, de 5 de mayo, para la transposición de la Directiva (UE) 2019/1023 del Parlamento Europeo y del Consejo, de 20 de junio de 2019, sobre marcos de reestructuración preventiva, exoneración de deudas e inhabilitaciones, y sobre medidas para aumentar la eficiencia de los procedimientos de reestructuración, insolvencia y exoneración de deudas, y por la que se modifica la Directiva (UE) 2017/1132 del Parlamento Europeo y del Consejo, sobre determinados aspectos del Derecho de sociedades (Directiva sobre reestructuración e insolvencia). (BOE de 06-09-2022).

ART. 632. Régimen especial de la conversión en acciones o participaciones sociales.

A los efectos de la conversión de créditos en acciones o participaciones sociales, con o sin prima, se entenderá que los créditos a compensar son líquidos, vencidos y exigibles.

Modificado por Ley 16/2022, de 5 de septiembre, de reforma del texto refundido de la Ley Concursal, aprobado por el Real Decreto Legislativo 1/2020, de 5 de mayo, para la transposición de la Directiva (UE) 2019/1023 del Parlamento Europeo y del Consejo, de 20 de junio de 2019, sobre marcos de reestructuración preventiva, exoneración de deudas e inhabilitaciones, y sobre medidas para aumentar la eficiencia de los procedimientos de reestructuración, insolvencia y exoneración de deudas, y por la que se modifica la Directiva (UE) 2017/1132 del Parlamento Europeo y del Consejo, sobre determinados aspectos del Derecho de sociedades (Directiva sobre reestructuración e insolvencia). (BOE de 06-09-2022).

ART. 633. Contenido del plan de reestructuración.

Los planes de reestructuración sometidos a este título contendrán, como mínimo, las siguientes menciones:

1.ª La identidad del deudor.

2.ª La identidad del experto encargado de la reestructuración, si hubiera sido nombrado.

3.ª Una descripción de la situación económica del deudor y de la situación de los trabajadores, y una descripción de las causas y del alcance de las dificultades del deudor.

4.ª El activo y el pasivo del deudor en el momento de formalizar el plan de reestructuración.

5.ª Los acreedores cuyos créditos van a quedar afectados por el plan, identificados individualmente o descritos por clases, con expresión del importe de su crédito que vaya a quedar afectado e intereses y la clase a la que pertenezcan.

6.ª Los contratos con obligaciones recíprocas pendientes de cumplimiento que, en su caso, vayan a quedar resueltos en virtud del plan.

7.ª Si el plan afectase a los derechos de los socios, el valor nominal de sus acciones o participaciones sociales.

8.ª Los acreedores o socios que no vayan a quedar afectados por el plan, mencionados individualmente o descritos por clases, así como las razones de la no afectación.

9.ª Las medidas de reestructuración operativa propuestas, la duración, en su caso, de esas medidas y los flujos de caja estimados del plan, así como las medidas de reestructuración financiera de la deuda, incorporando la financiación interina y la nueva financiación prevista en el plan de reestructuración, con justificación de su necesidad y, en su caso, las consecuencias globales para el empleo, como despidos, acuerdos sobre reducción de jornada o medidas similares.

10.ª La exposición de las condiciones necesarias para el éxito del plan de reestructuración y de las razones por las que ofrece una perspectiva razonable de garantizar la viabilidad de la empresa, en el corto y medio plazo, y evitar el concurso del deudor.

11.ª Las medidas de información y consulta con los trabajadores que, de conformidad con la legislación laboral aplicable, se hayan adoptado o se vayan a adoptar, incluida la información de contenido económico relativa al plan de reestructuración, así como las previstas en los casos de adopción de las medidas de reestructuración operativas.

12.ª En el caso de que se pretenda que el plan de reestructuración afecte al crédito público, se incluirá la acreditación de encontrarse al corriente en el cumplimiento de las obligaciones tributarias y frente a la Seguridad Social mediante la presentación de las correspondientes certificaciones emitidas por la Agencia Estatal de Administración Tributaria y la Tesorería General de la Seguridad Social.

Modificado por Ley 16/2022, de 5 de septiembre, de reforma del texto refundido de la Ley Concursal, aprobado por el Real Decreto Legislativo 1/2020, de 5 de mayo, para la transposición de la Directiva (UE) 2019/1023 del Parlamento Europeo y del Consejo, de 20 de junio de 2019, sobre marcos de reestructuración preventiva, exoneración de deudas e inhabilitaciones, y sobre medidas para aumentar la eficiencia de los procedimientos de reestructuración, insolvencia y exoneración de deudas, y por la que se modifica la Directiva (UE) 2017/1132 del Parlamento Europeo y del Consejo, sobre determinados aspectos del Derecho de sociedades (Directiva sobre reestructuración e insolvencia). (BOE de 06-09-2022).

ART. 634. Formalización del plan de reestructuración.

1. El plan de reestructuración deberá ser formalizado en instrumento público por quienes lo hayan suscrito, en el que se incluirá la certificación del experto en la reestructuración, si estuviera nombrado, y en otro caso de auditor, sobre la suficiencia de las mayorías que se exigen para aprobar el plan.

2. El instrumento público en que se formalice el plan tendrá la consideración de documento sin cuantía a los efectos de determinación de los honorarios del notario que lo autorice.

Modificado por Ley 16/2022, de 5 de septiembre, de reforma del texto refundido de la Ley Concursal, aprobado por el Real Decreto Legislativo 1/2020, de 5 de mayo, para la transposición de la Directiva (UE) 2019/1023 del Parlamento Europeo y del Consejo, de 20 de junio de 2019, sobre marcos de reestructuración preventiva, exoneración de deudas e inhabilitaciones, y sobre medidas para aumentar la eficiencia de los procedimientos de reestructuración, insolvencia y exoneración de deudas, y por la que se modifica la Directiva (UE) 2017/1132 del Parlamento Europeo y del Consejo, sobre determinados aspectos del Derecho de sociedades (Directiva sobre reestructuración e insolvencia). (BOE de 06-09-2022).

CAPÍTULO V
De la homologación de los planes de reestructuración

Modificado y reordenado por Ley 16/2022, de 5 de septiembre, de reforma del texto refundido de la Ley Concursal, aprobado por el Real Decreto Legislativo 1/2020, de 5 de mayo, para la transposición de la Directiva (UE) 2019/1023 del Parlamento Europeo y del Consejo, de 20 de junio de 2019, sobre marcos de reestructuración preventiva, exoneración de deudas e inhabilitaciones, y sobre medidas para aumentar la eficiencia de los procedimientos de reestructuración, insolvencia y exoneración de deudas, y por la que se modifica la Directiva (UE) 2017/1132 del Parlamento Europeo y del Consejo, sobre determinados aspectos del Derecho de sociedades (Directiva sobre reestructuración e insolvencia). (BOE de 06-09-2022).

Sección 1.ª Reglas generales

Añadida por Ley 16/2022, de 5 de septiembre, de reforma del texto refundido de la Ley Concursal, aprobado por el Real Decreto Legislativo 1/2020, de 5 de mayo, para la transposición de la Directiva (UE) 2019/1023 del Parlamento Europeo y del Consejo, de 20 de junio de 2019, sobre marcos de reestructuración preventiva, exoneración de deudas e inhabilitaciones, y sobre medidas para aumentar la eficiencia de los procedimientos de reestructuración, insolvencia y exoneración de deudas, y por la que se modifica la Directiva (UE) 2017/1132 del Parlamento Europeo y del Consejo, sobre determinados aspectos del Derecho de sociedades (Directiva sobre reestructuración e insolvencia). (BOE de 06-09-2022).

ART. 635. Homologación judicial.

La homologación judicial del plan de reestructuración será necesaria en cualquiera de los siguientes casos:

1.° Cuando se pretenda extender sus efectos a acreedores o clases de acreedores que no hubieran votado a favor del plan o a los socios del deudor persona jurídica;

2.° Cuando se pretenda la resolución de contratos en interés de la reestructuración;

3.° Cuando se pretenda proteger la financiación interina y la nueva financiación que prevea el plan, así como los actos, operaciones o negocios realizados en el contexto de este frente a acciones rescisorias en los términos previstos en este título, y reconocer a esa financiación las preferencias de cobro previstas en el libro primero.

Modificado por Ley 16/2022, de 5 de septiembre, de reforma del texto refundido de la Ley Concursal, aprobado por el Real Decreto Legislativo 1/2020, de 5 de mayo, para la transposición de la Directiva (UE) 2019/1023 del Parlamento Europeo y del Consejo, de 20 de junio de 2019, sobre marcos de reestructuración preventiva, exoneración de deudas e inhabilitaciones, y sobre medidas para aumentar la eficiencia de los procedimientos de reestructuración, insolvencia y exoneración de deudas, y por la que se modifica la Directiva (UE) 2017/1132 del Parlamento Europeo y del Consejo, sobre determinados aspectos del Derecho de sociedades (Directiva sobre reestructuración e insolvencia). (BOE de 06-09-2022).

ART. 636. Presupuesto objetivo.

1. La homologación judicial del plan de reestructuración aprobado de conformidad con lo previsto en este título se podrá solicitar cuando el deudor se encuentre en probabilidad de insolvencia o en estado de insolvencia inminente.

2. Cuando el deudor se encuentre en estado de insolvencia actual, se podrá solicitar la homologación del plan siempre que no hubiera sido admitida a trámite solicitud de concurso necesario.

Modificado por Ley 16/2022, de 5 de septiembre, de reforma del texto refundido de la Ley Concursal, aprobado por el Real Decreto Legislativo 1/2020, de 5 de mayo, para la transposición de la Directiva (UE) 2019/1023 del Parlamento Europeo y del Consejo, de 20 de junio de 2019, sobre marcos de reestructuración preventiva, exoneración de deudas e inhabilitaciones, y sobre medidas para aumentar la eficiencia de los procedimientos de reestructuración, insolvencia y exoneración de deudas, y por la que se modifica la Directiva (UE) 2017/1132 del Parlamento Europeo y del Consejo, sobre determinados aspectos del Derecho de sociedades (Directiva sobre reestructuración e insolvencia). (BOE de 06-09-2022).

ART. 637. Suspensión de la solicitud de concurso voluntario.

1. Si se estuviera negociando un plan de reestructuración sin comunicación previa, la solicitud de concurso presentada por el deudor podrá ser suspendida por el juez a instancia del experto en la reestructuración, si hubiera sido nombrado, o de los acreedores que, en el momento de la solicitud, representen más del cincuenta por ciento del pasivo que pudiera quedar afectado por el plan de reestructuración. En la solicitud deberá acreditarse la presentación de un plan de reestructuración por parte de los acreedores que tenga probabilidad de ser aprobado.

2. La suspensión se levantará transcurrido un mes si los acreedores no hubieran presentado la solicitud de homologación del plan de reestructuración.

3. Lo dispuesto en este artículo no será aplicable cuando el deudor sea una persona natural o una sociedad cuyos socios o algunos de ellos sean legalmente responsables de las deudas sociales.

Modificado por Ley 16/2022, de 5 de septiembre, de reforma del texto refundido de la Ley Concursal, aprobado por el Real Decreto Legislativo 1/2020, de 5 de mayo, para la transposición de la Directiva (UE) 2019/1023 del Parlamento Europeo y del Consejo, de 20 de junio de 2019, sobre marcos de reestructuración preventiva, exoneración de deudas e inhabilitaciones, y sobre medidas para aumentar la eficiencia de los procedimientos de reestructuración, insolvencia y exoneración de deudas, y por la que se modifica la Directiva (UE) 2017/1132 del Parlamento Europeo y del Consejo, sobre determinados aspectos del Derecho de sociedades (Directiva sobre reestructuración e insolvencia). (BOE de 06-09-2022).

ART. 638. Requisitos para la homologación del plan de reestructuración aprobado por todas las clases de acreedores.

El plan de reestructuración, para ser homologado, deberá reunir los siguientes requisitos:

1.º Que el deudor se encuentre en probabilidad de insolvencia, insolvencia inminente o actual y el plan ofrezca una perspectiva razonable de evitar el concurso y asegurar la viabilidad de la empresa en el corto y medio plazo.

2.º Que cumpla con los requisitos de contenido y de forma exigidos en este título.

3.º Que haya sido aprobado por todas las clases de créditos de conformidad con las previsiones de este título, por el deudor o, en su caso, por los socios.

4.º Que los créditos dentro de la misma clase sean tratados de forma paritaria.

5.º Que haya sido comunicado a todos los acreedores afectados conforme a lo establecido en esta ley.

Modificado por Ley 16/2022, de 5 de septiembre, de reforma del texto refundido de la Ley Concursal, aprobado por el Real Decreto Legislativo 1/2020, de 5 de mayo, para la transposición de la Directiva (UE) 2019/1023 del Parlamento Europeo y del Consejo, de 20 de junio de 2019, sobre marcos de reestructuración preventiva, exoneración de deudas e inhabilitaciones, y sobre medidas para aumentar la eficiencia de los procedimientos de reestructuración, insolvencia y exoneración de deudas, y por la que se modifica la Directiva (UE) 2017/1132 del Parlamento Europeo y del Consejo, sobre determinados aspectos del Derecho de sociedades (Directiva sobre reestructuración e insolvencia). (BOE de 06-09-2022).

ART. 639. Requisitos para la homologación del plan de reestructuración no aprobado por todas las clases de acreedores.

Como excepción a lo previsto en el ordinal 3.º del artículo anterior, también podrá ser homologado el plan de reestructuración que no haya sido aprobado por todas las clases de créditos si ha sido aprobado por:

1.º Una mayoría simple de las clases, siempre que al menos una de ellas sea una clase de créditos que en el concurso habrían sido calificados como créditos con privilegio especial o general; o, en su defecto, por

2.º Al menos una clase que, de acuerdo con la clasificación de créditos prevista por esta ley, pueda razonablemente presumirse que hubiese recibido algún pago tras una valoración de la deudora como empresa en funcionamiento. En este caso, la homologación del plan requerirá que la solicitud vaya acompañada de un informe del experto en la reestructuración sobre el valor de la deudora como empresa en funcionamiento.

Modificado por Ley 16/2022, de 5 de septiembre, de reforma del texto refundido de la Ley Concursal, aprobado por el Real Decreto Legislativo 1/2020, de 5 de mayo, para la transposición de la Directiva (UE) 2019/1023 del Parlamento Europeo y del Consejo, de 20 de junio de 2019, sobre marcos de reestructuración preventiva, exoneración de deudas e inhabilitaciones, y sobre medidas para aumentar la eficiencia de los procedimientos de reestructuración, insolvencia y exoneración de deudas, y por la que se modifica la Directiva (UE) 2017/1132 del Parlamento Europeo y del Consejo, sobre determinados aspectos del Derecho de sociedades (Directiva sobre reestructuración e insolvencia). (BOE de 06-09-2022).

ART. 640. Aprobación por el deudor y, en su caso, los socios.

1. Si el deudor fuera persona natural, la homologación del plan de reestructuración requerirá que haya sido aprobado por este.

2. Si el deudor fuera una persona jurídica, la homologación del plan de reestructuración requerirá que haya sido aprobado por los socios legalmente responsables de las deudas sociales. En caso de que estos socios no existieran, y el plan contuviera medidas que requieran acuerdo de la junta de socios, el plan de reestructuración se podrá homologar aunque no haya sido aprobado por los socios si la sociedad se encuentra en situación de insolvencia actual o inminente.

Modificado por Ley 16/2022, de 5 de septiembre, de reforma del texto refundido de la Ley Concursal, aprobado por el Real Decreto Legislativo 1/2020, de 5 de mayo, para la transposición de la Directiva (UE) 2019/1023 del Parlamento Europeo y del Consejo, de 20 de junio de 2019, sobre marcos de reestructuración preventiva, exoneración de deudas e inhabilitaciones, y sobre medidas para aumentar la eficiencia de los procedimientos de reestructuración, insolvencia y exoneración de deudas, y por la que se modifica la Directiva (UE) 2017/1132 del Parlamento Europeo y del Consejo, sobre determinados aspectos del Derecho de sociedades (Directiva sobre reestructuración e insolvencia). (BOE de 06-09-2022).

Sección 2.ª Del procedimiento de homologación

Añadida por Ley 16/2022, de 5 de septiembre, de reforma del texto refundido de la Ley Concursal, aprobado por el Real Decreto Legislativo 1/2020, de 5 de mayo, para la transposición de la Directiva (UE) 2019/1023 del Parlamento Europeo y del Consejo, de 20 de junio de 2019, sobre marcos de reestructuración preventiva, exoneración de deudas e inhabilitaciones, y sobre medidas para aumentar la eficiencia de los procedimientos de reestructuración, insolvencia y exoneración de deudas, y por la que se modifica la Directiva (UE) 2017/1132 del Parlamento Europeo y del Consejo, sobre determinados aspectos del Derecho de sociedades (Directiva sobre reestructuración e insolvencia). (BOE de 06-09-2022).

ART. 641. Competencia para la homologación.

La competencia para conocer de la homologación de un plan de reestructuración corresponderá al juez de lo mercantil que fuera competente para la declaración del concurso del deudor. Si el deudor o deudores hubieran efectuado la comunicación de inicio de negociaciones con los acreedores, la competencia corresponderá al juez titular actual del juzgado que hubiera tenido por efectuada esa comunicación.

Modificado por Ley 16/2022, de 5 de septiembre, de reforma del texto refundido de la Ley Concursal, aprobado por el Real Decreto Legislativo 1/2020, de 5 de mayo, para la transposición de la Directiva (UE) 2019/1023 del Parlamento Europeo y del Consejo, de 20 de junio de 2019, sobre marcos de reestructuración preventiva, exoneración de deudas e inhabilitaciones, y sobre medidas para aumentar la eficiencia de los procedimientos de reestructuración, insolvencia y exoneración de deudas, y por la que se modifica la Directiva (UE) 2017/1132 del Parlamento Europeo y del Consejo, sobre determinados aspectos del Derecho de sociedades (Directiva sobre reestructuración e insolvencia). (BOE de 06-09-2022).

ART. 642. Planes conjuntos de reestructuración.

1. Los deudores que hubieran efectuado una comunicación conjunta podrán solicitar bien la homologación individual o conjunta de los respectivos planes de reestructuración o de alguno de ellos, bien la homologación de un plan conjunto de reestructuración.
2. En el caso de solicitud de homologación conjunta de distintos planes de reestructuración o de homologación o de un plan conjunto de reestructuración, los requisitos para la homologación deberán cumplirse en relación con cada uno de los deudores.

Modificado por Ley 16/2022, de 5 de septiembre, de reforma del texto refundido de la Ley Concursal, aprobado por el Real Decreto Legislativo 1/2020, de 5 de mayo, para la transposición de la Directiva (UE) 2019/1023 del Parlamento Europeo y del Consejo, de 20 de junio de 2019, sobre marcos de reestructuración preventiva, exoneración de deudas e inhabilitaciones, y sobre medidas para aumentar la eficiencia de los procedimientos de reestructuración, insolvencia y exoneración de deudas, y por la que se modifica la Directiva (UE) 2017/1132 del Parlamento Europeo y del Consejo, sobre determinados aspectos del Derecho de sociedades (Directiva sobre reestructuración e insolvencia). (BOE de 06-09-2022).

ART. 643. Solicitud de la homologación.

1. La solicitud de homologación del plan de reestructuración podrá ser presentada por el deudor o por cualquier acreedor afectado que lo haya suscrito e irá firmada por procurador y abogado. En la solicitud se indicará el lugar donde el plan esté a disposición de los acreedores que acrediten su legitimación y, en su caso, del deudor, con posibilidad de acceder a su contenido por medios telemáticos.
2. La competencia para solicitar la homologación del plan de reestructuración de una persona jurídica corresponde al órgano de administración.
3. A la solicitud se acompañará copia íntegra del instrumento público en el que se haya formalizado el plan, incluida la certificación de auditor sobre la suficiencia de las mayorías que se exigen para que se homologue el plan, de acuerdo con lo previsto en esta ley, del informe que, en su caso, haya sido emitido por el experto en la reestructuración y, en el caso de que se pretenda que el plan de reestructuración afecte al crédito público de las certificaciones emitidas por la Agencia Estatal de Administración Tributaria y la Tesorería General de la Seguridad Social que acrediten el cumplimiento del requisito previsto en el artículo 616.2.1.º.

Modificado por Ley 16/2022, de 5 de septiembre, de reforma del texto refundido de la Ley Concursal, aprobado por el Real Decreto Legislativo 1/2020, de 5 de mayo, para la transposición de la Directiva (UE) 2019/1023 del Parlamento Europeo y del Consejo, de 20 de junio de 2019, sobre marcos de reestructuración preventiva, exoneración de deudas e inhabilitaciones, y sobre medidas para aumentar la eficiencia de los procedimientos de reestructuración, insolvencia y exoneración de deudas, y por la que se modifica la Directiva (UE) 2017/1132 del Parlamento Europeo y del Consejo, sobre determinados aspectos del Derecho de sociedades (Directiva sobre reestructuración e insolvencia). (BOE de 06-09-2022).

ART. 644. Admisión a trámite.

1. Una vez recibida la solicitud de homologación, el juez, de considerarse competente, dictará providencia admitiéndola a trámite. En la providencia expresará los motivos en los que se base su competencia, en particular si se basa en la localización del centro de los intereses principales o de un establecimiento del deudor en su territorio, y decretará la prohibición de iniciar ejecuciones judiciales o extrajudiciales sobre los bienes del deudor y la paralización de las ejecuciones ya iniciadas hasta que se resuelva sobre la homologación.

2. Si considera que carece de competencia internacional o territorial, el juez, previa audiencia del solicitante y del Ministerio Fiscal por el plazo común de cinco días, resolverá al siguiente mediante auto. Contra el auto que declare la falta de competencia, el solicitante podrá interponer recurso de apelación.

Modificado por Ley 16/2022, de 5 de septiembre, de reforma del texto refundido de la Ley Concursal, aprobado por el Real Decreto Legislativo 1/2020, de 5 de mayo, para la transposición de la Directiva (UE) 2019/1023 del Parlamento Europeo y del Consejo, de 20 de junio de 2019, sobre marcos de reestructuración preventiva, exoneración de deudas e inhabilitaciones, y sobre medidas para aumentar la eficiencia de los procedimientos de reestructuración, insolvencia y exoneración de deudas, y por la que se modifica la Directiva (UE) 2017/1132 del Parlamento Europeo y del Consejo, sobre determinados aspectos del Derecho de sociedades (Directiva sobre reestructuración e insolvencia). (BOE de 06-09-2022).

ART. 645. Publicación de la providencia.

El letrado de la Administración de Justicia ordenará la publicación de la providencia en el Registro público concursal por medio de edicto que contendrá los datos que identifiquen el deudor, el órgano jurisdiccional competente y el fundamento de su competencia, el número del procedimiento judicial de homologación, la fecha del plan de reestructuración, con la indicación de que el plan está a disposición de los acreedores en el juzgado competente para conocer de la homologación, con posibilidad de acceder a su contenido por medios telemáticos o indicará el lugar donde el plan está a disposición de los acreedores que acrediten su legitimación y, en su caso, del deudor, con posibilidad de acceder a su contenido por medios telemáticos.

Modificado por Ley 16/2022, de 5 de septiembre, de reforma del texto refundido de la Ley Concursal, aprobado por el Real Decreto Legislativo 1/2020, de 5 de mayo, para la transposición de la Directiva (UE) 2019/1023 del Parlamento Europeo y del Consejo, de 20 de junio de 2019, sobre marcos de reestructuración preventiva, exoneración de deudas e inhabilitaciones, y sobre medidas para aumentar la eficiencia de los procedimientos de reestructuración, insolvencia y exoneración de deudas, y por la que se modifica la Directiva (UE) 2017/1132 del Parlamento Europeo y del Consejo, sobre determinados aspectos del Derecho de sociedades (Directiva sobre reestructuración e insolvencia). (BOE de 06-09-2022).

ART. 646. Impugnación de la competencia.

1. Cualquier acreedor, o el propio deudor si no hubiera solicitado la homologación del plan de reestructuración, podrá formular declinatoria por falta de competencia internacional o territorial en el plazo de diez días a contar desde la publicación de la providencia en el Registro público concursal.

2. La declinatoria se tramitará y decidirá de conformidad con lo previsto en la legislación procesal civil.

Modificado por Ley 16/2022, de 5 de septiembre, de reforma del texto refundido de la Ley Concursal, aprobado por el Real Decreto Legislativo 1/2020, de 5 de mayo, para la transposición de la Directiva (UE) 2019/1023 del Parlamento Europeo y del Consejo, de 20 de junio de 2019, sobre marcos de reestructuración preventiva, exoneración de deudas e inhabilitaciones, y sobre medidas para aumentar la eficiencia de los procedimientos de reestructuración, insolvencia y exoneración de deudas, y por la que se modifica la Directiva (UE) 2017/1132 del Parlamento Europeo y del Consejo, sobre determinados aspectos del Derecho de sociedades (Directiva sobre reestructuración e insolvencia). (BOE de 06-09-2022).

ART. 647. Auto de homologación.

1. Salvo que de la documentación presentada se deduzca manifiestamente que no se cumplen los requisitos exigidos en la sección 1.ª de este capítulo, el juez homologará el plan de reestructuración.

2. La homologación tendrá lugar mediante auto que se adoptará dentro de los quince días siguientes a la publicación de la providencia de admisión a trámite de la solicitud en el Registro público concursal. En el auto, se identificarán los acreedores con garantía real que hayan votado en contra del plan y que pertenezcan a una clase que no lo haya aprobado.

3. El auto de homologación determinará el alzamiento de la suspensión de los procedimientos de ejecución de créditos no afectados por el plan de reestructuración, así como el sobreseimiento de los restantes procedimientos de ejecución.

4. Si el propio plan de reestructuración conllevase alguna operación societaria, el control de legalidad lo realizará el juez y dejará constancia de ello en el auto.

Modificado por Ley 16/2022, de 5 de septiembre, de reforma del texto refundido de la Ley Concursal, aprobado por el Real Decreto Legislativo 1/2020, de 5 de mayo, para la transposición de la Directiva (UE) 2019/1023 del Parlamento Europeo y del Consejo, de 20 de junio de 2019, sobre marcos de reestructuración preventiva, exoneración de deudas e inhabilitaciones, y sobre medidas para aumentar la eficiencia de los procedimientos de reestructuración, insolvencia y exoneración de deudas, y por la que se modifica la Directiva (UE) 2017/1132 del Parlamento Europeo y del Consejo, sobre determinados aspectos del Derecho de sociedades (Directiva sobre reestructuración e insolvencia). (BOE de 06-09-2022).

ART. 648. Publicidad del auto de homologación.

El auto de homologación del plan se publicará de inmediato en el Registro público concursal.

Modificado por Ley 16/2022, de 5 de septiembre, de reforma del texto refundido de la Ley Concursal, aprobado por el Real Decreto Legislativo 1/2020, de 5 de mayo, para la transposición de la Directiva (UE) 2019/1023 del Parlamento Europeo y del Consejo, de 20 de junio de 2019, sobre marcos de reestructuración preventiva, exoneración de deudas e inhabilitaciones, y sobre medidas para aumentar la eficiencia de los procedimientos de reestructuración, insolvencia y exoneración de deudas, y por la que se modifica la Directiva (UE) 2017/1132 del Parlamento Europeo y del Consejo, sobre determinados aspectos del Derecho de sociedades (Directiva sobre reestructuración e insolvencia). (BOE de 06-09-2022).

ART. 649. Eficacia del auto de homologación.

Una vez homologado, los efectos del plan de reestructuración se extienden inmediatamente a todos los créditos afectados, al propio deudor y, si fuera sociedad, a sus socios, aunque el auto no sea firme.

Modificado por Ley 16/2022, de 5 de septiembre, de reforma del texto refundido de la Ley Concursal, aprobado por el Real Decreto Legislativo 1/2020, de 5 de mayo, para la transposición de la Directiva (UE) 2019/1023 del Parlamento Europeo y del Consejo, de 20 de junio de 2019, sobre marcos de reestructuración preventiva, exoneración de deudas e inhabilitaciones, y sobre medidas para aumentar la eficiencia de los procedimientos de reestructuración, insolvencia y exoneración de deudas, y por la que se modifica la Directiva (UE) 2017/1132 del Parlamento Europeo y del Consejo, sobre determinados aspectos del Derecho de sociedades (Directiva sobre reestructuración e insolvencia). (BOE de 06-09-2022).

ART. 650. Actos de ejecución del plan.

1. Los actos de ejecución del plan que sean inscribibles en los registros públicos se inscribirán en estos, conforme a la legislación que les sea aplicable.

2. Cuando el plan contuviera medidas que requirieran acuerdo de junta o asamblea de socios y esta no las hubiera acordado, los administradores de la sociedad y, si no lo hicieren, quien designe el juez a propuesta de cualquier acreedor legitimado, tendrán las facultades precisas para llevar a cabo los actos necesarios para su ejecución, así como para las modificaciones estatutarias que sean precisas. En estos casos, el auto de homologación será título suficiente para la inscripción en el Registro mercantil de las modificaciones estatutarias contenidas en el plan de reestructuración.

3. Cuando el plan contuviera medidas de reestructuración operativa, éstas deberán llevarse a cabo de acuerdo con las normas que les sean aplicables. Las controversias que se susciten en relación con las mismas se sustanciarán ante la jurisdicción competente.

Modificado por Ley 16/2022, de 5 de septiembre, de reforma del texto refundido de la Ley Concursal, aprobado por el Real Decreto Legislativo 1/2020, de 5 de mayo, para la transposición de la Directiva (UE) 2019/1023 del Parlamento Europeo y del Consejo, de 20 de junio de 2019, sobre marcos de reestructuración preventiva, exoneración de deudas e inhabilitaciones, y sobre medidas para aumentar la eficiencia de los procedimientos de reestructuración, insolvencia y exoneración de deudas, y por la que se modifica la Directiva (UE) 2017/1132 del Parlamento Europeo y del Consejo, sobre determinados aspectos del Derecho de sociedades (Directiva sobre reestructuración e insolvencia). (BOE de 06-09-2022).

ART. 651. Titulares de derechos de garantía real.

1. Los acreedores titulares de derechos de garantía real que hayan votado en contra del plan y pertenezcan a una clase en la que el voto favorable hubiera sido inferior al voto disidente, tendrán derecho a instar la realización de los bienes o derechos gravados en el

plazo de un mes a contar desde la publicación del auto de homologación en el Registro público concursal. La ejecución podrá iniciarse sin testimonio del auto de homologación, pero deberá aportarse al procedimiento en cuanto se le facilite. El ejercicio de este derecho producirá el vencimiento del crédito originario garantizado.

2. El plan podrá prever la sustitución de este derecho por la opción de cobrar en efectivo, en un plazo no superior a ciento veinte días, la parte del crédito cubierta por el valor de la garantía conforme a lo establecido en el título V del libro primero. En caso de falta de pago del crédito, el acreedor tendrá derecho a la ejecución de la garantía.

3. Si la cantidad obtenida en la realización de los bienes o derechos gravados fuese menor que la deuda garantizada, pero mayor que el valor de la garantía recogido en el plan de reestructuración, el ejecutante hará suya toda la cantidad resultante de la ejecución. La diferencia entre esa cantidad y el valor de la garantía se deducirá de lo que, en su caso, hubiese recibido o deba recibir conforme al plan de reestructuración por la parte del crédito no garantizada. Si la cantidad obtenida fuese inferior al valor de la garantía, el acreedor hará suya toda la cantidad resultante de la ejecución, y la parte remanente quedará insatisfecha.

Modificado por Ley 16/2022, de 5 de septiembre, de reforma del texto refundido de la Ley Concursal, aprobado por el Real Decreto Legislativo 1/2020, de 5 de mayo, para la transposición de la Directiva (UE) 2019/1023 del Parlamento Europeo y del Consejo, de 20 de junio de 2019, sobre marcos de reestructuración preventiva, exoneración de deudas e inhabilitaciones, y sobre medidas para aumentar la eficiencia de los procedimientos de reestructuración, insolvencia y exoneración de deudas, y por la que se modifica la Directiva (UE) 2017/1132 del Parlamento Europeo y del Consejo, sobre determinados aspectos del Derecho de sociedades (Directiva sobre reestructuración e insolvencia). (BOE de 06-09-2022).

ART. 652. Garantías de terceros.

1. Los acreedores afectados que no hubieran votado a favor del plan de reestructuración mantendrán sus derechos frente a terceros que hayan constituido garantía personal o real para la satisfacción de su crédito. Respecto de los acreedores que hayan votado a favor del plan, el mantenimiento de sus derechos frente a los terceros obligados dependerá de lo que hubiesen acordado en la respectiva relación jurídica y, en su defecto, de las normas aplicables a esta.

2. Como excepción a lo establecido en el apartado anterior, los efectos del plan de reestructuración de una sociedad de un grupo se pueden extender también, en las condiciones previstas en este, a las garantías personales o reales prestadas por cualquier otra sociedad del mismo grupo no sometida al plan de reestructuración, cuando la ejecución de la garantía pueda causar la insolvencia de la garante y de la propia deudora.

Modificado por Ley 16/2022, de 5 de septiembre, de reforma del texto refundido de la Ley Concursal, aprobado por el Real Decreto Legislativo 1/2020, de 5 de mayo, para la transposición de la Directiva (UE) 2019/1023 del Parlamento Europeo y del Consejo, de 20 de junio de 2019, sobre marcos de reestructuración preventiva, exoneración de deudas e inhabilitaciones, y sobre medidas para aumentar la eficiencia de los procedimientos de reestructuración, insolvencia y exoneración de deudas, y por la que se modifica la Directiva (UE) 2017/1132 del Parlamento Europeo y del Consejo, sobre determinados aspectos del Derecho de sociedades (Directiva sobre reestructuración e insolvencia). (BOE de 06-09-2022).

Sección 3.ª De la impugnación del auto de homologación

Añadida por Ley 16/2022, de 5 de septiembre, de reforma del texto refundido de la Ley Concursal, aprobado por el Real Decreto Legislativo 1/2020, de 5 de mayo, para la transposición de la Directiva (UE) 2019/1023 del Parlamento Europeo y del Consejo, de 20 de junio de 2019, sobre marcos de reestructuración preventiva, exoneración de deudas e inhabilitaciones, y sobre medidas para aumentar la eficiencia de los procedimientos de reestructuración, insolvencia y exoneración de deudas, y por la que se modifica la Directiva (UE) 2017/1132 del Parlamento Europeo y del Consejo, sobre determinados aspectos del Derecho de sociedades (Directiva sobre reestructuración e insolvencia). (BOE de 06-09-2022).

ART. 653. Impugnación de la homologación.

El auto de homologación del plan de reestructuración podrá ser impugnado ante la Audiencia Provincial en los términos previstos en esta sección.

Modificado por Ley 16/2022, de 5 de septiembre, de reforma del texto refundido de la Ley Concursal, aprobado por el Real Decreto Legislativo 1/2020, de 5 de mayo, para la transposición de la Directiva (UE) 2019/1023 del Parlamento Europeo y del Consejo, de 20 de junio de 2019, sobre marcos de rees-

tructuración preventiva, exoneración de deudas e inhabilitaciones, y sobre medidas para aumentar la eficiencia de los procedimientos de reestructuración, insolvencia y exoneración de deudas, y por la que se modifica la Directiva (UE) 2017/1132 del Parlamento Europeo y del Consejo, sobre determinados aspectos del Derecho de sociedades (Directiva sobre reestructuración e insolvencia). (BOE de 06-09-2022).

Modificado por Ley 16/2022, de 5 de septiembre, de reforma del texto refundido de la Ley Concursal, aprobado por el Real Decreto Legislativo 1/2020, de 5 de mayo, para la transposición de la Directiva (UE) 2019/1023 del Parlamento Europeo y del Consejo, de 20 de junio de 2019, sobre marcos de reestructuración preventiva, exoneración de deudas e inhabilitaciones, y sobre medidas para aumentar la eficiencia de los procedimientos de reestructuración, insolvencia y exoneración de deudas, y por la que se modifica la Directiva (UE) 2017/1132 del Parlamento Europeo y del Consejo, sobre determinados aspectos del Derecho de sociedades (Directiva sobre reestructuración e insolvencia). (BOE de 06-09-2022).

ART. 654. Impugnación del auto de homologación del plan aprobado por todas las clases de créditos.

Dentro de los quince días siguientes a la publicación del auto de homologación en el Registro público concursal, los titulares de créditos afectados que no hayan votado a favor del plan de reestructuración aprobado por todas las clases de créditos podrán impugnar el auto por los siguientes motivos:

1.º Que no se hayan cumplido los requisitos de comunicación, contenido y de forma que se exigen en el capítulo IV de este título.

2.º Que la formación de las clases de acreedores y la aprobación del plan, no se hayan producido de conformidad con lo previsto en los capítulos III y IV de este título.

3.º Que el deudor no se encuentre en probabilidad de insolvencia, insolvencia inminente o actual.

4.º Que el plan no ofrezca una perspectiva razonable de evitar el concurso y asegurar la viabilidad de la empresa en el corto y medio plazo.

5.º Que sus créditos no hayan sido tratados de forma paritaria con otros créditos de su clase.

6.º Que la reducción del valor de sus créditos sea manifiestamente mayor al que resulta necesario para garantizar la viabilidad de la empresa. En caso de cesión de créditos, se presumirá que no concurre esta circunstancia cuando el acreedor impugnante haya adquirido el crédito con un descuento superior a la reducción del valor que este padece.

7.º Que el plan no supere la prueba del interés superior de los acreedores.

Se considerará que el plan no supera esta prueba cuando sus créditos se vean perjudicados por el plan de reestructuración en comparación con su situación en caso de liquidación concursal de los bienes del deudor, individualmente o como unidad productiva. A los efectos de comprobar la satisfacción de esta prueba, se comparará el valor de lo que reciban conforme al plan de reestructuración con el valor de lo que pueda razonablemente presumirse que hubiesen recibido en caso de liquidación concursal. Para calcular este último valor, se considerará que el pago de la cuota de liquidación tiene lugar a los dos años de la formalización del plan.

8.º Que el deudor haya incumplido la obligación de encontrarse al corriente en el cumplimiento de sus obligaciones tributarias y frente a la Seguridad Social.

Modificado por Ley 16/2022, de 5 de septiembre, de reforma del texto refundido de la Ley Concursal, aprobado por el Real Decreto Legislativo 1/2020, de 5 de mayo, para la transposición de la Directiva (UE) 2019/1023 del Parlamento Europeo y del Consejo, de 20 de junio de 2019, sobre marcos de reestructuración preventiva, exoneración de deudas e inhabilitaciones, y sobre medidas para aumentar la eficiencia de los procedimientos de reestructuración, insolvencia y exoneración de deudas, y por la que se modifica la Directiva (UE) 2017/1132 del Parlamento Europeo y del Consejo, sobre determinados aspectos del Derecho de sociedades (Directiva sobre reestructuración e insolvencia). (BOE de 06-09-2022).

ART. 655. Impugnación del auto de homologación del plan no aprobado por todas las clases de crédito.

1. El auto de homologación de un plan de reestructuración que no haya sido aprobado por todas las clases de créditos podrá ser impugnado por los motivos previstos en el artículo anterior por los acreedores que no hayan votado a favor del plan, con independencia de que pertenezcan o no a una clase que haya aprobado dicho plan.

2. El auto de homologación de un plan de reestructuración que no haya sido aprobado por todas las clases de créditos podrá ser impugnado por los titulares de créditos afectados que no hayan votado a favor del plan y pertenezcan a una clase que no lo haya aprobado también por los siguientes motivos:

1.º Que no haya sido aprobado por la clase o clases necesarias de conformidad con lo previsto en la sección 1.ª de este capítulo.

2.º Que una clase de créditos vaya a mantener o recibir, de conformidad con el plan, derechos, acciones o participaciones, con un valor superior al importe de sus créditos.

3.º Que la clase a la que pertenezca el acreedor o los acreedores impugnantes vaya a recibir un trato menos favorable que cualquier otra clase del mismo rango.

4.º Que la clase a la que pertenezca el acreedor o acreedores impugnantes vaya a mantener o recibir derechos, acciones o participaciones con un valor inferior al importe de sus créditos si una clase de rango inferior o los socios van a recibir cualquier pago o conservar cualquier derecho, acción o participación en el deudor en virtud del plan de reestructuración.

5.º En caso de que el plan afecte al crédito público, que el deudor haya incumplido la obligación de encontrarse al corriente en el cumplimiento de sus obligaciones tributarias y frente a la Seguridad Social.

3. Por excepción a lo establecido en el ordinal 4.º del apartado anterior, se podrá confirmar la homologación del plan de reestructuración, aunque no se cumpla esa condición, cuando sea imprescindible para asegurar la viabilidad de la empresa y los créditos de los acreedores afectados no se vean perjudicados injustificadamente.

Modificado por Ley 16/2022, de 5 de septiembre, de reforma del texto refundido de la Ley Concursal, aprobado por el Real Decreto Legislativo 1/2020, de 5 de mayo, para la transposición de la Directiva (UE) 2019/1023 del Parlamento Europeo y del Consejo, de 20 de junio de 2019, sobre marcos de reestructuración preventiva, exoneración de deudas e inhabilitaciones, y sobre medidas para aumentar la eficiencia de los procedimientos de reestructuración, insolvencia y exoneración de deudas, y por la que se modifica la Directiva (UE) 2017/1132 del Parlamento Europeo y del Consejo, sobre determinados aspectos del Derecho de sociedades (Directiva sobre reestructuración e insolvencia). (BOE de 06-09-2022).

ART. 656. Impugnación del auto de homologación del plan no aprobado por los socios.

1. Cuando los socios de la sociedad deudora no hayan aprobado el plan de reestructuración, podrán impugnar el auto de homologación por cualquiera de los siguientes motivos:

1.º Que el plan no cumpla los requisitos de contenido y de forma que se exigen en el capítulo IV de este título.

2.º Que no haya sido aprobado de conformidad con lo previsto en el capítulo IV de este título.

3.º Que el deudor no se encontrara en estado insolvencia actual o de insolvencia inminente.

4.º Que el plan no ofrezca una perspectiva razonable de evitar el concurso y asegurar la viabilidad de la empresa en el corto y medio plazo.

5.º Que una clase de acreedores afectados vaya a recibir, como consecuencia del cumplimiento del plan, derechos, acciones o participaciones, con un valor superior al importe de sus créditos.

2. En el caso de que la aprobación del plan requiera acuerdo de los socios y estos no lo hayan aprobado, solo aquellos que hayan votado en contra tendrán legitimación para impugnarlo.

Modificado por Ley 16/2022, de 5 de septiembre, de reforma del texto refundido de la Ley Concursal, aprobado por el Real Decreto Legislativo 1/2020, de 5 de mayo, para la transposición de la Directiva (UE) 2019/1023 del Parlamento Europeo y del Consejo, de 20 de junio de 2019, sobre marcos de reestructuración preventiva, exoneración de deudas e inhabilitaciones, y sobre medidas para aumentar la eficiencia de los procedimientos de reestructuración, insolvencia y exoneración de deudas, y por la que se modifica la Directiva (UE) 2017/1132 del Parlamento Europeo y del Consejo, sobre determinados aspectos del Derecho de sociedades (Directiva sobre reestructuración e insolvencia). (BOE de 06-09-2022).

ART. 657. Impugnación de la resolución de contratos.

Cuando en el auto de homologación del plan de reestructuración se hubiera acordado la resolución de un contrato con obligaciones recíprocas pendientes de cumplimiento, la parte afectada podrá impugnar esa resolución por cualquiera de los siguientes motivos:

1.º Que esa resolución del contrato no resulte necesaria para asegurar el buen fin de la reestructuración y prevenir el concurso.

2.° Que no sea adecuada la indemnización prevista en el plan por la resolución anticipada del contrato.

Modificado por Ley 16/2022, de 5 de septiembre, de reforma del texto refundido de la Ley Concursal, aprobado por el Real Decreto Legislativo 1/2020, de 5 de mayo, para la transposición de la Directiva (UE) 2019/1023 del Parlamento Europeo y del Consejo, de 20 de junio de 2019, sobre marcos de reestructuración preventiva, exoneración de deudas e inhabilitaciones, y sobre medidas para aumentar la eficiencia de los procedimientos de reestructuración, insolvencia y exoneración de deudas, y por la que se modifica la Directiva (UE) 2017/1132 del Parlamento Europeo y del Consejo, sobre determinados aspectos del Derecho de sociedades (Directiva sobre reestructuración e insolvencia). (BOE de 06-09-2022).

ART. 658. Tramitación de la impugnación.

1. Todas las impugnaciones se tramitarán conjuntamente por los trámites del incidente concursal. En todo caso, al escrito de impugnación se acompañará copia del auto de homologación.

2. La impugnación se interpondrá ante la Audiencia Provincial. Si la impugnación hubiera sido formulada dentro de plazo, el letrado de la Administración de Justicia acordará mediante decreto su admisión a trámite y lo comunicará al órgano jurisdiccional que hubiera dictado el auto impugnado a los efectos de que este remita las actuaciones a la Audiencia Provincial en el plazo de cinco días. En caso de que la impugnación fuera extemporánea, el letrado de la Administración de Justicia dará cuenta a la Sala, que declarará mediante auto la inadmisión de la impugnación. Contra este auto podrá interponerse recurso de queja, que se tramitará conforme a lo establecido en la legislación procesal civil.

3. De las impugnaciones presentadas se dará traslado al deudor y a los acreedores adheridos al plan de reestructuración, para que puedan oponerse a la impugnación en un plazo de quince días.

Modificado por Ley 16/2022, de 5 de septiembre, de reforma del texto refundido de la Ley Concursal, aprobado por el Real Decreto Legislativo 1/2020, de 5 de mayo, para la transposición de la Directiva (UE) 2019/1023 del Parlamento Europeo y del Consejo, de 20 de junio de 2019, sobre marcos de reestructuración preventiva, exoneración de deudas e inhabilitaciones, y sobre medidas para aumentar la eficiencia de los procedimientos de reestructuración, insolvencia y exoneración de deudas, y por la que se modifica la Directiva (UE) 2017/1132 del Parlamento Europeo y del Consejo, sobre determinados aspectos del Derecho de sociedades (Directiva sobre reestructuración e insolvencia). (BOE de 06-09-2022).

ART. 659. Sentencia.

1. La sentencia que resuelva la impugnación deberá ser dictada dentro de los treinta días siguientes a aquel en que hubiera finalizado la tramitación del incidente.

2. La sentencia que resuelva la impugnación tendrá la misma publicidad que el auto de homologación y sus efectos se producirán, sin posibilidad de suspensión o aplazamiento, el día siguiente al de su publicación en el Registro público concursal.

3. La sentencia que resuelva la impugnación no será susceptible de recurso alguno.

Modificado por Ley 16/2022, de 5 de septiembre, de reforma del texto refundido de la Ley Concursal, aprobado por el Real Decreto Legislativo 1/2020, de 5 de mayo, para la transposición de la Directiva (UE) 2019/1023 del Parlamento Europeo y del Consejo, de 20 de junio de 2019, sobre marcos de reestructuración preventiva, exoneración de deudas e inhabilitaciones, y sobre medidas para aumentar la eficiencia de los procedimientos de reestructuración, insolvencia y exoneración de deudas, y por la que se modifica la Directiva (UE) 2017/1132 del Parlamento Europeo y del Consejo, sobre determinados aspectos del Derecho de sociedades (Directiva sobre reestructuración e insolvencia). (BOE de 06-09-2022).

ART. 660. Efectos de la impugnación.

La impugnación del auto de homologación del plan de reestructuración carecerá de efectos suspensivos.

Modificado por Ley 16/2022, de 5 de septiembre, de reforma del texto refundido de la Ley Concursal, aprobado por el Real Decreto Legislativo 1/2020, de 5 de mayo, para la transposición de la Directiva (UE) 2019/1023 del Parlamento Europeo y del Consejo, de 20 de junio de 2019, sobre marcos de reestructuración preventiva, exoneración de deudas e inhabilitaciones, y sobre medidas para aumentar la eficiencia de los procedimientos de reestructuración, insolvencia y exoneración de deudas, y por la que se modifica la Directiva (UE) 2017/1132 del Parlamento Europeo y del Consejo, sobre determinados aspectos del Derecho de sociedades (Directiva sobre reestructuración e insolvencia). (BOE de 06-09-2022).

ART. 661. Efectos de la sentencia estimatoria de la impugnación.

1. La sentencia estimatoria de la impugnación declarará la no extensión de los efectos del plan únicamente frente a quien hubiera instado la impugnación, subsistiendo los efectos de la homologación frente a los demás acreedores y socios. En este caso, si los efectos no se pueden revertir, el impugnante tendrá derecho a la indemnización de los daños y perjuicios por parte del deudor.

2. Como excepción a lo previsto en el apartado anterior, cuando la estimación de la impugnación se haya basado en la falta de concurrencia de las mayorías necesarias o en la formación defectuosa de las clases, la sentencia declarará la ineficacia del plan.

3. La sentencia no perjudicará los derechos adquiridos por terceros de buena fe de acuerdo con la legislación hipotecaria.

Modificado por Ley 16/2022, de 5 de septiembre, de reforma del texto refundido de la Ley Concursal, aprobado por el Real Decreto Legislativo 1/2020, de 5 de mayo, para la transposición de la Directiva (UE) 2019/1023 del Parlamento Europeo y del Consejo, de 20 de junio de 2019, sobre marcos de reestructuración preventiva, exoneración de deudas e inhabilitaciones, y sobre medidas para aumentar la eficiencia de los procedimientos de reestructuración, insolvencia y exoneración de deudas, y por la que se modifica la Directiva (UE) 2017/1132 del Parlamento Europeo y del Consejo, sobre determinados aspectos del Derecho de sociedades (Directiva sobre reestructuración e insolvencia). (BOE de 06-09-2022).

Sección 4.ª Contradicción previa a la homologación judicial del plan

Añadida por Ley 16/2022, de 5 de septiembre, de reforma del texto refundido de la Ley Concursal, aprobado por el Real Decreto Legislativo 1/2020, de 5 de mayo, para la transposición de la Directiva (UE) 2019/1023 del Parlamento Europeo y del Consejo, de 20 de junio de 2019, sobre marcos de reestructuración preventiva, exoneración de deudas e inhabilitaciones, y sobre medidas para aumentar la eficiencia de los procedimientos de reestructuración, insolvencia y exoneración de deudas, y por la que se modifica la Directiva (UE) 2017/1132 del Parlamento Europeo y del Consejo, sobre determinados aspectos del Derecho de sociedades (Directiva sobre reestructuración e insolvencia). (BOE de 06-09-2022).

ART. 662. Solicitud de homologación con fase de contradicción previa.

En la solicitud de homologación, el solicitante podrá requerir que, con carácter previo a la homologación del plan de reestructuración, las partes afectadas puedan oponerse a esta.

Modificado por Ley 16/2022, de 5 de septiembre, de reforma del texto refundido de la Ley Concursal, aprobado por el Real Decreto Legislativo 1/2020, de 5 de mayo, para la transposición de la Directiva (UE) 2019/1023 del Parlamento Europeo y del Consejo, de 20 de junio de 2019, sobre marcos de reestructuración preventiva, exoneración de deudas e inhabilitaciones, y sobre medidas para aumentar la eficiencia de los procedimientos de reestructuración, insolvencia y exoneración de deudas, y por la que se modifica la Directiva (UE) 2017/1132 del Parlamento Europeo y del Consejo, sobre determinados aspectos del Derecho de sociedades (Directiva sobre reestructuración e insolvencia). (BOE de 06-09-2022).

ART. 663. Especialidades.

La oposición de las partes afectadas se tramitará por los cauces del incidente concursal con las especialidades siguientes:

1.ª La providencia que admita a trámite la solicitud de homologación se publicará en el Registro público concursal con indicación del lugar donde el plan queda a disposición de los acreedores afectados y, en su caso, de los socios, para que en un plazo de quince días desde su publicación registral puedan formular oposición.

2.ª La legitimación y los motivos de la oposición se sujetarán a las normas previstas para la impugnación del plan en la sección 3.ª de este capítulo, incluyendo la falta de competencia internacional o territorial.

3.ª Todas las oposiciones, incluidas las fundadas en la falta de competencia judicial, se tramitarán conjuntamente, y se dará traslado de todas ellas al solicitante de la homologación para que, en un plazo común de quince días conteste a la oposición.

4.ª La sentencia que resuelva sobre el incidente se dictará en un plazo de un mes y no será susceptible de recurso.

Modificado por Ley 16/2022, de 5 de septiembre, de reforma del texto refundido de la Ley Concursal, aprobado por el Real Decreto Legislativo 1/2020, de 5 de mayo, para la transposición de la Directiva (UE) 2019/1023 del Parlamento Europeo y del Consejo, de 20 de junio de 2019, sobre marcos de reestructuración preventiva, exoneración de deudas e inhabilitaciones, y sobre medidas para aumentar la eficiencia

de los procedimientos de reestructuración, insolvencia y exoneración de deudas, y por la que se modifica la Directiva (UE) 2017/1132 del Parlamento Europeo y del Consejo, sobre determinados aspectos del Derecho de sociedades (Directiva sobre reestructuración e insolvencia). (BOE de 06-09-2022).

Sección 5.ª Prohibición de nuevas solicitudes

Añadida por Ley 16/2022, de 5 de septiembre, de reforma del texto refundido de la Ley Concursal, aprobado por el Real Decreto Legislativo 1/2020, de 5 de mayo, para la transposición de la Directiva (UE) 2019/1023 del Parlamento Europeo y del Consejo, de 20 de junio de 2019, sobre marcos de reestructuración preventiva, exoneración de deudas e inhabilitaciones, y sobre medidas para aumentar la eficiencia de los procedimientos de reestructuración, insolvencia y exoneración de deudas, y por la que se modifica la Directiva (UE) 2017/1132 del Parlamento Europeo y del Consejo, sobre determinados aspectos del Derecho de sociedades (Directiva sobre reestructuración e insolvencia). (BOE de 06-09-2022).

ART. 664. Prohibición temporal de nuevas solicitudes.

Una vez homologado un plan de reestructuración, no podrá solicitarse otra solicitud de homologación respecto del mismo deudor hasta que transcurra un año a contar desde la fecha de solicitud de la homologación del plan anterior.

Modificado por Ley 16/2022, de 5 de septiembre, de reforma del texto refundido de la Ley Concursal, aprobado por el Real Decreto Legislativo 1/2020, de 5 de mayo, para la transposición de la Directiva (UE) 2019/1023 del Parlamento Europeo y del Consejo, de 20 de junio de 2019, sobre marcos de reestructuración preventiva, exoneración de deudas e inhabilitaciones, y sobre medidas para aumentar la eficiencia de los procedimientos de reestructuración, insolvencia y exoneración de deudas, y por la que se modifica la Directiva (UE) 2017/1132 del Parlamento Europeo y del Consejo, sobre determinados aspectos del Derecho de sociedades (Directiva sobre reestructuración e insolvencia). (BOE de 06-09-2022).

CAPÍTULO VI
De la protección en caso de concurso

Modificado y reordenado por Ley 16/2022, de 5 de septiembre, de reforma del texto refundido de la Ley Concursal, aprobado por el Real Decreto Legislativo 1/2020, de 5 de mayo, para la transposición de la Directiva (UE) 2019/1023 del Parlamento Europeo y del Consejo, de 20 de junio de 2019, sobre marcos de reestructuración preventiva, exoneración de deudas e inhabilitaciones, y sobre medidas para aumentar la eficiencia de los procedimientos de reestructuración, insolvencia y exoneración de deudas, y por la que se modifica la Directiva (UE) 2017/1132 del Parlamento Europeo y del Consejo, sobre determinados aspectos del Derecho de sociedades (Directiva sobre reestructuración e insolvencia). (BOE de 06-09-2022).

ART. 665. Financiación interina.

Se considera financiación interina la concedida por quien no fuera acreedor o por acreedor preexistente si en el momento de la concesión fuera razonable y necesaria inmediatamente, bien para asegurar la continuidad total o parcial de la actividad empresarial o profesional del deudor durante las negociaciones con los acreedores hasta la homologación de ese plan, bien para preservar o mejorar el valor que tuvieran a la fecha de inicio de esas negociaciones el conjunto de la empresa o una o varias unidades productivas.

Modificado por Ley 16/2022, de 5 de septiembre, de reforma del texto refundido de la Ley Concursal, aprobado por el Real Decreto Legislativo 1/2020, de 5 de mayo, para la transposición de la Directiva (UE) 2019/1023 del Parlamento Europeo y del Consejo, de 20 de junio de 2019, sobre marcos de reestructuración preventiva, exoneración de deudas e inhabilitaciones, y sobre medidas para aumentar la eficiencia de los procedimientos de reestructuración, insolvencia y exoneración de deudas, y por la que se modifica la Directiva (UE) 2017/1132 del Parlamento Europeo y del Consejo, sobre determinados aspectos del Derecho de sociedades (Directiva sobre reestructuración e insolvencia). (BOE de 06-09-2022).

ART. 666. Nueva financiación.

A los efectos de esta ley se considerará nueva financiación la concedida por quien no fuera acreedor o por acreedor preexistente que, estando prevista en el plan de reestructuración, resulte necesaria para el cumplimiento de ese plan.

Modificado por Ley 16/2022, de 5 de septiembre, de reforma del texto refundido de la Ley Concursal, aprobado por el Real Decreto Legislativo 1/2020, de 5 de mayo, para la transposición de la Directiva

(UE) 2019/1023 del Parlamento Europeo y del Consejo, de 20 de junio de 2019, sobre marcos de reestructuración preventiva, exoneración de deudas e inhabilitaciones, y sobre medidas para aumentar la eficiencia de los procedimientos de reestructuración, insolvencia y exoneración de deudas, y por la que se modifica la Directiva (UE) 2017/1132 del Parlamento Europeo y del Consejo, sobre determinados aspectos del Derecho de sociedades (Directiva sobre reestructuración e insolvencia). (BOE de 06-09-2022).

ART. 667. Protección frente a acciones rescisorias.

1. En caso de concurso posterior, si los créditos afectados por un plan de reestructuración anterior que hubiera sido homologado representasen al menos el cincuenta y uno por ciento del pasivo total, no serán rescindibles, salvo prueba de que se realizaron en fraude de acreedores:

1.º Los actos u operaciones razonables y necesarios inmediatamente para el éxito de la negociación con los acreedores, siempre que se hubieran identificado expresamente como tales en el propio plan.

2.º La financiación interina y la nueva financiación, incluida la concedida por personas especialmente relacionadas, de conformidad con lo previsto en el artículo siguiente.

3.º Los actos, operaciones o negocios que sean razonables e inmediatamente necesarios para la ejecución del plan.

2. Las operaciones mencionadas en el ordinal 1.º del apartado anterior incluirán como mínimo las siguientes:

1.º El pago de tasas y costes en relación con la negociación, la adopción o la confirmación de un plan de reestructuración;

2.º El pago de honorarios y costes de asesoramiento profesional en estrecha relación con la reestructuración;

3.º El pago de los salarios de los trabajadores por trabajos ya realizados;

4.º Cualquier otro pago y desembolso efectuados en el curso ordinario de la actividad empresarial o profesional del deudor.

3. En caso de concurso posterior, si los créditos afectados por un plan de reestructuración anterior que hubiera sido homologado representasen una proporción inferior a la prevista en el apartado 1, la financiación interina, la nueva financiación y los actos, operaciones o negocios mencionados en ese apartado serán rescindibles conforme a lo establecido en el libro primero de esta ley, sin que sean de aplicación las presunciones relativas de perjuicio para la masa activa.

Modificado por Ley 16/2022, de 5 de septiembre, de reforma del texto refundido de la Ley Concursal, aprobado por el Real Decreto Legislativo 1/2020, de 5 de mayo, para la transposición de la Directiva (UE) 2019/1023 del Parlamento Europeo y del Consejo, de 20 de junio de 2019, sobre marcos de reestructuración preventiva, exoneración de deudas e inhabilitaciones, y sobre medidas para aumentar la eficiencia de los procedimientos de reestructuración, insolvencia y exoneración de deudas, y por la que se modifica la Directiva (UE) 2017/1132 del Parlamento Europeo y del Consejo, sobre determinados aspectos del Derecho de sociedades (Directiva sobre reestructuración e insolvencia). (BOE de 06-09-2022).

ART. 668. Financiación de personas especialmente relacionadas con el deudor.

1. En caso de concurso posterior, cuando la financiación interina o la nueva financiación hubieran sido concedidas por personas especialmente relacionadas con el deudor, solo gozarán de la protección prevista en el apartado 1 del artículo anterior si los créditos afectados, excluidos los créditos de que fueran titulares esas personas, representen más del sesenta por ciento del pasivo total.

2. Si no concurriese esa mayoría, la financiación interina o la nueva financiación otorgadas por personas especialmente relacionadas con el deudor quedarán sometidas a las normas sobre acciones concursales de rescisión contenidas en el libro primero de esta ley.

Modificado por Ley 16/2022, de 5 de septiembre, de reforma del texto refundido de la Ley Concursal, aprobado por el Real Decreto Legislativo 1/2020, de 5 de mayo, para la transposición de la Directiva (UE) 2019/1023 del Parlamento Europeo y del Consejo, de 20 de junio de 2019, sobre marcos de reestructuración preventiva, exoneración de deudas e inhabilitaciones, y sobre medidas para aumentar la eficiencia de los procedimientos de reestructuración, insolvencia y exoneración de deudas, y por la que se modifica la Directiva (UE) 2017/1132 del Parlamento Europeo y del Consejo, sobre determinados aspectos del Derecho de sociedades (Directiva sobre reestructuración e insolvencia). (BOE de 06-09-2022).

ART. 669. Control judicial.

En el trámite de homologación, el juez verificará que concurren los requisitos y las mayorías previstas en los artículos anteriores y que la nueva financiación no perjudica injustamente los intereses de los acreedores.

Modificado por Ley 16/2022, de 5 de septiembre, de reforma del texto refundido de la Ley Concursal, aprobado por el Real Decreto Legislativo 1/2020, de 5 de mayo, para la transposición de la Directiva (UE) 2019/1023 del Parlamento Europeo y del Consejo, de 20 de junio de 2019, sobre marcos de reestructuración preventiva, exoneración de deudas e inhabilitaciones, y sobre medidas para aumentar la eficiencia de los procedimientos de reestructuración, insolvencia y exoneración de deudas, y por la que se modifica la Directiva (UE) 2017/1132 del Parlamento Europeo y del Consejo, sobre determinados aspectos del Derecho de sociedades (Directiva sobre reestructuración e insolvencia). (BOE de 06-09-2022).

ART. 670. Motivos de impugnación u oposición de efecto limitado.

1. Además de los motivos establecidos en el capítulo anterior, cualquier acreedor afectado que no hubiera votado a favor del plan de reestructuración podrá impugnar u oponerse a la homologación del plan por cualquiera de los siguientes:

1.º Que no concurren las mayorías necesarias para proteger la financiación interina o la nueva financiación.

2.º Que la financiación interina, la nueva financiación o los actos, negocios y operaciones previstos para la ejecución del plan no cumplen los requisitos legales.

3.º Que la financiación interina, la nueva financiación o los actos, negocios y operaciones previstos para la ejecución del plan perjudican injustamente los intereses de los acreedores.

2. Cualquier acreedor no afectado por el plan de reestructuración podrá impugnar u oponerse a la homologación por los motivos a que se refiere el apartado anterior y, además, por el motivo de que el plan no resulte necesario para evitar el concurso y asegurar la viabilidad de la empresa en el corto y medio plazo.

3. En los casos a que se refieren los dos apartados anteriores, la estimación de la impugnación o de la oposición tendrá como único efecto que, en caso de concurso de acreedores, la financiación interina, la nueva financiación y los actos, operaciones o negocios realizados en ejecución del plan quedarán sometidos a las normas sobre acciones concursales de rescisión contenidas en el libro primero y los créditos correspondientes serán clasificados conforme a lo establecido en ese libro.

Modificado por Ley 16/2022, de 5 de septiembre, de reforma del texto refundido de la Ley Concursal, aprobado por el Real Decreto Legislativo 1/2020, de 5 de mayo, para la transposición de la Directiva (UE) 2019/1023 del Parlamento Europeo y del Consejo, de 20 de junio de 2019, sobre marcos de reestructuración preventiva, exoneración de deudas e inhabilitaciones, y sobre medidas para aumentar la eficiencia de los procedimientos de reestructuración, insolvencia y exoneración de deudas, y por la que se modifica la Directiva (UE) 2017/1132 del Parlamento Europeo y del Consejo, sobre determinados aspectos del Derecho de sociedades (Directiva sobre reestructuración e insolvencia). (BOE de 06-09-2022).

CAPÍTULO VII
Del incumplimiento de los planes de reestructuración

Modificado y reordenado por Ley 16/2022, de 5 de septiembre, de reforma del texto refundido de la Ley Concursal, aprobado por el Real Decreto Legislativo 1/2020, de 5 de mayo, para la transposición de la Directiva (UE) 2019/1023 del Parlamento Europeo y del Consejo, de 20 de junio de 2019, sobre marcos de reestructuración preventiva, exoneración de deudas e inhabilitaciones, y sobre medidas para aumentar la eficiencia de los procedimientos de reestructuración, insolvencia y exoneración de deudas, y por la que se modifica la Directiva (UE) 2017/1132 del Parlamento Europeo y del Consejo, sobre determinados aspectos del Derecho de sociedades (Directiva sobre reestructuración e insolvencia). (BOE de 06-09-2022).

ART. 671. Incumplimiento del plan de reestructuración.

1. Una vez homologado, no se podrá pedir la resolución del plan de reestructuración por incumplimiento, ni la desaparición de los efectos extintivos o novatorios de los créditos afectados, salvo que el propio plan previese otra cosa.

No obstante, los acreedores de derecho público afectados por el plan de reestructuración podrán, en todo caso, instar la resolución de dicho plan en cuanto a los créditos de derecho público, en caso de incumplimiento. El plan de reestructuración se entenderá incumplido tanto por el impago de cualquiera de los plazos de amortización de la deuda por créditos de derecho público en las condiciones previstas en el artículo 616 bis, como por la generación de deuda por cuota corriente tributaria y de seguridad social durante la vigencia del mismo.

2. Si el incumplimiento del plan tuviera como causa la insolvencia, cualquier persona legitimada podrá solicitar la declaración de concurso.

Modificado por Ley 16/2022, de 5 de septiembre, de reforma del texto refundido de la Ley Concursal, aprobado por el Real Decreto Legislativo 1/2020, de 5 de mayo, para la transposición de la Directiva (UE) 2019/1023 del Parlamento Europeo y del Consejo, de 20 de junio de 2019, sobre marcos de reestructuración preventiva, exoneración de deudas e inhabilitaciones, y sobre medidas para aumentar la eficiencia de los procedimientos de reestructuración, insolvencia y exoneración de deudas, y por la que se modifica la Directiva (UE) 2017/1132 del Parlamento Europeo y del Consejo, sobre determinados aspectos del Derecho de sociedades (Directiva sobre reestructuración e insolvencia). (BOE de 06-09-2022).

TÍTULO IV
Del experto en la reestructuración

Modificado y reordenado por Ley 16/2022, de 5 de septiembre, de reforma del texto refundido de la Ley Concursal, aprobado por el Real Decreto Legislativo 1/2020, de 5 de mayo, para la transposición de la Directiva (UE) 2019/1023 del Parlamento Europeo y del Consejo, de 20 de junio de 2019, sobre marcos de reestructuración preventiva, exoneración de deudas e inhabilitaciones, y sobre medidas para aumentar la eficiencia de los procedimientos de reestructuración, insolvencia y exoneración de deudas, y por la que se modifica la Directiva (UE) 2017/1132 del Parlamento Europeo y del Consejo, sobre determinados aspectos del Derecho de sociedades (Directiva sobre reestructuración e insolvencia). (BOE de 06-09-2022).

CAPÍTULO I
Del nombramiento del experto

Modificado y reordenado por Ley 16/2022, de 5 de septiembre, de reforma del texto refundido de la Ley Concursal, aprobado por el Real Decreto Legislativo 1/2020, de 5 de mayo, para la transposición de la Directiva (UE) 2019/1023 del Parlamento Europeo y del Consejo, de 20 de junio de 2019, sobre marcos de reestructuración preventiva, exoneración de deudas e inhabilitaciones, y sobre medidas para aumentar la eficiencia de los procedimientos de reestructuración, insolvencia y exoneración de deudas, y por la que se modifica la Directiva (UE) 2017/1132 del Parlamento Europeo y del Consejo, sobre determinados aspectos del Derecho de sociedades (Directiva sobre reestructuración e insolvencia). (BOE de 06-09-2022).

ART. 672. Nombramiento obligatorio de experto.

1. El nombramiento de experto en la reestructuración solo procederá en los siguientes casos:

1.º Cuando lo solicite el deudor.

2.º Cuando lo soliciten acreedores que representen más del cincuenta por ciento del pasivo que, en el momento de la solicitud, pudiera quedar afectado por el plan de reestructuración. En la solicitud, los acreedores, o algunos de ellos, deberán asumir expresamente la obligación de satisfacer la retribución del experto. La asunción de la obligación de pago quedará sin efecto si en el plan de reestructuración homologado por el juez se previera expresamente que la retribución del experto fuera a cargo del deudor.

3.º Cuando, solicitada por el deudor la suspensión general de ejecuciones singulares o la prórroga de esa suspensión, el juez considerase, y así lo razonara, que el nombramiento es necesario para salvaguardar el interés de los posibles afectados por la suspensión.

4.º Cuando el deudor o cualquier legitimado solicite la homologación judicial de un plan de reestructuración cuyos efectos se extiendan a una clase de acreedores o a los socios que no hubieran votado a favor del plan.

2. A la solicitud de nombramiento de experto deberá acompañarse:

1.º Un escrito razonando que el experto reúne las condiciones establecidas en esta ley para el ejercicio del cargo.

2.º La aceptación de su nombramiento por el experto para el caso de ser designado, así como la aceptación del importe y los plazos de devengo de la retribución que se hubiese pactado.

3.º Copia de la póliza de seguro de responsabilidad civil o garantía equivalente que tuviera vigente para responder de posibles daños que el experto pudiera causar en el ejercicio de las funciones propias del cargo.

3. El nombramiento del experto se realizará por el juez mediante auto, que dictará a la mayor brevedad posible y, en todo caso, dentro del plazo de dos días a contar desde la solicitud. La designación del experto y su identidad se harán constar en el Registro público concursal.

4. En el caso de comunicación conjunta o de planes conjuntos de reestructuración, se podrá designar el mismo experto para todos los deudores afectados.

Modificado por Ley 16/2022, de 5 de septiembre, de reforma del texto refundido de la Ley Concursal, aprobado por el Real Decreto Legislativo 1/2020, de 5 de mayo, para la transposición de la Directiva (UE) 2019/1023 del Parlamento Europeo y del Consejo, de 20 de junio de 2019, sobre marcos de reestructuración preventiva, exoneración de deudas e inhabilitaciones, y sobre medidas para aumentar la eficiencia de los procedimientos de reestructuración, insolvencia y exoneración de deudas, y por la que se modifica la Directiva (UE) 2017/1132 del Parlamento Europeo y del Consejo, sobre determinados aspectos del Derecho de sociedades (Directiva sobre reestructuración e insolvencia). (BOE de 06-09-2022).

ART. 673. Supuesto especial de nombramiento de experto.

1. Si no hubiera sido nombrado experto en la reestructuración, los acreedores que representen, al menos, el treinta y cinco por ciento del pasivo que, en el momento de la solicitud, pudiera quedar afectado por el plan de reestructuración, podrán solicitar al juez el nombramiento de uno determinado, razonando en la solicitud las circunstancias concurrentes en el caso para que sea necesario ese nombramiento.

2. En la solicitud, que deberá acompañarse de los documentos referidos en el artículo anterior, los acreedores solicitantes o algunos de ellos deberán asumir expresamente la obligación de satisfacer la retribución del experto. La asunción de la obligación de pago quedará sin efecto si en el plan de reestructuración homologado por el juez se previera expresamente que la retribución del experto fuera a cargo del deudor.

3. El juez dará traslado al deudor de la solicitud de los acreedores por plazo de dos días, quien podrá oponerse al nombramiento razonando que no es necesario o que no reúne las condiciones para el ejercicio del cargo. Igualmente, podrán solicitar el nombramiento de un experto distinto, en cuyo caso deberá asumir expresamente la obligación de satisfacer la retribución del que proponga.

4. El juez, mediante auto, determinará si, atendiendo a las circunstancias del caso, procede o no el nombramiento solicitado y, en caso afirmativo, procederá al nombramiento del experto propuesto por los acreedores.

Modificado por Ley 16/2022, de 5 de septiembre, de reforma del texto refundido de la Ley Concursal, aprobado por el Real Decreto Legislativo 1/2020, de 5 de mayo, para la transposición de la Directiva (UE) 2019/1023 del Parlamento Europeo y del Consejo, de 20 de junio de 2019, sobre marcos de reestructuración preventiva, exoneración de deudas e inhabilitaciones, y sobre medidas para aumentar la eficiencia de los procedimientos de reestructuración, insolvencia y exoneración de deudas, y por la que se modifica la Directiva (UE) 2017/1132 del Parlamento Europeo y del Consejo, sobre determinados aspectos del Derecho de sociedades (Directiva sobre reestructuración e insolvencia). (BOE de 06-09-2022).

ART. 674. Condiciones subjetivas.

El nombramiento de experto deberá recaer en la persona natural o jurídica, española o extranjera, que tenga los conocimientos especializados, jurídicos, financieros y empresariales, así como experiencia en materia de reestructuraciones o que acredite cumplir los requisitos para ser administrador concursal conforme a esta ley. Cuando la reestructuración que se pretende conseguir tuviera particularidades, bien por el sector en el que opera el deudor, bien por las dimensiones o la complejidad del activo o del pasivo, bien por la existencia de elementos transfronterizos, estas particularidades deberán ser tenidas en cuenta para el nombramiento del experto.

Modificado por Ley 16/2022, de 5 de septiembre, de reforma del texto refundido de la Ley Concursal, aprobado por el Real Decreto Legislativo 1/2020, de 5 de mayo, para la transposición de la Directiva (UE) 2019/1023 del Parlamento Europeo y del Consejo, de 20 de junio de 2019, sobre marcos de reestructuración preventiva, exoneración de deudas e inhabilitaciones, y sobre medidas para aumentar la eficiencia de los procedimientos de reestructuración, insolvencia y exoneración de deudas, y por la que se modifica la Directiva (UE) 2017/1132 del Parlamento Europeo y del Consejo, sobre determinados aspectos del Derecho de sociedades (Directiva sobre reestructuración e insolvencia). (BOE de 06-09-2022).

ART. 675. Incompatibilidades y prohibiciones.

No podrán ser propuestos ni nombrados expertos en la reestructuración y, en caso de ser nombrados, no podrán aceptar las siguientes personas:

1.º Quienes hayan prestado servicios profesionales relacionados con la reestructuración al deudor o a personas especialmente relacionadas con esta en los últimos dos años, salvo que se prestaran como consecuencia de haber sido nombrado experto en una reestructuración previa.

2.º Quienes se encuentren en alguna de las situaciones de incompatibilidad previstas en la legislación en materia de auditoría de cuentas en relación con el deudor o las personas especialmente relacionadas con este.

Modificado por Ley 16/2022, de 5 de septiembre, de reforma del texto refundido de la Ley Concursal, aprobado por el Real Decreto Legislativo 1/2020, de 5 de mayo, para la transposición de la Directiva (UE) 2019/1023 del Parlamento Europeo y del Consejo, de 20 de junio de 2019, sobre marcos de reestructuración preventiva, exoneración de deudas e inhabilitaciones, y sobre medidas para aumentar la eficiencia de los procedimientos de reestructuración, insolvencia y exoneración de deudas, y por la que se modifica la Directiva (UE) 2017/1132 del Parlamento Europeo y del Consejo, sobre determinados aspectos del Derecho de sociedades (Directiva sobre reestructuración e insolvencia). (BOE de 06-09-2022).

ART. 676. Nombramiento del experto por el juez.

1. El nombramiento de experto deberá ser realizado por el juez y recaerá en la persona que, reuniendo las condiciones establecidas en esta ley, hubieran propuesto el deudor o los acreedores que hubieran formulado la solicitud.

2. Si el juez considerase, y así lo razonara, que el propuesto no reúne las condiciones establecidas en esta ley para el ejercicio de las funciones propias del cargo, solicitará a quien lo hubiera propuesto que, en el plazo de dos días, presente terna de posibles expertos de entre los que efectuará el nombramiento, siempre que reúnan esas condiciones.

3. En los casos en los que el nombramiento recaiga en alguno de los que figuren en la terna, el nombramiento del experto será comunicado por el juzgado al designado por el medio más rápido. Dentro de los dos días siguientes a la recepción de la comunicación, el experto deberá comparecer ante el juzgado para aceptar o rechazar el cargo, con copia del documento en el que conste la retribución pactada y de la póliza de seguro de responsabilidad civil o garantía equivalente que tuviere vigente para responder de posibles daños que pudiera causar en el ejercicio de las funciones propias del cargo. La aceptación es voluntaria. Si el nombrado no aceptara o no compareciera, el juez procederá de inmediato a nuevo nombramiento, sin que esta circunstancia tenga consecuencia alguna para el experto inicialmente designado.

Modificado por Ley 16/2022, de 5 de septiembre, de reforma del texto refundido de la Ley Concursal, aprobado por el Real Decreto Legislativo 1/2020, de 5 de mayo, para la transposición de la Directiva (UE) 2019/1023 del Parlamento Europeo y del Consejo, de 20 de junio de 2019, sobre marcos de reestructuración preventiva, exoneración de deudas e inhabilitaciones, y sobre medidas para aumentar la eficiencia de los procedimientos de reestructuración, insolvencia y exoneración de deudas, y por la que se modifica la Directiva (UE) 2017/1132 del Parlamento Europeo y del Consejo, sobre determinados aspectos del Derecho de sociedades (Directiva sobre reestructuración e insolvencia). (BOE de 06-09-2022).

ART. 677. Impugnación del nombramiento.

1. El nombramiento como experto de quien no reúna las condiciones establecidas en esta ley, incurra en alguna incompatibilidad o prohibición, o de quien no tenga cobertura o garantía adecuada podrá ser impugnado en cualquier momento por quien acredite interés legítimo.

2. La impugnación se tramitará por los cauces del incidente concursal.

Modificado por Ley 16/2022, de 5 de septiembre, de reforma del texto refundido de la Ley Concursal, aprobado por el Real Decreto Legislativo 1/2020, de 5 de mayo, para la transposición de la Directiva (UE) 2019/1023 del Parlamento Europeo y del Consejo, de 20 de junio de 2019, sobre marcos de reestructuración preventiva, exoneración de deudas e inhabilitaciones, y sobre medidas para aumentar la eficiencia de los procedimientos de reestructuración, insolvencia y exoneración de deudas, y por la que se modifica la Directiva (UE) 2017/1132 del Parlamento Europeo y del Consejo, sobre determinados aspectos del Derecho de sociedades (Directiva sobre reestructuración e insolvencia). (BOE de 06-09-2022).

ART. 678. Sustitución del experto.

1. Los acreedores que representen más del cincuenta por ciento del pasivo que, en el momento de la solicitud, pudiera quedar afectado por el plan de reestructuración podrán pedir al juez la sustitución del experto nombrado a solicitud del deudor o, en su caso, de una minoría de acreedores.

2. La solicitud deberá acompañarse de los documentos exigidos en este título y del compromiso expreso de los acreedores, o de algunos de ellos, de satisfacer la retribución del experto. La asunción de la obligación de pago quedará sin efecto si, en el plan de reestructuración homologado por el juez, se previera expresamente que la retribución del experto sustituto fuera a cargo del deudor.

3. El juez acordará la sustitución mediante auto, que podrá impugnarse por los motivos y por el cauce previsto en el artículo anterior.

Modificado por Ley 16/2022, de 5 de septiembre, de reforma del texto refundido de la Ley Concursal, aprobado por el Real Decreto Legislativo 1/2020, de 5 de mayo, para la transposición de la Directiva (UE) 2019/1023 del Parlamento Europeo y del Consejo, de 20 de junio de 2019, sobre marcos de reestructuración preventiva, exoneración de deudas e inhabilitaciones, y sobre medidas para aumentar la eficiencia de los procedimientos de reestructuración, insolvencia y exoneración de deudas, y por la que se modifica la Directiva (UE) 2017/1132 del Parlamento Europeo y del Consejo, sobre determinados aspectos del Derecho de sociedades (Directiva sobre reestructuración e insolvencia). (BOE de 06-09-2022).

CAPÍTULO II
Del estatuto del experto

Modificado y reordenado por Ley 16/2022, de 5 de septiembre, de reforma del texto refundido de la Ley Concursal, aprobado por el Real Decreto Legislativo 1/2020, de 5 de mayo, para la transposición de la Directiva (UE) 2019/1023 del Parlamento Europeo y del Consejo, de 20 de junio de 2019, sobre marcos de reestructuración preventiva, exoneración de deudas e inhabilitaciones, y sobre medidas para aumentar la eficiencia de los procedimientos de reestructuración, insolvencia y exoneración de deudas, y por la que se modifica la Directiva (UE) 2017/1132 del Parlamento Europeo y del Consejo, sobre determinados aspectos del Derecho de sociedades (Directiva sobre reestructuración e insolvencia). (BOE de 06-09-2022).

ART. 679. Funciones del experto.

El experto asistirá al deudor y a los acreedores en las negociaciones y en la elaboración del plan de reestructuración, y elaborará y presentará al juez los informes exigidos por esta ley y aquellos otros que el juez considere necesarios o convenientes.

Modificado por Ley 16/2022, de 5 de septiembre, de reforma del texto refundido de la Ley Concursal, aprobado por el Real Decreto Legislativo 1/2020, de 5 de mayo, para la transposición de la Directiva (UE) 2019/1023 del Parlamento Europeo y del Consejo, de 20 de junio de 2019, sobre marcos de reestructuración preventiva, exoneración de deudas e inhabilitaciones, y sobre medidas para aumentar la eficiencia de los procedimientos de reestructuración, insolvencia y exoneración de deudas, y por la que se modifica la Directiva (UE) 2017/1132 del Parlamento Europeo y del Consejo, sobre determinados aspectos del Derecho de sociedades (Directiva sobre reestructuración e insolvencia). (BOE de 06-09-2022).

ART. 680. Deberes de diligencia, independencia e imparcialidad.

El experto ejercerá las funciones propias del cargo con la diligencia propia de un profesional especializado en reestructuraciones y con independencia e imparcialidad tanto respecto del deudor como de los acreedores.

Modificado por Ley 16/2022, de 5 de septiembre, de reforma del texto refundido de la Ley Concursal, aprobado por el Real Decreto Legislativo 1/2020, de 5 de mayo, para la transposición de la Directiva (UE) 2019/1023 del Parlamento Europeo y del Consejo, de 20 de junio de 2019, sobre marcos de reestructuración preventiva, exoneración de deudas e inhabilitaciones, y sobre medidas para aumentar la eficiencia de los procedimientos de reestructuración, insolvencia y exoneración de deudas, y por la que se modifica la Directiva (UE) 2017/1132 del Parlamento Europeo y del Consejo, sobre determinados aspectos del Derecho de sociedades (Directiva sobre reestructuración e insolvencia). (BOE de 06-09-2022).

ART. 681. Responsabilidad civil del experto.

1. El experto responderá por los daños y perjuicios causados al deudor o a los acreedores por infracción de los deberes de diligencia, independencia e imparcialidad.

2. El experto deberá tener suscrito un seguro de responsabilidad civil o garantía equivalente proporcional a la naturaleza y alcance del riesgo cubierto por cuya virtud el asegurador o entidad de crédito se obligue dentro de los límites pactados, a cubrir el riesgo del nacimiento a cargo del propio experto asegurado de la obligación de indemnizar por los daños y perjuicios causados en el ejercicio de su función. Cuando el experto sea una persona jurídica recaerá sobre esta la exigencia de suscripción del seguro de responsabilidad civil o garantía equivalente.

3. La acción de responsabilidad se tramitará por los cauces del incidente concursal.

Modificado por Ley 16/2022, de 5 de septiembre, de reforma del texto refundido de la Ley Concursal, aprobado por el Real Decreto Legislativo 1/2020, de 5 de mayo, para la transposición de la Directiva (UE) 2019/1023 del Parlamento Europeo y del Consejo, de 20 de junio de 2019, sobre marcos de reestructuración preventiva, exoneración de deudas e inhabilitaciones, y sobre medidas para aumentar la eficiencia de los procedimientos de reestructuración, insolvencia y exoneración de deudas, y por la que se modifica la Directiva (UE) 2017/1132 del Parlamento Europeo y del Consejo, sobre determinados aspectos del Derecho de sociedades (Directiva sobre reestructuración e insolvencia). (BOE de 06-09-2022).

TÍTULO V
Régimen especial

Añadido por Ley 16/2022, de 5 de septiembre, de reforma del texto refundido de la Ley Concursal, aprobado por el Real Decreto Legislativo 1/2020, de 5 de mayo, para la transposición de la Directiva (UE) 2019/1023 del Parlamento Europeo y del Consejo, de 20 de junio de 2019, sobre marcos de reestructuración preventiva, exoneración de deudas e inhabilitaciones, y sobre medidas para aumentar la eficiencia de los procedimientos de reestructuración, insolvencia y exoneración de deudas, y por la que se modifica la Directiva (UE) 2017/1132 del Parlamento Europeo y del Consejo, sobre determinados aspectos del Derecho de sociedades (Directiva sobre reestructuración e insolvencia). (BOE de 06-09-2022).

ART. 682. Ámbito de aplicación.

1. Las reglas especiales establecidas en este título serán de aplicación a las personas naturales o jurídicas que lleven a cabo una actividad empresarial o profesional, siempre que, de acuerdo con el balance del ejercicio anterior al que se haga la comunicación o se presente la solicitud de homologación, reúnan las circunstancias siguientes:

1.ª Que el número medio de trabajadores empleados durante el ejercicio anterior no sea superior a cuarenta y nueve personas.

2.ª Que el volumen de negocios anual o balance general anual no supere los diez millones de euros.

2. No serán aplicables las especialidades previstas en este título cuando la sociedad pertenezca a un grupo obligado a consolidar.

3. Tampoco serán aplicables cuando el deudor tenga la condición de microempresa y deba quedar sujeto al procedimiento especial del libro tercero.

Modificado por Ley 16/2022, de 5 de septiembre, de reforma del texto refundido de la Ley Concursal, aprobado por el Real Decreto Legislativo 1/2020, de 5 de mayo, para la transposición de la Directiva (UE) 2019/1023 del Parlamento Europeo y del Consejo, de 20 de junio de 2019, sobre marcos de reestructuración preventiva, exoneración de deudas e inhabilitaciones, y sobre medidas para aumentar la eficiencia de los procedimientos de reestructuración, insolvencia y exoneración de deudas, y por la que se modifica la Directiva (UE) 2017/1132 del Parlamento Europeo y del Consejo, sobre determinados aspectos del Derecho de sociedades (Directiva sobre reestructuración e insolvencia). (BOE de 06-09-2022).

ART. 683. Especialidades en materia de comunicación.

1. En la comunicación de la existencia de negociaciones con sus acreedores, o la intención de iniciarlas de inmediato, para alcanzar un plan de reestructuración, deberá especificar el deudor que concurren las circunstancias a que se refiere el artículo anterior. Si se acreditara que. a pesar de concurrir, no se hubiera especificado en la comunicación, quedará esta sin efecto y la persona natural o jurídica que la hubiera realizado no podrá efectuar otra nueva hasta que transcurra un año de la anterior.

2. Efectuada la comunicación, la tramitación de solicitud de declaración de concurso presentada por el deudor no se podrá suspender a instancia de los acreedores, ni del experto en la reestructuración.

3. Los efectos de la comunicación de apertura de negociaciones a solicitud del deudor solo podrán prorrogarse por una sola vez. El deudor será el único legitimado para solicitar la prórroga de los efectos de la comunicación de apertura de negociaciones.

Modificado por Ley 16/2022, de 5 de septiembre, de reforma del texto refundido de la Ley Concursal, aprobado por el Real Decreto Legislativo 1/2020, de 5 de mayo, para la transposición de la Directiva (UE) 2019/1023 del Parlamento Europeo y del Consejo, de 20 de junio de 2019, sobre marcos de reestructuración preventiva, exoneración de deudas e inhabilitaciones, y sobre medidas para aumentar la eficiencia de los procedimientos de reestructuración, insolvencia y exoneración de deudas, y por la que se modifica la Directiva (UE) 2017/1132 del Parlamento Europeo y del Consejo, sobre determinados aspectos del Derecho de sociedades (Directiva sobre reestructuración e insolvencia). (BOE de 06-09-2022).

ART. 684. Especialidades en materia de plan de reestructuración.

1. El plan de reestructuración se podrá presentar en el modelo oficial, que estará disponible por medios electrónicos en la sede judicial electrónica, en las notarías u oficinas del registro mercantil y estará adaptado a las necesidades de las pequeñas empresas y se facilitará, además de en castellano, en las demás lenguas oficiales del Estado para, en su caso, su uso en las respectivas Comunidades Autónomas de acuerdo con sus Estatutos. Incluirá directrices prácticas sobre la manera de redactar el plan de reestructuración de conformidad con la normativa. El instrumento público que se formalice tendrá la consideración de documento sin cuantía a los efectos de determinación de los honorarios del notario que lo autorice. Los folios de la matriz y de las primeras copias que se expidan no devengarán cantidad alguna.

2. La homologación del plan de reestructuración solo podrá solicitarse si el deudor y, en su caso, los socios de la sociedad deudora lo hubieran aprobado.

3. La confirmación facultativa de las clases de acreedores solo podrá ser solicitada por el deudor.

4. Aunque no haya sido aprobado por todas las clases de acreedores, el plan de reestructuración podrá ser homologado si la clase o clases de acreedores que no lo hayan aprobado reciben un trato más favorable que cualquier otra clase de rango inferior.

Modificado por Ley 16/2022, de 5 de septiembre, de reforma del texto refundido de la Ley Concursal, aprobado por el Real Decreto Legislativo 1/2020, de 5 de mayo, para la transposición de la Directiva (UE) 2019/1023 del Parlamento Europeo y del Consejo, de 20 de junio de 2019, sobre marcos de reestructuración preventiva, exoneración de deudas e inhabilitaciones, y sobre medidas para aumentar la eficiencia de los procedimientos de reestructuración, insolvencia y exoneración de deudas, y por la que se modifica la Directiva (UE) 2017/1132 del Parlamento Europeo y del Consejo, sobre determinados aspectos del Derecho de sociedades (Directiva sobre reestructuración e insolvencia). (BOE de 06-09-2022).

LIBRO TERCERO
Procedimiento especial para microempresas

Añadido por Ley 16/2022, de 5 de septiembre, de reforma del texto refundido de la Ley Concursal, aprobado por el Real Decreto Legislativo 1/2020, de 5 de mayo, para la transposición de la Directiva (UE) 2019/1023 del Parlamento Europeo y del Consejo, de 20 de junio de 2019, sobre marcos de reestructuración preventiva, exoneración de deudas e inhabilitaciones, y sobre medidas para aumentar la eficiencia de los procedimientos de reestructuración, insolvencia y exoneración de deudas, y por la que se modifica la Directiva (UE) 2017/1132 del Parlamento Europeo y del Consejo, sobre determinados aspectos del Derecho de sociedades (Directiva sobre reestructuración e insolvencia). (BOE de 06-09-2022). En vigor desde el 01/01/2023

TÍTULO I
Reglas comunes

Añadido por Ley 16/2022, de 5 de septiembre, de reforma del texto refundido de la Ley Concursal, aprobado por el Real Decreto Legislativo 1/2020, de 5 de mayo, para la transposición de la Directiva (UE) 2019/1023 del Parlamento Europeo y del Consejo, de 20 de junio de 2019, sobre marcos de reestructuración preventiva, exoneración de deudas e inhabilitaciones, y sobre medidas para aumentar la eficiencia de los procedimientos de reestructuración, insolvencia y exoneración de deudas, y por la que se modifica la Directiva (UE) 2017/1132 del Parlamento Europeo y del Consejo, sobre determinados aspectos del Derecho de sociedades (Directiva sobre reestructuración e insolvencia). (BOE de 06-09-2022). En vigor desde el 01/01/2023

CAPÍTULO I
Disposiciones generales

Añadido por Ley 16/2022, de 5 de septiembre, de reforma del texto refundido de la Ley Concursal, aprobado por el Real Decreto Legislativo 1/2020, de 5 de mayo, para la transposición de la Directiva (UE) 2019/1023 del Parlamento Europeo y del Consejo, de 20 de junio de 2019, sobre marcos de reestructuración preventiva, exoneración de deudas e inhabilitaciones, y sobre medidas para aumentar la eficiencia de los procedimientos de reestructuración, insolvencia y exoneración de deudas, y por la que se modifica la Directiva (UE) 2017/1132 del Parlamento Europeo y del Consejo, sobre determinados aspectos del Derecho de sociedades (Directiva sobre reestructuración e insolvencia). (BOE de 06-09-2022). En vigor desde el 01/01/2023

ART. 685. Ámbito del procedimiento especial.

1. El procedimiento especial para microempresas será aplicable a los deudores que sean personas naturales o jurídicas que lleven a cabo una actividad empresarial o profesional y que reúnan las siguientes características:

1.ª Haber empleado durante el año anterior a la solicitud una media de menos de diez trabajadores. Este requisito se entenderá cumplido cuando el número de horas de trabajo realizadas por el conjunto de la plantilla sea igual o inferior al que habría correspondido a menos de diez trabajadores a tiempo completo.

2.ª Tener un volumen de negocio anual inferior a setecientos mil euros o un pasivo inferior a trescientos cincuenta mil euros según las últimas cuentas cerradas en el ejercicio anterior a la presentación de la solicitud.

2. Si la entidad formase parte de un grupo, los criterios fijados en el apartado anterior se computarán en base consolidada.

3. El procedimiento especial afectará a la totalidad de los bienes y derechos integrados en el patrimonio del deudor en la fecha de apertura del procedimiento especial y los que se reintegren en el mismo o adquiera durante el procedimiento, con excepción, en su caso, de los bienes y derechos legalmente inembargables. Si el deudor estuviera casado, serán de aplicación los artículos relativos al régimen económico matrimonial del capítulo I del título IV del libro primero.

4. El procedimiento afectará a todos los acreedores del deudor, con independencia del origen y naturaleza de la deuda.

5. El procedimiento especial para microempresas podrá tramitarse como procedimiento de continuación o como procedimiento de liquidación con o sin transmisión de la empresa en funcionamiento.

Modificado por Ley 16/2022, de 5 de septiembre, de reforma del texto refundido de la Ley Concursal, aprobado por el Real Decreto Legislativo 1/2020, de 5 de mayo, para la transposición de la Directiva (UE) 2019/1023 del Parlamento Europeo y del Consejo, de 20 de junio de 2019, sobre marcos de reestructuración preventiva, exoneración de deudas e inhabilitaciones, y sobre medidas para aumentar la eficiencia de los procedimientos de reestructuración, insolvencia y exoneración de deudas, y por la que se modifica la Directiva (UE) 2017/1132 del Parlamento Europeo y del Consejo, sobre determinados aspectos del Derecho de sociedades (Directiva sobre reestructuración e insolvencia). (BOE de 06-09-2022). En vigor desde el 01/01/2023

ART. 686. Presupuesto objetivo del procedimiento especial.

1. El procedimiento especial será aplicable a aquellas microempresas que se encuentren en probabilidad de insolvencia, en estado de insolvencia inminente o en insolvencia actual.

2. El deudor tendrá el deber legal de solicitar la apertura del procedimiento especial dentro de los dos meses siguientes a la fecha en que hubiere conocido o debido conocer el estado de insolvencia actual. Salvo prueba en contrario, se presumirá que el deudor ha conocido que se encuentra en estado de insolvencia actual cuando hubiera acaecido alguno de los hechos que pueden servir de fundamento a una solicitud de cualquier otro legitimado.

3. El procedimiento especial de liquidación sin transmisión de la empresa en funcionamiento regulado en este libro requerirá la existencia de insolvencia actual o inminente, si lo solicita el deudor, o actual, si lo solicitan legitimados distintos del deudor.

4. Si al menos el ochenta y cinco por ciento de los créditos correspondiesen a acreedores públicos, el procedimiento especial solo podrá tramitarse como procedimiento de liquidación.

Modificado por Ley 16/2022, de 5 de septiembre, de reforma del texto refundido de la Ley Concursal, aprobado por el Real Decreto Legislativo 1/2020, de 5 de mayo, para la transposición de la Directiva (UE) 2019/1023 del Parlamento Europeo y del Consejo, de 20 de junio de 2019, sobre marcos de reestructuración preventiva, exoneración de deudas e inhabilitaciones, y sobre medidas para aumentar la eficiencia de los procedimientos de reestructuración, insolvencia y exoneración de deudas, y por la que se modifica la Directiva (UE) 2017/1132 del Parlamento Europeo y del Consejo, sobre determinados aspectos del Derecho de sociedades (Directiva sobre reestructuración e insolvencia). (BOE de 06-09-2022). En vigor desde el 01/01/2023

ART. 687. Forma de celebración y notificación de los actos procesales.

1. Las comparecencias, declaraciones, vistas y, en general, todos los actos procesales del procedimiento especial se realizarán mediante presencia telemática.

2. Los actos de comunicación se practicarán por medios electrónicos con la cumplimentación de los formularios normalizados que en su caso exija la ley.

3. Como regla general, y salvo que se establezca expresamente lo contrario en este libro, el juez podrá dictar resolución al finalizar la vista de manera oral.

Tratándose de resoluciones distintas de sentencia, se documentarán con expresión del fallo y motivación sucinta de aquellas resoluciones.

Tratándose de sentencias, el juez al pronunciarlas oralmente hará expresión de las pretensiones de las partes, las pruebas propuestas y practicadas y, en su caso, de los hechos probados a resultas de las mismas, haciendo constar las razones y fundamentos legales del fallo que haya de dictarse, con expresión concreta de las normas jurídicas aplicables al caso. El fallo se ajustará a las previsiones de la regla 4.ª del artículo 209 de la Ley 1/2000, de 7 de enero, de Enjuiciamiento Civil.

La sentencia se documentará en un soporte audiovisual apto para la grabación y reproducción de la imagen y del sonido, sin perjuicio de la ulterior redacción por el juez del encabezamiento, la mera referencia a la motivación pronunciada oralmente dándose por reproducida y el fallo íntegro. Cuando la sentencia pueda ser recurrida, se dará traslado a las partes personadas de copia de la grabación original, en la notificación de la resolución, junto con el testimonio del texto redactado sucintamente, o bien se les dará acceso electrónico a la grabación original.

4. Contra los autos y sentencias dictadas en el procedimiento especial no cabrá recurso alguno, salvo que se establezca lo contrario en este libro tercero. Contra los decretos del letrado de la Administración de Justicia podrá interponerse recurso directo de revisión.

5. En aquellos casos en los que se permita recurso, el plazo para recurrir comenzará a contar desde que se notificase a la parte la resolución dictada mediante el traslado de copia de la grabación original o el acceso electrónico a la misma, junto con el testimonio del texto redactado referido en el apartado 3. El recurso no tendrá efectos suspensivos, sin perjuicio de la facultad del juez de acordar la suspensión de actuaciones que puedan ser afectadas por su resolución conforme a lo previsto en la legislación procesal civil.

6. La participación del deudor en el procedimiento especial requerirá asistencia letrada y representación procesal mediante procurador.

7. Los datos correspondientes a los formularios normalizados del libro tercero destinados a la Agencia Estatal de Administración Tributaria y a la Tesorería General de la Seguridad Social se deben trasladar de forma síncrona a través de servicios de interconexión e intercambio de datos desde la Administración de Justicia a la sede electrónica de dichos organismos.

Modificado por Ley 16/2022, de 5 de septiembre, de reforma del texto refundido de la Ley Concursal, aprobado por el Real Decreto Legislativo 1/2020, de 5 de mayo, para la transposición de la Directiva (UE) 2019/1023 del Parlamento Europeo y del Consejo, de 20 de junio de 2019, sobre marcos de reestructuración preventiva, exoneración de deudas e inhabilitaciones, y sobre medidas para aumentar la eficiencia de los procedimientos de reestructuración, insolvencia y exoneración de deudas, y por la que se modifica la Directiva (UE) 2017/1132 del Parlamento Europeo y del Consejo, sobre determinados aspectos del Derecho de sociedades (Directiva sobre reestructuración e insolvencia). (BOE de 06-09-2022). En vigor desde el 01/01/2023

ART. 688. Presentación de información o documentación gravemente inexacta o falsa.

1. El procedimiento especial se calificará como culpable, en todo caso, cuando el deudor hubiera cometido inexactitud grave en cualquiera de los formularios normalizados remitidos o en los documentos acompañados a los mismos presentados durante la tramitación del procedimiento especial, o hubiera acompañado o presentado documentos falsos.

2. Si el juez, las partes o, en su caso, la administración concursal, apreciaran la posible existencia de un hecho que ofrezca apariencia de delito no perseguible únicamente a instancia de persona agraviada, se acordará poner a disposición del Ministerio Fiscal el expediente judicial electrónico, por si hubiere lugar al ejercicio de la acción penal.

Se entenderá que se incurre en inexactitud grave cuando el importe total de un ejercicio, del pasivo o el del activo o el de los ingresos o el de los gastos fuese realmente superior o inferior al veinte por ciento del consignado en el formulario, siempre que suponga un importe de al menos 10.000 euros.

Modificado por Ley 16/2022, de 5 de septiembre, de reforma del texto refundido de la Ley Concursal, aprobado por el Real Decreto Legislativo 1/2020, de 5 de mayo, para la transposición de la Directiva (UE) 2019/1023 del Parlamento Europeo y del Consejo, de 20 de junio de 2019, sobre marcos de reestructuración preventiva, exoneración de deudas e inhabilitaciones, y sobre medidas para aumentar la eficiencia de los procedimientos de reestructuración, insolvencia y exoneración de deudas, y por la que se modifica la Directiva (UE) 2017/1132 del Parlamento Europeo y del Consejo, sobre determinados aspectos del Derecho de sociedades (Directiva sobre reestructuración e insolvencia). (BOE de 06-09-2022). En vigor desde el 01/01/2023

ART. 689. Regulación supletoria.

1. Se aplicará supletoriamente al procedimiento especial para microempresas lo establecido en los libros primero y segundo, con las adaptaciones que resulten precisas para acomodar los principios que presiden este procedimiento especial y las reglas que integran este libro tercero.

2. A efectos del nombramiento del administrador concursal, los procedimientos especiales para microempresas se integrarán en la clase de concursos que les corresponda de acuerdo con lo dispuesto en el libro primero, efectuándose el nombramiento, en defecto de acuerdo entre los acreedores o el deudor, conforme a lo dispuesto para dicha clase. La retribución del administrador concursal también se regirá por lo dispuesto en el libro primero.

(NOTA: El apartado 2 del artículo 689 entrará en vigor cuando se apruebe el reglamento a que se refiere la disposición transitoria segunda de la Ley 17/2014, de 30 de septiembre, por la que se adoptan medidas urgentes en materia de refinanciación y reestructuración de deuda empresarial; mientras tanto, se aplicará el régimen transitorio establecido en la Ley 16/2022, de 5 de septiembre).

Modificado por Ley 16/2022, de 5 de septiembre, de reforma del texto refundido de la Ley Concursal, aprobado por el Real Decreto Legislativo 1/2020, de 5 de mayo, para la transposición de la Directiva (UE) 2019/1023 del Parlamento Europeo y del Consejo, de 20 de junio de 2019, sobre marcos de reestructuración preventiva, exoneración de deudas e inhabilitaciones, y sobre medidas para aumentar la eficiencia de los procedimientos de reestructuración, insolvencia y exoneración de deudas, y por la que se modifica la Directiva (UE) 2017/1132 del Parlamento Europeo y del Consejo, sobre determinados aspectos del Derecho de sociedades (Directiva sobre reestructuración e insolvencia). (BOE de 06-09-2022). En vigor desde el 01/01/2023

CAPÍTULO II
Negociación y apertura del procedimiento especial

Añadido por Ley 16/2022, de 5 de septiembre, de reforma del texto refundido de la Ley Concursal, aprobado por el Real Decreto Legislativo 1/2020, de 5 de mayo, para la transposición de la Directiva (UE) 2019/1023 del Parlamento Europeo y del Consejo, de 20 de junio de 2019, sobre marcos de reestructuración preventiva, exoneración de deudas e inhabilitaciones, y sobre medidas para aumentar la eficiencia de los procedimientos de reestructuración, insolvencia y exoneración de deudas, y por la que se modifica la Directiva (UE) 2017/1132 del Parlamento Europeo y del Consejo, sobre determinados aspectos del Derecho de sociedades (Directiva sobre reestructuración e insolvencia). (BOE de 06-09-2022). En vigor desde el 01/01/2023

ART. 690. Comunicación de la apertura de negociaciones para microempresas.

1. Cualquier microempresa podrá comunicar al juzgado competente para la declaración de concurso la apertura de negociaciones con los acreedores con la finalidad de acordar un plan de continuación o una liquidación con transmisión de empresa en funcionamiento en el marco de un procedimiento especial, siempre que se encuentre en probabilidad de insolvencia, insolvencia inminente o insolvencia actual.

2. La comunicación será por medios electrónicos mediante formulario normalizado.

3. Será de aplicación el régimen jurídico regulado en el libro segundo, título II, capítulos I y II, con las siguientes especialidades:

1.ª Las referencias al concurso de acreedores se entenderán hechas al procedimiento especial de este libro tercero.

2.ª No será preceptivo el nombramiento de experto en el periodo de negociaciones abierto a solicitud del deudor.

3.ª Los efectos de la comunicación de apertura de negociaciones no podrán prorrogarse.

4. La suspensión de ejecuciones no podrá afectar en ningún caso a los acreedores públicos.

Si la ejecución recayera sobre bienes o derechos necesarios para la continuidad de la actividad empresarial o profesional del deudor, una vez iniciado el procedimiento de ejecución, se podrá suspender exclusivamente en la fase de realización o enajenación por el juez que esté conociendo del mismo. Cuando la ejecución sea extrajudicial, la suspensión la podrá ordenar el juez ante el que se haya presentado la comunicación, exclusivamente en la fase de realización o enajenación. En ambos casos, la suspensión, en su caso, acordada, decaerá perdiendo toda su eficacia una vez transcurridos tres meses desde el día de la comunicación, quedando sin efectos la suspensión, sin que sea preciso dictar resolución judicial alguna o, en su caso, acto alguno por el letrado de la Administración de Justicia.

5. Durante el periodo de negociaciones y hasta que transcurran tres meses desde la fecha de la comunicación no se admitirán a trámite las solicitudes de procedimiento especial presentadas por otros legitimados distintos del deudor. Las presentadas antes de la comunicación que no hubieran sido admitidas a trámite quedarán en suspenso.

6. Las solicitudes suspendidas y las que se presenten una vez transcurridos los tres meses del periodo de negociaciones se proveerán dentro de los cinco días hábiles siguientes a la expiración del plazo sin que el deudor hubiera solicitado la apertura del procedimiento especial.

7. Transcurridos los tres meses del periodo de negociaciones, el deudor que se encuentre en situación de insolvencia actual deberá solicitar la apertura del procedimiento especial dentro de los cinco días hábiles siguientes.

8. Mientras estén en vigor los efectos de la comunicación, quedará en suspenso el deber legal de acordar la disolución por existir pérdidas que dejen reducido el patrimonio neto a una cantidad inferior a la mitad del capital social.

Modificado por Ley 16/2022, de 5 de septiembre, de reforma del texto refundido de la Ley Concursal, aprobado por el Real Decreto Legislativo 1/2020, de 5 de mayo, para la transposición de la Directiva (UE) 2019/1023 del Parlamento Europeo y del Consejo, de 20 de junio de 2019, sobre marcos de reestructuración preventiva, exoneración de deudas e inhabilitaciones, y sobre medidas para aumentar la eficiencia de los procedimientos de reestructuración, insolvencia y exoneración de deudas, y por la que se modifica la Directiva (UE) 2017/1132 del Parlamento Europeo y del Consejo, sobre determinados aspectos del Derecho de sociedades (Directiva sobre reestructuración e insolvencia). (BOE de 06-09-2022). En vigor desde el 01/01/2023

ART. 691. Solicitud de apertura del procedimiento especial por el deudor.

1. El deudor, que deberá comparecer asistido por abogado, cuando se encuentre en probabilidad de insolvencia, insolvencia inminente o insolvencia actual, podrá solicitar la apertura del procedimiento especial mediante la presentación del formulario normalizado.

2. El formulario normalizado se presentará y tramitará electrónicamente bien a través de la sede judicial electrónica, bien en las notarías u oficinas del registro mercantil o cámaras de comercio que hayan asumido tales funciones. En aquellos casos en los que el deudor no disponga de los medios tecnológicos necesarios para acceder a la sede judicial electrónica, las notarías, las oficinas del registro mercantil o las cámaras de comercio que hayan asumido tal función podrán prestar el servicio que resulte necesario, el cual tendrá carácter gratuito, a los efectos de facilitar la presentación electrónica del formulario.

Las personas especialmente habilitadas deberán comprobar la identidad del solicitante y, en su caso, la representación que ostenten.

3. Para su válida tramitación, el formulario normalizado que presente el deudor deberá estar íntegramente cumplimentado, e incluirá, en todo caso, los siguientes extremos:

1.º Identificación del deudor, incluida la localización de su domicilio, de su centro principal de intereses y de cualquier otro establecimiento.

2.º Breve memoria explicativa que justifique la solicitud, que incluya una descripción de la situación económica, de la situación de los trabajadores, y una descripción de las causas y del alcance de las dificultades financieras, incluyendo el tipo de insolvencia en que el deudor alega encontrarse.

3.º Si el deudor fuera persona casada, indicará en la memoria la identidad del cónyuge, con expresión del régimen económico del matrimonio.

4.º Elección del procedimiento de continuación o del procedimiento de liquidación, y, en este último supuesto, si se prevé la transmisión de la empresa en funcionamiento.

5.º Elección de alguno de los módulos regulados en el capítulo IV del título II o en el capítulo II del título III de este libro tercero.

6.º El activo, con valoración de cada partida, y el pasivo, con identificación individualizada de cada acreedor, de la cuantía de cada crédito, de su naturaleza concursal y de si está o no vencido, incluyéndose de manera separada los créditos litigiosos.

7.º Enumeración y detalles de los contratos pendientes de ejecución.

8.º Enumeración de posibles contingencias susceptibles de afectar al valor de la empresa.

9.º Si el deudor fuera empleador, el número de trabajadores con expresión del centro de trabajo al que estuvieran afectados, y la identidad de los integrantes del órgano de representación de los mismos si los hubiera, con expresión de la dirección electrónica de cada uno de ellos.

4. En caso de deudor persona jurídica, la competencia para solicitar la apertura del procedimiento especial corresponderá al órgano de administración.

5. El deudor deberá solicitar la apertura de este procedimiento especial en el plazo de un mes, una vez transcurridos los tres meses de incumplimiento en el pago a que se refiere

el artículo 2.4.5.°. Esta solicitud se realizará por formulario normalizado y se presentará y tramitará electrónicamente bien a través de la sede judicial electrónica, bien en las notarías u oficinas del registro mercantil.

De no solicitarse el procedimiento en el plazo anterior, las quitas y esperas que resulten de la aprobación del plan de continuación no afectarán a los créditos tributarios y de seguridad social.

Modificado por Ley 16/2022, de 5 de septiembre, de reforma del texto refundido de la Ley Concursal, aprobado por el Real Decreto Legislativo 1/2020, de 5 de mayo, para la transposición de la Directiva (UE) 2019/1023 del Parlamento Europeo y del Consejo, de 20 de junio de 2019, sobre marcos de reestructuración preventiva, exoneración de deudas e inhabilitaciones, y sobre medidas para aumentar la eficiencia de los procedimientos de reestructuración, insolvencia y exoneración de deudas, y por la que se modifica la Directiva (UE) 2017/1132 del Parlamento Europeo y del Consejo, sobre determinados aspectos del Derecho de sociedades (Directiva sobre reestructuración e insolvencia). (BOE de 06-09-2022). En vigor desde el 01/01/2023

ART. 691 bis. Comunicación del plan de continuación a la Agencia Estatal de Administración Tributaria y a la Tesorería General de la Seguridad Social.

1. El deudor comunicará en el plazo de setenta y dos horas a la Tesorería General de la Seguridad Social y a la Agencia Estatal de Administración Tributaria la presentación de solicitud de apertura de procedimiento especial de continuación sobre el que conste su condición de acreedora.

2. La comunicación se efectuará a través del medio habilitado al efecto por la Tesorería General de la Seguridad Social y por la Agencia Estatal de Administración Tributaria y, en todo caso, se acompañará de un documento de reconocimiento de deuda actualizado a la fecha.

3. El incumplimiento de la obligación de comunicación por el deudor a la Tesorería General de la Seguridad Social y a la Agencia Estatal de Administración Tributaria, en el plazo y el medio establecido, excluirá a los créditos de seguridad social y de la Agencia Tributaria de las quitas y esperas que resulten de la aprobación del plan de continuación.

Añadido por Ley 16/2022, de 5 de septiembre, de reforma del texto refundido de la Ley Concursal, aprobado por el Real Decreto Legislativo 1/2020, de 5 de mayo, para la transposición de la Directiva (UE) 2019/1023 del Parlamento Europeo y del Consejo, de 20 de junio de 2019, sobre marcos de reestructuración preventiva, exoneración de deudas e inhabilitaciones, y sobre medidas para aumentar la eficiencia de los procedimientos de reestructuración, insolvencia y exoneración de deudas, y por la que se modifica la Directiva (UE) 2017/1132 del Parlamento Europeo y del Consejo, sobre determinados aspectos del Derecho de sociedades (Directiva sobre reestructuración e insolvencia). (BOE de 06-09-2022). En vigor desde el 01/01/2023

ART. 691 ter. Solicitud de apertura de un procedimiento especial por acreedores u otros legitimados.

1. Los acreedores o los socios personalmente responsables de las deudas del deudor que se encuentre en estado de insolvencia actual podrán solicitar la apertura del procedimiento especial mediante la presentación del formulario normalizado en los términos establecidos en el artículo 691.

2. Para su válida tramitación, el formulario normalizado que presente el acreedor o el socio personalmente responsable de las deudas del deudor deberá estar íntegramente cumplimentado, incluyendo, en todo caso, los siguientes extremos:

1.° Identificación completa del solicitante y del deudor cuyo procedimiento especial se solicita, debiendo incluirse preceptivamente una dirección de correo electrónico a efectos de la práctica de comunicaciones durante la tramitación del procedimiento.

2.° Breve memoria explicativa que justifique la solicitud, que incluya, en su caso, una descripción del crédito que ostente frente al deudor, y una justificación explicativa de la situación de insolvencia actual con alegación del hecho o hechos externos reveladores de acuerdo con el libro primero.

3.° Elección de un procedimiento de continuación o de un procedimiento de liquidación.

4.° Elección de alguno de los módulos regulados en el capítulo IV del título II o en el capítulo II del título III de este libro tercero.

3. El solicitante deberá entregar por medios electrónicos los documentos justificativos necesarios. Deberá asimismo estar en disposición de entregar las copias autenticadas u

originales de los documentos, en caso de ser requerido al efecto, en los cinco días hábiles siguientes al requerimiento.

Añadido por Ley 16/2022, de 5 de septiembre, de reforma del texto refundido de la Ley Concursal, aprobado por el Real Decreto Legislativo 1/2020, de 5 de mayo, para la transposición de la Directiva (UE) 2019/1023 del Parlamento Europeo y del Consejo, de 20 de junio de 2019, sobre marcos de reestructuración preventiva, exoneración de deudas e inhabilitaciones, y sobre medidas para aumentar la eficiencia de los procedimientos de reestructuración, insolvencia y exoneración de deudas, y por la que se modifica la Directiva (UE) 2017/1132 del Parlamento Europeo y del Consejo, sobre determinados aspectos del Derecho de sociedades (Directiva sobre reestructuración e insolvencia). (BOE de 06-09-2022). En vigor desde el 01/01/2023

ART. 691 quater. Tramitación de la solicitud.

1. Será juez competente en el procedimiento especial el que correspondería en caso de concurso de acreedores. El juez tendrá igualmente competencia para conocer de cualquier incidente que se suscite en el procedimiento especial.

2. La solicitud será repartida y remitida a la oficina judicial que corresponda el mismo día de la presentación o el siguiente día hábil.

3. En el mismo día o, si no fuera posible, en el siguiente hábil al del reparto, el letrado de la Administración de Justicia examinará la solicitud y comprobará el cumplimiento de todos los requisitos legales. Cuando estime que la solicitud es completa, la tendrá por efectuada por decreto con efectos desde la fecha de presentación.

4. Cuando la solicitud adoleciera de algún defecto, el letrado de la Administración de Justicia concederá al solicitante un plazo de tres días para su subsanación. Si el solicitante no procede a la subsanación requerida, el letrado de la Administración de Justicia dará cuenta al juez para que resuelva sobre la admisión. En caso contrario, una vez subsanado el defecto, el letrado de la Administración de Justicia tendrá la solicitud por efectuada de acuerdo con el apartado anterior.

Añadido por Ley 16/2022, de 5 de septiembre, de reforma del texto refundido de la Ley Concursal, aprobado por el Real Decreto Legislativo 1/2020, de 5 de mayo, para la transposición de la Directiva (UE) 2019/1023 del Parlamento Europeo y del Consejo, de 20 de junio de 2019, sobre marcos de reestructuración preventiva, exoneración de deudas e inhabilitaciones, y sobre medidas para aumentar la eficiencia de los procedimientos de reestructuración, insolvencia y exoneración de deudas, y por la que se modifica la Directiva (UE) 2017/1132 del Parlamento Europeo y del Consejo, sobre determinados aspectos del Derecho de sociedades (Directiva sobre reestructuración e insolvencia). (BOE de 06-09-2022). En vigor desde el 01/01/2023

ART. 691 quinquies. Especialidad en caso de solicitud por un acreedor.

1. Si la solicitud ha sido presentada por un acreedor, o por el socio personalmente responsable de las deudas de la microempresa, el letrado de la Administración de Justicia notificará la solicitud al deudor en los términos de la Ley 1/2000, de 7 de enero, de Enjuiciamiento Civil para que el deudor, en el plazo de cinco días hábiles desde la notificación, realice una de las siguientes actuaciones:

1.º Acepte la solicitud y presente el formulario normalizado de apertura del procedimiento especial, acompañando la documentación necesaria. La falta de actuación por el deudor debidamente notificado se entenderá como aceptación de la solicitud.

2.º Cuando la solicitud del acreedor o del socio personalmente responsable sea de apertura del procedimiento especial de continuación, rechace tal posibilidad y solicite la apertura del procedimiento especial de liquidación. Esta solicitud del deudor abrirá de manera automática el procedimiento especial de liquidación siempre que haya sido debidamente presentada y concurran los requisitos legales.

3.º Cuando la solicitud del acreedor o del socio personalmente responsable sea de apertura de un procedimiento especial de liquidación, rechace tal posibilidad y solicite la apertura del procedimiento especial de continuación. Esta solicitud del deudor abrirá de manera automática el procedimiento especial de continuación siempre que haya sido debidamente presentada y concurran los requisitos legales.

4.º En caso de no encontrarse en situación de insolvencia actual, se oponga a la apertura del procedimiento especial presentando el formulario normalizado, y alegando y probando la solvencia actual. En este supuesto, el deudor podrá solicitar una ampliación de plazo por otros cinco días hábiles.

La oposición del deudor podrá fundarse en la falta de legitimación del solicitante, la inexistencia del hecho externo revelador del estado de insolvencia en que se fundamente la solicitud o que no se encontraba o ya no se encuentra en estado de insolvencia actual. No podrá formular oposición el deudor por esta causa si la solicitud presentada por el acreedor se fundara en la existencia de un título por el cual se hubiera despachado ejecución o apremio sin que del embargo hubieran resultado bienes libres conocidos bastantes para el pago; o en la existencia de embargos por ejecuciones pendientes que afecten de una manera general al patrimonio del deudor; o en la falta de pago de obligaciones tributarias exigibles durante los tres meses anteriores a la solicitud de apertura del procedimiento especial de liquidación, de pago de cuotas de la seguridad social y demás conceptos de reclamación conjunta durante el mismo periodo o de pago de salarios e indemnizaciones derivadas de las relaciones de trabajo correspondientes a las tres últimas mensualidades.

2. En el plazo de tres días hábiles, el letrado de la Administración de Justicia examinará la solicitud del deudor y, una vez comprobado que dicha solicitud o, en su caso, la oposición, se han presentado en tiempo y forma, las tendrá por presentadas. Si la solicitud o la oposición no cumplen con los requisitos formales, el letrado de la Administración de Justicia lo notificará al solicitante, que tendrá un plazo de tres días hábiles para modificar la solicitud. En caso de oposición, el juez podrá convocar al deudor y al acreedor que ha instado el procedimiento a una vista, que se celebrará dentro de los cinco días siguientes, y resolverá al final de la misma o dentro del plazo máximo de tres días hábiles. Si no considera necesaria la celebración de la vista, la resolución deberá dictarse dentro de los diez días siguientes a la presentación de la solicitud.

Añadido por Ley 16/2022, de 5 de septiembre, de reforma del texto refundido de la Ley Concursal, aprobado por el Real Decreto Legislativo 1/2020, de 5 de mayo, para la transposición de la Directiva (UE) 2019/1023 del Parlamento Europeo y del Consejo, de 20 de junio de 2019, sobre marcos de reestructuración preventiva, exoneración de deudas e inhabilitaciones, y sobre medidas para aumentar la eficiencia de los procedimientos de reestructuración, insolvencia y exoneración de deudas, y por el que se modifica la Directiva (UE) 2017/1132 del Parlamento Europeo y del Consejo, sobre determinados aspectos del Derecho de sociedades (Directiva sobre reestructuración e insolvencia). (BOE de 06-09-2022). En vigor desde el 01/01/2023

ART. 692. Resolución de apertura del procedimiento especial.

1. La apertura del procedimiento especial se realizará mediante auto dentro de los dos días hábiles siguientes a la admisión a trámite de la solicitud, o, en caso de oposición del deudor, en el auto que la resuelva en los términos previstos en el artículo anterior. El auto de apertura incluirá la identificación del deudor, el tipo de procedimiento especial, y, en su caso, mención de los distintos módulos seleccionados por el solicitante, de acuerdo con lo previsto en el capítulo IV del título II o en el capítulo II del título III de este libro. Además, deberá especificar si, conforme a la documentación e información facilitada en el formulario, el procedimiento especial se declara sobre la base de probabilidad de insolvencia, insolvencia inminente o insolvencia actual.

2. En el auto, el juez indicará el fundamento de su competencia judicial internacional, indicando si es un procedimiento principal o territorial.

3. El deudor o cualquier acreedor podrá impugnar la resolución de apertura por falta de competencia judicial internacional o territorial mediante declinatoria en el plazo de diez días a contar desde la publicación en el Registro público concursal de la resolución de apertura del procedimiento especial.

4. El letrado de la Administración de Justicia notificará el auto al deudor y, en su caso, al acreedor solicitante, y lo remitirá al Registro público concursal.

Modificado por Ley 16/2022, de 5 de septiembre, de reforma del texto refundido de la Ley Concursal, aprobado por el Real Decreto Legislativo 1/2020, de 5 de mayo, para la transposición de la Directiva (UE) 2019/1023 del Parlamento Europeo y del Consejo, de 20 de junio de 2019, sobre marcos de reestructuración preventiva, exoneración de deudas e inhabilitaciones, y sobre medidas para aumentar la eficiencia de los procedimientos de reestructuración, insolvencia y exoneración de deudas, y por el que se modifica la Directiva (UE) 2017/1132 del Parlamento Europeo y del Consejo, sobre determinados aspectos del Derecho de sociedades (Directiva sobre reestructuración e insolvencia). (BOE de 06-09-2022).

ART. 692 bis. Notificación a las partes y publicidad registral.

1. El deudor dirigirá comunicación electrónica de apertura del procedimiento especial a los acreedores incluidos en su solicitud de cuya dirección electrónica tenga constancia,

permitiéndoles el acceso a toda la documentación presentada en el juzgado. En caso de que el deudor sea persona casada, la comunicación se hará también al cónyuge.

Cuando el procedimiento especial hubiese sido declarado a solicitud de un acreedor o de un socio personalmente responsable, el deudor dirigirá a los acreedores la comunicación a que se refiere este apartado.

2. Cada comunicación se dirigirá simultáneamente al letrado de la Administración de Justicia.

3. La apertura del procedimiento especial será publicada en el Registro público concursal. En caso de apertura a solicitud de los acreedores, la publicación en el Registro público concursal surtirá los efectos de notificación respecto del deudor y demás acreedores de cuya dirección electrónica no se tenga constancia.

4. La apertura del procedimiento especial será inscrita en los registros de personas y bienes conforme a las reglas del libro primero.

Añadido por Ley 16/2022, de 5 de septiembre, de reforma del texto refundido de la Ley Concursal, aprobado por el Real Decreto Legislativo 1/2020, de 5 de mayo, para la transposición de la Directiva (UE) 2019/1023 del Parlamento Europeo y del Consejo, de 20 de junio de 2019, sobre marcos de reestructuración preventiva, exoneración de deudas e inhabilitaciones, y sobre medidas para aumentar la eficiencia de los procedimientos de reestructuración, insolvencia y exoneración de deudas, y por la que se modifica la Directiva (UE) 2017/1132 del Parlamento Europeo y del Consejo, sobre determinados aspectos del Derecho de sociedades (Directiva sobre reestructuración e insolvencia). (BOE de 06-09-2022).

ART. 693. Elección y conversión del procedimiento especial.

1. Tanto el deudor como los acreedores solicitantes podrán optar entre un procedimiento especial de liquidación o uno de continuación.

2. Los acreedores cuyos créditos representen más de la mitad del pasivo podrán, en cualquier momento, solicitar la conversión del procedimiento de continuación en uno de liquidación sin necesidad de justificación adicional, siempre que el deudor se encuentre en insolvencia actual.

3. Los acreedores cuyos créditos representen un veinticinco por ciento del pasivo podrán, en cualquier momento, solicitar la conversión de un procedimiento de continuación en uno de liquidación cuando, objetivamente, no exista la posibilidad de continuación de la actividad en el corto y medio plazo.

4. Los acreedores, en la cuantía prevista en los apartados 2 y 3, realizarán la solicitud por medio del formulario normalizado. Recibida la solicitud y comprobada la cuantía del pasivo en virtud de la documentación disponible, el letrado de la Administración de Justicia notificará la solicitud al deudor y al resto de los acreedores. En el plazo de tres días hábiles desde la notificación, el deudor y los acreedores podrán oponerse a la conversión alegando, exclusivamente, la insuficiencia de la cuantía del pasivo instante de la conversión, en el caso del apartado 2, y la insuficiencia del pasivo o la posibilidad objetiva de continuación, en el del apartado 3, adjuntando en todo caso la documentación que consideren oportuna. En ambos casos, el deudor podrá oponerse alegando que no se encuentra en estado de insolvencia actual.

5. El juez resolverá mediante auto sobre la conversión del procedimiento transcurridos los tres días sin que se haya producido oposición. Cuando el deudor o los acreedores se hayan opuesto, el juez, excepcionalmente, podrá convocar a las partes a una vista, que habrá de celebrarse dentro de los cinco días hábiles siguientes a la recepción de la oposición. Si se convoca la vista, el juez resolverá en el acto de la vista o en los tres días hábiles siguientes. Si no considera necesaria la vista, el juez resolverá dentro de los cinco días hábiles siguientes a la recepción de la oposición.

6. El juez rechazará la conversión si no se han alcanzado las mayorías requeridas del pasivo o, en el caso del supuesto regulado en el apartado 3, si se acredita objetivamente la posibilidad de continuación de la actividad a corto y medio plazo, y, en ambos casos, cuando quede acreditado que el deudor no se encuentra en estado de insolvencia actual.

7. La apertura del procedimiento especial de liquidación se realizará mediante auto.

Modificado por Ley 16/2022, de 5 de septiembre, de reforma del texto refundido de la Ley Concursal, aprobado por el Real Decreto Legislativo 1/2020, de 5 de mayo, para la transposición de la Directiva (UE) 2019/1023 del Parlamento Europeo y del Consejo, de 20 de junio de 2019, sobre marcos de reestructuración preventiva, exoneración de deudas e inhabilitaciones, y sobre medidas para aumentar la eficiencia de los procedimientos de reestructuración, insolvencia y exoneración de deudas, y por la que se modifica la Directiva (UE) 2017/1132 del Parlamento Europeo y del Consejo, sobre determinados aspectos del Derecho de sociedades (Directiva sobre reestructuración e insolvencia). (BOE de 06-09-2022). En vigor desde el 01/01/2023

Ver art. 697.2 LC.

CAPÍTULO III
Efectos de la apertura del procedimiento especial

Añadido por Ley 16/2022, de 5 de septiembre, de reforma del texto refundido de la Ley Concursal, aprobado por el Real Decreto Legislativo 1/2020, de 5 de mayo, para la transposición de la Directiva (UE) 2019/1023 del Parlamento Europeo y del Consejo, de 20 de junio de 2019, sobre marcos de reestructuración preventiva, exoneración de deudas e inhabilitaciones, y sobre medidas para aumentar la eficiencia de los procedimientos de reestructuración, insolvencia y exoneración de deudas, y por la que se modifica la Directiva (UE) 2017/1132 del Parlamento Europeo y del Consejo, sobre determinados aspectos del Derecho de sociedades (Directiva sobre reestructuración e insolvencia). (BOE de 06-09-2022). En vigor desde el 01/01/2023

ART. 694. Efectos generales de la apertura del procedimiento especial.

1. Desde la apertura del procedimiento especial hasta su conclusión, el deudor mantendrá las facultades de administración y disposición sobre su patrimonio, aunque solo podrá realizar aquellos actos de disposición que tengan por objeto la continuación de la actividad empresarial o profesional, siempre que se ajusten a las condiciones normales de mercado.

2. Las facultades de administración y disposición podrán ser sometidas a las limitaciones establecidas en el capítulo IV del título II o en el capítulo II del título III de este libro tercero.

3. Salvo supuesto de fraude, no podrán ser rescindidas las compensaciones de créditos producidas en el marco de un contrato de cuenta corriente o de financiación del circulante, en el marco de la actividad empresarial o profesional ordinaria, en los tres meses anteriores al comienzo del procedimiento especial.

4. La apertura del procedimiento especial supondrá la paralización de las ejecuciones judiciales o extrajudiciales sobre los bienes y derechos del deudor, con independencia de si la ejecución se había ya iniciado o no en el momento de la solicitud y de la condición del crédito o del acreedor, siendo de aplicación lo previsto en el capítulo II del título II del libro segundo, con las especialidades aquí previstas. La suspensión de las ejecuciones no afectará a los créditos con garantía real, sin perjuicio de que el deudor lo solicite de acuerdo con los supuestos que así lo permitan en este libro tercero. Tampoco se suspenderán las ejecuciones de los créditos que no se vean afectados por el plan de continuación. Así, en el supuesto de los créditos públicos, no se suspenderá la ejecución de los créditos que tengan la calificación de privilegiados de acuerdo con las reglas generales ni, en todo caso, de los porcentajes de las cuotas de la seguridad social cuyo abono corresponda a la empresa por contingencias comunes y contingencias profesionales ni a los porcentajes de la cuota del trabajador que se refieran a contingencias comunes o accidentes de trabajo y enfermedad profesional.

Modificado por Ley 16/2022, de 5 de septiembre, de reforma del texto refundido de la Ley Concursal, aprobado por el Real Decreto Legislativo 1/2020, de 5 de mayo, para la transposición de la Directiva (UE) 2019/1023 del Parlamento Europeo y del Consejo, de 20 de junio de 2019, sobre marcos de reestructuración preventiva, exoneración de deudas e inhabilitaciones, y sobre medidas para aumentar la eficiencia de los procedimientos de reestructuración, insolvencia y exoneración de deudas, y por la que se modifica la Directiva (UE) 2017/1132 del Parlamento Europeo y del Consejo, sobre determinados aspectos del Derecho de sociedades (Directiva sobre reestructuración e insolvencia). (BOE de 06-09-2022). En vigor desde el 01/01/2023

ART. 694 bis. Efectos de la apertura del procedimiento de continuación y del procedimiento de liquidación con transmisión de la empresa en funcionamiento.

1. En el procedimiento especial de continuación y en el procedimiento de liquidación con transmisión de la empresa en funcionamiento se aplicarán, con las especialidades establecidas en este libro, las reglas de la sección 1.ª del capítulo IV del título III del libro primero en relación con los efectos sobre los contratos pendientes de ejecución.

2. La apertura del procedimiento especial, por sí sola, no afectará a los contratos con obligaciones recíprocas pendientes de cumplimiento. En particular, se tendrán por no pues-

tas las cláusulas contractuales que prevean la suspensión, modificación, resolución o terminación anticipada del contrato por el mero motivo de:

1.º La presentación de la solicitud de apertura o su admisión a trámite.

2.º La solicitud de suspensión general o singular de acciones y procedimientos ejecutivos.

3.º Cualquier otra circunstancia análoga o directamente relacionada con las anteriores.

3. La apertura del procedimiento especial de continuación implicará la suspensión del deber legal de acordar la disolución por pérdidas cualificadas en tanto se tramita.

4. La apertura de la liquidación no afectará a los contratos pendientes de ejecución por ambas partes, ni serán válidas las cláusulas que permitan la resolución anticipada en caso de liquidación, en tanto exista la posibilidad de transmisión de la empresa en funcionamiento y no se haya producido un incumplimiento del contrato, posterior o anterior al inicio del procedimiento especial de liquidación.

Añadido por Ley 16/2022, de 5 de septiembre, de reforma del texto refundido de la Ley Concursal, aprobado por el Real Decreto Legislativo 1/2020, de 5 de mayo, para la transposición de la Directiva (UE) 2019/1023 del Parlamento Europeo y del Consejo, de 20 de junio de 2019, sobre marcos de reestructuración preventiva, exoneración de deudas e inhabilitaciones, y sobre medidas para aumentar la eficiencia de los procedimientos de reestructuración, insolvencia y exoneración de deudas, y por la que se modifica la Directiva (UE) 2017/1132 del Parlamento Europeo y del Consejo, sobre determinados aspectos del Derecho de sociedades (Directiva sobre reestructuración e insolvencia). (BOE de 06-09-2022). En vigor desde el 01/01/2023

ART. 694 ter. Efectos de la apertura del procedimiento de liquidación sin transmisión de la empresa en funcionamiento.

1. Se entenderá que el procedimiento de liquidación se realiza sin transmisión de la empresa en funcionamiento cuando así lo determine el deudor en la solicitud de apertura de la liquidación, cuando así se desprenda del contenido del plan de liquidación o cuando así lo determine el juez tras las alegaciones realizadas al plan de liquidación por los acreedores.

2. Desde el momento de la apertura de la liquidación, cuando así lo indique el deudor, se desprenda del plan de liquidación o lo determine el juez tras las alegaciones realizadas al plan de liquidación por los acreedores, se producirá el vencimiento anticipado de los créditos aplazados y la conversión en dinero de aquellos que consistan en otras prestaciones.

3. La apertura de la liquidación supone la disolución de la sociedad. En caso de sustitución de la deudora por un administrador concursal, los administradores y liquidadores podrán desarrollar las funciones de representación de la deudora necesarias para defender sus derechos en el seno del procedimiento especial de liquidación.

4. La apertura de la liquidación del deudor persona natural producirá los efectos específicos en relación con los alimentos y la disolución de la sociedad conyugal previstos en el libro primero.

Añadido por Ley 16/2022, de 5 de septiembre, de reforma del texto refundido de la Ley Concursal, aprobado por el Real Decreto Legislativo 1/2020, de 5 de mayo, para la transposición de la Directiva (UE) 2019/1023 del Parlamento Europeo y del Consejo, de 20 de junio de 2019, sobre marcos de reestructuración preventiva, exoneración de deudas e inhabilitaciones, y sobre medidas para aumentar la eficiencia de los procedimientos de reestructuración, insolvencia y exoneración de deudas, y por la que se modifica la Directiva (UE) 2017/1132 del Parlamento Europeo y del Consejo, sobre determinados aspectos del Derecho de sociedades (Directiva sobre reestructuración e insolvencia). (BOE de 06-09-2022). En vigor desde el 01/01/2023

CAPÍTULO IV
Acciones para incrementar el patrimonio a disposición de los acreedores

Añadido por Ley 16/2022, de 5 de septiembre, de reforma del texto refundido de la Ley Concursal, aprobado por el Real Decreto Legislativo 1/2020, de 5 de mayo, para la transposición de la Directiva (UE) 2019/1023 del Parlamento Europeo y del Consejo, de 20 de junio de 2019, sobre marcos de reestructuración preventiva, exoneración de deudas e inhabilitaciones, y sobre medidas para aumentar la eficiencia de los procedimientos de reestructuración, insolvencia y exoneración de deudas, y por la que se modifica la Directiva (UE) 2017/1132 del Parlamento Europeo y del Consejo, sobre determinados aspectos del Derecho de sociedades (Directiva sobre reestructuración e insolvencia). (BOE de 06-09-2022). En vigor desde el 01/01/2023

ART. 695. Acciones rescisorias.

1. Desde la comunicación de la apertura del procedimiento especial y durante los treinta días hábiles siguientes, los acreedores y los socios personalmente responsables de las

deudas del deudor podrán comunicar cualquier información que pueda resultar relevante a los efectos del posible ejercicio de acciones rescisorias contra actos realizados por el deudor, de acuerdo con las reglas de la sección 1.ª del capítulo IV del título IV del libro primero.

2. Los acreedores y los socios personalmente responsables de las deudas del deudor comunicarán la información mediante formulario normalizado.

3. Dentro de los cuarenta y cinco días siguientes a la comunicación de la apertura del procedimiento especial, los acreedores cuyos créditos representen al menos el veinte por ciento del pasivo total podrán solicitar el nombramiento de un experto en la reestructuración o un administrador concursal a los efectos del ejercicio de acciones rescisorias. Los acreedores que representen un porcentaje del pasivo mayor al que ha solicitado el nombramiento pueden oponerse al mismo, salvo que los solicitantes asuman íntegramente la retribución del experto en la reestructuración o del administrador concursal.

4. Si ya hubiera un experto en la reestructuración o un administrador concursal en el procedimiento especial, acreedores que representen al menos el diez por ciento del pasivo total podrán solicitar del mismo el ejercicio de la acción rescisoria. En caso de negativa del experto en la reestructuración o del administrador concursal, o en caso de falta de respuesta dentro de los quince días hábiles siguientes, los acreedores solicitantes tendrán legitimación subsidiaria para entablar la acción rescisoria. Los acreedores litigarán a su costa en interés del procedimiento especial, según el régimen jurídico previsto para la legitimación activa subsidiaria de acreedores en el libro primero.

5. Esta acción no suspenderá el normal desarrollo procesal del procedimiento especial.

6. La acción rescisoria solo podrá ser presentada en caso de insolvencia actual del deudor.

7. La acción rescisoria puede ser objeto de cesión a un tercero y, en caso de procedimiento especial de continuación, su ejercicio puede incluirse en el plan de continuación.

Modificado por Ley 16/2022, de 5 de septiembre, de reforma del texto refundido de la Ley Concursal, aprobado por el Real Decreto Legislativo 1/2020, de 5 de mayo, para la transposición de la Directiva (UE) 2019/1023 del Parlamento Europeo y del Consejo, de 20 de junio de 2019, sobre marcos de reestructuración preventiva, exoneración de deudas e inhabilitaciones, y sobre medidas para aumentar la eficiencia de los procedimientos de reestructuración, insolvencia y exoneración de deudas, y por la que se modifica la Directiva (UE) 2017/1132 del Parlamento Europeo y del Consejo, sobre determinados aspectos del Derecho de sociedades (Directiva sobre reestructuración e insolvencia). (BOE de 06-09-2022). En vigor desde el 01/01/2023

ART. 696. Acciones de responsabilidad.

Las reglas del artículo anterior se aplicarán para el ejercicio de las acciones de responsabilidad contra los administradores, liquidadores o auditores de la sociedad deudora cuando se dirijan a exigir responsabilidad civil.

Modificado por Ley 16/2022, de 5 de septiembre, de reforma del texto refundido de la Ley Concursal, aprobado por el Real Decreto Legislativo 1/2020, de 5 de mayo, para la transposición de la Directiva (UE) 2019/1023 del Parlamento Europeo y del Consejo, de 20 de junio de 2019, sobre marcos de reestructuración preventiva, exoneración de deudas e inhabilitaciones, y sobre medidas para aumentar la eficiencia de los procedimientos de reestructuración, insolvencia y exoneración de deudas, y por la que se modifica la Directiva (UE) 2017/1132 del Parlamento Europeo y del Consejo, sobre determinados aspectos del Derecho de sociedades (Directiva sobre reestructuración e insolvencia). (BOE de 06-09-2022). En vigor desde el 01/01/2023

TÍTULO II
Procedimiento de continuación

Añadido por Ley 16/2022, de 5 de septiembre, de reforma del texto refundido de la Ley Concursal, aprobado por el Real Decreto Legislativo 1/2020, de 5 de mayo, para la transposición de la Directiva (UE) 2019/1023 del Parlamento Europeo y del Consejo, de 20 de junio de 2019, sobre marcos de reestructuración preventiva, exoneración de deudas e inhabilitaciones, y sobre medidas para aumentar la eficiencia de los procedimientos de reestructuración, insolvencia y exoneración de deudas, y por la que se modifica la Directiva (UE) 2017/1132 del Parlamento Europeo y del Consejo, sobre determinados aspectos del Derecho de sociedades (Directiva sobre reestructuración e insolvencia). (BOE de 06-09-2022). En vigor desde el 01/01/2023

CAPÍTULO I
Tramitación del plan de continuación

Añadido por Ley 16/2022, de 5 de septiembre, de reforma del texto refundido de la Ley Concursal, aprobado por el Real Decreto Legislativo 1/2020, de 5 de mayo, para la transposición de la Directiva (UE) 2019/1023 del Parlamento Europeo y del Consejo, de 20 de junio de 2019, sobre marcos de reestructuración preventiva, exoneración de deudas e inhabilitaciones, y sobre medidas para aumentar la eficiencia de los procedimientos de reestructuración, insolvencia y exoneración de deudas, y por la que se modifica la Directiva (UE) 2017/1132 del Parlamento Europeo y del Consejo, sobre determinados aspectos del Derecho de sociedades (Directiva sobre reestructuración e insolvencia). (BOE de 06-09-2022). En vigor desde el 01/01/2023

ART. 697. Presentación del plan de continuación.

1. El plan de continuación podrá ser presentado por el deudor o por los acreedores con la solicitud de apertura del procedimiento especial o en los diez días hábiles siguientes a la declaración de apertura del procedimiento especial.

2. La falta de presentación del plan de continuación en el plazo señalado supone la automática conversión del procedimiento en uno de liquidación, salvo que el deudor no se encontrase en situación de insolvencia actual, en cuyo caso podrá plantear oposición conforme a lo dispuesto en los apartados 4 y 5 del artículo 693. La resolución del juez estimando la oposición del deudor supondrá la conclusión del procedimiento especial.

Modificado por Ley 16/2022, de 5 de septiembre, de reforma del texto refundido de la Ley Concursal, aprobado por el Real Decreto Legislativo 1/2020, de 5 de mayo, para la transposición de la Directiva (UE) 2019/1023 del Parlamento Europeo y del Consejo, de 20 de junio de 2019, sobre marcos de reestructuración preventiva, exoneración de deudas e inhabilitaciones, y sobre medidas para aumentar la eficiencia de los procedimientos de reestructuración, insolvencia y exoneración de deudas, y por la que se modifica la Directiva (UE) 2017/1132 del Parlamento Europeo y del Consejo, sobre determinados aspectos del Derecho de sociedades (Directiva sobre reestructuración e insolvencia). (BOE de 06-09-2022). En vigor desde el 01/01/2023

ART. 697 bis. Tramitación de la presentación del plan.

1. Recibida la propuesta de plan de continuación, el letrado de la Administración de Justicia comprobará el cumplimiento formal de los requisitos legales. Transcurridos tres días hábiles, si el letrado de la Administración de Justicia no advirtiese la existencia de defectos, la propuesta del plan de continuación se entenderá admitida a trámite.

Si el letrado de la Administración de Justicia apreciara la existencia de defectos en la propuesta, concederá un plazo de tres días hábiles para su subsanación. Transcurrido el plazo referido sin que se hubieran subsanado, el plan se tendrá por no presentado y el juez resolverá por auto la conversión de la liquidación salvo oposición del deudor que acredite que no se encuentra en estado de insolvencia actual.

2. Admitida a trámite la propuesta del plan de continuación, el deudor la comunicará electrónicamente a los acreedores en el plazo de tres días hábiles desde la notificación del letrado de la Administración de Justicia confirmando la correcta realización de la propuesta o desde que hayan transcurrido los tres días sin notificación alguna por el letrado de la Administración de Justicia. El letrado de la Administración de Justicia recibirá en copia cada comunicación realizada por el deudor a los acreedores.

3. La falta de comunicación o la comunicación extemporánea del deudor a los acreedores constituirá causa de conversión del procedimiento en uno de liquidación, que se declarará por el juez de oficio o a instancia del deudor o de los acreedores.

4. En caso de que se haya presentado más de una propuesta, se tramitará en primer lugar la presentada por el deudor y, entre las presentadas por los acreedores, se atenderá al orden temporal de presentación.

Añadido por Ley 16/2022, de 5 de septiembre, de reforma del texto refundido de la Ley Concursal, aprobado por el Real Decreto Legislativo 1/2020, de 5 de mayo, para la transposición de la Directiva (UE) 2019/1023 del Parlamento Europeo y del Consejo, de 20 de junio de 2019, sobre marcos de reestructuración preventiva, exoneración de deudas e inhabilitaciones, y sobre medidas para aumentar la eficiencia de los procedimientos de reestructuración, insolvencia y exoneración de deudas, y por la que se modifica la Directiva (UE) 2017/1132 del Parlamento Europeo y del Consejo, sobre determinados aspectos del Derecho de sociedades (Directiva sobre reestructuración e insolvencia). (BOE de 06-09-2022). En vigor desde el 01/01/2023

ART. 697 ter. Contenido del plan de continuación.

1. El plan de continuación deberá contener, al menos:

1.° La relación nominal y cuantía de los créditos afectados por el plan.

2.° Los efectos sobre los créditos, que podrán ser tanto quitas como esperas, una combinación de ambas, su conversión en préstamos participativos o su capitalización; si el plan va a afectar a los derechos de los socios, el valor nominal de sus acciones o participaciones sociales.

3.° La agrupación de cada uno de los créditos en clases, que se conformarán de acuerdo con su valor económico, reflejado por la graduación de los créditos en el concurso de acreedores, según el libro primero de esta ley.

4.° Un plan de pagos, que incluya con detalle las cuantías y los plazos durante toda la duración del plan de continuación.

5.° Los efectos sobre los contratos con obligaciones recíprocas pendientes de cumplimiento que, en su caso, vayan a quedar afectados por el plan.

6.° Una descripción justificada de los medios con los que propone cumplir con la propuesta, incluyendo las fuentes de financiación proyectadas.

7.° Las garantías con que cuente la ejecución del plan, cuando resulte aplicable.

8.° Una descripción justificada de las medidas de reestructuración operativa que prevé el plan, la duración, en su caso, de las medidas, y los flujos de caja estimados, que deberá estar relacionada con el plan de pagos.

9.° Una memoria que explique las condiciones necesarias para el éxito del plan de reestructuración y las razones por las que ofrece una perspectiva razonable de garantizar la viabilidad de la empresa en el medio plazo.

10.° Las medidas de información y consulta con los trabajadores que, de conformidad con la ley aplicable, se hayan adoptado o se vayan a adoptar.

2. Cuando el plan contuviera medidas de reestructuración operativa, éstas deberán llevarse a cabo de acuerdo con las normas que les sean aplicables. Las controversias que se susciten en relación con las mismas se sustanciarán ante la jurisdicción competente.

Añadido por Ley 16/2022, de 5 de septiembre, de reforma del texto refundido de la Ley Concursal, aprobado por el Real Decreto Legislativo 1/2020, de 5 de mayo, para la transposición de la Directiva (UE) 2019/1023 del Parlamento Europeo y del Consejo, de 20 de junio de 2019, sobre marcos de reestructuración preventiva, exoneración de deudas e inhabilitaciones, y sobre medidas para aumentar la eficiencia de los procedimientos de reestructuración, insolvencia y exoneración de deudas, y por la que se modifica la Directiva (UE) 2017/1132 del Parlamento Europeo y del Consejo, sobre determinados aspectos del Derecho de sociedades (Directiva sobre reestructuración e insolvencia). (BOE de 06-09-2022). En vigor desde el 01/01/2023

ART. 697 quater. Derechos de información y consulta de los representantes legales de las personas trabajadoras.

En los supuestos en los que el deudor sea empleador, los representantes legales de las personas trabajadoras tendrán derecho, cuando así lo prevea la legislación laboral, a ser informados y consultados sobre el contenido del plan de continuación con carácter previo a su aprobación u homologación, según corresponda conforme a dicha legislación.

Añadido por Ley 16/2022, de 5 de septiembre, de reforma del texto refundido de la Ley Concursal, aprobado por el Real Decreto Legislativo 1/2020, de 5 de mayo, para la transposición de la Directiva (UE) 2019/1023 del Parlamento Europeo y del Consejo, de 20 de junio de 2019, sobre marcos de reestructura-

ción preventiva, exoneración de deudas e inhabilitaciones, y sobre medidas para aumentar la eficiencia de los procedimientos de reestructuración, insolvencia y exoneración de deudas, y por la que se modifica la Directiva (UE) 2017/1132 del Parlamento Europeo y del Consejo, sobre determinados aspectos del Derecho de sociedades (Directiva sobre reestructuración e insolvencia). (BOE de 06-09-2022). En vigor desde el 01/01/2023

ART. 697 quinquies. Alegaciones y votación del plan de continuación.

1. El procedimiento de aprobación, alegaciones y votación se realizará por escrito.

2. Una vez presentado el plan y comunicado su contenido, los acreedores, en caso de propuesta presentada por el deudor, o este último y el resto de los acreedores, en caso de propuesta presentada por los acreedores o por un socio personalmente responsable de las deudas de la sociedad, o el experto en la reestructuración en ambos casos, dispondrán de un plazo de quince días hábiles para realizar alegaciones, aportando la documentación justificativa que consideren oportuno. En el caso del experto en la reestructuración, el plazo se computará desde su nombramiento.

3. Las alegaciones podrán tener por objeto cualquier parte del contenido del plan de continuación, incluidas las referidas a la cuantía, características y naturaleza de los créditos afectados por el plan, según se determinan en la lista de créditos incluida por el deudor en su solicitud o en un momento posterior, tras la apertura del procedimiento a petición de un acreedor o de un socio personalmente responsable de las deudas de la sociedad.

4. La no presentación de alegaciones por parte de un acreedor en relación con la cuantía, características y naturaleza de su crédito, o con la clase a que ha sido asignado, se entenderá como aceptación tácita e impedirá la impugnación posterior.

5. Cualquier persona que tenga un crédito contra el deudor y que no se encuentre en la lista de acreedores incluida en o tras la solicitud de apertura del procedimiento especial, o en la propuesta de plan de continuación, podrá solicitar la inclusión del mismo dentro de los veinte días hábiles siguientes a la apertura del procedimiento especial de continuación. Para ello deberá presentar electrónicamente el correspondiente formulario normalizado.

6. Transcurrido el plazo habilitado al efecto, se abrirá el periodo de votación en relación con los créditos sobre los que no se hayan presentado alegaciones, que durará quince días hábiles contados a partir de la comunicación electrónica a los acreedores de su comienzo, realizada por el deudor, con copia al letrado de la Administración de Justicia. La votación se realizará por medio del formulario normalizado. Si se hubieran presentado alegaciones relativas al valor de los medios con los que se propone cumplir con la propuesta que tuvieran objetivamente entidad suficiente para influir en el sentido del voto, el juez podrá suspender el comienzo del periodo de votación cuando así haya sido solicitado por el acreedor impugnante.

7. Si se han presentado alegaciones sobre el contenido y tratamiento de los créditos, o se ha solicitado la inclusión de créditos no incluidos en la lista presentada por el deudor o en la propuesta de plan, el letrado de la Administración de Justicia dará traslado de las alegaciones al juez para que este, en el plazo máximo de quince días hábiles, decida mediante auto. Excepcionalmente, el juez podrá convocar una vista y resolverá mediante auto en los cinco días siguientes a su celebración.

8. El plazo para la emisión del voto en relación con los créditos sobre los que se hayan realizado alegaciones o que hayan solicitado su inclusión comenzará a contar desde la resolución judicial sobre las mismas.

9. Transcurrido el plazo de votación, el letrado de la Administración de Justicia certificará el resultado y lo notificará electrónicamente al deudor y los acreedores.

Añadido por Ley 16/2022, de 5 de septiembre, de reforma del texto refundido de la Ley Concursal, aprobado por el Real Decreto Legislativo 1/2020, de 5 de mayo, para la transposición de la Directiva (UE) 2019/1023 del Parlamento Europeo y del Consejo, de 20 de junio de 2019, sobre marcos de reestructuración preventiva, exoneración de deudas e inhabilitaciones, y sobre medidas para aumentar la eficiencia de los procedimientos de reestructuración, insolvencia y exoneración de deudas, y por la que se modifica la Directiva (UE) 2017/1132 del Parlamento Europeo y del Consejo, sobre determinados aspectos del Derecho de sociedades (Directiva sobre reestructuración e insolvencia). (BOE de 06-09-2022). En vigor desde el 01/01/2023

ART. 697 sexies. Resultado del procedimiento con determinación de créditos pendiente.

1. Transcurridos quince días hábiles sin que se hayan resuelto las alegaciones formuladas o la insinuación de nuevos créditos, y habiéndose alcanzado la mayoría suficiente, el letrado de la Administración de Justicia aprobará provisionalmente el plan de continuación.

2. En caso de aprobación provisional del plan, continuará la tramitación de las actuaciones, pero no podrán realizarse aquellas que perjudiquen el derecho de los acreedores cuyas alegaciones estuviesen pendientes de resolución.

3. Cuando, transcurridos los quince días hábiles, se constate que no será posible alcanzar la mayoría suficiente, el letrado de la Administración de Justicia certificará el rechazo del plan de continuación, con independencia de que se resuelvan las alegaciones pendientes de resolución.

Añadido por Ley 16/2022, de 5 de septiembre, de reforma del texto refundido de la Ley Concursal, aprobado por el Real Decreto Legislativo 1/2020, de 5 de mayo, para la transposición de la Directiva (UE) 2019/1023 del Parlamento Europeo y del Consejo, de 20 de junio de 2019, sobre marcos de reestructuración preventiva, exoneración de deudas e inhabilitaciones, y sobre medidas para aumentar la eficiencia de los procedimientos de reestructuración, insolvencia y exoneración de deudas, y por la que se modifica la Directiva (UE) 2017/1132 del Parlamento Europeo y del Consejo, sobre determinados aspectos del Derecho de sociedades (Directiva sobre reestructuración e insolvencia). (BOE de 06-09-2022). En vigor desde el 01/01/2023

CAPÍTULO II
Aprobación y homologación del plan

Añadido por Ley 16/2022, de 5 de septiembre, de reforma del texto refundido de la Ley Concursal, aprobado por el Real Decreto Legislativo 1/2020, de 5 de mayo, para la transposición de la Directiva (UE) 2019/1023 del Parlamento Europeo y del Consejo, de 20 de junio de 2019, sobre marcos de reestructuración preventiva, exoneración de deudas e inhabilitaciones, y sobre medidas para aumentar la eficiencia de los procedimientos de reestructuración, insolvencia y exoneración de deudas, y por la que se modifica la Directiva (UE) 2017/1132 del Parlamento Europeo y del Consejo, sobre determinados aspectos del Derecho de sociedades (Directiva sobre reestructuración e insolvencia). (BOE de 06-09-2022).

ART. 698. Aprobación del plan.

1. Para su válida aprobación, el deudor y, en su caso, los socios de la sociedad deudora que sean legalmente responsables de las deudas sociales, deberán dar su consentimiento al plan propuesto por los acreedores. Cuando el plan contenga medidas que afecten a los derechos políticos o económicos de los socios de la sociedad deudora, se requerirá igualmente el acuerdo de estos, siendo de aplicación lo previsto en el libro segundo para la adopción del acuerdo.

2. Se entenderá que son créditos afectados los que tengan esta consideración de acuerdo con lo establecido en el libro segundo.

3. Cualquier crédito, incluidos los créditos contingentes y sometidos a condición, puede ser afectado por el plan de continuación, salvo los créditos de alimentos derivados de una relación familiar, de parentesco o de matrimonio, los créditos derivados de daños extracontractuales, los créditos derivados de relaciones laborales distintas de las del personal de alta dirección ni en el supuesto de los créditos públicos, la parte que deba calificarse como privilegiada. En ningún caso se verán afectados los porcentajes de las cuotas de la seguridad social cuyo abono corresponda a la empresa por contingencias comunes y contingencias profesionales ni los porcentajes de la cuota del trabajador que se refieran a contingencias comunes o accidentes de trabajo y enfermedad profesional.

4. Todo titular de un crédito afectado tendrá derecho al voto por el nominal de su crédito, computándose cada crédito por el principal más los recargos e intereses vencidos.

5. El plan deberá incluir un tratamiento paritario de los créditos en condiciones homogéneas, y ningún crédito mantendrá o recibirá, de conformidad con el plan, pagos, derechos, acciones o participaciones, con un valor superior al importe de sus créditos.

6. En ningún caso, el plan de continuación podrá suponer para los créditos de derecho público el cambio de la ley aplicable; el cambio de deudor, sin perjuicio de que un tercero asuma sin liberación de ese deudor la obligación de pago; la modificación o extinción de las garantías que tuvieren; o la conversión del crédito en acciones o participaciones sociales, en crédito o préstamo participativo o en un instrumento de características o de rango distintos de aquellos que tuviere el originario. Tampoco podrá suponer quitas ni esperas respecto de los porcentajes de las cuotas de la seguridad social cuyo abono corresponda a la empresa por contingencias comunes y por contingencias profesionales ni a los porcentajes de la cuota del trabajador que se refieran a contingencias comunes o accidentes de trabajo y enfermedad profesional.

7. La votación se realizará según la división por clases prevista en la propuesta de plan de continuación.

8. En caso de que un acreedor no vote, se entenderá que ha votado a favor del plan de continuación.

9. El plan se considerará aprobado por una clase de créditos afectados si hubiera votado a favor la mayoría del pasivo correspondiente a esa clase. En el caso de que la clase estuviera formada por créditos con garantía real, el plan de continuación se considerará aprobado si hubiera votado a favor dos tercios del importe del pasivo correspondiente a esta clase.

10. El plan se considerará aprobado cuando haya sido aprobado por todas las clases de créditos o al menos por:

1.º Una mayoría simple de las clases, siempre que al menos una de ellas sea una clase de créditos con privilegio especial o general; o, en su defecto, por

2.º Una clase que, de acuerdo con la clasificación de créditos del concurso de acreedores, pueda razonablemente presumirse que hubiese recibido algún pago tras una valoración del deudor como empresa en funcionamiento.

11. En caso de que el acreedor sea la Agencia Estatal de Administración Tributaria, se entenderá que ha votado a favor del plan de continuación que contenga una quita no superior al quince por ciento del importe de sus créditos ordinarios, salvo que se indique lo contrario de conformidad con lo previsto en el apartado 3 del artículo 10 de la Ley 47/2003, de 26 de noviembre, General Presupuestaria.

Modificado por Ley 16/2022, de 5 de septiembre, de reforma del texto refundido de la Ley Concursal, aprobado por el Real Decreto Legislativo 1/2020, de 5 de mayo, para la transposición de la Directiva (UE) 2019/1023 del Parlamento Europeo y del Consejo, de 20 de junio de 2019, sobre marcos de reestructuración preventiva, exoneración de deudas e inhabilitaciones, y sobre medidas para aumentar la eficiencia de los procedimientos de reestructuración, insolvencia y exoneración de deudas, y por la que se modifica la Directiva (UE) 2017/1132 del Parlamento Europeo y del Consejo, sobre determinados aspectos del Derecho de sociedades (Directiva sobre reestructuración e insolvencia). (BOE de 06-09-2022).

ART. 698 bis. Homologación judicial del plan.

1. Una vez aprobado el plan por los acreedores, el deudor o los acreedores titulares de créditos afectados por el plan podrán solicitar que el juez se pronuncie sobre la homologación del plan dentro de los diez días hábiles siguientes a la notificación de la certificación del resultado favorable a la aprobación en el procedimiento escrito.

2. Si, trascurrido el plazo previsto en el apartado anterior, ni el deudor ni ningún acreedor solicitare un pronunciamiento judicial expreso sobre la homologación, el plan se considerará tácitamente homologado. En caso de considerarlo necesario, el deudor o cualquier interesado podrá obtener una declaración de homologación tácita del plan de continuación del juzgado competente.

3. La homologación tácita no será posible cuando la aprobación del plan se haya conseguido con una mayoría del pasivo cuyo voto se ha considerado positivo por ausencia de voto, según se establece en el artículo precedente. Esta homologación expresa será obligatoria cuando se incluyan créditos de los acreedores públicos en el plan.

4. La solicitud de pronunciamiento judicial sobre la homologación se realizará mediante presentación de formulario normalizado, junto con las alegaciones que se consideren oportunas. Una vez recibida la solicitud, el letrado de la Administración de Justicia dará traslado al deudor y al resto de los acreedores para que, en el plazo de quince días hábiles, manifiesten lo que consideren oportuno. Si lo considera necesario, el juez podrá convocar a las partes a una vista. Transcurrido el plazo de alegaciones o, en su caso, la celebración de la vista, el juez dictará auto homologando o rechazando la homologación del plan en un plazo máximo de diez días hábiles.

5. El juez podrá solicitar un informe de un experto en la reestructuración sobre el valor del deudor como empresa en funcionamiento cuando lo considere necesario, y, en todo caso, cuando una clase de acreedores afectados por el plan haya votado en contra. En este supuesto, el plazo máximo para resolver será de veinte días hábiles.

6. El juez procederá a homologar el plan siempre que se cumplan cumulativamente los siguientes requisitos:

1.º Que el deudor se encuentre en probabilidad de insolvencia, insolvencia inminente o insolvencia actual y el plan ofrezca una perspectiva razonable de asegurar la viabilidad de la empresa en el corto y medio plazo.

2.º Se hayan observado los requisitos procesales y se hayan alcanzado las mayorías necesarias previstas para el procedimiento especial de continuación.

3.º Que los créditos dentro de la misma clase sean tratados de forma paritaria.

4.º Que el plan supere la prueba del interés superior de los acreedores, de acuerdo con las reglas del libro segundo.

5.º Que, en el caso de que el plan no haya sido aprobado por una clase de acreedores, el plan sea justo y equitativo. Como regla general se entenderá que el plan es justo y equitativo cuando la clase de acreedores que haya votado en contra reciba un trato más favorable que cualquier clase de rango inferior, el plan sea imprescindible para asegurar la viabilidad de la empresa y los créditos de los acreedores afectados no se vean perjudicados injustificadamente.

6.º Cuando se haya concedido o se vaya a conceder financiación al deudor en virtud del plan de continuación, que dicha financiación sea necesaria para asegurar la viabilidad de la empresa y no perjudique injustificadamente los intereses de los acreedores.

7.º Se hayan observado los requisitos y efectos previstos en este libro respecto de los acreedores públicos y el deudor se encuentre al corriente en el pago de las deudas tributarias y de seguridad social devengadas que hayan surgido con posterioridad a la solicitud de apertura del procedimiento especial de continuación.

Añadido por Ley 16/2022, de 5 de septiembre, de reforma del texto refundido de la Ley Concursal, aprobado por el Real Decreto Legislativo 1/2020, de 5 de mayo, para la transposición de la Directiva (UE) 2019/1023 del Parlamento Europeo y del Consejo, de 20 de junio de 2019, sobre marcos de reestructuración preventiva, exoneración de deudas e inhabilitaciones, y sobre medidas para aumentar la eficiencia de los procedimientos de reestructuración, insolvencia y exoneración de deudas, y por la que se modifica la Directiva (UE) 2017/1132 del Parlamento Europeo y del Consejo, sobre determinados aspectos del Derecho de sociedades (Directiva sobre reestructuración e insolvencia). (BOE de 06-09-2022). En vigor desde el 01/01/2023

ART. 698 ter. Publicidad del auto de homologación.

El auto de homologación del plan de continuación se publicará de inmediato en el Registro público concursal.

Añadido por Ley 16/2022, de 5 de septiembre, de reforma del texto refundido de la Ley Concursal, aprobado por el Real Decreto Legislativo 1/2020, de 5 de mayo, para la transposición de la Directiva (UE) 2019/1023 del Parlamento Europeo y del Consejo, de 20 de junio de 2019, sobre marcos de reestructuración preventiva, exoneración de deudas e inhabilitaciones, y sobre medidas para aumentar la eficiencia de los procedimientos de reestructuración, insolvencia y exoneración de deudas, y por la que se modifica la Directiva (UE) 2017/1132 del Parlamento Europeo y del Consejo, sobre determinados aspectos del Derecho de sociedades (Directiva sobre reestructuración e insolvencia). (BOE de 06-09-2022). En vigor desde el 01/01/2023

ART. 698 quater. Impugnación del auto de homologación.

1. El auto de homologación del plan de continuación podrá ser impugnado ante la Audiencia Provincial dentro de los quince días siguientes a la publicación del auto en el Registro público concursal, por los titulares de créditos afectados que hayan votado en contra del plan y por los acreedores públicos.

2. La impugnación del auto de homologación del plan carecerá en todo caso de efectos suspensivos.

Añadido por Ley 16/2022, de 5 de septiembre, de reforma del texto refundido de la Ley Concursal, aprobado por el Real Decreto Legislativo 1/2020, de 5 de mayo, para la transposición de la Directiva (UE) 2019/1023 del Parlamento Europeo y del Consejo, de 20 de junio de 2019, sobre marcos de reestructuración preventiva, exoneración de deudas e inhabilitaciones, y sobre medidas para aumentar la eficiencia de los procedimientos de reestructuración, insolvencia y exoneración de deudas, y por la que se modifica la Directiva (UE) 2017/1132 del Parlamento Europeo y del Consejo, sobre determinados aspectos del Derecho de sociedades (Directiva sobre reestructuración e insolvencia). (BOE de 06-09-2022). En vigor desde el 01/01/2023

ART. 698 quinquies. Protección de la financiación interina y de la nueva financiación.

1. Los créditos derivados de la financiación interina otorgada desde el comienzo del periodo de negociación, y, en su ausencia, durante los tres meses anteriores a la declaración del procedimiento especial de continuación, o por nueva financiación, otorgada

para la implementación de dicho plan, serán calificados conforme a lo establecido en el libro primero para los créditos por financiación interina o nueva en el concurso de acreedores.

2. Para que la financiación concedida antes de la apertura del procedimiento especial se considere interina, será necesario que el plan de continuación haya sido aprobado o que se haya enajenado la unidad productiva.

Añadido por Ley 16/2022, de 5 de septiembre, de reforma del texto refundido de la Ley Concursal, aprobado por el Real Decreto Legislativo 1/2020, de 5 de mayo, para la transposición de la Directiva (UE) 2019/1023 del Parlamento Europeo y del Consejo, de 20 de junio de 2019, sobre marcos de reestructuración preventiva, exoneración de deudas e inhabilitaciones, y sobre medidas para aumentar la eficiencia de los procedimientos de reestructuración, insolvencia y exoneración de deudas, y por la que se modifica la Directiva (UE) 2017/1132 del Parlamento Europeo y del Consejo, sobre determinados aspectos del Derecho de sociedades (Directiva sobre reestructuración e insolvencia). (BOE de 06-09-2022). En vigor desde el 01/01/2023

CAPÍTULO III
Vicisitudes del plan de continuación

Añadido por Ley 16/2022, de 5 de septiembre, de reforma del texto refundido de la Ley Concursal, aprobado por el Real Decreto Legislativo 1/2020, de 5 de mayo, para la transposición de la Directiva (UE) 2019/1023 del Parlamento Europeo y del Consejo, de 20 de junio de 2019, sobre marcos de reestructuración preventiva, exoneración de deudas e inhabilitaciones, y sobre medidas para aumentar la eficiencia de los procedimientos de reestructuración, insolvencia y exoneración de deudas, y por la que se modifica la Directiva (UE) 2017/1132 del Parlamento Europeo y del Consejo, sobre determinados aspectos del Derecho de sociedades (Directiva sobre reestructuración e insolvencia). (BOE de 06-09-2022). En vigor desde el 01/01/2023

ART. 699. Cumplimiento del plan de continuación.

El plan de continuación se considerará cumplido, sin necesidad de ulterior trámite, cuando, pasados treinta días naturales del plazo del último pago previsto, ningún acreedor hubiera solicitado la declaración de incumplimiento. El juez así lo declarará mediante auto, de oficio o a solicitud del deudor.

Modificado por Ley 16/2022, de 5 de septiembre, de reforma del texto refundido de la Ley Concursal, aprobado por el Real Decreto Legislativo 1/2020, de 5 de mayo, para la transposición de la Directiva (UE) 2019/1023 del Parlamento Europeo y del Consejo, de 20 de junio de 2019, sobre marcos de reestructuración preventiva, exoneración de deudas e inhabilitaciones, y sobre medidas para aumentar la eficiencia de los procedimientos de reestructuración, insolvencia y exoneración de deudas, y por la que se modifica la Directiva (UE) 2017/1132 del Parlamento Europeo y del Consejo, sobre determinados aspectos del Derecho de sociedades (Directiva sobre reestructuración e insolvencia). (BOE de 06-09-2022). En vigor desde el 01/01/2023

ART. 699 bis. Frustración del plan de continuación.

1. La falta de aprobación, el rechazo de la homologación por el juez, la estimación de la impugnación de la homologación o el incumplimiento del plan de continuación determinarán la apertura del procedimiento especial de liquidación, siempre que el deudor se encuentre en insolvencia actual.

2. En el caso de que no se hubieran alcanzado las mayorías necesarias, el juez declarará mediante auto la apertura de la liquidación en el mismo día o dentro de los dos días hábiles siguientes a la finalización del procedimiento escrito.

3. En el caso de rechazo de la homologación, el juez, en el mismo auto, acordará la apertura del procedimiento especial de liquidación.

4. En caso de estimación del recurso frente al auto de homologación, el juez acordará la apertura del procedimiento especial de liquidación el día siguiente al de la comunicación de la sentencia por la Audiencia Provincial.

5. Cuando, en el procedimiento especial de continuación, se hubiese nombrado a un experto en la reestructuración, la terminación del procedimiento de continuación implicará su cese automático.

6. En los supuestos anteriores, el deudor podrá impugnar el auto de apertura de la liquidación alegando que no se encuentra en insolvencia actual. Para ello, tendrá un plazo de cinco días hábiles desde la publicidad del auto de apertura. La impugnación

se realizará mediante presentación de formulario normalizado, que irá acompañado de la documentación probatoria que considere conveniente. El juez podrá convocar a una vista tanto al deudor como a los acreedores o al experto en la reestructuración, si hubiese sido nombrado, dentro de los diez días hábiles siguientes a la presentación del formulario normalizado y resolverá oralmente, al final de la misma o dentro de los cinco días hábiles siguientes, si procede la tramitación del procedimiento especial de liquidación o, por el contrario, su conclusión.

7. La impugnación del auto de apertura de la liquidación no tendrá efectos suspensivos, sin perjuicio de las medidas cautelares que el juez considere oportunas.

Añadido por Ley 16/2022, de 5 de septiembre, de reforma del texto refundido de la Ley Concursal, aprobado por el Real Decreto Legislativo 1/2020, de 5 de mayo, para la transposición de la Directiva (UE) 2019/1023 del Parlamento Europeo y del Consejo, de 20 de junio de 2019, sobre marcos de reestructuración preventiva, exoneración de deudas e inhabilitaciones, y sobre medidas para aumentar la eficiencia de los procedimientos de reestructuración, insolvencia y exoneración de deudas, y por la que se modifica la Directiva (UE) 2017/1132 del Parlamento Europeo y del Consejo, sobre determinados aspectos del Derecho de sociedades (Directiva sobre reestructuración e insolvencia). (BOE de 06-09-2022). En vigor desde el 01/01/2023

ART. 699 ter. Incumplimiento del plan de continuación.

1. Cualquier acreedor que estime incumplido el plan de continuación en relación con su crédito podrá solicitar la declaración de incumplimiento durante el plazo de dos meses desde que se produjo.

2. La solicitud se realizará mediante formulario normalizado. En todo caso, la falta de pago en tiempo y forma o el incumplimiento de cualquier obligación establecida en el plan en favor del acreedor solicitante de la declaración de incumplimiento será prueba de dicho incumplimiento.

3. Recibida la solicitud, el juez podrá convocar al deudor y a los acreedores que considere a una vista, que deberá celebrarse dentro de los diez días hábiles siguientes a la presentación del formulario normalizado y resolverá oralmente al final de la misma o dentro de los cinco días hábiles siguientes, declarando incumplido el plan y abierto el procedimiento especial de liquidación o, en caso de que no se considere probado el incumplimiento, rechazando la solicitud.

4. En caso de que se declare el incumplimiento del plan, resultarán de aplicación los artículos sobre los efectos de la declaración de incumplimiento y sobre los actos realizados en ejecución del convenio a que se refiere el libro primero.

Añadido por Ley 16/2022, de 5 de septiembre, de reforma del texto refundido de la Ley Concursal, aprobado por el Real Decreto Legislativo 1/2020, de 5 de mayo, para la transposición de la Directiva (UE) 2019/1023 del Parlamento Europeo y del Consejo, de 20 de junio de 2019, sobre marcos de reestructuración preventiva, exoneración de deudas e inhabilitaciones, y sobre medidas para aumentar la eficiencia de los procedimientos de reestructuración, insolvencia y exoneración de deudas, y por la que se modifica la Directiva (UE) 2017/1132 del Parlamento Europeo y del Consejo, sobre determinados aspectos del Derecho de sociedades (Directiva sobre reestructuración e insolvencia). (BOE de 06-09-2022). En vigor desde el 01/01/2023

ART. 699 quater. Obligación de estar al corriente en el cumplimiento de obligaciones tributarias y frente a la Seguridad Social.

También determinará la apertura del procedimiento especial de liquidación, en todo caso, que el deudor no se encuentre al corriente en el cumplimiento de las obligaciones tributarias o frente a la Seguridad Social impuestas por las disposiciones vigentes, siempre que su devengo sea posterior al auto de apertura del procedimiento especial.

Añadido por Ley 16/2022, de 5 de septiembre, de reforma del texto refundido de la Ley Concursal, aprobado por el Real Decreto Legislativo 1/2020, de 5 de mayo, para la transposición de la Directiva (UE) 2019/1023 del Parlamento Europeo y del Consejo, de 20 de junio de 2019, sobre marcos de reestructuración preventiva, exoneración de deudas e inhabilitaciones, y sobre medidas para aumentar la eficiencia de los procedimientos de reestructuración, insolvencia y exoneración de deudas, y por la que se modifica la Directiva (UE) 2017/1132 del Parlamento Europeo y del Consejo, sobre determinados aspectos del Derecho de sociedades (Directiva sobre reestructuración e insolvencia). (BOE de 06-09-2022). En vigor desde el 01/01/2023

ART. 700. Exoneración del pasivo insatisfecho.

En todos los casos de frustración del plan de continuación, si el deudor fuera persona física, podrá solicitar la exoneración del pasivo insatisfecho conforme a lo establecido en el libro primero.

Modificado por Ley 16/2022, de 5 de septiembre, de reforma del texto refundido de la Ley Concursal, aprobado por el Real Decreto Legislativo 1/2020, de 5 de mayo, para la transposición de la Directiva (UE) 2019/1023 del Parlamento Europeo y del Consejo, de 20 de junio de 2019, sobre marcos de reestructuración preventiva, exoneración de deudas e inhabilitaciones, y sobre medidas para aumentar la eficiencia de los procedimientos de reestructuración, insolvencia y exoneración de deudas, y por la que se modifica la Directiva (UE) 2017/1132 del Parlamento Europeo y del Consejo, sobre determinados aspectos del Derecho de sociedades (Directiva sobre reestructuración e insolvencia). (BOE de 06-09-2022). En vigor desde el 01/01/2023

CAPÍTULO IV
Medidas que pueden solicitarse en el procedimiento especial de continuación

Añadido por Ley 16/2022, de 5 de septiembre, de reforma del texto refundido de la Ley Concursal, aprobado por el Real Decreto Legislativo 1/2020, de 5 de mayo, para la transposición de la Directiva (UE) 2019/1023 del Parlamento Europeo y del Consejo, de 20 de junio de 2019, sobre marcos de reestructuración preventiva, exoneración de deudas e inhabilitaciones, y sobre medidas para aumentar la eficiencia de los procedimientos de reestructuración, insolvencia y exoneración de deudas, y por la que se modifica la Directiva (UE) 2017/1132 del Parlamento Europeo y del Consejo, sobre determinados aspectos del Derecho de sociedades (Directiva sobre reestructuración e insolvencia). (BOE de 06-09-2022). En vigor desde el 01/01/2023

ART. 701. Solicitud de suspensión de las ejecuciones.

1. Con la solicitud de apertura del procedimiento especial de continuación o en cualquier momento posterior, el deudor podrá solicitar la suspensión de las ejecuciones judiciales o extrajudiciales sobre los bienes y derechos necesarios para la actividad empresarial o profesional que deriven del incumplimiento de un crédito con garantía real o de un crédito público, con independencia de si la ejecución se había ya iniciado o no en el momento de la solicitud y de la condición del crédito o del acreedor.

2. La suspensión se solicitará mediante formulario normalizado. El letrado de la Administración de Justicia, dentro del mismo día o el primer día hábil siguiente, comprobará la concurrencia de los requisitos legales de forma, ordenará su publicación en el Registro público concursal, y notificará electrónicamente la suspensión al acreedor y al juzgado o a la autoridad que estuviese conociendo de la ejecución. La suspensión producirá efectos desde que el juzgado o autoridad que estuviere conociendo de la ejecución recibiera la notificación.

3. La suspensión de la ejecución se mantendrá hasta el momento en que se compruebe objetivamente que no se aprobará un plan de continuación, y, en todo caso, por un máximo de tres meses desde el decreto en que se tenga por efectuada la solicitud. Transcurridos esos tres meses, quedará sin efectos la suspensión, sin que sea preciso dictar acto alguno por el letrado de la Administración de Justicia.

4. El acreedor podrá oponerse a la suspensión en caso de que no concurran los requisitos legales incluidos en este artículo. La oposición deberá interponerse en cinco días hábiles desde la notificación, mediante formulario normalizado presentado electrónicamente. El deudor tendrá tres días hábiles para formular alegaciones. Si lo considera necesario, el juez convocará a las partes a una vista, que deberá celebrarse dentro de los diez días siguientes a la finalización del plazo de alegaciones del deudor. El juez resolverá mediante auto dentro de los diez días siguientes a la expiración del plazo de alegaciones por el deudor, u oralmente al final de la vista o dentro de los dos días siguientes, en caso de celebración de una vista virtual.

5. El trámite de oposición no tendrá efectos suspensivos y el auto que lo decida no será susceptible de recurso alguno.

Modificado por Ley 16/2022, de 5 de septiembre, de reforma del texto refundido de la Ley Concursal, aprobado por el Real Decreto Legislativo 1/2020, de 5 de mayo, para la transposición de la Directiva (UE) 2019/1023 del Parlamento Europeo y del Consejo, de 20 de junio de 2019, sobre marcos de reestructuración preventiva, exoneración de deudas e inhabilitaciones, y sobre medidas para aumentar la eficiencia de los procedimientos de reestructuración, insolvencia y exoneración de deudas, y por la que se modifica la Directiva (UE) 2017/1132 del Parlamento Europeo y del Consejo, sobre determinados aspectos del Derecho de sociedades (Directiva sobre reestructuración e insolvencia). (BOE de 06-09-2022). En vigor desde el 01/01/2023

ART. 702. La solicitud de un procedimiento de mediación.

1. El deudor o acreedores cuyos créditos representen al menos un veinte por ciento del total del pasivo podrán solicitar la designación de un mediador concursal en cualquier momento desde la apertura del procedimiento especial hasta el final del plazo de votación.

2. La designación del mediador concursal tiene como única finalidad la negociación de un plan de continuación entre el deudor y los acreedores, y se regirá por lo dispuesto en este artículo y por lo dispuesto para el nombramiento de un experto en la reestructuración en este libro en cuanto a la elección, designación y retribución.

3. Como regla general, la mediación se realizará por medios electrónicos, por videoconferencia u otro medio análogo de transmisión de la voz o la imagen, siempre que quede garantizada la identidad de los intervinientes.

4. El proceso de mediación tendrá una duración máxima de diez días hábiles. Si, en algún momento, el mediador entiende que no es posible alcanzar un acuerdo, cerrará formalmente de manera definitiva la mediación y lo notificará al juzgado.

5. Si el mediador hubiera cerrado anticipadamente la mediación, el deudor o acreedores con un veinte por ciento del total del pasivo podrán solicitar la apertura del procedimiento especial de liquidación siempre que el deudor se encuentre en estado de insolvencia actual.

Modificado por Ley 16/2022, de 5 de septiembre, de reforma del texto refundido de la Ley Concursal, aprobado por el Real Decreto Legislativo 1/2020, de 5 de mayo, para la transposición de la Directiva (UE) 2019/1023 del Parlamento Europeo y del Consejo, de 20 de junio de 2019, sobre marcos de reestructuración preventiva, exoneración de deudas e inhabilitaciones, y sobre medidas para aumentar la eficiencia de los procedimientos de reestructuración, insolvencia y exoneración de deudas, y por la que se modifica la Directiva (UE) 2017/1132 del Parlamento Europeo y del Consejo, sobre determinados aspectos del Derecho de sociedades (Directiva sobre reestructuración e insolvencia). (BOE de 06-09-2022). En vigor desde el 01/01/2023

ART. 703. Solicitud de limitación de las facultades de administración y disposición del deudor.

1. El acreedor o acreedores cuyos créditos representen al menos el veinte por ciento del pasivo total podrán solicitar al juzgado la limitación de las facultades de administración y disposición del deudor que se encuentre en situación de insolvencia actual.

2. La solicitud se hará por medio de formulario normalizado determinando las facultades que se pretenden limitar y justificando los motivos por los que procede la limitación.

3. Dentro de los tres días hábiles siguientes a la presentación de la solicitud, el deudor podrá realizar las alegaciones que a su derecho convengan y el juez resolverá por medio de auto dentro de los tres días siguientes.

4. El auto estimando o desestimando la solicitud será recurrible en reposición, que se resolverá, previa celebración de una vista, dentro del plazo de los tres días hábiles siguientes a la misma.

5. El auto estimatorio se hará constar en el folio abierto a la sociedad en el Registro Mercantil, y en el Libro sobre administración y disposición de bienes inmuebles previsto en la legislación hipotecaria para su traslado al Índice Central Informatizado.

Modificado por Ley 16/2022, de 5 de septiembre, de reforma del texto refundido de la Ley Concursal, aprobado por el Real Decreto Legislativo 1/2020, de 5 de mayo, para la transposición de la Directiva (UE) 2019/1023 del Parlamento Europeo y del Consejo, de 20 de junio de 2019, sobre marcos de reestructuración preventiva, exoneración de deudas e inhabilitaciones, y sobre medidas para aumentar la eficiencia de los procedimientos de reestructuración, insolvencia y exoneración de deudas, y por la que se modifica la Directiva (UE) 2017/1132 del Parlamento Europeo y del Consejo, sobre determinados aspectos del Derecho de sociedades (Directiva sobre reestructuración e insolvencia). (BOE de 06-09-2022). En vigor desde el 01/01/2023

ART. 704. Solicitud de nombramiento de un experto en la reestructuración.

1. En cualquier momento del procedimiento, el deudor o acreedores cuyos créditos representen al menos el veinte por ciento del pasivo total podrán solicitar el nombramiento de un experto en la reestructuración con funciones de intervención de las facultades de administración y disposición del deudor, por medio del formulario normalizado habilitado al efecto.

2. En cualquier momento del procedimiento, acreedores cuyos créditos representen al menos el cuarenta por ciento del pasivo total podrán solicitar el nombramiento de un

experto en la reestructuración con funciones de sustitución de las facultades de administración y disposición del deudor, siempre que el deudor se encuentre en situación de insolvencia actual, y de acuerdo con el formulario normalizado.

3. La solicitud de nombramiento de un experto en la reestructuración será rechazada si se oponen acreedores que representen la mayoría del pasivo, salvo que el nombramiento sea necesario a efectos de realizar las valoraciones previstas o entablar acciones rescisorias o de responsabilidad, según se prevé en este libro tercero.

4. El deudor, en caso de solicitud de nombramiento de experto en virtud del apartado 2, o, en todo caso, los acreedores que representen la mayoría del pasivo, podrán oponerse al nombramiento presentando el formulario normalizado, dentro de los cinco días hábiles siguientes a la notificación de la solicitud de nombramiento del experto y acompañando los documentos acreditativos de su solvencia. El juez resolverá, en el plazo de cinco días hábiles, si procede nombrar el experto con sustitución o, por el contrario, si se le nombra con meras facultades de intervención.

5. El experto en la reestructuración tendrá facultades de propuesta del plan de continuación, podrá emitir opiniones técnicas sobre cualquiera de los extremos susceptibles de afectar a la formación de la voluntad de los acreedores en relación con el plan, y podrá mediar entre el deudor y sus acreedores. El experto en la reestructuración podrá realizar aquellas funciones que le son expresamente reconocidas en este Libro.

6. El nombramiento del experto en la reestructuración recaerá en la persona que elijan de mutuo acuerdo el deudor y acreedores cuyos créditos representen más del cincuenta por ciento del pasivo total, acuerdo que será notificado por formulario normalizado oficial al juzgado junto con la solicitud de nombramiento o dentro de los cinco días siguientes. De no haber acuerdo, y en todo caso si no se recibe comunicación de la persona dentro del plazo, el nombramiento se realizará por el juez siguiendo el procedimiento previsto en el libro segundo para el nombramiento de experto por el juez.

7. La retribución del experto correrá a cargo del solicitante, y se determinará de mutuo acuerdo entre el deudor y los acreedores que representen la mayoría del pasivo, salvo que la solicitud provenga de los acreedores y estos asuman voluntariamente el coste de la retribución, en cuyo caso les corresponderá la determinación de la cuantía. De no existir acuerdo o asunción voluntaria por los acreedores, la cuantía se fijará aplicando los aranceles establecidos para la retribución de administradores concursales.

Modificado por Ley 16/2022, de 5 de septiembre, de reforma del texto refundido de la Ley Concursal, aprobado por el Real Decreto Legislativo 1/2020, de 5 de mayo, para la transposición de la Directiva (UE) 2019/1023 del Parlamento Europeo y del Consejo, de 20 de junio de 2019, sobre marcos de reestructuración preventiva, exoneración de deudas e inhabilitaciones, y sobre medidas para aumentar la eficiencia de los procedimientos de reestructuración, insolvencia y exoneración de deudas, y por la que se modifica la Directiva (UE) 2017/1132 del Parlamento Europeo y del Consejo, sobre determinados aspectos del Derecho de sociedades (Directiva sobre reestructuración e insolvencia). (BOE de 06-09-2022). En vigor desde el 01/01/2023

TÍTULO III
Procedimiento de liquidación

Añadido por Ley 16/2022, de 5 de septiembre, de reforma del texto refundido de la Ley Concursal, aprobado por el Real Decreto Legislativo 1/2020, de 5 de mayo, para la transposición de la Directiva (UE) 2019/1023 del Parlamento Europeo y del Consejo, de 20 de junio de 2019, sobre marcos de reestructuración preventiva, exoneración de deudas e inhabilitaciones, y sobre medidas para aumentar la eficiencia de los procedimientos de reestructuración, insolvencia y exoneración de deudas, y por la que se modifica la Directiva (UE) 2017/1132 del Parlamento Europeo y del Consejo, sobre determinados aspectos del Derecho de sociedades (Directiva sobre reestructuración e insolvencia). (BOE de 06-09-2022). En vigor desde el 01/01/2023

CAPÍTULO I
Tramitación

Añadido por Ley 16/2022, de 5 de septiembre, de reforma del texto refundido de la Ley Concursal, aprobado por el Real Decreto Legislativo 1/2020, de 5 de mayo, para la transposición de la Directiva (UE) 2019/1023 del Parlamento Europeo y del Consejo, de 20 de junio de 2019, sobre marcos de reestructuración preventiva, exoneración de deudas e inhabilitaciones, y sobre medidas para aumentar la eficiencia de los procedimientos de reestructuración, insolvencia y exoneración de deudas, y por la que se modifica la Directiva (UE) 2017/1132 del Parlamento Europeo y del Consejo, sobre determinados aspectos del Derecho de sociedades (Directiva sobre reestructuración e insolvencia). (BOE de 06-09-2022). En vigor desde el 01/01/2023

ART. 705. Apertura del procedimiento especial de liquidación.

1. Se abrirá el procedimiento especial de liquidación cuando se haya solicitado por el propio deudor o por un acreedor. Se abrirá igualmente cuando no se haya aprobado un plan de continuación, no se haya homologado el plan aprobado o, habiendo sido homologado, haya sido incumplido por el deudor, siempre y cuando en estos tres casos el deudor se encuentre en insolvencia actual. En todo caso, se procederá a la apertura del procedimiento especial de liquidación cuando concurra la circunstancia recogida en el artículo 699 quater.

2. Corresponderá al acreedor que hubiera solicitado el procedimiento especial de liquidación el privilegio concedido en el libro primero al acreedor instante del concurso de acreedores.

3. La apertura del procedimiento especial de liquidación tras haberse iniciado un procedimiento especial de continuación se comunicará a los acreedores y será sometida a la misma publicidad registral que se establece para la apertura del procedimiento especial previsto en el artículo 692 bis.

Modificado por Ley 16/2022, de 5 de septiembre, de reforma del texto refundido de la Ley Concursal, aprobado por el Real Decreto Legislativo 1/2020, de 5 de mayo, para la transposición de la Directiva (UE) 2019/1023 del Parlamento Europeo y del Consejo, de 20 de junio de 2019, sobre marcos de reestructuración preventiva, exoneración de deudas e inhabilitaciones, y sobre medidas para aumentar la eficiencia de los procedimientos de reestructuración, insolvencia y exoneración de deudas, y por la que se modifica la Directiva (UE) 2017/1132 del Parlamento Europeo y del Consejo, sobre determinados aspectos del Derecho de sociedades (Directiva sobre reestructuración e insolvencia). (BOE de 06-09-2022). En vigor desde el 01/01/2023

ART. 706. Determinación de los créditos y del inventario.

1. En los veinte días hábiles siguientes a la apertura del procedimiento especial de liquidación, cualquier acreedor podrá presentar por medios electrónicos, a través de formulario normalizado, alegaciones en relación con la cuantía, características y naturaleza de su crédito, o respecto del inventario de la masa activa. Transcurrido dicho plazo, se considerarán definitivos tanto los créditos sobre los que no se hayan realizado alegaciones como las partidas del inventario no impugnadas.

2. Dentro del mismo plazo y de la misma forma, cualquier persona que tenga un crédito contra el deudor podrá solicitar la inclusión del mismo en el procedimiento especial de liquidación. La solicitud incluirá la identificación del acreedor, con la aportación de una dirección de correo electrónico, así como todos los datos relevantes relativos al crédito, incluyendo su concepto, cuantía, fechas de adquisición y vencimiento, características y clasificación que se pretenda. Si se invocare un privilegio especial, se indicarán los bienes

o derechos a que afecte y, en su caso, los datos registrales. A la solicitud se acompañará copia del título o de los documentos relativos al crédito.

3. En el plazo de cinco días hábiles desde la recepción de la solicitud, y tras comprobar el cumplimiento de los requisitos legales, el letrado de la Administración de Justicia tendrá por presentada la solicitud. El deudor y, en su caso, la administración concursal, podrán presentar alegaciones sobre modificación de crédito o del inventario o sobre insinuación de nuevo crédito mediante formulario normalizado dentro del plazo de cinco días.

4. El juez podrá convocar una vista que habrá de celebrarse dentro de los diez días siguientes a la finalización del plazo para alegaciones del deudor o de la administración concursal. Cuando el deudor sea persona jurídica y no exista duda objetiva de que el activo no será suficiente para satisfacer, ni siquiera parcialmente, el crédito que se insinúa o cuya modificación se pretende, el juez no convocará vista ni realizará trámite ulterior alguno. En todo caso, el juez decidirá mediante auto sobre la solicitud de inclusión o modificación en el plazo de quince días hábiles desde que finalizó el plazo de alegaciones.

Modificado por Ley 16/2022, de 5 de septiembre, de reforma del texto refundido de la Ley Concursal, aprobado por el Real Decreto Legislativo 1/2020, de 5 de mayo, para la transposición de la Directiva (UE) 2019/1023 del Parlamento Europeo y del Consejo, de 20 de junio de 2019, sobre marcos de reestructuración preventiva, exoneración de deudas e inhabilitaciones, y sobre medidas para aumentar la eficiencia de los procedimientos de reestructuración, insolvencia y exoneración de deudas, y por la que se modifica la Directiva (UE) 2017/1132 del Parlamento Europeo y del Consejo, sobre determinados aspectos del Derecho de sociedades (Directiva sobre reestructuración e insolvencia). (BOE de 06-09-2022). En vigor desde el 01/01/2023

ART. 707. Tramitación del plan de liquidación.

1. En la solicitud de apertura del procedimiento especial de liquidación, el deudor deberá señalar su disposición para liquidar el activo o, por el contrario, solicitará el nombramiento de un administrador concursal.

2. Desde el momento de la apertura voluntaria de la liquidación, el deudor que haya mostrado su disposición para liquidar el activo o, en otro caso, el administrador concursal, tiene veinte días hábiles para presentar un plan de liquidación por medio de formulario normalizado.

3. El plan de liquidación deberá exponer, motivadamente, los tiempos y la forma previstos para la liquidación del activo, de manera individualizada para cada bien o categoría de bienes genéricos. Siempre que sea posible, deberá preverse la enajenación unitaria del establecimiento o del conjunto de unidades productivas de la masa activa. A estos efectos, el plan incluirá una valoración de la empresa o de las unidades productivas realizada por un administrador concursal o, en caso de que no hubiera sido nombrado, por un experto designado al efecto de acuerdo con lo dispuesto en el capítulo II de este título III. El plan de liquidación se comunicará por medios electrónicos mediante formulario normalizado por el deudor o por el administrador concursal a los acreedores dentro del mismo día o el primer día hábil siguiente, con copia al letrado de la Administración de Justicia.

4. Dentro de los diez días hábiles siguientes desde la fecha en que se haya comunicado el plan de liquidación, el deudor, los acreedores concursales y, en su caso, los representantes de los trabajadores podrán formular observaciones y propuestas de modificación. En el caso de que el plan de liquidación contuviera previsiones sobre la modificación sustancial de las condiciones de trabajo o el despido colectivo de trabajadores, se estará a lo establecido en el libro primero en materia de contratos de trabajo.

5. El deudor o la administración concursal tienen diez días hábiles desde que finalicen los plazos para la determinación de los créditos y para modificar el plan en función de las alegaciones formuladas, de la información recibida y, en su caso, de la lista de créditos modificada. Transcurrido el plazo, se notificará a los acreedores y, en su caso, al deudor, así como a los representantes de los trabajadores, el plan de liquidación modificado o se les notificará la ausencia de modificaciones.

6. Si no se modificara el plan de liquidación, o si el deudor o los acreedores no estuvieran de acuerdo con las modificaciones propuestas, estos podrán impugnar el plan mediante la comunicación de formulario normalizado, dentro de los tres días hábiles siguientes. Si no se reciben impugnaciones, el juez declarará automáticamente aprobado el plan mediante auto, que será inmediatamente ejecutable.

7. Recibidas las impugnaciones, el juez podrá convocar a las partes, en los cinco días hábiles siguientes, a una vista y resolverá al final de la misma o dentro de los tres días hábi-

les siguientes, confirmando el plan o modificándolo. El procedimiento de modificación del plan de liquidación no paralizará las actuaciones de liquidación salvo que el juez establezca cautelarmente lo contrario en relación con actuaciones concretas.

8. Contra el auto de aprobación del plan de liquidación no cabrá recurso.

Modificado por Ley 16/2022, de 5 de septiembre, de reforma del texto refundido de la Ley Concursal, aprobado por el Real Decreto Legislativo 1/2020, de 5 de mayo, para la transposición de la Directiva (UE) 2019/1023 del Parlamento Europeo y del Consejo, de 20 de junio de 2019, sobre marcos de reestructuración preventiva, exoneración de deudas e inhabilitaciones, y sobre medidas para aumentar la eficiencia de los procedimientos de reestructuración, insolvencia y exoneración de deudas, y por la que se modifica la Directiva (UE) 2017/1132 del Parlamento Europeo y del Consejo, sobre determinados aspectos del Derecho de sociedades (Directiva sobre reestructuración e insolvencia). (BOE de 06-09-2022). En vigor desde el 01/01/2023

ART. 707 bis. Modificación del plan de liquidación.

1. El deudor o el administrador concursal podrá solicitar del juez en cualquier momento la modificación del plan aprobado si lo estima conveniente para la mayor y más rápida satisfacción de los acreedores. La solicitud especificará las concretas reglas del plan que deben ser modificadas y aquellas otras que deban ser suprimidas o introducidas, así como la justificación de los cambios propuestos.

2. La propuesta de modificación se realizará mediante formulario normalizado y se notificará al deudor, si procede, y a los acreedores, que, en el plazo de diez días, podrán realizar las alegaciones que consideren oportunas.

3. Si lo estima conveniente, el juez, mediante auto, podrá aprobar la modificación propuesta en los términos en que hubiera sido solicitada por el deudor o por el administrador concursal, introducir en ella las modificaciones que estime necesarias sobre la base de las alegaciones recibidas, o denegar la solicitud de modificación.

4. Contra el auto los interesados no podrán interponer recurso.

Añadido por Ley 16/2022, de 5 de septiembre, de reforma del texto refundido de la Ley Concursal, aprobado por el Real Decreto Legislativo 1/2020, de 5 de mayo, para la transposición de la Directiva (UE) 2019/1023 del Parlamento Europeo y del Consejo, de 20 de junio de 2019, sobre marcos de reestructuración preventiva, exoneración de deudas e inhabilitaciones, y sobre medidas para aumentar la eficiencia de los procedimientos de reestructuración, insolvencia y exoneración de deudas, y por la que se modifica la Directiva (UE) 2017/1132 del Parlamento Europeo y del Consejo, sobre determinados aspectos del Derecho de sociedades (Directiva sobre reestructuración e insolvencia). (BOE de 06-09-2022). En vigor desde el 01/01/2023

ART. 708. Ejecución de las operaciones de liquidación.

1. Dentro de los diez días siguientes a la presentación de alegaciones al plan de liquidación, el deudor o, en su caso, la administración concursal, podrán comenzar las operaciones de liquidación contenidas en el plan que no hayan sido impugnadas, sobre las que no se hayan realizado alegaciones o sobre las que se hayan realizado alegaciones cuyo contenido no comporte la necesidad de suspender la ejecución.

2. Cuando no se hayan producido alegaciones sobre las operaciones de liquidación, el deudor o, en su caso, la administración concursal comenzarán inmediatamente a ejecutar el plan de liquidación.

3. La liquidación de bienes individuales o de categorías genéricas de bienes se producirá a través del sistema de plataforma electrónica previsto al efecto, y complementariamente mediante entidad especializada, a menos que se justifique debidamente conforme a criterios objetivos.

4. La ejecución de las operaciones de liquidación previstas en el plan no podrá durar más de tres meses, prorrogables a petición del deudor o de la administración concursal por un mes adicional.

5. Cuando, debido a circunstancias extraordinarias ajenas al procedimiento especial, un bien o derecho no pueda ser objetivamente liquidado en el plazo regulado en el apartado anterior, el deudor persona física o, en su caso, su administrador concursal comunicarán dicho extremo al juez, junto con un plan para la realización del activo. El plan podrá incluir el uso de fondos de la masa activa para sufragar los costes de realización del bien o derecho, siempre que dichos gastos sean inferiores al previsible valor de realización de dicho bien o derecho. El resultado de la liquidación deberá ser distribuido entre los acreedores del procedimiento especial, siguiendo el orden de prelación previsto en el informe final de liquidación.

6. A los efectos de acceso al registro de las operaciones de liquidación llevadas a cabo a través de la plataforma, se entenderá como título inscribible la certificación generada electrónicamente por el sistema.

Modificado por Ley 16/2022, de 5 de septiembre, de reforma del texto refundido de la Ley Concursal, aprobado por el Real Decreto Legislativo 1/2020, de 5 de mayo, para la transposición de la Directiva (UE) 2019/1023 del Parlamento Europeo y del Consejo, de 20 de junio de 2019, sobre marcos de reestructuración preventiva, exoneración de deudas e inhabilitaciones, y sobre medidas para aumentar la eficiencia de los procedimientos de reestructuración, insolvencia y exoneración de deudas, y por la que se modifica la Directiva (UE) 2017/1132 del Parlamento Europeo y del Consejo, sobre determinados aspectos del Derecho de sociedades (Directiva sobre reestructuración e insolvencia). (BOE de 06-09-2022). En vigor desde el 01/01/2023

ART. 709. Informes de liquidación.

1. Cada mes, a contar de la apertura de la liquidación, el deudor o la administración concursal, según corresponda, presentarán un informe sobre el estado de las operaciones de liquidación. A ese informe se acompañará una relación de los créditos contra la masa, en la que se detallarán y cuantificarán los devengados y pendientes de pago, con indicación de sus respectivos vencimientos.

2. El informe mensual se comunicará electrónicamente mediante formulario normalizado a los acreedores y al deudor, en su caso, así como al letrado de la Administración de Justicia.

Modificado por Ley 16/2022, de 5 de septiembre, de reforma del texto refundido de la Ley Concursal, aprobado por el Real Decreto Legislativo 1/2020, de 5 de mayo, para la transposición de la Directiva (UE) 2019/1023 del Parlamento Europeo y del Consejo, de 20 de junio de 2019, sobre marcos de reestructuración preventiva, exoneración de deudas e inhabilitaciones, y sobre medidas para aumentar la eficiencia de los procedimientos de reestructuración, insolvencia y exoneración de deudas, y por la que se modifica la Directiva (UE) 2017/1132 del Parlamento Europeo y del Consejo, sobre determinados aspectos del Derecho de sociedades (Directiva sobre reestructuración e insolvencia). (BOE de 06-09-2022). En vigor desde el 01/01/2023

ART. 710. Transmisión de la empresa o de sus unidades productivas.

1. La transmisión de la empresa o de sus unidades productivas se llevará a cabo con sujeción a las reglas del libro primero de esta ley, con las siguientes especialidades:

1.ª La transmisión se llevará a cabo por venta directa en favor del tercero que ofrezca como mínimo un quince por ciento más del valor acordado y mantenga el resto de condiciones.

2.ª La venta directa se llevará a cabo de acuerdo con los principios de concurrencia y transparencia. A tal fin, las condiciones generales y el precio fijado de acuerdo con la valoración se notificarán a los acreedores y se publicarán en el Registro público concursal.

3.ª De no ser posible la venta directa, la transmisión se realizará por subasta.

4.ª El precio de adjudicación de la subasta no podrá, en ningún caso, ser inferior a la suma del valor de los bienes y derechos del deudor incluidos en el inventario.

5.ª Cuando se reciba más de una oferta cuyos contenidos difieran, objetivamente, en el modo en que se garantiza la continuidad de la empresa o del establecimiento mercantil, el mantenimiento de los puestos de trabajo o la satisfacción de los créditos, el deudor o la administración concursal, oídos los representantes de los trabajadores, presentarán un informe al juez, con propuesta de resolución, para que este resuelva de acuerdo con el artículo que regula la regla de la preferencia establecida en el libro primero.

2. También podrá presentarse una oferta de adquisición de empresa o de unidad productiva con la solicitud de procedimiento especial de liquidación de acuerdo con las reglas de los artículos 224 bis a 224 quater.

Modificado por Ley 16/2022, de 5 de septiembre, de reforma del texto refundido de la Ley Concursal, aprobado por el Real Decreto Legislativo 1/2020, de 5 de mayo, para la transposición de la Directiva (UE) 2019/1023 del Parlamento Europeo y del Consejo, de 20 de junio de 2019, sobre marcos de reestructuración preventiva, exoneración de deudas e inhabilitaciones, y sobre medidas para aumentar la eficiencia de los procedimientos de reestructuración, insolvencia y exoneración de deudas, y por la que se modifica la Directiva (UE) 2017/1132 del Parlamento Europeo y del Consejo, sobre determinados aspectos del Derecho de sociedades (Directiva sobre reestructuración e insolvencia). (BOE de 06-09-2022). En vigor desde el 01/01/2023

ART. 711. Créditos frente a terceros.

1. Salvo que los créditos se transmitan como parte de la empresa en funcionamiento, el deudor o el administrador concursal del procedimiento especial dispondrán de un plazo máximo de tres meses desde la apertura de la liquidación para obtener el pago de los créditos frente a terceros existentes en la masa activa. En su caso, este plazo se extenderá hasta la finalización de la calificación.

2. En cualquier momento, cuando esté debidamente justificado y siempre dentro de los tres meses siguientes a la apertura del procedimiento especial, el deudor o el administrador concursal deberán liquidar los créditos frente a terceros de la masa activa de alguna de las siguientes maneras:

1.ª La transmisión de los créditos a un tercero. Si el descuento es mayor del treinta por ciento del valor nominal actualizado será necesario presentar al menos tres ofertas por el crédito, debiendo ser al menos una de ellas de entidades financieras o de entidades de reconocida trayectoria en el mercado secundario del crédito.

2.ª El deudor o el administrador concursal del procedimiento especial podrán ceder el crédito o el conjunto de créditos que representen al menos el veinte por ciento del total del valor de la masa activa a un tercero, para que este gestione su cobro. La remuneración del cesionario consistirá en un porcentaje de la cantidad recuperada. Cuantos gastos y costas generen el recobro se entenderán incluidas en la remuneración del cesionario. La diferencia entre la cuantía cobrada y la retribución del cesionario se distribuirá entre los acreedores según quedara establecido en el procedimiento especial de liquidación. El pago lo realizará el cesionario, previa deducción de la comisión de cobro. Cada mes, el cesionario deberá informar a los acreedores del deudor con créditos aun insatisfechos del estado de la recuperación del crédito.

Modificado por Ley 16/2022, de 5 de septiembre, de reforma del texto refundido de la Ley Concursal, aprobado por el Real Decreto Legislativo 1/2020, de 5 de mayo, para la transposición de la Directiva (UE) 2019/1023 del Parlamento Europeo y del Consejo, de 20 de junio de 2019, sobre marcos de reestructuración preventiva, exoneración de deudas e inhabilitaciones, y sobre medidas para aumentar la eficiencia de los procedimientos de reestructuración, insolvencia y exoneración de deudas, y por la que se modifica la Directiva (UE) 2017/1132 del Parlamento Europeo y del Consejo, sobre determinados aspectos del Derecho de sociedades (Directiva sobre reestructuración e insolvencia). (BOE de 06-09-2022). En vigor desde el 01/01/2023

CAPÍTULO II
Medidas que pueden solicitarse en el procedimiento especial de liquidación

Añadido por Ley 16/2022, de 5 de septiembre, de reforma del texto refundido de la Ley Concursal, aprobado por el Real Decreto Legislativo 1/2020, de 5 de mayo, para la transposición de la Directiva (UE) 2019/1023 del Parlamento Europeo y del Consejo, de 20 de junio de 2019, sobre marcos de reestructuración preventiva, exoneración de deudas e inhabilitaciones, y sobre medidas para aumentar la eficiencia de los procedimientos de reestructuración, insolvencia y exoneración de deudas, y por la que se modifica la Directiva (UE) 2017/1132 del Parlamento Europeo y del Consejo, sobre determinados aspectos del Derecho de sociedades (Directiva sobre reestructuración e insolvencia). (BOE de 06-09-2022). En vigor desde el 01/01/2023

ART. 712. Solicitud de suspensión de las ejecuciones.

1. Desde la apertura del procedimiento especial de liquidación, y en tanto exista una posibilidad objetiva razonable de que la empresa o las unidades productivas puedan transmitirse en funcionamiento, el deudor podrá solicitar la suspensión de las ejecuciones judiciales o extrajudiciales sobre los bienes y derechos necesarios para la actividad empresarial o profesional que deriven del incumplimiento de un crédito con garantía real, con independencia de si la ejecución se había ya iniciado o no en el momento de la solicitud y de la condición del crédito o del acreedor. Se entenderá en todo caso que no existe posibilidad de transmisión de la empresa o de las unidades productivas cuando así lo haya señalado el deudor en la solicitud de apertura de la liquidación o cuando así se desprenda del plan de liquidación.

2. La solicitud de suspensión se realizará mediante formulario normalizado. El letrado de la Administración de Justicia comprobará la concurrencia de los requisitos legales de forma, ordenará su publicación en el Registro público concursal y en el Registro Mercantil y de la Propiedad competentes y notificará electrónicamente la suspensión al acreedor y al juzgado o a la autoridad que estuviese conociendo de la ejecución. La suspensión producirá efectos desde que el juzgado o autoridad que estuviere conociendo de la ejecución recibiera la notificación.

3. La suspensión de la ejecución se mantendrá hasta el momento en que se compruebe objetivamente que la empresa no se transmitirá en funcionamiento y en todo caso transcurridos tres meses desde el decreto en que se tenga por efectuada la solicitud. Transcurridos esos tres meses, la suspensión se levantará de manera automática.

4. La tramitación de la solicitud de suspensión y la oposición a la misma se llevará a cabo en la forma establecida en el procedimiento especial de continuación.

5. Cuando la apertura de la liquidación se produzca tras la frustración de un plan de continuación y se hubiera solicitado la suspensión durante la tramitación del plan, el plazo de tres meses seguirá contando desde que comenzó a surtir efecto, aunque, a solicitud del deudor, este plazo podrá prolongarse por un mes adicional, si el juez lo considera necesario y se dan todos los requisitos previstos en el apartado 1.

Modificado por Ley 16/2022, de 5 de septiembre, de reforma del texto refundido de la Ley Concursal, aprobado por el Real Decreto Legislativo 1/2020, de 5 de mayo, para la transposición de la Directiva (UE) 2019/1023 del Parlamento Europeo y del Consejo, de 20 de junio de 2019, sobre marcos de reestructuración preventiva, exoneración de deudas e inhabilitaciones, y sobre medidas para aumentar la eficiencia de los procedimientos de reestructuración, insolvencia y exoneración de deudas, y por la que se modifica la Directiva (UE) 2017/1132 del Parlamento Europeo y del Consejo, sobre determinados aspectos del Derecho de sociedades (Directiva sobre reestructuración e insolvencia). (BOE de 06-09-2022). En vigor desde el 01/01/2023

ART. 713. Solicitud de nombramiento de un administrador concursal.

1. En cualquier momento del procedimiento especial de liquidación, el deudor o los acreedores cuyos créditos representen al menos el veinte por ciento del pasivo total podrán solicitar el nombramiento de un administrador concursal que sustituya al deudor en sus facultades de administración y disposición. El porcentaje anterior quedará reducido al diez por ciento en caso de paralización de la actividad empresarial o profesional del deudor.

2. El administrador concursal tendrá facultades de propuesta del plan de liquidación, podrá emitir opiniones técnicas relativas a la valoración de los activos y de las ofertas de adquisición de la empresa o de unidades productivas, tendrá las facultades de administración conferidas en el procedimiento y las facultades de disposición necesarias para proceder a la liquidación del activo, dentro del marco de la liquidación. El administrador concursal podrá realizar aquellas funciones que le son expresamente reconocidas en este libro.

3. El nombramiento del administrador concursal recaerá en la persona inscrita en el Registro público concursal que elijan, de mutuo acuerdo, el deudor y acreedores cuyos créditos representen más del cincuenta por ciento del pasivo total. Cuando no haya acuerdo sobre la persona, se aplicarán las reglas del libro primero.

4. La retribución del administrador concursal se determinará de conformidad con la disposición legal o reglamentaria que lo regule y tendrá la consideración de crédito contra la masa. Si lo hubiera solicitado el deudor, el cobro se producirá tras la satisfacción de la totalidad de los créditos públicos calificados contra la masa.

5. El juez podrá nombrar administrador concursal, **de oficio** o a instancia de un único acreedor, cuando:

1.º **El deudor** haya provisto información insuficiente o inadecuada.

2.º **El juez** haya observado un comportamiento que genere dudas razonables sobre la conveniencia de que el deudor realice directamente las operaciones de liquidación.

3.º Concurran circunstancias objetivas que así lo aconsejen apreciadas por el juez en resolución motivada y no se hubiere solicitado su designación de conformidad con lo previsto en el apartado 1 de este artículo. En este supuesto, la retribución del administrador concursal correrá a cargo del deudor La designación del administrador concursal y su retribución se efectuará conforme a lo establecido en el capítulo II del título II del libro I de esta ley.

Apdos. 4 y 5 modificados por Ley Orgánica 1/2025, de 2 de enero, de medidas en materia de eficiencia del Servicio Público de Justicia. (BOE 03-01-2025). Esta modificación entró en vigor el 03-04-2025.

Modificado por Ley 16/2022, de 5 de septiembre, de reforma del texto refundido de la Ley Concursal, aprobado por el Real Decreto Legislativo 1/2020, de 5 de mayo, para la transposición de la Directiva (UE) 2019/1023 del Parlamento Europeo y del Consejo, de 20 de junio de 2019, sobre marcos de reestructuración preventiva, exoneración de deudas e inhabilitaciones, y sobre medidas para aumentar la eficiencia de los procedimientos de reestructuración, insolvencia y exoneración de deudas, y por la que se modifica la Directiva (UE) 2017/1132 del Parlamento Europeo y del Consejo, sobre determinados aspectos del Derecho de sociedades (Directiva sobre reestructuración e insolvencia). (BOE de 06-09-2022). En vigor desde el 01/01/2023

ART. 714. Solicitud de nombramiento de un experto para la valoración de la empresa o de establecimientos mercantiles.

1. El deudor, los acreedores o, excepcionalmente en casos de complejidad especial, el administrador concursal podrán solicitar el nombramiento de un experto a los solos efectos de la valoración de la empresa o de una o más de sus unidades productivas.

2. El nombramiento y la retribución del experto se acordará por el deudor y los acreedores que representen la mayoría del pasivo. De no haber acuerdo, el nombramiento y en su caso la retribución se determinarán por el letrado de la Administración de Justicia de acuerdo con el sistema de nombramiento y retribución de peritos judiciales.

3. La retribución será satisfecha por el solicitante. Si existe ya un administrador concursal nombrado en el procedimiento, el experto no podrá ser retribuido con cargo a la masa del procedimiento especial con independencia de quién solicite el nombramiento. Si lo hubiera solicitado el deudor, el cobro se producirá tras la satisfacción del crédito público privilegiado.

4. La solicitud se comunicará por medio de formulario normalizado, e incluirá, en su caso, el nombre del experto y la retribución acordada entre el deudor y los acreedores, con identificación de estos.

Modificado por Ley 16/2022, de 5 de septiembre, de reforma del texto refundido de la Ley Concursal, aprobado por el Real Decreto Legislativo 1/2020, de 5 de mayo, para la transposición de la Directiva (UE) 2019/1023 del Parlamento Europeo y del Consejo, de 20 de junio de 2019, sobre marcos de reestructuración preventiva, exoneración de deudas e inhabilitaciones, y sobre medidas para aumentar la eficiencia de los procedimientos de reestructuración, insolvencia y exoneración de deudas, y por la que se modifica la Directiva (UE) 2017/1132 del Parlamento Europeo y del Consejo, sobre determinados aspectos del Derecho de sociedades (Directiva sobre reestructuración e insolvencia). (BOE de 06-09-2022). En vigor desde el 01/01/2023

CAPÍTULO III
Especialidad en caso de deudor persona física

Añadido por Ley 16/2022, de 5 de septiembre, de reforma del texto refundido de la Ley Concursal, aprobado por el Real Decreto Legislativo 1/2020, de 5 de mayo, para la transposición de la Directiva (UE) 2019/1023 del Parlamento Europeo y del Consejo, de 20 de junio de 2019, sobre marcos de reestructuración preventiva, exoneración de deudas e inhabilitaciones, y sobre medidas para aumentar la eficiencia de los procedimientos de reestructuración, insolvencia y exoneración de deudas, y por la que se modifica la Directiva (UE) 2017/1132 del Parlamento Europeo y del Consejo, sobre determinados aspectos del Derecho de sociedades (Directiva sobre reestructuración e insolvencia). (BOE de 06-09-2022). En vigor desde el 01/01/2023

ART. 715. Exoneración del pasivo insatisfecho.

En caso de deudor empresario o profesional persona física, una vez terminada la liquidación y distribuido el remanente, podrá el deudor que reúna los requisitos legales para ello solicitar la exoneración del pasivo insatisfecho conforme a lo establecido en el libro primero de esta ley.

Modificado por Ley 16/2022, de 5 de septiembre, de reforma del texto refundido de la Ley Concursal, aprobado por el Real Decreto Legislativo 1/2020, de 5 de mayo, para la transposición de la Directiva (UE) 2019/1023 del Parlamento Europeo y del Consejo, de 20 de junio de 2019, sobre marcos de reestructuración preventiva, exoneración de deudas e inhabilitaciones, y sobre medidas para aumentar la eficiencia de los procedimientos de reestructuración, insolvencia y exoneración de deudas, y por la que se modifica la Directiva (UE) 2017/1132 del Parlamento Europeo y del Consejo, sobre determinados aspectos del Derecho de sociedades (Directiva sobre reestructuración e insolvencia). (BOE de 06-09-2022). En vigor desde el 01/01/2023

CAPÍTULO IV
Calificación abreviada del procedimiento especial

Añadido por Ley 16/2022, de 5 de septiembre, de reforma del texto refundido de la Ley Concursal, aprobado por el Real Decreto Legislativo 1/2020, de 5 de mayo, para la transposición de la Directiva (UE) 2019/1023 del Parlamento Europeo y del Consejo, de 20 de junio de 2019, sobre marcos de reestructuración preventiva, exoneración de deudas e inhabilitaciones, y sobre medidas para aumentar la eficiencia de los procedimientos de reestructuración, insolvencia y exoneración de deudas, y por la que se modifica la Directiva (UE) 2017/1132 del Parlamento Europeo y del Consejo, sobre determinados aspectos del Derecho de sociedades (Directiva sobre reestructuración e insolvencia). (BOE de 06-09-2022). En vigor desde el 01/01/2023

ART. 716. Apertura de la calificación abreviada.

1. Dentro de los sesenta días naturales siguientes a la apertura de la liquidación, la administración concursal, en caso de que haya sido nombrada, acreedores que representen al menos el diez por ciento del pasivo y los socios personalmente responsables de las deudas podrán solicitar la apertura de la calificación abreviada de manera justificada.

En el supuesto de que el deudor hubiera cometido inexactitud grave en cualquiera de los formularios normalizados remitidos o en los documentos que los acompañen, o cuando hubiera acompañado o presentado documentos falsos, la apertura de la calificación abreviada podrá ser instada por cualquier acreedor.

2. La solicitud se comunicará por medio de formulario normalizado e incluirá una memoria expresando los motivos que considera podrían fundar la calificación como culpable, aportando los documentos probatorios que se consideren relevantes.

3. Recibida la solicitud, el letrado de la Administración de Justicia, en el plazo de tres días hábiles, una vez comprobado el cumplimiento de los requisitos legales notificará a las partes la apertura de la calificación abreviada.

Modificado por Ley 16/2022, de 5 de septiembre, de reforma del texto refundido de la Ley Concursal, aprobado por el Real Decreto Legislativo 1/2020, de 5 de mayo, para la transposición de la Directiva (UE) 2019/1023 del Parlamento Europeo y del Consejo, de 20 de junio de 2019, sobre marcos de reestructuración preventiva, exoneración de deudas e inhabilitaciones, y sobre medidas para aumentar la eficiencia de los procedimientos de reestructuración, insolvencia y exoneración de deudas, y por la que se modifica la Directiva (UE) 2017/1132 del Parlamento Europeo y del Consejo, sobre determinados aspectos del Derecho de sociedades (Directiva sobre reestructuración e insolvencia). (BOE de 06-09-2022). En vigor desde el 01/01/2023

ART. 717. Procedimiento de la calificación abreviada.

1. La administración concursal, en el plazo de veinte días hábiles desde la apertura del procedimiento abreviado o desde el nombramiento expresamente realizado a estos efectos, presentará un informe razonado y documentado sobre los hechos relevantes para la calificación del procedimiento especial de liquidación, con propuesta de resolución.

En el mismo plazo, los acreedores que representen al menos el diez por ciento del pasivo, y en todo caso los acreedores públicos, podrán presentar informe razonado y documentado sobre los hechos relevantes para la calificación del procedimiento especial de liquidación, con propuesta de resolución.

2. Si la administración concursal propusiera la calificación del procedimiento especial de liquidación como culpable, el informe expresará la identidad de las personas a las que deba afectar la calificación y la de las que hayan de ser consideradas cómplices, justificando la causa, así como la determinación de los daños y perjuicios que, en su caso, se hayan causado por las personas anteriores y las demás pretensiones que se consideren procedentes conforme a lo previsto por la ley.

3. Si el informe de la administración concursal califica el procedimiento especial de liquidación como fortuito, el juez, sin más trámites, ordenará mediante auto el archivo de las actuaciones, a menos que alguno de los acreedores públicos hubiera presentado informe calificando el concurso como culpable. Contra el auto que ordene el archivo de las actuaciones no cabrá recurso alguno.

4. En otro caso, si el informe de la administración concursal o el informe de alguno de los acreedores públicos calificaran el procedimiento especial de liquidación como culpable, se dará traslado del informe al deudor y a todas las demás personas que, según el informe, pudieran ser afectadas por la calificación o declaradas cómplices, a fin de que, en plazo de quince días hábiles, acepten o se opongan a la calificación como culpable. La oposición se realizará mediante escrito de impugnación del informe de la administración concursal, que será firmado por abogado.

5. El juez podrá convocar a las partes a una vista, en un plazo no superior a cinco días, que excepcionalmente podrá ser una vista ordinaria cuando se considere necesario para la práctica de las pruebas propuestas. En el plazo de diez días hábiles tras la vista y en todo caso dentro de los veinte días siguientes a la presentación de los escritos de oposición, el juez dictará sentencia.

6. Si no se hubiere formulado oposición, el juez dictará sentencia en el plazo de tres días hábiles.

Modificado por Ley 16/2022, de 5 de septiembre, de reforma del texto refundido de la Ley Concursal, aprobado por el Real Decreto Legislativo 1/2020, de 5 de mayo, para la transposición de la Directiva (UE) 2019/1023 del Parlamento Europeo y del Consejo, de 20 de junio de 2019, sobre marcos de reestructuración preventiva, exoneración de deudas e inhabilitaciones, y sobre medidas para aumentar la eficiencia de los procedimientos de reestructuración, insolvencia y exoneración de deudas, y por la que se modifica la Directiva (UE) 2017/1132 del Parlamento Europeo y del Consejo, sobre determinados aspectos del Derecho de sociedades (Directiva sobre reestructuración e insolvencia). (BOE de 06-09-2022). En vigor desde el 01/01/2023

ART. 718. Régimen general aplicable a la calificación abreviada.

1. Resultará aplicable la regulación del libro primero respecto de las disposiciones generales de la calificación del concurso y de la sentencia de calificación.

2. Respecto a las presunciones de culpabilidad, se considerará además como presunción, sin admitir prueba en contrario, la provisión de información o documentación gravemente inexacta o falsa de acuerdo con el artículo 688.

Modificado por Ley 16/2022, de 5 de septiembre, de reforma del texto refundido de la Ley Concursal, aprobado por el Real Decreto Legislativo 1/2020, de 5 de mayo, para la transposición de la Directiva (UE) 2019/1023 del Parlamento Europeo y del Consejo, de 20 de junio de 2019, sobre marcos de reestructuración preventiva, exoneración de deudas e inhabilitaciones, y sobre medidas para aumentar la eficiencia de los procedimientos de reestructuración, insolvencia y exoneración de deudas, y por la que se modifica la Directiva (UE) 2017/1132 del Parlamento Europeo y del Consejo, sobre determinados aspectos del Derecho de sociedades (Directiva sobre reestructuración e insolvencia). (BOE de 06-09-2022). En vigor desde el 01/01/2023

CAPÍTULO V
Conclusión del procedimiento especial de liquidación

Añadido por Ley 16/2022, de 5 de septiembre, de reforma del texto refundido de la Ley Concursal, aprobado por el Real Decreto Legislativo 1/2020, de 5 de mayo, para la transposición de la Directiva (UE) 2019/1023 del Parlamento Europeo y del Consejo, de 20 de junio de 2019, sobre marcos de reestructuración preventiva, exoneración de deudas e inhabilitaciones, y sobre medidas para aumentar la eficiencia de los procedimientos de reestructuración, insolvencia y exoneración de deudas, y por la que se modifica la Directiva (UE) 2017/1132 del Parlamento Europeo y del Consejo, sobre determinados aspectos del Derecho de sociedades (Directiva sobre reestructuración e insolvencia). (BOE de 06-09-2022). En vigor desde el 01/01/2023

ART. 719. Informe final de liquidación.

1. Dentro de los diez días hábiles siguientes a la conclusión de la liquidación de la masa activa y del pago a los acreedores, y en todo caso transcurridos tres meses desde su comienzo o cuatro meses si se concedió prórroga por el juez, el deudor o la administración concursal comunicará electrónicamente, por medio de formulario normalizado, el informe final de liquidación, solicitando la conclusión del procedimiento.

Si estuviera en tramitación la calificación, o una acción rescisoria o de responsabilidad, el informe final se presentará dentro de los quince días hábiles siguientes a la notificación de la sentencia.

2. En el informe final de liquidación, el deudor o el administrador concursal, como información mínima, detallarán las operaciones de liquidación realizadas, incluyendo el momento de cada operación liquidativa y las cantidades obtenidas, así como el momento y las cuantías satisfechas a los acreedores.

3. El informe final incluirá una lista de los créditos que quedan por satisfacer, así como una lista de los activos que aún no hayan podido ser liquidados a través de la plataforma de liquidación. Esta lista, que incluirá los detalles de pago de los acreedores con créditos aun insatisfechos, será entregada por medios electrónicos que dejen constancia de la entrega y recepción a la plataforma electrónica de liquidación.

4. El deudor o los acreedores podrán formular oposición al informe final o a la conclusión del procedimiento especial de liquidación en el plazo de diez días hábiles desde la comunicación del informe. La oposición se formulará mediante formulario normalizado junto con las alegaciones y los documentos probatorios que se consideren pertinentes. El juez decidirá si convoca al deudor, a la administración concursal y a la parte oponente a una vista virtual, que se celebrará dentro de los cinco días siguientes. Al final de la vista, o en los tres días hábiles siguientes, resolverá la oposición mediante sentencia, contra la que no cabrá recurso.

Modificado por Ley 16/2022, de 5 de septiembre, de reforma del texto refundido de la Ley Concursal, aprobado por el Real Decreto Legislativo 1/2020, de 5 de mayo, para la transposición de la Directiva (UE) 2019/1023 del Parlamento Europeo y del Consejo, de 20 de junio de 2019, sobre marcos de reestructuración preventiva, exoneración de deudas e inhabilitaciones, y sobre medidas para aumentar la eficiencia de los procedimientos de reestructuración, insolvencia y exoneración de deudas, y por la que se modifica la Directiva (UE) 2017/1132 del Parlamento Europeo y del Consejo, sobre determinados aspectos del Derecho de sociedades (Directiva sobre reestructuración e insolvencia). (BOE de 06-09-2022). En vigor desde el 01/01/2023

ART. 720. Conclusión del procedimiento especial.

1. La conclusión del procedimiento especial con el archivo de las actuaciones procederá:

1.º Cuando se considere cumplido el plan de continuación de acuerdo con este libro. Contra el auto de conclusión del procedimiento especial podrá interponerse recurso de reposición por los acreedores que consideren incumplido el plan.

2.º Una vez liquidados los bienes y derechos de la masa activa, aplicado lo obtenido en la liquidación a la satisfacción de los créditos, y presentado el informe regulado en el artículo anterior sin que se hubiese formulado oposición dentro de plazo, o, habiéndose formulado, el juez hubiera resuelto desfavorablemente.

3.º Cuando se compruebe la insuficiencia de la masa activa para satisfacer créditos contra la masa. Si los bienes de un deudor no se hubieran liquidado íntegramente, se mantendrá en la plataforma, que continuará realizando pagos periódicos a los acreedores a medida que se vayan produciendo las ventas de los activos, de acuerdo con las reglas generales del libro primero y conforme a la lista final de créditos insatisfechos aportada a la plataforma por el deudor o por el administrador concursal en el momento de conclusión del procedimiento especial de liquidación. Los gastos necesarios para la conservación de estos bienes se satisfarán también con cargo al producto obtenido de la venta de activos.

4.º Cuando se compruebe el pago o consignación de la totalidad de los créditos reconocidos o la íntegra satisfacción de los acreedores por cualquier otro medio, o el desistimiento o la renuncia de la totalidad de los acreedores.

2. En el auto de conclusión del procedimiento especial de liquidación del deudor persona jurídica, el juez ordenará la cancelación de la hoja abierta a esa persona jurídica en el registro público en el que figure inscrita, con cierre definitivo de la hoja.

3. Tras la conclusión del procedimiento especial del deudor persona natural, cesarán las limitaciones sobre las facultades de administración y de disposición sobre aquel, salvo las que, en su caso, se contengan en la sentencia de calificación abreviada, y el deudor seguirá siendo responsable del pago de los créditos insatisfechos, salvo que obtenga la exoneración del pasivo insatisfecho.

Modificado por Ley 16/2022, de 5 de septiembre, de reforma del texto refundido de la Ley Concursal, aprobado por el Real Decreto Legislativo 1/2020, de 5 de mayo, para la transposición de la Directiva (UE) 2019/1023 del Parlamento Europeo y del Consejo, de 20 de junio de 2019, sobre marcos de reestructuración preventiva, exoneración de deudas e inhabilitaciones, y sobre medidas para aumentar la eficiencia de los procedimientos de reestructuración, insolvencia y exoneración de deudas, y por la que se modifica la Directiva (UE) 2017/1132 del Parlamento Europeo y del Consejo, sobre determinados aspectos del Derecho de sociedades (Directiva sobre reestructuración e insolvencia). (BOE de 06-09-2022). En vigor desde el 01/01/2023

LIBRO CUARTO
De las normas de derecho internacional privado

Renumerado (era anteriormente el libro tercero) por Ley 16/2022, de 5 de septiembre, de reforma del texto refundido de la Ley Concursal, aprobado por el Real Decreto Legislativo 1/2020, de 5 de mayo, para la transposición de la Directiva (UE) 2019/1023 del Parlamento Europeo y del Consejo, de 20 de junio de 2019, sobre marcos de reestructuración preventiva, exoneración de deudas e inhabilitaciones, y sobre medidas para aumentar la eficiencia de los procedimientos de reestructuración, insolvencia y exoneración de deudas, y por la que se modifica la Directiva (UE) 2017/1132 del Parlamento Europeo y del Consejo, sobre determinados aspectos del Derecho de sociedades (Directiva sobre reestructuración e insolvencia). (BOE de 06-09-2022).

TÍTULO I
Disposiciones generales

ART. 721. De las relaciones entre ordenamientos.

1. Las normas de este libro se aplicarán sin perjuicio de lo establecido en el Reglamento (UE) 2015/848, del Parlamento y del Consejo, de 20 de mayo de 2015, sobre procedimientos de insolvencia y demás normas de la Unión Europea o convencionales que regulen la materia.

2. A falta de reciprocidad o cuando se produzca una falta sistemática a la cooperación por las autoridades de un Estado extranjero, no se aplicarán respecto de los procedimientos seguidos en dicho Estado, los títulos III y IV de este libro.

ART. 722. Regla general.

Sin perjuicio de lo dispuesto en los artículos siguientes, la ley española determinará los presupuestos y efectos del concurso declarado en España, su desarrollo y su conclusión.

TÍTULO II
De la ley aplicable

CAPÍTULO I
Del procedimiento principal

ART. 723. Derechos reales y reservas de dominio.

1. Los efectos de la declaración de concurso sobre derechos reales de un acreedor o de un tercero que recaigan en bienes o derechos de cualquier clase de la masa activa, comprendidos los conjuntos de bienes y derechos cuya composición pueda variar en el tiempo, y que en el momento de declaración del concurso se encuentren en el territorio de otro Estado se regirán exclusivamente por ley de este.

La misma regla se aplicará a los derechos del vendedor respecto de los bienes vendidos al concursado con reserva de dominio.

2. La declaración de concurso del vendedor de un bien con reserva de dominio que ya haya sido entregado y que al momento de la declaración se encuentre en el territorio de otro Estado no constituye, por sí sola, causa de resolución ni de rescisión de la venta y no impedirá al comprador la adquisición de su propiedad.

3. Lo dispuesto en los apartados anteriores se entiende sin perjuicio de las acciones de reintegración que en su caso procedan.

ART. 724. Derechos del deudor sometidos a registro.

Los efectos de la declaración de concurso sobre derechos del deudor que recaigan en bienes inmuebles, buques o aeronaves sujetos a inscripción en registro público se acomodarán a lo dispuesto en la ley del Estado bajo cuya autoridad se lleve el registro.

ART. 725. Terceros adquirentes.

La validez de los actos de disposición a título oneroso del deudor sobre bienes inmuebles o sobre buques o aeronaves que estén sujetos a inscripción en registro público, realizados con posterioridad a la declaración de concurso, se regirán, respectivamente, por la ley del Estado en cuyo territorio se encuentre el bien inmueble o por la de aquel bajo cuya autoridad se lleve el Registro de buques o aeronaves.

ART. 726. Derechos sobre valores y sistemas de pagos y mercados financieros.

Los efectos de la declaración de concurso sobre derechos que recaigan en valores negociables representados mediante anotaciones en cuenta se regirán por la ley del Estado del registro donde dichos valores estuvieren anotados. Esta norma comprende cualquier registro de valores legalmente reconocido, incluidos los llevados por entidades financieras sujetas a supervisión legal.

Sin perjuicio de lo dispuesto en el artículo 723, los efectos del concurso sobre los derechos y obligaciones de los participantes en un sistema de pago o compensación o en un mercado financiero se regirán exclusivamente por la ley del Estado aplicable a dicho sistema o mercado.

ART. 727. Compensación.

1. La declaración de concurso no afectará al derecho de un acreedor a compensar su crédito cuando la ley que rija el crédito recíproco del concursado lo permita en situaciones de insolvencia.

2. Lo dispuesto en el apartado anterior se entiende sin perjuicio de las acciones de reintegración que en su caso procedan.

ART. 728. Contratos sobre inmuebles.

Los efectos del concurso sobre los contratos que tengan por objeto la atribución de un derecho al uso o a la adquisición de un bien inmueble se regirán exclusivamente por la ley del Estado donde se halle.

ART. 729. Contratos de trabajo.

Los efectos del concurso sobre el contrato de trabajo y sobre las relaciones laborales se regirán exclusivamente por la ley del Estado aplicable al contrato.

ART. 730. Acciones de reintegración.

El ejercicio de acciones de reintegración al amparo de esta ley no procederá cuando el beneficiado por el acto perjudicial para la masa activa pruebe que dicho acto está sujeto a la ley de otro Estado que no permite en ningún caso su impugnación.

ART. 731. Juicios declarativos pendientes.

Los efectos de la declaración de concurso sobre los juicios declarativos pendientes que se refieran a un bien o a un derecho de la masa activa se regirán exclusivamente por la ley del Estado en el que estén en curso.

CAPÍTULO II
Del procedimiento territorial

ART. 732. Regla general.

Excepto en lo previsto en este capítulo, el concurso territorial se regirá por las mismas normas que el concurso principal.

ART. 733. Presupuestos del concurso.

El reconocimiento de un procedimiento extranjero principal permitirá abrir en España un concurso territorial sin necesidad de examinar la insolvencia del deudor.

ART. 734. Legitimación.

Están legitimados para solicitar la declaración de un concurso territorial:
1.º Cualquier persona legitimada para solicitar la declaración de concurso con arreglo a esta ley.
2.º El representante del procedimiento extranjero principal.

ART. 735. Alcance de un convenio con los acreedores.

Las limitaciones de los derechos de los acreedores derivadas de un convenio aprobado en el concurso territorial, tales como la quita y la espera, solo producirán efectos con respecto a los bienes y derechos de la masa activa no comprendidos en este concurso si hay conformidad de todos los acreedores interesados.

ART. 735 bis. Compromiso con el fin de evitar procedimientos secundarios.

A los efectos del artículo 36 apartado 5 del Reglamento (UE) 2015/848 del Parlamento Europeo y del Consejo, de 20 de mayo de 2015, sobre procedimientos de insolvencia, para el procedimiento de aprobación del compromiso se seguirá lo dispuesto en el libro segundo de esta ley y se requerirá el voto favorable de acreedores locales afectados que representen las mayorías previstas en ese libro.

Añadido por Ley 16/2022, de 5 de septiembre, de reforma del texto refundido de la Ley Concursal, aprobado por el Real Decreto Legislativo 1/2020, de 5 de mayo, para la transposición de la Directiva (UE) 2019/1023 del Parlamento Europeo y del Consejo, de 20 de junio de 2019, sobre marcos de reestructuración preventiva, exoneración de deudas e inhabilitaciones, y sobre medidas para aumentar la eficiencia de los procedimientos de reestructuración, insolvencia y exoneración de deudas, y por la que se modifica la Directiva (UE) 2017/1132 del Parlamento Europeo y del Consejo, sobre determinados aspectos del Derecho de sociedades (Directiva sobre reestructuración e insolvencia). (BOE de 06-09-2022).

CAPÍTULO III
De las reglas comunes a ambos tipos de procedimientos

ART. 736. Publicidad y registro en el extranjero.

1. El juez, de oficio o a instancia de interesado, podrá acordar que se publique el contenido esencial del auto de declaración del concurso en cualquier Estado extranjero donde convenga a los intereses del concurso, con arreglo a las modalidades de publicación previstas en dicho Estado para los procedimientos de insolvencia.
2. La administración concursal podrá solicitar la publicidad registral en el extranjero del auto de declaración y de otros actos del procedimiento cuando así convenga a los intereses del concurso.

ART. 737. Pago al concursado en el extranjero.

1. El pago hecho al concursado en el extranjero por un deudor con residencia habitual, domicilio o sede en el extranjero, solo liberará a quien lo hiciere si ignorase la apertura del concurso en España.
2. Salvo prueba en contrario, se presumirá que ignoraba la existencia del procedimiento quien realizó el pago antes de haberse dado a la apertura del concurso la publicidad a que se refiere el apartado primero del artículo anterior.

ART. 738. Comunicación a los acreedores en el extranjero.

1. Declarado el concurso, la administración concursal realizará sin demora una comunicación individualizada a cada uno de los acreedores conocidos que tengan su residencia habitual, domicilio o sede en el extranjero, si así resultare de los libros y documentos del deudor o por cualquier otra razón constare en el concurso.

2. La información comprenderá la identificación del procedimiento, la fecha del auto de declaración, el carácter principal o territorial del concurso, las circunstancias personales del concursado, los efectos acordados sobre las facultades de administración y disposición respecto de la masa activa, el llamamiento a los acreedores, incluso a aquellos garantizados con derecho real, el deber de comunicar los créditos en la forma y dentro del plazo establecidos en esta ley y la dirección postal del juzgado.

3. Cuando conste la dirección electrónica del acreedor, la comunicación se efectuará por medios telemáticos, informáticos o electrónicos.

4. La información se realizará por escrito y mediante envío individualizado, salvo que el juez disponga cualquier otra forma por estimarla más adecuada a las circunstancias del caso.

ART. 739. Comunicación de créditos.

1. Los acreedores que tengan su residencia habitual, domicilio o sede en el extranjero comunicarán sus créditos a la administración concursal conforme a lo dispuesto en esta ley.

2. Todo acreedor podrá comunicar su crédito en el procedimiento principal o territorial abierto en España, con independencia de que también lo haya presentado en un procedimiento de insolvencia abierto en el extranjero.

Esta regla incluye, sujetos a condición de reciprocidad, los créditos tributarios y de la seguridad social de otros Estados, que en este caso serán admitidos como créditos ordinarios.

ART. 740. Lenguas.

1. La comunicación a los acreedores en el extranjero se realizará en castellano y, en su caso, en cualquiera de las lenguas oficiales, pero en el encabezamiento de su texto figurarán también en inglés y francés los términos «Comunicación para la presentación de créditos. Plazos aplicables».

2. Los acreedores con residencia habitual, domicilio o sede en el extranjero comunicarán los créditos en lengua castellana o en otra oficial propia de la comunidad autónoma en la que tenga su sede el juez del concurso. Si lo hicieren en lengua distinta, la administración concursal podrá exigir posteriormente una traducción al castellano.

ART. 741. Restitución e imputación.

1. El acreedor que, tras la apertura de un concurso principal en España, obtuviera un pago total o parcial de su crédito con cargo a bienes y derechos de la masa activa situados en el extranjero o por la realización o ejecución de los mismos deberá restituir a la masa lo que hubiera obtenido, sin perjuicio de lo dispuesto en el artículo 723.

En el caso de que dicho pago se obtuviera en un procedimiento de insolvencia abierto en el extranjero, se aplicará la regla de imputación de pagos contenida en el título IV de este libro.

2. Cuando el Estado donde se hallaren los bienes no reconociera el concurso declarado en España o las dificultades de localización y realización de esos bienes así lo justificaren, el juez podrá autorizar a los acreedores a instar en el extranjero la ejecución individual, con aplicación, en todo caso, de la regla de imputación a que se refiere el apartado anterior.

TÍTULO III
Del reconocimiento de procedimientos extranjeros de insolvencia

ART. 742. Reconocimiento de la resolución de apertura.

1. Las resoluciones extranjeras que declaren la apertura de un procedimiento de insolvencia se reconocerán en España mediante el procedimiento de exequátur regulado en la Ley 29/2015, de 30 de julio, de cooperación jurídica internacional en materia civil, si reúnen los requisitos siguientes:

1.º Que la resolución se refiera a un procedimiento colectivo fundado en la insolvencia del deudor, en virtud del cual sus bienes y actividades queden sujetos al control o a la supervisión de un tribunal o una autoridad extranjera a los efectos de su reorganización o liquidación.

2.° Que la resolución sea definitiva según la ley del Estado de apertura.

3.° Que la competencia del tribunal o de la autoridad que haya abierto el procedimiento de insolvencia esté basada en alguno de los criterios contenidos en esta ley o en una conexión razonable de naturaleza equivalente.

4.° Que la resolución no haya sido pronunciada en rebeldía del deudor o, en otro caso, que haya sido precedida de entrega o notificación de cédula de emplazamiento o documento equivalente, en forma y con tiempo suficiente para oponerse.

5.° Que la resolución no sea contraria al orden público español.

2. El procedimiento de insolvencia extranjero se reconocerá:

1.° Como procedimiento extranjero principal, si se está tramitando en el Estado donde el deudor tenga el centro de sus intereses principales.

2.° Como procedimiento extranjero territorial, si se está tramitando en un Estado donde el deudor tenga un establecimiento o con cuyo territorio exista una conexión razonable de naturaleza equivalente, como la presencia de bienes afectos a una actividad económica.

3. El reconocimiento de un procedimiento extranjero principal no impedirá la apertura en España de un concurso territorial.

4. La tramitación del exequátur podrá suspenderse cuando la resolución de apertura del procedimiento de insolvencia hubiera sido objeto, en su Estado de origen, de un recurso ordinario o cuando el plazo para interponerlo no hubiera expirado.

5. Lo dispuesto en este artículo no impedirá la modificación o revocación del reconocimiento si se demostrase la alteración relevante o la desaparición de los motivos por los que se otorga.

ART. 743. Administrador o representante extranjero.

1. Tendrá la condición de administrador o representante del procedimiento extranjero la persona u órgano, incluso designado a título provisional, que esté facultado para administrar o supervisar la reorganización o la liquidación de los bienes o actividades del deudor o para actuar como representante del procedimiento.

2. El nombramiento del administrador o representante se acreditará mediante copia autenticada del original de la resolución por la que se le designe o mediante certificado expedido por el tribunal o la autoridad competente, con los requisitos necesarios para hacer fe en España.

3. Una vez reconocido un procedimiento extranjero principal, el administrador o representante estará obligado a dar al procedimiento una publicidad equivalente a la establecida en esta ley para la declaración de concurso, cuando el deudor tenga un establecimiento en España, y a solicitar de los registros públicos correspondientes las anotaciones e inscripciones que procedan conforme a lo establecido en esta ley.

Los gastos ocasionados por las medidas de publicidad y registro serán satisfechos por el administrador o representante con cargo al procedimiento principal.

4. Una vez reconocido un procedimiento extranjero principal, su administrador o representante podrá ejercer las facultades que le correspondan conforme a la ley del Estado de apertura, salvo que resulten incompatibles con los efectos de un concurso territorial declarado en España o con las medidas cautelares adoptadas en virtud de una solicitud de concurso y, en todo caso, cuando su contenido sea contrario al orden público.

En el ejercicio de sus facultades, el administrador o representante deberá respetar la ley española, en particular en lo que respecta a las modalidades de realización de los bienes y derechos del deudor.

ART. 744. Reconocimiento de otras resoluciones.

1. Una vez obtenido el exequátur de la resolución de apertura, cualquier otra resolución dictada en ese procedimiento de insolvencia y que tenga su fundamento en la legislación concursal se reconocerá en España sin necesidad de procedimiento alguno, siempre que reúna los requisitos previstos en el artículo 742. El requisito de la previa entrega o notificación de cédula de emplazamiento o documento equivalente será exigible, además, respecto de cualquier persona distinta del deudor que hubiera sido demandada en el procedimiento extranjero de insolvencia y en relación con las resoluciones que le afecten.

2. En caso de oposición al reconocimiento, cualquier persona interesada podrá solicitar que este sea declarado a título principal por el procedimiento de exequátur regulado en la Ley 29/2015, de 30 de julio, de cooperación jurídica internacional en materia civil.

Si el reconocimiento de la resolución extranjera se invocare como cuestión incidental en un proceso en curso, será competente para resolver la cuestión el juez o tribunal que conozca del fondo del asunto.

ART. 745. Efectos del reconocimiento.

1. Salvo en los supuestos previstos en el capítulo I del título II de este libro las resoluciones extranjeras reconocidas producirán en España los efectos que les atribuya la ley del Estado de apertura del procedimiento.

2. Los efectos de un procedimiento territorial extranjero se limitarán a los bienes y derechos que en el momento de su declaración estén situados en el Estado de apertura.

3. En el caso de declaración de un concurso territorial en España, los efectos del procedimiento extranjero se regirán por lo dispuesto en el título IV de este libro.

ART. 745 bis. Contratos de trabajo sometidos a la ley española.

En el caso de que se haya abierto un concurso principal en el extranjero y sus efectos sean reconocidos en España, con arreglo a esta ley o cualquier otra norma de la Unión Europea o convencional aplicables, los efectos del concurso sobre los contratos de trabajo y las relaciones laborales sometidas al derecho español se regirán exclusivamente por esta ley. Si, conforme a esta ley, la competencia en materia laboral hubiese correspondido al juez del concurso, el juez de lo mercantil que habría sido competente para abrir un procedimiento de insolvencia territorial será competente para aprobar la extinción o modificación de esos contratos, aunque no se haya incoado ningún procedimiento concursal en España.

Añadido por Ley 16/2022, de 5 de septiembre, de reforma del texto refundido de la Ley Concursal, aprobado por el Real Decreto Legislativo 1/2020, de 5 de mayo, para la transposición de la Directiva (UE) 2019/1023 del Parlamento Europeo y del Consejo, de 20 de junio de 2019, sobre marcos de reestructuración preventiva, exoneración de deudas e inhabilitaciones, y sobre medidas para aumentar la eficiencia de los procedimientos de reestructuración, insolvencia y exoneración de deudas, y por la que se modifica la Directiva (UE) 2017/1132 del Parlamento Europeo y del Consejo, sobre determinados aspectos del Derecho de sociedades (Directiva sobre reestructuración e insolvencia). (BOE de 06-09-2022).

ART. 746. Ejecución.

Las resoluciones extranjeras que tengan carácter ejecutorio según la ley del Estado de apertura del procedimiento en el que se hubieren dictado necesitarán previo exequátur para su ejecución en España.

ART. 747. Cumplimiento a favor del deudor.

1. El pago hecho en España a un deudor sometido a procedimiento de insolvencia abierto en otro Estado y conforme al cual deberá hacerse al administrador o representante en él designado solo liberará a quien lo hiciere ignorando la existencia del procedimiento.

2. Salvo prueba en contrario, se presumirá que ignoraba la existencia del procedimiento quien hubiera realizado el pago antes de haberse dado a la apertura del procedimiento de insolvencia extranjero la publicidad establecida en esta ley para la declaración de concurso.

ART. 748. Medidas cautelares.

1. Las medidas cautelares adoptadas antes de la apertura de un procedimiento principal de insolvencia en el extranjero por el tribunal competente para abrirlo podrán ser reconocidas y ejecutadas en España previo el correspondiente exequátur.

2. Antes del reconocimiento de un procedimiento extranjero de insolvencia y a instancia de su administrador o representante, podrán adoptarse conforme a la ley española medidas cautelares, incluidas las siguientes:

1.ª La paralización de cualquier medida de ejecución contra bienes y derechos del deudor.

2.ª La atribución al administrador o representante extranjero, o a la persona que se designe al adoptar la medida, la administración o la realización de aquellos bienes o derechos situados en España que, por su naturaleza o por circunstancias concurrentes, sean perecederos, susceptibles de sufrir grave deterioro o de disminuir considerablemente su valor.

3.ª La suspensión del ejercicio de las facultades de disposición, enajenación y gravamen de bienes y derechos del deudor.

Si la solicitud de medidas cautelares hubiere precedido a la de reconocimiento de la resolución de apertura del procedimiento de insolvencia, la resolución que las adopte condicionará su subsistencia a la presentación de esta última solicitud en el plazo de veinte días.

TÍTULO IV
De la coordinación entre procedimientos paralelos de insolvencia

ART. 749. Obligaciones de cooperación.

1. Sin perjuicio del respeto de las normas aplicables en cada uno de los procedimientos, la administración concursal del concurso declarado en España y el administrador o representante de un procedimiento extranjero de insolvencia relativo al mismo deudor y reconocido en España están sometidos a un deber de cooperación recíproca en el ejercicio de sus funciones, bajo la supervisión de sus respectivos jueces, tribunales o autoridades competentes. La negativa a cooperar por parte del administrador o representante o del tribunal o autoridad extranjeros liberará de este deber a los correspondientes órganos españoles.

2. La cooperación podrá consistir, en particular, en:

1.° El intercambio, por cualquier medio que se considere oportuno, de informaciones que puedan ser útiles para el otro procedimiento, sin perjuicio del obligado respeto de las normas que amparen el secreto o la confidencialidad de los datos objeto de la información o que de cualquier modo los protejan.

En todo caso, existirá la obligación de informar de cualquier cambio relevante en la situación del procedimiento respectivo, incluido el nombramiento del administrador o representante, y de la apertura en otro Estado de un procedimiento de insolvencia respecto del mismo deudor.

2.° La coordinación de la administración y del control o supervisión de los bienes y actividades del deudor.

3.° La aprobación y aplicación por los tribunales o autoridades competentes de acuerdos relativos a la coordinación de los procedimientos.

3. La administración concursal del concurso territorial declarado en España deberá permitir al administrador o representante del procedimiento extranjero principal la presentación, en tiempo oportuno, de propuestas de convenio, de planes de liquidación o de cualquier otra forma de realización de bienes y derechos de la masa activa o de pago de los créditos.

La administración concursal del concurso principal declarado en España reclamará iguales medidas en cualquier otro procedimiento abierto en el extranjero.

ART. 750. Ejercicio de los derechos de los acreedores.

1. En la medida que así lo permita la ley aplicable al procedimiento extranjero de insolvencia, su administrador o representante podrá comunicar en el concurso declarado en España, y conforme a lo establecido en esta ley, los créditos reconocidos en aquel. Bajo las mismas condiciones, el administrador o representante estará facultado para participar en el concurso en nombre de los acreedores cuyos créditos hubiera comunicado.

2. La administración concursal de un concurso declarado en España podrá presentar en un procedimiento extranjero de insolvencia, principal o territorial, los créditos reconocidos en la lista definitiva de acreedores, siempre que así lo permita la ley aplicable a ese procedimiento. Bajo las mismas condiciones estará facultada la administración concursal, o la persona que ella designe, para participar en aquel procedimiento en nombre de los acreedores cuyos créditos hubiere presentado.

ART. 751. Regla de pago.

El acreedor que obtenga en un procedimiento extranjero de insolvencia pago parcial de su crédito no podrá pretender en el concurso declarado en España ningún pago adicional hasta que los restantes acreedores de la misma clase y rango hayan obtenido en este una cantidad porcentualmente equivalente.

ART. 752. Excedente del activo del procedimiento territorial.

A condición de reciprocidad, el activo remanente a la conclusión de un concurso o procedimiento territorial se pondrá a disposición del administrador o representante del procedimiento extranjero principal reconocido en España. La administración concursal del concurso principal declarado en España reclamará igual medida en cualquier otro procedimiento abierto en el extranjero.

TÍTULO V
De las especialidades del Derecho preconcursal

Añadido por Ley 16/2022, de 5 de septiembre, de reforma del texto refundido de la Ley Concursal, aprobado por el Real Decreto Legislativo 1/2020, de 5 de mayo, para la transposición de la Directiva (UE) 2019/1023 del Parlamento Europeo y del Consejo, de 20 de junio de 2019, sobre marcos de reestructuración preventiva, exoneración de deudas e inhabilitaciones, y sobre medidas para aumentar la eficiencia de los procedimientos de reestructuración, insolvencia y exoneración de deudas, y por la que se modifica la Directiva (UE) 2017/1132 del Parlamento Europeo y del Consejo, sobre determinados aspectos del Derecho de sociedades (Directiva sobre reestructuración e insolvencia). (BOE de 06-09-2022).

ART. 753. Regla general.

1. Las normas de Derecho internacional privado establecidas en esta ley se aplicarán, con las adaptaciones pertinentes, a la comunicación de la apertura de negociaciones con los acreedores y a los planes de reestructuración regulados en el libro segundo.

2. Sin perjuicio de lo establecido en el artículo siguiente, los títulos III y IV se aplicarán a los procedimientos de reestructuración preventiva extranjeros siempre que estos procedimientos sean funcionalmente equivalentes a los regulados en esta ley. Se presumirá que existe equivalencia funcional cuando se trate de procedimientos colectivos, basados en la legislación en materia de insolvencia, y cuyo fin sea la reestructuración del deudor o de su empresa, para garantizar su viabilidad y evitar la insolvencia.

Añadido por Ley 16/2022, de 5 de septiembre, de reforma del texto refundido de la Ley Concursal, aprobado por el Real Decreto Legislativo 1/2020, de 5 de mayo, para la transposición de la Directiva (UE) 2019/1023 del Parlamento Europeo y del Consejo, de 20 de junio de 2019, sobre marcos de reestructuración preventiva, exoneración de deudas e inhabilitaciones, y sobre medidas para aumentar la eficiencia de los procedimientos de reestructuración, insolvencia y exoneración de deudas, y por la que se modifica la Directiva (UE) 2017/1132 del Parlamento Europeo y del Consejo, sobre determinados aspectos del Derecho de sociedades (Directiva sobre reestructuración e insolvencia). (BOE de 06-09-2022).

ART. 754. Especialidades en materia de ley aplicable.

Los efectos de la comunicación de apertura de negociaciones con los acreedores y de la homologación del plan de reestructuración reguladas en el libro segundo de esta ley se someterán a lo dispuesto en ese libro y tendrán alcance universal. En particular, no se aplicarán las reglas especiales previstas en los artículos 723 a 731, salvo la prevista el artículo 726 para los derechos sobre valores, sistemas de pagos y mercados financieros.

Añadido por Ley 16/2022, de 5 de septiembre, de reforma del texto refundido de la Ley Concursal, aprobado por el Real Decreto Legislativo 1/2020, de 5 de mayo, para la transposición de la Directiva (UE) 2019/1023 del Parlamento Europeo y del Consejo, de 20 de junio de 2019, sobre marcos de reestructuración preventiva, exoneración de deudas e inhabilitaciones, y sobre medidas para aumentar la eficiencia de los procedimientos de reestructuración, insolvencia y exoneración de deudas, y por la que se modifica la Directiva (UE) 2017/1132 del Parlamento Europeo y del Consejo, sobre determinados aspectos del Derecho de sociedades (Directiva sobre reestructuración e insolvencia). (BOE de 06-09-2022).

ART. 755. Competencia judicial internacional respecto de filiales extranjeras.

Cuando los tribunales españoles sean competentes para conocer de los procedimientos que se regulan en el libro segundo en relación con la sociedad matriz de un grupo de sociedades, podrán extender su competencia en relación con sociedades filiales cuyo centro de intereses principales se localice fuera de España, si concurren los siguientes requisitos:

1.º Que la sociedad matriz haya instado la comunicación regulada en el libro segundo o vaya a quedar sometida al plan de reestructuración.

2.º Que la comunicación o la homologación del plan de reestructuración se hayan solicitado como reservada en relación con las filiales, en cuyo caso ni la comunicación ni las resoluciones sobre la homologación del plan respecto de las filiales se publicarán en el Registro público concursal. Estas resoluciones se dictarán separadamente de las resoluciones relativas a la sociedad matriz.

3.º Que la extensión de la competencia sobre las filiales resulte necesaria para garantizar el buen fin de las negociaciones de un plan de reestructuración o la adopción y cumplimiento del plan.

En cualquier caso, la competencia solo alcanzará a los acreedores contractuales comunes a la sociedad matriz y a las filiales.

Añadido por Ley 16/2022, de 5 de septiembre, de reforma del texto refundido de la Ley Concursal, aprobado por el Real Decreto Legislativo 1/2020, de 5 de mayo, para la transposición de la Directiva (UE) 2019/1023 del Parlamento Europeo y del Consejo, de 20 de junio de 2019, sobre marcos de reestructuración preventiva, exoneración de deudas e inhabilitaciones, y sobre medidas para aumentar la eficiencia de los procedimientos de reestructuración, insolvencia y exoneración de deudas, y por la que se modifica la Directiva (UE) 2017/1132 del Parlamento Europeo y del Consejo, sobre determinados aspectos del Derecho de sociedades (Directiva sobre reestructuración e insolvencia). (BOE de 06-09-2022).

DISPOSICIONES ADICIONALES

D.A. 1.ª Haciendas Forales.

Las referencias que en esta ley se hacen a la Agencia Estatal de Administración Tributaria se entenderán también referidas a las Haciendas Forales de los territorios forales.

La extensión de la exoneración contemplada en el numeral 5.º del apartado 1 del artículo 489 será común para todas las deudas por créditos de derecho público que un deudor mantenga en el mismo procedimiento con las Haciendas referidas en el párrafo anterior.

Añadida por Ley 16/2022, de 5 de septiembre, de reforma del texto refundido de la Ley Concursal, aprobado por el Real Decreto Legislativo 1/2020, de 5 de mayo, para la transposición de la Directiva (UE) 2019/1023 del Parlamento Europeo y del Consejo, de 20 de junio de 2019, sobre marcos de reestructuración preventiva, exoneración de deudas e inhabilitaciones, y sobre medidas para aumentar la eficiencia de los procedimientos de reestructuración, insolvencia y exoneración de deudas, y por la que se modifica la Directiva (UE) 2017/1132 del Parlamento Europeo y del Consejo, sobre determinados aspectos del Derecho de sociedades (Directiva sobre reestructuración e insolvencia). (BOE de 06-09-2022).

D.A. 2.ª Participación de las Cámaras Oficiales de Comercio, Industria, Servicios y Navegación en los procedimientos de mediación concursal.

Las Cámaras Oficiales de Comercio, Industria, Servicios y Navegación podrán, en aplicación de lo dispuesto en el apartado 3 del artículo 5 de la Ley 4/2014, de 1 de abril, Básica de las Cámaras Oficiales de Comercio, Industria, Servicios y Navegación, y de conformidad con lo dispuesto en la legislación autonómica de desarrollo, ofrecer servicios de mediación concursal en el ámbito del procedimiento especial para microempresas regulado en el libro tercero de esta ley.

Añadida por Ley 16/2022, de 5 de septiembre, de reforma del texto refundido de la Ley Concursal, aprobado por el Real Decreto Legislativo 1/2020, de 5 de mayo, para la transposición de la Directiva (UE) 2019/1023 del Parlamento Europeo y del Consejo, de 20 de junio de 2019, sobre marcos de reestructuración preventiva, exoneración de deudas e inhabilitaciones, y sobre medidas para aumentar la eficiencia de los procedimientos de reestructuración, insolvencia y exoneración de deudas, y por la que se modifica la Directiva (UE) 2017/1132 del Parlamento Europeo y del Consejo, sobre determinados aspectos del Derecho de sociedades (Directiva sobre reestructuración e insolvencia). (BOE de 06-09-2022).

ÍNDICE ANALÍTICO

*Real Decreto Legislativo 1/2020, de 5 de mayo, por el que se
aprueba el texto refundido de la Ley Concursal*

A

C

D

E

F

M

R

NOTA DE APLICACIÓN TRANSITORIA

La D.T. Única de esta norma establece lo siguiente:

1. El contenido de los artículos 57 a 63, 84 a 89, 560 a 566 y 574.1 todos ellos inclusive, de este texto refundido, que corresponda a las modificaciones introducidas en los artículos 27, 34 y 198 de la Ley 22/2003, de 9 de julio, Concursal, por la Ley 17/2014, de 30 de septiembre, por la que se adoptan medidas urgentes en materia de refinanciación y reestructuración de deuda empresarial, entrarán en vigor cuando se apruebe el reglamento a que se refiere la disposición transitoria segunda de dicha ley. Entre tanto permanecerán en vigor los artículos 27, 34 y 198 de la Ley Concursal en la redacción anterior a la entrada en vigor de dicha Ley 17/2014, de 30 de septiembre.

2. El contenido de los artículos 91 a 93, ambos inclusive, de este texto refundido, correspondientes a los artículos 34 bis a 34 quáter de la Ley 22/2003, de 9 de julio, introducidos por Ley 25/2015, de 28 de julio, de mecanismo de segunda oportunidad, reducción de la carga financiera y otras medidas de orden social, entrarán en vigor cuando se apruebe el desarrollo reglamentario de la cuenta de garantía arancelaria.

ARTÍCULOS DE APLICACIÓN TRANSITORIA DE LA LEY 22/2003, DE 9 DE JULIO, CONCURSAL, EN SU REDACCIÓN ANTERIOR A LA ENTRADA EN VIGOR DE LA LEY 17/2014

ART. 27. Condiciones subjetivas para el nombramiento de administradores concursales.

1. La administración concursal estará integrada por un único miembro, que deberá reunir alguna de las siguientes condiciones:

1.º Ser abogado en ejercicio con cinco años de experiencia profesional efectiva en el ejercicio de la abogacía, que hubiera acreditado formación especializada en Derecho Concursal.

2.º Ser economista, titulado mercantil o auditor de cuentas con cinco años de experiencia profesional, con especialización demostrable en el ámbito concursal.

También podrá designarse a una persona jurídica en la que se integre, al menos, un abogado en ejercicio y un economista, titulado mercantil o auditor de cuentas, y que garantice la debida independencia y dedicación en el desarrollo de las funciones de administración concursal.

2. Como excepción a lo dispuesto en el apartado 1:

1.º En caso de concurso de una entidad emisora de valores o instrumentos derivados que se negocien en un mercado secundario oficial, de una entidad encargada de regir la negociación, compensación o liquidación de esos valores o instrumentos, o de una empresa de servicios de inversión, será nombrado administrador concursal un miembro del personal técnico de la Comisión Nacional del Mercado de Valores u otra persona propuesta por ésta con la cualificación del número 2.º del apartado anterior, a cuyo efecto la Comisión Nacional del Mercado de Valores comunicará al juez la identidad de aquélla.

2.º En caso de concurso de una entidad de crédito o de una entidad aseguradora, el juez nombrará al administrador concursal de entre los propuestos respectivamente por el Fondo de Garantía de Depósitos y el Consorcio de Compensación de Seguros.

3.º En caso de concursos ordinarios de especial trascendencia el juez nombrará, además del administrador concursal previsto en el apartado 1 de este artículo, a un administrador concursal acreedor titular de créditos ordinarios o con privilegio general no garantizado de entre los que figuren en el primer tercio de mayor importe.

A estos efectos, cuando el conjunto de las deudas con los trabajadores por los créditos señalados en el párrafo anterior estuviera incluida en el primer tercio de mayor importe, el juez podrá nombrar como administrador acreedor a la representación legal de los trabajadores, si la hubiere, que deberá designar un profesional que reúna la condición de economista, titulado mercantil, auditor de cuentas o abogado, quedando sometido al mismo régimen de incapacidades, incompatibilidades, prohibiciones, remuneración y responsabilidad que los demás miembros de la administración concursal.

El primer administrador concursal designado será el que ostente la representación de la administración concursal frente a terceros en los términos previstos en esta ley para los supuestos de administración concursal única.

Cuando el acreedor designado sea una Administración pública o una entidad de Derecho Público vinculada o dependiente de ella, la designación del profesional podrá recaer en cualquier empleado público con titulación universitaria, de graduado o licenciado en ámbitos pertenecientes a las ciencias jurídicas o económicas, y su régimen de responsabilidad será el específico de la legislación administrativa.

3. En los decanatos de los juzgados competentes existirá una lista integrada por los profesionales y las personas jurídicas que hayan puesto de manifiesto su disponibilidad para el desempeño de tal función, su formación en materia concursal y, en todo caso, su compromiso de continuidad en la formación en esta materia.

A tal efecto, el Registro Oficial de Auditores de Cuentas y los correspondientes colegios profesionales presentarán, en el mes de diciembre de cada año, para su utilización desde el primer día del año siguiente, los respectivos listados de personas disponibles, incluidas las personas jurídicas. Los profesionales cuya colegiación no resulte obligatoria podrán solicitar, de forma gratuita, su inclusión en la lista en ese mismo período justificando documentalmente la formación recibida y la disponibilidad para ser designados. Igualmente las personas jurídicas recogidas en el inciso final del apartado 1 de este artículo podrán solicitar su inclusión, reseñando los profesionales que las integran y, salvo que ya figuraran en las listas, su formación y disponibilidad.

Las personas implicadas podrán solicitar la inclusión en la lista de su experiencia como administradores concursales o auxiliares delegados en otros concursos, así como de otros conocimientos o formación especiales que puedan ser relevantes a los efectos de su función.

4. Los administradores concursales profesionales se nombrarán por el juez procurando una distribución equitativa de designaciones entre los incluidos en las listas que existan.

No obstante, el juez:

1.º Podrá, apreciándolo razonadamente, designar a unos concretos administradores concursales cuando el previsible desarrollo del proceso exija una experiencia o unos conocimientos o formación especiales, como los vinculados a asegurar la continuidad de la actividad empresarial o que se puedan deducir de la complejidad del concurso.

2.º Para concursos ordinarios deberá designar a quienes acrediten su participación como administradores o auxiliares delegados en otros concursos ordinarios o, al menos, tres concursos abreviados, salvo que el juez considere, de manera motivada, idónea la formación y experiencia de los que designe en atención a las características concretas del concurso.

5. En supuestos de concursos conexos, el juez competente para la tramitación de éstos podrá nombrar, en la medida en que ello resulte posible, una administración concursal única designando auxiliares delegados.

En caso de acumulación de concursos ya declarados, el nombramiento podrá recaer en una de las administraciones concursales ya existentes.

6. Cualquier interesado podrá plantear al Decanato las quejas sobre el funcionamiento o requisitos de la lista oficial u otras cuestiones o irregularidades de las personas inscritas con carácter previo a su nombramiento, de acuerdo con lo previsto en el artículo 168 de la Ley Orgánica 6/1985, de 1 de julio, del Poder Judicial.

ART. 34. Retribución.

1. Los administradores concursales tendrán derecho a retribución con cargo a la masa, salvo cuando se trate del personal de las entidades a que se refieren los párrafos 1.º y 2.º del apartado 2 del artículo 27.

2. La retribución de la administración concursal se determinará mediante un arancel que se aprobará reglamentariamente y que atenderá a la cuantía del activo y del pasivo, al carácter ordinario o abreviado del procedimiento, a la acumulación de concursos y a la previsible complejidad del concurso.

El arancel se ajustará necesariamente a las siguientes reglas:

a) Exclusividad. Los administradores concursales sólo podrán percibir por su intervención en el concurso las cantidades que resulten de la aplicación del arancel.

b) Limitación. La administración concursal no podrá ser retribuida por encima de la cantidad máxima que se fije reglamentariamente para el conjunto del concurso.

c) Efectividad. En aquellos concursos en que la masa sea insuficiente, se garantizará el pago de un mínimo retributivo establecido reglamentariamente, mediante una cuenta de garantía arancelaria que se dotará con aportaciones obligatorias de los administradores concursales. Estas dotaciones se detraerán de las retribuciones que efectivamente perciban los administradores concursales en los concursos en que actúen en el porcentaje que se determine reglamentariamente.

3. El juez, previo informe de la administración concursal, fijará por medio de auto y conforme al arancel la cuantía de la retribución, así como los plazos en que deba ser satisfecha.

4. En cualquier estado del procedimiento, el juez, de oficio o a solicitud de deudor o de cualquier acreedor, podrá modificar la retribución fijada, si concurriera justa causa y aplicando el arancel a que se refiere el apartado 2 de este artículo.

5. El auto por el que se fije o modifique la retribución de los administradores concursales será apelable por cualquiera de éstos y por las personas legitimadas para solicitar la declaración de concurso.

ART. 198. **Registro Público Concursal.**

1. El Registro Público Concursal se llevará bajo la dependencia del Ministerio de Justicia y constará de tres secciones:

a) En la sección primera, de edictos concursales, se insertarán ordenados por concursado y fechas, las resoluciones que deban publicarse conforme a lo previsto en el artículo 23 y en virtud de mandamiento remitido por el secretario judicial.

b) En la sección segunda, de publicidad registral, se harán constar, ordenadas por concursado y fechas, las resoluciones registrales anotadas o inscritas en todos los registros públicos de personas referidos en el artículo 24.1, 2 y 3, incluidas las que declaren concursados culpables o acuerden la designación o inhabilitación de los administradores concursales y en virtud de certificaciones remitidas de oficio por el encargado del registro una vez practicado el correspondiente asiento.

c) En la sección tercera, de acuerdos extrajudiciales, se hará constar la apertura de las negociaciones para alcanzar tales acuerdos y su finalización.

2. La publicación de las resoluciones judiciales o sus extractos tendrá un valor meramente informativo o de publicidad notoria.

3. Reglamentariamente se desarrollarán la estructura, contenido y sistema de publicidad a través de este registro y los procedimientos de inserción y acceso, bajo los principios siguientes:

1.º Las resoluciones judiciales podrán publicarse en extracto, en el que se recojan los datos indispensables para la determinación del contenido y alcance de la resolución con indicación de los datos registrables cuando aquéllas hubieran causado anotación o inscripción en los correspondientes registros públicos.

2.º La inserción de las resoluciones o sus extractos se realizará preferentemente, a través de mecanismos de coordinación con el Registro Civil, el Registro Mercantil o los restantes registros de personas en que constare el concursado persona jurídica, conforme a los modelos que se aprueben reglamentariamente.

3.º El registro deberá contar con un dispositivo que permita conocer y acreditar fehacientemente el inicio de la difusión pública de las resoluciones e información que se incluyan en el mismo.

4.º El contenido del registro será accesible de forma gratuita por Internet u otros medios equivalentes de consulta telemática.

LEGISLACIÓN COMPLEMENTARIA

I.
REAL DECRETO 1860/2004, DE 6 DE SEPTIEMBRE, POR EL QUE SE ESTABLECE EL ARANCEL DE DERECHOS DE LOS ADMINISTRADORES CONCURSALES

—BOE núm. 216, de 7 de septiembre de 2004—

La retribución con arreglo a arancel de los administradores concursales constituye una novedad en la evolución del derecho concursal español que, por un lado, cumple la finalidad de asegurar un tratamiento homogéneo de cuantos ejercitan las funciones propias de este órgano concursal y, por otro, permite calcular aproximadamente el coste de esta importante deuda de la masa a quienes proyectan la apertura del procedimiento o se ven involucrados en él. En ejecución del mandato contenido en la disposición final trigésima cuarta de la Ley 22/2003, de 9 de julio, Concursal, el Gobierno, por medio de este real decreto, ha procedido a aprobar ese arancel, cuyo postulado fundamental es el justo equilibrio entre los distintos intereses en conflicto. Con este arancel se intenta conseguir que las cantidades que se perciban en concepto de retribución no resulten desproporcionadas respecto de la dificultad de las tareas que se realizan, de la complejidad del concurso y de la duración del procedimiento y, al mismo tiempo, que profesionales de calidad tengan suficientes incentivos para desempeñar el cargo de administradores concursales y añadir así unos rendimientos adecuados por el ejercicio de estas actividades profesionales a los que obtengan por las demás actividades compatibles a las que se dediquen o puedan dedicarse.

Por imperativo legal (artículo 34 de la Ley 22/2003, de 9 de julio, Concursal), el arancel atiende a la cuantía del activo concursal y a la cuantía del pasivo. El cálculo de la base de la retribución de los administradores concursales se realiza mediante la suma de dos cantidades distintas: en primer lugar, la que resulta de aplicar al valor de la masa activa los porcentajes decrecientes que se fijan en el arancel; y, en segundo lugar, la que resulta de aplicar al valor de la masa pasiva los también porcentajes decrecientes igualmente establecidos en dicho arancel. Pero, en el sistema concursal que se instaura, para ese cálculo, más importante que el número de acreedores o que la cuantía de los créditos reconocidos se considera que es el conjunto de bienes y derechos que integran la masa activa, en cuanto patrimonio afecto a la satisfacción de la colectividad crediticia. En este sentido, la escala correspondiente a la cuantía del activo contiene porcentajes superiores a los establecidos en la escala del pasivo. A estos dos parámetros obligados se añade, también por imperativo legal, el de la previsible complejidad del concurso, estableciendo un catálogo de casos en los que juega este factor complementario. Por cada uno de los supuestos de complejidad, se incrementa la retribución de los administradores concursales hasta un límite máximo que no puede superar el juez.

El sistema que se establece distingue entre la retribución correspondiente a la fase común (la única que necesariamente tiene que existir en cualquier concurso) y la de la fase o fases sucesivas. La primera se calcula de modo global, cualquiera que sea la duración efectiva de esa fase, con algunas especialidades para el caso de tramitación abreviada con administración concursal unipersonal y para el caso de aprobación judicial de un convenio anticipado.

La segunda se determina en función de la establecida para la fase anterior, siendo igual a la décima parte de la correspondiente a la fase común por cada mes de duración de la fase de convenio. Igual retribución se percibirá durante los seis primeros meses de la fase de liquidación, si bien dicha retribución se reducirá a la mitad a partir del séptimo mes de esta fase.

Junto con esta distinción de fases, el régimen jurídico de la retribución tiene también en cuenta la distinción básica entre administración meramente interventora y administración sustitutoria, incrementándose el importe de la retribución si el juez acuerda la sustitución del concursado en el ejercicio de las facultades de administración y disposición sobre los bienes y derechos que integran la masa activa; e incrementándose también por el hecho de que se continúe o no la actividad profesional o empresarial del concursado.

Este real decreto ha sido sometido a informe del Consejo General del Poder Judicial, de conformidad con las previsiones del artículo 108 de la Ley Orgánica 6/1985, de 1 de julio, del Poder Judicial.

En su virtud, a propuesta del Ministro de Justicia, de acuerdo con el Consejo de Estado y previa deliberación del Consejo de Ministros en su reunión del día 3 de septiembre de 2004,

DISPONGO:

CAPÍTULO I
Disposiciones generales

ART. 1. Ámbito de aplicación.

1. El ejercicio de las funciones que la ley atribuye a los administradores concursales será retribuido con cargo a la masa activa con las cantidades que resulten de la aplicación del arancel establecido en este real decreto.

2. El ejercicio de las funciones atribuidas por el convenio será retribuido sin sujeción a arancel conforme a lo establecido en el propio convenio y, en defecto de previsión, conforme a lo que establezca el juez del concurso atendiendo a la importancia de dichas funciones.

3. Este real decreto será de aplicación únicamente a los supuestos de administración concursal que hayan de regirse por la Ley 22/2003, de 9 de julio, Concursal.

ART. 2. Regla de la identidad.

1. La retribución será idéntica para los administradores concursales que tengan la condición de profesionales.

2. En el caso de que se hubiera nombrado como administrador concursal a un acreedor que sea persona natural y este no hubiera designado a un profesional para el ejercicio de las funciones propias del cargo, la retribución del administrador será la mitad de la que corresponda a cada uno de los administradores concursales profesionales.

ART. 3. Regla de la exclusividad.

1. Por el ejercicio de las funciones atribuidas por la ley, los administradores concursales no podrán percibir con cargo a la masa activa cantidades distintas de las que resulten de la aplicación del arancel.

Se exceptúan de la regla anterior las cantidades correspondientes a los gastos justificados de desplazamiento fuera del ámbito de la competencia territorial del juzgado en que se tramite el concurso.

2. El administrador concursal que tenga la condición de auditor de cuentas, economista o titulado mercantil colegiados y los demás administradores concursales no podrán percibir con cargo a la masa activa cantidad alguna por la supervisión de las cuentas anuales que formule el concursado o los administradores de la entidad concursada durante la tramitación del concurso, ni por la formulación de esas cuentas en caso de suspensión.

3. El administrador concursal que tenga la condición de abogado no podrá percibir con cargo a la masa activa cantidad alguna por la dirección técnica de los recursos que la administración concursal interponga contra las resoluciones del juez del concurso.

4. Los administradores concursales no podrán aceptar del concursado, de los acreedores o de terceros retribución complementaria o compensación de clase alguna, en dinero o en especie, por el ejercicio de las funciones atribuidas por la ley.

CAPÍTULO II
Retribución en las distintas fases del concurso

Sección 1.ª Retribución en la fase común

ART. 4. Reglas generales.

1. Si el concursado tuviera intervenido el ejercicio de las facultades de administración y de disposición sobre la masa activa, la retribución de cada uno de los administradores concursales en la fase común será la suma que resulte de aplicar al valor de la masa activa y al valor de la masa pasiva los porcentajes correspondientes establecidos en el anexo de este real decreto.

2. Si el concursado tuviera suspendido el ejercicio de las facultades de administración y de disposición sobre la masa activa, el juez, a su prudente arbitrio, podrá incrementar hasta un 50 por ciento la cantidad que resulte por aplicación de lo establecido en el apartado anterior.

3. La retribución que corresponda a los administradores concursales profesionales en la fase común no experimentará modificación alguna por la prórroga del plazo para la presentación del informe de la administración judicial o por la impugnación del inventario y de la lista de acreedores.

4. El valor de la masa activa será el que resulte del inventario definitivo, y el valor de la masa pasiva, el que resulte de la lista de acreedores definitiva.

Hasta que el inventario y la lista tengan carácter definitivo, el juez aplicará el arancel considerando como valor de la masa activa el de los bienes y derechos que figuren en el inventario presentado por el deudor, y como valor de la masa pasiva, el que resulte de la relación de acreedores presentado por el deudor.

Una vez establecido el importe definitivo de la masa activa y de la masa pasiva, el juez, en la misma resolución por la que ponga fin a la fase común o en otra de la misma fecha, determinará si, por aplicación del arancel, los administradores concursales deben percibir una cantidad superior a la inicialmente aprobada para la fase común o si deben reintegrar o compensar el exceso de lo percibido.

5. En el caso de que el juez hubiera ordenado la tramitación abreviada del concurso, la cantidad que resulte por aplicación de lo establecido en este artículo se incrementará entre un cinco por ciento y un 25 por ciento si la administración concursal estuviera integrada por un único miembro.

ART. 5. Cese o suspensión de la actividad profesional o empresarial.

1. La cantidad que resulte por aplicación de lo establecido en el artículo anterior se reducirá un 25 por ciento cuando se hubiera cesado o suspendido o cuando cese o se suspenda la actividad profesional o empresarial que viniera ejerciendo el deudor.

2. Si el cese o la suspensión fueran parciales, el juez determinará a su prudente arbitrio el porcentaje de la reducción.

ART. 6. Previsible complejidad del concurso.

1. Se considera que el concurso presenta previsible complejidad exclusivamente en los siguientes supuestos:

a) Cuando exista una discrepancia de, al menos, un 25 por ciento entre el valor de los bienes y derechos que figuren en el inventario presentado por el deudor y el definitivamente aprobado, o entre el importe del pasivo que resulte de la relación de acreedores presentada por el deudor y la definitivamente aprobada.

b) Cuando, al menos, una cuarta parte del valor de los bienes y derechos que figuren en el inventario presentado por el deudor corresponda a bienes que estén fuera del territorio español, siempre que el valor total de estos sea superior a 10 millones de euros.

c) Cuando el número de acreedores concursales sea superior a 1.000.

d) Cuando el número de trabajadores empleados por el deudor sea superior a 250 en la fecha de declaración del concurso, o cuando el número medio de trabajadores empleados durante el año inmediatamente anterior sea superior a 250.

e) Cuando se tramiten ante el juez expedientes de modificación sustancial de las condiciones de trabajo o de suspensión o extinción colectiva de las relaciones laborales, de conformidad con el artículo 64 de la Ley 22/2003, de 9 de julio, Concursal, siempre que la empresa concursada tenga más de 50 trabajadores.

f) Cuando el número de establecimientos, explotaciones y cualesquiera otras unidades productivas de bienes o de servicios que figuren en el inventario presentado por el deudor fuera superior a 10 o, al menos, tres de ellos radiquen en distintas provincias.

g) Cuando el concursado hubiera emitido valores que estén admitidos a cotización en mercado secundario oficial.

h) Cuando el concursado fuera entidad de crédito o de seguros.

2. La cantidad que resulte de la aplicación de lo establecido en los artículos 4 y 5 se incrementará hasta un cinco por ciento por cada uno de los supuestos enumerados en el apartado anterior.

ART. 7. Convenio anticipado.

En el caso de aprobación judicial de un convenio anticipado, la cantidad que resulte por aplicación de lo establecido en los artículos 4 a 6 se incrementará hasta un 25 por ciento.

ART. 8. Plazos para la percepción de la retribución.

Salvo que el juez del concurso establezca otros plazos, la retribución de los administradores concursales correspondiente a la fase común se abonará de la siguiente forma:

a) El 50 por ciento de la retribución se abonará dentro de los cinco días siguientes al de la firmeza del auto que la fije.

b) El 50 por ciento restante se abonará dentro de los cinco días siguientes al de la firmeza de la resolución que ponga fin a la fase común.

Sección 2.ª Retribución en las fases sucesivas

ART. 9. Reglas generales.

1. La retribución de los administradores concursales profesionales durante cada uno de los meses de duración de la fase de convenio será equivalente al 10 por ciento de la retribución aprobada para la fase común.

2. La retribución de los administradores concursales profesionales durante cada uno de los seis primeros meses de la fase de liquidación será equivalente al 10 por ciento de la retribución aprobada para la fase común.

A partir del séptimo mes desde la apertura de la fase de liquidación sin que hubiera finalizado esta, la retribución de los administradores durante cada uno de los meses sucesivos será equivalente al cinco por ciento de la retribución aprobada para la fase común.

3. A los efectos previstos en el apartado anterior, no se incluirá en el cálculo de la retribución correspondiente a la fase común el incremento previsto en el artículo 4.2, en caso de que hubiera sido aplicado.

ART. 10. Plazos para la percepción de la retribución.

Salvo que el juez del concurso establezca otros plazos, la retribución correspondiente a cada mes que transcurra de la fase de convenio o de la fase de liquidación se percibirá a mes vencido, dentro de los cinco primeros días del mes inmediato posterior al vencimiento.

ART. 11. Cantidades complementarias.

Además de las cantidades que correspondan por aplicación de lo establecido en los artículos anteriores, cada uno de los administradores concursales profesionales tendrá derecho a percibir el uno por ciento del incremento neto del valor de la masa por el ejercicio de acciones de reintegración por parte de la administración concursal. Para el administrador concursal no profesional el porcentaje será del 0,50 por ciento.

CAPÍTULO III
Modificación de la retribución fijada

ART. 12. Modificación de la retribución.

1. En cualquier estado del concurso, la retribución de los administradores concursales podrá ser modificada por el juez, de oficio o a solicitud de persona legitimada, cuando concurra justa causa, con aplicación del arancel.

2. En todo caso, se considera que concurre justa causa cuando el juez acuerde el cambio de las situaciones de intervención o de suspensión de las facultades de administración y de disposición del concursado sobre la masa activa.

3. La modificación de la retribución producirá efectos desde la fecha que determine el auto que la acuerde o, en defecto de esta precisión, desde la fecha del auto.

DISPOSICIONES ADICIONALES

D.A. ÚNICA. Evaluación de resultados.

Tan pronto como se disponga de estudios estadísticos sobre el funcionamiento del nuevo sistema concursal, el Gobierno procederá a evaluar los resultados de la aplicación del arancel de los administradores concursales, consultando para ello al Consejo General del Poder Judicial y a las organizaciones representativas de los colectivos profesionales afectados.

DISPOSICIONES FINALES

D.F. ÚNICA. Entrada en vigor.

El presente real decreto entrará en vigor el día siguiente al de su publicación en el «Boletín Oficial del Estado» y producirá efectos a partir del 1 de septiembre de 2004.

Dado en Madrid, a 6 de septiembre de 2004.
JUAN CARLOS R.

El Ministro de Justicia,
JUAN FERNANDO LÓPEZ AGUILAR

ANEXO
Porcentajes aplicables para la determinación de los derechos de los administradores profesionales en la fase común (artículo 4 del Real Decreto)

a) Porcentajes aplicables sobre el activo

Activo (hasta euros)	Importe retribución	Resto de activo (hasta euros)	Porcentaje aplicable al resto de activo
0	0	500.000	0,600
500.000	3.000	500.000	0,500
1.000.000	5.500	9.000.000	0,400
10.000.000	41.500	40.000.000	0,300
50.000.000	161.500	50.000.000	0,200
100.000.000	261.500	400.000.000	0,100
500.000.000	661.500	500.000.000	0,050
1.000.000.000	911.500	En adelante	0,025

b) Porcentajes aplicables sobre el pasivo

Pasivo (hasta euros)	Importe retribución	Resto de activo (hasta euros)	Porcentaje aplicable al resto de activo
0	0	500.000	0,300
500.000	1.500	500.000	0,200
1.000.000	2.500	9.000.000	0,100
10.000.000	11.500	40.000.000	0,050
50.000.000	31.500	50.000.000	0,025
100.000.000	44.000	400.000.000	0,012
500.000.000	92.000	500.000.000	0,006
1.000.000.000	122.000	En adelante	0,003

II.
LEY 6/2005, DE 22 DE ABRIL, SOBRE SANEAMIENTO Y LIQUIDACIÓN DE LAS ENTIDADES DE CRÉDITO

—BOE núm. 97, de 23 de abril de 2005—

JUAN CARLOS I
REY DE ESPAÑA

A todos los que la presente vieren y entendieren.
Sabed:

Que las Cortes Generales han aprobado y Yo vengo en sancionar la siguiente ley.

EXPOSICIÓN DE MOTIVOS

La globalización de la actividad económica y la innovación tecnológica han creado la necesidad de coordinar la ordenación y la supervisión de los servicios financieros. La Unión Europea se ve afectada especialmente por estos factores, y ha ido adoptando una serie de medidas de armonización y coordinación en este ámbito. El principio de libertad de establecimiento (artículo 43 del Tratado Constitutivo de la Comunidad Europea -TCE-) dentro del mercado único ha propiciado que las entidades de crédito comunitarias se hayan ido expandiendo al resto de los Estados miembros, ejerciendo competencia fuera de las fronteras de su Estado miembro de origen.

En el ámbito comunitario es imprescindible contar con disposiciones que den solución a los problemas que aparecen por la frecuente existencia de elementos extranjeros en las crisis empresariales. El buen funcionamiento del mercado interior exige que los procedimientos concursales transfronterizos se desarrollen de forma eficaz y efectiva, mediante la adecuada coordinación de medidas. Con este objetivo, en el año 2000 se aprobó el Reglamento (CE) núm. 1346/2000 del Consejo, de 29 de mayo de 2000, sobre procedimientos de insolvencia, que, no obstante, y debido a su particularidad, excluye de su ámbito a las entidades de crédito.

La realización de un mercado único bancario europeo ha contado con un instrumento clásico de armonización como son las directivas (artículo 249 TCE). Del seno de la Unión Europea han surgido numerosas directivas que han tratado diversas cuestiones relativas al «ciclo biológico» de las entidades de crédito. Sin embargo, todavía no se había logrado, debido a la difícil labor de armonización en esta materia, completar el último eslabón de la cadena, es decir, la regulación de los procedimientos de resolución de situaciones de crisis en las que se vieran involucradas las entidades de crédito, que pueden llevar a su extinción y consiguiente liquidación.

La Directiva 2001/24/CE del Parlamento y el Consejo, de 4 de abril de 2001, relativa al saneamiento y liquidación de las entidades de crédito, viene a paliar esta situación, regulando el régimen y tratamiento de la adopción de las medidas de saneamiento y los procedimientos de liquidación que afecten a las entidades de crédito comunitarias que realicen una actividad transfronteriza. Esta Directiva, sobre la base del principio de unidad y universalidad, trata de dar solución y facilitar la adopción de medidas y la incoación de procedimientos dentro de la Unión Europea. Y para ello, parte de principios básicos como son el de reconocimiento mutuo de las decisiones y el de coordinación entre las diferentes autoridades que intervienen en dichos procesos.

La presente Ley incorpora a nuestro ordenamiento jurídico las disposiciones de la Directiva, incluyendo una serie de especialidades que afectan al tratamiento de las crisis de las entidades de crédito. Estas especialidades vienen referidas al concurso de acreedores en los términos en los que se contempla en la Ley 22/2003, de 9 de julio, Concursal, puesto que se define como medida de saneamiento el concurso de acreedores que no finalice en liquidación, y como procedimiento de liquidación, la apertura de la fase de liquidación en el propio concurso. Como puede comprobarse, las medidas de saneamiento a las que se refiere esta Ley no incluyen aquellas actuaciones que, bajo idéntica denominación, pueden adoptar los fondos de garantía de depósitos en entidades de crédito conforme a lo establecido en el Real Decreto 2606/1996, de 20 de diciembre.

Siguiendo el esquema de la Directiva, la Ley se basa en los principios de competencia y ley aplicable del Estado miembro donde la entidad de crédito ha sido autorizada, salvo determinadas excepciones que se justifican por la singularidad de determinados supuestos.

Las autoridades españolas y la ley española será la aplicable en los concursos de entidades de crédito autorizadas en España que tengan sucursales en otros Estados miembros de la Unión Europea, y cuyos efectos deberán reconocerse de modo automático en dichos Estados. Estos principios de competencia y ley aplicable son coherentes con la Directiva 2000/12/CE del Parlamento y del Consejo, de 20 de marzo de 2000, relativa al acceso a la actividad de las entidades de crédito y a su ejercicio, que concibe a la entidad de crédito y sus sucursales bajo una perspectiva unitaria, sometida a la supervisión de las autoridades competentes del Estado en que se haya expedido la autorización, que es válida para el conjunto de la Unión Europea.

El reconocimiento mutuo supone, asimismo, la incorporación de medidas de coordinación entre las autoridades competentes. Para lograr dicha coordinación, se establecen obligaciones de comunicación entre las autoridades competentes, utilizando al supervisor (en el supuesto de España, el Banco de España) como agente en dicha transmisión y obligaciones de información a los acreedores, con independencia del Estado en el que se encuentren. Esta última obligación supone una garantía para lograr la igualdad de trato de todos los acreedores.

La Ley también desarrolla ciertas disposiciones relativas a las entidades de crédito no autorizadas en un Estado miembro de la Unión Europea, que posea sucursales en España y, como mínimo, en otro Estado miembro, a los efectos de coordinar la adopción de medidas y la incoación de procedimientos entre las autoridades competentes de los respectivos Estados.

En sentido contrario, se reconoce en la Ley la eficacia sobre sucursales en España de entidades de crédito autorizadas en otro Estado miembro, de las medidas de saneamiento que se adopten y los procedimientos de liquidación que se incoen en su Estado de origen.

Desde el punto de vista sustantivo y también derivado de la transposición de la citada Directiva 2001/24/CE, se incorporan una serie de modificaciones a la Ley de Ordenación Bancaria, de 31 de diciembre de 1946, y a la Ley 26/1988, de 29 de julio, de disciplina e intervención de las entidades de crédito, en lo referente, respectivamente, al régimen de revocación de la autorización y de disolución y liquidación de las entidades de crédito.

En lo referente al ámbito territorial de aplicación de las disposiciones de la Directiva 2001/24/CE, esta se extiende a todo el Espacio Económico Europeo, conforme a la Decisión del Comité Mixto del Espacio Económico Europeo, de 6 de diciembre de 2002, por el que se modifica el anexo IX del Acuerdo del Espacio Económico Europeo. Esta circunstancia se ha reconocido en la Ley.

En definitiva, se trata de una Ley de ámbito limitado dirigida a las entidades de crédito, que contiene fundamentalmente reglas de derecho internacional privado, en lo referente a la ley aplicable y la competencia, así como otros aspectos sustantivos derivados de la delimitación de la masa activa, la compensación de créditos y las obligaciones de comunicación e información.

CAPÍTULO I
Disposiciones generales

ART. 1. Objeto.

El objeto de esta Ley es incorporar al ordenamiento jurídico español las disposiciones de la Directiva 2001/24/CE del Parlamento Europeo y del Consejo, de 4 de abril de 2001, relativa al saneamiento y liquidación de las entidades de crédito, regulando los efectos y especialidades de las medidas de saneamiento y los procedimientos de liquidación que afecten a las entidades de crédito y sucursales a que se refiere el artículo 2.

ART. 2. Ámbito de aplicación.

1. Esta ley será aplicable a

a) Las entidades de crédito autorizadas en España que tengan al menos una sucursal o presten servicios sin establecimiento permanente en otro Estado miembro, entendiendo por tales aquellas contempladas en las letras b) a f) del artículo 1.2 del Real Decreto Legislativo 1298/1986, de 28 de junio, sobre adaptación del Derecho vigente en materia de entidades de crédito al de las Comunidades Europeas.

b) Las entidades de crédito autorizadas en otro Estado miembro que tengan al menos una sucursal o presten servicios sin establecimiento permanente en España en los términos previstos en los artículos 9 y 11 del Real Decreto 1245/1995, de 14 de julio, sobre creación de bancos, actividad transfronteriza y otras cuestiones relativas al régimen jurídico de las entidades de crédito.

c) Las sucursales en España de entidades de crédito extranjeras no autorizadas en un Estado miembro de la Unión Europea, cuando tales entidades de crédito tengan al menos una sucursal en otro Estado miembro.

d) Las empresas de servicio de inversión, definidas en el artículo 4.1, del Real Decreto 217/2008, y a sus sucursales establecidas en Estados miembros distintos a aquellos en los que tienen su sede.

2. En caso de aplicación de los instrumentos de resolución y de ejercicio de las competencias de resolución previstos por la Ley 11/2015, de 18 de junio, de recuperación y resolución de entidades de crédito y empresas de servicios de inversión, las disposiciones de esta Ley también se aplicarán a las entidades financieras, empresas y empresas matriz incluidas en el ámbito de aplicación de la Ley 11/2015, de 18 de junio.

3. Los artículos 6 y 13 de esta Ley no se aplicarán cuando se aplique el artículo 21 de la Ley 11/2015, de 18 de junio.

4. El artículo 4 de esta Ley no se aplicará cuando se aplique el artículo 59 de la Ley 11/2015, de 18 de junio.

Modificado por Ley 11/2015, de 18 de junio, de recuperación y resolución de entidades de crédito y empresas de servicios de inversión. (BOE de 19-06-2015).

ART. 3. Definición de los conceptos empleados.

1. A los efectos previstos en esta Ley, se entiende por medidas de saneamiento aquellas medidas, adoptadas por las autoridades administrativas o judiciales de un Estado miembro de la Unión Europea, encaminadas a preservar o restablecer la situación financiera de una entidad de crédito que puedan afectar a los derechos preexistentes de terceras partes, ajenas a la propia entidad, incluidas, entre otras, aquellas que supongan la posibilidad de suspender pagos, suspender medidas de ejecución o reducir créditos. No tendrán la consideración de terceras partes las personas que intervengan en el funcionamiento interno de la entidad, los administradores y los accionistas.

2. A los efectos previstos en esta Ley, se entiende por procedimientos de liquidación, aquellos procedimientos colectivos incoados y controlados por las autoridades administrativas o judiciales de un Estado miembro de la Unión Europea, con el fin de liquidar activos y pasivos bajo la supervisión de estas autoridades, incluso cuando los procedimientos concluyan mediante un convenio u otra medida análoga.

3. A los efectos previstos en esta Ley, se entiende por autoridades administrativas o judiciales las facultadas en virtud de las leyes para acordar la adopción de las medidas de saneamiento o los procedimientos de liquidación. En España, se entiende por tales las autoridades judiciales españolas a las que las leyes atribuyen la competencia para adoptar las medidas e incoar los procedimientos contemplados en el Capítulo II.

4. A los efectos previstos en esta Ley, se entiende por autoridades supervisoras competentes de los Estados miembros de la Unión Europea las autoridades nacionales facultadas para supervisar a las entidades de crédito. En España, la autoridad supervisora competente es el Banco de España.

5. A los efectos previstos en esta Ley, se entiende por Estado miembro de origen el Estado miembro de la Unión Europea en el cual una entidad de crédito ha sido autorizada. Por Estado miembro de acogida se entiende el Estado miembro de la Unión Europea en el cual una entidad de crédito tiene una sucursal o actúa en régimen de libre prestación de servicios, en los términos legalmente previstos.

6. A los efectos previstos en esta Ley, se entiende por administrador toda persona u órgano nombrado por las autoridades administrativas o judiciales cuya función sea administrar medidas de saneamiento. Se entiende por liquidador toda persona u órgano nombrado por las autoridades administrativas o judiciales cuya función sea gestionar los procedimientos de liquidación.

7. Entre las medidas de saneamiento se incluyen la aplicación de los instrumentos y el ejercicio de las competencias de resolución contempladas por la Ley 11/2015, de 18 de junio.

8. A los efectos previstos en esta Ley se entiende por sucursal una sede de explotación que constituya una parte, desprovista de personalidad jurídica, de una entidad, y que efectúe directamente, de modo total o parcial, las operaciones inherentes a la actividad de una entidad.

9. A los efectos previstos en esta Ley se entiende por instrumento financiero:

a) un contrato que dé lugar tanto a un activo financiero para una parte como a un pasivo financiero o instrumento de capital para la otra parte,

b) un instrumento especificado en el Anexo I, Sección C, de la Directiva 2014/65/UE, del Parlamento y del Consejo, de 15 de mayo de 2014, relativa a los mercados de instrumentos financieros y por la que se modifican la Directiva 2002/92/CE y la Directiva 2011/61/UE.

c) un instrumento financiero derivado,

d) un instrumento financiero primario, o

e) un instrumento de efectivo.

Los instrumentos contemplados en las letras a), b) y c) se considerarán instrumentos financieros solo cuando su valor se derive del precio de un instrumento financiero subyacente, otro elemento subyacente, un tipo o un índice.

Modificado por Ley 11/2015, de 18 de junio, de recuperación y resolución de entidades de crédito y empresas de servicios de inversión. (BOE de 19-06-2015).

ART. 4. Secreto.

Toda persona o autoridad administrativa que deba recibir o facilitar información en el marco de los procedimientos de información o de consulta establecidos en esta Ley, en particular, en sus artículos 6, 18 y disposición final primera, estará sujeta al secreto profesional en los términos establecidos en el artículo 6 del Real Decreto Legislativo 1298/1986, de 28 de junio, con excepción de las autoridades judiciales a las que serán de aplicación las disposiciones vigentes en esta materia.

CAPÍTULO II
Medidas de saneamiento y procedimientos de liquidación sobre entidades de crédito autorizadas en España que tengan sucursales o presten servicios sin establecimiento permanente en otros Estados miembros de la Unión Europea

Sección 1.ª Definición, competencia y ley aplicable

ART. 5. Medidas de saneamiento y procedimientos de liquidación.

1. A los efectos de lo dispuesto en esta Ley, tendrá la consideración de medida de saneamiento en España la apertura del concurso en los términos previstos en la Ley 22/2003, de 9 de julio, Concursal, sin perjuicio de que, en el caso de que se acuerde la apertura de la fase de liquidación, se apliquen desde ese momento las normas correspondientes a los procedimientos de liquidación, conforme a lo establecido en esta Ley.

2. A los efectos de esta Ley, tendrá la consideración de procedimiento de liquidación en España la apertura de la fase de liquidación del concurso de conformidad con lo establecido en la Ley 22/2003, de 9 de julio, Concursal.

ART. 6. Competencia e información a las autoridades supervisoras competentes de los Estados miembros.

1. Las autoridades judiciales españolas serán las únicas competentes para decidir la aplicación a una entidad de crédito autorizada en España, incluidas las sucursales en otros Estados miembros de la Unión Europea, de una medida de saneamiento o de un procedimiento de liquidación.

2. Las autoridades judiciales españolas informarán, sin demora, a través del Banco de España, a las autoridades supervisoras competentes de los diferentes Estados miembros de acogida, sobre su decisión de adoptar una medida de saneamiento o incoar un procedimiento de liquidación y sus repercusiones. Si no fuera posible proporcionar dicha información antes de su adopción, será facilitada inmediatamente después.

3. Si las autoridades judiciales españolas considerasen necesario que se tenga que aplicar sobre las sucursales de entidades de crédito autorizadas en otro Estado miembro alguna medida de saneamiento, tendrán la obligación de informar de ello, a través del Banco de España, a las autoridades supervisoras competentes del Estado miembro de origen.

ART. 7. Ley aplicable. Regla general.

Sin perjuicio de lo establecido en el artículo siguiente, la ley española determinará:

a) El régimen y aplicación de las medidas de saneamiento que afecten a las entidades de crédito autorizadas en España, incluidas las sucursales establecidas en otros Estados miembros.

b) El régimen y aplicación del procedimiento de liquidación que afecte a las entidades de crédito autorizadas en España, incluidas sus sucursales en otros Estados miembros, en particular:

1.º Los bienes y derechos que son objeto del procedimiento de liquidación y el tratamiento de los bienes adquiridos por la entidad de crédito después de incoado el procedimiento de liquidación.

2.º Las facultades respectivas de la entidad de crédito y el liquidador.

3.º Las condiciones de oponibilidad de una compensación.

4.º Los efectos del procedimiento de liquidación sobre los contratos vigentes en los que la entidad de crédito sea parte.

5.º Los efectos del procedimiento de liquidación sobre los procedimientos judiciales particulares, salvo los procesos en curso.

6.º Los créditos que deban reconocerse en el pasivo de la entidad de crédito y el tratamiento de los créditos nacidos después de incoado el procedimiento de liquidación.

7.º Las normas relativas a la presentación, examen y reconocimiento de los créditos.

8.º Las normas de reparto del producto de la realización de los bienes, la prelación de los créditos y los derechos de los acreedores que hayan sido parcialmente satisfechos después de la incoación del procedimiento de liquidación en virtud de un derecho real o por el efecto de una compensación.

9.º Las condiciones y los efectos de la clausura del procedimiento de liquidación, en particular, mediante convenio.

10.º Los derechos de los acreedores una vez terminado el procedimiento de liquidación.

11.º La determinación de los obligados al pago y de los gastos del procedimiento de liquidación.

12.º Las normas relativas al régimen de impugnación de los actos perjudiciales para el conjunto de los acreedores.

ART. 8. Ley aplicable. Reglas especiales.

1. En los supuestos que a continuación se relacionan, la ley aplicable será la que corresponda, según se especifica en cada caso:

a) Los efectos de la adopción de medidas de saneamiento o de la incoación de procedimientos de liquidación sobre los contratos de trabajo y las relaciones laborales se regirán exclusivamente por la ley del Estado miembro aplicable a dichos contratos.

b) Los efectos sobre los contratos que tengan por objeto la atribución de un derecho de uso o de adquisición de un bien inmueble se regirán exclusivamente por la ley del Estado miembro donde este se halle. Esta ley será la que determine la naturaleza mueble o inmueble del bien.

c) Los efectos sobre los derechos de la entidad de crédito sobre bienes inmuebles, buques o aeronaves que estén sujetos a inscripción en un registro público se regirán exclusivamente por la ley del Estado miembro bajo cuya autoridad se lleve el registro.

d) El ejercicio de los derechos de propiedad o de otros derechos sobre instrumentos financieros cuya existencia o transferencia suponga una inscripción en un registro, en una cuenta o en un sistema de depósito centralizado mantenidos o situados en un Estado miembro de la Unión Europea, se regirá por la legislación del Estado miembro en el que se establezca o se sitúe el registro, la cuenta o el sistema de depósito centralizado en el que estén inscritos dichos derechos. A estos efectos, se entiende por instrumentos financieros todos aquellos indicados en la Sección C del anexo I de la Directiva 2014/65/UE del Parlamento y del Consejo, de 15 de mayo de 2014, relativa a los mercados de instrumentos financieros y por el que se modifica el Reglamento (UE) n.º 648/2012.

Sin perjuicio de lo anterior y de lo establecido en los artículos 66 y 70 de la Ley 11/2015, de 18 de junio, las operaciones con pacto de recompra y las transacciones realizadas dentro de un mercado regulado o de un sistema organizado multilateral de negociación se regirán exclusivamente por la ley aplicable al contrato que rija dichos pactos o transacciones.

e) Sin perjuicio de lo establecido en los artículos 66 y 70 de la Ley 11/2015, de 18 de junio, los acuerdos de compensación contractual y de novación se regirán exclusivamente por la ley aplicable al contrato que rija dichos acuerdos.

f) Los efectos de una medida de saneamiento o de un procedimiento de liquidación sobre un procedimiento en curso relativo a un bien o un derecho del que se ha desposeído a la entidad de crédito se regirán exclusivamente por la legislación del Estado miembro en el que esté en curso dicho procedimiento.

g) Las normas relativas al régimen de impugnación de los actos jurídicos perjudiciales para el conjunto de los acreedores serán las que establezca la legislación del Estado miembro de origen, salvo que el beneficiario por dicho acto pruebe que tal acto está sujeto a la ley de otro Estado miembro que no permite en ningún caso su impugnación.

h) La validez de los actos de disposición a título oneroso de la entidad de crédito realizados con posterioridad a la adopción de una medida de saneamiento o a la incoación de un procedimiento de liquidación sobre bienes inmuebles, buques o aeronaves sujetas a inscripción en un registro público, o instrumentos financieros, derechos sobre tales instrumentos u otros títulos cuya existencia y transferencia suponga una inscripción en un registro, en una cuenta o en un sistema de depósito centralizado mantenido o situado en un Estado miembro de la Unión Europea, se regirá por la legislación del Estado miembro de la Unión Europea en cuyo territorio se encuentre el inmueble o bajo cuya autoridad se lleven los referidos registros, cuentas o sistemas de depósitos.

2. En todo caso, la adopción de medidas de saneamiento o la incoación de procedimientos de liquidación no afectará:

a) A los derechos reales de los acreedores o de terceros sobre bienes materiales o inmateriales, muebles o inmuebles, de cualquier clase pertenecientes a la entidad de crédito, comprendidos los conjuntos de activos indeterminados cuya composición pueda variar en el tiempo, y que en el momento de la adopción de las referidas medidas o incoación de procedimientos se encuentren en el territorio de otro Estado miembro. Los derechos anteriores comprenderán:

1.º Los derechos a poder ser pagados con el producto de la enajenación o con los rendimientos de un bien, en particular en virtud de prenda o hipoteca.

2.º Los derechos exclusivos a cobrar un crédito, en particular los garantizados por una prenda de la que sea objeto el crédito o por la cesión de dicho crédito a título de garantía.

3.º Los derechos a reivindicar el bien y reclamar su restitución a cualquiera que lo posea o utilice en contra de la voluntad de su titular.

4.º Los derechos reales a percibir los frutos de un bien.

Se asimilará a un derecho real el derecho, inscrito en un registro público y oponible frente a terceros, que permita obtener un derecho real en los términos establecidos en esta letra a).

b) A los derechos del vendedor respecto de los bienes vendidos a la entidad de crédito con reserva de dominio, legalmente constituida, siempre que tales bienes se encuentren, en el momento de adoptar las medidas o incoar los procedimientos, dentro del territorio de otro Estado miembro. De ser la entidad de crédito la vendedora de un bien con reserva de dominio que ya haya sido entregado y que en el momento de la adopción de las referidas medidas o procedimientos se encuentre en el territorio de otro Estado miembro, esa adopción no constituye, por sí sola, causa de resolución ni de rescisión de la venta y no impedirá al comprador la adquisición de su propiedad.

c) Al derecho de un acreedor a reclamar la compensación de su crédito con el de la entidad de crédito cuando la ley aplicable al crédito de esta última permita la compensación.

Lo dispuesto en este apartado 2 se entiende sin perjuicio de las acciones de impugnación que, en su caso, procedan.

Modificado por Ley 11/2015, de 18 de junio, de recuperación y resolución de entidades de crédito y empresas de servicios de inversión. (BOE de 19-06-2015).

Sección 2.ª Publicidad de la adopción de las medidas de saneamiento y de incoación de los procedimientos de liquidación y acreditación del nombramiento de administradores concursales

ART. 9. Publicidad de la adopción de las medidas de saneamiento.

1. Las autoridades judiciales españolas deberán publicar un extracto de su decisión de adopción de las medidas de saneamiento en el «Diario Oficial de la Unión Europea» y en, al menos, dos diarios de difusión nacional en cada uno de los Estados miembros de acogida.

2. El contenido de la decisión objeto de publicación deberá mencionar, en la lengua o las lenguas oficiales de los Estados miembros de que se trate, el objeto y la base jurídica de la decisión adoptada. El contenido de la decisión deberá mencionar los plazos concretos para la presentación de recurso y la dirección postal del órgano competente para conocer de aquel.

3. Las medidas de saneamiento producirán plenos efectos en los términos previstos en la legislación vigente aun cuando no se haya producido la publicación de las decisiones adoptadas conforme a lo que establecen los apartados 1 y 2 de este artículo, salvo que la autoridad judicial hubiera dispuesto otra cosa.

ART. 10. Publicidad de la apertura de los procedimientos de liquidación.

Las autoridades judiciales españolas ordenarán que se publique el contenido esencial del auto de apertura de la fase de liquidación en el «Diario Oficial de la Unión Europea» y en, al menos, dos diarios de difusión nacional en cada uno de los Estados miembros de acogida.

ART. 11. Publicidad registral en los Estados miembros.

1. Las autoridades judiciales españolas podrán solicitar la publicidad registral de la adopción de una medida de saneamiento o la incoación de un procedimiento de liquidación en los demás Estados miembros de acogida, además de hacerlo en los registros españoles que corresponda, según previene la Ley 22/2003, de 9 de julio, Concursal. En cualquier caso, deberán requerirla cuando dicha publicidad sea preceptiva en el Estado de acogida.

2. Los gastos de inscripción se considerarán gastos y costas del procedimiento.

ART. 12. Prueba del nombramiento de la administración concursal.

1. El nombramiento de la administración concursal quedará acreditado mediante copia autenticada del original de la resolución por la que se le designe o mediante certificado expedido por el juez del concurso. Podrá exigirse la traducción de estas certificaciones a la lengua o lenguas oficiales del Estado miembro en cuyo territorio vaya a actuar la administración concursal.

2. La administración concursal, a fin de desarrollar las facultades que le encomienda la ley española, podrá designar a personas que le asistan o, en su caso, le representen en el transcurso de una medida de saneamiento o del procedimiento de liquidación en los Estados de acogida, para facilitar la solución de las dificultades que pudieran encontrar los acreedores de tales Estados. La administración concursal deberá respetar, en todo caso, la legislación de los Estados miembros en cuyo territorio quiera actuar, en concreto, lo referente a las modalidades de realización de los bienes y derechos, y todo lo relativo a la información de los trabajadores asalariados. Dichas facultades de la administración concursal no podrán incluir el uso de la fuerza ni la facultad de pronunciarse sobre un litigio o una controversia.

Sección 3.ª Información y derechos de los acreedores

ART. 13. Información a los acreedores de los Estados miembros.

1. Una vez adoptada la medida o incoado el procedimiento, la administración concursal informará sin demora a los acreedores conocidos que tengan su residencia habitual, domicilio o domicilio social en los demás Estados miembros, si así consta en los libros y documentos de la entidad de crédito o se conozca por cualquier otra razón.

2. La información comprenderá la identificación del procedimiento, la fecha del auto de declaración, las circunstancias personales del deudor, los efectos acordados sobre las facul-

tades de administración y disposición sobre su patrimonio, el llamamiento a los acreedores para que comuniquen sus créditos a la administración concursal, incluso aquellos garantizados con derecho real, el plazo para dicha comunicación y la dirección postal del juzgado.

3. La información se realizará por escrito y mediante envío individualizado.

ART. 14. Comunicación de los créditos.

1. Los acreedores que tengan su residencia habitual, domicilio o domicilio social en otro Estado miembro, incluidas las autoridades públicas, tendrán derecho a comunicar sus créditos o a presentar por escrito las observaciones relativas a estos a la administración concursal conforme a lo dispuesto en el artículo 85 de la Ley 22/2003, de 9 de julio, Concursal.

2. Los títulos de crédito de los acreedores que tengan su residencia habitual, domicilio o domicilio social en otro Estado miembro tendrán el mismo trato y la misma prelación que aquellos títulos con rango equivalente presentados por los acreedores con residencia habitual, domicilio o domicilio social en España.

ART. 15. Lenguas para las comunicaciones.

1. La información prevista en los artículos 10 y 13 de esta Ley se dará en castellano y, en su caso, en la lengua oficial propia de la Comunidad Autónoma en la que tenga su sede el juez del concurso, pero en el encabezamiento de su texto figurarán también, en todas las lenguas oficiales de la Unión Europea, los términos «Convocatoria para la presentación de títulos de crédito. Plazos aplicables».

2. Los acreedores con residencia habitual, domicilio o domicilio social en un Estado miembro distinto de España podrán presentar el escrito de comunicación de sus créditos en la lengua o en una de las lenguas oficiales del Estado miembro de que se trate. En tal caso, el encabezamiento del escrito, «Presentación de título de crédito», deberá redactarse en castellano y, en su caso, en la lengua oficial propia de la Comunidad Autónoma en la que tenga su sede el juez del concurso. Asimismo, la administración concursal podrá exigirles posteriormente una traducción del escrito de comunicación de sus créditos al castellano y, en su caso, a la lengua oficial propia de la Comunidad Autónoma en la que tenga su sede el juez del concurso.

ART. 16. Información periódica de la liquidación a los acreedores.

La administración concursal deberá informar a los acreedores en otros Estados miembros con regularidad y de forma adecuada, sobre la marcha de la correspondiente liquidación de la entidad de crédito.

ART. 17. Revocación de la autorización.

La resolución judicial de apertura de la fase de liquidación llevará consigo la revocación de la autorización de la entidad de crédito, de conformidad con lo dispuesto en esta Ley y en la Ley de Ordenación Bancaria, de 31 de diciembre de 1946.

CAPÍTULO III
Medidas de saneamiento y procedimientos de liquidación sobre sucursales de entidades de crédito no autorizadas en un Estado miembro de la Unión Europea

ART. 18. Información sobre la adopción de medidas de saneamiento y procedimientos de liquidación.

1. Las autoridades judiciales españolas informarán, a través del Banco de España, sin demora y por todos los medios posibles a las autoridades supervisoras competentes de los diferentes Estados miembros de acogida, en relación con su decisión de adoptar una medida de saneamiento o incoar un procedimiento de liquidación y sus repercusiones, sobre las sucursales de entidades de crédito extranjeras no autorizadas en un Estado miembro de la Unión Europea. Si no fuera posible proporcionar dicha información antes de su adopción, será facilitada inmediatamente después.

2. Las autoridades judiciales españolas deberán coordinar su actuación con las autoridades administrativas o judiciales de los diferentes Estados de acogida. Igualmente los liquidadores, si los hubiera, se esforzarán por coordinar sus actuaciones.

CAPÍTULO IV
Efectos de las medidas de saneamiento y de los procedimientos de liquidación adoptados en otros Estados miembros de la Unión Europea

ART. 19. Efectos y publicidad en España de la adopción de medidas de saneamiento y procedimientos de liquidación.

1. Cuando respecto a una entidad de crédito autorizada en un Estado miembro de la Unión Europea que tenga al menos una sucursal o preste servicios en España se haya adoptado una medida de saneamiento o incoado un procedimiento de liquidación, dicha medida o procedimiento surtirá, sin más formalidades, todos sus efectos en España tan pronto como lo haga en el Estado miembro en el que se haya adoptado la medida o incoado el procedimiento.

2. El Banco de España, una vez haya recibido la correspondiente notificación de la autoridad supervisora competente, informará mediante la publicación en el «Boletín Oficial del Estado», de la decisión de adopción de la medida de saneamiento o de la incoación del procedimiento de liquidación.

3. La adopción de una medida de saneamiento o la incoación de un procedimiento de liquidación deberán inscribirse en la hoja abierta a la sucursal en el Registro Mercantil, a petición del administrador, liquidador o de las autoridades administrativas o judiciales competentes del Estado miembro de origen.

ART. 20. Acreditación del nombramiento de las personas y órganos de gestión y administración de las medidas de saneamiento y procedimientos de liquidación.

1. Toda persona u órgano nombrado por las autoridades administrativas o judiciales de otros Estados miembros de la Unión Europea con competencia sobre medidas de saneamiento o procedimientos de liquidación cuya función sea administrar o gestionar dichas medidas o procedimientos podrán desarrollar en España su actuación y ejercer las mismas funciones y poderes que en el Estado miembro de origen. A estos efectos, se acreditará la referida condición mediante la presentación de una copia legalizada de la decisión de nombramiento o de una certificación expedida por la autoridad administrativa o judicial correspondiente, a las que se acompañará su traducción al castellano y, potestativamente, a las lenguas oficiales propias de las Comunidades Autónomas en las que los acreedores tengan su residencia habitual, domicilio o domicilio social. Asimismo, podrán otorgar poderes de representación o solicitar personas que les asistan en España, cuando ello resulte necesario para el pleno desenvolvimiento de la medida de saneamiento o del procedimiento de liquidación, y, en particular, para resolver las dificultades que pudieran encontrar los acreedores residentes en España.

2. Tales personas y órganos deberán respetar en el ejercicio de sus facultades, en todo caso, la legislación española, en concreto, todo lo referente a las modalidades de realización de los bienes y derechos, y lo relativo a la información de los trabajadores asalariados. Dichas facultades y poderes no podrán incluir el uso de la fuerza ni la facultad de pronunciarse sobre un litigio o una controversia.

ART. 21. Reglas especiales de aplicación de la ley española.

Sin perjuicio de que la ley aplicable a la adopción de las medidas de saneamiento o a la incoación de los procedimientos de liquidación sobre una entidad de crédito autorizada en otro Estado miembro con sucursal o que preste libremente servicios en España sea la del Estado miembro de origen, la ley española será la que rija cuando corresponda según lo dispuesto en el artículo 8.

DISPOSICIONES ADICIONALES

D.A. 1.ª Reconocimiento de la adopción de medidas de saneamiento y procedimientos de liquidación sobre sucursales en España de entidades de crédito no autorizadas en un Estado miembro de la Unión Europea.

(DEROGADA)

Derogada (con efectos 01/09/2020) por Real Decreto Legislativo 1/2020, de 5 de mayo, por el que se aprueba el texto refundido de la Ley Concursal (BOE de 07/05/2020).

D.A. 2.ª Espacio Económico Europeo.

En virtud de lo establecido en la Decisión del Comité Mixto del EEE núm. 167/2002, de 6 de diciembre de 2002, por la que se modifica el anexo XI del Acuerdo del Espacio Económico Europeo, esta ley resultará de aplicación a aquellas entidades de crédito ubicadas en el Espacio Económico Europeo.

DISPOSICIONES TRANSITORIAS

D.T. UNICA. Efectos no retroactivos de la Ley.

Esta Ley sólo será aplicable a aquellas medidas de saneamiento y procedimientos de liquidación incoados con posterioridad a su entrada en vigor. Las medidas de saneamiento y los procedimientos de liquidación incoados con anterioridad a dicha fecha se regularán por las leyes aplicables en el momento de su adopción o apertura.

DISPOSICIONES FINALES

D.F. 1.ª Modificación de la Ley 26/1988, de 29 de julio, de disciplina e intervención de las entidades de crédito.

La Ley 26/1988, de 29 de julio, de disciplina e intervención de las entidades de crédito, se modifica en los siguientes términos:

Uno. Se añade un nuevo artículo 37 bis con la siguiente redacción:

«Artículo 37 bis.

En el supuesto de que una entidad de crédito decida su disolución y correspondiente liquidación voluntaria, deberá comunicarlo al Banco de España, el cual podrá fijar condiciones a dicha decisión en el plazo de tres meses desde la presentación de la correspondiente solicitud.»

Dos. Se suprime el apartado 3 del artículo 38.

D.F. 2.ª Modificación de la Ley de Ordenación Bancaria, de 31 de diciembre de 1946.

La Ley de Ordenación Bancaria, de 31 de diciembre de 1946, se modifica en los siguientes términos:

Uno. Se añade una nueva letra h) al apartado 1 del artículo 57 bis con la siguiente redacción:

«h) En todo caso y con carácter preceptivo, cuando se hubiera dictado resolución judicial de apertura de la fase de liquidación en el concurso de acreedores.»

Dos. El apartado 2 del artículo 57 bis queda redactado del siguiente modo:

«El Consejo de Ministros, a propuesta del Ministro de Economía y Hacienda, será competente para acordar la revocación. No obstante, corresponderá la competencia a este último en los casos de renuncia, exclusión del Fondo de Garantía de Depósitos al que esté adscrita una entidad de crédito, cuando se dicte resolución judicial de apertura de la fase de liquidación en el concurso de acreedores y revocación de la autorización de una sucursal de una entidad extranjera por haberle sido retirada la autorización por su autoridad supervisora.

Lo establecido en el párrafo anterior se entenderá sin perjuicio de las competencias que pudieran tener de las Comunidades Autónomas.»

Tres. Se añade un segundo párrafo al apartado 4 del artículo 57 bis con la siguiente redacción:

«No obstante la revocación de la autorización, la administración concursal podrá continuar realizando las actividades de la entidad de crédito que sean necesarias para su liquidación, en los términos previamente autorizados por el Banco de España.»

Cuatro. Se añade un nuevo apartado 6 al artículo 57 bis con la siguiente redacción:

«6. Cuando se hubiese acordado la revocación de la autorización de una entidad de crédito, el Banco de España informará de ello a las autoridades supervisoras competentes de los Estados miembros donde aquella tenga una sucursal o actúe en régimen de libre prestación de servicios, en los términos legalmente previstos.»

D.F. 3.ª Carácter de Ley especial.

(DEROGADA)

Derogada (con efectos 01/09/2020) por Real Decreto Legislativo 1/2020, de 5 de mayo, por el que se aprueba el texto refundido de la Ley Concursal (BOE de 07/05/2020).

D.F. 4.ª Título competencial.

Esta Ley se dicta al amparo de la competencia que corresponde al Estado conforme al artículo 149.1.6.ª y 8.ª de la Constitución. Las referencias al Banco de España se considerarán básicas conforme a lo establecido en el artículo 149.1.11.ª de la Constitución.

D.F. 5.ª Desarrollo normativo.

Se faculta al Gobierno para que dicte las disposiciones necesarias para el desarrollo y ejecución de esta Ley.

D.F. 6.ª Entrada en vigor.

La presente ley entrará en vigor el día siguiente al de su publicación en el «Boletín Oficial del Estado».

Por tanto,
Mando a todos los españoles, particulares y autoridades, que guarden y hagan guardar esta ley.

Madrid, 22 de abril de 2005.
JUAN CARLOS R.

El Presidente del Gobierno,
JOSÉ LUIS RODRÍGUEZ ZAPATERO

III.
REGLAMENTO (UE) 2015/848 DEL PARLAMENTO EUROPEO Y DEL CONSEJO, DE 20 DE MAYO DE 2015, SOBRE PROCEDIMIENTOS DE INSOLVENCIA

—DOUE núm. 141, de 5 de junio de 2015—

REGLAMENTO (UE) 2015/848 DEL PARLAMENTO EUROPEO Y DEL CONSEJO DE 20 DE MAYO DE 2015 SOBRE PROCEDIMIENTOS DE INSOLVENCIA (TEXTO REFUNDIDO)

EL PARLAMENTO EUROPEO Y EL CONSEJO DE LA UNIÓN EUROPEA,

Visto el Tratado de Funcionamiento de la Unión Europea y, en particular, su artículo 81,

Vista la propuesta de la Comisión Europea,

Previa transmisión del proyecto de acto legislativo a los Parlamentos nacionales,

Visto el dictamen del Comité Económico y Social Europeo (1),

De conformidad con el procedimiento legislativo ordinario (2),

Considerando lo siguiente:

(1) El 12 de diciembre de 2012, la Comisión adoptó su informe sobre la aplicación del Reglamento (CE) n° 1346/2000 del Consejo (3). El informe concluye que el Reglamento funciona correctamente en general, pero que sería conveniente mejorar la aplicación de algunas de sus disposiciones con el fin de reforzar la eficaz administración de los procedimientos de insolvencia transfronterizos. Puesto que dicho Reglamento se ha modificado varias veces y procede introducir más modificaciones, conviene refundirlo en aras de la claridad.

(2) La Unión persigue el objetivo de establecer un espacio de libertad, seguridad y justicia.

(3) El buen funcionamiento del mercado interior exige que los procedimientos transfronterizos de insolvencia se desarrollen de forma eficaz y eficiente. La adopción del presente Reglamento es necesaria para alcanzar dicho objetivo, que se incluye en el ámbito de cooperación judicial en materia civil con arreglo al artículo 81 del Tratado.

(4) Las actividades empresariales tienen cada vez más repercusiones transfronterizas por lo que cada vez con mayor frecuencia están siendo reguladas por el Derecho de la Unión. La insolvencia de dichas empresas afecta al buen funcionamiento del mercado interior, y es necesario un acto de la Unión que exija la coordinación de las medidas que deban adoptarse respecto de los bienes del deudor insolvente.

(5) Para el buen funcionamiento del mercado interior es necesario evitar que las partes encuentren incentivos para transferir bienes o litigios de un Estado miembro a otro, en busca de una posición jurídica más favorable en detrimento del conjunto de los acreedores (búsqueda de un foro de conveniencia).

(6) El presente Reglamento debe incluir disposiciones que regulen la competencia para la apertura de procedimientos de insolvencia y de acciones que se deriven directamente de dichos procedimientos y guarden una estrecha vinculación con ellos. Asimismo, el presente

Reglamento debe contener disposiciones relativas al reconocimiento y la ejecución de las resoluciones judiciales dictadas en dichos procedimientos, así como disposiciones relativas a la ley aplicable a los procedimientos de insolvencia. Adicionalmente, el presente Reglamento debe establecer normas sobre la coordinación de los procedimientos de insolvencia relativos a un mismo deudor o a varios miembros de un mismo grupo de sociedades.

(7) La quiebra, los convenios entre quebrado y acreedores y demás procedimientos análogos, así como las acciones relacionadas con esos procedimientos, están excluidos del ámbito de aplicación del Reglamento (UE) n° 1215/2012 del Parlamento Europeo y del Consejo (4). Dichos procedimientos deben quedar sujetos al presente Reglamento. En la mayor medida posible, la interpretación del presente Reglamento debe evitar resquicios normativos entre ambos instrumentos. Sin embargo, el mero hecho de que un procedimiento nacional no figure en la lista del anexo A del presente Reglamento no ha de significar que esté sujeto al Reglamento (UE) n° 1215/2012.

(8) Para alcanzar el objetivo de mejorar la eficacia y eficiencia en los procedimientos de insolvencia con repercusiones transfronterizas es necesario y oportuno que las disposiciones sobre competencia judicial, reconocimiento y Derecho aplicable en este ámbito se recojan en un instrumento de la Unión vinculante y directamente aplicable en los Estados miembros.

(9) El presente Reglamento debe ser aplicable a los procedimientos de insolvencia que cumplan las condiciones establecidas en él, independientemente de que el deudor sea una persona física o jurídica, un comerciante o un particular. Esos procedimientos de insolvencia se enumeran exhaustivamente en el anexo A. Respecto a los procedimientos nacionales recogidos en el anexo A, el presente Reglamento debe aplicarse sin necesidad de examen ulterior alguno por los órganos jurisdiccionales de otro Estado miembro acerca del cumplimiento de las condiciones establecidas en el presente Reglamento. Los procedimientos nacionales de insolvencia que no estén enumerados en el anexo A deben quedar excluidos del presente Reglamento.

(10) El ámbito de aplicación del presente Reglamento debe ampliarse a los procedimientos que promueven el rescate de empresas viables económicamente a pesar de estar en dificultades, y que ofrecen una segunda oportunidad a los empresarios. En particular, debe ampliarse a los procedimientos que estén dirigidos a la reestructuración de un deudor en una fase en la que la insolvencia es solo una probabilidad, o que permitan al deudor conservar el control total o parcial de sus bienes y negocios. También debe hacerse extensivo a los procedimientos que prevean una condonación o reestructuración de la deuda de los consumidores y de los trabajadores autónomos, por ejemplo reduciendo la cuantía que deba pagar el deudor o ampliando el plazo de pago que se le hubiera concedido. Dado que esos procedimientos no implican necesariamente el nombramiento de un administrador concursal, deben estar sujetos al presente Reglamento si se desarrollan bajo el control o la supervisión de un órgano jurisdiccional. En este contexto, el término «control» debe incluir aquellas situaciones en las que el órgano jurisdiccional solo intervenga a instancia de un acreedor u otras partes interesadas.

(11) El presente Reglamento debe aplicarse también a los procedimientos en los que se acuerde una suspensión temporal de las acciones de ejecución interpuestas por acreedores individuales cuando dichas acciones puedan afectar de manera desfavorable a las negociaciones y obstaculizar las perspectivas de reestructurar la actividad mercantil del deudor. Dichos procedimientos no deben causar perjuicio al conjunto de los acreedores y, en caso de que no pueda llegarse a un acuerdo sobre un plan de reestructuración, deben preceder a otros procedimientos incluidos en el presente Reglamento.

(12) El presente Reglamento debe aplicarse a los procedimientos cuya apertura esté sujeta a publicidad con el fin de permitir a los acreedores conocer los procedimientos y presentar sus créditos, asegurando de ese modo el carácter colectivo de los procedimientos, y con el fin de ofrecer a los acreedores la posibilidad de impugnar la competencia del órgano jurisdiccional que los haya abierto.

(13) En consecuencia, deben excluirse del ámbito de aplicación del presente Reglamento los procedimientos de insolvencia que tengan carácter confidencial. Aunque tales procedimientos pueden desempeñar un papel importante en algunos Estados miembros, su confidencialidad hace imposible que un acreedor o un órgano jurisdiccional de otro Estado miembro pueda saber que se ha abierto un procedimiento de este tipo, por lo que resulta difícil garantizar el reconocimiento de sus efectos en toda la Unión.

(14) Los procedimientos colectivos regulados por el presente Reglamento deben incluir a la totalidad o una parte significativa de los acreedores con los que el deudor tenga contraída la totalidad o una parte sustancial de su deuda pendiente, siempre que ello no afecte a los créditos de los acreedores que no sean parte en tales procedimientos. Deben incluir asimismo los procedimientos en los que únicamente concurran los acreedores financieros del deudor. Los procedimientos en los que no concurran todos los acreedores del deudor deben ser procedimientos destinados a rescatar al deudor. Los procedimientos que conduzcan a un cese definitivo de las actividades del deudor o a la liquidación de sus activos deben incluir a todos los acreedores del deudor. Por otra parte, el hecho de que, en algunos procedimientos de insolvencia de personas físicas, determinadas categorías de créditos, como los derechos a alimentos, no puedan acogerse a una condonación de la deuda no significa que tales procedimientos no sean colectivos.

(15) El presente Reglamento debe aplicarse asimismo a los procedimientos que, en virtud del Derecho de algunos Estados miembros, se abren y se desarrollan durante un tiempo a título temporal o provisional, hasta que un órgano jurisdiccional dicte un auto que confirme la continuación del procedimiento sobre una base que no sea provisional. Pese a su denominación de «provisional», esos procedimientos deben cumplir todos los demás requisitos del presente Reglamento.

(16) El presente Reglamento se debe aplicar a los procedimientos que se basen en la legislación en materia de insolvencia. Sin embargo, los procedimientos que se basen en disposiciones generales del Derecho de sociedades que no estén concebidas exclusivamente para situaciones de insolvencia no deben considerarse procedimientos basados en la legislación en materia de insolvencia. De igual modo, los procedimientos a efectos de la reestructuración de la deuda no deben incluir los procedimientos específicos en los que se amorticen las deudas de las personas físicas con rentas muy bajas y un patrimonio de muy escaso valor, siempre que este tipo de procedimientos no establezca en ninguna circunstancia disposiciones para el pago a los acreedores.

(17) El ámbito de aplicación del presente Reglamento debe ampliarse a procedimientos derivados de situaciones en las que el deudor se enfrente a dificultades que no sean financieras, siempre que esas dificultades supongan una amenaza real y seria para la capacidad actual y futura del deudor de pagar sus deudas al vencimiento de estas. El marco temporal indicado para determinar la existencia de tal amenaza puede extenderse a un período de varios meses o incluso más para tener en cuenta los casos en que el deudor se enfrente a dificultades que no sean financieras que hagan peligrar la situación de su empresa y, a medio plazo, su liquidez. Esto puede suceder, por ejemplo, cuando el deudor haya perdido un contrato de importancia clave para este.

(18) El presente Reglamento debe entenderse sin perjuicio de las normas relativas a la recuperación de las ayudas públicas de las sociedades en situación de insolvencia, según ha interpretado la jurisprudencia del Tribunal de Justicia de la Unión Europea.

(19) Los procedimientos de insolvencia relativos a empresas de seguros, entidades de crédito, empresas de inversión y otras sociedades, instituciones o empresas sujetos a la Directiva 2001/24/CE del Parlamento Europeo y del Consejo (5) y los relativos a organismos de inversión colectiva deben excluirse del ámbito de aplicación del presente Reglamento dado que todos están sujetos a regímenes especiales y que las autoridades nacionales de control disponen de amplias competencias de intervención.

(20) Los procedimientos de insolvencia no implican necesariamente la intervención de una autoridad judicial. Así pues, el término «órgano jurisdiccional» en el presente Reglamento debe entenderse, en determinadas disposiciones, en un sentido amplio e incluir a la persona u órgano legitimado por el Derecho nacional para abrir procedimientos de insolvencia. A efectos de la aplicación del presente Reglamento, los procedimientos, que incluyen las diligencias y formalidades legalmente estipuladas, no solo deben cumplir lo dispuesto en este, sino que también deben estar reconocidos oficialmente y tener eficacia jurídica en el Estado miembro en el que se abra el procedimiento de insolvencia.

(21) Los administradores concursales se definen en el presente Reglamento y se enumeran en el anexo B. Los administradores concursales nombrados sin la intervención de un órgano judicial deben estar debidamente regulados y autorizados para actuar en procedimientos de insolvencia en virtud del Derecho nacional. El marco normativo nacional debe establecer las disposiciones adecuadas para resolver posibles conflictos de intereses.

III

(22) El presente Reglamento acepta el hecho de que la disparidad de las normas sustantivas entre los Estados miembros no permite la aplicación de un único procedimiento de insolvencia de alcance universal en toda la Unión. En este contexto, la aplicación sin excepciones del Derecho del Estado de apertura del procedimiento llevaría con frecuencia a situaciones difíciles. Así sucede, por ejemplo, en el caso de las muy diferentes normativas nacionales en materia de garantías que pueden encontrarse en los Estados miembros. Asimismo, los derechos de prelación de que gozan algunos acreedores en el procedimiento de insolvencia son, en algunos casos, completamente diferentes. En la próxima revisión del presente Reglamento será necesario determinar medidas adicionales a fin de mejorar el orden de prelación de los trabajadores a escala europea. El presente Reglamento debe tener en cuenta dicha disparidad de las normas nacionales de dos maneras distintas. Por una parte, deben preverse normas especiales de Derecho aplicable para el supuesto de derechos y relaciones jurídicas que revistan especial importancia (por ejemplo, derechos reales y contratos de trabajo). Por otra parte, junto a un procedimiento de insolvencia principal de alcance universal, también deben autorizarse procedimientos nacionales que se apliquen exclusivamente a los bienes situados en el Estado de apertura del procedimiento.

(23) El presente Reglamento permite que los procedimientos de insolvencia principales se inicien en el Estado miembro en que el deudor tenga el centro de sus intereses principales. Dichos procedimientos tienen alcance universal y su objetivo es que se apliquen a todos los bienes del deudor. Con objeto de proteger la diversidad de intereses, el presente Reglamento permite que se inicien procedimientos de insolvencia secundarios paralelamente al procedimiento de insolvencia principal. Se permite abrir procedimientos de insolvencia secundarios en el Estado miembro en que el deudor tenga un establecimiento. Los efectos de los procedimientos de insolvencia secundarios están limitados a los bienes situados en dicho Estado. La necesidad de congruencia dentro de la Unión se satisface mediante disposiciones imperativas de coordinación con el procedimiento de insolvencia principal.

(24) Cuando el procedimiento de insolvencia principal relativo a una persona jurídica o una sociedad se haya abierto en un Estado miembro distinto de aquel en el que se encuentra su domicilio social, debe ser posible abrir procedimientos de insolvencia secundarios en el Estado miembro en el que se encuentre el domicilio social, a condición de que el deudor esté ejerciendo en dicho Estado una actividad económica con medios humanos y materiales, de conformidad con la jurisprudencia del Tribunal de Justicia de la Unión Europea.

(25) El presente Reglamento se aplica solamente a los procedimientos relativos a deudores cuyo centro de intereses principales esté situado en la Unión.

(26) Las normas de competencia judicial del presente Reglamento solo determinan la competencia internacional, es decir, designan al Estado miembro cuyos órganos jurisdiccionales pueden abrir un procedimiento de insolvencia. La competencia territorial dentro de ese Estado miembro debe ser determinada por su Derecho nacional.

(27) Antes de abrir un procedimiento de insolvencia, el órgano jurisdiccional competente debe examinar de oficio si el centro de intereses principales o el establecimiento del deudor están realmente situados dentro de su ámbito de competencia.

(28) Al determinar si el centro de intereses principales del deudor puede ser reconocible por terceros, debe prestarse una especial atención a los acreedores y a su percepción del lugar en el que el deudor lleva a cabo la gestión de sus intereses. Ello puede requerir, en caso de traslado del centro de intereses principales, que se informe a los acreedores a su debido tiempo de la nueva ubicación desde la cual el deudor está ejerciendo sus actividades, por ejemplo advirtiendo del cambio de dirección en la correspondencia comercial o haciendo pública la nueva ubicación mediante otros medios adecuados.

(29) El presente Reglamento debe contener una serie de salvaguardias destinadas a evitar foros de conveniencia fraudulentos o abusivos.

(30) Así pues, la presunción de que el domicilio social, el centro principal de actividad y la residencia habitual son el centro de intereses principales debe ser refutable, y el órgano jurisdiccional competente de un Estado miembro debe valorar cuidadosamente si el centro de los intereses principales del deudor está realmente situado en ese Estado miembro. En el caso de una sociedad, debe ser posible destruir esa presunción cuando el lugar de la administración central de la sociedad esté situado en un Estado miembro distinto de aquel en el que esté su domicilio social, y cuando de una valoración conjunta de todas las circunstancias pertinentes se establezca, de forma que pueda ser reconocible por terceros, que el centro efectivo de dirección y control de dicha sociedad y de la gestión de sus intereses está

situado en ese otro Estado miembro. Tratándose de una persona que no ejerza una actividad mercantil o profesional independiente, debe ser posible destruir dicha presunción, por ejemplo, en el supuesto de que la mayor parte de los bienes del deudor esté situada fuera del Estado miembro en el que reside habitualmente, o cuando pueda establecerse que la principal razón de su traslado haya sido tramitar los procedimientos de insolvencia en la nueva jurisdicción y ello perjudicase materialmente los intereses de los acreedores cuyos créditos con el deudor hayan nacido antes del traslado.

(31) Con el mismo objetivo de evitar foros de conveniencia fraudulentos o abusivos, la presunción de que el centro de intereses principales se encuentra en el domicilio social, o en el centro principal de actividad o en la residencia habitual de la persona física de que se trate, no debe ser aplicable cuando, tratándose de una sociedad, de una persona jurídica o de una persona física que ejerza una actividad mercantil o profesional independiente, el deudor haya trasladado su domicilio social o centro principal de actividad a otro Estado miembro dentro de los tres meses anteriores a la solicitud de apertura de los procedimientos de insolvencia, o tratándose de una persona que no ejerza una actividad mercantil o profesional independiente, el deudor haya trasladado su residencia habitual a otro Estado miembro dentro de los seis meses anteriores a la solicitud de apertura de los procedimientos de insolvencia.

(32) En todo caso, cuando las circunstancias del asunto susciten dudas sobre la competencia del órgano jurisdiccional, este debe exigir al deudor que aporte pruebas adicionales que respalden sus declaraciones y, en caso de que la ley aplicable a los procedimientos de insolvencia lo permita, ofrecer a los acreedores la posibilidad de presentar sus observaciones sobre la cuestión de la competencia jurisdiccional.

(33) Cuando el órgano jurisdiccional ante el que se haya presentado la solicitud de apertura de un procedimiento de insolvencia concluya que el centro de intereses principales no está situado en su territorio, no abrirá el procedimiento de insolvencia principal.

(34) Por añadidura, todo acreedor del deudor debe tener acceso a una tutela judicial efectiva frente a la resolución de apertura de un procedimiento de insolvencia. La consecuencia de la impugnación de la resolución de apertura de un procedimiento de insolvencia debe regirse por el Derecho nacional.

(35) Los órganos jurisdiccionales del Estado miembro en cuyo territorio se haya abierto un procedimiento de insolvencia también deben ser competentes para conocer de las acciones que se deriven directamente de dicho procedimiento y que guarden una estrecha vinculación con este. Esas acciones deben incluir las acciones revocatorias frente a los demandados en otros Estados miembros, así como las acciones relacionadas con las obligaciones que surjan en el transcurso de los procedimientos de insolvencia, como los pagos anticipados de las costas procesales. En cambio, las acciones destinadas al cumplimiento de las obligaciones contraídas mediante contratos celebrados por el deudor con anterioridad a la apertura de los procedimientos no derivan directamente de estos últimos. Cuando una acción de este tipo guarde relación con otra acción basada en normas generales del Derecho civil y mercantil, el administrador concursal debe poder acumular ambas acciones ante los órganos jurisdiccionales del lugar de domicilio del demandado si considera más eficaz interponer la acción en ese foro. Tal puede ser el caso, por ejemplo, cuando el administrador concursal desee ejercitar una acción basada en el Derecho de insolvencia por la responsabilidad de un administrador junto con una acción basada en el Derecho de sociedades o en el Derecho general en materia de responsabilidad civil.

(36) El órgano jurisdiccional competente para abrir el procedimiento de insolvencia principal debe estar facultado para ordenar medidas provisionales y cautelares desde el momento mismo de la solicitud de apertura del procedimiento. Las medidas cautelares y provisionales, ya sean anteriores o posteriores al inicio del procedimiento de insolvencia, son importantes para garantizar la eficacia del mismo. El presente Reglamento contempla a este respecto varias posibilidades. Por un lado, el órgano jurisdiccional competente para el procedimiento de insolvencia principal debe también estar facultado para ordenar medidas provisionales y cautelares respecto de los bienes situados en el territorio de otros Estados miembros. Por otro, el administrador concursal nombrado provisionalmente con anterioridad al procedimiento principal debe estar facultado para solicitar, en los Estados miembros en que se encuentre un establecimiento del deudor, las medidas cautelares que sean posibles en virtud del Derecho de dichos Estados miembros.

(37) Antes de la apertura del procedimiento de insolvencia principal, el derecho a solicitar la incoación de un procedimiento de insolvencia en el Estado miembro en que el deudor tenga un establecimiento debe estar limitado a los acreedores locales y a las autoridades públicas, o a los casos en que el procedimiento de insolvencia principal no pueda abrirse con arreglo al Derecho del Estado miembro en el que el deudor tenga el centro de sus intereses principales. El motivo de esta restricción es limitar a los casos estrictamente indispensables las solicitudes de apertura de procedimientos de insolvencia territoriales previas al procedimiento de insolvencia principal.

(38) El presente Reglamento no restringe el derecho a solicitar la apertura de un procedimiento de insolvencia en un Estado miembro en que el deudor tenga un establecimiento una vez abierto el procedimiento de insolvencia principal. El administrador concursal del procedimiento de insolvencia principal o cualquier otra persona facultada en virtud del Derecho nacional de dicho Estado miembro puede solicitar la apertura de un procedimiento de insolvencia secundario.

(39) El presente Reglamento debe incluir normas para determinar la localización de los bienes del deudor, y estas normas deben aplicarse a la hora de determinar qué bienes corresponden al procedimiento de insolvencia principal y cuáles a los procedimientos de insolvencia secundarios, o sobre las situaciones en que existan derechos reales de terceros. En particular, en el presente Reglamento se ha de establecer que en los procedimientos de insolvencia principales solamente deben incluirse las patentes europeas con efecto unitario, las marcas comunitarias u otros derechos análogos, como la protección comunitaria de las obtenciones vegetales o los dibujos y modelos comunitarios.

(40) Los procedimientos de insolvencia secundarios pueden tener distintos objetivos, además de la protección de los intereses locales. Pueden darse casos en que la masa del deudor sea demasiado compleja para ser administrada unitariamente, o en que las diferencias entre los ordenamientos jurídicos de que se trate sean tan grandes que puedan surgir dificultades por el hecho de que los efectos derivados del Derecho del Estado de apertura del procedimiento se extiendan a los demás Estados miembros en que estén situados los bienes. Por ese motivo, el administrador concursal del procedimiento de insolvencia principal puede solicitar la apertura de un procedimiento de insolvencia secundario cuando así lo requiera la eficaz administración de la masa.

(41) Los procedimientos de insolvencia secundarios también pueden entorpecer la eficaz administración de la masa. En consecuencia, el presente Reglamento contempla dos situaciones específicas en las que el órgano jurisdiccional ante el cual se solicite la apertura de un procedimiento de insolvencia secundario, a instancia del administrador concursal del procedimiento de insolvencia principal, ha de poder aplazar o denegar la apertura de dicho procedimiento.

(42) En primer lugar, el presente Reglamento ofrece al administrador concursal del procedimiento de insolvencia principal la posibilidad de contraer el compromiso con los acreedores locales de que van a recibir el mismo trato que si se hubiesen abierto procedimientos de insolvencia secundarios. Ese compromiso debe reunir una serie de requisitos previstos en el presente Reglamento, en particular, ser aprobado por una mayoría cualificada de los acreedores locales. Una vez contraído ese compromiso, el órgano jurisdiccional ante el que se haya solicitado la apertura de un procedimiento de insolvencia secundario debe poder denegar la solicitud cuando considere que el compromiso protege adecuadamente los intereses generales de los acreedores locales. A la hora de valorar esos intereses, el órgano jurisdiccional debe tener en cuenta la aprobación del compromiso por una mayoría cualificada de los acreedores locales.

(43) A los efectos de contraer un compromiso con los acreedores locales, los bienes y derechos situados en el Estado miembro en el que el deudor tenga un establecimiento deben formar una subcategoría dentro de la masa y, al distribuir dichos bienes y derechos o los importes percibidos por su realización, el administrador concursal del procedimiento de insolvencia principal debe respetar los derechos de prelación que tendrían los acreedores locales si se hubieran abierto procedimientos de insolvencia secundarios en dicho Estado miembro.

(44) El Derecho nacional debe ser aplicable, según corresponda, en relación con la aprobación de un compromiso. En particular, en caso de que, con arreglo al Derecho nacional, las normas de votación aplicables a la adopción de un plan de reestructuración exijan el reconocimiento previo de los créditos de los acreedores, estos créditos deben considerarse

asimismo reconocidos a efectos de la votación del compromiso. En caso de que en virtud del Derecho nacional existan distintos procedimientos para la adopción de planes de reestructuración, los Estados miembros deben determinar el procedimiento concreto que haya de aplicarse en este contexto.

(45) En segundo lugar, el presente Reglamento debe prever la posibilidad de que el órgano jurisdiccional suspenda temporalmente la apertura de los procedimientos de insolvencia secundarios cuando en el procedimiento de insolvencia principal se haya acordado una suspensión temporal de los procedimientos de ejecución individual, a fin de preservar la eficacia de la suspensión acordada en el procedimiento de insolvencia secundario. El órgano jurisdiccional debe poder acordar la suspensión temporal cuando compruebe que se han establecido las medidas adecuadas para proteger el interés general de los acreedores locales. En ese supuesto, todos aquellos acreedores que pudieran verse afectados por el resultado de las negociaciones de un plan de reestructuración deben ser informados de su desarrollo y poder participar en ellas.

(46) A fin de garantizar la eficaz protección de los intereses locales, el administrador concursal del procedimiento de insolvencia principal no debe poder liquidar o trasladar de manera abusiva los bienes situados en el Estado miembro en el que esté ubicado un establecimiento, en particular con objeto de frustrar la posibilidad de que se satisfagan efectivamente tales intereses si posteriormente se abriese un procedimiento de insolvencia secundario.

(47) Nada de lo dispuesto en el presente Reglamento debe impedir que los órganos jurisdiccionales del Estado miembro en el que se haya abierto un procedimiento de insolvencia secundario sancionen a los administradores sociales del deudor por cualquier incumplimiento de sus obligaciones, siempre que dichos órganos jurisdiccionales sean competentes para resolver esos litigios en virtud de su Derecho nacional.

(48) El procedimiento de insolvencia principal y los procedimientos de insolvencia secundarios pueden contribuir a una eficaz administración de la masa del deudor o a la liquidación efectiva de la masa activa si existe una cooperación adecuada entre los actores que intervengan en todos los procedimientos paralelos. Una cooperación adecuada implica que los diferentes administradores concursales y órganos jurisdiccionales involucrados colaboren estrechamente, en particular, mediante un intercambio suficiente de información. Para asegurar el papel predominante del procedimiento de insolvencia principal deben ofrecerse al administrador concursal de dicho procedimiento varias posibilidades de intervención en procedimientos de insolvencia secundarios paralelos. En particular, el administrador concursal debe poder proponer un plan de reestructuración o convenio, o bien solicitar el aplazamiento de la liquidación de la masa en el procedimiento de insolvencia secundario. Al cooperar, los administradores concursales y los órganos jurisdiccionales deben tener en cuenta las mejores prácticas de cooperación en asuntos de insolvencia transfronteriza establecidas en los principios y directrices sobre comunicación y cooperación adoptados por las organizaciones europeas e internacionales que trabajan en el ámbito del Derecho de insolvencia y, en particular, las orientaciones pertinentes preparadas por la Comisión de las Naciones Unidas para el Derecho Mercantil Internacional (CNUDMI).

(49) En aras de esa cooperación, los administradores concursales y los órganos jurisdiccionales han de poder celebrar acuerdos y protocolos destinados a facilitar la cooperación transfronteriza entre procedimientos de insolvencia múltiples en distintos Estados miembros que afecten al mismo deudor o a miembros del mismo grupo de sociedades, cuando ello sea compatible con las normas aplicables a cada uno de los procedimientos. Dichos acuerdos y protocolos pueden variar en cuanto a su forma, que puede ser escrita u oral, y a su ámbito de aplicación, que puede variar, de genérico a específico, y pueden ser suscritos por diferentes partes. Los acuerdos genéricos simples pueden insistir en la necesidad de una cooperación estrecha entre las partes, sin referirse a cuestiones específicas, mientras que los acuerdos específicos, más detallados, pueden establecer un marco de principios que rijan los distintos procedimientos de insolvencia y pueden ser aprobados por los órganos jurisdiccionales que intervengan, cuando el Derecho nacional así lo requiera. Pueden reflejar el acuerdo entre las partes para adoptar o no adoptar determinadas medidas o acciones.

(50) De igual forma, los órganos jurisdiccionales de diferentes Estados miembros pueden cooperar coordinando el nombramiento de administradores concursales. En ese contexto, pueden nombrar a un solo administrador concursal para varios procedimientos de insolven-

cia que afecten al mismo deudor o para diferentes miembros de un grupo de sociedades, siempre que ello sea compatible con las normas aplicables a cada uno de los procedimientos, en particular, con los requisitos de cualificación y habilitación del administrador concursal.

(51) El presente Reglamento debe garantizar la eficaz administración de los procedimientos de insolvencia relativos a diferentes sociedades que formen parte de un grupo de sociedades.

(52) Cuando se abran procedimientos de insolvencia respecto a varias sociedades de un mismo grupo, debe establecerse una coordinación adecuada entre los actores que intervengan en esos procedimientos. Así, los diferentes administradores concursales y órganos jurisdiccionales implicados deben estar sujetos a una obligación de cooperar y comunicarse entre sí similar a la que se impone a aquellos que intervienen en los procedimientos de insolvencia principales y secundarios relativos a un mismo deudor. La cooperación entre los administradores concursales no puede en ningún caso ir en detrimento de los intereses de los acreedores de cada uno de los procedimientos, y debe tener por objeto hallar una solución que propicie las sinergias en el seno del grupo.

(53) La introducción de normas sobre los procedimientos de insolvencia de grupos de sociedades no debe limitar la posibilidad de que un órgano jurisdiccional abra procedimientos de insolvencia para varias sociedades pertenecientes al mismo grupo en una jurisdicción única si considera que el centro de intereses principales de esas sociedades está situado en un único Estado miembro. En tales situaciones, el órgano jurisdiccional también debe poder nombrar, si procede, a un mismo administrador concursal en todos los procedimientos de que se trate, siempre que ello no sea incompatible con las normas que se les apliquen.

(54) Deben establecerse en el presente Reglamento normas procesales sobre la coordinación de los procedimientos de insolvencia de miembros de un grupo de sociedades para mejorar la coordinación de dichos procedimientos y para permitir la reestructuración coordinada del grupo. Dicha coordinación, que debe estar orientada a su eficiencia, debe respetar a la vez la personalidad jurídica propia de cada miembro del grupo.

(55) Los administradores concursales nombrados en los procedimientos de insolvencia abiertos en relación con un miembro de un grupo de sociedades deben poder solicitar el inicio de un procedimiento de coordinación de grupo. Con todo, cuando la ley aplicable a la insolvencia así lo requiera, el administrador concursal debe obtener la autorización necesaria antes de presentar esa solicitud. En la solicitud deben especificarse los elementos esenciales de la coordinación, con indicación, en particular, de las líneas generales del plan de coordinación, la persona cuyo nombramiento se propone como coordinador y un presupuesto de los costes estimados de la coordinación.

(56) A fin de garantizar el carácter voluntario de los procedimientos de coordinación de grupo, debe darse a los administradores concursales de que se trate un plazo para poder oponerse a participar en ellos. Para que los administradores concursales de que se trate puedan tomar una decisión fundada sobre la participación en un procedimiento de coordinación de grupo, deben ser informados con prontitud de los elementos esenciales de la coordinación. No obstante, un administrador concursal que se haya opuesto en un principio a ser incluido en el procedimiento de coordinación de grupo debe poder pedir posteriormente participar en este. En tal caso, el coordinador debe tomar una decisión sobre la admisibilidad de la solicitud. Todos los administradores concursales, incluido el solicitante, deben ser informados de la decisión del coordinador y tener la posibilidad de impugnarla ante el órgano jurisdiccional que haya iniciado el procedimiento de coordinación de grupo.

(57) Los procedimientos de coordinación de grupo deben procurar en todo momento facilitar la eficaz administración de los procedimientos de insolvencia de los miembros del grupo y tener un impacto globalmente positivo para los acreedores. Así pues, el presente Reglamento debe garantizar que el órgano jurisdiccional ante el que se haya solicitado el inicio de un procedimiento de coordinación de grupo evalúe esos criterios con anterioridad a la apertura de dicho procedimiento.

(58) En el mismo sentido, los costes de los procedimientos de coordinación de grupo no deben exceder nunca de las ventajas que dichos procedimientos presenten. Así pues, es necesario garantizar que los costes de la coordinación, y la parte de esos costes que deba soportar cada miembro del grupo, sean adecuados, proporcionados y razonables, y se determinen de conformidad con el Derecho nacional del Estado miembro en que se hayan iniciado los procedimientos de coordinación de grupo. Los administradores concursales

de que se trate deben asimismo poder controlar esos costes desde las primeras fases del procedimiento. Cuando así lo exija el Derecho nacional, dicho control de los costes puede suponer que el administrador concursal solicite la aprobación de un órgano jurisdiccional o un comité de acreedores.

(59) Cuando el coordinador considere que para cumplir su cometido es necesario un incremento significativo de los costes respecto a los estimados inicialmente y, en cualquier caso, cuando los costes superen el 10 % de los estimados, el coordinador, para incurrir en tal incremento, debe contar con la autorización del órgano jurisdiccional que haya iniciado el procedimiento de coordinación de grupo. Antes de tomar su decisión, el órgano jurisdiccional que haya iniciado el procedimiento de coordinación de grupo debe dar a los administradores concursales participantes la posibilidad de que le presenten alegaciones para permitirles comunicar sus observaciones sobre la pertinencia de la solicitud del coordinador.

(60) Para los miembros de un grupo de sociedades que no participen en el procedimiento de coordinación de grupo, el presente Reglamento debe prever también un mecanismo alternativo que permita lograr una reestructuración coordinada del grupo. Un administrador concursal nombrado en un procedimiento relativo a un miembro de un grupo de sociedades debe estar facultado para solicitar la suspensión de toda medida relacionada con la liquidación de los activos en los procedimientos abiertos en relación con otros miembros del grupo que no se hallen sujetos a procedimientos de coordinación de grupo. Dicha suspensión solo ha de poder solicitarse si se presenta un plan de reestructuración para los miembros del grupo de que se trate, si ese plan redunda en beneficio de los acreedores en los procedimientos respecto a los cuales se ha solicitado la suspensión y si esta es necesaria para garantizar que el plan se pueda aplicar adecuadamente.

(61) El presente Reglamento no debe impedir que los Estados miembros establezcan normas nacionales que complementen las normas sobre cooperación, comunicación y coordinación en lo que se refiere a la insolvencia de miembros de grupos de sociedades establecidas en el mismo Reglamento, siempre que el ámbito de aplicación de tales normas se limite a la jurisdicción nacional y de que su aplicación no menoscabe la eficacia de las normas establecidas en el presente Reglamento.

(62) Las normas sobre cooperación, comunicación y coordinación en el marco de la insolvencia de los miembros de un grupo de sociedades que prevé el presente Reglamento deben aplicarse únicamente en la medida en que se hayan abierto en más de un Estado miembro procedimientos relacionados con los distintos miembros del mismo grupo de sociedades.

(63) Todo acreedor que tenga su residencia habitual, su domicilio o su domicilio social en la Unión debe tener derecho a formular sus pretensiones sobre los bienes del deudor en todos los procedimientos de insolvencia en curso en la Unión. Este derecho debe también aplicarse a las autoridades tributarias y los organismos de la seguridad social. El presente Reglamento no debe impedir al administrador concursal presentar créditos en nombre de determinados grupos de acreedores, por ejemplo los trabajadores, cuando así lo prevea el Derecho nacional. No obstante, para garantizar la igualdad de trato de los acreedores, debe coordinarse la distribución del activo liquidado. Cada acreedor debe poder conservar lo que haya recibido en el marco de un procedimiento de insolvencia, pero solo debe estar autorizado a participar en el reparto de la masa activa en otro procedimiento cuando los acreedores del mismo rango hayan visto satisfechas sus pretensiones en la misma proporción.

(64) Es esencial que los acreedores que tengan su residencia habitual, su domicilio o su domicilio social en la Unión sean informados de la apertura de un procedimiento de insolvencia relativo a su deudor. A fin de garantizar una rápida transmisión de información a los acreedores, el Reglamento (CE) n° 1393/2007 del Parlamento Europeo y del Consejo (6) no debe ser de aplicación cuando el presente Reglamento se refiera a la obligación de informar a los acreedores. El uso de formularios normalizados en todas las lenguas oficiales de las instituciones de la Unión debe facilitar a los acreedores la presentación de sus créditos en los procedimientos abiertos en otro Estado miembro. Las consecuencias de la transmisión del formulario normalizado de forma incompleta deben regirse por el Derecho nacional.

(65) El presente Reglamento debe establecer un reconocimiento inmediato de las decisiones relativas a la apertura, desarrollo y conclusión de los procedimientos de insolvencia que entran en su ámbito de aplicación y de las resoluciones judiciales dictadas en dichos procedimientos. Por esta razón, el reconocimiento automático debe tener por consecuencia que los efectos que el Derecho del Estado miembro de apertura del procedimiento atribuye a este

se extiendan a todos los demás Estados miembros. El reconocimiento de las resoluciones pronunciadas por los órganos jurisdiccionales de los Estados miembros debe basarse en el principio de confianza mutua. A tal fin, los motivos de no reconocimiento deben reducirse al mínimo necesario. También debe solventarse con arreglo a este principio cualquier conflicto que surja cuando los órganos jurisdiccionales de dos Estados miembros se consideren competentes para abrir un procedimiento de insolvencia principal. La decisión del órgano jurisdiccional que lo inicie en primer lugar debe ser reconocida en los demás Estados miembros, que no están autorizados a someter a control la decisión de dicho órgano jurisdiccional.

(66) El presente Reglamento debe establecer, para las materias a las que se aplica, normas uniformes de conflicto de leyes que sustituyan, en su ámbito de aplicación, a las normas nacionales de Derecho internacional privado. A menos que se disponga de otro modo, debe ser de aplicación la ley del Estado miembro en que se haya abierto el procedimiento (lex concursus). Esta norma de conflicto de leyes debe operar tanto en los procedimientos de insolvencia principales como en los territoriales. La lex concursus determina todos los efectos del procedimiento de insolvencia, tanto procesales como materiales, sobre las personas y las relaciones jurídicas implicadas. Regula todas las condiciones para la apertura, desarrollo y conclusión del procedimiento de insolvencia.

(67) El reconocimiento automático de un procedimiento de insolvencia, en el que por lo general es de aplicación la ley del Estado de apertura de dicho procedimiento, puede colisionar con las normas en virtud de las que se realizan las operaciones mercantiles en otros Estados miembros. Con el fin de proteger las expectativas legítimas y la seguridad de las operaciones en Estados miembros distintos a aquel en el que se abre el procedimiento, debe establecerse una serie de excepciones a la norma general.

(68) En el caso de los derechos reales, es necesario aplicar una norma especial distinta a la ley del Estado de apertura del procedimiento, dada la especial relevancia de estos para la concesión de créditos. El fundamento, la validez y el alcance de dichos derechos reales deben por tanto determinarse con arreglo al Derecho del lugar de establecimiento y no verse afectados por la apertura del procedimiento de insolvencia. El titular de un derecho real debe poder así seguir invocando su derecho a la detracción y separación del objeto de garantía. Cuando con arreglo a la ley del Estado de establecimiento los bienes estén sujetos a derechos reales, pero el procedimiento de insolvencia principal se esté desarrollando en otro Estado miembro, el administrador concursal del procedimiento de insolvencia principal debe poder solicitar la apertura de un procedimiento de insolvencia secundario en la jurisdicción en que existen los derechos reales, siempre que el deudor tenga allí un establecimiento. Si no se abre un procedimiento de insolvencia secundario, el excedente correspondiente a la venta de los bienes garantizados por derechos reales debe ser abonado al administrador concursal del procedimiento de insolvencia principal.

(69) El presente Reglamento establece varias disposiciones que permiten a un órgano jurisdiccional acordar la suspensión de la apertura del procedimiento o la suspensión del procedimiento de ejecución. Tales suspensiones no deben afectar a los derechos reales de los acreedores o de terceros.

(70) Si con arreglo al Derecho del Estado de apertura del procedimiento no está autorizada la compensación de créditos, el acreedor debe tener igualmente derecho a dicha compensación, si esta es posible en virtud de la ley aplicable al crédito del deudor insolvente. De esta forma, la compensación adquiriría una función de garantía sobre la base de disposiciones legales en las que el acreedor puede confiar en la fecha de nacimiento del crédito.

(71) Existe también una especial necesidad de protección en el caso de los sistemas de pago y de los mercados financieros, por ejemplo, en relación con los contratos de liquidación y los acuerdos de compensación propios de dichos sistemas, así como con las cesiones de valores y las garantías ofrecidas como compensación de esas operaciones, tal como establece la Directiva 98/26/CE del Parlamento Europeo y del Consejo (7). Para esas operaciones solo debe ser determinante la norma aplicable al sistema o al mercado de que se trate. Dicha norma está destinada a evitar que en caso de insolvencia de un socio puedan modificarse los mecanismos previstos para los sistemas de pagos y liquidaciones de operaciones y para los mercados financieros regulados de los Estados miembros. La Directiva 98/26/CE contiene disposiciones especiales que deben prevalecer sobre las normas generales establecidas en el presente Reglamento.

(72) Con el fin de proteger a los trabajadores y de defender el empleo, los efectos del procedimiento de insolvencia sobre la continuación o conclusión de la relación laboral y sobre

los derechos y obligaciones de todas las partes que intervienen en dicha relación deben quedar determinados por el Derecho aplicable a los contratos de trabajo de que se trate con arreglo a las normas generales de conflicto de leyes. Asimismo, cuando la terminación de los contratos de trabajo requiera la aprobación de un órgano jurisdiccional o autoridad administrativa, el Estado miembro en el que el deudor tenga un establecimiento debe conservar la competencia para otorgar dicha aprobación, aunque no se hayan abierto aún procedimientos de insolvencia en ese Estado miembro. Cualquier otra cuestión relativa a la ley de insolvencia, como la posible protección de los créditos de los trabajadores en virtud de derechos preferentes o el orden de prelación entre estos, debe determinarse con arreglo al Derecho del Estado miembro en el que se haya abierto un procedimiento de insolvencia (principal o secundario), salvo en caso de que se haya contraído el compromiso de evitar procedimientos de insolvencia secundarios de conformidad con el presente Reglamento.

(73) La ley aplicable a los efectos del procedimiento de insolvencia sobre otros procesos en curso o procedimientos arbitrales en curso en relación con los bienes o derechos que formen parte de la masa del deudor debe ser la del Estado miembro en el que esté en curso dicha acción o en el que tenga lugar el arbitraje. No obstante, esta disposición no debe afectar a las normas nacionales sobre reconocimiento y ejecución de laudos arbitrales.

(74) Con el fin de tener en cuenta las normas procesales específicas de los sistemas judiciales de determinados Estados miembros, conviene aplicar con flexibilidad determinadas disposiciones del presente Reglamento. En consecuencia, las referencias del presente Reglamento a la comunicación efectuada por un órgano jurisdiccional de un Estado miembro han de incluir, cuando así lo exijan las normas procesales de dicho Estado, cualquier resolución de tal órgano que ordene la práctica de esa comunicación.

(75) En interés de la actividad empresarial, el contenido esencial de la resolución de apertura de un procedimiento debe publicarse, a instancia del administrador concursal, en otro Estado miembro que no sea el del órgano jurisdiccional que haya dictado esa resolución. Si existe un establecimiento en el Estado miembro de que se trate, dicha publicación debe ser obligatoria. La publicación no debe ser, sin embargo, en ninguno de ambos casos, una condición previa para el reconocimiento del procedimiento en otro país.

(76) A fin de mejorar el suministro de información a los acreedores y órganos jurisdiccionales de que se trate y de impedir la apertura de procedimientos de insolvencia paralelos, debe exigirse a los Estados miembros que publiquen la información pertinente sobre los asuntos de insolvencia transfronteriza en un registro electrónico de acceso público. Para facilitar el acceso a esa información de los acreedores y órganos jurisdiccionales domiciliados o situados en otros Estados miembros, el presente Reglamento debe prever la interconexión de dichos registros de insolvencia a través del Portal Europeo de e-Justicia. Los Estados miembros deben poder publicar la información pertinente en varios registros, y debe ser posible interconectar más de un registro por Estado miembro.

(77) El presente Reglamento debe determinar la cantidad mínima de información que haya de publicarse en los registros de insolvencia. No se debe impedir a los Estados miembros que incluyan información adicional. Cuando el deudor sea una persona física que ejerza una actividad empresarial o profesional independiente, el registro de insolvencia ha de poder indicar solamente un número de identificación. Ese número de identificación debe entenderse que es el número único de identificación de la actividad empresarial o profesional independiente del deudor que consta en el registro mercantil, en caso de que este exista.

(78) La información sobre determinados aspectos de los procedimientos de insolvencia, como los plazos para la presentación de créditos o para la impugnación de decisiones, es esencial para los acreedores. No obstante, el presente Reglamento no debe exigir a los Estados miembros el cálculo de esos plazos para cada caso concreto. Los Estados miembros deben poder cumplir su obligación mediante la inclusión de hiperenlaces hacia el Portal Europeo de e-Justicia, en el que ha de facilitarse información suficientemente clara sobre los criterios para el cálculo de esos plazos.

(79) Para garantizar una protección suficiente de la información relativa a las personas físicas que no ejercen actividades empresariales o profesionales independientes, los Estados miembros deben poder supeditar el acceso a esa información a criterios de búsqueda adicionales, como el número de identificación personal, la dirección y la fecha de nacimiento del deudor, o el ámbito territorial de competencia del órgano jurisdiccional competente, o condicionar dicho acceso a la solicitud de una autoridad competente o a la comprobación de la existencia de un interés legítimo.

(80) Los Estados miembros también deben poder excluir de sus registros de insolvencia la información relativa a las personas físicas que no ejerzan actividades empresariales o profesionales independientes. En tal caso, los Estados miembros deben garantizar que se facilite a los acreedores la información pertinente mediante comunicación individual, y que los créditos de los acreedores que no hayan recibido dicha información no se vean afectados por tales procedimientos.

(81) Puede darse el caso de que algunas de las personas afectadas no tengan efectivamente conocimiento de la apertura de un procedimiento de insolvencia y actúen de buena fe en contradicción con las nuevas circunstancias. En protección de esas personas que, con desconocimiento de la apertura del procedimiento en otro país, efectúen pagos al deudor, en lugar de al administrador concursal de ese otro país, debe establecerse que dicho pago tenga un efecto liberatorio de la deuda.

(82) A fin de garantizar condiciones uniformes de aplicación del presente Reglamento, deben conferirse a la Comisión competencias de ejecución. Dichas competencias deben ejercerse de conformidad con el Reglamento (UE) n° 182/2011 del Parlamento Europeo y del Consejo (8).

(83) El presente Reglamento respeta los derechos fundamentales y observa los principios reconocidos en la Carta de los Derechos Fundamentales de la Unión Europea. En particular, el presente Reglamento aspira a promover la aplicación de los artículos 8, 17 y 47 de dicha Carta relativos, respectivamente, a la protección de los datos de carácter personal, el derecho a la propiedad y el derecho a la tutela judicial efectiva y a un juez imparcial.

(84) La Directiva 95/46/CE del Parlamento Europeo y del Consejo (9) y el Reglamento (CE) n° 45/2001 del Parlamento Europeo y del Consejo (10) se aplican al tratamiento de los datos personales en el marco del presente Reglamento.

(85) El presente Reglamento se entiende sin perjuicio del Reglamento (CEE, Euratom) n° 1182/71 del Consejo (11).

(86) Dado que los objetivos del presente Reglamento no pueden ser alcanzados de manera suficiente por los Estados miembros, sino que, debido al establecimiento de un marco legal para la adecuada administración de los procedimientos de insolvencia transfronterizos, pueden lograrse mejor a escala de la Unión, esta puede adoptar medidas de acuerdo con el principio de subsidiariedad establecido en el artículo 5 del Tratado de la Unión Europea. De conformidad con el principio de proporcionalidad establecido en el mismo artículo, el presente Reglamento no excede de lo necesario para alcanzar dichos objetivos.

(87) De conformidad con el artículo 3 y el artículo 4 bis, apartado 1, del Protocolo no 21 sobre la posición del Reino Unido e Irlanda, anejo al Tratado de la Unión Europea y al Tratado de Funcionamiento de la Unión Europea, el Reino Unido e Irlanda han notificado su deseo de tomar parte en la adopción y la aplicación del presente Reglamento.

(88) De conformidad con los artículos 1 y 2 del Protocolo no 22 sobre la posición de Dinamarca, anejo al Tratado de la Unión Europea y al Tratado de Funcionamiento de la Unión Europea, Dinamarca no participa en la adopción del presente Reglamento, por lo que no está vinculada por el mismo ni obligada a aplicarlo.

(89) El Supervisor Europeo de Protección de Datos ha sido consultado y ha emitido su dictamen el 27 de marzo de 2013 (12).

HAN ADOPTADO EL PRESENTE REGLAMENTO:

CAPÍTULO I
DISPOSICIONES GENERALES

ART. 1. Ámbito de aplicación

1. El presente Reglamento se aplicará a los procedimientos colectivos públicos, incluidos los procedimientos provisionales, regulados en la legislación en materia de insolvencia y en los que, a efectos de rescate, reestructuración de la deuda, reorganización o liquidación,

a) se desapodere a un deudor total o parcialmente de sus bienes y se nombre a un administrador concursal;

b) los bienes y negocios de un deudor se sometan a control o supervisión judicial, o

c) un órgano jurisdiccional acuerde, o se establezca por ministerio de la ley, una suspensión temporal de los procedimientos de ejecución individual para facilitar las negociaciones entre el deudor y sus acreedores, siempre que los procedimientos en los que se acuerde la suspensión prevean medidas adecuadas para proteger al conjunto de los acreedores y, en caso de que no se alcance un acuerdo, sean previos a uno de los procedimientos a los que hacen referencia las letras a) o b).

En los casos en los que los procedimientos a que se refiere el presente apartado puedan iniciarse en situaciones en las que únicamente existe una probabilidad de insolvencia, su propósito será evitar la insolvencia del deudor o el cese de su actividad.

Los procedimientos a que se refiere el presente apartado se enumeran en el anexo A.

2. El presente Reglamento no se aplicará a los procedimientos a que se refiere el apartado 1 relativos a:

a) empresas de seguros;

b) entidades de crédito;

c) empresas de inversión y otras empresas y entidades en la medida en que se incluyan en el ámbito de aplicación de la Directiva 2001/24/CE, ni a

d) organismos de inversión colectiva.

ART. 2. Definiciones

A efectos del presente Reglamento, se entenderá por:

1) «procedimientos colectivos»: procedimientos de insolvencia que incluyan la totalidad o una parte significativa de los acreedores del deudor, a condición de que, en este último supuesto, los procedimientos no afecten a los créditos de los acreedores que no sean parte en ellos;

2) «organismos de inversión colectiva»: organismos de inversión colectiva en valores mobiliarios (OICVM), tal como se definen en la Directiva 2009/65/CE del Parlamento Europeo y del Consejo (13), y fondos de inversión alternativos (FIA), tal como se definen en la Directiva 2011/61/UE del Parlamento Europeo y del Consejo (14);

3) «deudor no desapoderado»: cualquier deudor respecto del que se haya abierto un procedimiento de insolvencia que no implique necesariamente el nombramiento de un administrador concursal o la transferencia total de los derechos y funciones de la administración de su patrimonio a un administrador concursal y que, por tanto, permita al deudor seguir controlando total o parcialmente sus bienes y negocios;

4) «procedimientos de insolvencia»: los procedimientos enumerados en el anexo A;

5) «administrador concursal»: cualquier persona u órgano cuya función, incluso de manera provisional, sea:

i) comprobar y admitir pretensiones formuladas en procedimientos de insolvencia,

ii) representar el interés general de los acreedores,

iii) administrar, total o parcialmente, los bienes de los que se ha desapoderado al deudor;

iv) liquidar los bienes a los que hace referencia el inciso iii), o

v) supervisar la administración de los negocios del deudor.

Las personas y órganos a que se hace referencia en el párrafo primero se enumeran en la lista del anexo B;

6) «órgano jurisdiccional»:

i) en el artículo 1, apartado 1, letras b) y c), en el artículo 4, apartado 2, en los artículos 5 y 6, en el artículo 21, apartado 3, en el artículo 24, apartado 2, letra j), en los artículos 36 y 39, y en los artículos 61 a 77, el órgano judicial de un Estado miembro,

ii) en todos los demás artículos, el órgano judicial o cualquier otra autoridad competente de un Estado miembro facultada para abrir un procedimiento de insolvencia, para confirmar dicha apertura o para adoptar decisiones en el curso del procedimiento;

7) «resolución de apertura de un procedimiento de insolvencia»: incluye

i) la decisión de cualquier órgano jurisdiccional de abrir un procedimiento de insolvencia o confirmar la apertura de dicho procedimiento, y

ii) la decisión de un órgano jurisdiccional por la que se nombra a un administrador concursal;

8) «momento de apertura del procedimiento»: el momento a partir del cual surte efecto la resolución de apertura de un procedimiento de insolvencia, independientemente de que dicha resolución sea o no definitiva;

9) «Estado miembro en el que se encuentre un bien»:

i) para las acciones nominativas de sociedades distintas de las mencionadas en el inciso ii), el Estado miembro en cuyo territorio tenga su domicilio social la sociedad emisora,

ii) para los instrumentos financieros cuya titularidad esté representada por anotaciones en un registro o cuenta mantenidos por un intermediario o en nombre suyo («anotaciones en cuenta»), el Estado miembro en el que se lleve el registro o cuenta en la que se efectúan las anotaciones,

iii) para el efectivo en cuenta en una entidad de crédito, el Estado miembro indicado en el IBAN de la cuenta o, para el efectivo en cuenta en una entidad de crédito que no disponga de IBAN, el Estado miembro en el que esté situada la administración central de la entidad de crédito en la que está abierta la cuenta o, en caso de que la cuenta esté abierta en una sucursal, agencia u otro establecimiento, el Estado miembro en el que esté situada la sucursal, agencia u otro establecimiento,

iv) para los bienes y derechos cuya propiedad o titularidad esté inscrita en un registro público distinto de aquellos a que se refiere el inciso i), el Estado miembro bajo cuya autoridad se lleve dicho registro,

v) patentes europeas, el Estado miembro a quien se haya concedido la patente,

vi) derechos de autor y derechos afines, el Estado miembro en cuyo territorio esté situada la residencia habitual o el domicilio social del titular de dichos derechos,

vii) para los bienes materiales distintos de los mencionados en los incisos i) a iv), el Estado miembro en cuyo territorio estén situados los bienes de que se trate,

viii) para los créditos frente a terceros distintos de los relativos a los activos a que se refiere el inciso iii), el Estado miembro en cuyo territorio se encuentre el centro de intereses principales del tercero, tal como se determina en el artículo 3, apartado 1;

10) «establecimiento»: todo lugar de operaciones en el que un deudor ejerza o haya ejercido, en los tres meses anteriores a la solicitud de apertura del procedimiento principal de insolvencia, de forma no transitoria una actividad económica con medios humanos y materiales;

11) «acreedor local»: todo acreedor cuyos créditos frente al deudor surjan de la explotación de un establecimiento situado en un Estado miembro distinto del Estado miembro en el que el deudor tenga su centro de intereses principales, o que estén relacionados con dicha explotación;

12) «acreedor extranjero»: todo acreedor que tenga su residencia habitual, su domicilio o su domicilio social en un Estado miembro distinto de aquel en el que se haya abierto el procedimiento, incluidas las autoridades tributarias y los organismos de la seguridad social de los Estados miembros;

13) «grupo de sociedades»: una empresa matriz y todas sus empresas filiales;

14) «empresa matriz»: una empresa que controla, directa o indirectamente, una o más empresas filiales. Se considerará empresa matriz la que elabora estados financieros consolidados de conformidad con la Directiva 2013/34/UE del Parlamento Europeo y del Consejo (15).

ART. 3. Competencia internacional

1. Tendrán competencia para abrir el procedimiento de insolvencia los órganos jurisdiccionales del Estado miembro en cuyo territorio se sitúe el centro de intereses principales del deudor («procedimiento de insolvencia principal»). El centro de intereses principales será el lugar en el que el deudor lleve a cabo de manera habitual y reconocible por terceros la administración de sus intereses.

Respecto de las sociedades y personas jurídicas, se presumirá que el centro de sus intereses principales es, salvo prueba en contrario, el lugar de su domicilio social. Esta presunción solo será aplicable si el domicilio social no ha sido trasladado a otro Estado miembro en los tres meses anteriores a la solicitud de apertura de un procedimiento de insolvencia.

Respecto de los particulares que ejercen una actividad mercantil o profesional independiente, se presumirá que el centro de sus intereses principales es, salvo prueba en contrario, su centro principal de actividad. Esta presunción solo será aplicable si el centro principal de actividad de la persona en cuestión no ha sido trasladado a otro Estado miembro en los tres meses anteriores a la solicitud de apertura de un procedimiento de insolvencia.

Respecto de otros particulares, se presumirá que el centro de sus intereses principales es, salvo prueba en contrario, el lugar de residencia habitual de dicho particular. Esta presunción solo será aplicable si la residencia habitual no ha sido trasladada a otro Estado miembro en los seis meses anteriores a la solicitud de apertura de un procedimiento de insolvencia.

2. Cuando el centro de intereses principales del deudor se encuentre en el territorio de un Estado miembro, los órganos jurisdiccionales de otro Estado miembro solo serán competentes para abrir un procedimiento de insolvencia con respecto a ese deudor si este posee un establecimiento en el territorio de este otro Estado miembro. Los efectos de dicho procedimiento se limitarán a los bienes del deudor situados en el territorio de dicho Estado miembro.

3. Cuando se haya abierto un procedimiento de insolvencia en aplicación del apartado 1, cualquier otro procedimiento de insolvencia que se abra con posterioridad en aplicación del apartado 2 será un procedimiento de insolvencia secundario.

4. Un procedimiento de insolvencia territorial basado en el apartado 2 solo podrá abrirse con anterioridad a un procedimiento de insolvencia principal en aplicación del apartado 1 en uno de los siguientes supuestos:

a) cuando no pueda abrirse un procedimiento de insolvencia principal debido a las condiciones establecidas por la ley del Estado miembro en cuyo territorio esté situado el centro de intereses principales del deudor;

b) cuando la apertura del procedimiento de insolvencia territorial sea solicitada por:

i) un acreedor cuyo crédito tenga su origen en la explotación de un establecimiento situado dentro del territorio del Estado miembro en el que se ha solicitado la apertura del procedimiento territorial o cuyo crédito esté relacionado con dicha explotación, o

ii) una autoridad pública que, de conformidad con la ley del Estado miembro en cuyo territorio esté situado el establecimiento, esté facultada para solicitar la apertura de un procedimiento de insolvencia.

Cuando se abra un procedimiento de insolvencia principal, los procedimientos de insolvencia territoriales pasarán a ser procedimientos de insolvencia secundarios.

ART. 4. Comprobación de la competencia

1. El órgano jurisdiccional que reciba una solicitud de apertura de un procedimiento de insolvencia examinará de oficio si es competente de conformidad con el artículo 3. La resolución de apertura del procedimiento de insolvencia especificará los motivos en los que se basa la competencia del órgano jurisdiccional y, en particular, si se basa en el apartado 1 o en el apartado 2 del artículo 3.

2. No obstante lo dispuesto en el apartado 1, cuando se abra un procedimiento de insolvencia con arreglo al Derecho nacional sin una resolución de un órgano jurisdiccional, los Estados miembros podrán encomendar al administrador concursal nombrado para dicho procedimiento que examine si el Estado miembro en el que se ha presentado una solicitud de apertura del mismo es competente de acuerdo con el artículo 3. En caso afirmativo, el administrador concursal especificará en la resolución de apertura del procedimiento los motivos sobre los que se fundamenta la competencia y, en particular, si se fundamenta en el apartado 1 o en el apartado 2 del artículo 3.

ART. 5. Control jurisdiccional de la resolución de apertura del procedimiento de insolvencia principal

1. El deudor o cualquiera de los acreedores podrán impugnar ante un órgano jurisdiccional la resolución de apertura de un procedimiento de insolvencia principal por motivos de competencia internacional.

2. La resolución de apertura de un procedimiento de insolvencia principal puede ser impugnada por otras partes distintas de las mencionadas en el apartado 1 o por motivos distintos de la falta de competencia internacional, siempre que el Derecho nacional así lo establezca.

ART. 6. Competencia para las acciones que se deriven directamente de los procedimientos de insolvencia o guarden una estrecha vinculación con ellos

1. Los órganos jurisdiccionales del Estado miembro en cuyo territorio se haya abierto un procedimiento de insolvencia en aplicación del artículo 3 serán competentes para cualquier acción que se derive directamente del procedimiento de insolvencia y guarde una estrecha vinculación con este, como las acciones revocatorias.

2. Cuando una acción como la mencionada en el apartado 1 sea una acción conexa con una acción en materia civil y mercantil interpuesta contra el mismo demandado, el administrador concursal podrá promover ambas acciones ante los órganos jurisdiccionales del Estado miembro en cuyo territorio esté domiciliado el demandado o, en caso de que la acción se interpusiera contra varios demandados, ante los órganos jurisdiccionales del Estado miembro en cuyo territorio esté domiciliado alguno de ellos, siempre que esos órganos jurisdiccionales sean competentes con arreglo a las normas establecidas por el Reglamento (UE) n° 1215/2012.

El párrafo primero será aplicable al deudor no desapoderado, siempre que el Derecho nacional le permita presentar acciones en representación de la masa.

3. A los efectos del apartado 2, se considerarán conexas las acciones vinculadas entre sí por una relación tan estrecha que es oportuno tramitarlas y juzgarlas al mismo tiempo a fin de evitar resoluciones que podrían ser contradictorias si se juzgasen los asuntos separadamente.

ART. 7. Ley aplicable

1. Salvo que se disponga de otro modo en el presente Reglamento, la ley aplicable al procedimiento de insolvencia y a sus efectos será la del Estado miembro en cuyo territorio se abra dicho procedimiento («el Estado de apertura del procedimiento»).

2. La ley del Estado de apertura del procedimiento determinará las condiciones de apertura, desarrollo y conclusión del procedimiento de insolvencia. Dicha ley determinará en particular:

a) los deudores respecto de los cuales pueda abrirse un procedimiento de insolvencia;

b) los bienes que forman parte de la masa y el tratamiento de los bienes adquiridos por el deudor, o que se le transfieran, después de la apertura del procedimiento de insolvencia;

c) las facultades respectivas del deudor y del administrador concursal;

d) las condiciones de oponibilidad de una compensación;

e) los efectos del procedimiento de insolvencia sobre los contratos vigentes en los que el deudor sea parte;

f) los efectos de la apertura de un procedimiento de insolvencia sobre las ejecuciones individuales, con excepción de los procesos en curso;

g) los créditos que deban reconocerse en el pasivo del deudor y el tratamiento de los créditos nacidos después de la apertura del procedimiento de insolvencia;

h) las normas relativas a la presentación, examen y reconocimiento de los créditos;

i) las normas del reparto del producto de la realización de los activos, la prelación de los créditos y los derechos de los acreedores que hayan sido parcialmente satisfechos después de la apertura del procedimiento de insolvencia en virtud de un derecho real o por el efecto de una compensación;

j) las condiciones y los efectos de la conclusión del procedimiento de insolvencia, en particular, mediante convenio;

k) los derechos de los acreedores después de terminado el procedimiento de insolvencia;

l) la imposición de las costas y los gastos en los que se incurra en el procedimiento de insolvencia;

m) las normas relativas a la nulidad, anulación o inoponibilidad de los actos perjudiciales para el conjunto de los acreedores.

ART. 8. Derechos reales de terceros

1. La apertura del procedimiento de insolvencia no afectará a los derechos reales de un acreedor o de un tercero sobre los bienes, materiales o inmateriales, muebles o inmuebles, tanto bienes concretos, como conjuntos de bienes indefinidos que varían de vez en cuando, que pertenezcan al deudor y que, en el momento de apertura del procedimiento, se encuentren en el territorio de otro Estado miembro.

2. Los derechos contemplados en el apartado 1 son, en particular:

a) el derecho a realizar o a que se realice el bien y a ser pagado con el producto o los rendimientos de dicho bien, en particular, en virtud de prenda o hipoteca;

b) el derecho exclusivo a cobrar un crédito, en particular, el derecho garantizado por una prenda de la que sea objeto el crédito o por la cesión de dicho crédito a título de garantía;

c) el derecho a reivindicar el bien y reclamar su restitución a cualquiera que lo posea o utilice en contra de la voluntad de su titular;

d) el derecho real a percibir los frutos de un bien.

3. Se asimilará a un derecho real el derecho, inscrito en un registro público y oponible frente a terceros, que permita obtener un derecho real en el sentido del apartado 1.

4. Lo dispuesto en el apartado 1 no impide el ejercicio de las acciones de nulidad, anulación o inoponibilidad contempladas en el artículo 7, apartado 2, letra m).

ART. 9. Compensación

1. La apertura del procedimiento de insolvencia no afectará al derecho de un acreedor a reclamar la compensación de su crédito con el crédito del deudor, cuando la ley aplicable al crédito del deudor insolvente permita dicha compensación.

2. Lo dispuesto en el apartado 1 no impide el ejercicio de las acciones de nulidad, anulación o inoponibilidad contempladas en el artículo 7, apartado 2, letra m).

ART. 10. Reserva de dominio

1. La apertura de un procedimiento de insolvencia contra el comprador de un bien no afectará a los derechos del vendedor basados en una reserva de dominio cuando dicho bien

se encuentre, en el momento de apertura del procedimiento, en el territorio de un Estado miembro distinto del Estado de apertura del procedimiento.

2. La apertura de un procedimiento de insolvencia contra el vendedor de un bien después de que este haya sido entregado no constituirá una causa de resolución o de rescisión de la compraventa y no impedirá al comprador la adquisición de la propiedad del bien vendido cuando dicho bien se encuentre en el momento de apertura del procedimiento en el territorio de un Estado miembro distinto del Estado de apertura del procedimiento.

3. Lo dispuesto en los apartados 1 y 2 no impide el ejercicio de las acciones de nulidad, anulación o inoponibilidad contempladas en el artículo 7, apartado 2, letra m).

ART. 11. Contratos sobre bienes inmuebles

1. Los efectos del procedimiento de insolvencia en un contrato que otorgue un derecho de adquisición o de uso de un bien inmueble se regularán exclusivamente por la ley del Estado miembro en cuyo territorio esté situado el inmueble.

2. El órgano jurisdiccional que haya abierto el procedimiento de insolvencia principal será competente para aprobar la rescisión o la modificación de los contratos contemplados en el presente artículo siempre que:

a) el Derecho del Estado miembro aplicable a dichos contratos requiera que estos solo puedan ser rescindidos o modificados con la aprobación del órgano jurisdiccional que haya abierto el procedimiento de insolvencia, y

b) no se haya abierto un procedimiento de insolvencia en dicho Estado miembro.

ART. 12. Sistemas de pago y mercados financieros

1. Sin perjuicio de lo dispuesto en el artículo 8, los efectos del procedimiento de insolvencia sobre los derechos y obligaciones de los participantes en un sistema de pago o compensación o en un mercado financiero se regirán exclusivamente por la ley del Estado miembro aplicable a dicho sistema o mercado.

2. Lo dispuesto en el apartado 1 no impedirá el ejercicio de una acción de nulidad, anulación o inoponibilidad de los pagos o de las transacciones, en virtud de la ley aplicable al sistema de pago o al mercado financiero de que se trate.

ART. 13. Contratos de trabajo

1. Los efectos del procedimiento de insolvencia sobre el contrato de trabajo y sobre la relación laboral se regularán exclusivamente por la ley del Estado miembro aplicable al contrato de trabajo.

2. Los órganos jurisdiccionales del Estado miembro en el que puedan abrirse procedimientos de insolvencia secundarios seguirán siendo competentes para aprobar la rescisión o modificación de los contratos contemplados en el presente artículo, aunque no se haya incoado ningún procedimiento en dicho Estado miembro.

El párrafo primero también será aplicable a una autoridad que sea competente en virtud del Derecho nacional para aprobar la rescisión o modificación de los contratos contemplados en el presente artículo.

ART. 14. Efectos sobre los derechos sometidos a registro

Los efectos del procedimiento de insolvencia sobre los derechos del deudor sobre un bien inmueble, un buque o una aeronave que estén sujetos a la inscripción en un registro público se establecerán en virtud de la ley del Estado miembro bajo cuya autoridad se lleve el registro.

ART. 15. Patentes europeas con efecto unitario y marcas comunitarias

A efectos del presente Reglamento, una patente europea con efecto unitario, una marca comunitaria o cualquier otro derecho análogo establecido por el Derecho de la Unión únicamente podrán incluirse en un procedimiento del artículo 3, apartado 1.

ART. 16. Actos perjudiciales

No se aplicará lo dispuesto en el artículo 7, apartado 2, letra m), cuando el que se haya beneficiado de un acto perjudicial para los intereses de los acreedores pruebe que:

a) dicho acto está sujeto al Derecho de un Estado miembro distinto del Estado de apertura del procedimiento, y que

b) en ese caso concreto, la ley de dicho Estado miembro no permite por ningún medio que se impugne dicho acto.

ART. 17. Protección de los terceros adquirentes

Cuando el deudor, por un acto celebrado después de la apertura de un procedimiento de insolvencia, disponga a título oneroso

a) de un bien inmueble;

b) de un buque o de un aeronave sujetos a inscripción en un registro público, o

c) de valores negociables cuya existencia requiera una inscripción en un registro determinado por ley,

la validez de dicho acto se regirá por la ley del Estado en cuyo territorio se encuentre el bien inmueble, o bajo cuya autoridad se lleve el registro.

ART. 18. Efectos del procedimiento de insolvencia sobre procesos en curso o procedimientos arbitrales en curso

Los efectos del procedimiento de insolvencia sobre procesos en curso o procedimientos arbitrales en curso en relación con un bien o un derecho que formen parte de la masa del deudor se regirán exclusivamente por la ley del Estado miembro en el que esté en curso dicho proceso o en el que tenga su sede el tribunal arbitral.

CAPÍTULO II
RECONOCIMIENTO DEL PROCEDIMIENTO DE INSOLVENCIA

ART. 19. Principio

1. Toda resolución de apertura de un procedimiento de insolvencia, adoptada por el órgano jurisdiccional competente de un Estado miembro en virtud del artículo 3, será reconocida en todos los demás Estados miembros desde el momento en que la resolución produzca efectos en el Estado de apertura del procedimiento.

La norma establecida en el párrafo primero se aplicará también cuando el deudor no pueda ser sometido a un procedimiento de insolvencia en los demás Estados miembros.

2. El reconocimiento del procedimiento contemplado en el artículo 3, apartado 1, no impedirá la apertura del procedimiento contemplado en el artículo 3, apartado 2, por parte de un órgano jurisdiccional de otro Estado miembro. Este último procedimiento se considerará un procedimiento de insolvencia secundario a los efectos del capítulo III.

ART. 20. Efectos del reconocimiento

1. La resolución de apertura del procedimiento de insolvencia contemplado en el artículo 3, apartado 1, producirá, sin ningún otro trámite, en cualquier otro Estado miembro, los efectos que le atribuya la ley del Estado de apertura del procedimiento, salvo que se disponga de otro modo en el presente Reglamento y mientras no se abra en ese otro Estado miembro ningún procedimiento de los contemplados en el artículo 3, apartado 2.

2. Los efectos del procedimiento a que se refiere el artículo 3, apartado 2, no podrán impugnarse en los demás Estados miembros. Cualquier limitación de los derechos de los acreedores, en particular, un aplazamiento de pago o una condonación de deuda, solo podrá oponerse, por lo que respecta a los bienes situados en el territorio de otro Estado miembro, a los acreedores que hayan manifestado su consentimiento.

ART. 21. Facultades del administrador concursal

1. El administrador concursal nombrado por un órgano jurisdiccional competente en virtud del artículo 3, apartado 1, podrá ejercer en otro Estado miembro todas las facultades que le hayan sido conferidas por la ley del Estado de apertura del procedimiento mientras no se haya abierto otro procedimiento de insolvencia ni se haya adoptado medida cautelar contraria alguna como consecuencia de una solicitud de apertura de un procedimiento de insolvencia en ese Estado. A reserva de lo dispuesto en los artículos 8 y 10, el administrador concursal podrá, en particular, trasladar los bienes del deudor fuera del territorio del Estado miembro en que se encuentren.

2. El administrador concursal nombrado por un órgano jurisdiccional competente en virtud del artículo 3, apartado 2, podrá hacer valer por vía judicial o extrajudicial en cualquier otro Estado miembro que un bien mueble ha sido trasladado del territorio del Estado de apertura del procedimiento al territorio de ese otro Estado miembro tras la apertura del procedimiento de insolvencia. El administrador concursal podrá también ejercitar cualquier acción revocatoria en interés de los acreedores.

3. En el ejercicio de sus facultades, el administrador concursal cumplirá la ley del Estado miembro en cuyo territorio quiera actuar, en particular, en lo que respecta a las modalidades de realización de los bienes. Dichas facultades no incluyen el uso de medios de apremio, a no ser que hayan sido dictados por un órgano jurisdiccional de dicho Estado miembro, ni la facultad de pronunciarse sobre litigios o controversias.

ART. 22. Prueba del nombramiento del administrador concursal

El nombramiento del administrador concursal se acreditará mediante la presentación de una copia certificada conforme al original de la decisión por la que se le nombre o por cualquier otro certificado expedido por el órgano jurisdiccional competente.

Podrá exigirse su traducción en la lengua o en una de las lenguas oficiales del Estado miembro en cuyo territorio pretenda actuar. No se exigirá ninguna otra legalización o formalidad análoga.

ART. 23. Restitución e imputación

1. El acreedor que, tras la apertura de un procedimiento contemplado en el artículo 3, apartado 1, obtenga por cualquier medio, en particular por vía ejecutiva, un pago total o parcial de su crédito sobre los bienes del deudor situados en el territorio de otro Estado miembro, restituirá lo que haya obtenido al administrador concursal, sin perjuicio de lo dispuesto en los artículos 8 y 10.

2. Para garantizar la igualdad de trato de los acreedores, el acreedor que haya obtenido en un procedimiento de insolvencia una parte de su crédito, solo participará en el reparto efectuado en otro procedimiento cuando los acreedores del mismo rango o de la misma categoría hayan obtenido, en ese otro procedimiento, un dividendo equivalente.

ART. 24. Creación de registros de insolvencia

1. Los Estados miembros crearán y llevarán en su territorio uno o más registros en los que se publique información relativa a procedimientos de insolvencia («registros de insolvencia»). Esta información se publicará tan pronto como sea posible tras la apertura de los procedimientos correspondientes.

2. La información mencionada en el apartado 1 se pondrá a disposición del público, observando las condiciones estipuladas en el artículo 27, e incluirá lo siguiente («información obligatoria»):

a) la fecha de apertura del procedimiento de insolvencia;

b) el órgano jurisdiccional que abra el procedimiento de insolvencia, y el número de referencia del asunto, si lo hubiera;

c) el tipo de procedimiento de insolvencia indicado en el anexo A y, en su caso, cualquier subtipo correspondiente de dicho procedimiento iniciado de conformidad con el Derecho nacional;

d) si la competencia para abrir el procedimiento se basa en el apartado 1, el apartado 2 o el apartado 4 del artículo 3;

e) si el deudor es una sociedad o una persona jurídica, su nombre, número de registro, domicilio social o, en caso de ser diferente, su dirección postal;

f) si el deudor es un particular, ejerza o no una actividad mercantil o profesional independiente, su nombre, número de identificación, de haberlo, y dirección postal o, en caso de que la dirección esté protegida, su fecha y lugar de nacimiento;

g) el nombre, la dirección postal o el correo electrónico del administrador concursal, si lo hubiera, nombrado en el procedimiento;

h) el plazo de presentación de los créditos, si lo hubiera, o una referencia a los criterios para el cálculo de ese plazo;

i) la fecha de conclusión del procedimiento de insolvencia principal, si la hubiera;

j) el órgano jurisdiccional ante el cual debe impugnarse la resolución de apertura del procedimiento de insolvencia y, en su caso, el plazo para presentar dicha impugnación de conformidad con el artículo 5, o una referencia a los criterios para el cálculo de ese plazo.

3. El apartado 2 no impedirá a los Estados miembros incluir en sus registros nacionales de insolvencia documentos o información adicional, como las inhabilitaciones de administradores sociales relativas a la insolvencia.

4. Los Estados miembros no estarán obligados a incluir en los registros de insolvencia la información mencionada en el apartado 1 del presente artículo en relación con particulares que no ejerzan ninguna actividad mercantil o profesional independiente, ni a divulgar dicha información a través del sistema de interconexión de dichos registros, siempre que los acreedores extranjeros conocidos sean informados, con arreglo a lo dispuesto en el artículo 54, de los aspectos contemplados en el apartado 2, letra j), del presente artículo.

Cuando un Estado miembro haga uso de la posibilidad prevista en el párrafo primero, los procedimientos de insolvencia no afectarán a los créditos de los acreedores extranjeros que no hayan recibido la información indicada en dicho párrafo.

5. La publicación de información en los registros en virtud del presente Reglamento no tendrá ningún efecto jurídico al margen de lo previsto en el Derecho nacional y en el artículo 55, apartado 6.

ART. 25. Interconexión de los registros de insolvencia

1. La Comisión establecerá, mediante actos de ejecución, un sistema descentralizado para la interconexión de los registros de insolvencia. Dicho sistema estará compuesto por los registros de insolvencia y el Portal Europeo de e-Justicia, que actuará como punto central de acceso electrónico público a la información disponible en el sistema. El sistema ofrecerá un servicio de búsqueda en todas las lenguas oficiales de las instituciones de la Unión, con el fin de hacer accesible la información obligatoria y todos los demás documentos o la información incluida en sus registros de insolvencia que los Estados miembros decidan poner a disposición a través del Portal Europeo de e-Justicia.

2. Mediante actos de ejecución con arreglo al procedimiento contemplado en el artículo 87, la Comisión adoptará a más tardar el 26 de junio de 2019 las disposiciones siguientes:

a) las especificaciones técnicas en las que se definan los métodos de comunicación y de intercambio de información por medios electrónicos sobre la base de las especificaciones de interfaz para el sistema de interconexión de los registros de insolvencia;

b) las medidas técnicas que garanticen las normas mínimas en materia de seguridad informática para la comunicación y distribución de información dentro del sistema de interconexión de los registros de insolvencia;

c) los criterios mínimos para el servicio de búsqueda facilitado por el Portal Europeo de e-Justicia basados en la información establecida en el artículo 24;

d) los criterios mínimos para la presentación de los resultados de las búsquedas basados en la información establecida en el artículo 24;

e) los medios y las condiciones técnicas de acceso a los servicios facilitados por el sistema de interconexión, y

f) un glosario con una explicación básica de los procedimientos nacionales de insolvencia que figuren en el anexo A.

Ver Reglamento de Ejecución (UE) 2019/917 de la Comisión, de 4 de junio de 2019, por el que se establecen especificaciones, medidas y otros requisitos técnicos necesarios para el sistema de interconexión de los registros de insolvencia en virtud del artículo 25 del Reglamento (UE) 2015/848 del Parlamento Europeo y del Consejo.

ART. 26. Coste del establecimiento y la interconexión de los registros de insolvencia

1. El establecimiento, mantenimiento y desarrollo futuro del sistema de interconexión de los registros de insolvencia se financiará con cargo al presupuesto general de la Unión.

2. Cada Estado miembro se hará cargo de los costes de establecimiento y adaptación de sus registros nacionales de insolvencia para hacerlos interoperativos con el Portal Europeo de e-Justicia, así como de los costes de gestión, funcionamiento y mantenimiento de los mismos. Lo anterior se entenderá sin perjuicio de la posibilidad de solicitar subvenciones para prestar apoyo a estas actividades de acuerdo con los programas de financiación de la Unión.

ART. 27. Condiciones de acceso a la información mediante el sistema de interconexión

1. Los Estados miembros se asegurarán de que la información obligatoria mencionada en el artículo 24, apartado 2, letras a) a j), está disponible sin costes a través del sistema de interconexión de los registros de insolvencia.

2. El presente Reglamento no impide a los Estados miembros cobrar una tasa razonable por el acceso a los documentos o a la información adicional mencionada en el artículo 24, apartado 3, mediante el sistema de interconexión de los registros de insolvencia.

3. Los Estados miembros podrán sujetar el acceso a la información obligatoria relativa a particulares que no ejercen ninguna actividad mercantil o profesional independiente, y a particulares que ejercen una actividad mercantil o profesional independiente cuando los procedimientos de insolvencia no estén relacionados con esa actividad, a criterios de búsqueda adicionales relacionados con el deudor, además de a los criterios mínimos contemplados en el artículo 25, apartado 2, letra c).

4. Los Estados miembros podrán exigir que el acceso a la información mencionada en el apartado 3 se realice previa solicitud a la autoridad competente. Los Estados miembros podrán condicionar el acceso a dicha información a la verificación previa de la existencia de un interés legítimo. El solicitante podrá presentar su solicitud de información electrónicamente por medio del Portal Europeo de e-Justicia. En caso de que se requiera un interés legítimo, el solicitante podrá justificar su solicitud mediante copias electrónicas de los documentos correspondientes. El solicitante recibirá una respuesta de la autoridad competente en un plazo de tres días laborables.

El solicitante no estará obligado a proporcionar traducciones de los documentos que justifiquen su solicitud ni a hacerse cargo de ningún coste de traducción en que pueda incurrir la autoridad competente.

ART. 28. Publicación en otro Estado miembro

1. El administrador concursal o el deudor no desapoderado solicitarán que la resolución de apertura de un procedimiento de insolvencia y, en su caso, la decisión de nombrar al administrador concursal, se publiquen en cualquier otro Estado miembro en el que exista un establecimiento del deudor, de conformidad con los procedimientos de publicación previstos en dicho Estado miembro. En esa publicación se precisará, en su caso, el administrador concursal nombrado y si la norma de competencia aplicada es la del artículo 3, apartado 1, o la del artículo 3, apartado 2.

2. El administrador concursal o el deudor no desapoderado podrán solicitar que la información mencionada en el apartado 1 se publique en cualquier otro Estado miembro que el administrador concursal o el deudor no desapoderado consideren necesario, de conformidad con los procedimientos de publicación previstos en dicho Estado miembro.

ART. 29. Inscripción en un registro público de otro Estado miembro

1. Cuando el Derecho del Estado miembro en el que esté situado un establecimiento del deudor, y este establecimiento esté inscrito en un registro público de dicho Estado miembro, o el Derecho del Estado miembro en el que esté situado un bien inmueble perteneciente al deudor, exija que la información sobre la apertura de un procedimiento de insolvencia mencionada en el artículo 28 se publique en el Registro de la Propiedad Inmobiliaria, en el Registro Mercantil o en cualquier otro registro público, el administrador concursal o el deudor no desapoderado tomarán todas las medidas necesarias para asegurar que se practica dicha inscripción.

2. El administrador concursal o el deudor no desapoderado podrán solicitar dicha inscripción en el registro de cualquier otro Estado miembro, siempre que el Derecho del Estado miembro en el que se lleve el registro autorice tal inscripción.

ART. 30. Gastos

Los gastos ocasionados por las medidas de publicación y de registro previstas en los artículos 28 y 29 se considerarán costas y gastos del procedimiento.

ART. 31. Ejecución a favor del deudor

1. Quien ejecute en un Estado miembro una obligación a favor de un deudor sometido a un procedimiento de insolvencia abierto en otro Estado miembro, cuando debería haberlo hecho a favor del administrador concursal de ese procedimiento, quedará liberado si desconocía la apertura del procedimiento.

2. Salvo prueba en contrario, se presumirá que quien haya ejecutado dicha obligación antes de haberse efectuado la publicación prevista en el artículo 28 desconocía la apertura

del procedimiento de insolvencia. Salvo prueba en contrario, se presumirá que quien haya ejecutado la obligación después de haberse efectuado la publicación conocía la apertura del procedimiento.

ART. 32. Reconocimiento y carácter ejecutorio de otras resoluciones

1. Las resoluciones relativas al desarrollo y conclusión de un procedimiento de insolvencia dictadas por el órgano jurisdiccional cuya resolución de apertura del procedimiento deba reconocerse en virtud del artículo 19, y los convenios aprobados por dicho órgano jurisdiccional, se reconocerán asimismo de pleno derecho. Tales resoluciones se ejecutarán con arreglo a los artículos 39 a 44 y 47 a 57 del Reglamento (UE) n° 1215/2012.

Lo dispuesto en el párrafo primero se aplicará asimismo a las resoluciones, incluso las dictadas por otro órgano jurisdiccional, que se deriven directamente del procedimiento de insolvencia y que guarden una estrecha vinculación con este.

Lo dispuesto en el párrafo primero se aplicará asimismo a las resoluciones relativas a las medidas cautelares adoptadas tras la solicitud de apertura de un procedimiento de insolvencia o en relación con esta.

2. El reconocimiento y la ejecución de resoluciones distintas de las contempladas en el apartado 1 del presente artículo se regirán por el Reglamento (UE) n° 1215/2012, siempre que dicho Reglamento sea aplicable.

ART. 33. Orden público

Todo Estado miembro podrá negarse a reconocer un procedimiento de insolvencia abierto en otro Estado miembro o a ejecutar una resolución dictada en el marco de dicho procedimiento cuando dicho reconocimiento o dicha ejecución pueda producir efectos claramente contrarios al orden público de dicho Estado, en especial a sus principios fundamentales o a los derechos y a las libertades individuales garantizados por su Constitución.

CAPÍTULO III
PROCEDIMIENTOS DE INSOLVENCIA SECUNDARIOS

ART. 34. Apertura del procedimiento

Cuando el procedimiento de insolvencia principal se haya abierto por un órgano jurisdiccional de un Estado miembro y haya sido reconocido en otro Estado miembro, un órgano jurisdiccional de ese otro Estado miembro que sea competente en virtud del artículo 3, apartado 2, podrá abrir un procedimiento de insolvencia secundario de conformidad con lo establecido en el presente capítulo. Cuando el procedimiento de insolvencia principal exija que el deudor sea insolvente, la insolvencia del deudor no se examinará de nuevo en el Estado miembro en el que se pueda abrir un procedimiento de insolvencia secundario. Los efectos del procedimiento de insolvencia secundario se limitarán a los bienes del deudor situados en el territorio del Estado miembro en el que se haya abierto dicho procedimiento.

ART. 35. Ley aplicable

Salvo que se disponga de otro modo en el presente Reglamento, la ley aplicable al procedimiento de insolvencia secundario será la del Estado miembro en cuyo territorio este se haya abierto.

ART. 36. Derecho a contraer un compromiso con el fin de evitar procedimientos de insolvencia secundarios

1. Con el fin de evitar la apertura de procedimientos de insolvencia secundarios, el administrador concursal del procedimiento de insolvencia principal podrá contraer un compromiso unilateral («el compromiso») con respecto a los bienes situados en el Estado miembro en el que pueda abrirse un procedimiento de insolvencia secundario según el cual, al distribuir dichos bienes o los importes percibidos como resultado de su realización, cumplirá con los órdenes de prelación del Derecho nacional a la que se acogerían los acreedores en caso de que se abriera un procedimiento de insolvencia secundario en dicho Estado miembro. El compromiso especificará las circunstancias de hecho en las que se base, en particular en cuanto al valor de los bienes situados en el Estado miembro afectado y a las opciones existentes para realizar dichos bienes.

2. En caso de que se contraiga un compromiso de conformidad con el presente artículo, la ley aplicable a la distribución de los importes percibidos por la realización de los bienes a que se refiere el apartado 1, al orden de prelación de los créditos y a los derechos de los acreedores en relación con los bienes mencionados en el apartado 1 será la del Estado miembro en el que hubiera podido abrirse un procedimiento de insolvencia secundario. El momento pertinente para determinar los bienes mencionados en el apartado 1 será el momento en el que se contraiga el compromiso.

3. El compromiso se expresará en la lengua oficial o en una de las lenguas oficiales del Estado miembro en el que hubiera podido abrirse un procedimiento de insolvencia secundario o, en caso de que en dicho Estado miembro existan varias lenguas oficiales, la lengua oficial o una de las lenguas oficiales del lugar en el que podía abrirse el procedimiento de insolvencia secundario.

4. El compromiso se expresará por escrito. Estará sujeto a cualesquiera otros requisitos relativos a la forma, y a requisitos de aprobación en relación con la distribución, si los hubiera, del Estado miembro en el que se haya abierto el procedimiento de insolvencia principal.

5. El compromiso será aprobado por los acreedores locales conocidos. Se aplicarán asimismo a la aprobación del compromiso las normas sobre mayoría cualificada y votación que se apliquen a la adopción de planes de reestructuración conforme al Derecho del Estado miembro en el que hubiera podido abrirse un procedimiento de insolvencia secundario. Los acreedores podrán participar en la votación utilizando medios de comunicación a distancia, cuando el Derecho nacional lo permita. El administrador concursal informará del compromiso a los acreedores locales conocidos, así como de las normas y procedimientos para su aprobación y de la aprobación o denegación del mismo.

6. El compromiso contraído y aprobado conforme al presente artículo será vinculante para la masa. Cuando se inicien procedimientos de insolvencia secundarios de acuerdo con los artículos 37 y 38, el administrador concursal del procedimiento de insolvencia principal transferirá al administrador concursal del procedimiento de insolvencia secundario todos los bienes trasladados fuera del territorio de dicho Estado miembro después de que se haya contraído el compromiso, o sus importes en caso de que dichos bienes ya se hayan realizado.

7. En caso de que el administrador concursal haya adquirido un compromiso, informará a los acreedores locales sobre el reparto previsto antes de la distribución de los bienes e importes contemplada en el apartado 1. Si esa información no cumple las condiciones del compromiso adquirido o de la normativa aplicable, cualquier acreedor local podrá impugnar dicha distribución ante los órganos jurisdiccionales del Estado miembro en el que se haya abierto el procedimiento de insolvencia principal, con el fin de alcanzar una distribución conforme a las condiciones del compromiso adquirido y de la normativa aplicable. En tal caso, no se efectuará ninguna distribución hasta que el órgano jurisdiccional haya tomado una decisión sobre la impugnación.

8. Los acreedores locales podrán solicitar que los órganos jurisdiccionales del Estado miembro en el que se haya abierto el procedimiento de insolvencia principal exijan al administrador concursal de dicho procedimiento que tome las medidas apropiadas necesarias para garantizar el cumplimiento de las condiciones del compromiso adquirido, de acuerdo con el Derecho del Estado de apertura del procedimiento de insolvencia principal.

9. Los acreedores locales podrán también acudir a los órganos jurisdiccionales del Estado miembro en que hubiera podido abrirse un procedimiento de insolvencia secundario para solicitar que el órgano jurisdiccional tome medidas provisionales o cautelares para garantizar que el administrador concursal cumple las condiciones del compromiso.

10. El administrador concursal será responsable de cualquier perjuicio causado a los acreedores locales como consecuencia de su incumplimiento de las obligaciones y requisitos establecidos en el presente artículo.

11. A los efectos del presente artículo, las autoridades del Estado miembro en el que hubiera podido abrirse un procedimiento de insolvencia secundario y que, en virtud de la Directiva 2008/94/CE del Parlamento Europeo y del Consejo (16), estén obligadas a garantizar el pago de los créditos impagados de los trabajadores asalariados que resulten de los contratos de trabajo o de relaciones laborales, se considerarán que son un acreedor local cuando así lo disponga el Derecho interno.

III

ART. 37. Derecho a solicitar la apertura de procedimientos de insolvencia secundarios

1. Podrán solicitar la apertura de un procedimiento de insolvencia secundario:

a) el administrador concursal del procedimiento de insolvencia principal;

b) cualquier otra persona o autoridad facultada para solicitar la apertura de un procedimiento de insolvencia con arreglo al Derecho del Estado miembro en cuyo territorio se solicite la apertura del procedimiento de insolvencia secundario.

2. Cuando un compromiso sea vinculante de conformidad con el artículo 36, se solicitará la apertura del procedimiento de insolvencia secundario dentro del plazo de 30 días a partir de la recepción de la comunicación de la aprobación del compromiso.

ART. 38. Resolución de apertura de un procedimiento de insolvencia secundario

1. El órgano jurisdiccional al que se presente una solicitud de apertura de un procedimiento de insolvencia secundario lo comunicará inmediatamente al administrador concursal o al deudor no desapoderado del procedimiento de insolvencia principal y le ofrecerá la oportunidad de ser oído al respecto.

2. Cuando el administrador concursal del procedimiento de insolvencia principal haya contraído un compromiso con arreglo a lo dispuesto en el artículo 36, el órgano jurisdiccional contemplado en el apartado 1 del presente artículo, a instancia del administrador concursal, no abrirá un procedimiento de insolvencia secundario si considera que el compromiso protege adecuadamente los intereses generales de los acreedores locales.

3. Cuando se haya autorizado la suspensión temporal de los procedimientos de ejecución individual para facilitar las negociaciones entre el deudor y sus acreedores, el órgano jurisdiccional, a instancia del administrador concursal o del deudor no desapoderado, podrá suspender la apertura de un procedimiento de insolvencia secundario durante un plazo no superior a tres meses, siempre que se hayan tomado medidas adecuadas para proteger los intereses de los acreedores locales.

El órgano jurisdiccional mencionado en el apartado 1 podrá adoptar medidas cautelares para proteger los intereses de los acreedores locales impidiendo al administrador concursal o al deudor no desapoderado trasladar o disponer de ningún bien ubicado en el Estado miembro en el que se encuentre su establecimiento salvo que se trate de actos u operaciones propios de su giro o tráfico. El órgano jurisdiccional podrá dictar asimismo otras medidas para proteger los intereses de los acreedores locales durante la suspensión, salvo que ello sea incompatible con sus normas procesales civiles nacionales.

El órgano jurisdiccional levantará la suspensión de la apertura del procedimiento de insolvencia secundario, de oficio o a instancia de cualquier acreedor, si durante la suspensión se hubiera alcanzado un acuerdo en las negociaciones previstas en el párrafo primero.

El órgano jurisdiccional podrá levantar la suspensión, de oficio o a instancia de cualquier acreedor, si su continuación menoscabase los derechos de los acreedores, en particular en caso de que se hayan interrumpido las negociaciones o resulte evidente que existen pocas probabilidades de que prosperen o en caso de que el administrador concursal o el deudor no desapoderado no hayan respetado la prohibición de disponer de los bienes o de trasladarlos fuera del territorio del Estado miembro en el que se encuentre el establecimiento.

4. A instancia del administrador concursal del procedimiento de insolvencia principal, el órgano jurisdiccional al que hace referencia el apartado 1 podrá abrir un tipo de procedimiento de insolvencia que figure en el anexo A distinto del solicitado inicialmente, siempre que se cumplan las condiciones de apertura de este otro tipo de procedimiento conforme al Derecho nacional y que ese procedimiento sea el más adecuado respecto a los intereses de los acreedores locales y por motivos de congruencia entre el procedimiento de insolvencia principal y el secundario. Se aplicará lo dispuesto en la segunda frase del artículo 34.

ART. 39. Control jurisdiccional de la resolución de apertura del procedimiento de insolvencia secundario

El administrador concursal del procedimiento de insolvencia principal podrá impugnar la resolución de apertura de un procedimiento de insolvencia secundario ante los órganos jurisdiccionales del Estado miembro en el que este se haya abierto por el motivo de que el órgano jurisdiccional de que se trate no haya cumplido las condiciones y los requisitos del artículo 38.

ART. 40. Anticipo de gastos y costas

Cuando el Derecho del Estado miembro en que se haya solicitado la apertura de un procedimiento de insolvencia secundario exija que el activo del deudor sea suficiente para cubrir, total o parcialmente, los gastos y costas del procedimiento, el órgano jurisdiccional que conozca de dicha solicitud podrá exigir al solicitante un anticipo de gastos o una fianza adecuada.

ART. 41. Cooperación y comunicación entre administradores concursales

1. El administrador concursal del procedimiento de insolvencia principal y el administrador concursal o los administradores concursales de los procedimientos de insolvencia secundarios relativos a un mismo deudor cooperarán entre sí en la medida en que dicha cooperación no sea incompatible con las normas aplicables a los respectivos procedimientos. Dicha cooperación podrá adoptar cualquier forma, incluida la celebración de acuerdos o protocolos.

2. Al poner en práctica la cooperación indicada en el apartado 1, los administradores concursales:

a) se comunicarán lo antes posible toda información que pueda resultar útil para el otro procedimiento, en especial el estado de la presentación y comprobación de los créditos y todas las medidas destinadas al rescate o la reestructuración del deudor o a la conclusión de los procedimientos, siempre que se adopten las medidas oportunas para proteger la información confidencial;

b) estudiarán la posibilidad de reestructuración del deudor y, si existe tal posibilidad, coordinarán la elaboración y la aplicación de un plan de reestructuración;

c) coordinarán la administración de la realización o la utilización de los bienes y negocios del deudor; el administrador concursal del procedimiento de insolvencia secundario ofrecerá al administrador concursal del procedimiento de insolvencia principal la posibilidad de presentar, con la debida antelación, propuestas relativas a la realización o a cualquier otra utilización de los activos del procedimiento de insolvencia secundario.

3. Los apartados 1 y 2 se aplicarán, mutatis mutandis, a aquellas situaciones en las que, en el procedimiento de insolvencia principal, en el procedimiento de insolvencia secundario o en los procedimientos de insolvencia territoriales que afecten al mismo deudor y se encuentren abiertos al mismo tiempo, el deudor no haya sido desposeído de sus bienes.

ART. 42. Cooperación y comunicación entre órganos jurisdiccionales

1. A fin de facilitar la coordinación entre el procedimiento de insolvencia principal, los procedimientos de insolvencia secundarios y territoriales, relativos a un mismo deudor, el órgano jurisdiccional que haya recibido una solicitud de apertura o que haya abierto un procedimiento de insolvencia cooperará con cualquier otro órgano jurisdiccional ante el que se haya presentado una solicitud de apertura de procedimiento de insolvencia o que ya haya abierto dicho procedimiento, en la medida en que dicha cooperación no sea incompatible con las normas aplicables a cada uno de esos procedimientos. A tal fin, los órganos jurisdiccionales podrán nombrar, cuando proceda, a una persona u órgano independiente que actúe siguiendo sus instrucciones, siempre que ello no resulte incompatible con las normas aplicables a dichos procedimientos.

2. Al poner en práctica la cooperación mencionada en el apartado 1, los órganos jurisdiccionales, o cualquier persona u órgano nombrado que actúe en su representación, tal como se indica en el apartado 1, podrán, directamente, comunicarse entre sí, o solicitarse mutuamente información o asistencia, siempre que dicha comunicación respete los derechos procesales de las partes en los procedimientos y el carácter confidencial de la información.

3. La cooperación mencionada en el apartado 1 del presente artículo se llevará a cabo de conformidad con lo dispuesto en el artículo 3 del Reglamento (UE) 2023/2844 del Parlamento Europeo y del Consejo (*). En particular, podrá referirse a lo siguiente:

a) la coordinación del nombramiento de los administradores concursales;

b) la comunicación de información por cualquier medio que el órgano jurisdiccional considere oportuno;

c) la coordinación de la administración y supervisión de los bienes y negocios del deudor;

III

d) la coordinación de la celebración de las vistas;

e) la coordinación en la aprobación de protocolos, en caso necesario.

(*) Reglamento (UE) 2023/2844 del Parlamento Europeo y del Consejo, de 13 de diciembre de 2023, sobre la digitalización de la cooperación judicial y del acceso a la justicia en asuntos transfronterizos civiles, mercantiles y penales, y por el que se modifican determinados actos jurídicos en el ámbito de la cooperación judicial (DO L, 2023/2844, 27.12.2023, ELI: http://data.europa.eu/eli/reg/2023/2844/oj).

Apdo. 3 modificado por el Reglamento (UE) 2023/2844 del Parlamento Europeo y del Consejo, de 13 de diciembre de 2023, sobre la digitalización de la cooperación judicial y del acceso a la justicia en asuntos transfronterizos civiles, mercantiles y penales, y por el que se modifican determinados actos jurídicos en el ámbito de la cooperación judicial. (DOUE de 27-12-2023).

ART. 43. Cooperación y comunicación entre los administradores concursales y los órganos jurisdiccionales

1. A fin de facilitar la coordinación entre el procedimiento de insolvencia principal, los procedimientos de insolvencia secundarios y los territoriales, relativos al mismo deudor,

a) el administrador concursal del procedimiento de insolvencia principal cooperará y se comunicará con cualquier órgano jurisdiccional ante el que se haya presentado una solicitud de apertura o que haya abierto un procedimiento de insolvencia secundario;

b) el administrador concursal de un procedimiento de insolvencia territorial o secundario cooperará y se comunicará con el órgano jurisdiccional ante el que se haya presentado una solicitud de apertura o que haya abierto un procedimiento de insolvencia principal, y

c) el administrador concursal del procedimiento de insolvencia territorial o secundario cooperará y se comunicará con el órgano jurisdiccional ante el que se haya presentado una solicitud de apertura o que haya abierto un procedimiento de insolvencia territorial o secundario,

en la medida en que dichas cooperación y comunicación no sean incompatibles con las normas aplicables a cada uno de los procedimientos ni impliquen conflicto de intereses alguno.

2. La cooperación a que se refiere el apartado 1 podrá llevarse a cabo por cualquier medio adecuado, como los establecidos en el artículo 42, apartado 3.

ART. 44. Costes de la cooperación y comunicación

La aplicación de los artículos 42 y 43 no conllevará que los órganos jurisdiccionales se requieran mutuamente el pago de los costes de cooperación y comunicación.

ART. 45. Ejercicio de los derechos de los acreedores

1. Todo acreedor podrá presentar su crédito en el procedimiento de insolvencia principal y en cualquier procedimiento de insolvencia secundario.

2. Los administradores concursales del procedimiento principal y de los procedimientos de insolvencia secundarios presentarán en otros procedimientos los créditos ya comunicados en el procedimiento para el que se les haya nombrado, siempre que sea útil para los acreedores cuyos intereses representan y a reserva del derecho de estos últimos a oponerse a dicha presentación o a retirarla, cuando así lo contemple la ley aplicable.

3. El administrador concursal de un procedimiento de insolvencia principal o secundario estará facultado para participar en otro procedimiento en las mismas condiciones que cualquier acreedor, en particular asistiendo a la junta de acreedores.

ART. 46. Suspensión del procedimiento de realización de activos

1. El órgano jurisdiccional que haya abierto el procedimiento de insolvencia secundario suspenderá total o parcialmente las operaciones de realización de activos a instancia del administrador concursal del procedimiento de insolvencia principal. En tal caso, el órgano jurisdiccional podrá exigir al administrador concursal del procedimiento de insolvencia principal cualquier medida adecuada para garantizar los intereses de los acreedores del procedimiento de insolvencia secundario y de determinados tipos de acreedores. La solicitud del administrador concursal únicamente podrá ser rechazada si, manifiestamente, no tiene interés para los acreedores del procedimiento de insolvencia principal. Dicha suspensión de la realización de activos podrá ser ordenada por un período máximo de tres meses. Podrá prolongarse o renovarse por períodos de la misma duración.

2. El órgano jurisdiccional contemplado en el apartado 1 pondrá fin a la suspensión de las operaciones de realización de activos:

a) a instancia del administrador concursal del procedimiento de insolvencia principal;

b) de oficio, a instancia de un acreedor o a instancia del administrador concursal del procedimiento de insolvencia secundario cuando dicha medida ya no parezca justificada, en particular, por el interés de los acreedores del procedimiento principal o del procedimiento de insolvencia secundario.

ART. 47. Facultad del administrador concursal de proponer planes de reestructuración

1. Si el Derecho del Estado miembro en el que se haya abierto un procedimiento de insolvencia secundario permite que tal procedimiento se concluya sin liquidación mediante un plan de reestructuración, un convenio u otra medida similar, el administrador concursal del procedimiento de insolvencia principal estará facultado para proponer tal medida con arreglo al procedimiento de dicho Estado miembro.

2. Las limitaciones de los derechos de los acreedores derivadas de una medida de las que se contemplan en el apartado 1, tales como un aplazamiento de pagos o una condonación de la deuda, propuesta en un procedimiento de insolvencia secundario, no podrán producir efectos respecto de los bienes del deudor que no formen parte de dicho procedimiento sin el consentimiento de todos los acreedores interesados.

ART. 48. Repercusiones de la conclusión del procedimiento de insolvencia

1. Sin perjuicio de lo dispuesto en el artículo 49, la conclusión de un procedimiento de insolvencia no impedirá la continuación de otros procedimientos de insolvencia relativos al mismo deudor que sigan abiertos en ese momento.

2. En caso de que el procedimiento de insolvencia relativo a una persona jurídica o a una sociedad en el Estado miembro en el que se encuentre su domicilio social implicara la disolución de la persona jurídica o la sociedad, dicha persona jurídica o sociedad no dejará de existir hasta que hayan concluido todos los demás procedimientos de insolvencia relativos al mismo deudor o hasta que el o los administradores concursales en dichos procedimientos hayan dado su visto bueno a la disolución.

ART. 49. Excedente del activo del procedimiento de insolvencia secundario

En caso de que la realización de activos del procedimiento de insolvencia secundario permita satisfacer todos los créditos admitidos en dicho procedimiento, el administrador concursal nombrado en este transferirá de inmediato el excedente del activo al administrador concursal del procedimiento de insolvencia principal.

ART. 50. Apertura posterior del procedimiento de insolvencia principal

Cuando se abra un procedimiento del artículo 3, apartado 1, después de que se haya abierto en otro Estado miembro un procedimiento del artículo 3, apartado 2, se aplicarán los artículos 41, 45, 46 y 47 y el artículo 49 al procedimiento abierto en primer lugar, en la medida en que la situación de dicho procedimiento lo permita.

ART. 51. Conversión del procedimiento de insolvencia secundario

1. A instancia del administrador concursal en el procedimiento principal, el órgano jurisdiccional del Estado miembro en el que se haya abierto un procedimiento de insolvencia secundario podrá ordenar que este se convierta en otro tipo de procedimiento de insolvencia de los relacionados en el anexo A, siempre que se cumplan los requisitos previstos en el Derecho nacional para la apertura de ese otro tipo de procedimiento y que este sea el más adecuado respecto a los intereses de los acreedores locales y para garantizar la congruencia entre los procedimientos de insolvencia principal y secundario.

2. Al examinar la solicitud a que se refiere el apartado 1, el órgano jurisdiccional podrá recabar información de los administradores concursales que intervengan en ambos procedimientos.

ART. 52. Medidas cautelares

Cuando el órgano jurisdiccional de un Estado miembro, competente en virtud del artículo 3, apartado 1, nombre a un administrador concursal provisional con el fin de asegurar la conservación de los bienes del deudor, dicho administrador provisional estará habilitado

III

para solicitar cualquier medida de conservación o protección sobre los bienes del deudor situados en otro Estado miembro, prevista por la ley de dicho Estado miembro para el período comprendido entre la solicitud de apertura de un procedimiento de insolvencia y la resolución de apertura del procedimiento.

CAPÍTULO IV
INFORMACIÓN A LOS ACREEDORES Y PRESENTACIÓN DE SUS CRÉDITOS

ART. 53. Derecho a presentar los créditos

Los acreedores extranjeros podrán presentar sus créditos en el procedimiento de insolvencia por cualquier medio de comunicación aceptado por el Derecho del Estado de apertura del procedimiento, o por los medios de comunicación electrónica establecidos en el artículo 4 del Reglamento (UE) 2023/2844.

La representación mediante letrado u otro profesional del Derecho no será obligatoria al solo efecto de la presentación de créditos.

Modificado por el Reglamento (UE) 2023/2844 del Parlamento Europeo y del Consejo, de 13 de diciembre de 2023, sobre la digitalización de la cooperación judicial y del acceso a la justicia en asuntos transfronterizos civiles, mercantiles y penales, y por el que se modifican determinados actos jurídicos en el ámbito de la cooperación judicial. (DOUE de 27-12-2023).

ART. 54. Obligación de informar a los acreedores

1. Desde el momento en que se abra un procedimiento de insolvencia en un Estado miembro, el órgano jurisdiccional competente de dicho Estado, o el administrador concursal que haya sido nombrado por dicho órgano, informará sin demora a los acreedores extranjeros conocidos.

2. La información a que se hace referencia en el apartado 1, facilitada mediante una comunicación individual, incluirá, en especial, los plazos que deben respetarse, las sanciones previstas en relación con dichos plazos, el órgano o la autoridad facultada para admitir la presentación de los créditos, y otras medidas establecidas. Dicha comunicación indicará asimismo si los acreedores cuyo crédito sea preferente o goce de una garantía real deben presentar sus créditos. La comunicación contendrá asimismo una copia del formulario normalizado para la presentación de créditos a que se refiere el artículo 55 o información sobre dónde obtener dicho formulario.

3. La información mencionada en los apartados 1 y 2 del presente artículo se facilitará empleando el formulario normalizado de comunicación que se establecerá de conformidad con el artículo 88. El formulario se publicará en el Portal Europeo de e-Justicia y llevará el encabezamiento «Anuncio de procedimiento de insolvencia» en todas las lenguas oficiales de las instituciones de la Unión. Se presentará en la lengua oficial del Estado de apertura del procedimiento o, en caso de que dicho Estado miembro tenga varias lenguas oficiales, en la lengua oficial o en una de las lenguas oficiales del lugar en que se haya abierto el procedimiento de insolvencia, o en otra lengua que dicho Estado miembro haya indicado que puede aceptar, de conformidad con lo dispuesto en el artículo 55, apartado 5, si puede presumirse que dicha lengua será más fácil de comprender para los acreedores extranjeros.

4. En los procedimientos de insolvencia que afecten a particulares que no ejerzan una actividad mercantil o profesional, el empleo del formulario normalizado previsto en el presente artículo no será obligatorio si no se exige a los acreedores la presentación de sus créditos para que estos sean reconocidos en el procedimiento.

ART. 55. Procedimiento para la presentación de créditos

1. Todo acreedor extranjero podrá presentar sus créditos utilizando el formulario normalizado que se establecerá de conformidad con el artículo 88. El formulario llevará el encabezamiento «Presentación de créditos» en todas las lenguas oficiales de las instituciones de la Unión.

2. El formulario normalizado para la presentación de créditos contemplado en el apartado 1 contendrá la información siguiente:

a) el nombre, la dirección postal, la dirección de correo electrónico, si la hubiera, el número de identificación personal, si lo hubiera, y los datos bancarios del acreedor extranjero a que se refiere el apartado 1;

b) el importe del crédito, con mención del principal y en su caso de los intereses, y la fecha de su nacimiento, así como la de vencimiento, en caso de ser distintas;

c) de reclamarse intereses, el tipo de interés, si este es de índole legal o contractual, el período por el que se reclaman los intereses y el importe capitalizado de los mismos;

d) si se reclaman gastos en que se haya incurrido para reclamar el crédito antes del inicio del procedimiento, el importe y el detalle de esos gastos;

e) la naturaleza del crédito;

f) si se invoca la condición de acreedor privilegiado, y el fundamento de tal pretensión;

g) si se reivindica para el crédito una garantía real o una reserva de dominio y, en tal caso, cuáles son los bienes garantizados por el derecho que se alega, así como la fecha en que se constituyó la garantía y, si se hubiera registrado, el número de registro, y

h) si se hace valer una compensación y, en tal caso, los importes de los créditos recíprocos existentes en la fecha de apertura del procedimiento de insolvencia, la fecha en que nacieron y el importe una vez deducida la compensación que se hace valer.

El formulario normalizado para la presentación de los créditos irá acompañado de los correspondientes justificantes.

3. El formulario normalizado para la presentación de créditos indicará que el suministro de información relativa a los datos bancarios del acreedor y su número de identificación personal con arreglo al apartado 2, letra a), no es obligatorio.

4. En caso de que un acreedor presente su crédito por un medio distinto del formulario normalizado contemplado en el apartado 1, la reclamación contendrá la información mencionada en el apartado 2.

5. Los créditos podrán presentarse en cualquier lengua oficial de las instituciones de la Unión. El órgano jurisdiccional, el administrador concursal o el deudor no desapoderado podrán exigir al acreedor que facilite una traducción en la lengua oficial del Estado de apertura del procedimiento o, si este tiene varias lenguas oficiales, en la lengua oficial o en una de las lenguas oficiales del lugar en que se haya abierto el procedimiento de insolvencia, o en otra lengua que dicho Estado miembro haya indicado que puede aceptar. Cada Estado miembro indicará si acepta alguna lengua oficial de las instituciones de la Unión distinta de la suya propia a efectos de presentación de los créditos.

6. Los créditos se presentarán en el plazo señalado por el Derecho del Estado de apertura del procedimiento. En el caso de un acreedor extranjero, dicho plazo no podrá ser inferior a 30 días a partir de la publicación de la apertura del procedimiento de insolvencia en el registro de insolvencia del Estado de apertura del procedimiento. Cuando un Estado miembro se base en el artículo 24, apartado 4, ese período no será inferior a 30 días a partir del momento en que se haya informado al acreedor de conformidad con el artículo 54.

7. En caso de que el órgano jurisdiccional, el administrador concursal o el deudor no desapoderado tengan dudas en relación con un crédito presentado de conformidad con el presente artículo, ofrecerán al acreedor la oportunidad de aportar pruebas adicionales sobre la existencia y el importe del crédito.

CAPÍTULO V
PROCEDIMIENTOS DE INSOLVENCIA DE MIEMBROS DE UN GRUPO DE SOCIEDADES

Sección 1.ª Cooperación y comunicación

ART. 56. Cooperación y comunicación entre administradores concursales

1. Cuando un procedimiento de insolvencia se refiera a dos o más miembros de un grupo de sociedades, el administrador concursal nombrado en el procedimiento relativo a un miembro del grupo cooperará con cualquier administrador concursal nombrado en un procedimiento relativo a otro miembro del mismo grupo en la medida en que tal cooperación sea conveniente para facilitar la eficaz administración de esos procedimientos, no sea incompatible con las normas aplicables a los mismos y no suponga un conflicto de intereses. Dicha cooperación podrá adoptar cualquier forma, incluida la celebración de acuerdos o protocolos.

2. Al aplicar la cooperación indicada en el apartado 1, los administradores concursales:

a) se comunicarán lo antes posible cualquier otra información que pueda resultar útil para los otros procedimientos, siempre que se adopten las medidas oportunas para proteger la información confidencial;

b) estudiarán si existen posibilidades de coordinar la gestión y la supervisión de las actividades de los miembros del grupo que estén sometidos a procedimientos de insolvencia y, en caso afirmativo, coordinarán dicha gestión y supervisión;

c) estudiarán si existen posibilidades de reestructurar a los miembros del grupo que estén sometidos a procedimientos de insolvencia y, en caso afirmativo, se concertarán en relación con la propuesta y la negociación de un plan de reestructuración coordinado.

A efectos de las letras b) y c), todos o algunos de los administradores concursales a que se refiere el apartado 1 podrán acordar conceder facultades adicionales a uno de ellos cuando las normas aplicables a cada uno de los procedimientos así lo permitan. Podrán acordar asimismo la distribución de determinadas funciones entre ellos, cuando las normas aplicables a cada uno de los procedimientos permitan tal reparto de funciones.

ART. 57. Cooperación y comunicación entre órganos jurisdiccionales

1. Cuando un procedimiento de insolvencia se refiera a dos o más miembros de un grupo de sociedades, el órgano jurisdiccional que haya abierto tal procedimiento cooperará con cualquier otro órgano jurisdiccional ante el que se haya presentado una solicitud de apertura de un procedimiento relativo a otro miembro del mismo grupo, o que haya abierto dicho procedimiento, en la medida en que tal cooperación sea conveniente para facilitar la eficaz administración de los procedimientos, no sea incompatible con las normas aplicables a los mismos y no suponga ningún conflicto de intereses. Con este fin, los órganos jurisdiccionales podrán designar, cuando sea oportuno, a una persona u órgano independiente que actúe siguiendo sus instrucciones, siempre que ello no sea incompatible con las normas aplicables a dichos órganos jurisdiccionales.

2. Al poner en práctica la cooperación mencionada en el apartado 1, los órganos jurisdiccionales, o cualquier persona u órgano designado que actúe en su representación, a que se refiere el apartado 1, podrán, directamente, comunicarse entre sí, o solicitarse mutuamente información o asistencia, siempre que dicha comunicación respete los derechos procesales de las partes en los procedimientos y el carácter confidencial de la información.

3. La cooperación a que se refiere el apartado 1 del presente artículo se llevará a cabo de conformidad con lo dispuesto en el artículo 3 del Reglamento (UE) 2023/2844. En concreto puede tratarse de:

a) la coordinación del nombramiento de los administradores concursales;

b) la comunicación de información por cualquier medio que el órgano jurisdiccional considere oportuno;

c) la coordinación de la administración y supervisión de los bienes y negocios de los miembros del grupo;

d) la coordinación de la celebración de las vistas;

e) la coordinación en la aprobación de protocolos, en caso necesario.

Apdo. 3 modificado por el Reglamento (UE) 2023/2844 del Parlamento Europeo y del Consejo, de 13 de diciembre de 2023, sobre la digitalización de la cooperación judicial y del acceso a la justicia en asuntos transfronterizos civiles, mercantiles y penales, y por el que se modifican determinados actos jurídicos en el ámbito de la cooperación judicial. (DOUE de 27-12-2023).

ART. 58. Cooperación y comunicación entre los administradores concursales y los órganos jurisdiccionales

El administrador concursal nombrado en un procedimiento de insolvencia relativo a un miembro de un grupo de sociedades:

a) cooperará y se comunicará con cualquier órgano jurisdiccional ante el que se haya presentado una solicitud de apertura de procedimiento respecto de otro miembro del mismo grupo de sociedades o que haya abierto tal procedimiento, y

b) podrá solicitar a ese órgano jurisdiccional información sobre los procedimientos relativos al otro miembro del grupo o solicitar asistencia respecto del procedimiento para el que haya sido nombrado,

en la medida en que dicha cooperación y comunicación resulten adecuadas para facilitar la eficaz administración de los procedimientos, no supongan un conflicto de intereses y no sean incompatibles con las normas que les sean aplicables.

ART. 59. Costes de la cooperación y la comunicación en los procedimientos relativos a miembros de un grupo de sociedades

Los costes que las medidas de cooperación y de comunicación previstas en los artículos 56 a 60 ocasionen al administrador concursal o al órgano jurisdiccional se considerarán costas y gastos de los procedimientos respectivos.

ART. 60. Facultades del administrador concursal en los procedimientos relativos a miembros de un grupo de sociedades

1. El administrador concursal nombrado en un procedimiento de insolvencia abierto respecto de un miembro de un grupo de sociedades podrá, en la medida adecuada para facilitar la eficaz administración del procedimiento:

a) ser oído en cualquiera de los procedimientos abiertos respecto de cualquier otro miembro del mismo grupo;

b) solicitar la suspensión de cualquier medida relacionada con la realización de los activos en el procedimiento abierto respecto de cualquier otro miembro del mismo grupo, siempre que:

i) un plan de reestructuración que tenga posibilidades razonables de éxito se haya propuesto en virtud del artículo 56, apartado 2, letra c), para todos o algunos de los miembros del grupo sometidos a procedimientos de insolvencia,

ii) dicha suspensión sea necesaria para garantizar la adecuada realización del plan de reestructuración,

iii) el plan de reestructuración redunde en beneficio de los acreedores en el procedimiento para el que se solicite la suspensión, y

iv) ni los procedimientos de insolvencia para los que haya sido nombrado el administrador concursal mencionado en el apartado 1 del presente artículo, ni los procedimientos en los que se ha solicitado la suspensión estén sometidos a la coordinación prevista en la sección 2 del presente capítulo;

c) solicitar el inicio de un procedimiento de coordinación de grupo, de conformidad con el artículo 61.

2. El órgano jurisdiccional que haya abierto un procedimiento previsto en el apartado 1, letra b), suspenderá cualquier medida vinculada a la realización total o parcial de los activos en dicho procedimiento, cuando considere que se cumplen las condiciones previstas en el apartado 1, letra b).

Antes de acordar la suspensión, el órgano jurisdiccional oirá al administrador concursal nombrado en el procedimiento para el que se haya solicitado la suspensión. Esta suspensión tendrá la duración, no superior a tres meses, que el órgano jurisdiccional considere adecuada y que sea compatible con las normas aplicables al procedimiento.

El órgano jurisdiccional que acuerde la suspensión podrá exigir al administrador concursal mencionado en el apartado 1 que tome cualquier medida apropiada prevista en el Derecho nacional para garantizar los intereses de los acreedores del procedimiento.

El órgano jurisdiccional podrá prorrogar la duración de la suspensión por el plazo o plazos que considere adecuados y que sean compatibles con las normas aplicables al procedimiento, siempre que sigan cumpliéndose las condiciones a que se refiere el apartado 1, letra b), incisos ii) a iv), y que la duración total de la suspensión (el plazo inicial junto con dichas prórrogas) no exceda de seis meses.

Sección 2.ª Coordinación

Subsección 1.ª Procedimiento

ART. 61. Solicitud de inicio de un procedimiento de coordinación de grupo

1. El administrador concursal nombrado en un procedimiento de insolvencia abierto en relación con un miembro de un grupo podrá solicitar un procedimiento de coordinación de ese grupo ante cualquier órgano jurisdiccional que sea competente para conocer de un procedimiento relativo a uno de los miembros del grupo.

2. La solicitud a que se refiere el apartado 1 se formulará de conformidad con las condiciones establecidas por la normativa aplicable al procedimiento en el que se haya nombrado al administrador concursal.

3. La solicitud contemplada en el apartado 1 irá acompañada de:

a) una propuesta sobre la persona del coordinador de grupo («el coordinador»), detalles sobre su idoneidad en virtud del artículo 71, pormenores acerca de su cualificación, así como su acuerdo por escrito para actuar como coordinador;

b) las directrices de la coordinación de grupo propuesta y en particular de las razones por las que se cumplen las condiciones establecidas en el artículo 63, apartado 1;

c) una lista de los administradores concursales nombrados en relación con los miembros del grupo y, en su caso, de los órganos jurisdiccionales y autoridades competentes en los procedimientos de insolvencia de los miembros de este;

d) un presupuesto de los costes estimados de la coordinación de grupo propuesta y la estimación de la parte de dichos costes que deba pagar cada miembro del grupo.

ART. 62. Norma de prioridad

Sin perjuicio de lo dispuesto en el artículo 66, en caso de que se solicite el inicio de un procedimiento de coordinación de grupo ante órganos jurisdiccionales de distintos Estados miembros, todo órgano jurisdiccional distinto de aquel al que se haya presentado la primera solicitud se inhibirá a favor de este.

ART. 63. Comunicación del órgano jurisdiccional al que se presente la solicitud

1. El órgano jurisdiccional ante el que se haya presentado una solicitud de inicio de procedimiento de coordinación de grupo comunicará lo antes posible la presentación de la misma y el coordinador propuesto a los administradores concursales nombrados en relación con los miembros del grupo indicados en la solicitud prevista en el artículo 61, apartado 3, letra c), cuando considere que:

a) el inicio de ese procedimiento resulta adecuada para facilitar la eficaz administración de los procedimientos de insolvencia relativos a los distintos miembros del grupo;

b) no es probable que ningún acreedor de cualquier miembro del grupo, cuya participación en el procedimiento esté prevista, resulte perjudicado económicamente por la inclusión de dicho miembro en el procedimiento, y

c) el coordinador propuesto cumple los requisitos establecidos en el artículo 71.

2. La comunicación a que se refiere el apartado 1 del presente artículo enumerará los elementos mencionados en el artículo 61, apartado 3, letras a) a d).

3. La comunicación a que se refiere el apartado 1 se enviará por correo certificado y con acuse de recibo.

4. El órgano jurisdiccional al que se haya presentado la solicitud ofrecerá a los administradores concursales la oportunidad de ser oídos.

ART. 64. Oposición de los administradores concursales

1. Los administradores concursales nombrados respecto de cualquier miembro del grupo podrán oponerse a:

a) la inclusión del procedimiento de insolvencia para el que hayan sido nombrados en el procedimiento de coordinación de grupo, o

b) la persona propuesta como coordinador.

2. Los administradores concursales a que se refiere el apartado 1 del presente artículo formularán la oposición contemplada en el apartado 1 del presente artículo ante el órgano jurisdiccional mencionado en el artículo 63, dentro del plazo de 30 días a partir de la recepción de la comunicación de inicio del procedimiento de coordinación de grupo.

La oposición podrá formularse mediante el formulario normalizado previsto en el artículo 88.

3. Antes de tomar la decisión de participar o no en la coordinación conforme al apartado 1, letra a), el administrador concursal obtendrá la aprobación que se requiera en virtud del Derecho del Estado de apertura del procedimiento de insolvencia para el que ha sido nombrado.

ART. 65. Consecuencias de la oposición a la inclusión en la coordinación de grupo

1. En caso de que un administrador concursal se haya opuesto a la inclusión del procedimiento para el que ha sido nombrado en el procedimiento de coordinación de grupo, dicho procedimiento no se incluirá en el procedimiento de coordinación.

2. Las facultades del órgano jurisdiccional a que se refiere el artículo 68 o las del coordinador derivadas de dicho procedimiento no surtirán efecto respecto de dicho miembro, y no conllevarán coste alguno para él.

ART. 66. Elección de foro para procedimientos de coordinación de grupo

1. Cuando al menos dos tercios de todos los administradores concursales nombrados en procedimientos de insolvencia de los miembros del grupo hayan acordado que un órgano jurisdiccional de otro Estado miembro que sea competente es el más adecuado para el inicio del procedimiento de coordinación de grupo, dicho órgano jurisdiccional tendrá competencia exclusiva.

2. La elección de foro se efectuará de común acuerdo por escrito o constará por escrito. Podrá efectuarse hasta el momento en que se haya iniciado el procedimiento de coordinación de grupo de conformidad con el artículo 68.

3. Todo órgano jurisdiccional distinto del acordado conforme al apartado 1 se inhibirá a favor de este.

4. La solicitud de apertura del procedimiento de coordinación de grupo se presentará ante el órgano jurisdiccional convenido de conformidad con el artículo 61.

ART. 67. Consecuencias de la oposición al coordinador propuesto

En caso de que se haya formulado oposición a la persona propuesta como coordinador por parte de un administrador concursal que no se oponga también a la inclusión en el procedimiento de coordinación de grupo del miembro respecto del cual ha sido nombrado, el órgano jurisdiccional podrá abstenerse de nombrar a dicha persona y podrá invitar al administrador concursal que haya formulado oposición a presentar una nueva solicitud de conformidad con el artículo 61, apartado 3.

ART. 68. Resolución de inicio de un procedimiento de coordinación de grupo

1. Una vez que haya transcurrido el plazo al que se refiere el artículo 64, apartado 2, el órgano jurisdiccional podrá iniciar el procedimiento de coordinación de grupo si considera que se cumplen las condiciones del artículo 63, apartado 1. En tal caso, el órgano jurisdiccional:

a) designará un coordinador;

b) resolverá sobre las directrices de la coordinación, y

c) resolverá sobre la estimación de los costes y la parte que deban pagar los miembros del grupo.

2. La resolución de inicio del procedimiento de coordinación de grupo se comunicará a los administradores concursales y al coordinador.

ART. 69. Adhesión subsiguiente de administradores concursales

1. De conformidad con su Derecho nacional, todo administrador concursal podrá solicitar, con posterioridad a la resolución del órgano jurisdiccional a que se refiere el artículo 68, la inclusión de los procedimientos respecto de los que haya sido nombrado, en caso de que:

a) se haya formulado oposición a la inclusión del procedimiento de insolvencia en el procedimiento de coordinación de grupo, o

b) se haya abierto el procedimiento de insolvencia respecto de un miembro del grupo después de que el órgano jurisdiccional haya iniciado el procedimiento de coordinación de grupo.

2. Sin perjuicio del apartado 4, el coordinador podrá acceder a dicha solicitud tras consultar a los administradores concursales implicados, si

a) considera que, teniendo en cuenta la fase en la que se encuentre el procedimiento de coordinación de grupo en el momento de la solicitud, se cumplen los criterios establecidos en el artículo 63, apartado 1, letras a) y b), o

b) todos los administradores concursales implicados convienen en ello, a reserva de las condiciones establecidas por su Derecho nacional.

3. El coordinador informará al órgano jurisdiccional y a los administradores concursales implicados de su decisión en virtud del apartado 2, así como de las razones en las que se fundamenta.

4. Todo administrador concursal implicado o todo administrador concursal cuya solicitud de inclusión en el procedimiento de coordinación de grupo haya sido denegada podrá impugnar la decisión a que se refiere al apartado 2 de conformidad con el procedimiento establecido en virtud del Derecho del Estado miembro en el que se haya iniciado el procedimiento de coordinación de grupo.

ART. 70. Recomendaciones y plan de coordinación de grupo

1. En la gestión de sus procedimientos de insolvencia, los administradores concursales tendrán en cuenta las recomendaciones del coordinador y el contenido del plan de coordinación de grupo contemplados en el artículo 72, apartado 1.

2. El administrador concursal no estará obligado a seguir ni total ni parcialmente las recomendaciones del coordinador o el plan de coordinación de grupo.

En caso de que no siga las recomendaciones del coordinador o el plan de coordinación de grupo, indicará los motivos para no hacerlo a las personas u organismos a los que deba informar con arreglo a su Derecho nacional, así como al coordinador.

Subsección 2.ª Disposiciones generales

ART. 71. El coordinador

1. El coordinador será una persona a la que pueda nombrarse en virtud del Derecho de un Estado miembro como administrador concursal.

2. El coordinador no será ninguno de los administradores concursales nombrados para actuar respecto de los miembros del grupo, y no tendrá conflicto de intereses alguno respecto de tales miembros, de sus acreedores o de los administradores concursales nombrados respecto de cualquiera de los miembros del grupo.

ART. 72. Funciones y derechos del coordinador

1. El coordinador deberá:

a) determinar y elaborar las recomendaciones para la sustanciación coordinada de los procedimientos de insolvencia;

b) proponer un plan de coordinación de grupo que determine, describa y recomiende un conjunto completo de medidas adecuadas para un planteamiento integrado de la resolución de la insolvencia de los miembros del grupo. Concretamente, el plan podrá incluir propuestas sobre:

i) las medidas que deben adoptarse para restablecer el rendimiento económico y la solidez financiera del grupo o de una parte del mismo,

ii) la resolución de controversias en el seno del grupo en lo relativo a las transacciones internas y a las acciones revocatorias,

iii) los acuerdos entre los administradores concursales de los miembros del grupo insolventes.

2. El coordinador podrá asimismo:

a) ser oído y participar, en particular asistiendo a las reuniones de la junta de acreedores, en cualquiera de los procedimientos abiertos respecto de cualquier miembro del grupo;

b) mediar en las posibles controversias que surjan entre dos o más administradores concursales de miembros del grupo;

c) presentar y explicar sus planes de coordinación de grupo a las personas u organismos a los que deba informar en virtud del Derecho nacional de estos;

d) solicitar información de cualquier administrador concursal respecto de cualquier miembro del grupo cuando dicha información sea o pueda ser de utilidad para determinar y elaborar las estrategias y medidas destinadas a coordinar los procedimientos, y

e) solicitar una suspensión, por un período máximo de seis meses, del procedimiento abierto respecto de cualquier miembro del grupo, siempre que dicha suspensión sea necesaria para garantizar la adecuada ejecución del plan y redunde en beneficio de los acreedores en el procedimiento para el que se solicite la suspensión, o solicitar el levantamiento de cualquier suspensión en curso. Dicha solicitud se presentará ante el órgano jurisdiccional que haya abierto el procedimiento cuya suspensión se solicite.

3. El plan previsto en el apartado 1, letra b), no incluirá ninguna recomendación sobre la consolidación de los procedimientos o de las masas.

4. Las funciones y derechos del coordinador definidos en el presente artículo no se extenderán a ningún miembro del grupo que no participe en el procedimiento de coordinación de grupo.

5. El coordinador ejercerá sus funciones con imparcialidad y con la debida diligencia.

6. En caso de que el coordinador considere que el cumplimiento de sus funciones requiere un incremento significativo de los costes en comparación con los costes estimados a que se refiere el artículo 61, apartado 3, letra d), y, en cualquier caso, cuando los costes excedan del 10 % del presupuesto de los costes estimados, el coordinador:

a) informará sin demora a los administradores concursales participantes, y

b) recabará la aprobación previa del órgano jurisdiccional que haya iniciado el procedimiento de coordinación de grupo.

ART. 73. Lenguas

1. El coordinador se comunicará con el administrador concursal de un miembro participante del grupo en la lengua convenida con este o, a falta de acuerdo, en la lengua oficial o una de las lenguas oficiales de las instituciones de la Unión, y del órgano jurisdiccional que haya abierto el procedimiento respecto de dicho miembro del grupo.

2. El coordinador se comunicará con el órgano jurisdiccional en la lengua oficial de este.

ART. 74. Cooperación entre los administradores concursales y el coordinador

1. Los administradores concursales nombrados en relación con miembros del grupo y el coordinador cooperarán entre sí en la medida en que dicha cooperación no sea incompatible con las normas aplicables a los procedimientos respectivos.

2. En particular, los administradores concursales comunicarán al coordinador toda información que sea pertinente para el desempeño de las funciones de este.

ART. 75. Revocación del nombramiento del coordinador

El órgano jurisdiccional revocará el nombramiento del coordinador a iniciativa propia o a instancia del administrador concursal de un miembro de grupo participante, en caso de que:

a) el coordinador actúe en detrimento de los acreedores del miembro de grupo participante, o

b) el coordinador no cumpla con las obligaciones que le incumben en virtud del presente capítulo.

ART. 76. Deudor no desapoderado

Las disposiciones aplicables, en virtud del presente capítulo, al administrador concursal se aplicarán también, cuando proceda, al deudor no desapoderado.

ART. 77. Costes y distribución

1. La remuneración del coordinador será adecuada, proporcionada respecto de las funciones desempeñadas y reflejará unos gastos razonables.

2. Una vez que complete sus trabajos, el coordinador establecerá la relación final de costes y la parte que deba pagar cada miembro y presentará dicha relación a cada administrador concursal participante y al órgano jurisdiccional que haya iniciado el procedimiento de coordinación.

3. Si los administradores concursales participantes no formulan oposición en el plazo de 30 días a partir de la recepción de la relación prevista en el apartado 2, los costes y la parte que deba pagar cada miembro se considerarán acordados. La relación se presentará al órgano jurisdiccional que haya iniciado el procedimiento de coordinación para que dicho órgano jurisdiccional la confirme.

4. En caso de oposición, el órgano jurisdiccional que haya iniciado el procedimiento de coordinación de grupo resolverá, a instancia del coordinador o de cualquier administrador concursal participante, sobre los costes y la parte que deba pagar cada miembro de conformidad con los criterios establecidos en el apartado 1 del presente artículo y teniendo en cuenta la estimación de costes a que hacen referencia el artículo 68, apartado 1, y, en su caso, el artículo 72, apartado 6.

5. Todo administrador concursal participante podrá impugnar la decisión a que se refiere el apartado 4 de conformidad con el procedimiento establecido en virtud del Derecho del Estado miembro en el que se haya iniciado el procedimiento de coordinación de grupo.

CAPÍTULO VI
PROTECCIÓN DE DATOS

ART. 78. Protección de datos

1. Las disposiciones nacionales de transposición de la Directiva 95/46/CE se aplicarán al tratamiento de datos personales que se lleve a cabo en los Estados miembros en virtud del presente Reglamento, siempre y cuando no se trate de las operaciones de tratamiento a que se refiere el artículo 3, apartado 2, de la Directiva 95/46/CE.

2. El Reglamento (CE) n° 45/2001 se aplicará al tratamiento de datos personales que lleve a cabo la Comisión con arreglo al presente Reglamento.

ART. 79. Funciones de los Estados miembros respecto del tratamiento de datos personales en los registros nacionales de insolvencia

1. Cada Estado miembro comunicará a la Comisión el nombre de la persona física o jurídica, autoridad pública, agencia u otro organismo designado en virtud del Derecho nacional para ejercer las funciones de responsable del tratamiento con arreglo al artículo 2, letra d), de la Directiva 95/46/CE, con vistas a su publicación en el Portal Europeo de e-Justicia.

2. Los Estados miembros velarán por que se implanten las medidas técnicas para garantizar la seguridad de los datos personales tratados en sus registros nacionales de insolvencia previstos en el artículo 24.

3. Los Estados miembros se encargarán de comprobar que el responsable del tratamiento designado en virtud del Derecho nacional con arreglo al artículo 2, letra d), de la Directiva 95/46/CE garantice el cumplimiento de los principios de calidad de los datos, en especial de la exactitud y la actualización de los datos almacenados en los registros nacionales de insolvencia.

4. Los Estados miembros se encargarán, de conformidad con la Directiva 95/46/CE, de la recopilación y almacenamiento de los datos en las bases de datos nacionales y de las decisiones adoptadas para que tales datos estén disponibles en el registro interconectado que se puede consultar a través del Portal Europeo de e-Justicia.

5. Como parte de la información que debe facilitarse a los titulares de los datos para que puedan ejercer sus derechos, y en particular el derecho a la cancelación de datos, los Estados miembros informarán a dichos titulares acerca del período de accesibilidad establecido para los datos personales almacenados en los registros de insolvencia.

ART. 80. Funciones de la Comisión vinculadas al tratamiento de datos personales

1. La Comisión ejercerá las funciones de responsable del tratamiento con arreglo al artículo 2, letra d), del Reglamento (CE) n° 45/2001, de conformidad con sus funciones correspondientes definidas en el presente artículo.

2. La Comisión definirá las políticas necesarias y aplicará las soluciones técnicas necesarias para ejercer sus funciones como responsable del tratamiento.

3. La Comisión aplicará las medidas técnicas necesarias para garantizar la seguridad de los datos personales mientras estén en tránsito, en particular la confidencialidad y la integridad de cualquier transmisión con destino u origen en el Portal Europeo de e-Justicia.

4. Las obligaciones de la Comisión no afectarán a las responsabilidades de los Estados miembros y de otros órganos respecto del contenido y el funcionamiento de las bases de datos nacionales interconectadas que administren.

ART. 81. Obligaciones de información

Sin perjuicio de la información que haya de darse a los interesados conforme a los artículos 11 y 12 del Reglamento (CE) n° 45/2001, la Comisión informará a los interesados, mediante publicación en el Portal Europeo de e-Justicia, de su función en el tratamiento de los datos y de la finalidad de dicho tratamiento.

ART. 82. Almacenamiento de datos personales

Por lo que atañe a la información de las bases de datos nacionales interconectadas, no se almacenarán datos personales relativos a los interesados en el Portal Europeo de e-Justicia. Todos esos datos se almacenarán en las bases de datos nacionales administradas por los Estados miembros u otros órganos.

ART. 83. Acceso a datos personales a través del Portal Europeo de e-Justicia

Los datos personales almacenados en los registros nacionales de insolvencia a que se refiere el artículo 24 serán accesibles a través del Portal Europeo de e-Justicia en línea mientras sigan siendo accesibles con arreglo al Derecho nacional.

CAPÍTULO VII
DISPOSICIONES TRANSITORIAS Y FINALES

ART. 84. Ámbito temporal de aplicación

1. Lo dispuesto en el presente Reglamento se aplicará únicamente a los procedimientos de insolvencia que se abran a partir del 26 de junio de 2017. Los actos que el deudor haya celebrado antes de esa fecha continuarán sujetos a la ley que les fuese aplicable en el momento de su celebración.

2. No obstante lo dispuesto en el artículo 91 del presente Reglamento, el Reglamento (CE) n° 1346/2000 seguirá aplicándose a los procedimientos de insolvencia que entren dentro del ámbito de aplicación del citado Reglamento y que se hayan abierto antes del 26 de junio de 2017.

Incluida la corrección de errores del Reglamento (UE) 2015/848 del Parlamento Europeo y del Consejo, de 20 de mayo de 2015, sobre procedimientos de insolvencia (DO L 141 de 5.6.2015) (DOUE de 21-12-2016).

ART. 85. Relación con los Convenios

1. El presente Reglamento sustituirá, respecto de las materias a que se refiere, y en las relaciones entre los Estados miembros, a los Convenios suscritos entre dos o más Estados miembros, en particular:

a) Convenio entre Bélgica y Francia relativo a la competencia judicial, y sobre valor y ejecución de las resoluciones judiciales, laudos arbitrales y documentos públicos con fuerza ejecutiva, firmado en París el 8 de julio de 1899;

b) Convenio entre Bélgica y Austria sobre la quiebra, el convenio de acreedores y la suspensión de pagos (con protocolo adicional de 13 de junio de 1973), firmado en Bruselas el 16 de julio de 1969;

c) Convenio entre Bélgica y los Países Bajos relativo a la competencia judicial territorial, quiebra, y sobre valor y ejecución de resoluciones judiciales, laudos arbitrales y documentos públicos con fuerza ejecutiva, firmado en Bruselas el 28 de marzo de 1925;

d) Tratado entre Alemania y Austria sobre quiebra y convenio de acreedores, firmado en Viena el 25 de mayo de 1979;

e) Convenio entre Francia y Austria sobre la competencia judicial, el reconocimiento y la ejecución de resoluciones sobre quiebra, firmado en Viena el 27 de febrero de 1979;

f) Convenio entre Francia e Italia sobre ejecución de sentencias en materia civil y mercantil, firmado en Roma el 3 de junio de 1930;

g) Convenio entre Italia y Austria sobre quiebra y convenio de acreedores, firmado en Roma el 12 de julio de 1977;

h) Convenio entre el Reino de los Países Bajos y la República Federal de Alemania sobre reconocimiento y ejecución mutuos de resoluciones judiciales y otros títulos ejecutivos en materia civil y mercantil, firmado en La Haya el 30 de agosto de 1962;

i) Convenio entre el Reino Unido y el Reino de Bélgica sobre la ejecución recíproca de sentencias en materia civil y mercantil, acompañado de un Protocolo, firmado en Bruselas el 2 de mayo de 1934;

j) Convenio entre Dinamarca, Finlandia, Noruega, Suecia e Islandia, relativo a la quiebra, firmado en Copenhague el 7 de noviembre de 1993;

k) Convenio europeo relativo a determinados aspectos internacionales de los procedimientos de insolvencia, firmado en Estambul el 5 de junio de 1990;

l) Convenio entre la República Popular Federativa de Yugoslavia y el Reino de Grecia sobre reconocimiento mutuo y ejecución de resoluciones judiciales, firmado en Atenas el 18 de junio de 1959;

m) Acuerdo entre la República Popular Federativa de Yugoslavia y la República de Austria sobre reconocimiento mutuo y ejecución de laudos arbitrales y convenios arbitrales en materia mercantil, firmado en Belgrado el 18 de marzo de 1960;

n) Convenio entre la República Popular Federativa de Yugoslavia y la República Italiana sobre cooperación judicial mutua en materia civil y administrativa, firmado en Roma el 3 de diciembre de 1960;

o) Acuerdo entre la República Federativa Socialista de Yugoslavia y el Reino de Bélgica sobre cooperación judicial en materia civil y mercantil, firmado en Belgrado el 24 de septiembre de 1971;

p) Convenio entre los Gobiernos de Yugoslavia y Francia sobre reconocimiento y ejecución de resoluciones judiciales en materia civil y mercantil, firmado en París el 18 de mayo de 1971;

q) Acuerdo entre la República Socialista de Checoslovaquia y la República Helénica sobre asistencia judicial en materia civil y penal, firmado en Atenas el 22 de octubre de 1980, aún en vigor entre la República Checa y Grecia;

r) Acuerdo entre la República Socialista de Checoslovaquia y la República de Chipre sobre asistencia judicial en materia civil y penal, firmado en Nicosia el 23 de abril de 1982, aún en vigor entre la República Checa y Chipre;

s) Tratado entre el Gobierno de la República Socialista de Checoslovaquia y el Gobierno de la República Francesa sobre asistencia judicial y el reconocimiento y ejecución de sentencias en materia civil, familiar y mercantil, firmado en París el 10 de mayo de 1984, aún en vigor entre la República Checa y Francia;

t) Tratado entre la República Socialista de Checoslovaquia y la República Italiana sobre asistencia judicial en materia civil y penal, firmado en Praga el 6 de diciembre de 1985, aún en vigor entre la República Checa e Italia;

u) Acuerdo entre la República de Letonia, la República de Estonia y la República de Lituania sobre asistencia judicial y relaciones jurídicas, firmado en Tallin el 11 de noviembre de 1992;

v) Acuerdo entre Estonia y Polonia sobre prestación de asistencia judicial y relaciones jurídicas en materia civil, laboral y penal, firmado en Tallin el 27 de noviembre de 1998;

w) Acuerdo entre la República de Lituania y la República de Polonia sobre asistencia judicial y relaciones jurídicas en materia civil, familiar, laboral y penal, firmado en Varsovia el 26 de enero de 1993;

x) Convenio entre la República Socialista de Rumanía y la República Helénica sobre asistencia judicial en materia civil y penal y su Protocolo, firmados en Bucarest el 19 de octubre de 1972;

y) Convenio entre la República Socialista de Rumanía y la República Francesa sobre asistencia judicial en materia civil y mercantil, firmado en París el 5 de noviembre de 1974;

z) Acuerdo entre la República Popular de Bulgaria y la República Helénica sobre asistencia judicial en materia civil y penal, firmado en Atenas el 10 de abril de 1976;

a bis) Acuerdo entre la República Popular de Bulgaria y la República de Chipre sobre asistencia judicial en materia civil y penal, firmado en Nicosia el 29 de abril de 1983;

a ter) Acuerdo entre el Gobierno de la República Popular de Bulgaria y el Gobierno de la República Francesa sobre asistencia judicial en materia civil, firmado en Sofía el 18 de enero de 1989;

a quater) Tratado entre Rumanía y la República Checa sobre asistencia judicial en materia civil, firmado en Bucarest el 11 de julio de 1994;

a quinquies) Tratado entre Rumanía y la República de Polonia sobre asistencia judicial y relaciones jurídicas en materia civil, firmado en Bucarest el 15 de mayo de 1999.

2. Los Convenios mencionados en el apartado 1 seguirán surtiendo efecto cuando se trate de procedimientos abiertos antes de la entrada en vigor del Reglamento (CE) nº 1346/2000.

3. El presente Reglamento no será aplicable:

a) en cualquier Estado miembro, cuando lo dispuesto en el mismo sea incompatible con las obligaciones en materia de quiebra resultantes de un Convenio celebrado antes de la entrada en vigor del Reglamento (CE) nº 1346/2000 por dicho Estado miembro y uno o varios terceros Estados;

b) en el Reino Unido de Gran Bretaña e Irlanda del Norte, en la medida en que sea incompatible con las obligaciones en materia de quiebra y liquidación de sociedades insolventes resultantes de cualquier acuerdo adoptado en el marco de la Commonwealth vigente en el momento de la entrada en vigor del Reglamento (CE) nº 1346/2000.

ART. 86. Información sobre el Derecho nacional y de la Unión en materia de insolvencia

1. En el marco de la Red Judicial Europea en materia civil y mercantil creada por la Decisión 2001/470/CE del Consejo (17), los Estados miembros facilitarán una breve descripción

de su legislación y de sus procedimientos nacionales en materia de insolvencia, en particular en lo que respecta a las materias relacionadas en el artículo 7, apartado 2, a fin de hacer pública esa información.

2. Los Estados miembros actualizarán periódicamente la información a que se hace referencia en el apartado 1.

3. La Comisión pondrá a disposición del público la información relativa al presente Reglamento.

ART. 87. Establecimiento de la interconexión de registros

La Comisión adoptará actos de ejecución por los que se establezca la interconexión de los registros de insolvencia conforme a lo dispuesto en el artículo 25. Dichos actos de ejecución se adoptarán con arreglo al procedimiento de examen previsto en el artículo 89, apartado 3.

ART. 88.

Elaboración y ulterior modificación de los formularios normalizados

La Comisión adoptará actos de ejecución en los que se establezcan y, si fuera necesario, se modifiquen los formularios a que se refiere el artículo 27, apartado 4, los artículos 54 y 55 y el artículo 64, apartado 2. Estos actos de ejecución se adoptarán de conformidad con el procedimiento consultivo contemplado en el artículo 89, apartado 2.

ART. 89. Procedimiento de comité

1. La Comisión estará asistida por un comité. Dicho comité será un comité en el sentido del Reglamento (UE) nº 182/2011.

2. En los casos en que se haga referencia al presente apartado será de aplicación el artículo 4 del Reglamento (UE) nº 182/2011.

3. En los casos en que se haga referencia al presente apartado será de aplicación el artículo 5 del Reglamento (UE) nº 182/2011.

ART. 90. Cláusula de revisión

1. A más tardar el 27 de junio de 2027, y a continuación cada cinco años, la Comisión presentará al Parlamento Europeo, al Consejo y al Comité Económico y Social Europeo un informe sobre la aplicación del presente Reglamento. Dicho informe irá acompañado, cuando sea necesario, de una propuesta de adaptación del presente Reglamento.

2. A más tardar el 27 de junio de 2022, la Comisión presentará al Parlamento Europeo, al Consejo y al Comité Económico y Social Europeo un informe relativo a la aplicación de los procedimientos de coordinación de grupo. Dicho informe irá acompañado, cuando sea necesario, de una propuesta de adaptación del presente Reglamento.

3. A más tardar el 1 de enero de 2016, la Comisión presentará al Parlamento Europeo, al Consejo y al Comité Económico y Social Europeo un estudio sobre los aspectos transfronterizos en materia de responsabilidad e inhabilitación de administradores de empresas.

4. A más tardar el 27 de junio de 2020, la Comisión presentará al Parlamento Europeo, al Consejo y al Comité Económico y Social Europeo un estudio sobre la cuestión de los foros de conveniencia fraudulentos o abusivos.

ART. 91. Derogación

Queda derogado el Reglamento (CE) nº 1346/2000.

Las referencias al Reglamento derogado se entenderán hechas al presente Reglamento con arreglo a la tabla de correspondencias que figura en el anexo D del presente Reglamento.

ART. 92. Entrada en vigor

El presente Reglamento entrará en vigor a los veinte días de su publicación en el Diario Oficial de la Unión Europea.

Será aplicable a partir del 26 de junio de 2017, con excepción de:

a) el artículo 86, que se aplicará a partir del 26 de junio de 2016;

b) el artículo 24, apartado 1, que se aplicará a partir del 26 de junio de 2018, y

c) el artículo 25, que se aplicará a partir del 26 de junio de 2019.

El presente Reglamento será obligatorio en todos sus elementos y directamente aplicable en los Estados miembros de conformidad con los Tratados.

Hecho en Estrasburgo, el 20 de mayo de 2015.

Por el Parlamento Europeo
El Presidente
M. SCHULZ

Por el Consejo
La Presidenta
Z. KALNINA-LUKASEVICA

(1) DO C 271 de 19.9.2013, p. 55.

(2) Posición del Parlamento Europeo de 5 de febrero de 2014 (no publicada aún en el Diario Oficial) y Posición del Consejo en primera lectura de 12 de marzo de 2015 (no publicada aún en el Diario Oficial). Posición del Parlamento Europeo de 20 de mayo de 2015 (no publicada aún en el Diario Oficial).

(3) Reglamento (CE) n° 1346/2000 del Consejo, de 29 de mayo de 2000, sobre procedimientos de insolvencia (DO L 160 de 30.6.2000, p. 1).

(4) Reglamento (UE) n° 1215/2012 del Parlamento Europeo y del Consejo, de 12 de diciembre de 2012, relativo a la competencia judicial, el reconocimiento y la ejecución de resoluciones judiciales en materia civil y mercantil (DO L 351 de 20.12.2012, p. 1).

(5) Directiva 2001/24/CE del Parlamento Europeo y del Consejo, de 4 de abril de 2001, relativa al saneamiento y a la liquidación de las entidades de crédito (DO L 125 de 5.5.2001, p. 15).

(6) Reglamento (CE) n° 1393/2007 del Parlamento Europeo y del Consejo, de 13 de noviembre de 2007, relativo a la notificación y al traslado en los Estados miembros de documentos judiciales y extrajudiciales en materia civil o mercantil («notificación y traslado de documentos») y por el que se deroga el Reglamento (CE) n° 1348/2000 del Consejo (DO L 324 de 10.12.2007, p. 79).

(7) Directiva 98/26/CE del Parlamento Europeo y del Consejo, de 19 de mayo de 1998, sobre la firmeza de la liquidación en los sistemas de pagos y de liquidación de valores (DO L 166 de 11.6.1998, p. 45).

(8) Reglamento (UE) n° 182/2011 del Parlamento Europeo y del Consejo, de 16 de febrero de 2011, por el que se establecen las normas y los principios generales relativos a las modalidades de control por parte de los Estados miembros del ejercicio de las competencias de ejecución por la Comisión (DO L 55 de 28.2.2011, p. 13).

(9) Directiva 95/46/CE del Parlamento Europeo y del Consejo, de 24 de octubre de 1995, relativa a la protección de las personas físicas en lo que respecta al tratamiento de datos personales y a la libre circulación de estos datos (DO L 281 de 23.11.1995, p. 31).

(10) Reglamento (CE) n° 45/2001 del Parlamento Europeo y del Consejo, de 18 de diciembre de 2000, relativo a la protección de las personas físicas en lo que respecta al tratamiento de datos personales por las instituciones y los organismos comunitarios y a la libre circulación de estos datos (DO L 8 de 12.1.2001, p. 1).

(11) Reglamento (CEE, Euratom) n° 1182/71 del Consejo, de 3 de junio de 1971, por el que se determinan las normas aplicables a los plazos, fechas y términos (DO L 124 de 8.6.1971, p. 1).

(12) DO C 358 de 7.12.2013, p. 15.

(13) Directiva 2009/65/CE del Parlamento Europeo y del Consejo, de 13 de julio de 2009, por la que se coordinan las disposiciones legales, reglamentarias y administrativas sobre determinados organismos de inversión colectiva en valores mobiliarios (OICVM) (DO L 302 de 17.11.2009, p. 32).

(14) Directiva 2011/61/UE del Parlamento Europeo y del Consejo, de 8 de junio de 2011, relativa a los gestores de fondos de inversión alternativos y por la que se modifican las Directivas 2003/41/CE y 2009/65/CE y los Reglamentos (CE) n° 1060/2009 y (UE) n° 1095/2010 (DO L 174 de 1.7.2011, p. 1).

(15) Directiva 2013/34/UE del Parlamento Europeo y del Consejo, de 26 de junio de 2013, sobre los estados financieros anuales, los estados financieros consolidados y otros informes afines de ciertos tipos de empresas, por la que se modifica la Directiva 2006/43/CE del Parlamento Europeo y del Consejo y se derogan las Directivas 78/660/CEE y 83/349/CEE del Consejo (DO L 182 de 29.6.2013, p. 19).

(16) Directiva 2008/94/CE del Parlamento Europeo y del Consejo, de 22 de octubre de 2008, relativa a la protección de los trabajadores asalariados en caso de insolvencia del empresario (DO L 283 de 28.10.2008, p. 36).

(17) Decisión 2001/470/CE del Consejo, de 28 de mayo de 2001, por la que se crea una Red Judicial Europea en materia civil y mercantil (DO L 174 de 27.6.2001, p. 25).

ANEXO A
Procedimientos de insolvencia a que se refiere el artículo 2, punto 4)

BELGIQUE/BELGIË
— Het faillissement/La faillite,
— De openbare gerechtelijke reorganisatie door een collectief akkoord/La réorganisation judiciaire publique par accord collectif,
— De openbare gerechtelijke reorganisatie door een minnelijk akkoord/La réorganisation judiciaire publique par accord amiable,
— De overdracht onder gerechtelijk gezag/Le transfert sous autorité de justice,
— De collectieve schuldenregeling/Le règlement collectif de dettes,
— De vrijwillige vereffening/La liquidation volontaire,
— De gerechtelijke vereffening/La liquidation judiciaire,
— De voorlopige ontneming van het beheer, als bedoeld in artikel XX.32 van het Wetboek van economisch recht/Le dessaisissement provisoire de la gestion, visé à l'article XX.32 du Code de droit économique,
— De voorlopige ontneming als bedoeld in artikel XX.49/1 van het Wetboek van economisch recht/Le dessaisissement provisoire visé à l'article XX.49/1 du Code de droit économique,
БЪЛГАРИЯ
— Производство по несъстоятелност,
— Производство по стабилизация на търговеца,
— Производство по несъстоятелност на предприемача,
— Производство по погасяване на задължения,
— Производство по стабилизация на предприемача,
ČESKO
— Konkurs,
— Reorganizace,
— Oddlužení,
— Veřejná preventivní restrukturalizace,
DEUTSCHLAND
— Das Konkursverfahren,
— Das gerichtliche Vergleichsverfahren,
— Das Gesamtvollstreckungsverfahren,
— Das Insolvenzverfahren,
— Die öffentliche Restrukturierungssache,
EESTI
— Pankrotimenetlus,
— Võlgade ümberkujundamise menetlus,
— Saneerimismenetlus,
ÉIRE/IRELAND
— Compulsory winding-up by the court,
— Bankruptcy,
— The administration in bankruptcy of the estate of persons dying insolvent,
— Winding-up in bankruptcy of partnerships,
— Creditors' voluntary winding-up (with confirmation of a court),
— Arrangements under the control of the court which involve the vesting of all or part of the property of the debtor in the Official Assignee for realisation and distribution,
— Examinership,
— Debt Relief Notice,
— Debt Settlement Arrangement,
— Personal Insolvency Arrangement,

ΕΛΛΑΔΑ
— Η πτώχευση,
— Η ειδική εκκαθάριση εν λειτουργία,
— Σχέδιο αναδιοργάνωσης,
— Απλοποιημένη διαδικασία επί πτωχεύσεων μικρού αντικειμένου,
— Διαδικασία εξυγίανσης,
ESPAÑA
— Concurso de acreedores,
— Comunicación pública de apertura de negociaciones con los acreedores,
— Planes de reestructuración (con publicidad registral),
— Procedimiento especial para microempresas,
FRANCE
— Sauvegarde,
— Sauvegarde accélérée,
— Redressement judiciaire,
— Liquidation judiciaire,
HRVATSKA
— Stečajni postupak,
— Predstečajni postupak,
— Postupak stečaja potrošača,
— Postupak izvanredne uprave u trgovačkim društvima od sistemskog značaja za Republiku Hrvatsku,
ITALIA
— Fallimento [hasta el 14 de julio de 2022],
— Liquidazione giudiziale [a partir del 15 de julio de 2022],
— Concordato preventivo,
— Liquidazione coatta amministrativa,
— Amministrazione straordinaria,
— Accordi di ristrutturazione,
— Concordato semplificato per la liquidazione del patrimonio all'esito della composizione negoziata,
— Piano di ristrutturazione soggetto ad omologazione,
— Procedure di composizione della crisi da sovraindebitamento del consumatore (accordo o piano) [hasta el 14 de julio de 2022],
— Liquidazione dei beni [hasta el 14 de julio de 2022],
— Ristrutturazione dei debiti del consumatore [a partir del 15 de julio de 2022],
— Concordato minore [a partir del 15 de julio de 2022],
— Liquidazione controllata del sovraindebitato [a partir del 15 de julio de 2022],
ΚΥΠΡΟΣ
— Υποχρεωτική εκκαθάριση από το Δικαστήριο,
— Εκούσια εκκαθάριση από μέλη,
— Εκούσια εκκαθάριση από πιστωτές,
— Εκκαθάριση με την εποπτεία του Δικαστηρίου,
— Διάταγμα παραλαβής και πτώχευσης κατόπιν Δικαστικού Διατάγματος,
— Διαχείριση της περιουσίας προσώπων που απεβίωσαν αφερέγγυα,
— Διορισμός Εξεταστή,
— Προσωπικά Σχέδια Αποπληρωμής,
LATVIJA
— Tiesiskās aizsardzības process,
— Juridiskās personas maksātnespējas process,
— Fiziskās personas maksātnespējas process,
LIETUVA
— Juridinio asmens restruktūrizavimo byla,
— Juridinio asmens bankroto byla,
— Juridinio asmens bankroto procesas ne teismo tvarka,
— Fizinio asmens bankroto procesas,
LUXEMBOURG
— Faillite,
— Gestion contrôlée [hasta el 1 de noviembre de 2023],
— Concordat préventif de faillite (par abandon d'actif) [hasta el 1 de noviembre de 2023],

— Régime spécial de liquidation du notariat,
— Procédure de règlement collectif des dettes dans le cadre du surendettement,
— Réorganisation judiciaire par accord collectif,
— Réorganisation judiciaire par transfert par décision de justice,
— Réorganisation judiciaire aux fins d'obtenir un sursis en vue de permettre la conclusion d'un accord amiable,

MAGYARORSZÁG
— Csődeljárás,
— Felszámolási eljárás,
— Nyilvános szerkezetátalakítási eljárás [a partir del 1 de julio de 2022],

MALTA
— Xoljiment,
— Amministrazzjoni,
— Stralċ volontarju mill-membri jew mill-kredituri,
— Stralċ mill-Qorti,
— Falliment f'każ ta' kummerċjant,
— Proċedura biex kumpanija tirkupra,
— Proċedura bażika ta' ristrutturar preventiv,
— Proċedura ta' ristrutturar preventiv ifformulata minn qabel,
— Proċedura ta' ristrutturar preventiv approvata minn qabel,

NEDERLAND
— Het faillissement,
— De surseance van betaling,
— De schuldsaneringsregeling natuurlijke personen,
— De openbare akkoordprocedure buiten faillissement,

ÖSTERREICH
— Das Konkursverfahren (Insolvenzverfahren),
— Das Sanierungsverfahren ohne Eigenverwaltung (Insolvenzverfahren),
— Das Sanierungsverfahren mit Eigenverwaltung (Insolvenzverfahren),
— Das Schuldenregulierungsverfahren,
— Das Abschöpfungsverfahren,
— Das Europäische Restrukturierungsverfahren,

POLSKA
— Upadłość,
— Postępowanie o zatwierdzenie układu,
— Postępowanie o zawarcie układu na zgromadzeniu wierzycieli przez osobę fizyczną nieprowadzącą działalności gospodarczej,
— Przyspieszone postępowanie układowe,
— Postępowanie układowe,
— Postępowanie sanacyjne,

PORTUGAL
— Processo de insolvência,
— Processo especial de revitalização,
— Processo especial para acordo de pagamento,

ROMÂNIA
— Procedura insolvenței,
— Reorganizarea judiciară,
— Procedura falimentului,
— Concordatul preventiv,

SLOVENIJA
— Postopek preventivnega prestrukturiranja,
— Postopek prisilne poravnave,
— Postopek poenostavljene prisilne poravnave,
— Stečajni postopek: stečajni postopek nad pravno osebo, postopek osebnega stečaja in postopek stečaja zapuščine,

SLOVENSKO
— Konkurzné konanie,
— Reštrukturalizačné konanie,
— Oddlženie,
— Verejná preventívna reštrukturalizácia,

III

SUOMI/FINLAND
— Konkurssi/konkurs,
— Yrityssaneeraus/företagssanering,
— Yksityishenkilön velkajärjestely/skuldsanering för privatpersoner,
SVERIGE
— Konkurs,
— Företagsrekonstruktion,
— Skuldsanering.

Anexo A sustituido por Reglamento (UE) 2025/2073 del Parlamento Europeo y del Consejo, de 8 de octubre de 2025, por el que se modifica el Reglamento (UE) 2015/848 sobre procedimientos de insolvencia a fin de sustituir sus anexos A y B. (DOUE de 17-10-2025).

Anexo anteriormente sustituido por Reglamento (UE) 2021/2260 del Parlamento Europeo y del Consejo de 15 de diciembre de 2021 por el que se modifica el Reglamento (UE) 2015/848 sobre procedimientos de insolvencia a fin de sustituir sus anexos A y B (DOUE de 20-12-2021).

ANEXO B
Administradores concursales a que se refiere el artículo 2, punto 5)

BELGIQUE/BELGIË
— De curator/Le curateur,
— De gerechtsmandataris/Le mandataire de justice,
— De schuldbemiddelaar/Le médiateur de dettes,
— De vereffenaar/Le liquidateur,
— De voorlopige bewindvoerder/L'administrateur provisoire,
— Herstructureringsdeskundige/Praticien de la réorganisation,
— Vereffeningsdeskundige/Praticien de la liquidation,
БЪЛГАРИЯ
— Назначен предварително временен синдик,
— Временен синдик,
— (Постоянен) синдик,
— Служебен синдик,
— Доверено лице,
ČESKO
— Insolvenční správce,
— Předběžný insolvenční správce,
— Oddělený insolvenční správce,
— Zvláštní insolvenční správce,
— Zástupce insolvenčního správce,
— Restrukturalizační správce,
DEUTSCHLAND
— Konkursverwalter,
— Vergleichsverwalter,
— Sachwalter (nach der Vergleichsordnung),
— Verwalter,
— Insolvenzverwalter,
— Sachwalter (nach der Insolvenzordnung),
— Treuhänder,
— Vorläufiger Insolvenzverwalter,
— Vorläufiger Sachwalter,
— Restrukturierungsbeauftragter,
EESTI
— Pankrotihaldur,
— Ajutine pankrotihaldur,
— Usaldusisik,
— Saneerimisnõustaja,
ÉIRE/IRELAND
— Liquidator,

— Official Assignee,
— Trustee in bankruptcy,
— Provisional Liquidator,
— Examiner,
— Personal Insolvency Practitioner,
— Insolvency Service,
ΕΛΛΑΔΑ
— Ο σύνδικος,
— Ο εισηγητής,
— Η επιτροπή των πιστωτών,
— Ο ειδικός εκκαθαριστής,
ESPAÑA
— Administrador concursal,
— Experto en la reestructuración,
FRANCE
— Mandataire judiciaire,
— Liquidateur,
— Administrateur judiciaire,
— Commissaire à l'exécution du plan,
HRVATSKA
— Stečajni upravitelj,
— Privremeni stečajni upravitelj,
— Stečajni povjerenik,
— Povjerenik,
— Izvanredni povjerenik,
ITALIA
— Curatore,
— Commissario giudiziale,
— Commissario straordinario,
— Commissario liquidatore,
— Ausiliario nel concordato semplificato per la liquidazione del patrimonio all'esito della composizione negoziata,
— Liquidatore giudiziale,
— Professionista nominato dal Tribunale,
— Organismo di composizione della crisi nella procedura di composizione della crisi da sovraindebitamento del consumatore [hasta el 14 de julio de 2022],
— Organismo di composizione della crisi nella procedura di composizione della crisi da sovraindebitamento [a partir del 15 de julio de 2022],
— Liquidatore,
ΚΥΠΡΟΣ
— Εκκαθαριστής και Προσωρινός Εκκαθαριστής,
— Επίσημος Παραλήπτης,
— Διαχειριστής της Πτώχευσης,
— Εξεταστής,
— Σύμβουλος Αφερεγγυότητας,
LATVIJA
— Maksātnespējas procesa administrators,
— Tiesiskās aizsardzības procesa uzraugošā persona,
LIETUVA
— Nemokumo administratorius,
LUXEMBOURG
— Le curateur,
— Le commissaire,
— Le liquidateur,
— Le conseil de gérance de la section d'assainissement du notariat,
— Le liquidateur dans le cadre du surendettement,
— Le mandataire de justice,
MAGYARORSZÁG
— Vagyonfelügyelő,
— Felszámoló,
— Szerkezetátalakítási szakértő [a partir del 1 de julio de 2022],

III

MALTA
— Amministratur,
— Amministratur Proviżorju,
— Riċevitur Uffiċjali,
— Stralċjarju/Likwidatur,
— Manager Speċjali,
— Kuratur,
— Kontrollur Speċjali,
— Prattikant fl-insolvenza,
— Trustee tal-falliment,

NEDERLAND
— De curator in het faillissement,
— De bewindvoerder in de surseance van betaling,
— De bewindvoerder in de schuldsaneringsregeling natuurlijke personen,
— De herstructureringsdeskundige in de openbare akkoordprocedure buiten faillissement,
— De observator in de openbare akkoordprocedure buiten faillissement,

ÖSTERREICH
— Masseverwalter,
— Sanierungsverwalter,
— Restrukturierungsbeauftragter,
— Besonderer Verwalter,
— Einstweiliger Verwalter,
— Sachwalter,
— Treuhänder,
— Insolvenzgericht,
— Konkursgericht,

POLSKA
— Syndyk,
— Nadzorca sądowy,
— Zarządca,
— Nadzorca układu,
— Tymczasowy nadzorca sądowy,
— Tymczasowy zarządca,
— Zarządca przymusowy,

PORTUGAL
— Administrador da insolvência,
— Administrador judicial provisório,

ROMÂNIA
— Practician în insolvență,
— Administrator concordatar,
— Administrator judiciar,
— Lichidator judiciar,

SLOVENIJA
— Upravitelj,

SLOVENSKO
— Predbežný správca,
— Správca,
— Špeciálny správca,

SUOMI/FINLAND
— Pesänhoitaja/boförvaltare,
— Selvittäjä/utredare,

SVERIGE
— Förvaltare,
— Rekonstruktör.

Anexo B sustituido por Reglamento (UE) 2025/2073 del Parlamento Europeo y del Consejo, de 8 de octubre de 2025, por el que se modifica el Reglamento (UE) 2015/848 sobre procedimientos de insolvencia a fin de sustituir sus anexos A y B. (DOUE de 17-10-2025).

Anexo anteriormente sustituido por Reglamento (UE) 2021/2260 del Parlamento Europeo y del Consejo de 15 de diciembre de 2021 por el que se modifica el Reglamento (UE) 2015/848 sobre procedimientos de insolvencia a fin de sustituir sus anexos A y B (DOUE de 20-12-2021).

ANEXO C
Reglamento derogado con la lista de sus sucesivas modificaciones

Reglamento (CE) no 1346/2000 del Consejo (DO L 160 de 30.6.2000, p. 1).
Reglamento (CE) no 603/2005 del Consejo (DO L 100 de 20.4.2005, p. 1).
Reglamento (CE) no 694/2006 del Consejo (DO L 121 de 6.5.2006, p. 1).
Reglamento (CE) no 1791/2006 del Consejo (DO L 363 de 20.12.2006, p. 1).
Reglamento (CE) no 681/2007 del Consejo (DO L 159 de 20.6.2007, p. 1).
Reglamento (CE) no 788/2008 del Consejo (DO L 213 de 8.8.2008, p. 1).
Reglamento de Ejecución (UE) no 210/2010 del Consejo (DO L 65 de 13.3.2010, p. 1).
Reglamento de Ejecución (UE) no 583/2011 del Consejo (DO L 160 de 18.6.2011, p. 52).
Reglamento (UE) no 517/2013 del Consejo (DO L 158 de 10.6.2013, p. 1).
Reglamento de Ejecución (UE) no 663/2014 del Consejo (DO L 179 de 19.6.2014, p. 4).

Acta relativa a las condiciones de adhesión de la República Checa, la República de Estonia, la República de Chipre, la República de Letonia, la República de Lituania, la República de Hungría, la República de Malta, la República de Polonia, la República de Eslovenia y la República Eslovaca, y a las adaptaciones de los Tratados en los que se fundamenta la Unión (DO L 236 de 23.9.2003, p. 33).

ANEXO D
Tabla de correspondencias

Reglamento (CE) n° 1346/2000	El presente Reglamento
Artículo 1	Artículo 1
Artículo 2, frase introductoria	Artículo 2, frase introductoria
Artículo 2, letra a)	Artículo 2, punto 4
Artículo 2, letra b)	Artículo 2, punto 5
Artículo 2, letra c)	-
Artículo 2, letra d)	Artículo 2, punto 6
Artículo 2, letra e)	Artículo 2, punto 7
Artículo 2, letra f)	Artículo 2, punto 8
Artículo 2, letra g), término introductorio	Artículo 2, punto 9, término introductorio
Artículo 2, letra g), primer guion	Artículo 2, punto 9, inciso vii)
Artículo 2, letra g), segundo guion	Artículo 2, punto 9, inciso iv)
Artículo 2, letra g), tercer guion	Artículo 2, punto 9, inciso viii)
Artículo 2, letra h)	Artículo 2, punto 10
-	Artículo 2, puntos 1 a 3 y 11 a 13
-	Artículo 2, punto 9, incisos i) a iii), v) y vi)
Artículo 3	Artículo 3
-	Artículo 4
-	Artículo 5
-	Artículo 6
Artículo 4	Artículo 7

Artículo 5	Artículo 8
Artículo 6	Artículo 9
Artículo 7	Artículo 10
Artículo 8	Artículo 11, apartado 1
-	Artículo 11, apartado 2
Artículo 9	Artículo 12
Artículo 10	Artículo 13, apartado 1
-	Artículo 13, apartado 2
Artículo 11	Artículo 14
Artículo 12	Artículo 15
Artículo 13, primer guion	Artículo 16, letra a)
Artículo 13, segundo guion	Artículo 16, letra b)
Artículo 14, primer guion	Artículo 17, letra a)
Artículo 14, segundo guion	Artículo 17, letra b)
Artículo 14, tercer guion	Artículo 17, letra c)
Artículo 15	Artículo 18
Artículo 16	Artículo 19
Artículo 17	Artículo 20
Artículo 18	Artículo 21
Artículo 19	Artículo 22
Artículo 20	Artículo 23
-	Artículo 24
-	Artículo 25
-	Artículo 26
-	Artículo 27
Artículo 21, apartado 1	Artículo 28, apartado 2
Artículo 21, apartado 2	Artículo 28, apartado 1
Artículo 22	Artículo 29
Artículo 23	Artículo 30
Artículo 24	Artículo 31
Artículo 25	Artículo 32
Artículo 26	Artículo 33
Artículo 27	Artículo 34
Artículo 28	Artículo 35
-	Artículo 36
Artículo 29	Artículo 37, apartado 1
-	Artículo 37, apartado 2
-	Artículo 38

-	Artículo 39
Artículo 30	Artículo 40
Artículo 31	Artículo 41
-	Artículo 42
-	Artículo 43
-	Artículo 44
Artículo 32	Artículo 45
Artículo 33	Artículo 46
Artículo 34, apartado 1	Artículo 47, apartado 1
Artículo 34, apartado 2	Artículo 47, apartado 2
Artículo 34, apartado 3	-
-	Artículo 48
Artículo 35	Artículo 49
Artículo 36	Artículo 50
Artículo 37	Artículo 51
Artículo 38	Artículo 52
Artículo 39	Artículo 53
Artículo 40	Artículo 54
Artículo 41	Artículo 55
Artículo 42	-
-	Artículo 56
-	Artículo 57
-	Artículo 58
-	Artículo 59
-	Artículo 60
-	Artículo 61
-	Artículo 62
-	Artículo 63
-	Artículo 64
-	Artículo 65
-	Artículo 66
-	Artículo 67
-	Artículo 68
-	Artículo 69
-	Artículo 70
-	Artículo 71
-	Artículo 72
-	Artículo 73

III

-	Artículo 74
-	Artículo 75
-	Artículo 76
-	Artículo 77
-	Artículo 78
-	Artículo 79
-	Artículo 80
-	Artículo 81
-	Artículo 82
-	Artículo 83
Artículo 43	Artículo 84, apartado 1
-	Artículo 84, apartado 2
Artículo 44	Artículo 85
-	Artículo 86
Artículo 45	-
-	Artículo 87
-	Artículo 88
-	Artículo 89
Artículo 46	Artículo 90, apartado 1
-	Artículo 90, puntos 2 a 4
-	Artículo 91
Artículo 47	Artículo 92
Anexo A	Anexo A
Anexo B	-
Anexo C	Anexo B
-	Anexo C
-	Anexo D

IV.
LEY 3/2004, DE 29 DE DICIEMBRE, POR LA QUE SE ESTABLECEN MEDIDAS DE LUCHA CONTRA LA MOROSIDAD EN LAS OPERACIONES COMERCIALES

—BOE núm. 314, de 30 de diciembre de 2004—

JUAN CARLOS I
REY DE ESPAÑA

A todos los que la presente vieren y entendieren.
Sabed: Que las Cortes Generales han aprobado y Yo vengo en sancionar la siguiente ley.

EXPOSICIÓN DE MOTIVOS

Esta Ley tiene por objeto incorporar al derecho interno la Directiva 2000/35/CE, del Parlamento Europeo y del Consejo, de 29 de junio de 2000, por la que se establecen medidas de lucha contra la morosidad en las operaciones comerciales.

A lo largo de esta última década, la Unión Europea ha venido prestando una atención creciente a los problemas de los plazos de pago excesivamente amplios y de la morosidad en el pago de deudas contractuales, debido a que deterioran la rentabilidad de las empresas, produciendo efectos especialmente negativos en la pequeña y mediana empresa. Además, las disparidades existentes entre los Estados miembros respecto a las legislaciones y prácticas en materia de pagos constituyen un obstáculo para el buen funcionamiento del mercado interior.

Son numerosas las iniciativas de la Unión Europea desarrolladas sobre esta materia, entre las cuales está la Recomendación de la Comisión de 12 de mayo de 1995, relativa a los plazos de pago en las transacciones comerciales. Al no haberse logrado mejoras en materia de morosidad desde la adopción de esta recomendación, se ha hecho necesaria la Directiva 2000/35/CE.

El objetivo general de esta directiva es fomentar una mayor transparencia en la determinación de los plazos de pago en las transacciones comerciales, y también su cumplimiento. Para ello, la directiva comprende un conjunto de medidas tendentes, de una parte, a impedir que plazos de pago excesivamente dilatados sean utilizados para proporcionar al deudor una liquidez adicional a expensas del acreedor, y, de otra, a disuadir los retrasos en los pagos, erradicando las causas por las que en la actualidad la morosidad puede resultar ventajosa económicamente para los deudores.

El alcance de esta directiva está limitado a los pagos efectuados como contraprestación en operaciones comerciales entre empresas y entre éstas y el sector público. No regula las operaciones en las que intervienen consumidores, los intereses relacionados con otros pagos como los efectuados en virtud de la legislación en materia de cheques y letras de cambio ni los pagos de indemnizaciones por daños.

El criterio subjetivo y material que delimita el ámbito de aplicación de la Directiva 2000/35/CE aconseja efectuar su transposición a nuestro ordenamiento jurídico mediante una ley especial que regule las medidas sustantivas contra la morosidad, y que, en una disposición final, modifique el texto refundido de la Ley de Contratos de las Administraciones Públicas, aprobado por el Real Decreto Legislativo 2/2000, de 16 de junio.

Las medidas sustantivas contra la morosidad que esta Ley regula consisten en establecer, con carácter general, un plazo de exigibilidad de intereses de demora, determinar su devengo automático, señalar el tipo de interés de demora y otorgar al acreedor el derecho a reclamar al deudor una indemnización razonable por los costes de cobro. A estas medidas se añade la posibilidad de pactar cláusulas de reserva de dominio a los efectos de que el vendedor conserve la propiedad de los bienes hasta el pago total de la deuda.

La nueva Ley introduce un cambio esencial en este ámbito, como es el de desplazar a los usos del comercio que hayan venido consagrando plazos de pago excesivamente dilatados, los cuales se verían sustituidos por las disposiciones de esta Ley. Cuando la Ley hace referencia a que el juez puede considerar los usos del comercio como elemento objetivo de valoración a la hora de determinar el posible carácter abusivo de una cláusula contractual, toma este extremo sólo como un dato factual y objetivo que permite comparar la actuación de un operador con la situación del tráfico mercantil en cada momento.

El plazo de exigibilidad de la deuda y la determinación del tipo de interés de demora establecidos en la ley son de aplicación en defecto de pacto entre las partes. Ahora bien, la libertad de contratar no debe amparar prácticas abusivas imponiendo cláusulas relativas a plazos de pago más amplios o tipos de interés de demora inferiores a los previstos en esta Ley, por lo que el juez podrá modificar estos acuerdos si, valoradas las circunstancias del caso, resultaran abusivos para el acreedor. En este sentido, podrá considerarse factor constitutivo de dicho abuso el que el acuerdo sirva, principalmente, para proporcionar al deudor una liquidez adicional a expensas del acreedor o para que el contratista principal imponga a sus proveedores o subcontratistas unas condiciones de pago que no estén justificadas por razón de las obligaciones que asuma. Precisamente esta regulación de las cláusulas abusivas es la que ha determinado la necesidad de dar una nueva redacción al artículo 17.3 de la Ley 7/1996, de 15 de enero, de Ordenación del Comercio Minorista, para ajustar los pagos a los proveedores a las previsiones de esta Ley. También, la Ley regula la acción colectiva dirigida a impedir la utilización de estas cláusulas cuando hayan sido redactadas para uso general.

La adecuación de nuestra legislación interna sobre contratación pública al ordenamiento jurídico comunitario está contenida en el texto refundido de la Ley de Contratos de las Administraciones Públicas, aprobado por el Real Decreto Legislativo 2/2000, de 16 de junio. La inclusión de las Administraciones públicas en el ámbito de la Directiva 2000/35/CE, dispensando igual tratamiento a todos los agentes económicos en materia de pagos por operaciones comerciales, hace necesario modificar la regulación del tipo de interés de demora e introducir el reconocimiento del derecho del acreedor a una indemnización por costes de cobro de la deuda, para su adecuación a las previsiones de la norma comunitaria. Igual adecuación requieren las disposiciones reguladoras de los pagos entre contratistas y subcontratistas y suministradores. A estos fines responde la disposición final primera de esta Ley.

La Ley se dicta al amparo de las competencias que la Constitución Española atribuye al Estado en el artículo 149.1.6.ª y 8.ª por afectar a la legislación mercantil y civil. No obstante, la disposición final primera de esta Ley se dicta al amparo del artículo 149.1.18.ª que atribuye al Estado la legislación básica sobre Contratos de las Administraciones Públicas.

ART. 1. Objeto.

Esta Ley tiene por objeto combatir la morosidad en el pago de deudas dinerarias y el abuso, en perjuicio del acreedor, en la fijación de los plazos de pago en las operaciones comerciales que den lugar a la entrega de bienes o a la prestación de servicios realizadas entre empresas o entre empresas y la Administración.

ART. 2. Definiciones.

A los efectos regulados en esta Ley, se considerará como:

a) Empresa, a cualquier persona física o jurídica que actúe en el ejercicio de su actividad independiente económica o profesional.

b) Administración, a los entes, organismos y entidades que forman parte del sector público, de acuerdo con el artículo 3.3 de la Ley 30/2007, de 30 de octubre, de Contratos del Sector Público.

c) Morosidad, el incumplimiento de los plazos contractuales o legales de pago.

d) Plazo de pago, se referirá a todos los días naturales del año, y serán nulos y se tendrán por no puestos los pactos que excluyan del cómputo los periodos considerados vacacionales.

Modificado por Ley 15/2010, de 5 de julio, de modificación de la Ley 3/2004, de 29 de diciembre, por la que se establecen medidas de lucha contra la morosidad en las operaciones comerciales. (BOE de 06-07-2010).

ART. 3. Ámbito de aplicación.

1. Esta Ley será de aplicación a todos los pagos efectuados como contraprestación en las operaciones comerciales realizadas entre empresas, o entre empresas y la Administración, de conformidad con lo dispuesto en la Ley 30/2007, de 30 de octubre, de Contratos del Sector Público, así como las realizadas entre los contratistas principales y sus proveedores y subcontratistas.

2. Quedan fuera del ámbito de aplicación de esta Ley:

a) Los pagos efectuados en las operaciones comerciales en las que intervengan consumidores.

b) Los intereses relacionados con la legislación en materia de cheques, pagarés y letras de cambio y los pagos de indemnizaciones por daños, incluidos los pagos por entidades aseguradoras.

c) Las deudas sometidas a procedimientos concursales incoados contra el deudor, que se regirán por lo establecido en su legislación especial.

Modificado por Ley 15/2010, de 5 de julio, de modificación de la Ley 3/2004, de 29 de diciembre, por la que se establecen medidas de lucha contra la morosidad en las operaciones comerciales. (BOE de 06-07-2010).

ART. 4. Determinación del plazo de pago.

1. El plazo de pago que debe cumplir el deudor, si no hubiera fijado fecha o plazo de pago en el contrato, será de treinta días naturales después de la fecha de recepción de las mercancías o prestación de los servicios, incluso cuando hubiera recibido la factura o solicitud de pago equivalente con anterioridad.

Los proveedores deberán hacer llegar la factura o solicitud de pago equivalente a sus clientes antes de que se cumplan quince días naturales a contar desde la fecha de recepción efectiva de las mercancías o de la prestación de los servicios.

Cuando en el contrato se hubiera fijado un plazo de pago, la recepción de la factura por medios electrónicos producirá los efectos de inicio del cómputo de plazo de pago, siempre que se encuentre garantizada la identidad y autenticidad del firmante, la integridad de la factura, y la recepción por el interesado.

2. Si legalmente o en el contrato se ha dispuesto un procedimiento de aceptación o de comprobación mediante el cual deba verificarse la conformidad de los bienes o los servicios con lo dispuesto en el contrato, su duración no podrá exceder de treinta días naturales a contar desde la fecha de recepción de los bienes o de la prestación de los servicios. En este caso, el plazo de pago será de treinta días después de la fecha en que tiene lugar la aceptación o verificación de los bienes o servicios, incluso aunque la factura o solicitud de pago se hubiera recibido con anterioridad a la aceptación o verificación.

3. Los plazos de pago indicados en los apartados anteriores podrán ser ampliados mediante pacto de las partes sin que, en ningún caso, se pueda acordar un plazo superior a 60 días naturales.

4. Podrán agruparse facturas a lo largo de un período determinado no superior a quince días, mediante una factura comprensiva de todas las entregas realizadas en dicho período, factura resumen periódica, o agrupándolas en un único documento a efectos de facilitar la gestión de su pago, agrupación periódica de facturas, y siempre que se tome como fecha de inicio del cómputo del plazo la fecha correspondiente a la mitad del período de la factura resumen periódica o de la agrupación periódica de facturas de que se trate, según el caso, y el plazo de pago no supere los sesenta días naturales desde esa fecha.

Modificado por Ley 11/2013, de 26 de julio, de medidas de apoyo al emprendedor y de estimulo del crecimiento y de la creación de empleo. (BOE de 27-07-2013).

ART. 5. Devengo de intereses de demora.

El obligado al pago de la deuda dineraria surgida como contraprestación en operaciones comerciales incurrirá en mora y deberá pagar el interés pactado en el contrato o el fijado por esta Ley automáticamente por el mero incumplimiento del pago en el plazo pactado o legalmente establecido, sin necesidad de aviso de vencimiento ni intimación alguna por parte del acreedor.

ART. 6. Requisitos para que el acreedor pueda exigir los intereses de demora.

El acreedor tendrá derecho a intereses de demora cuando concurran simultáneamente los siguientes requisitos:

a) Que haya cumplido sus obligaciones contractuales y legales.

b) Que no haya recibido a tiempo la cantidad debida a menos que el deudor pueda probar que no es responsable del retraso.

En caso de que las partes hubieran pactado calendarios de pago para abonos a plazos, cuando alguno de los plazos no se abone en la fecha acordada, los intereses y la compensación previstas en esta ley se calcularán únicamente sobre la base de las cantidades vencidas.

Modificado por Ley 11/2013, de 26 de julio, de medidas de apoyo al emprendedor y de estimulo del crecimiento y de la creación de empleo. (BOE de 27-07-2013).

ART. 7. Interés de demora.

1. El interés de demora que deberá pagar el deudor será el que resulte del contrato y, en defecto de pacto, el tipo legal que se establece en el apartado siguiente.

2. El tipo legal de interés de demora que el deudor estará obligado a pagar será la suma del tipo de interés aplicado por el Banco Central Europeo a su más reciente operación principal de financiación efectuada antes del primer día del semestre natural de que se trate más ocho puntos porcentuales.

Por tipo de interés aplicado por el Banco Central Europeo a sus operaciones principales de financiación se entenderá el tipo de interés aplicado a tales operaciones en caso de subastas a tipo fijo. En el caso de que se efectuara una operación principal de financiación con arreglo a un procedimiento de subasta a tipo variable, este tipo de interés se referirá al tipo de interés marginal resultante de esa subasta.

El tipo legal de interés de demora, determinado conforme a lo dispuesto en este apartado, se aplicará durante los seis meses siguientes a su fijación.

3. El Ministerio de Economía y Hacienda publicará semestralmente en el «Boletín Oficial del Estado» el tipo de interés resultante por la aplicación de la norma contenida en el apartado anterior.

Modificado por Ley 11/2013, de 26 de julio, de medidas de apoyo al emprendedor y de estimulo del crecimiento y de la creación de empleo. (BOE de 27-07-2013).

ART. 8. Indemnización por costes de cobro.

1. Cuando el deudor incurra en mora, el acreedor tendrá derecho a cobrar del deudor una cantidad fija de 40 euros, que se añadirá en todo caso y sin necesidad de petición expresa a la deuda principal.

Además, el acreedor tendrá derecho a reclamar al deudor una indemnización por todos los costes de cobro debidamente acreditados que haya sufrido a causa de la mora de éste y que superen la cantidad indicada en el párrafo anterior.

2. El deudor no estará obligado a pagar la indemnización establecida en el apartado anterior cuando no sea responsable del retraso en el pago.

Modificado por Ley 11/2013, de 26 de julio, de medidas de apoyo al emprendedor y de estimulo del crecimiento y de la creación de empleo. (BOE de 27-07-2013).

ART. 9. Cláusulas y prácticas abusivas.

1. Será nula una cláusula contractual o una práctica relacionada con la fecha o el plazo de pago, el tipo de interés de demora o la compensación por costes de cobro cuando resulte manifiestamente abusiva en perjuicio del acreedor teniendo en cuenta todas las circunstancias del caso, incluidas:

a) Cualquier desviación grave de las buenas prácticas comerciales, contraria a la buena fe y actuación leal.

b) La naturaleza del bien o del servicio.

c) Y cuando el deudor tenga alguna razón objetiva para apartarse del tipo de interés legal de demora del apartado 2 del artículo 7, o de la cantidad fija a la que se refiere el apartado 1 del artículo 8.

Asimismo, para determinar si una cláusula o práctica es abusiva para el acreedor se tendrá en cuenta, considerando todas las circunstancias del caso, si sirve principalmente para proporcionar al deudor una liquidez adicional a expensas del acreedor, o si el contratista principal impone a sus proveedores o subcontratistas unas condiciones de pago que no estén justificadas por razón de las condiciones de que él mismo sea beneficiario o por otras razones objetivas.

En todo caso, son nulas las cláusulas pactadas entre las partes o las prácticas que resulten contrarias a los requisitos para exigir los intereses de demora del artículo 6, o aquellas que excluyan el cobro de dicho interés de demora o el de la indemnización por costes de cobro prevista en el artículo 8. También son nulas las cláusulas y prácticas pactadas por las partes o las prácticas que excluyan el interés de demora, o cualquier otra sobre el tipo legal de interés de demora establecido con carácter subsidiario en el apartado 2 del artículo 7, cuando tenga un contenido abusivo en perjuicio del acreedor, entendiendo que será abusivo cuando el interés pactado sea un 70 por ciento inferior al interés legal de demora, salvo que atendiendo a las circunstancias previstas en este artículo, pueda probarse que el interés aplicado no resulta abusivo. Esta posible modificación del interés de demora, de acuerdo con lo previsto en esta Ley, no será de aplicación a las operaciones comerciales realizadas con la Administración.

2. El juez que declare la invalidez de dichas cláusulas abusivas integrará el contrato con arreglo a lo dispuesto en el artículo 1.258 del Código Civil y dispondrá de facultades moderadoras respecto de los derechos y obligaciones de las partes y de las consecuencias de su ineficacia.

3. Serán igualmente nulas las cláusulas abusivas contenidas en las condiciones generales de la contratación según lo dispuesto en el apartado 1.

4. Las acciones de cesación y de retracción en la utilización de las condiciones generales a que se refiere el apartado anterior podrán ser ejercitadas, conforme a la Ley 7/1998, de 13 de abril, sobre Condiciones Generales de la Contratación, por las siguientes entidades:

a) Las asociaciones, federaciones de asociaciones y corporaciones de empresarios, de profesionales, de trabajadores autónomos y de agricultores que estatutariamente tengan encomendada la defensa de los intereses de sus miembros.

b) Las Cámaras Oficiales de Comercio, Industria y Navegación.

c) Los colegios profesionales legalmente constituidos.

Estas entidades podrán personarse, en nombre de sus asociados, en los órganos jurisdiccionales o en los órganos administrativos competentes para solicitar la no aplicación de tales cláusulas o prácticas, en los términos y con los efectos dispuestos por la legislación comercial y mercantil de carácter nacional. Las denuncias presentadas por estas entidades ante las autoridades de competencia tendrán carácter confidencial en los términos de la Ley 15/2007, de 3 de julio, de Defensa de la Competencia.

5. Sin perjuicio de lo dispuesto en el apartado anterior, las entidades mencionadas en dicho apartado también podrán personarse en los órganos jurisdiccionales o en los órganos administrativos competentes y asumir el ejercicio de acciones colectivas de cesación y de retracción en defensa de los intereses de sus asociados frente a empresas incumplidoras con carácter habitual de los períodos de pago previstos en esta Ley, en los contratos que no están incluidos en el ámbito de la Ley 7/1998, de 13 de abril, sobre Condiciones Generales de la Contratación.

Modificado por Ley 17/2014, de 30 de septiembre, por la que se adoptan medidas urgentes en materia de refinanciación y reestructuración de deuda empresarial. (BOE de 01-10-2014).

ART. 10. Cláusula de reserva de dominio.

En las relaciones internas entre vendedor y comprador, aquél conservará la propiedad de los bienes vendidos hasta el pago total del precio, siempre que se haya convenido expresamente una cláusula de reserva de dominio entre comprador y vendedor antes de la entrega de los bienes.

Sin perjuicio de la aplicación del artículo 1.112 del Código Civil, el vendedor podrá subrogar en su derecho a la persona que, mediante la realización de anticipos, financiación o asunción de la obligación, realiza la contraprestación por cuenta del deudor o permite a este último adquirir derecho sobre el objeto de la reserva de dominio o utilizarlo cuando dicha contraprestación se destina, efectivamente, a ese fin.

IV

Entre las medidas de conservación de su derecho, el vendedor o el tercero que haya financiado la operación podrá retener la documentación acreditativa de la titularidad de los bienes sobre los que se haya pactado la reserva de dominio.

ART. 11. Transparencia en las buenas prácticas comerciales.

Con el fin de velar por la plena transparencia en el ejercicio de los derechos y el cumplimiento de las obligaciones previstas en la presente Ley, las Administraciones Públicas promoverán la elaboración de Códigos de buenas prácticas comerciales, así como la adopción de sistemas de resolución de conflictos a través de la mediación y el arbitraje, siendo de adscripción voluntaria por parte de los agentes económicos.

Añadido por Ley 15/2010, de 5 de julio, de modificación de la Ley 3/2004, de 29 de diciembre, por la que se establecen medidas de lucha contra la morosidad en las operaciones comerciales. (BOE de 06-07-2010).

DISPOSICIONES ADICIONALES

D.A. 1.ª Régimen de pagos en el comercio minorista.

En el ámbito de los pagos a los proveedores del comercio que regula la Ley 7/1996, de 15 de enero, de Ordenación del Comercio Minorista, se estará en primer lugar a lo dispuesto por el artículo 17 de dicha Ley, aplicándose de forma supletoria esta Ley.

D.A. 2.ª Informe del Gobierno al Congreso de los Diputados.

El Gobierno, en el plazo de dos años desde la entrada en vigor de la presente Ley, remitirá al Congreso de los Diputados un informe en el que se analizarán y evaluarán los efectos y las consecuencias de la aplicación del contenido de la misma en relación a los plazos de pago en las operaciones comerciales realizadas entre empresas y entre empresas y Administración.

DISPOSICIONES TRANSITORIAS

D.T. UNICA. Contratos preexistentes.

Esta Ley será de aplicación a todos los contratos que, incluidos en su ámbito de aplicación, hayan sido celebrados con posterioridad al 8 de agosto de 2002, en cuanto a sus efectos futuros, incluida la aplicación del tipo de interés de demora establecido en su artículo 7. No obstante, en cuanto a la nulidad de las cláusulas pactadas por las causas establecidas en su artículo 9, la presente Ley será aplicable a los contratos celebrados con posterioridad a su entrada en vigor.

DISPOSICIONES DEROGATORIAS

D.DT. UNICA. Derogación normativa.

Quedan derogadas todas las normas de igual o inferior rango en lo que contradigan o se opongan a esta Ley, a excepción de aquellas que, en relación a la determinación del plazo de pago, resulten más beneficiosas para el acreedor.

DISPOSICIONES FINALES

D.F. 1.ª Modificación del texto refundido de la Ley de Contratos de las Administraciones Públicas aprobado por el Real Decreto Legislativo 2/2000, de 16 de junio.

El texto refundido de la Ley de Contratos de las Administraciones Públicas, aprobado por el Real Decreto Legislativo 2/2000, de 16 de junio, se modifica en los siguientes términos:

Uno. El apartado 4 del artículo 99 queda redactado como sigue:

«4. La Administración tendrá la obligación de abonar el precio dentro de los sesenta días siguientes a la fecha de la expedición de las certificaciones de obras o de los correspondientes documentos que acrediten la realización total o parcial del contrato, sin perjuicio del plazo especial establecido en el apartado 4 del artículo 110, y, si se demorase, deberá abonar al contratista, a partir del cumplimiento de dicho plazo de sesenta días, los intereses de demora y la indemnización por los costes de cobro en los términos previstos en la Ley por la que se establecen medidas de lucha contra la morosidad en las operaciones comerciales.»

Dos. El apartado 4 del artículo 110 queda redactado como sigue:

«4. Excepto en los contratos de obras, que se regirán por lo dispuesto en el artículo 147.3, dentro del plazo de un mes, a contar desde la fecha del acta de recepción, deberá acordarse y ser notificada al contratista la liquidación correspondiente del contrato y abonársele, en su caso, el saldo resultante. Si se produjera demora en el pago del saldo de liquidación, el contratista tendrá derecho a percibir los intereses de demora y la indemnización por los costes de cobro en los términos previstos en la Ley por la que se establecen medidas de lucha contra la morosidad en las operaciones comerciales.»

Tres. Los apartados 4 y 5 del artículo 116 quedan redactados como sigue:

«4. Salvo lo que se dispone en el siguiente apartado 5, el contratista deberá abonar las facturas en el plazo fijado de conformidad con el artículo 4 de la Ley por la que se establecen medidas de lucha contra la morosidad en las operaciones comerciales. En caso de demora en el pago, el subcontratista o el suministrador tendrá derecho al cobro de los intereses de demora y la indemnización por los costes de cobro en los términos previstos en la misma Ley.

5. Cuando el plazo de pago se convenga más allá de sesenta días, dicho pago se instrumentará mediante un documento que lleve aparejada la acción cambiaria; y cuando el plazo de pago supere los ciento veinte días, podrá además exigirse por el subcontratista o suministrador que dicho pago se garantice mediante aval.

Los subcontratos y los contratos de suministros a que se refiere el párrafo anterior tendrán en todo caso naturaleza privada.»

Cuatro. El apartado 3 del artículo 169 queda redactado como sigue:

«3. En el supuesto del artículo 167 a), el contratista tendrá derecho al abono del interés de demora previsto en la Ley por la que se establecen medidas de lucha contra la morosidad en operaciones comerciales de las cantidades debidas o valores económicos convenidos, a partir del vencimiento del plazo previsto para su entrega, así como de los daños y perjuicios sufridos.»

Cinco. La letra a) del apartado 2 de la disposición final primera queda redactada como sigue:

«a) Los plazos de sesenta días, cuatro meses y ocho meses previstos en el artículo 99.»

D.F. 2.ª Modificación de la Ley 7/1996, de 15 de enero, de Ordenación del Comercio Minorista.

La Ley 7/1996, de 15 de enero, de Ordenación del Comercio Minorista, se modifica en los siguientes términos:

Uno. Los apartados 1, 3, 4 y 5 del artículo 17 quedan redactados como sigue:

«1. A falta de plazo expreso, se entenderá que los comerciantes deben efectuar el pago del precio de las mercancías que compren antes de treinta días a partir de la fecha de su entrega.

3. Los aplazamientos de pago de productos de alimentación frescos y de los perecederos no excederán en ningún caso de treinta días. Los aplazamientos de pago para los demás productos de alimentación y gran consumo no excederán del plazo de sesenta días, salvo pacto expreso en el que se prevean compensaciones económicas equivalentes al mayor aplazamiento y de las que el proveedor sea beneficiario, sin que en ningún caso pueda exceder el plazo de noventa días.

Se entenderá por productos de alimentación frescos y perecederos aquellos que por sus características naturales conservan sus cualidades aptas para comercialización y consumo durante un plazo inferior a treinta días o que precisan condiciones de temperatura regulada de comercialización y transporte. Son productos de gran consumo aquellos fungibles de compra habitual y repetitiva por los consumidores y que presenten alta rotación.

El Gobierno determinará reglamentariamente en el plazo de tres meses la definición de los productos a los que se refiere el apartado anterior.

4. Con relación a los productos que no sean frescos o perecederos ni de alimentación y gran consumo, cuando los comerciantes acuerden con sus proveedores aplazamientos de pago que excedan de los sesenta días desde la fecha de entrega y recepción de las mercancías, el pago deberá quedar instrumentado en documento que lleve aparejada acción cambiaria, con men-

ción expresa de la fecha de pago indicada en la factura. En el caso de aplazamientos superiores a noventa días, este documento será endosable a la orden. En todo caso, el documento se deberá emitir o aceptar por los comerciantes dentro del plazo de treinta días, a contar desde la fecha de recepción de la mercancía, siempre que la factura haya sido enviada. Para la concesión de aplazamientos de pago superiores a ciento veinte días, el vendedor podrá exigir que queden garantizados mediante aval bancario o seguro de crédito o caución.

5. En cualquier caso, se producirá el devengo de intereses moratorios en forma automática a partir del día siguiente al señalado para el pago o, en defecto de pacto, a aquel en el cual debiera efectuarse de acuerdo con lo establecido en el apartado 1. En esos supuestos, el tipo aplicable para determinar la cuantía de los intereses será el previsto en el artículo 7 de la Ley por la que se establecen medidas de lucha contra la morosidad en las operaciones comerciales, salvo que las partes hubieren acordado en el contrato un tipo distinto, que en ningún caso será inferior al señalado para el interés legal incrementado en un 50 por ciento.»

Dos. Se añade una disposición transitoria segunda con la siguiente redacción:

«Disposición transitoria segunda. Régimen de aplazamientos de pagos a los proveedores del comercio minorista.

El plazo fijado para los productos frescos y perecederos seguirá siendo el ya exigible de 30 días. La limitación máxima de 60 días a la que se refiere el artículo 17.3 de esta Ley se aplicará a partir del 1 de julio de 2006. Entre tanto, los aplazamientos de pago de los productos de alimentación que no tengan carácter de frescos ni perecederos y los productos de gran consumo no excederán de noventa días desde la entrega de la mercancía.»

D.F. 3.ª Título competencial.

Esta Ley se dicta al amparo de las competencias que el artículo 149.1.6.ª y 8.ª de la Constitución atribuye en exclusiva al Estado en materia de legislación mercantil y civil. No obstante, la disposición final primera de esta Ley se dicta al amparo del artículo 149.1.18.ª y tendrá la consideración de norma básica, con excepción de la modificación del artículo 169.3 del texto refundido de la Ley de Contratos de las Administraciones Públicas, que no tiene este carácter de norma básica de acuerdo con la disposición final primera de este texto legal.

D.F. 4.ª Entrada en vigor.

La presente Ley entrará en vigor el día siguiente al de su publicación en el «Boletín Oficial del Estado».

Por tanto,
Mando a todos los españoles, particulares y autoridades, que guarden y hagan guardar esta ley.

Madrid, 29 de diciembre de 2004.
JUAN CARLOS R.

El Presidente del Gobierno,
JOSÉ LUIS RODRÍGUEZ ZAPATERO

V.
LEY 16/2005, DE 18 DE JULIO, POR LA QUE SE MODIFICA LA LEY 1/1996, DE 10 DE ENERO, DE ASISTENCIA JURÍDICA GRATUITA, PARA REGULAR LAS ESPECIALIDADES DE LOS LITIGIOS TRANSFRONTERIZOS CIVILES Y MERCANTILES EN LA UNIÓN EUROPEA

—*BOE núm. 171, de 19 de julio de 2005*—

JUAN CARLOS I
REY DE ESPAÑA

A todos los que la presente vieren y entendieren.
Sabed: Que las Cortes Generales han aprobado y Yo vengo en sancionar la siguiente ley.

EXPOSICIÓN DE MOTIVOS

I

La apertura que para los países de la Unión Europea ha supuesto la consagración de un mercado único en el que circulan libremente personas, mercancías, servicios y capitales podría considerarse incompleta si no fuera acompañada de un sistema de garantías que asegurase a los ciudadanos europeos la tutela de sus derechos en dicho ámbito. Es por ello que la tutela judicial efectiva que, en nuestro derecho interno, consagra el artículo 24 de la Constitución Española, y que también se recoge en el artículo 47 de la Carta de los Derechos Fundamentales de la Unión Europea, debe también extenderse a los litigios transfronterizos originados por el funcionamiento del mercado único.

Esta tutela judicial efectiva tiene una importante manifestación en la llamada justicia gratuita, cuyo sentido último obedece a la necesidad de que la carencia de recursos económicos no actúe, como filtro de las posibilidades de acceso a la Justicia por parte de los ciudadanos. Para paliar tal situación, el derecho español, ya desde antiguo, creó el llamado «beneficio de pobreza», luego conocido como «beneficio de gratuidad de la justicia», y que en la actualidad conocemos como «derecho de justicia gratuita», o también, «derecho de asistencia jurídica gratuita».

La propia Constitución en su artículo 119 dispone que la justicia será gratuita cuando así lo disponga la ley y, en todo caso, respecto de quienes acrediten insuficiencia de recursos para litigar. De acuerdo con la jurisprudencia del Tribunal Constitucional (puesta de manifiesto en sentencias como la 30/1981, 77/1983 ó 216/1988), la gratuidad de la justicia se configura como un derecho subjetivo cuya finalidad es asegurar la igualdad de defensa y representación procesal al que carece de medios económicos, constituyendo al tiempo una garantía para los intereses de la Justicia.

En la actualidad, la regulación de esta materia se encuentra en la importante Ley 1/1996, de 10 de enero, de asistencia jurídica gratuita, la cual puso fin a la dispersión normativa hasta entonces existente y que tuvo como principal novedad la desjudicialización del procedimiento del reconocimiento de este derecho. Una ley que ahora debe modificarse para incorporar a nuestro ordenamiento jurídico la Directiva 2003/8/CE del Consejo, de 27 de enero de 2003, destinada a mejorar el acceso a la justicia en los litigios transfronterizos mediante el estable cimiento de reglas mínimas comunes relativas a la justicia gratuita para dichos litigios.

II

Pero además de incorporar a nuestro derecho la citada Directiva 2003/8/CE, se ha decidido aprovechar esta reforma de la Ley 1/1996, de 10 de enero, para introducir en ella otras modificaciones tendentes bien a actualizar su normativa a otros cambios operados en nuestro derecho, bien a cubrir determinadas lagunas o deficiencias observadas a lo largo de estos años transcurridos desde su aprobación.

De esta forma, la ley da nueva redacción al artículo 2 de la Ley 1/1996, de 10 de enero, de asistencia jurídica gratuita, para ajustar su texto tanto a la doctrina constitucional manifestada en la Sentencia 95/2003, de 22 de mayo, como a los cambios normativos que han tenido lugar en los últimos años, como ocurre con el régimen aplicable a las asociaciones de utilidad pública.

Por otro lado, en aras de mejorar la protección dispensada a las personas con discapacidad, en la línea que ya han seguido otras normas (como la Ley 51/2003, de 2 de diciembre, de igualdad de oportunidades, no discriminación y accesibilidad universal de las personas con discapacidad), se modifican el artículo 5 y la disposición adicional segunda para incluir en el ámbito de aplicación de la ley a tales personas con discapacidad y a quienes las tengan a su cargo, así como a las asociaciones que tengan como finalidad la protección de personas con discapacidad.

También aquí se aprovecha para reconsiderar algunos aspectos generales de la tramitación de las solicitudes de reconocimiento del derecho, que en la práctica venían perjudicando la efectividad de la tutela judicial que la Constitución consagra. Tal es el caso de la consideración de la suspensión de los plazos no sólo de prescripción, sino también de caducidad de las acciones con anterioridad al inicio del proceso, y también la ampliación de los plazos con que cuentan Abogados y Colegios de Abogados en los supuestos de insostenibilidad de las pretensiones, y que resultaban manifiestamente insuficientes en los supuestos de mayor complejidad.

III

La Directiva 2003/8/CE responde al propósito de la Unión Europea, declarado en el Consejo Europeo de Tampere de 15 y 16 de octubre de 1999, de instaurar unas normas mínimas que garanticen un nivel adecuado de justicia gratuita para los asuntos transfronterizos en el conjunto de la Unión. Tales litigios transfronterizos serían, de acuerdo con la definición ofrecida por la propia Directiva 2003/8/CE, aquellos en los que la parte que solicita la justicia gratuita está domiciliada o reside habitualmente en un Estado miembro distinto de aquel otro Estado miembro donde se halle el Tribunal competente para su conocimiento o en el que deba ejecutarse la resolución.

En este orden de cosas, ha de aclararse que los nacionales de los demás Estados miembros de la Unión Europea ya disfrutan actualmente de acceso gratuito a la justicia en España, aunque no residan en nuestro país, en las mismas condiciones que los ciudadanos españoles en los términos que se contienen en la Ley 1/1996, de 10 de enero, de asistencia jurídica gratuita. Sin embargo, la Directiva 2003/8/CE reconoce dentro del beneficio de la justicia gratuita una serie de prestaciones no contempladas hasta ahora por la ley española.

Así sucede con el reconocimiento de este derecho a un colectivo que conforme a la ley no lo tiene actualmente, y que son los nacionales de terceros países que residan legalmente en uno de los Estados miembros. La ley ha reconocido hasta ahora el derecho a la asistencia jurídica gratuita a los extranjeros que residan en España, después de que la Sentencia del Tribunal Constitucional 95/2003, de 22 de mayo, haya declarado la inconstitucionalidad de que tal beneficio se concediera únicamente a los extranjeros que residieran legalmente en España.

Asimismo, frente al reconocimiento en la Ley 1/1996, de 10 de enero, del acceso gratuito a todo tipo de procesos a quienes acrediten insuficiencia de medios para litigar, comprendiendo no sólo personas físicas, sino también a determinadas personas jurídicas (asociaciones de utilidad pública y fundaciones inscritas en el registro administrativo correspondiente), la Directiva 2003/8/CE se limita a reconocer el derecho a la justicia gratuita a las personas físicas y únicamente en los procesos en materia civil y mercantil. Sin embargo, en este ámbito la Directiva contempla algunas prestaciones puntuales que nuestra legislación no recoge, como son los servicios de interpretación, la traducción de documentos presentados por el beneficiario a instancia del Tribunal o autoridad competente y que sean necesarios para resolver el asunto, o gastos de desplazamiento que corran por cuenta del solicitante del derecho, si bien a este respecto habrá de tenerse en cuenta lo dispuesto en el Reglamento (CE) número 1206/2001 del Consejo, de 28 de mayo de 2001, relativo a la cooperación entre los órganos jurisdiccionales de los Estados miembros en el ámbito de la obtención de pruebas en materia civil o mercantil.

Debe precisarse que la delimitación del ámbito objetivo de los litigios transfronterizos en torno a los procesos en materia civil y mercantil comprende también los litigios derivados de un contrato de trabajo, de conformidad con lo dispuesto en el Reglamento (CE) n.° 44//2001 del Consejo, de 22 de diciembre de 2000, relativo a la competencia judicial, el reconocimiento y la ejecución de resoluciones judiciales en materia civil y mercantil. La Ley 1/1996, de 10 de enero, ya reconoce con carácter general la justicia gratuita a los trabajadores, que ahora verían ampliado el contenido de su derecho con las novedades que introduce el nuevo Capítulo VIII de esta ley para los litigios transfronterizos.

IV

A partir de estos presupuestos, la incorporación a nuestro ordenamiento jurídico de la Directiva 2003/8/CE se basa en tres postulados:

a) Los derechos de justicia gratuita de que ya disfrutan los nacionales de la Unión Europea conforme a nuestra legislación vigente no deben minorarse al amparo de la Directiva.

b) El nuevo colectivo de beneficiarios (los nacionales de terceros países que residan legalmente en otro Estado miembro) debe acceder en España a los derechos que les reconoce la Directiva.

c) Las prestaciones singulares que reconoce la Directiva no contempladas por nuestra legislación se aplicarán exclusivamente a los beneficiarios y en las circunstancias que prevé la Directiva.

Estas circunstancias justifican que las modificaciones que conlleva la Directiva comunitaria se hayan agrupado en un nuevo capítulo de la Ley 1/1996, de 10 de enero, cuyo régimen general no se modifica.

V

En el nuevo Capítulo VIII que se introduce en la Ley 1/1996, de 10 de enero, se regulan tanto las especificidades derivadas del reconocimiento del derecho en los litigios transfronterizos como las nuevas obligaciones que asumen las instituciones españolas como autoridad expedidora o receptora de las solicitudes de justicia gratuita.

Ha de aclararse aquí que, con arreglo a lo que exige la Directiva 2003/8/CE (considerando 32 y artículo 20), las disposiciones del nuevo Capítulo VIII van a prevalecer, dentro de su ámbito material de aplicación, y en lo que afecte a las relaciones entre los Estados miembros de la Unión Europea (con la excepción de Dinamarca que se comenta a continuación), sobre los convenios internacionales suscritos sobre esta materia, como son el Convenio Europeo relativo a la transmisión de solicitudes de asistencia jurídica gratuita de 27 de enero de 1977 y el Convenio de La Haya de acceso internacional a la Justicia de 25 de octubre de 1980. Fuera de ese ámbito material o en relación a Estados no miembros (o Dinamarca), se mantienen vigentes los convenios y tratados internacionales que sobre esta materia hayan sido ratificados por España.

Especial mención debe realizarse del ámbito de aplicación que aquí tiene el derecho a la justicia gratuita, que no comprende a la totalidad de Estados miembros de la Unión Europea, ya que Dinamarca no está sujeta a la aplicación de la Directiva 2003/8/CE, puesto que, de conformidad con los artículos 1 y 2 del Protocolo sobre la posición de este Estado anexo al Tratado de la Unión Europea y al Tratado de la Comunidad Europea, no participa en este ámbito y no se la considera como Estado miembro a efectos de la cooperación judicial civil.

Finalmente, al igual que la Ley 1/1996, de 10 de enero, de asistencia jurídica gratuita, esta ley tiene como fundamento competencial los establecidos para el Estado en el artículo 149.1.3.ª, 5.ª y 6.ª de la Constitución Española.

ART. ÚNICO. Modificación de la Ley 1/1996, de 10 de enero, de asistencia jurídica gratuita.

La Ley 1/1996, de 10 de enero, de asistencia jurídica gratuita, se modifica en los siguientes términos:

Uno. El artículo 2 queda redactado de la siguiente manera:

«En los términos y con el alcance previstos en esta ley y en los tratados y convenios internacionales sobre la materia en los que España sea parte, tendrán derecho a la asistencia jurídica gratuita:

a) Los ciudadanos españoles, los nacionales de los demás Estados miembros de la Unión Europea y los extranjeros que se encuentren en España, cuando acrediten insuficiencia de recursos para litigar.

b) Las Entidades Gestoras y Servicios Comunes de la Seguridad Social, en todo caso.

c) Las siguientes personas jurídicas cuando acrediten insuficiencia de recursos para litigar:

1.º Asociaciones de utilidad pública, previstas en el artículo 32 de la Ley Orgánica 1/2002, de 22 de marzo, reguladora del Derecho de Asociación.

2.º Fundaciones inscritas en el Registro Público correspondiente.

d) En el orden jurisdiccional social, además, los trabajadores y beneficiarios del sistema de Seguridad Social, tanto para la defensa en juicio como para el ejercicio de acciones para la efectividad de los derechos laborales en los procedimientos concursales.

Asimismo, el derecho a la asistencia jurídica gratuita se reconoce a los trabajadores y beneficiarios de la Seguridad Social para los litigios que sobre esta materia se sustancien ante el orden contencioso-administrativo.

e) En el orden contencioso-administrativo, así como en la vía administrativa previa, los ciudadanos extranjeros que acrediten insuficiencia de recursos para litigar tendrán derecho a la asistencia letrada y a la defensa y representación gratuita en los procedimientos que puedan llevar a la denegación de su entrada en España, a su devolución o expulsión del territorio español, y en todos los procedimientos en materia de asilo.

f) En los litigios transfronterizos en materia civil y mercantil, las personas físicas contempladas en el Capítulo VIII de esta ley, en los términos que en él se establecen.»

Dos. Se modifica el apartado 5 del artículo 3 de la Ley 1/1996, de 10 de enero, de Asistencia Jurídica Gratuita, que queda redactado como sigue:

«5. En el supuesto del apartado 2 del artículo 6, no será necesario que el detenido o preso acredite previamente carecer de recursos, sin perjuicio de que si no se le reconoce con posterioridad el derecho a la asistencia jurídica gratuita, éste deberá abonar al Abogado los honorarios devengados por su intervención.

Tampoco será necesario que las víctimas de violencia de género, ni las víctimas del terrorismo, acrediten previamente carecer de recursos cuando soliciten defensa jurídica gratuita especializada, en su caso, que se les prestará de inmediato, sin perjuicio de que si no se les reconoce con posterioridad el derecho a la misma, éstas deban abonar al Abogado, y al Procurador cuando intervenga, los honorarios devengados.»

Tres. Se añade un nuevo segundo párrafo al artículo 5, con lo que el actual párrafo segundo pasa a ser el tercero, con la siguiente redacción:

«En las mismas condiciones señaladas en el párrafo anterior, se podrá reconocer el derecho a la asistencia jurídica gratuita a las personas con discapacidad señaladas en el artículo 1. 2 de la Ley 51/2003, de 2 de diciembre, de igualdad de oportunidades, no discriminación y accesibilidad universal de las personas con discapacidad, así como a las personas que los tengan a su cargo cuando actúen en un proceso en su nombre e interés.»

Cuatro. El párrafo tercero del artículo 16 queda redactado de la siguiente manera:

«Cuando la presentación de la solicitud del reconocimiento del derecho a la asistencia jurídica gratuita se realice antes de iniciar el proceso y la acción pueda resultar perjudicada por el transcurso de los plazos de prescripción, ésta quedará interrumpida, siempre que dentro de los plazos establecidos en esta ley no sea posible nombrar al solicitante Abogado y de ser preceptivo, Procurador del turno de oficio que ejerciten la acción en nombre del solicitante. Cuando la acción pueda resultar perjudicada por el transcurso de los plazos de caducidad, ésta quedará suspendida hasta que recaiga resolución definitiva en vía administrativa, reconociendo o denegando el derecho, momento a partir del cual se reanudará el cómputo del plazo.»

Cinco. El párrafo primero del artículo 32 queda redactado de la siguiente manera:

«Cuando el Abogado designado para un proceso considere insostenible la pretensión que pretende hacerse valer, deberá comunicarlo a la Comisión de Asistencia Jurídica Gratuita, dentro de los 15 días siguientes a su designación, exponiendo los motivos jurídicos en los que fundamenta su decisión. Transcurrido dicho plazo sin que se produzca tal comunicación, o sin que el Abogado pida su interrupción por falta de la documentación necesaria para evaluar la pretensión, éste queda obligado a asumir la defensa.»

Seis. El párrafo primero del apartado 2 del artículo 33 queda redactado de la siguiente manera:

«Formulada la insostenibilidad de la pretensión, la Comisión recabará del Colegio de Abogados un dictamen sobre su viabilidad que deberá emitirse en el plazo de 15 días.»

Siete. Se adiciona un nuevo Capítulo VIII con el siguiente contenido:

«CAPÍTULO VIII

Asistencia jurídica gratuita en los litigios transfronterizos de la Unión Europea

SECCIÓN 1. ª NORMAS GENERALES

Artículo 46. Ámbito de aplicación.

1. En los litigios transfronterizos tendrán derecho a la asistencia jurídica gratuita regulada en este Capítulo exclusivamente las personas físicas, que sean ciudadanos de la Unión Europea o nacionales de terceros países que residan legalmente en uno de los Estados miembros. A los efectos de este Capítulo, se entenderá por Estado miembro de la Unión Europea todos los Estados miembros excepto Dinamarca.

2. El beneficio de asistencia jurídica gratuita se reconocerá únicamente en los litigios en materia civil o mercantil, así como en los procedimientos extrajudiciales en estas mismas materias cuando la ley los imponga a las partes o el Juzgado o Tribunal remita a éstas a dichos procedimientos.

En aplicación del Reglamento (CE) n. ° 44//2001 del Consejo, de 22 de diciembre de 2000, relativo a la competencia judicial, el reconocimiento y la ejecución de resoluciones judiciales en materia civil y mercantil, el beneficio de asistencia jurídica gratuita se reconocerá, igualmente, en los litigios transfronterizos derivados de un contrato de trabajo.

La asistencia jurídica gratuita podrá concederse también, cuando se cumplan los requisitos que se exigen en esta ley, para.

a) La ejecución de sentencias dictadas por los Tribunales de otros Estados miembros de la Unión

Europea en los que se hubiera obtenido el beneficio de la justicia gratuita.

b) La ejecución de documentos públicos con fuerza ejecutiva.

3. En las relaciones con los Estados que no sean miembros de la Unión Europea, la aplicación de este Capítulo no afectará a los restantes convenios y tratados multilaterales y bilaterales ratificados por España.

Artículo 47. Litigios transfronterizos.

1. A los efectos de esta ley, se entiende por litigio transfronterizo aquel en el que la parte que solicita la asistencia jurídica gratuita reside habitualmente o está domiciliada en un Estado miembro de la Unión Europea distinto de aquel otro donde se halle el Juzgado o Tribunal competente para su conocimiento o en el que deba ejecutarse la resolución.

2. Para la determinación del Estado miembro en el que está domiciliada una parte del litigio transfronterizo, se aplicará lo dispuesto en el artículo 59 del Reglamento (CE) n. ° 44//2001 del Consejo, de 22 de diciembre de 2000, relativo a la competencia judicial, el reconocimiento y la ejecución de resoluciones judiciales en materia civil y mercantil.

3. El momento que se tendrá en cuenta para determinar si existe un litigio transfronterizo será el de presentación de la solicitud con arreglo a este Capítulo.

Artículo 48. Autoridades expedidoras y receptoras.

En el ámbito de aplicación de este Capítulo, serán autoridades expedidoras y receptoras de las solicitudes de asistencia jurídica gratuita a que se envíen o se reciban en España los Colegios de Abogados.

SECCIÓN 2. ª RECONOCIMIENTO DEL DERECHO EN ESPAÑA

Artículo 49. Requisitos para el reconocimiento del derecho.

1. Quien solicite asistencia jurídica gratuita al amparo de esta Sección habrá de residir o estar domiciliado en un Estado miembro de la Unión Europea distinto de España. Para el reconocimiento de este derecho se observarán los requisitos establecidos en los artículos 3 a 5 de esta ley.

2. Los límites económicos establecidos en esta ley no impedirán que el solicitante que los supere pueda obtener el beneficio si prueba que no puede hacer frente a los gastos procesales debido a las diferencias en el coste de la vida entre el Estado miembro de su residencia o domicilio y España. En tal caso, se tendrá en cuenta el cumplimiento por el solicitante de los criterios de carácter económico aplicables en el Estado miembro de su domicilio o residencia habitual para conceder la justicia gratuita.

Artículo 50. Contenido material del derecho.

1. *El derecho de asistencia jurídica gratuita reconocido al amparo de esta Sección comprende todas las prestaciones indicadas en el artículo 6, con excepción de su apartado 2, con la extensión temporal del artículo 7, y, además.*

a) Los servicios de interpretación

b) La traducción de los documentos presentados por el beneficiario a instancias del Juzgado o Tribunal o de la autoridad competente y que sean necesarios para resolver el asunto.

c) Los gastos de desplazamiento que corran por cuenta del solicitante, cuando las normas aplicables o el Juzgado o Tribunal requieran su comparecencia personal para la defensa de su pretensión, y el Juzgado o Tribunal decida que no existen otros medios satisfactorios de tomar declaración. Al objeto de considerar si es necesaria la asistencia personal del solicitante, de un testigo o de un perito, los Juzgados y Tribunales tendrán en cuenta lo previsto en el Reglamento (CE) número 1206/2001 del Consejo, de 28 de mayo de 2001, relativo a la cooperación entre los órganos jurisdiccionales de los Estados miembros en el ámbito de la obtención de pruebas en materia civil o mercantil, así como, en su caso, otros convenios o normas aplicables.

d) La defensa y representación gratuitas por Abogado y Procurador en el procedimiento judicial cuando, no siendo legalmente preceptiva la intervención de estos profesionales, sea expresamente requerida por el Juzgado o Tribunal mediante Auto motivado en vista de la complejidad del asunto o para garantizar la igualdad de las partes en el proceso.

2. *Los documentos remitidos por las autoridades expedidoras competentes en aplicación de este Capítulo estarán exentos de legalización y de cualquier otra formalidad equivalente.*

Artículo 51. Solicitud del derecho.

1. *Las solicitudes de asistencia jurídica gratuita que provengan de otro Estado miembro de la Unión Europea para un litigio transfronterizo se presentarán ante el Colegio de Abogados del lugar donde se halle el Juzgado o Tribunal que haya de conocer del proceso principal para el que aquélla se solicita o ante el que se solicite el reconocimiento o ejecución de una resolución.*

Cuando el Colegio de Abogados que recibe la solicitud estime que es incompetente para su tramitación, la remitirá al Colegio que considere competente, de manera razonada. Si éste rechazara también la solicitud, la enviará al Consejo General de la Abogacía Española para que decida cuál es el Colegio de Abogados de la circunscripción del Juzgado o Tribunal al que corresponde su tramitación, determinado éste de acuerdo con las reglas de los artículos 44 y siguientes de la Ley 1/2000, de 7 de enero, de Enjuiciamiento Civil, o, en su caso, en las normas internacionales que resulten de aplicación.

Cuando se solicite el reconocimiento excepcional del derecho por concurrir cualesquiera de las circunstancias previstas en el artículo 5 de esta ley o cuando se alegue la imposibilidad de hacer frente a los gastos procesales prevista en su artículo 49.2, el Colegio de Abogados remitirá inmediatamente a la Comisión de Asistencia Jurídica Gratuita la solicitud y documentación para que resuelva sobre la pretensión deducida.

Las solicitudes se cumplimentarán en el modelo oficial establecido al efecto, y podrán presentarse bien directamente por el interesado, bien a través de la autoridad expedidora competente del Estado miembro en que el solicitante tenga su residencia habitual o su domicilio. Las solicitudes se acompañarán de los documentos en los que se funde la pretensión.

2. *En el supuesto de concurrencia de litigantes en un mismo proceso, el reconocimiento del derecho deberá ser instado de manera individualizada para cada uno de los interesados, de acuerdo con lo dispuesto en el artículo 12.*

3. *El Ministerio de Justicia, a través del órgano competente en virtud de lo dispuesto en el artículo 10 de la Ley de Régimen Jurídico de las Administraciones Públicas y del Procedimiento Administrativo Común, notificará a la Comisión Europea los nombres y direcciones de las autoridades receptoras o expedidoras competentes en España, los ámbitos geográficos sobre los que tienen competencia, los medios para recibir las solicitudes y, en su caso, la lengua o las lenguas oficiales de las instituciones de la Comunidad, además del español y, en su caso, de las lenguas oficiales de la Comunidad Autónoma en la que tengan su sede las autoridades expedidoras y receptoras, en las cuales se aceptará que se cumplimenten las solicitudes de justicia gratuita así como la documentación acreditativa correspondiente.*

Cuando una solicitud o la documentación correspondiente se reciban en una lengua no aceptada en España, serán inmediatamente devueltas a quien los hubiera presentado para que proceda a su traducción y presentación en el plazo de 15 días contados desde la recepción del requerimiento.

4. *Una vez presentada la solicitud, se seguirán en estos casos las normas previstas en los artículos 13 a 21 con la especialidad de que el plazo de subsanación de deficiencias del artículo 14 será de 15 días. Asimismo, se observarán las normas recogidas en el Capítulo IV, en lo que resulten de aplicación.*

En todo caso, deberá informarse al solicitante sobre la tramitación de su solicitud, cuya resolución será motivada en caso de denegación total o parcial.

5. En los casos en que haya de tener lugar en España el reconocimiento o ejecución de una resolución judicial dictada por un Juzgado o Tribunal de otro Estado miembro de la Unión Europea en el que se hubiera obtenido el beneficio de la justicia gratuita, el derecho a la asistencia jurídica gratuita se instará mediante solicitud en la que se acredite el reconocimiento del derecho en ese Estado y el cumplimiento de los requisitos del artículo 49.

Se podrá conceder, asimismo, el beneficio de la asistencia jurídica gratuita para la ejecución en España de documentos públicos con fuerza ejecutiva cuando el solicitante acredite el cumplimiento de los requisitos del artículo 49.

SECCIÓN 3.ª RECONOCIMIENTO DEL DERECHO EN OTROS ESTADOS MIEMBROS

Artículo 52. Derechos en España.

Las personas físicas que tengan su residencia habitual o su domicilio en España que pretendan beneficiarse de asistencia jurídica gratuita en otro Estado miembro de la Unión Europea para un litigio transfronterizo de los previstos en este Capítulo podrán acceder en España a los siguientes derechos.

a) Asistencia de los servicios de orientación jurídica del Colegio de Abogados correspondiente a la residencia o domicilio del solicitante hasta que se presente la solicitud de justicia gratuita en el Estado miembro donde se halle el Tribunal. Esta asistencia incluirá el asesoramiento al solicitante para que la solicitud vaya acompañada de toda la documentación acreditativa que sea necesaria para que pueda resolverse sobre ella.

b) Traducción de la solicitud y de la documentación acreditativa necesaria que deba presentarse a las autoridades de dicho Estado miembro.

Artículo 53. Tramitación.

1. Los derechos contemplados en el artículo 52 podrán solicitarse ante el Colegio de Abogados que corresponda a la residencia habitual o domicilio del solicitante.

Si el Colegio de Abogados estimara que la petición carece de modo manifiesto de fundamento o no entra dentro del ámbito de aplicación de este Capítulo, se lo notificará al solicitante en el plazo de cinco días, y trasladará la solicitud a la Comisión de Asistencia Jurídica Gratuita para que decida de manera definitiva sobre la negativa a remitir la solicitud.

2. Corresponderá al Colegio de Abogados transmitir la solicitud de asistencia jurídica gratuita a las autoridades receptoras del Estado miembro de la Unión Europea donde se encuentre el Tribunal competente para el litigio de que se trate. Se remitirá en el plazo de 15 días a partir de la fecha en que la solicitud se encuentre cumplimentada en la lengua o en una de las lenguas aceptadas por el Estado miembro de la autoridad receptora y también los documentos acreditativos, traducidos, si fuera necesario, a alguna de dichas lenguas.

3. Sin perjuicio de lo previsto en el apartado anterior, el solicitante podrá beneficiarse de los derechos contemplados en el artículo 52 y presentar por sí mismo la solicitud de justicia gratuita ante la autoridad receptora competente del Estado miembro en el que se halle el Tribunal o en el que deba ejecutarse la resolución.

Artículo 54. Denegación del derecho.

Cuando la autoridad competente de otro Estado miembro deniegue la solicitud de justicia gratuita realizada desde España con ejercicio de los derechos del artículo 52, se exigirá, si concurren las circunstancias previstas en el artículo 19, el reintegro de los gastos correspondientes a las traducciones.»

Ocho. Se añade un nuevo párrafo tercero a la Disposición Adicional Segunda, con la siguiente redacción.

«También se reconoce el derecho a la asistencia jurídica gratuita, sin necesidad de acreditar insuficiencia de recursos para litigar, a las asociaciones de utilidad pública que tengan como fin la promoción y defensa de los derechos de las personas con discapacidad señaladas en el artículo 1. 2 de la Ley 51/2003, de 2 de diciembre, de igualdad de oportunidades, no discriminación y accesibilidad universal de las personas con discapacidad.»

Nueve. Se añade una nueva Disposición Adicional con la siguiente redacción:

«Disposición Adicional sexta. Información al Ministerio de Justicia sobre los litigios transfronterizos.

A efectos estadísticos, los Colegios de Abogados enviarán semestralmente una relación de solicitudes de reconocimiento de asistencia jurídica gratuita en los litigios transfronterizos celebrados en los demás Estados miembros, con indicación expresa del Estado de que se trate, cuando el solicitante del derecho tenga su residencia habitual o su domicilio en España, así como de solicitudes de reconocimiento de asistencia jurídica gratuita en los litigios transfronterizos celebrados en España, con indicación expresa del Estado de residencia habitual o domicilio del solicitante del derecho, al Consejo General de la Abogacía Española, que éste remitirá al Ministerio de Justicia.»

Diez. Se añade una nueva Disposición Adicional con la siguiente redacción:

«Disposición Adicional séptima. Empleo de medios electrónicos, informáticos y telemáticos.

Las Administraciones Públicas competentes procurarán e impulsarán el empleo de medios electrónicos, informáticos y telemáticos en los trámites ligados al reconocimiento de derecho de asistencia jurídica gratuita, y en particular cuando se trate de los supuestos previstos en el Capítulo VIII de la Ley 1/1996, de 10 de enero, de asistencia jurídica gratuita.»

Once. Se añade una nueva Disposición Adicional con la siguiente redacción:

«Disposición Adicional octava. Asistencia jurídica gratuita a las víctimas del terrorismo.

1. Las personas declaradas víctimas del terrorismo que acrediten insuficiencia de recursos para litigar, en los términos establecidos en la presente Ley, tienen derecho a la representación y defensa gratuitas por Abogado y Procurador en todos los procesos y procedimientos administrativos que tengan causa directa o indirecta en la situación que provoca la citada condición. En estos supuestos una misma dirección letrada asumirá la defensa de la víctima.

Este derecho asistirá también a los causahabientes en caso de fallecimiento de la víctima.

2. En todo caso, se garantizará la defensa jurídica gratuita y especializada de forma inmediata a todas las víctimas del terrorismo que lo soliciten, sin perjuicio de que si no se les reconoce con posterioridad el derecho a la asistencia jurídica gratuita, éstas deberán abonar al Abogado y al Procurador, en su caso, los honorarios devengados por su intervención.

3. Los Colegios de Abogados adoptarán las medidas necesarias para la designación urgente de letrado de oficio para garantizar la asistencia y defensa de las víctimas del terrorismo.»

DISPOSICIONES FINALES

D.F. 1.ª Fundamento constitucional.

Esta Ley se dicta al amparo de lo dispuesto en el artículo 149.1 3.ª, 5.ª y 6.ª de la Constitución.

D.F. 2.ª Incorporación de Derecho comunitario.

El apartado seis del artículo único de esta Ley, mediante el cual se introduce un nuevo Capítulo VIII en la Ley 1/1996, de 10 de enero, de asistencia jurídica gratuita, incorpora al derecho español las disposiciones de la Directiva 2003/8/CE del Consejo, de 27 de enero de 2003, destinada a mejorar el acceso a la justicia en los litigios transfronterizos mediante el establecimiento de reglas mínimas comunes relativas a la justicia gratuita para dichos litigios.

D.F. 3.ª Habilitación normativa.

Se faculta al Gobierno para dictar cuantas disposiciones sean necesarias para el desarrollo y aplicación de esta Ley.

D.F. 4.ª Entrada en vigor.

La presente Ley entrará en vigor el día siguiente al de su publicación en el «Boletín Oficial del Estado».

Por tanto, Mando a todos los españoles, particulares y autoridades, que guarden y hagan guardar esta ley.
Madrid, 18 de julio de 2005.

JUAN CARLOS R.
El Presidente del Gobierno, JOSÉ LUIS RODRÍGUEZ ZAPATERO

VI.
REAL DECRETO 892/2013, DE 15 DE NOVIEMBRE, POR EL QUE SE REGULA EL REGISTRO PÚBLICO CONCURSAL

—BOE núm. 289, de 3 de diciembre de 2013—

I

La publicidad de los concursos de acreedores es una consecuencia necesaria del carácter universal de los efectos del concurso de acreedores, que exige que el conocimiento de su declaración y de los pormenores de su tramitación llegue a todos los posibles interesados. Es por ello que la Ley 22/2003, de 9 de julio, Concursal, ha prestado especial atención a la publicidad del concurso de acreedores, que ha de permitir a estos conocer no sólo la existencia de un concurso que les afecta, sino también la de todas las resoluciones que se aprueben a lo largo del proceso concursal y de las anotaciones que se han de practicar en los registros públicos jurídicos de personas y bienes.

Los problemas que se fueron detectando tras la entrada en vigor de la Ley Concursal pusieron de manifiesto la necesidad de reforzar el papel que aquí ha de cumplir el Registro Público Concursal. El Real Decreto-ley 3/2009, de 27 de marzo, de medidas urgentes en materia tributaria, financiera y concursal ante la evolución de la situación económica, ya modificó el artículo 198 de la Ley Concursal, con esa finalidad. Igualmente, la Ley 38/2011, de 10 de octubre, de reforma de la Ley 22/2003, de 9 de julio, Concursal, ha profundizado en esta cuestión modificando no sólo el artículo 198, sino también el 24 relativo a la publicidad registral. Asimismo, la Ley 14/2013, de 27 de septiembre, de apoyo a los emprendedores y su internacionalización, ha modificado la Ley Concursal para añadir un nuevo título X que regula los llamados acuerdos extrajudiciales de pagos, para cuya publicidad se ha creado una nueva sección en el Registro Público Concursal.

El calado de estas reformas obliga a establecer un régimen nuevo para el Registro Público Concursal, que, por un lado, se adapte a su nueva configuración en el artículo 198 de la Ley Concursal y, por otro lado, instaure los mecanismos de coordinación entre los diversos registros públicos que prevé el apartado 7 del artículo 24 de la Ley. Estos preceptos contienen las novedades que explican el contenido de este real decreto.

II

El Registro Público Concursal que ahora se configura responde, en primer lugar, a un principio de unidad de información, de tal forma que tanto las resoluciones procesales que se adopten a lo largo del proceso concursal, como las que implican la apertura de negociaciones para alcanzar los acuerdos extrajudiciales y su finalización, y los asientos registrales derivados de los mismos encuentren un punto de encuentro a efectos de su publicidad. El Registro es el instrumento que asegura esa coordinación entre los Juzgados de lo Mercantil y los distintos registros públicos, así como con los expedientes sobre acuerdos extrajudiciales de pagos.

Y, en segundo lugar, que esa publicidad se obtenga a través de Internet, lo que facilita la accesibilidad a la información concursal. El resultado ha de ser la puesta a disposición de los interesados de una información coordinada y completa.

La puesta en marcha y el mantenimiento del Registro Público Concursal corresponde al Ministerio de Justicia, que encomienda su gestión al Colegio de Registradores de la Propiedad, Mercantiles y de Bienes Muebles de España. En lo que se refiere al funcionamiento del

Registro Público Concursal, son los Juzgados, los Registradores Mercantiles, los Notarios y los registros públicos los que proporcionan la información de los distintos concursos y expedientes de acuerdo extrajudicial que se ha de incorporar al Registro.

Al Registro Público Concursal corresponde el almacenamiento y sistematización de toda esa información, facilitando la interconexión con los demás registros, cumpliendo así la función coordinadora prevista en el apartado 7 del artículo 24 de la Ley Concursal.

La publicidad correspondiente a cada procedimiento se producirá con la resolución por la que se deje constancia de la comunicación de negociaciones prevista en el artículo 5 bis o con la apertura de cada concurso, cuyo auto, al igual que las demás resoluciones que se adopten en el proceso concursal, se remitirán al Registro Público Concursal, así como a los correspondientes a los registros públicos que corresponda, de los cuales procederá, a su vez, la información que integrará la sección segunda del Registro

Otro tanto sucede con la publicidad correspondiente a la apertura de negociaciones para alcanzar un acuerdo extrajudicial de pagos, que se producirá con la certificación o copia del acta que acuerde dicha apertura. Y que al igual que los restantes anuncios, actas o resoluciones que se adopten sobre ese expediente, se remitirán al Registro Público Concursal, así como a los correspondientes a los registros públicos que corresponda, de los cuales procederá, a su vez, la información que integrará la sección segunda del Registro.

En cumplimiento del artículo 24 de la Ley Concursal, los asientos que se practiquen como consecuencia de las anteriores comunicaciones en los distintos registros públicos se remitirán también al Registro Público Concursal, de acuerdo con un criterio de integración y coherencia de la información, a la que todos tendrán acceso. Lo mismo sucederá para el Juzgado que tramite el concurso, que irá dando publicidad a las resoluciones que de acuerdo con la Ley Concursal han de incluirse en el Registro Público Concursal.

III

La estructura del Registro Público Concursal es la que se establece en el artículo 198 de la Ley Concursal y consta de tres secciones.

La sección primera dará la publicidad correspondiente a las resoluciones procesales dictadas durante el proceso concursal y a las que deba darse publicidad de acuerdo con la ley. En esta sección se incluyen también aquellas resoluciones que ordene el Juez al amparo de lo dispuesto en el artículo 23.2 de la Ley Concursal.

La sección segunda contiene las resoluciones registrales anotadas en los distintos registros públicos, incluyendo las que declaren la culpabilidad del concursado y las designen o inhabiliten a los administradores concursales.

La sección tercera, relativa a los acuerdos extrajudiciales, contiene la información precisa sobre la iniciación y finalización de los procedimientos para alcanzar los acuerdos extrajudiciales de pagos regulados en el título X de la Ley Concursal, así como las previsiones de publicidad edictal del proceso de homologación judicial de los acuerdos de refinanciación de la disposición adicional cuarta de la Ley Concursal.

IV

Finalmente, este real decreto incluye una previsión relativa a la interconexión del Registro Público Concursal con los registros de resoluciones concursales de los restantes Estados miembros de la Unión Europea, la cual habrá de realizarse de conformidad con las normas europeas que la regulen. De esta forma, en el contexto europeo se reconoce el papel de estos registros como una fuente de información jurídica esencial para facilitar las gestiones de ciudadanos, juristas, Administraciones Públicas, empresas y otros interesados. Estos registros permiten a los bancos, los acreedores, los socios comerciales y los consumidores acceder a información oficial y fiable sobre casos de insolvencia, garantizando la transparencia y la seguridad jurídica en los mercados de la Unión Europea. Esta previsión se refleja también en la regulación de la sección primera del registro, en la que se prevé la publicidad de la apertura de un procedimiento de insolvencia abierto en otro Estado miembro cuando así lo inste el síndico de dicho concurso.

Con esta nueva regulación, el Registro Público Concursal se configura como una herramienta a disposición de los diversos acreedores del concursado y también de la Administración de Justicia, que cuenta con un instrumento que le facilita la comunicación de las resoluciones que adopten los Juzgados de lo Mercantil a los distintos registros públicos, el conocimiento de otras situaciones concursales con las que pueda guardar conexión y de los expedientes de negociación de los acuerdos extrajudiciales de pago. Todo ello debe contribuir a la mejora de la seguridad jurídica en lo que concierne a los concursos de acreedores o sus procedimientos preventivos y a una mayor agilidad procesal.

En su virtud, a propuesta del Ministro de Justicia, de acuerdo con el Consejo de Estado y previa deliberación del Consejo de Ministros en su reunión del día 15 de noviembre de 2013,

DISPONGO:

CAPÍTULO I
De las disposiciones generales para el funcionamiento del Registro Público Concursal

ART. 1. Objeto y finalidad.

1. Este real decreto contiene el régimen de funcionamiento del Registro Público Concursal, al objeto de asegurar la difusión y publicidad de las resoluciones procesales dictadas al amparo de la Ley 22/2003, de 9 de julio, Concursal, y de los asientos registrales derivados del proceso concursal, así como los mecanismos de coordinación entre los diversos registros públicos en los que deban constar la declaración del concurso y sus vicisitudes.

2. El régimen de funcionamiento del Registro Público Concursal asegurará la difusión, coordinación y publicidad de las actas, anuncios y resoluciones procesales dictadas al amparo de la Ley 22/2003, de 9 de julio, Concursal, sobre los acuerdos extrajudiciales, procedimiento de homologación y de los asientos registrales derivados de los mismos.

ART. 2. Gestión y organización del Registro Público Concursal.

1. La publicidad de las resoluciones concursales publicadas en el Registro Público Concursal se realizará a través de un portal en Internet que se localizará dentro de la sede electrónica que determine el Ministerio de Justicia.

2. El Registro Público Concursal depende del Ministerio de Justicia y se encuentra adscrito a la Dirección General de los Registros y del Notariado, a la que corresponde dictar cuantos actos o resoluciones de carácter jurídico y técnico den soporte a la actividad del Registro.

3. La gestión material del servicio de publicidad se encomienda al Colegio de Registradores de la Propiedad, Mercantiles y de Bienes Muebles de España, que la realizará a sus expensas y bajo la dependencia del Ministerio de Justicia.

4. Las comunicaciones que se efectúen a través del Registro Público Concursal serán siempre electrónicas, utilizándose canales de comunicación securizados. Las comunicaciones deberán asegurar la seguridad y la integridad de su contenido. Sólo en caso de imposibilidad de emplear medios electrónicos se podrán efectuar las comunicaciones a través de otro medio, de acuerdo con la legislación que resulte aplicable, que asegure, asimismo, la seguridad e integridad de su contenido.

ART. 3. Acceso a la información del Registro Público Concursal.

1. El acceso al Registro Público Concursal será público, gratuito y permanente, sin que requiera justificar o manifestar interés legítimo alguno.

2. Las resoluciones procesales se publicarán en el Registro en extracto, que incluirá los datos indispensables para la determinación de su contenido y alcance con indicación de los datos registrables cuando aquéllas hubieran causado anotación o inscripción en los correspondientes registros públicos.

Se adoptarán medidas orientadas a evitar la indexación y recuperación automática de los datos contenidos en el Registro a través de motores de búsqueda desde Internet.

3. En el caso de que la resolución publicable en las secciones primera y tercera fuere susceptible de inscripción en un registro público de personas se indicará que la inscripción o anotación está pendiente o, una vez acceda el certificado correspondiente a la sección segunda, que la resolución en cuestión ha causado asiento de inscripción o anotación con referencia a los correspondientes datos registrales.

4. El Registro contendrá un dispositivo de sellado temporal que permita acreditar de una manera auténtica el inicio de la difusión pública de las resoluciones o información que se incluyan en el mismo.

VI

5. La publicidad de las inhabilitaciones contenidas en las sentencias de calificación que no sean firmes sólo será accesible a los órganos jurisdiccionales y las Administraciones Públicas habilitadas legalmente para recabar la información necesaria para el ejercicio de sus funciones, a menos que no siendo firmes tuvieran acceso al Registro Mercantil u otros registros públicos de personas. A estos efectos, el Director General de los Registros y del Notariado, en colaboración con los responsables de los distintos registros públicos y de conformidad con el Consejo General del Poder Judicial, adoptará las medidas necesarias para asegurar la identidad de los solicitantes de información.

ART. 4. Estructura y contenido del Registro.

1. El portal se estructura en tres secciones:
a) Sección primera, de edictos concursales.
b) Sección segunda, de publicidad registral de resoluciones concursales.
c) Sección tercera, de acuerdos extrajudiciales.
2. La publicidad tanto de la primera como de la segunda sección permitirá realizar consultas en atención al nombre, denominación o número de identificación fiscal del deudor o concursado y, con referencia a los correspondientes concursos y resoluciones procesales, por el nombre o denominación de las personas físicas o jurídicas que hubieren sido nombrados o separados como administradores concursales, así como por el número de autos y el número de identificación general del procedimiento y el Juzgado competente. Respecto de las inhabilitaciones de las personas afectadas por la calificación del concurso como culpable se insertará la parte dispositiva de la sentencia de calificación que las hubiere acordado.
3. La sección tercera comprenderá la información y los anuncios que se regulan en el capítulo IV. Su publicidad permitirá realizar consultas en atención al nombre o denominación del deudor y, con referencia a los correspondientes expedientes, por el nombre o denominación del mediador concursal que hubieren aceptado, así como por el número de identificación fiscal, el número de expediente o procedimiento y el Notario o Registrador Mercantil que lo tramite. En el caso de procedimientos de homologación, por el número de autos y el número de identificación general del procedimiento y el Juzgado competente.

ART. 5. Protección de datos personales.

A los efectos de lo establecido por la normativa de protección de datos de carácter personal:
a) La finalidad y uso de los datos incorporados al Registro Público Concursal son los previstos en la Ley Concursal, sin que puedan emplearse para un fin distinto.
b) Las personas de las que se obtendrán datos serán las declaradas en concurso y todas aquellas a que se refieran las resoluciones que se publican de conformidad con la Ley Concursal que no son concursados.
c) Los datos serán los remitidos por los Juzgados de lo Mercantil, los Registradores Mercantiles, los Notarios y por los registros públicos en los que se realicen los asientos previstos en la Ley Concursal.
d) La estructura del Registro y los datos personales incluidos en él se ajustarán a lo establecido en los artículos 3 y 4.
e) Los datos indicados serán públicos, conforme al artículo 198 de la Ley 22/2003, de 9 de julio, en la forma indicada en el artículo 6 de este real decreto.
f) El responsable del Registro Público Concursal es el Ministerio de Justicia.
g) El encargado del tratamiento de los datos del Registro Público Concursal es el Colegio de Registradores de la Propiedad, Mercantiles y de Bienes Muebles de España, y ante él se ejercerán derechos de acceso, rectificación, cancelación y oposición.
h) Se aplicarán a los datos incorporados al Registro Público Concursal las medidas de seguridad de nivel medio.

ART. 6. Duración de la publicidad en el Registro Público Concursal y cancelación de sus datos.

Los datos de carácter personal incluidos en las resoluciones concursales y en los asientos registrales insertados en el Registro Público Concursal en cualquiera de sus secciones serán cancelados dentro del mes siguiente a que finalicen sus efectos, sin perjuicio de su disociación para su utilización posterior. En concreto:
a) Los datos relativos a las sentencias firmes en que se ordena la inhabilitación para administrar bienes ajenos, así como para representar a cualquier persona en los términos

previstos en el número 2.º del apartado 2 del artículo 172 de la Ley Concursal, serán cancelados de oficio en el plazo de dos meses contados desde que hubiere trascurrido el período de inhabilitación establecido en la misma sentencia.

b) También se cancelarán de oficio dentro del mismo plazo anterior los datos relativos a la inhabilitación temporal para ser nombrado administrador en otros concursos en los términos previstos en el apartado 4 del artículo 181 de la Ley Concursal y una vez terminen los efectos de la inhabilitación según lo que se establece en la sentencia de desaprobación de cuentas.

c) Los datos relativos al cese de los administradores concursales o auxiliares delegados en aplicación de lo que establecen los artículos 37, 151, 152 y 153 de la Ley Concursal, se cancelarán transcurrido un plazo de tres años desde la firmeza del auto o de la resolución judicial.

d) Los datos relativos al acuerdo extrajudicial de pagos se cancelarán de oficio transcurridos dos meses desde la publicación del acta notarial de cumplimiento del plan de pagos o desde la firmeza de la resolución judicial que declare la conclusión del concurso consecutivo.

CAPÍTULO II
De la sección primera de edictos concursales

ART. 7. Contenido de la sección primera del Registro Público concursal.

1. En la sección primera, de edictos concursales, del Registro Público Concursal se insertarán, ordenadas por deudor o concursado y dentro de cada procedimiento por fecha de su adopción, la resolución por la que se deje constancia de la comunicación de negociaciones prevista en el artículo 5 bis y las resoluciones procesales que deban publicarse conforme a lo previsto en el artículo 23 de la Ley Concursal y demás preceptos que a aquél se remiten.

2. En la sección primera del Registro se insertarán también las resoluciones correspondientes al proceso concursal a las que, por decisión judicial, se deba dar publicidad de acuerdo con la Ley Concursal.

3. También se dará publicidad en esta sección a la apertura de un procedimiento de insolvencia abierto en otro Estado miembro de la Unión Europea cuando así lo solicite el síndico designado por el Tribunal competente de ese Estado o, en su caso, el propio Tribunal, con arreglo a lo dispuesto en la normativa de la Unión Europea sobre procedimientos de insolvencia.

ART. 8. Remisión de las resoluciones procesales al Registro Público Concursal.

1. Las resoluciones que deban publicarse en la sección primera del Registro Público Concursal se remitirán desde los Sistemas de Gestión Procesal por el personal del Juzgado de lo Mercantil, bajo la dirección del Secretario judicial, a través de la aplicación electrónica y el modelo que el Registro pondrá a su disposición.

No obstante, cuando no sea posible el traslado de las resoluciones a través de la aplicación electrónica, las mismas serán entregadas al procurador del solicitante del concurso que de inmediato los remitirá al Registro Público Concursal. En estos casos, cuando el concurso se hubiera solicitado por una Administración Pública que actuase representada y defendida por sus servicios jurídicos, la inserción de las resoluciones judiciales se hará en virtud de mandamiento remitido por el Secretario judicial al Registro.

2. En relación con cada una de las resoluciones objeto de publicidad en la sección primera el documento remitido contendrá los siguientes datos:

a) Clase de resolución procesal en atención a su contenido tipificado.

b) Identidad del deudor o concursado por su nombre o denominación social y el número de identidad fiscal si lo tuviere. En caso de concurso de acreedores declarado conjuntamente o acumulados, se expresará esta circunstancia con identificación de los demás concursados.

c) La denominación y número de Juzgado, del Tribunal u Oficina judicial que la hubiere dictado, la identidad del Juez o, en caso de Tribunales colegiados, del ponente o del Secretario judicial cuando se trate de un decreto, el número de autos y la fecha de la resolución, con expresa indicación de si es o no firme.

d) El contenido literal del edicto.

e) Firma del secretario.

ART. 9. Remisión de las resoluciones procesales a los registros públicos y a otros registros.

1. Corresponde al personal del Juzgado de lo Mercantil, bajo la dirección del Secretario judicial remitir las resoluciones que se dicten en su Juzgado a los registros públicos de personas y de bienes en los que deban aquéllas inscribirse o anotarse a través de la aplicación electrónica y con el modelo que el Registro pondrá a su disposición. A tal efecto, para el cumplimiento electrónico de los trámites fiscales y registrales y, eventualmente, para la subsanación de los defectos advertidos en la calificación podrá interesarse la tramitación telemática a través de cualquier profesional colaborador de la Administración de Justicia que cuente con los medios adecuados.

No obstante, cuando no sea posible el traslado de las resoluciones a través de la aplicación electrónica será de aplicación lo dispuesto en el apartado 1 del artículo anterior.

2. Si los datos que obran en las actuaciones y el mandamiento se refieren a un sujeto inscribible en el Registro Mercantil, el Secretario judicial, en la forma y con los requisitos previstos en el apartado anterior, solicitará del Registrador Mercantil competente que remita, el mismo día en que se hubiera practicado el correspondiente asiento, certificación telemática del contenido de la resolución dictada por el Juez del concurso al Registro de la Propiedad, al Registro de Bienes Muebles o a cualquier otro registro público de bienes competente, de conformidad con lo previsto en el Reglamento del Registro Mercantil.

3. De igual forma, el personal de la Oficina judicial, bajo la dirección del Secretario judicial remitirá, en función de la naturaleza del concursado, las resoluciones a cualesquiera otros registros en los que se encuentre inscrito, incluidos los registros administrativos.

CAPÍTULO III
De la sección segunda de publicidad registral

ART. 10. Contenido de la sección segunda del Registro Público concursal.

En la sección segunda, de publicidad registral, se harán constar en extracto y ordenadas por concursado y fechas, las resoluciones registrales anotadas o inscritas en todos los registros públicos de personas referidos en los apartados 1, 2 y 3 del artículo 24 de la Ley Concursal, incluidos los asientos registrales relativos a las sentencias que declaren concursados culpables o acuerden la designación o inhabilitación de los administradores concursales, y en virtud de certificaciones remitidas de oficio por el encargado del Registro una vez practicado el correspondiente asiento.

También se hará constar en la misma forma las resoluciones registrales anotadas o inscritas en los registros públicos de personas reseñados en el apartado 3 del artículo 233 de la Ley Concursal.

ART. 11. Remisión de asientos de los registros públicos al Registro Público Concursal.

1. El mismo día en que se hubiere practicado la inscripción o anotación preventiva de las resoluciones que deban publicarse en la sección segunda, el Registrador competente que estuviere a cargo del correspondiente registro público a que se refiere el artículo 24 de la Ley Concursal expedirá una certificación en extracto del contenido del asiento autorizada con su firma y la remitirá al Registro Público Concursal.

2. La certificación en extracto del Registrador se ajustará al formato que se proporcione por el Registro Público Concursal y contendrá la indicación del tipo de asiento practicado y los datos de inscripción.

3. El encargado del Registro Público Concursal comprobará que la remisión permite la inserción de la resolución en la sección segunda del Registro y, en su caso, comunicará los defectos que impiden su difusión a los efectos de publicidad noticia. La inserción debe practicarse en formato estandarizado en el mismo día de la recepción, con excepción de los supuestos en que el documento ingrese en el Registro en soporte papel, en cuyo caso su publicidad se producirá dentro de los dos días hábiles siguientes.

VI

CAPÍTULO IV
De la sección tercera de acuerdos extrajudiciales

ART. 12. Contenido de la sección tercera del Registro Público concursal.

1. En la sección tercera, de acuerdos extrajudiciales, se hará constar, ordenados por deudor, los procedimientos para alcanzar un acuerdo extrajudicial de pagos, con indicación del nombre o denominación del deudor y del mediador concursal, del número de identificación fiscal de ambos, de las fechas de solicitud, de apertura del expediente, de inicio de negociaciones y de finalización de las mismas, así como la información que se indica en los artículos siguientes.

2. En la sección tercera, ordenadas por entidades deudoras, se publicarán el anuncio con el extracto del decreto del Secretario judicial por el que se admite a trámite la solicitud de la homologación, del auto judicial por el que se apruebe la homologación de los acuerdos de refinanciación y de la sentencia que resuelva sobre la impugnación de la homologación en los términos previstos en la disposición adicional cuarta de la Ley Concursal.

ART. 13. Remisión de información al Registro Público Concursal.

1. El Notario o el Registrador Mercantil remitirá certificación o copia del acta al Registro Público Concursal para su publicación en la sección tercera de la apertura del expediente, debiendo indicar:

a) La identidad del deudor, incluido su número de identificación fiscal.

b) La fecha en que se ha presentado la solicitud del deudor.

c) La fecha en que se ha admitido la apertura del procedimiento.

d) La fecha de aceptación del mediador concursal.

e) La identidad del mediador concursal, incluido su número de identificación fiscal, y la dirección electrónica en la que los acreedores podrán realizar cualquier comunicación o notificación.

2. El Notario o el Registrador Mercantil comunicará al Registro Público Concursal la finalización de las negociaciones.

En los supuestos del apartado 6 del artículo 235, el apartado 4 del artículo 236 y el apartado 3 del artículo 238, una vez que el mediador concursal haga constar estas circunstancias por acta, el Notario o Registrador Mercantil comunicará la fecha del cierre del expediente y, en su caso, si se ha solicitado declaración de concurso.

3. La información señalada en este precepto que se haya de remitir por el Notario o Registrador Mercantil se ajustará al formato que se proporcione por el Registro Público Concursal.

ART. 14. Publicidad del acuerdo extrajudicial de pagos y sus incidencias.

1. Cuando las negociaciones concluyan con la adopción de un acuerdo extrajudicial de pagos, el Notario o Registrador remitirá para su publicación en el Registro Público Concursal anuncio que contendrá los datos que identifiquen al deudor, incluyendo su número de identificación fiscal, el Notario o Registrador competente, el número de expediente de nombramiento del mediador, el nombre del mediador concursal, incluyendo su número de identificación fiscal, y la indicación de que el expediente está a disposición de los acreedores interesados en el Registro Mercantil o Notaría correspondiente para la publicidad de su contenido.

2. En caso de anulación por sentencia del acuerdo extrajudicial de pagos, dicha resolución será remitida para su publicación en la sección tercera del Registro Público Concursal desde los Sistemas de Gestión Procesal por el personal del Juzgado de lo Mercantil, bajo la dirección del Secretario judicial, en la forma prevista en el capítulo II.

3. Cuando el plan de pagos incluido en el acuerdo extrajudicial fuera íntegramente cumplido, el Notario que levante el acta prevista en el artículo 241 de la Ley Concursal remitirá la misma al Registro Público Concursal para su publicación en la sección tercera, de conformidad con el formato que se proporcione por el Registro.

4. Cuando el acuerdo extrajudicial de pagos fuera incumplido, una vez que el mediador concursal haga constar esta circunstancia por acta, el Notario o el Registrador Mercantil lo comunicará al Registro Público Concursal. En todo caso, la publicación en la sección primera del Registro Público Concursal de la declaración de concurso prevista en el artículo 241 de la Ley Concursal se publicará igualmente en la sección tercera, de conformidad con el formato que se proporcione por el Registro.

5. En caso de imposibilidad de alcanzar un acuerdo extrajudicial de pagos o de incumplimiento del plan de pagos aprobado, la resolución que declare el concurso consecutivo, en los términos del artículo 242 de la Ley Concursal, se publicará en la forma prevista en el capítulo II. Dicha publicación determinará el cierre de la sección tercera.

ART. 15. Publicidad de la homologación de los acuerdos de refinanciación.

1. Para la remisión al Registro Público Concursal de las resoluciones procesales relativas a la homologación de los acuerdos de refinanciación y de la sentencia que resuelva sobre la impugnación de la homologación será de aplicación lo previsto en el artículo 8.

2. Cuando por sentencia se declare la anulación de la homologación o el incumplimiento del acuerdo de refinanciación homologado, dicha resolución será remitida para su publicación en la sección tercera del Registro Público Concursal desde los Sistemas de Gestión Procesal por el personal del Juzgado de lo Mercantil, bajo la dirección del Secretario judicial, en la forma prevista en el capítulo II.

DISPOSICIONES ADICIONALES

D.A. 1.ª Interconexión con los registros de resoluciones concursales de la Unión Europea.

De conformidad con las normas de la Unión Europea que lo regulen, el Registro Público Concursal podrá conectarse con los registros de resoluciones concursales de los demás Estados miembros, así como con las plataformas comunitarias que al efecto se establezcan, al objeto de facilitar las consultas en materia concursal en la Unión Europea y permitir el conocimiento de los procesos concursales en este ámbito, con los efectos que se prevean.

El acceso al registro concursal desde la plataforma dispuesta al efecto por la Unión Europea se regirá por su normativa específica.

D.A. 2.ª Estadística concursal.

Se habilita al Colegio de Registradores de la Propiedad, Mercantiles y de Bienes Muebles de España para que elabore anualmente una estadística concursal, que se remitirá al Instituto Nacional de Estadística y a la Comisión Nacional de Estadística Judicial. A tal fin, se coordinará la actuación del Colegio de Registradores con el Instituto Nacional de Estadística, contando con la colaboración que presta el Consejo General del Poder Judicial para la elaboración de estadísticas en materia de concursal.

Por resolución conjunta de la Dirección General de los Registros y del Notariado y del Instituto Nacional de Estadística se establecerá el contenido y el procedimiento de envío a este último de la información relevante a los efectos del cumplimiento de sus funciones.

DISPOSICIONES TRANSITORIAS

D.T. 1.ª Resoluciones concursales anteriores a este real decreto.

1. El Ministerio de Justicia adoptará las medidas necesarias para incluir en el Registro Público Concursal el contenido de las resoluciones concursales correspondientes a procesos que no hayan terminado en la fecha de su entrada en vigor.

2. Hasta la implantación definitiva del Registro Público Concursal seguirá subsistente el sistema de publicidad concursal regulado en el Real Decreto 685/2005, de 10 de junio.

D.T. 2.ª Sistema de envío automático.

En cuanto las condiciones técnicas lo permitan, la transmisión de la información prevista en este Real Decreto se realizará directamente desde las aplicaciones de gestión procesal, en la forma que reglamentariamente se determine.

DISPOSICIONES DEROGATORIAS

D.DT. UNICA. Derogación normativa del Real Decreto 685/2005, de 10 de junio.

Queda derogado el Real Decreto 685/2005, de 10 de junio, sobre publicidad de resoluciones concursales y por el que se modifica el Reglamento del Registro Mercantil, aprobado por el Real Decreto 1784/1996, de 19 de julio, en materia de publicidad registral de las resoluciones concursales, sin perjuicio de su aplicación provisional en los términos del apartado 2 de la disposición transitoria primero.

También quedan derogadas cuantas disposiciones de igual o inferior rango resulten contradictorias e incompatibles con la regulación que se contiene en este real decreto.

DISPOSICIONES FINALES

D.F. 1.ª Habilitación al Ministro de Justicia.

Se habilita al Ministro de Justicia para dictar cuantas normas sean necesarias para la ejecución de lo dispuesto en este real decreto.

D.F. 2.ª Competencia del Estado.

Este real decreto se dicta en virtud de las competencias que atribuye al Estado el artículo 149.1.6.ª y 8.ª de la Constitución Española, en materia de legislación mercantil y de ordenación de los registros e instrumentos públicos.

D.F. 3.ª Entrada en vigor.

El presente real decreto entrará en vigor a los tres meses de su publicación en el «Boletín Oficial del Estado».

Dado en Madrid, el 15 de noviembre de 2013.
JUAN CARLOS R.

El Ministro de Justicia,
ALBERTO RUIZ-GALLARDÓN JIMÉNEZ

VI

VII.
REAL DECRETO 1333/2012, DE 21 DE SEPTIEMBRE, POR EL QUE SE REGULA EL SEGURO DE RESPONSABILIDAD CIVIL Y LA GARANTÍA EQUIVALENTE DE LOS ADMINISTRADORES CONCURSALES

—BOE núm. 241, de 6 de octubre de 2012—

La Ley 38/2011, de 10 de octubre, de reforma de la Ley 22/2003, de 9 de julio, Concursal, introdujo en el sistema concursal español la exigencia de un seguro de responsabilidad civil o de una garantía equivalente proporcional a la naturaleza y alcance del riesgo cubierto para poder actuar como administrador concursal en cualquier clase de concursos de acreedores, habilitando al Gobierno para el desarrollo reglamentario de la correspondiente normal legal.

Haciendo uso de esa habilitación, el presente real decreto se ocupa de este nuevo seguro o garantía, que, naturalmente, no impide que, al amparo de la autonomía privada o de otras previsiones legales, los administradores concursales contraten otros seguros específicos e independientes de esa responsabilidad civil, para cubrir más intensamente los riesgos del ejercicio de esa actividad profesional, o introduzcan esa cobertura mínima obligatoria como ampliación de las pólizas de responsabilidad civil profesional de abogados, economistas, titulados mercantiles o auditores.

La única excepción a la exigencia de seguro de responsabilidad civil o garantía equivalente es el caso de que el nombramiento de administrador concursal recaiga en una Administración Pública o una entidad de derecho público vinculada o dependiente de ella cuando se designe para el ejercicio de las funciones propias del cargo a persona natural que ostente la condición de empleado público.

La vigencia del seguro o la garantía equivalente se configura como presupuesto para la aceptación del cargo. De esta forma, los administradores concursales no pueden aceptar su nombramiento sin acreditar convenientemente que gozan de esa cobertura en los términos determinados por este real decreto. Una cobertura que tienen el deber de mantener durante la tramitación del proceso concursal. Al igual que en otros muchos seguros obligatorios, la obligación legal se configura con carácter general, como condición para poder aceptar el nombramiento. No se trata, pues, de un seguro por concurso, sino de un seguro para ser administrador concursal o, más exactamente, para poder aceptar el cargo y para poder desempeñarlo a lo largo del procedimiento.

A fin de que el asegurador pueda conocer el nacimiento del riesgo, se impone al Juzgado la notificación del nombramiento y de la aceptación del administrador concursal. Paralelamente, a fin de que la cobertura esté vigente en todo momento, se imponen singulares deberes de información tanto al administrador concursal como al asegurador de la responsabilidad civil, que habrá de comunicar al Juzgado determinadas modificaciones o vicisitudes de la relación contractual, como la falta de pago de la prima, habiendo de mantenerse la cobertura durante el período de un mes desde que realizó la comunicación.

La suma obligatoriamente asegurada se ha determinado atendiendo a la entidad de los concursos de acreedores que se vienen produciendo en nuestro país, caracterizados por masas activas y pasivas particularmente modestas. Con todo, ese mínimo se eleva por el real decreto bien por el número de concursos en los que se desempeñe la administración concursal, bien por las condiciones subjetivas del deudor común, como es el caso de los denominados concursos de especial transcendencia. La delimitación temporal de la cobertura también resulta fundamental para el buen funcionamiento del seguro y también su correcta delimitación de otras responsabilidades, de tal forma que la prescripción de la acción de responsabilidad de cuatro años sólo se aplica al supuesto de los daños a la masa activa del concurso del apartado 1 del artículo 36 de la Ley 22/2003, de 9 de julio, pero no a las acciones que lesionen intereses del deudor, los acreedores o terceros y que se ejerzan de acuerdo con el apartado 6 de ese mismo artículo. En cualquier caso, las normas de este real decreto se han de completar no sólo con la Ley 22/2003, de 9 de julio, sino también con la Ley 50/1980, de 8 de octubre, de Contrato de Seguro.

Como alternativa al seguro, la Ley 22/2003, de 9 de julio, prevé una garantía equivalente tanto material como temporalmente. El contenido material y temporal de esta garantía se delimita por referencia al contenido del seguro.

En su virtud, a propuesta del Ministro de Justicia, de acuerdo con el Consejo de Estado, y previa deliberación del Consejo de Ministros en su reunión del día 21 de septiembre de 2012, dispongo:

CAPÍTULO I
Disposiciones generales

ART. 1. Deber de aseguramiento de la responsabilidad civil del administrador concursal.

Al aceptar el nombramiento, todo administrador concursal deberá acreditar ante el Secretario judicial del Juzgado que conozca del concurso la vigencia de un contrato de seguro o una garantía equivalente por cuya virtud el asegurador o entidad de crédito se obligue, dentro de los límites pactados, a cubrir el riesgo del nacimiento a cargo del propio administrador concursal asegurado de la obligación de indemnizar por los daños y perjuicios causados en el ejercicio de su función.

ART. 2. Ámbito subjetivo a la obligación de aseguramiento.

1. El deber de aseguramiento que regula el presente real decreto recae sobre el administrador concursal, ya sea persona natural o jurídica.

2. Cuando la administración concursal sea una persona jurídica, la cobertura del seguro o garantía equivalente incluirá la responsabilidad de los profesionales que actúen por cuenta de ésta.

3. No existirá la obligación de aseguramiento cuando una Administración pública o una entidad de derecho público vinculada o dependiente de la anterior sea nombrada administrador concursal y designe para llevar a cabo tales cometidos a una persona natural que tenga la condición de empleado público. En los demás casos, la obligación de aseguramiento será exigible a la persona natural que hubiera designado.

Tampoco existirá obligación de aseguramiento cuando sea designado administrador concursal el personal técnico de la Comisión Nacional del Mercado de Valores o del Consorcio de Compensación de Seguros.

ART. 3. Ámbito objetivo del seguro de responsabilidad civil y de la garantía equivalente.

1. El seguro de responsabilidad civil del administrador concursal o garantía equivalente comprenderá la cobertura del riesgo de nacimiento de la obligación de indemnizar al deudor o a los acreedores por los daños y perjuicios causados a la masa activa del concurso por los actos y omisiones realizados, en el ejercicio de sus funciones, por el administrador concursal o por el auxiliar delegado de cuya actuación sea responsable que sean contrarios a la ley o hayan sido realizados sin la debida diligencia.

Asimismo, el seguro de responsabilidad civil del administrador concursal o garantía equivalente comprenderá la cobertura de los daños y perjuicios por actos u omisiones del administrador concursal que lesionen directamente los intereses del deudor, los acreedores o terceros.

2. Si por sentencia se declarase la responsabilidad del administrador concursal, el seguro cubrirá, además de la indemnización a que se refiere el apartado anterior, los gastos necesarios que hubiera soportado el acreedor que hubiera ejercitado la acción en interés de la masa.

CAPÍTULO II
Seguro de responsabilidad civil de los administradores concursales

Sección 1.ª Acreditación y vigencia del seguro

ART. 4. Comunicación al asegurador.

Aceptado el cargo por el administrador concursal, el Secretario del Juzgado notificará al asegurador el nombramiento y la aceptación, con expresión de las fechas en que se hubieran producido. Asimismo, el Secretario del Juzgado notificará al asegurador el cese del administrador concursal.

ART. 5. Duración del contrato.

Cualquiera que sea la duración pactada en la póliza, deberá preverse que el contrato se prorrogará una o más veces por periodos de un año, salvo que cualquiera de las partes se oponga a la prórroga.

En caso de oposición a la prórroga por cualquiera de las partes, el administrador concursal habrá de comunicarlo al Juzgado, sin perjuicio de los deberes de comunicación que se imponen al asegurador en el artículo 7. En todo caso, si el contrato no se prorroga, el administrador concursal habrá de aportar otro contrato de seguro o garantía equivalente antes de que finalice la cobertura de la póliza no prorrogada.

ART. 6. Acreditación de la cobertura.

1. Al aceptar el cargo, la vigencia del seguro se acreditará mediante exhibición y testimonio de la póliza y del recibo de la prima correspondiente al período del seguro en curso o, en su caso, del certificado de cobertura expedido por la entidad aseguradora.

En caso de que la aceptación del cargo conlleve el aumento de la cobertura, el administrador concursal exhibirá el seguro de que dispone y efectuará su adaptación a la nueva suma asegurada que le corresponde, de acuerdo con el artículo 8, en el plazo máximo de 15 días, acreditándolo ante el Juzgado.

Cuando la terminación de otros concursos en los que intervenga permita una reducción de la suma asegurada, el administrador concursal podrá efectuar la adaptación de su contrato de seguro, acreditando su nueva cobertura, que siempre deberá cubrir su responsabilidad en el concurso o concursos en que siga desempeñando su función.

2. Durante la tramitación del concurso de acreedores, el administrador concursal deberá acreditar las sucesivas renovaciones del seguro. La renovación del seguro se acreditará ante el Secretario del Juzgado mediante exhibición y testimonio del recibo de la prima por el periodo o periodos sucesivos.

3. La infracción del deber de acreditar la renovación del seguro será justa causa de separación del cargo.

ART. 7. Deber de comunicación del asegurador.

1. El asegurador deberá poner de inmediato en conocimiento del Juzgado que conozca del concurso cualquier modificación del seguro, la falta de pago de la prima, la oposición a la prórroga, la suspensión de la cobertura y la extinción del contrato.

2. En tanto no transcurra un mes a contar desde la fecha en que el asegurador hubiera comunicado al Juzgado la extinción o la modificación del seguro que reduzca, limite o suspenda la cobertura o el impago de la prima, subsistirá la cobertura.

Sección 2.ª Delimitación de la responsabilidad

ART. 8. Suma asegurada.

1. La suma mínima asegurada por los hechos generadores de responsabilidad del administrador concursal será de trescientos mil euros.

2. Por excepción a lo establecido en el apartado anterior:

a) La suma mínima asegurada será de ochocientos mil euros cuando, con la aceptación del cargo, el asegurado tenga la condición de administrador concursal en, al menos, tres concursos de acreedores de carácter ordinario.

b) La suma asegurada será de un millón quinientos mil euros cuando se trate de concurso de especial trascendencia, de acuerdo con lo establecido en el artículo 27 bis de la Ley 22/2003, de 9 de julio, Concursal.

c) La suma asegurada será de tres millones de euros cuando concurra cualquiera de las siguientes circunstancias:

1.º Cuando se trate del concurso de una entidad emisora de valores o instrumentos derivados que se negocien en un mercado secundario oficial, de una entidad encargada de regir la negociación, compensación o liquidación de esos valores o instrumentos, o de una empresa de servicios de inversión.

2.º Cuando se trate del concurso de una entidad de crédito o de una entidad aseguradora.

3. La suma asegurada comprenderá tanto los daños y perjuicios como los gastos a que se refiere el apartado 2 del artículo 3.

4. Cuando el administrador concursal sea una persona jurídica, la cuantía de la suma asegurada será de dos millones de euros.

No obstante, la suma asegurada será de cuatro millones de euros cuando la persona jurídica ejerza las funciones de administración concursal en alguno de los supuestos que se indican en la letra c) del apartado 2 de este artículo.

Incluida la corrección de errores del Real Decreto 1333/2012, de 21 de septiembre, por el que se regula el seguro de responsabilidad civil y la garantía equivalente de los administradores concursales. (BOE de 17-11-2012).

ART. 9. Delimitación temporal.

1. La cobertura del asegurador comprenderá las reclamaciones presentadas contra el asegurado durante el ejercicio de su función o en los cuatro años siguientes a la fecha en la que el administrador concursal cesó en el cargo por cualquier causa, siempre y cuando dichas reclamaciones tuvieran su fundamento en los daños y perjuicios causados a la masa activa durante el período en el que ostente la condición de administrador concursal en el proceso de que se trate.

Las acciones de responsabilidad que puedan corresponder al deudor, a los acreedores o a terceros por actos u omisiones de los administradores concursales que lesionen directamente los intereses de aquéllos, tienen un plazo de prescripción de un año.

2. La reclamación del perjudicado podrá producirse en un proceso judicial, que se sustanciará ante el Juez que conozca o haya conocido el concurso.

ART. 10. Coberturas adicionales.

El seguro de responsabilidad civil acreditado en el concurso de acreedores por el administrador concursal podrá incluir otras coberturas que libremente se pacten entre las partes, así como ampliar el ámbito y los límites de cobertura.

ART. 11. Acción directa.

1. El perjudicado o sus herederos tendrán acción directa contra el asegurador para exigirle el cumplimiento de la obligación de indemnizar en los términos previstos por la Ley 50/1980, de 8 de octubre, de Contrato de Seguro.

2. A los efectos de ejercicio de la acción directa, el asegurado estará obligado a manifestar al tercero perjudicado o a sus herederos la existencia del contrato de seguro.

CAPÍTULO III
Garantía equivalente

ART. 12. Garantía equivalente al seguro de responsabilidad civil.

El administrador concursal podrá sustituir el aseguramiento regulado en este real decreto por una garantía solidaria de contenido equivalente constituida por entidad de crédito que pueda prestar garantías de este tipo por el importe que corresponda según lo establecido en el artículo 8, que deberá mantener su vigencia hasta que transcurran cuatro años desde la fecha en la que el administrador concursal cesó en el cargo por cualquier causa.

VII

DISPOSICIONES TRANSITORIAS

D.T. UNICA. Actualización de los contratos de seguro vigentes.

Los contratos de seguro de responsabilidad civil o garantías equivalentes que se hubieran suscrito con ocasión del nombramiento como administrador concursal con posterioridad al 1 de enero de 2012, deberán adecuarse a las condiciones establecidas en este real decreto en un plazo de dos meses a contar desde su entrada en vigor.

DISPOSICIONES FINALES

D.F. 1.ª Título competencial.

Este real decreto se dicta al amparo de la competencia estatal en materia de legislación mercantil y civil prevista en el artículo 149.1.6.ª y 8.ª de la Constitución Española.

D.F. 2.ª Entrada en vigor.

Este real decreto entrará en vigor el día siguiente a su publicación en el «Boletín Oficial del Estado».

Dado en Madrid, el 21 de septiembre de 2012.
JUAN CARLOS R.

El Ministro de Justicia,
ALBERTO RUIZ-GALLARDÓN JIMÉNEZ

VII

VIII.
ORDEN JUS/2831/2015, DE 17 DE DICIEMBRE, POR LA QUE SE APRUEBA EL FORMULARIO PARA LA SOLICITUD DEL PROCEDIMIENTO PARA ALCANZAR UN ACUERDO EXTRAJUDICIAL DE PAGOS

—BOE núm. 311, de 29 de diciembre de 2015—

El Real Decreto-ley 1/2015, de 27 de febrero, de mecanismo de segunda oportunidad, reducción de la carga financiera y otras medidas de orden social, ya sustituido por la Ley 25/2015, de 28 de julio, ha introducido diversas reformas dirigidas a incrementar la operatividad del procedimiento para alcanzar un acuerdo extrajudicial de pagos. Entre estas medidas se encuentra la previsión, incorporada en el nuevo artículo 232.2 de la Ley 22/2003, de 9 de julio, Concursal, de que la solicitud de dicho procedimiento se efectúe mediante el formulario normalizado y cuyo contenido se determinará mediante orden del Ministro de Justicia. Este constituye, precisamente, el objeto de esta orden, cuya finalidad es facilitar el acceso al referido procedimiento y su mejor desenvolvimiento al concentrar la información relevante que se necesitará, al tiempo que se refuerza la seguridad jurídica.

La información que se habrá de proporcionar en la solicitud de inicio del procedimiento para alcanzar un acuerdo extrajudicial de pagos se centra, en primer lugar, en la identificación del solicitante, ya sea persona natural o jurídica, en todo lo que se refiere a su situación personal, familiar y laboral o profesional, según proceda. Esta identificación se ha de acompañar de la comprobación de que concurren las condiciones que permiten iniciar este procedimiento. En segundo lugar, y como información relevante a los efectos de una negociación sobre sus deudas, la información se centrará en el inventario de sus bienes y derechos, incluyendo la totalidad de su patrimonio. Y, por último, en la lista de acreedores, que permitirá tanto conocer la entidad de cada uno de ellos al objeto de evaluar su impacto en el conjunto de la deuda. Esta información permitirá un tratamiento más adecuado de la situación de insolvencia de que se trate, favoreciendo el buen desenvolvimiento y fin de los acuerdos extrajudiciales de pago.

Esta orden ha sido informada por el Consejo General del Poder Judicial, el Consejo General del Notariado, por el Colegio de Registradores de la Propiedad, Mercantiles y Bienes Muebles de España y la Cámara de Comercio de España.

En su virtud, dispongo:

ART. 1. Aprobación del formulario de solicitud de inicio del procedimiento para alcanzar un acuerdo extrajudicial de pagos.

Se aprueba el formulario de solicitud de inicio del procedimiento para alcanzar un acuerdo extrajudicial de pagos, previsto en el artículo 232.2 de la Ley 22/2003, de 9 de julio, Concursal.

ART. 2. Presentación y destinatario del formulario de solicitud.

1. La solicitud del deudor no empresario, tanto persona natural como jurídica, irá dirigida al notario correspondiente a su domicilio.

2. En caso de que el deudor sea empresario o entidades inscribibles en el Registro Mercantil podrá optar por dirigir la solicitud al registrador mercantil correspondiente a su domicilio o a la Cámara Oficial de Comercio, Industria, Servicios y Navegación cuando hayan asumido funciones de mediación de conformidad con su normativa específica o a la Cámara Oficial de Comercio, Industria, Servicios y Navegación de España, de conformidad con el artículo 232.3 de la Ley Concursal.

3. La solicitud se podrá presentar a través de los medios electrónicos que se habiliten por los órganos que se indican en este artículo.

4. La solicitud de iniciación del procedimiento para alcanzar un acuerdo extrajudicial de pagos, así como los trámites notariales o registrales previstos en el artículo 233 para el nombramiento del mediador concursal, no conllevarán coste alguno para las personas naturales no empresarios.

DISPOSICIONES FINALES

D.F. 1.ª Título competencial.

La presente orden se dicta al amparo de las competencias exclusivas que atribuye al Estado el artículo 149.1.6ª y 8ª de la Constitución Española en materia de legislación mercantil y legislación civil.

D.F. 2.ª Entrada en vigor.

La presente orden entrará en vigor a los veinte días de su publicación en el «Boletín Oficial del Estado».

Madrid, 17 de diciembre de 2015.- El Ministro de Justicia, Rafael Catalá Polo.

ANEXO

FORMULARIO DE SOLICITUD DEL PROCEDIMIENTO PARA ALCANZAR UN ACUERDO EXTRAJUDICIAL

Don/doña. ...., con DNI ...., actuando

[__] en nombre propio,

[__] en nombre de la entidad ...., con CIF ....,

en virtud de los poderes de representación que se acompañan,

viene a presentar solicitud de iniciación del procedimiento para alcanzar un acuerdo extrajudicial de pagos.

Declaro que concurren en mi caso los requisitos exigidos por el 231 de la Ley 22/2003, de 9 de julio, Concursal, para iniciar este procedimiento y que la estimación inicial del pasivo no supera la cantidad de cinco millones de euros.

A) IDENTIFICACIÓN.

a) PERSONA NATURAL.

1. Domicilio: .... (........., ...)

2. Teléfono:

3. Correo electrónico:

4. Modificación del domicilio en los últimos seis meses:

[__] Sí.

[__] No.

5. Lugar de nacimiento:

6. Nacionalidad si es extranjero:

7. Estado civil: ... soltero ... casado ... separado ... divorciado (... con convenio regulador ... sin convenio regulador)

8. Régimen económico matrimonial:

[__] Gananciales.

[__] Separación de bienes.

[__] Participación.

9. Identidad del cónyuge (nombre, apellidos y NIF, NIE o Número de Pasaporte) si el peticionario está casado en régimen distinto al de separación de bienes:

10. Indicar si los cónyuges son propietarios de vivienda familiar que pueda verse afectada por el acuerdo extrajudicial de pagos:

[__] Sí.

VIII

[__] No.
En caso afirmativo,
[__] Se acompaña el consentimiento del otro cónyuge.
[__] La solicitud de firma por ambos cónyuges.
11. Personas a su cargo o a quienes deba satisfacer alimentos:
[__] Sí.
[__] No.
En caso afirmativo, indique sus nombres, apellidos y la relación de parentesco con Ud.:
12. Indicar si el deudor tiene pareja de hecho con la que haya formado un patrimonio común y los pactos o reglas económicas que le sean de aplicación. En caso afirmativo, señalar la identidad de la pareja (nombre, apellidos y NIF o NIE).
b) PERSONA JURÍDICA.
1. Forma jurídica:
2. La razón social o denominación:
3. Identificación del órgano de administración o liquidador que ha decidido la solicitud del acuerdo extrajudicial de pagos:
4. Los datos de identificación registral:
5. La nacionalidad, si fuesen extranjeras:
6. Domicilio:
7. Número de identificación fiscal, cuando se trate de entidades que deban disponer del mismo con arreglo a la normativa tributaria:
8. Teléfono:
9. Correo electrónico:
10. Manifestar que la entidad cumple los requisitos del artículo 190 de la Ley Concursal, sin que tenga más de 50 acreedores, el pasivo no supera los 5.000.000 de euros y el activo no alcanza los 5.000.000 de euros:
[__] Sí.
[__] No.
11. Manifestar que se disponen de activos suficientes para satisfacer los gastos propios del acuerdo.
[__] Sí.
[__] No.
12. Manifestar que la entidad no es aseguradora o reaseguradora:
[__] Sí.
[__] No.

VIII

B) CONCURRENCIA DE LAS CONDICIONES DE ACCESO AL PROCEDIMIENTO.

1. Señale el tipo de insolvencia en que se encuentra:
[__] Actual, si ya no puede cumplir regularmente sus obligaciones exigibles.
[__] Inminente, si prevé que no podrá cumplir regular y puntualmente sus obligaciones.
2. Indique los hechos de los que deriva su situación de insolvencia:
[__] Desempleo.
[__] Sobreendeudamiento.
[__] Pérdidas empresariales o profesionales.
[__] Disminución de las ventas.
[__] Aumento de los gastos de explotación.
[__] Aumento de los costes financieros.
[__] Aumento de la morosidad de los clientes.
[__] Otros:
3. Estimación del importe global de las deudas:
4. Estimación del importe global del valor de los bienes y derechos:
5. Indique si ha sido condenado en sentencia firme por delito contra el patrimonio, contra el orden socioeconómico, de falsedad documental, contra la Hacienda Pública, la Seguridad Social o contra los derechos de los trabajadores en los 10 años anteriores:
[__] Sí.
[__] No.
Se acompaña certificado de antecedentes penales.
6. En caso afirmativo, especifique el delito por el que fue condenado y la fecha de la sentencia firme en virtud de la cual hubiera sido condenado.

7. Indique si ha alcanzado un acuerdo extrajudicial de pagos con los acreedores, ha obtenido la homologación de un acuerdo extrajudicial de refinanciación o ha sido declarado en concurso de acreedores dentro de los últimos 5 años.

[__] Sí.

[__] No.

En caso afirmativo, indique la fecha del acuerdo o del auto.

8. Indique si actualmente se encuentra Ud. negociando con sus acreedores un acuerdo de refinanciación

[__] Sí.

[__] No.

9. Indique si actualmente se encuentra admitida respecto de Ud. una solicitud de concurso de acreedores

[__] Sí.

[__] No.

C) INVENTARIO DE BIENES Y DERECHOS.

1. Indique la relación de ingresos regulares previstos, bienes, derechos y cualquier otro activo líquido de los que sea titular el deudor:

2. Si procede, indique los bienes y derechos necesarios para la continuación de su actividad profesional o empresarial:

3. Acompañe la siguiente documentación, si procede:

a) Certificado de rentas, y en su caso, certificado relativo a la presentación del Impuesto de Patrimonio, expedido por la Agencia Estatal de Administración Tributaria o el órgano competente de la Comunidad Autónoma, en su caso, con relación a los últimos cuatro ejercicios tributarios.

b) Últimas tres nóminas percibidas.

c) Certificado expedido por la entidad gestora de las prestaciones, en el que figure la cuantía mensual percibida en concepto de prestaciones o subsidios por desempleo.

d) Certificado acreditativo de los salarios sociales, rentas mínimas de inserción o ayudas análogas de asistencia social concedidas por las Comunidades Autónomas y las entidades locales.

e) En caso de trabajador por cuenta propia, si estuviera percibiendo la prestación por cese de actividad, el certificado expedido por el órgano gestor en el que figure la cuantía mensual percibida.

f) Declaración responsable del deudor o deudores relativa al cumplimiento de los requisitos exigidos para considerarse situados en el umbral de exclusión según el modelo aprobado por la comisión constituida para el seguimiento del cumplimiento del Código de Buenas Prácticas, cuando la vivienda habitual del deudor se encuentra gravada con un derecho real de hipoteca.

g) Certificado de pensión de jubilación.

h) Si estuviera obligado a llevar contabilidad, las cuentas anuales correspondientes a los tres últimos ejercicios.

4. Indique si es titular de cuentas bancarias:

[__] Sí.

[__] No.

En caso afirmativo, indique el importe total del dinero depositado: ....; y proporcione la siguiente información sobre sus cuentas corrientes o depósitos bancarios, fondos de inversión o similares:

Entidad	Oficina	Número de cuenta o depósito	Saldo (en euros)

Acompañe certificados expedidos por la entidad financiera.

5. Indique si es titular de capital mobiliario (acciones, obligaciones, préstamos, cuentas corrientes, depósitos financieros, seguros, arrendamiento de bienes muebles):

[__] Sí.

[__] No.

Entidad	Oficina	Cuenta de valores	Valor (en euros) a fecha ..../..../......

Acompañe certificados expedidos por la entidad financiera e indique su importe total:

6. Indique si es titular de bienes inmuebles:

[__] Sí.

[__] No.

Inmueble	Situación	Inscripción en el Registro de la Propiedad n°... de ...., libro ...., folio ......, tomo ...... y n° de finca	Valor catastral (en euros)

Acompañe:

a) Certificados de dominio y cargas o gravámenes expedidos por el Registro de la Propiedad.

b) Escrituras de compraventa de la vivienda habitual y de constitución de la garantía hipotecaria y otros documentos justificativos, en su caso, del resto de las garantías reales o personales constituidas, si las hubiere.

7. Indique si es titular de bienes muebles (vehículos, joyas, obras de arte...):

[__] Sí.

[__] No.

En caso afirmativo, adjunte un anexo con la descripción de cada bien e identifique respecto de cada bien, su tipo (por ej. en el caso de vehículos indique marca y modelo), n.° de matrícula o registro y fecha de adquisición.

D) LISTA DE ACREEDORES.

1. Número de acreedores: ....

2. Datos identificativos de los acreedores:

Identidad del acreedor	Domicilio	Dirección electrónica	Cuantía debida	Fecha de vencimiento del crédito	Amortizaciones previstas

VIII

3. Especialidades de identificación de créditos que dispongan de hipoteca o garantías reales (debe acompañarse original o copia autorizada de la escritura de constitución de las garantías o certificación registral de inscripción en el caso de la hipoteca):

Identidad del acreedor	Domicilio	Dirección electrónica	Cuantía (*)	Tipo de garantía y fecha de constitución

(*) Para su valoración se estará a lo dispuesto en el art. 94.5 de la Ley Concursal.

4. Relación de los contratos en vigor (debe acompañarse contrato original o copia fehaciente del mismo):

Fecha de contrato	Contraparte	Tipo de contrato	Obligaciones del deudor pendientes	Obligaciones de la contraparte pendientes

5. Relación de gastos mensuales previstos:

Naturaleza del gasto	Cuantía	Fecha de vencimiento	Periodicidad

6. Indicar si tiene contratados trabajadores a su cargo:
El número de trabajadores es: ....
Indicar la representación de los trabajadores, su domicilio y dirección electrónica:
Presentado en ...., a .... de .... de ....
Fdo. ....
En caso de que el régimen matrimonial no sea el de separación de bienes, debe firmar el cónyuge del deudor:
Fdo. ....

VIII

IX.
ORDEN JUS/3473/2005, DE 8 DE NOVIEMBRE, SOBRE DIFUSIÓN Y PUBLICIDAD DE LAS RESOLUCIONES CONCURSALES A TRAVÉS DE INTERNET

—BOE núm. 268, de 9 de noviembre de 2005—

La presente Orden ministerial se dicta en desarrollo y aplicación del Real Decreto 685/2005, de 10 de junio, sobre publicidad de resoluciones concursales y por el que se modifica el Reglamento del Registro Mercantil, aprobado por el Real Decreto 1784/1996, de 19 de julio, en materia de publicidad registral de las resoluciones concursales.

Conforme a la Disposición adicional única del Real Decreto 685/2005, de 10 de junio, corresponde al Ministro de Justicia determinar la fecha de entrada en funcionamiento del portal de Internet, mediante Orden que se publicará en el «Boletín Oficial del Estado».

Dispone también el Real Decreto 685/2005, de 10 de junio, que corresponde al Ministro de Justicia establecer las exigencias tendentes a asegurar la coordinación entre la publicidad registral y la información pública de las resoluciones concursales, de forma que se permita el acceso unificado a toda la información relevante de las situaciones concursales en una única plataforma técnico-informática pública.

Por último, la Disposición final primera del Real Decreto 685/2005, de 10 de junio, habilita al Ministro de Justicia para dictar cuantas disposiciones y resoluciones sean necesarias para el desarrollo y aplicación de lo establecido en dicho Real Decreto.

En el procedimiento de elaboración de la presente Orden se ha consultado al Colegio de Registradores de la Propiedad, Mercantiles y de Bienes Muebles de España, a quien corresponde la gestión material de este servicio de publicidad a través de Internet.

En su virtud, dispongo:

ART. 1. Objeto.

La presente Orden Ministerial tiene por objeto determinar la estructura, el contenido y la fecha de entrada en funcionamiento del portal de Internet al que se refiere el Real Decreto 685/2005, de 10 de junio, sobre publicidad de resoluciones concursales y por el que se modifica el Reglamento del Registro Mercantil, aprobado por el Real Decreto 1784/1996, de 19 de julio, en materia de publicidad registral de las resoluciones concursales.

ART. 2. Diseño del portal.

1. El portal se alojará en Internet en un sitio habilitado al efecto bajo el nombre de dominio registrado «publicidadconcursal.es».

2. El portal se construirá con la denominación de «Registro Público de Resoluciones Concursales».

3. La finalidad del portal es permitir un acceso unificado a toda la información relevante de las situaciones concursales en una única plataforma técnico-informática pública. Será accesible tanto desde el portal del Ministerio de Justicia como desde el portal del Colegio de Registradores de la Propiedad, Mercantiles y de Bienes Muebles de España.

ART. 3. Idiomas.

El portal se ofrecerá en los idiomas castellano, catalán, euskera, gallego y valenciano.

ART. 4. Estructura y contenidos del portal.

1. Los contenidos del portal al que se refiere el Capítulo II del Real Decreto 685/2005, de 10 de junio, y los del contemplado en el artículo 324 del Reglamento del Registro Mercantil

se estructurarán en las tres secciones previstas en el artículo 4 del Real Decreto 685/2005, de 10 de junio, y en la sección especial de edictos concursales prevista en el artículo 324.4 del Reglamento del Registro Mercantil.

2. En la Sección Primera, bajo la rúbrica de «deudores concursados», se incluirá la información relativa a los concursados y concursos de deudores identificados por su nombre o denominación, o por el número de autos. La información se estructurará en los mismos epígrafes que los señalados en el artículo 320 del Reglamento del Registro Mercantil. Para cada resolución se transcribirá la parte dispositiva de la misma con expresión del nombre y número del juzgado o del tribunal que la hubiere dictado, el número de autos y la fecha de la resolución y los datos de inscripción en el Registro Mercantil. Si se tratare de concursados no inscribibles en el Registro Mercantil se hará expresa mención de lo que se establece en el artículo 324.4 del Reglamento del Registro Mercantil.

3. En la Sección Segunda, bajo la rúbrica de «administradores, liquidadores y apoderados inhabilitados» se informará de las personas afectadas por las sentencias de calificación en los términos de lo previsto en los artículos 172.2.2.º y 198 de la Ley 22/2003, de 9 de julio, Concursal. La sección estará ordenada por apellidos y número de identificación fiscal (NIF) de las personas afectadas por la calificación del concurso como culpable así como, en su caso, de las declaradas cómplices. Para cada resolución se expresará lo que dispone el artículo 5.2 del Real Decreto 685/2005, de 10 de junio, con transcripción de la parte dispositiva de la sentencia de calificación.

4. La Sección Tercera, denominada «de administradores concursales», informará del nombramiento y del cese, por cualquier causa, de los administradores concursales o auxiliares delegados por orden alfabético de nombres o denominaciones. Por cada administrador o auxiliar se identificarán las resoluciones concursales de nombramiento o cese en todos y cada uno de los concursos en que hubiere participado, con el contenido de lo que detalla el artículo 5.2 del Real Decreto 685/2005, de 10 de junio, y con transcripción de la parte dispositiva del auto.

5. La Sección especial de edictos concursales se organizará por concursos y deudores concursados. Su contenido estará estructurado en apartados por categorías o clases de edictos entre aquellos que el Juez del concurso quiera divulgar en la red con el carácter de información complementaria o sustitutoria, según los casos y decisión judicial, en aplicación de lo dispuesto en el apartado 1 del artículo 236 de la Ley Orgánica del Poder Judicial, el artículo 23 y concordantes de la Ley Concursal, y el artículo 324.4 del Reglamento del Registro Mercantil.

6. El portal contendrá además los correspondientes iconos que permitan el acceso a la información pública general; la información relevante en materia de protección de datos; la conexión mediante protocolo seguro «https» con la base de datos del Registro Mercantil; la estadística concursal, y cualesquiera otras informaciones que doten al portal de mayor funcionalidad. También se establecerá una conexión bilateral con el correspondiente portal en Internet del Registro Mercantil Central.

ART. 5. Acceso a la información del portal.

1. Salvo en los casos de información reservada a los órganos jurisdiccionales, el portal en Internet será de acceso permanente, público y gratuito sin que se requiera justificar o manifestar interés legítimo alguno, que se presume en el solicitante de la información.

2. La publicidad de las sentencias de calificación que aún no sean firmes estará restringida a los titulares de los órganos jurisdiccionales que podrán interesar la información a través del Secretario judicial, mediante petición telemática que sólo se atenderá previa comprobación de la identidad y legitimidad de los solicitantes de la información.

3. Los datos relativos a la sentencia de inhabilitación firme serán cancelados de oficio cuando transcurra el período de inhabilitación establecido en la misma sentencia. También se cancelarán de oficio los datos relativos a la inhabilitación temporal para ser nombrado administrador en otros concursos, en los términos previstos por el artículo 181.4 de la Ley Concursal, cuando terminen sus efectos según lo que establezca la sentencia de desaprobación de cuentas.

4. Transcurridos tres años desde la firmeza del auto en que se decida la separación del administrador concursal o auxiliar delegado en aplicación de lo que establecen los artículos 37, 151, 152 y 153 de la Ley Concursal, no se dará información del contenido de la resolución judicial en que se contengan los motivos del cese.

5. Concluido el concurso, los representantes del que hubiera dejado de ser concursado tendrán derecho a solicitar del encargado del correspondiente Registro Mercantil, en cualquier momento, la cancelación en el portal de Internet de los antecedentes registrales relativos al concurso que no hubiera sido objeto de una resolución acordando su reapertura.

ART. 6. Entrada en funcionamiento del portal.

1. El portal entrará en funcionamiento el día uno de diciembre de 2005.

2. A partir de la fecha indicada en el apartado anterior, el Secretario del Juzgado, o el de la Audiencia, remitirán el testimonio de las resoluciones o el correspondiente duplicado a que se refiere el párrafo primero del artículo 9.2 del Real Decreto 685/2005, de 10 de junio, al Registrador mercantil correspondiente al domicilio del concursado. La remisión podrá ser telemática y autorizada con la firma electrónica reconocida del Secretario judicial.

3. A partir de la misma fecha quedará habilitada en el portal la sección de edictos concursales. El oficio con el edicto en que se determinará el plazo de mantenimiento del anuncio y sus destinatarios se remitirá al encargado del portal por el procurador o directamente por el Secretario del juzgado.

DISPOSICIONES FINALES

D.F. 1.ª Habilitación.

La Dirección General de los Registros y del Notariado impartirá al Colegio de Registradores de la Propiedad, Bienes Muebles y Mercantiles de España las Instrucciones que resulten necesarias para garantizar el adecuado funcionamiento del portal.

D.F. 2.ª Entrada en vigor.

La presente Orden entrará en vigor el día siguiente al de su publicación en el «Boletín Oficial del Estado».

Madrid, 8 de noviembre de 2005,
LÓPEZ AGUILAR
Sra. Directora General de los Registros y del Notariado. Sr. Decano-Presidente del Colegio de Registradores de la Propiedad, Bienes Muebles y Mercantiles de España.

IX

X.
INSTRUCCIÓN DE 5 DE FEBRERO DE 2018, DE LA DIRECCIÓN GENERAL DE LOS REGISTROS Y DEL NOTARIADO, RELATIVA A LA DESIGNACIÓN DE MEDIADOR CONCURSAL Y A LA COMUNICACIÓN DE DATOS DEL DEUDOR PARA ALCANZAR UN ACUERDO EXTRAJUDICIAL DE PAGOS Y SU PUBLICACIÓN INICIAL EN EL PORTAL CONCURSAL

—BOE núm. 40, de 14 de febrero de 2018—

La introducción del título X por la Ley 14/2013, de 27 de septiembre, de apoyo a los emprendedores y su internacionalización, en la Ley 22/2003, de 9 de julio, Concursal, relativo al procedimiento para alcanzar un acuerdo extrajudicial de pagos ha constituido una de las modificaciones más relevantes de la Ley Concursal estos últimos años. Su finalidad ha sido la de proporcionar un cauce de solución de las situaciones de insolvencia al margen del concurso, tanto para las personas naturales, sean o no empresarios, siempre que la estimación inicial del pasivo no supere los cinco millones de euros, como para las personas jurídicas, sean o no sociedades de capital, siempre que de conformidad con el artículo 231.1 de la Ley, el concurso no revista especial complejidad y dispongan de activos suficientes para satisfacer los gastos propios del acuerdo.

La iniciación de este procedimiento se efectuará para las personas jurídicas o la persona natural empresario ante el registrador mercantil o ante las Cámaras Oficiales de Comercio, Industria, Servicios y Navegación cuando hayan asumido funciones de mediación de conformidad con su normativa específica y a la Cámara Oficial de Comercio, Industria, Servicios y Navegación de España y para los restantes casos ante notario. Con la excepción de las Cámaras Oficiales, el registrador mercantil o notario que reciba esa solicitud nombrará un mediador concursal, responsable del desarrollo del procedimiento.

En el portal correspondiente del Boletín Oficial del Estado se encuentra la lista oficial de mediadores concursales, proporcionada por el Registro de Mediadores e Instituciones de Mediación del Ministerio de Justicia, que de forma secuencial proporcionará al registrador o notario la persona natural o jurídica a la que corresponderá la aceptación del cargo.

La escasa regulación sobre la comunicación que el registrador mercantil o notario hace del nombramiento al mediador concursal para que este acepte el cargo ha dado lugar a una práctica dispar no exenta de dudas, que en más ocasiones de las que sería deseable ha supuesto que se hayan frustrado desde el principio los procedimientos para alcanzar el acuerdo extrajudicial de pagos.

Esta es precisamente la finalidad de esta instrucción, la cual es poner fin a esas incertidumbres y dar lugar a una práctica regular en la que los mediadores concursales reciban la información que necesitan para saber si concurre alguna causa de recusación que les impida la aceptación del cargo por verse afectadas en el caso concreto las condiciones de independencia e imparcialidad exigidas por la ley. Junto a ello sería necesario proporcionar a los mediadores concursales la información relativa a las características básicas de la situación de insolvencia de que se trate.

La información que se ha de proporcionar al mediador concursal una vez aceptado el encargo ya es conocida por el registrador o el notario toda vez que se debe proporcionar en la solicitud del procedimiento para alcanzar un acuerdo extrajudicial de pagos, de conformidad con la Orden JUS/2831/2015, de 17 de diciembre, por la que se aprueba el formulario para la solicitud del procedimiento para alcanzar un acuerdo extrajudicial de pagos (BOE del 29).

Igualmente es objeto de estas Instrucción la especificación de los datos iniciales a remitir por parte de notarios y registradores mercantiles al Registro Público Concursal, a efectos de su publicación en el Portal Concursal.

Por todo ello, en ejercicio de las competencias atribuidas a este centro directivo por el artículo 10 del Real Decreto 725/2017, de 21 de julio, por el que se desarrolla la estructura orgánica básica del Ministerio de Justicia, previo informe del Colegio de Registradores de la Propiedad y Mercantiles de España, del Consejo General del Notariado, y de la Agencia Española de Protección de Datos se dictan las siguientes Instrucciones:

PRIMERO. Procedimiento de designación de los mediadores concursales.

De conformidad con lo dispuesto en la Orden JUS/2831/2015, por la que se aprueba el formulario para la solicitud del procedimiento para alcanzar un acuerdo extrajudicial de pagos, el inicio de este procedimiento comienza con la presentación por parte del deudor del formulario para la solicitud del procedimiento para alcanzar un acuerdo extrajudicial de pagos.

De acuerdo con el artículo 232.3 de la Ley Concursal, el registrador mercantil o el notario antes de comunicar el nombramiento al mediador concursal llevará a cabo el control del cumplimiento por el solicitante de los requisitos exigidos por el artículo 231 de la misma ley, así como de la existencia de defectos en la solicitud o documentación adjunta y la suficiencia de la información aportada por el deudor.

De conformidad con el apartado 1 del artículo 233 de la Ley Concursal, «...El nombramiento de mediador concursal habrá de recaer en la persona natural o jurídica a la que de forma secuencial corresponda de entre las que figuren en la lista oficial que se publicará en el portal correspondiente del "Boletín Oficial del Estado", la cual será suministrada por el Registro de Mediadores e Instituciones de Mediación del Ministerio de Justicia...».

En este sentido, el artículo 19 del Real Decreto 980/2013, de 13 de diciembre, por el que se desarrollan determinados aspectos de la Ley 5/2012, de 6 de julio, de mediación en asuntos civiles y mercantiles, también dispone que «... Justificado el cumplimiento de los requisitos exigidos, el Registro comunicará inmediatamente y por medios electrónicos a la Agencia Estatal Boletín Oficial del Estado los datos del mediador concursal, a los efectos de incluirlos en el Portal a que se refiere el apartado 1 del artículo 233 de la Ley Concursal. Entre los datos a suministrar por el Registro figurarán siempre el nombre, apellidos y número de identificación fiscal, su domicilio y datos de contacto, incluyendo, en su caso, una dirección de correo electrónico.»

En atención a ello, el procedimiento de designación de mediador concursal queda estructurado en las siguientes fases:

1. De acuerdo con lo dispuesto en el referido artículo 19 del Real Decreto 980/2013, los Registradores Mercantiles y los Notarios accederán al Portal del BOE mediante certificado reconocido de firma electrónica, requiriendo el suministro de los datos del mediador concursal que de forma secuencial corresponda, de entre los que tengan el domicilio en la provincia designada por el solicitante, a los efectos de que pueda ser nombrado en los acuerdos extrajudiciales de pagos que aquéllos tramiten.

2. En el caso de que no existieran mediadores concursales disponibles dentro de la provincia solicitada, suministrará el que corresponda de entre las provincias limítrofes, y si tampoco esto fuera posible suministrará los datos del primero que corresponda dentro de la comunidad autónoma. En último lugar, señalará el Portal el que corresponda dentro de todo el territorio del Estado.

3. Si el mediador designado no aceptase el cargo, volverá el Registrador Mercantil o Notario a realizar una nueva petición expresando esta circunstancia. El mediador designado que no aceptase el cargo se situará al final de la secuencia, sin que pueda volver a ser designado hasta que finalice ésta.

SEGUNDO. Procedimiento de comunicación a los mediadores concursales de datos relativos al deudor.

Los registradores mercantiles y notarios que reciban una solicitud de nombramiento de un mediador concursal, a través del formulario normalizado aprobado por la Orden JUS/2831/2015, de 17 de diciembre, por la que se aprueba el formulario para la solicitud del procedimiento para alcanzar un acuerdo extrajudicial de pagos o, en su caso, la que la sustituya, efectuarán la pertinente comunicación al mediador concursal proporcionando la información prevista en esta instrucción, con arreglo al siguiente orden:

1. La información a suministrar al mediador concursal por el registrador mercantil o notario, con carácter previo a la aceptación de su designación por parte de aquel, y con el fin de comprobar si concurre alguna causa de recusación que les impida la aceptación del cargo, así como la información relativa a las características básicas de la situación de insolvencia, será la siguiente:

a) La identidad del deudor y de los acreedores, en la forma que aparezca en los apartados A y D del formulario para la solicitud del procedimiento para alcanzar un acuerdo extrajudicial de pagos que hubiera presentado el deudor, pero limitados al nombre y apellidos o apellido, el NIF, el domicilio y el correo electrónico si lo tuviere, nacionalidad en caso de extranjeros y régimen económico conyugal. En caso de personas jurídicas se indicará la razón social o denominación, la identificación del órgano de administración o liquidador que ha decidido la solicitud del acuerdo extrajudicial de pagos, los datos de identificación registral, la nacionalidad, si fuesen extranjeras, el domicilio, el número de identificación fiscal, cuando se trate de entidades que deban disponer del mismo con arreglo a la normativa tributaria y el correo electrónico si lo tuviere.

b) La estimación del importe global de las deudas y del importe global del valor de los bienes y derechos, que figure en los números 3 y 4 de la letra B) del formulario para la solicitud del procedimiento para alcanzar un acuerdo extrajudicial de pagos.

2. Una vez aceptado el encargo por parte del mediador concursal, se le hará entrega del expediente completo del acuerdo extrajudicial de pagos, donde deberán figurar todos los datos que refiere la Orden JUS/2831/2015, de 17 de diciembre, por la que se aprueba el formulario para la solicitud del procedimiento para alcanzar un acuerdo extrajudicial de pagos, y ello de conformidad con el apartado 2 del artículo 232 de la Ley Concursal.

3. En caso de que el mediador concursal no aceptare el cargo, sea cualquiera la causa alegada, el registrador mercantil o notario lo comunicará al Portal del «Boletín Oficial del Estado» a los efectos de lo dispuesto en el segundo párrafo del artículo 19.3 del Real Decreto 980/2013, de 13 de diciembre, por el que se desarrollan determinados aspectos de la Ley 5/2012, de 6 de julio, de mediación en asuntos civiles y mercantiles.

Todas las comunicaciones que deban efectuarse en virtud de lo establecido en esta Instrucción se realizarán al correo electrónico institucional del notario o registrador y al que haya comunicado el mediador concursal al aceptar el cargo. Si las comunicaciones no fueran remitidas con firma electrónica, deberán ser confirmadas por correo certificado, sin perjuicio de su producción de efectos desde la recepción del correo electrónico.

El mediador concursal, una vez le sean comunicados datos del deudor, queda obligado a la confidencialidad de los mismos de acuerdo con el artículo 9 de la Ley 5/2012, de 6 de julio, de mediación en asuntos civiles y mercantiles.

4. Los datos a los que el mediador concursal hubiese accedido de conformidad con el apartado 2 sólo podrán utilizarse y tratarse por aquél para las finalidades presamente señaladas en dicho apartado. No será posible el uso de los datos para ninguna otra finalidad.

Aceptada la designación, el mediador concursal únicamente utilizará y tratará los datos a los que hubiera accedido para el cumplimiento de las funciones que establece el Título X de la Ley 22/2003, de 10 de julio, Concursal.

TERCERO. Comunicación de datos del deudor al Registro Público Concursal.

La gestión material del servicio de publicidad del Registro Público Concursal se encomienda al Colegio de Registradores de la Propiedad, Mercantiles y de Bienes Muebles de España, de conformidad con el apartado 3 del artículo 2 del Real Decreto 892/2013, de 15 de noviembre, siendo la sección tercera de este registro la destinada a la publicidad de los acuerdos extrajudiciales de pagos.

En este sentido, el apartado 1 del artículo 13 de esta norma dispone lo siguiente:

«1. El Notario o el Registrador Mercantil remitirá certificación o copia del acta al Registro Público Concursal para su publicación en la sección tercera de la apertura del expediente, debiendo indicar:

a) La identidad del deudor, incluido su número de identificación fiscal.

b) La fecha en que se ha presentado la solicitud del deudor.

c) La fecha en que se ha admitido la apertura del procedimiento.

d) La fecha de aceptación del mediador concursal.

e) La identidad del mediador concursal, incluido su número de identificación fiscal, y la dirección electrónica en la que los acreedores podrán realizar cualquier comunicación o notificación.»

Así, y de acuerdo con el apartado 3 de este artículo, la información que se haya de remitir por el notario o registrador mercantil se ajustará al formato que se proporcione por el Registro Público Concursal, sin que en ningún caso sea admisible la remisión literal de actas notariales, inscripciones, expedientes concursales de la clase que sean, ni otros de igual o similar naturaleza, ni siquiera como documentos adjuntos a la remisión de los datos indicados en la presente Instrucción. No obstante si fueran remitidos a efectos estadísticos y de comprobación, en ningún caso serán objeto de publicación en el Portal Concursal.

En este sentido, el Colegio de Registradores de la Propiedad, Mercantiles y de Bienes Muebles de España, deberá arbitrar los medios informáticos pertinentes para que los datos del deudor publicados en el registro se ajusten a la normativa de Protección de Datos de Carácter Personal.

Madrid, 5 de febrero de 2018.–El Director General de los Registros y del Notariado, Francisco Javier Gómez Gálligo.